中国人口普查
CHINA POPULATION CENSUS

2020

天津市人口普查年鉴

（中册）

TIANJIN POPULATION CENSUS YEARBOOK 2020

（BOOK 2）

天　津　市　统　计　局
天津市第七次全国人口普查领导小组办公室　编

Compiled by
Tianjin Municipal Bureau of Statistics
Office of the Leading Group of Tianjin Municipality
for the Seventh National Population Census

中国统计出版社
China Statistics Press

图书在版编目（CIP）数据

天津市人口普查年鉴. 2020. 中册 / 天津市统计局,
天津市第七次全国人口普查领导小组办公室编. -- 北京 :
中国统计出版社, 2022.8
ISBN 978-7-5037-9859-7

Ⅰ. ①天… Ⅱ. ①天… ②天… Ⅲ. ①人口普查－统
计资料－天津－2020－年鉴 Ⅳ. ①C924.252.1-54

中国版本图书馆 CIP 数据核字(2022)第 127290 号

天津市人口普查年鉴-2020（中册）
Tianjin Population Census Yearbook 2020 (Book 2)

作　　者/天津市统计局　天津市第七次全国人口普查领导小组办公室
责任编辑/张　洁
封面设计/李雪燕
出版发行/中国统计出版社有限公司
通信地址/北京市丰台区西三环南路甲 6 号　邮政编码/100073
发行电话/邮购（010）63376909　书店（010）68783171
网　　址/http://www.zgtjcbs.com/
印　　刷/河北鑫兆源印刷有限公司
经　　销/新华书店
开　　本/880mm×1230mm　1/16
字　　数/1076 千字
印　　张/34
版　　别/2022 年 8 月第 1 版
版　　次/2022 年 8 月第 1 次印刷
定　　价/890.00 元（全三册附光盘）

目　　录

中　册

第二部分　长表数据资料

第三卷 教育

第四卷 就业

第五卷 婚姻

第二部分　长表数据资料

第一卷　概要

1-1 各地区户数、

地 区	户数						
				合计			
	合计	家庭户	集体户	合计	男	女	性别比(女=100)
天 津	**475559**	**457670**	**17889**	**1221778**	**620607**	**601171**	**103.23**
和平区	8720	8649	71	22020	10586	11434	92.58
河东区	32186	31830	356	74164	36299	37865	95.86
河西区	27701	27049	652	68120	32652	35468	92.06
南开区	32614	31604	1010	78006	37778	40228	93.91
河北区	23710	23476	234	55651	27350	28301	96.64
红桥区	17703	17473	230	41022	20177	20845	96.80
东丽区	30865	29687	1178	74626	38851	35775	108.60
西青区	39849	36282	3567	102574	52951	49623	106.71
津南区	31096	28748	2348	82139	42767	39372	108.62
北辰区	30803	29223	1580	77047	39271	37776	103.96
武清区	37732	36533	1199	108359	54987	53372	103.03
宝坻区	24637	24158	479	66794	34374	32420	106.03
滨海新区	71456	67646	3810	185069	96989	88080	110.11
宁河区	14017	13758	259	38169	19596	18573	105.51
静海区	25734	25093	641	72214	37600	34614	108.63
蓟州区	26736	26461	275	75804	38379	37425	102.55

1-1a 各地区户数、

地 区	户数						
				合计			
	合计	家庭户	集体户	合计	男	女	性别比(女=100)
天 津	**376871**	**361392**	**15479**	**944867**	**476846**	**468021**	**101.89**
和平区	8720	8649	71	22020	10586	11434	92.58
河东区	32186	31830	356	74164	36299	37865	95.86
河西区	27701	27049	652	68120	32652	35468	92.06
南开区	32614	31604	1010	78006	37778	40228	93.91
河北区	23710	23476	234	55651	27350	28301	96.64
红桥区	17703	17473	230	41022	20177	20845	96.80
东丽区	30865	29687	1178	74626	38851	35775	108.60
西青区	36715	33338	3377	94191	48496	45695	106.13
津南区	31096	28748	2348	82139	42767	39372	108.62
北辰区	24970	23947	1023	61051	30735	30316	101.38
武清区	14251	13473	778	38982	19334	19648	98.40
宝坻区	8068	7793	275	22515	11331	11184	101.31
滨海新区	66282	62767	3515	171342	89794	81548	110.11
宁河区	4703	4600	103	12641	6454	6187	104.32
静海区	7333	7201	132	20592	10507	10085	104.18
蓟州区	9954	9757	197	27805	13735	14070	97.62

人口数和性别比

单位：户、人

人口数								平均家庭户规模（人/户）
家庭户				集体户				
小计	男	女	性别比（女=100）	小计	男	女	性别比（女=100）	
1139381	**568554**	**570827**	**99.60**	**82397**	**52053**	**30344**	**171.54**	**2.49**
21599	10299	11300	91.14	421	287	134	214.18	2.50
72525	35306	37219	94.86	1639	993	646	153.72	2.28
64197	30731	33466	91.83	3923	1921	2002	95.95	2.37
73886	35529	38357	92.63	4120	2249	1871	120.20	2.34
54583	26707	27876	95.81	1068	643	425	151.29	2.33
40027	19570	20457	95.66	995	607	388	156.44	2.29
70438	35793	34645	103.31	4188	3058	1130	270.62	2.37
87566	44139	43427	101.64	15008	8812	6196	142.22	2.41
71694	36203	35491	102.01	10445	6564	3881	169.13	2.49
70664	35415	35249	100.47	6383	3856	2527	152.59	2.42
103373	51741	51632	100.21	4986	3246	1740	186.55	2.83
63751	32162	31589	101.81	3043	2212	831	266.19	2.64
166766	84228	82538	102.05	18303	12761	5542	230.26	2.47
37252	18918	18334	103.19	917	678	239	283.68	2.71
66812	34233	32579	105.08	5402	3367	2035	165.45	2.66
74248	37580	36668	102.49	1556	799	757	105.55	2.81

人口数和性别比(城市)

单位：户、人

人口数								平均家庭户规模（人/户）
家庭户				集体户				
小计	男	女	性别比（女=100）	小计	男	女	性别比（女=100）	
876423	**434127**	**442296**	**98.15**	**68444**	**42719**	**25725**	**166.06**	**2.43**
21599	10299	11300	91.14	421	287	134	214.18	2.50
72525	35306	37219	94.86	1639	993	646	153.72	2.28
64197	30731	33466	91.83	3923	1921	2002	95.95	2.37
73886	35529	38357	92.63	4120	2249	1871	120.20	2.34
54583	26707	27876	95.81	1068	643	425	151.29	2.33
40027	19570	20457	95.66	995	607	388	156.44	2.29
70438	35793	34645	103.31	4188	3058	1130	270.62	2.37
79849	40143	39706	101.10	14342	8353	5989	139.47	2.40
71694	36203	35491	102.01	10445	6564	3881	169.13	2.49
56979	28516	28463	100.19	4072	2219	1853	119.75	2.38
36433	17925	18508	96.85	2549	1409	1140	123.60	2.70
21196	10407	10789	96.46	1319	924	395	233.92	2.72
154423	77836	76587	101.63	16919	11958	4961	241.04	2.46
12227	6181	6046	102.23	414	273	141	193.62	2.66
19633	9800	9833	99.66	959	707	252	280.56	2.73
26734	13181	13553	97.26	1071	554	517	107.16	2.74

1-1b 各地区户数、

地区	户数			合计			
	合计	家庭户	集体户	合计	男	女	性别比(女=100)
天津	**25500**	**23479**	**2021**	**74319**	**39769**	**34550**	**115.11**
和平区							
河东区							
河西区							
南开区							
河北区							
红桥区							
东丽区							
西青区	1005	869	136	2587	1397	1190	117.39
津南区							
北辰区	3012	2476	536	8718	4888	3830	127.62
武清区	6630	6301	329	19428	10346	9082	113.92
宝坻区	1590	1486	104	4737	2672	2065	129.39
滨海新区	2317	2036	281	5929	3110	2819	110.32
宁河区	2030	1895	135	5355	2879	2476	116.28
静海区	6279	5821	458	19758	10514	9244	113.74
蓟州区	2637	2595	42	7807	3963	3844	103.10

1-1c 各地区户数、

地区	户数			合计			
	合计	家庭户	集体户	合计	男	女	性别比(女=100)
天津	**73188**	**72799**	**389**	**202592**	**103992**	**98600**	**105.47**
和平区							
河东区							
河西区							
南开区							
河北区							
红桥区							
东丽区							
西青区	2129	2075	54	5796	3058	2738	111.69
津南区							
北辰区	2821	2800	21	7278	3648	3630	100.50
武清区	16851	16759	92	49949	25307	24642	102.70
宝坻区	14979	14879	100	39542	20371	19171	106.26
滨海新区	2857	2843	14	7798	4085	3713	110.02
宁河区	7284	7263	21	20173	10263	9910	103.56
静海区	12122	12071	51	31864	16579	15285	108.47
蓟州区	14145	14109	36	40192	20681	19511	106.00

人口数和性别比(镇)

单位：户、人

人口数								平均家庭户规模(人/户)
家庭户				集体户				
小计	男	女	性别比(女=100)	小计	男	女	性别比(女=100)	
62714	**32063**	**30651**	**104.61**	**11605**	**7706**	**3899**	**197.64**	**2.67**
2151	1113	1038	107.23	436	284	152	186.84	2.48
6511	3336	3175	105.07	2207	1552	655	236.95	2.63
17583	8911	8672	102.76	1845	1435	410	350.00	2.79
3746	1903	1843	103.26	991	769	222	346.40	2.52
4648	2390	2258	105.85	1281	720	561	128.34	2.28
4971	2549	2422	105.24	384	330	54	611.11	2.62
15576	8039	7537	106.66	4182	2475	1707	144.99	2.68
7528	3822	3706	103.13	279	141	138	102.17	2.90

人口数和性别比(乡村)

单位：户、人

人口数								平均家庭户规模(人/户)
家庭户				集体户				
小计	男	女	性别比(女=100)	小计	男	女	性别比(女=100)	
200244	**102364**	**97880**	**104.58**	**2348**	**1628**	**720**	**226.11**	**2.75**
5566	2883	2683	107.45	230	175	55	318.18	2.68
7174	3563	3611	98.67	104	85	19	447.37	2.56
49357	24905	24452	101.85	592	402	190	211.58	2.95
38809	19852	18957	104.72	733	519	214	242.52	2.61
7695	4002	3693	108.37	103	83	20	415.00	2.71
20054	10188	9866	103.26	119	75	44	170.45	2.76
31603	16394	15209	107.79	261	185	76	243.42	2.62
39986	20577	19409	106.02	206	104	102	101.96	2.83

1-2 各地区分性别、

地　区	人口数			居住本乡、镇、街道，户口在本乡、镇、街道		
	合计	男	女	小计	男	女
天　津	**1221778**	**620607**	**601171**	**750343**	**375285**	**375058**
和平区	22020	10586	11434	16055	7639	8416
河东区	74164	36299	37865	44798	22100	22698
河西区	68120	32652	35468	45321	21813	23508
南开区	78006	37778	40228	47702	23023	24679
河北区	55651	27350	28301	35676	17590	18086
红桥区	41022	20177	20845	24156	11956	12200
东丽区	74626	38851	35775	31414	15914	15500
西青区	102574	52951	49623	41706	20700	21006
津南区	82139	42767	39372	43181	21733	21448
北辰区	77047	39271	37776	31797	15778	16019
武清区	108359	54987	53372	82292	41123	41169
宝坻区	66794	34374	32420	53054	26988	26066
滨海新区	185069	96989	88080	103825	52449	51376
宁河区	38169	19596	18573	32819	16723	16096
静海区	72214	37600	34614	50170	25660	24510
蓟州区	75804	38379	37425	66377	34096	32281

1-2a 各地区分性别、

地　区	人口数			居住本乡、镇、街道，户口在本乡、镇、街道		
	合计	男	女	小计	男	女
天　津	**944867**	**476846**	**468021**	**513654**	**254307**	**259347**
和平区	22020	10586	11434	16055	7639	8416
河东区	74164	36299	37865	44798	22100	22698
河西区	68120	32652	35468	45321	21813	23508
南开区	78006	37778	40228	47702	23023	24679
河北区	55651	27350	28301	35676	17590	18086
红桥区	41022	20177	20845	24156	11956	12200
东丽区	74626	38851	35775	31414	15914	15500
西青区	94191	48496	45695	36830	18237	18593
津南区	82139	42767	39372	43181	21733	21448
北辰区	61051	30735	30316	20225	10001	10224
武清区	38982	19334	19648	22455	11046	11409
宝坻区	22515	11331	11184	12139	6019	6120
滨海新区	171342	89794	81548	93217	46987	46230
宁河区	12641	6454	6187	8605	4348	4257
静海区	20592	10507	10085	11658	5793	5865
蓟州区	27805	13735	14070	20222	10108	10114

户口登记状况的人口

单位：人

居住本乡、镇、街道，户口在外乡、镇、街道，离开户口登记地半年以上			居住本乡、镇、街道，户口待定			原住本乡、镇、街道，现在港澳台或国外工作学习		
小计	男	女	小计	男	女	小计	男	女
466563	**242860**	**223703**	**2447**	**1340**	**1107**	**2425**	**1122**	**1303**
5711	2816	2895	19	10	9	235	121	114
29019	14028	14991	101	69	32	246	102	144
21926	10470	11456	319	117	202	554	252	302
29535	14398	15137	218	104	114	551	253	298
19767	9663	10104	57	38	19	151	59	92
16729	8150	8579	34	19	15	103	52	51
43094	22869	20225	76	48	28	42	20	22
60610	32100	28510	225	135	90	33	16	17
38752	20913	17839	178	107	71	28	14	14
44985	23363	21622	221	116	105	44	14	30
25883	13765	12118	121	68	53	63	31	32
13582	7282	6300	120	83	37	38	21	17
80501	44106	36395	486	308	178	257	126	131
5317	2857	2460	19	8	11	14	8	6
21831	11839	9992	194	89	105	19	12	7
9321	4241	5080	59	21	38	47	21	26

户口登记状况的人口(城市)

单位：人

居住本乡、镇、街道，户口在外乡、镇、街道，离开户口登记地半年以上			居住本乡、镇、街道，户口待定			原住本乡、镇、街道，现在港澳台或国外工作学习		
小计	男	女	小计	男	女	小计	男	女
426819	**220328**	**206491**	**2130**	**1182**	**948**	**2264**	**1029**	**1235**
5711	2816	2895	19	10	9	235	121	114
29019	14028	14991	101	69	32	246	102	144
21926	10470	11456	319	117	202	554	252	302
29535	14398	15137	218	104	114	551	253	298
19767	9663	10104	57	38	19	151	59	92
16729	8150	8579	34	19	15	103	52	51
43094	22869	20225	76	48	28	42	20	22
57106	30109	26997	223	134	89	32	16	16
38752	20913	17839	178	107	71	28	14	14
40610	20630	19980	181	93	88	35	11	24
16451	8249	8202	58	33	25	18	6	12
10263	5234	5029	100	74	26	13	4	9
77449	42421	35028	454	281	173	222	105	117
4018	2097	1921	7	4	3	11	5	6
8854	4673	4181	75	37	38	5	4	1
7535	3608	3927	30	14	16	18	5	13

1-2b 各地区分性别、

地区	人口数			居住本乡、镇、街道，户口在本乡、镇、街道		
	合计	男	女	小计	男	女
天津	**74319**	**39769**	**34550**	**49037**	**24897**	**24140**
和平区						
河东区						
河西区						
南开区						
河北区						
红桥区						
东丽区						
西青区	2587	1397	1190	602	302	300
津南区						
北辰区	8718	4888	3830	5487	2798	2689
武清区	19428	10346	9082	13559	6773	6786
宝坻区	4737	2672	2065	3256	1659	1597
滨海新区	5929	3110	2819	3716	1900	1816
宁河区	5355	2879	2476	4567	2334	2233
静海区	19758	10514	9244	10557	5392	5165
蓟州区	7807	3963	3844	7293	3739	3554

1-2c 各地区分性别、

地区	人口数			居住本乡、镇、街道，户口在本乡、镇、街道		
	合计	男	女	小计	男	女
天津	**202592**	**103992**	**98600**	**187652**	**96081**	**91571**
和平区						
河东区						
河西区						
南开区						
河北区						
红桥区						
东丽区						
西青区	5796	3058	2738	4274	2161	2113
津南区						
北辰区	7278	3648	3630	6085	2979	3106
武清区	49949	25307	24642	46278	23304	22974
宝坻区	39542	20371	19171	37659	19310	18349
滨海新区	7798	4085	3713	6892	3562	3330
宁河区	20173	10263	9910	19647	10041	9606
静海区	31864	16579	15285	27955	14475	13480
蓟州区	40192	20681	19511	38862	20249	18613

户口登记状况的人口(镇)

单位：人

居住本乡、镇、街道，户口在外乡、镇、街道，离开户口登记地半年以上			居住本乡、镇、街道，户口待定			原住本乡、镇、街道，现在港澳台或国外工作学习		
小计	男	女	小计	男	女	小计	男	女
25069	**14759**	**10310**	**189**	**101**	**88**	**24**	**12**	**12**
1984	1094	890	1	1				
3184	2064	1120	39	23	16	8	3	5
5842	3559	2283	22	12	10	5	2	3
1475	1010	465	5	2	3	1	1	
2185	1186	999	25	22	3	3	2	1
786	543	243	1	1		1	1	
9107	5083	4024	92	39	53	2		2
506	220	286	4	1	3	4	3	1

户口登记状况的人口(乡村)

单位：人

居住本乡、镇、街道，户口在外乡、镇、街道，离开户口登记地半年以上			居住本乡、镇、街道，户口待定			原住本乡、镇、街道，现在港澳台或国外工作学习		
小计	男	女	小计	男	女	小计	男	女
14675	**7773**	**6902**	**128**	**57**	**71**	**137**	**81**	**56**
1520	897	623	1		1	1		1
1191	669	522	1		1	1		1
3590	1957	1633	41	23	18	40	23	17
1844	1038	806	15	7	8	24	16	8
867	499	368	7	5	2	32	19	13
513	217	296	11	3	8	2	2	
3870	2083	1787	27	13	14	12	8	4
1280	413	867	25	6	19	25	13	12

1-3 各地区分年龄、性别的人口

单位：人

地区	合计			0岁		
	合计	男	女	小计	男	女
天　津	**1221778**	**620607**	**601171**	**6695**	**3449**	**3246**
和平区	22020	10586	11434	145	79	66
河东区	74164	36299	37865	328	180	148
河西区	68120	32652	35468	331	171	160
南开区	78006	37778	40228	345	170	175
河北区	55651	27350	28301	250	114	136
红桥区	41022	20177	20845	176	88	88
东丽区	74626	38851	35775	393	205	188
西青区	102574	52951	49623	521	281	240
津南区	82139	42767	39372	492	246	246
北辰区	77047	39271	37776	397	212	185
武清区	108359	54987	53372	646	318	328
宝坻区	66794	34374	32420	465	236	229
滨海新区	185069	96989	88080	1023	544	479
宁河区	38169	19596	18573	207	108	99
静海区	72214	37600	34614	402	208	194
蓟州区	75804	38379	37425	574	289	285

1-3 续表 1

单位：人

地区	1-4岁			5-9岁			10-14岁		
	小计	男	女	小计	男	女	小计	男	女
天　津	**43749**	**22600**	**21149**	**58471**	**30793**	**27678**	**51930**	**27669**	**24261**
和平区	687	357	330	1610	859	751	1289	681	608
河东区	2195	1111	1084	3182	1671	1511	2390	1239	1151
河西区	1988	1042	946	3131	1606	1525	2377	1243	1134
南开区	2259	1166	1093	3612	1887	1725	2809	1498	1311
河北区	1635	886	749	2185	1187	998	1660	889	771
红桥区	1119	599	520	1563	827	736	1197	631	566
东丽区	2857	1473	1384	3200	1678	1522	2603	1397	1206
西青区	3928	2065	1863	4188	2218	1970	3326	1800	1526
津南区	3239	1667	1572	3779	2019	1760	3313	1757	1556
北辰区	2602	1308	1294	3168	1649	1519	2564	1317	1247
武清区	4226	2221	2005	5465	2847	2618	5594	2997	2597
宝坻区	2716	1379	1337	3330	1749	1581	3473	1792	1681
滨海新区	7373	3793	3580	9386	4918	4468	7933	4233	3700
宁河区	1314	642	672	2173	1114	1059	2166	1173	993
静海区	2639	1392	1247	3933	2182	1751	4481	2515	1966
蓟州区	2972	1499	1473	4566	2382	2184	4755	2507	2248

1-3　续表 2　　　　单位：人

地　区	15-19岁			20-24岁			25-29岁		
	小计	男	女	小计	男	女	小计	男	女
天　津	**54964**	**29554**	**25410**	**68243**	**36476**	**31767**	**76106**	**39954**	**36152**
和平区	596	318	278	621	322	299	794	400	394
河东区	2063	1129	934	2337	1165	1172	3579	1724	1855
河西区	2341	1087	1254	3595	1646	1949	3149	1525	1624
南开区	2235	1181	1054	3900	1903	1997	4352	2121	2231
河北区	1568	879	689	1770	897	873	2527	1278	1249
红桥区	1189	663	526	1401	769	632	1856	869	987
东丽区	3142	1890	1252	4114	2402	1712	5561	2928	2633
西青区	5688	2964	2724	10236	5434	4802	7952	4224	3728
津南区	5550	2987	2563	7377	4042	3335	6082	3173	2909
北辰区	3621	1898	1723	5035	2601	2434	4885	2570	2315
武清区	6338	3326	3012	5283	2733	2550	6504	3362	3142
宝坻区	2545	1354	1191	2000	1079	921	3999	2181	1818
滨海新区	8384	4613	3771	11519	6586	4933	13479	7461	6018
宁河区	1733	952	781	1551	887	664	2550	1402	1148
静海区	4603	2507	2096	5035	2749	2286	4837	2592	2245
蓟州区	3368	1806	1562	2469	1261	1208	4000	2144	1856

1-3　续表 3　　　　单位：人

地　区	30-34岁			35-39岁			40-44岁		
	小计	男	女	小计	男	女	小计	男	女
天　津	**120143**	**61869**	**58274**	**107811**	**55430**	**52381**	**83997**	**43112**	**40885**
和平区	1374	639	735	2392	1073	1319	1972	931	1041
河东区	6517	3153	3364	7355	3622	3733	4896	2416	2480
河西区	5076	2398	2678	6472	3078	3394	4561	2193	2368
南开区	6077	2918	3159	7502	3545	3957	5405	2621	2784
河北区	4693	2222	2471	5396	2713	2683	3420	1679	1741
红桥区	3379	1634	1745	3902	1894	2008	2477	1244	1233
东丽区	9429	4914	4515	7271	3927	3344	5064	2654	2410
西青区	11939	6271	5668	9298	4984	4314	6594	3432	3162
津南区	8693	4633	4060	6608	3516	3092	5175	2738	2437
北辰区	8086	4241	3845	7506	3993	3513	5300	2819	2481
武清区	10467	5365	5102	8817	4506	4311	8733	4525	4208
宝坻区	6403	3377	3026	4425	2349	2076	4869	2529	2340
滨海新区	21178	11323	9855	17878	9463	8415	13722	7291	6431
宁河区	3608	1837	1771	2714	1421	1293	2619	1353	1266
静海区	5846	3104	2742	4684	2470	2214	5017	2596	2421
蓟州区	7378	3840	3538	5591	2876	2715	4173	2091	2082

1-3 续表 4

单位：人

地区	45-49岁			50-54岁			55-59岁		
	小计	男	女	小计	男	女	小计	男	女
天津	**86252**	**44095**	**42157**	**89915**	**45463**	**44452**	**96757**	**48196**	**48561**
和平区	1529	771	758	1209	614	595	1488	703	785
河东区	4614	2346	2268	4609	2250	2359	6708	3301	3407
河西区	4218	2055	2163	4134	2042	2092	5639	2769	2870
南开区	4730	2280	2450	4820	2400	2420	6328	3145	3183
河北区	3128	1552	1576	3313	1582	1731	5508	2735	2773
红桥区	2236	1098	1138	2481	1228	1253	4224	2112	2112
东丽区	5450	2793	2657	5608	2888	2720	6067	3030	3037
西青区	6616	3410	3206	7276	3705	3571	7290	3663	3627
津南区	5983	3159	2824	6357	3285	3072	5962	3049	2913
北辰区	5128	2630	2498	5453	2810	2643	6238	3139	3099
武清区	8605	4432	4173	8129	4057	4072	8270	3924	4346
宝坻区	5439	2849	2590	6196	3132	3064	5676	2841	2835
滨海新区	14260	7463	6797	13983	7349	6634	12972	6653	6319
宁河区	2684	1360	1324	3382	1632	1750	3040	1586	1454
静海区	6331	3314	3017	6238	3145	3093	4719	2290	2429
蓟州区	5301	2583	2718	6727	3344	3383	6628	3256	3372

1-3 续表 5

单位：人

地区	60-64岁			65-69岁			70-74岁		
	小计	男	女	小计	男	女	小计	男	女
天津	**90790**	**44536**	**46254**	**81120**	**39049**	**42071**	**48170**	**22905**	**25265**
和平区	1787	826	961	1797	810	987	1181	551	630
河东区	8012	3866	4146	6838	3250	3588	3826	1843	1983
河西区	6712	3198	3514	6055	2842	3213	3412	1622	1790
南开区	7072	3354	3718	6601	3124	3477	4027	1874	2153
河北区	6420	3130	3290	5362	2525	2837	2933	1437	1496
红桥区	4749	2343	2406	4028	1915	2113	2199	1023	1176
东丽区	5135	2571	2564	4073	1966	2107	2280	1081	1199
西青区	6328	3162	3166	5191	2478	2713	2950	1414	1536
津南区	4997	2538	2459	3740	1838	1902	2289	1044	1245
北辰区	6128	3002	3126	5159	2478	2681	2848	1329	1519
武清区	6428	3141	3287	6511	3280	3231	4192	2002	2190
宝坻区	4375	2225	2150	4626	2277	2349	2943	1442	1501
滨海新区	10506	5189	5317	9326	4487	4839	5536	2661	2875
宁河区	2743	1348	1395	2609	1282	1327	1537	733	804
静海区	4076	1934	2142	4214	1998	2216	2724	1251	1473
蓟州区	5322	2709	2613	4990	2499	2491	3293	1598	1695

1—3　续表 6　　　　单位：人

地　区	75—79岁			80—84岁			85—89岁		
	小计	男	女	小计	男	女	小计	男	女
天　津	**26995**	**12431**	**14564**	**17100**	**7673**	**9427**	**9027**	**3937**	**5090**
和平区	643	297	346	432	190	242	305	109	196
河东区	2088	938	1150	1414	596	818	866	359	507
河西区	2104	937	1167	1525	656	869	901	381	520
南开区	2595	1186	1409	1864	781	1083	1047	444	603
河北区	1658	731	927	1187	493	694	734	292	442
红桥区	1230	557	673	866	342	524	536	246	290
东丽区	1207	524	683	720	326	394	331	149	182
西青区	1660	748	912	975	421	554	459	210	249
津南区	1300	566	734	751	309	442	327	146	181
北辰区	1485	675	810	825	354	471	450	191	259
武清区	2274	1082	1192	1193	593	600	483	210	273
宝坻区	1641	825	816	959	453	506	519	245	274
滨海新区	3225	1392	1833	2154	999	1155	934	443	491
宁河区	836	409	427	421	215	206	205	108	97
静海区	1276	723	553	699	402	297	344	174	170
蓟州区	1773	841	932	1115	543	572	586	230	356

1—3　续表 7　　　　单位：人

地　区	90—94岁			95—99岁			100岁及以上		
	小计	男	女	小计	男	女	小计	男	女
天　津	**2969**	**1200**	**1769**	**520**	**200**	**320**	**54**	**16**	**38**
和平区	142	52	90	22	3	19	5	1	4
河东区	274	110	164	63	26	37	10	4	6
河西区	323	128	195	66	29	37	10	4	6
南开区	351	151	200	71	29	42	4		4
河北区	266	114	152	36	15	21	2		2
红桥区	176	80	96	35	13	22	3	2	1
东丽区	92	43	49	25	11	14	4	1	3
西青区	139	58	81	18	8	10	2	1	1
津南区	105	46	59	19	9	10	1		1
北辰区	139	45	94	28	10	18	2		2
武清区	168	57	111	31	9	22	2		2
宝坻区	173	52	121	19	6	13	3	2	1
滨海新区	257	113	144	39	14	25	2	1	1
宁河区	72	32	40	5	2	3			
静海区	98	48	50	17	6	11	1		1
蓟州区	194	71	123	26	10	16	3		3

1-3a 各地区分年龄、性别的人口(城市)

单位：人

地　区	合计			0岁		
	合计	男	女	小计	男	女
天　津	**944867**	**476846**	**468021**	**5018**	**2589**	**2429**
和平区	22020	10586	11434	145	79	66
河东区	74164	36299	37865	328	180	148
河西区	68120	32652	35468	331	171	160
南开区	78006	37778	40228	345	170	175
河北区	55651	27350	28301	250	114	136
红桥区	41022	20177	20845	176	88	88
东丽区	74626	38851	35775	393	205	188
西青区	94191	48496	45695	485	257	228
津南区	82139	42767	39372	492	246	246
北辰区	61051	30735	30316	322	171	151
武清区	38982	19334	19648	235	109	126
宝坻区	22515	11331	11184	147	80	67
滨海新区	171342	89794	81548	957	507	450
宁河区	12641	6454	6187	54	33	21
静海区	20592	10507	10085	139	74	65
蓟州区	27805	13735	14070	219	105	114

1-3a 续表 1

单位：人

地　区	1-4岁			5-9岁			10-14岁		
	小计	男	女	小计	男	女	小计	男	女
天　津	**34217**	**17686**	**16531**	**44620**	**23516**	**21104**	**36715**	**19524**	**17191**
和平区	687	357	330	1610	859	751	1289	681	608
河东区	2195	1111	1084	3182	1671	1511	2390	1239	1151
河西区	1988	1042	946	3131	1606	1525	2377	1243	1134
南开区	2259	1166	1093	3612	1887	1725	2809	1498	1311
河北区	1635	886	749	2185	1187	998	1660	889	771
红桥区	1119	599	520	1563	827	736	1197	631	566
东丽区	2857	1473	1384	3200	1678	1522	2603	1397	1206
西青区	3601	1881	1720	3796	2003	1793	2977	1615	1362
津南区	3239	1667	1572	3779	2019	1760	3313	1757	1556
北辰区	2097	1046	1051	2583	1360	1223	1959	1032	927
武清区	1813	946	867	2231	1184	1047	2294	1218	1076
宝坻区	1089	579	510	1199	632	567	1182	602	580
滨海新区	7009	3601	3408	8901	4659	4242	7220	3828	3392
宁河区	454	239	215	714	378	336	614	367	247
静海区	939	482	457	1247	682	565	1141	640	501
蓟州区	1236	611	625	1687	884	803	1690	887	803

1-3a　续表 2　　　　单位：人

地　区	15-19岁			20-24岁			25-29岁		
	小计	男	女	小计	男	女	小计	男	女
天　津	**41740**	**22332**	**19408**	**54842**	**28934**	**25908**	**59721**	**30877**	**28844**
和 平 区	596	318	278	621	322	299	794	400	394
河 东 区	2063	1129	934	2337	1165	1172	3579	1724	1855
河 西 区	2341	1087	1254	3595	1646	1949	3149	1525	1624
南 开 区	2235	1181	1054	3900	1903	1997	4352	2121	2231
河 北 区	1568	879	689	1770	897	873	2527	1278	1249
红 桥 区	1189	663	526	1401	769	632	1856	869	987
东 丽 区	3142	1890	1252	4114	2402	1712	5561	2928	2633
西 青 区	5331	2778	2553	9821	5186	4635	7391	3915	3476
津 南 区	5550	2987	2563	7377	4042	3335	6082	3173	2909
北 辰 区	2630	1287	1343	3529	1687	1842	3774	1927	1847
武 清 区	2642	1320	1322	2115	1003	1112	2548	1280	1268
宝 坻 区	1160	604	556	959	491	468	1616	811	805
滨海新区	7674	4230	3444	10626	6049	4577	12516	6932	5584
宁 河 区	696	367	329	525	289	236	834	438	396
静 海 区	1298	753	545	1044	573	471	1559	778	781
蓟 州 区	1625	859	766	1108	510	598	1583	778	805

1-3a　续表 3　　　　单位：人

地　区	30-34岁			35-39岁			40-44岁		
	小计	男	女	小计	男	女	小计	男	女
天　津	**96490**	**49210**	**47280**	**89561**	**45627**	**43934**	**66401**	**33770**	**32631**
和 平 区	1374	639	735	2392	1073	1319	1972	931	1041
河 东 区	6517	3153	3364	7355	3622	3733	4896	2416	2480
河 西 区	5076	2398	2678	6472	3078	3394	4561	2193	2368
南 开 区	6077	2918	3159	7502	3545	3957	5405	2621	2784
河 北 区	4693	2222	2471	5396	2713	2683	3420	1679	1741
红 桥 区	3379	1634	1745	3902	1894	2008	2477	1244	1233
东 丽 区	9429	4914	4515	7271	3927	3344	5064	2654	2410
西 青 区	11068	5782	5286	8555	4577	3978	5964	3097	2867
津 南 区	8693	4633	4060	6608	3516	3092	5175	2738	2437
北 辰 区	6707	3498	3209	6319	3332	2987	4186	2224	1962
武 清 区	4247	2099	2148	3881	1878	2003	3750	1854	1896
宝 坻 区	2511	1232	1279	1891	964	927	2098	1050	1048
滨海新区	20126	10795	9331	17046	9023	8023	12748	6763	5985
宁 河 区	1396	709	687	1059	533	526	1088	548	540
静 海 区	2106	1057	1049	1560	783	777	1642	806	836
蓟 州 区	3091	1527	1564	2352	1169	1183	1955	952	1003

1-3a 续表 4

单位：人

地区	45-49岁			50-54岁			55-59岁		
	小计	男	女	小计	男	女	小计	男	女
天津	**64543**	**32829**	**31714**	**64481**	**32633**	**31848**	**73230**	**36579**	**36651**
和平区	1529	771	758	1209	614	595	1488	703	785
河东区	4614	2346	2268	4609	2250	2359	6708	3301	3407
河西区	4218	2055	2163	4134	2042	2092	5639	2769	2870
南开区	4730	2280	2450	4820	2400	2420	6328	3145	3183
河北区	3128	1552	1576	3313	1582	1731	5508	2735	2773
红桥区	2236	1098	1138	2481	1228	1253	4224	2112	2112
东丽区	5450	2793	2657	5608	2888	2720	6067	3030	3037
西青区	5912	3041	2871	6458	3280	3178	6622	3316	3306
津南区	5983	3159	2824	6357	3285	3072	5962	3049	2913
北辰区	3911	1973	1938	4071	2061	2010	4904	2452	2452
武清区	3058	1559	1499	2369	1195	1174	2162	1032	1130
宝坻区	1857	949	908	1699	863	836	1480	732	748
滨海新区	13018	6825	6193	12632	6632	6000	11924	6119	5805
宁河区	912	457	455	930	452	478	865	449	416
静海区	1945	986	959	1669	821	848	1245	596	649
蓟州区	2042	985	1057	2122	1040	1082	2104	1039	1065

1-3a 续表 5

单位：人

地区	60-64岁			65-69岁			70-74岁		
	小计	男	女	小计	男	女	小计	男	女
天津	**71802**	**35086**	**36716**	**61949**	**29527**	**32422**	**35834**	**16932**	**18902**
和平区	1787	826	961	1797	810	987	1181	551	630
河东区	8012	3866	4146	6838	3250	3588	3826	1843	1983
河西区	6712	3198	3514	6055	2842	3213	3412	1622	1790
南开区	7072	3354	3718	6601	3124	3477	4027	1874	2153
河北区	6420	3130	3290	5362	2525	2837	2933	1437	1496
红桥区	4749	2343	2406	4028	1915	2113	2199	1023	1176
东丽区	5135	2571	2564	4073	1966	2107	2280	1081	1199
西青区	5819	2905	2914	4760	2274	2486	2686	1290	1396
津南区	4997	2538	2459	3740	1838	1902	2289	1044	1245
北辰区	5115	2493	2622	4256	2047	2209	2337	1097	1240
武清区	1779	847	932	1754	838	916	1084	482	602
宝坻区	1157	580	577	1128	535	593	675	315	360
滨海新区	9649	4760	4889	8411	4037	4374	4917	2370	2547
宁河区	825	392	433	790	379	411	446	207	239
静海区	995	493	502	901	426	475	607	268	339
蓟州区	1579	790	789	1455	721	734	935	428	507

1-3a　续表 6　　　　单位：人

地　　区	75-79岁			80-84岁			85-89岁		
	小计	男	女	小计	男	女	小计	男	女
天　　津	**20233**	**9106**	**11127**	**13453**	**5825**	**7628**	**7201**	**3112**	**4089**
和 平 区	643	297	346	432	190	242	305	109	196
河 东 区	2088	938	1150	1414	596	818	866	359	507
河 西 区	2104	937	1167	1525	656	869	901	381	520
南 开 区	2595	1186	1409	1864	781	1083	1047	444	603
河 北 区	1658	731	927	1187	493	694	734	292	442
红 桥 区	1230	557	673	866	342	524	536	246	290
东 丽 区	1207	524	683	720	326	394	331	149	182
西 青 区	1473	660	813	901	382	519	422	193	229
津 南 区	1300	566	734	751	309	442	327	146	181
北 辰 区	1168	561	607	662	279	383	379	159	220
武 清 区	538	262	276	328	158	170	116	56	60
宝 坻 区	338	159	179	198	97	101	103	47	56
滨海新区	2877	1255	1622	1973	900	1073	849	396	453
宁 河 区	220	104	116	148	75	73	58	33	25
静 海 区	295	148	147	166	91	75	72	40	32
蓟 州 区	499	221	278	318	150	168	155	62	93

1-3a　续表 7　　　　单位：人

地　　区	90-94岁			95-99岁			100岁及以上		
	小计	男	女	小计	男	女	小计	男	女
天　　津	**2336**	**963**	**1373**	**434**	**175**	**259**	**46**	**14**	**32**
和 平 区	142	52	90	22	3	19	5	1	4
河 东 区	274	110	164	63	26	37	10	4	6
河 西 区	323	128	195	66	29	37	10	4	6
南 开 区	351	151	200	71	29	42	4		4
河 北 区	266	114	152	36	15	21	2		2
红 桥 区	176	80	96	35	13	22	3	2	1
东 丽 区	92	43	49	25	11	14	4	1	3
西 青 区	130	55	75	17	8	9	2	1	1
津 南 区	105	46	59	19	9	10	1		1
北 辰 区	116	39	77	25	10	15	1		1
武 清 区	31	11	20	7	3	4			
宝 坻 区	25	8	17	3	1	2			
滨海新区	232	100	132	35	12	23	2	1	1
宁 河 区	13	5	8						
静 海 区	15	7	8	6	3	3	1		1
蓟 州 区	45	14	31	4	3	1	1		1

1–3b 各地区分年龄、性别的人口(镇)

单位：人

地 区	合 计			0岁		
	合计	男	女	小计	男	女
天 津	**74319**	**39769**	**34550**	**409**	**215**	**194**
和 平 区						
河 东 区						
河 西 区						
南 开 区						
河 北 区						
红 桥 区						
东 丽 区						
西 青 区	2587	1397	1190	15	9	6
津 南 区						
北 辰 区	8718	4888	3830	39	21	18
武 清 区	19428	10346	9082	120	70	50
宝 坻 区	4737	2672	2065	34	14	20
滨海新区	5929	3110	2819	27	13	14
宁 河 区	5355	2879	2476	31	17	14
静 海 区	19758	10514	9244	90	40	50
蓟 州 区	7807	3963	3844	53	31	22

1–3b 续表 1

单位：人

地 区	1–4岁			5–9岁			10–14岁		
	小计	男	女	小计	男	女	小计	男	女
天 津	**2475**	**1307**	**1168**	**3482**	**1878**	**1604**	**3545**	**1909**	**1636**
和 平 区									
河 东 区									
河 西 区									
南 开 区									
河 北 区									
红 桥 区									
东 丽 区									
西 青 区	112	65	47	128	75	53	99	44	55
津 南 区									
北 辰 区	236	126	110	246	121	125	265	144	121
武 清 区	759	418	341	1016	544	472	938	503	435
宝 坻 区	140	59	81	191	98	93	215	113	102
滨海新区	165	81	84	187	95	92	202	117	85
宁 河 区	173	84	89	335	186	149	297	151	146
静 海 区	625	343	282	914	512	402	1011	575	436
蓟 州 区	265	131	134	465	247	218	518	262	256

1-3b　续表 2

单位：人

地　区	15-19岁			20-24岁			25-29岁		
	小计	男	女	小计	男	女	小计	男	女
天　津	**5017**	**2783**	**2234**	**5879**	**3398**	**2481**	**5263**	**2946**	**2317**
和平区									
河东区									
河西区									
南开区									
河北区									
红桥区									
东丽区									
西青区	76	43	33	125	74	51	211	117	94
津南区									
北辰区	696	450	246	1154	710	444	645	392	253
武清区	1336	806	530	998	575	423	1375	727	648
宝坻区	273	151	122	149	102	47	291	189	102
滨海新区	317	163	154	476	309	167	538	275	263
宁河区	187	120	67	212	130	82	433	251	182
静海区	1661	808	853	2562	1387	1175	1407	776	631
蓟州区	471	242	229	203	111	92	363	219	144

1-3b　续表 3

单位：人

地　区	30-34岁			35-39岁			40-44岁		
	小计	男	女	小计	男	女	小计	男	女
天　津	**7316**	**4062**	**3254**	**5813**	**3232**	**2581**	**5325**	**2886**	**2439**
和平区									
河东区									
河西区									
南开区									
河北区									
红桥区									
东丽区									
西青区	389	222	167	357	197	160	198	96	102
津南区									
北辰区	779	448	331	677	390	287	590	332	258
武清区	2208	1219	989	1755	966	789	1627	879	748
宝坻区	504	311	193	339	215	124	368	215	153
滨海新区	628	294	334	467	241	226	472	258	214
宁河区	522	287	235	382	214	168	356	178	178
静海区	1602	913	689	1281	718	563	1336	738	598
蓟州区	684	368	316	555	291	264	378	190	188

1−3b 续表 4

单位：人

地区	45−49岁			50−54岁			55−59岁		
	小计	男	女	小计	男	女	小计	男	女
天津	**5926**	**3166**	**2760**	**6053**	**3201**	**2852**	**5122**	**2607**	**2515**
和平区									
河东区									
河西区									
南开区									
河北区									
红桥区									
东丽区									
西青区	168	85	83	147	77	70	176	93	83
津南区									
北辰区	642	366	276	685	394	291	617	322	295
武清区	1599	845	754	1380	695	685	1273	619	654
宝坻区	439	261	178	487	283	204	386	202	184
滨海新区	579	299	280	544	300	244	361	186	175
宁河区	376	206	170	510	260	250	449	257	192
静海区	1610	862	748	1573	827	746	1188	609	579
蓟州区	513	242	271	727	365	362	672	319	353

1−3b 续表 5

单位：人

地区	60−64岁			65−69岁			70−74岁		
	小计	男	女	小计	男	女	小计	男	女
天津	**4029**	**2017**	**2012**	**3773**	**1885**	**1888**	**2396**	**1131**	**1265**
和平区									
河东区									
河西区									
南开区									
河北区									
红桥区									
东丽区									
西青区	176	91	85	109	63	46	47	23	24
津南区									
北辰区	486	251	235	451	217	234	232	107	125
武清区	933	460	473	921	470	451	592	278	314
宝坻区	294	153	141	250	127	123	157	75	82
滨海新区	296	152	144	277	151	126	203	96	107
宁河区	347	175	172	342	169	173	198	95	103
静海区	884	422	462	883	421	462	584	273	311
蓟州区	613	313	300	540	267	273	383	184	199

1-3b 续表 6

单位：人

地　区	75-79岁			80-84岁			85-89岁		
	小计	男	女	小计	男	女	小计	男	女
天　津	**1279**	**579**	**700**	**748**	**361**	**387**	**346**	**162**	**184**
和平区									
河东区									
河西区									
南开区									
河北区									
红桥区									
东丽区									
西青区	26	13	13	15	6	9	11	4	7
津南区									
北辰区	151	39	112	83	37	46	36	18	18
武清区	335	156	179	157	70	87	81	42	39
宝坻区	100	46	54	69	34	35	32	17	15
滨海新区	89	31	58	72	35	37	24	11	13
宁河区	118	58	60	50	22	28	24	12	12
静海区	268	148	120	173	96	77	83	36	47
蓟州区	192	88	104	129	61	68	55	22	33

1-3b 续表 7

单位：人

地　区	90-94岁			95-99岁			100岁及以上		
	小计	男	女	小计	男	女	小计	男	女
天　津	**106**	**40**	**66**	**15**	**4**	**11**	**2**		**2**
和平区									
河东区									
河西区									
南开区									
河北区									
红桥区									
东丽区									
西青区	2		2						
津南区									
北辰区	7	3	4				1		1
武清区	20	3	17	4	1	3	1		1
宝坻区	18	6	12	1	1				
滨海新区	5	3	2						
宁河区	13	7	6						
静海区	21	10	11	2		2			
蓟州区	20	8	12	8	2	6			

1-3c　各地区分年龄、性别的人口(乡村)

单位：人

地　区	合　计			0岁		
	合计	男	女	小计	男	女
天　津	**202592**	**103992**	**98600**	**1268**	**645**	**623**
和平区						
河东区						
河西区						
南开区						
河北区						
红桥区						
东丽区						
西青区	5796	3058	2738	21	15	6
津南区						
北辰区	7278	3648	3630	36	20	16
武清区	49949	25307	24642	291	139	152
宝坻区	39542	20371	19171	284	142	142
滨海新区	7798	4085	3713	39	24	15
宁河区	20173	10263	9910	122	58	64
静海区	31864	16579	15285	173	94	79
蓟州区	40192	20681	19511	302	153	149

1-3c　续表 1

单位：人

地　区	1-4岁			5-9岁			10-14岁		
	小计	男	女	小计	男	女	小计	男	女
天　津	**7057**	**3607**	**3450**	**10369**	**5399**	**4970**	**11670**	**6236**	**5434**
和平区									
河东区									
河西区									
南开区									
河北区									
红桥区									
东丽区									
西青区	215	119	96	264	140	124	250	141	109
津南区									
北辰区	269	136	133	339	168	171	340	141	199
武清区	1654	857	797	2218	1119	1099	2362	1276	1086
宝坻区	1487	741	746	1940	1019	921	2076	1077	999
滨海新区	199	111	88	298	164	134	511	288	223
宁河区	687	319	368	1124	550	574	1255	655	600
静海区	1075	567	508	1772	988	784	2329	1300	1029
蓟州区	1471	757	714	2414	1251	1163	2547	1358	1189

1-3c　续表 2　　　　单位：人

地　区	15-19岁			20-24岁			25-29岁		
	小计	男	女	小计	男	女	小计	男	女
天　津	**8207**	**4439**	**3768**	**7522**	**4144**	**3378**	**11122**	**6131**	**4991**
和平区									
河东区									
河西区									
南开区									
河北区									
红桥区									
东丽区									
西青区	281	143	138	290	174	116	350	192	158
津南区									
北辰区	295	161	134	352	204	148	466	251	215
武清区	2360	1200	1160	2170	1155	1015	2581	1355	1226
宝坻区	1112	599	513	892	486	406	2092	1181	911
滨海新区	393	220	173	417	228	189	425	254	171
宁河区	850	465	385	814	468	346	1283	713	570
静海区	1644	946	698	1429	789	640	1871	1038	833
蓟州区	1272	705	567	1158	640	518	2054	1147	907

1-3c　续表 3　　　　单位：人

地　区	30-34岁			35-39岁			40-44岁		
	小计	男	女	小计	男	女	小计	男	女
天　津	**16337**	**8597**	**7740**	**12437**	**6571**	**5866**	**12271**	**6456**	**5815**
和平区									
河东区									
河西区									
南开区									
河北区									
红桥区									
东丽区									
西青区	482	267	215	386	210	176	432	239	193
津南区									
北辰区	600	295	305	510	271	239	524	263	261
武清区	4012	2047	1965	3181	1662	1519	3356	1792	1564
宝坻区	3388	1834	1554	2195	1170	1025	2403	1264	1139
滨海新区	424	234	190	365	199	166	502	270	232
宁河区	1690	841	849	1273	674	599	1175	627	548
静海区	2138	1134	1004	1843	969	874	2039	1052	987
蓟州区	3603	1945	1658	2684	1416	1268	1840	949	891

1-3c 续表 4

单位：人

地　　区	45-49岁			50-54岁			55-59岁		
	小计	男	女	小计	男	女	小计	男	女
天　　津	**15783**	**8100**	**7683**	**19381**	**9629**	**9752**	**18405**	**9010**	**9395**
和 平 区									
河 东 区									
河 西 区									
南 开 区									
河 北 区									
红 桥 区									
东 丽 区									
西 青 区	536	284	252	671	348	323	492	254	238
津 南 区									
北 辰 区	575	291	284	697	355	342	717	365	352
武 清 区	3948	2028	1920	4380	2167	2213	4835	2273	2562
宝 坻 区	3143	1639	1504	4010	1986	2024	3810	1907	1903
滨海新区	663	339	324	807	417	390	687	348	339
宁 河 区	1396	697	699	1942	920	1022	1726	880	846
静 海 区	2776	1466	1310	2996	1497	1499	2286	1085	1201
蓟 州 区	2746	1356	1390	3878	1939	1939	3852	1898	1954

1-3c 续表 5

单位：人

地　　区	60-64岁			65-69岁			70-74岁		
	小计	男	女	小计	男	女	小计	男	女
天　　津	**14959**	**7433**	**7526**	**15398**	**7637**	**7761**	**9940**	**4842**	**5098**
和 平 区									
河 东 区									
河 西 区									
南 开 区									
河 北 区									
红 桥 区									
东 丽 区									
西 青 区	333	166	167	322	141	181	217	101	116
津 南 区									
北 辰 区	527	258	269	452	214	238	279	125	154
武 清 区	3716	1834	1882	3836	1972	1864	2516	1242	1274
宝 坻 区	2924	1492	1432	3248	1615	1633	2111	1052	1059
滨海新区	561	277	284	638	299	339	416	195	221
宁 河 区	1571	781	790	1477	734	743	893	431	462
静 海 区	2197	1019	1178	2430	1151	1279	1533	710	823
蓟 州 区	3130	1606	1524	2995	1511	1484	1975	986	989

1-3c　续表 6　　　　单位：人

地　区	75-79岁			80-84岁			85-89岁		
	小计	男	女	小计	男	女	小计	男	女
天　津	**5483**	**2746**	**2737**	**2899**	**1487**	**1412**	**1480**	**663**	**817**
和平区									
河东区									
河西区									
南开区									
河北区									
红桥区									
东丽区									
西青区	161	75	86	59	33	26	26	13	13
津南区									
北辰区	166	75	91	80	38	42	35	14	21
武清区	1401	664	737	708	365	343	286	112	174
宝坻区	1203	620	583	692	322	370	384	181	203
滨海新区	259	106	153	109	64	45	61	36	25
宁河区	498	247	251	223	118	105	123	63	60
静海区	713	427	286	360	215	145	189	98	91
蓟州区	1082	532	550	668	332	336	376	146	230

1-3c　续表 7　　　　单位：人

地　区	90-94岁			95-99岁			100岁及以上		
	小计	男	女	小计	男	女	小计	男	女
天　津	**527**	**197**	**330**	**71**	**21**	**50**	**6**	**2**	**4**
和平区									
河东区									
河西区									
南开区									
河北区									
红桥区									
东丽区									
西青区	7	3	4	1		1			
津南区									
北辰区	16	3	13	3		3			
武清区	117	43	74	20	5	15	1		1
宝坻区	130	38	92	15	4	11	3	2	1
滨海新区	20	10	10	4	2	2			
宁河区	46	20	26	5	2	3			
静海区	62	31	31	9	3	6			
蓟州区	129	49	80	14	5	9	2		2

1-4　全市分年龄、性别的人口

单位：人、%

年　龄	人　口　数			占总人口比重			性别比
	合计	男	女	合计	男	女	(女=100)
总　计	**1221778**	**620607**	**601171**	**100.00**	**50.80**	**49.20**	**103.23**
0-4岁	**50444**	**26049**	**24395**	**4.13**	**2.13**	**2.00**	**106.78**
0	6695	3449	3246	0.55	0.28	0.27	106.25
1	9444	4872	4572	0.77	0.40	0.37	106.56
2	9957	5147	4810	0.81	0.42	0.39	107.01
3	12435	6447	5988	1.02	0.53	0.49	107.67
4	11913	6134	5779	0.98	0.50	0.47	106.14
5-9岁	**58471**	**30793**	**27678**	**4.79**	**2.52**	**2.27**	**111.25**
5	9184	4825	4359	0.75	0.39	0.36	110.69
6	13580	7149	6431	1.11	0.59	0.53	111.16
7	11584	6101	5483	0.95	0.50	0.45	111.27
8	12745	6758	5987	1.04	0.55	0.49	112.88
9	11378	5960	5418	0.93	0.49	0.44	110.00
10-14岁	**51930**	**27669**	**24261**	**4.25**	**2.26**	**1.99**	**114.05**
10	10874	5804	5070	0.89	0.48	0.41	114.48
11	10756	5698	5058	0.88	0.47	0.41	112.65
12	10479	5589	4890	0.86	0.46	0.40	114.29
13	10240	5500	4740	0.84	0.45	0.39	116.03
14	9581	5078	4503	0.78	0.42	0.37	112.77
15-19岁	**54964**	**29554**	**25410**	**4.50**	**2.42**	**2.08**	**116.31**
15	9595	5094	4501	0.79	0.42	0.37	113.17
16	10073	5521	4552	0.82	0.45	0.37	121.29
17	8723	4826	3897	0.71	0.39	0.32	123.84
18	11383	6163	5220	0.93	0.50	0.43	118.07
19	15190	7950	7240	1.24	0.65	0.59	109.81
20-24岁	**68243**	**36476**	**31767**	**5.59**	**2.99**	**2.60**	**114.82**
20	16495	8748	7747	1.35	0.72	0.63	112.92
21	14467	7714	6753	1.18	0.63	0.55	114.23
22	12683	6923	5760	1.04	0.57	0.47	120.19
23	12167	6518	5649	1.00	0.53	0.46	115.38
24	12431	6573	5858	1.02	0.54	0.48	112.21
25-29岁	**76106**	**39954**	**36152**	**6.23**	**3.27**	**2.96**	**110.52**
25	13601	7299	6302	1.11	0.60	0.52	115.82
26	13824	7151	6673	1.13	0.59	0.55	107.16
27	15154	7927	7227	1.24	0.65	0.59	109.69
28	16129	8442	7687	1.32	0.69	0.63	109.82
29	17398	9135	8263	1.42	0.75	0.68	110.55

1-4　续表 1　　　　单位：人、%

年　龄	人口数			占总人口比重			性别比
	合计	男	女	合计	男	女	(女=100)
30-34岁	**120143**	**61869**	**58274**	**9.83**	**5.06**	**4.77**	**106.17**
30	22994	11875	11119	1.88	0.97	0.91	106.80
31	23999	12389	11610	1.96	1.01	0.95	106.71
32	23616	12200	11416	1.93	1.00	0.93	106.87
33	25838	13237	12601	2.11	1.08	1.03	105.05
34	23696	12168	11528	1.94	1.00	0.94	105.55
35-39岁	**107811**	**55430**	**52381**	**8.82**	**4.54**	**4.29**	**105.82**
35	20434	10621	9813	1.67	0.87	0.80	108.23
36	20971	10766	10205	1.72	0.88	0.84	105.50
37	22029	11354	10675	1.80	0.93	0.87	106.36
38	24678	12593	12085	2.02	1.03	0.99	104.20
39	19699	10096	9603	1.61	0.83	0.79	105.13
40-44岁	**83997**	**43112**	**40885**	**6.87**	**3.53**	**3.35**	**105.45**
40	16511	8624	7887	1.35	0.71	0.65	109.34
41	18553	9471	9082	1.52	0.78	0.74	104.28
42	17663	9066	8597	1.45	0.74	0.70	105.46
43	15420	7792	7628	1.26	0.64	0.62	102.15
44	15850	8159	7691	1.30	0.67	0.63	106.09
45-49岁	**86252**	**44095**	**42157**	**7.06**	**3.61**	**3.45**	**104.60**
45	14961	7668	7293	1.22	0.63	0.60	105.14
46	16052	8231	7821	1.31	0.67	0.64	105.24
47	17883	9112	8771	1.46	0.75	0.72	103.89
48	18342	9460	8882	1.50	0.77	0.73	106.51
49	19014	9624	9390	1.56	0.79	0.77	102.49
50-54岁	**89915**	**45463**	**44452**	**7.36**	**3.72**	**3.64**	**102.27**
50	20278	10289	9989	1.66	0.84	0.82	103.00
51	18279	9186	9093	1.50	0.75	0.74	101.02
52	19555	9956	9599	1.60	0.81	0.79	103.72
53	14575	7271	7304	1.19	0.60	0.60	99.55
54	17228	8761	8467	1.41	0.72	0.69	103.47
55-59岁	**96757**	**48196**	**48561**	**7.92**	**3.94**	**3.97**	**99.25**
55	18284	9115	9169	1.50	0.75	0.75	99.41
56	20384	10199	10185	1.67	0.83	0.83	100.14
57	27610	13815	13795	2.26	1.13	1.13	100.14
58	18570	9226	9344	1.52	0.76	0.76	98.74
59	11909	5841	6068	0.97	0.48	0.50	96.26
60-64岁	**90790**	**44536**	**46254**	**7.43**	**3.65**	**3.79**	**96.29**
60	17475	8694	8781	1.43	0.71	0.72	99.01
61	15705	7662	8043	1.29	0.63	0.66	95.26
62	19173	9442	9731	1.57	0.77	0.80	97.03
63	20086	9787	10299	1.64	0.80	0.84	95.03
64	18351	8951	9400	1.50	0.73	0.77	95.22

1-4 续表 2

单位：人、%

年 龄	人口数			占总人口比重			性别比
	合计	男	女	合计	男	女	(女=100)
65-69岁	**81120**	**39049**	**42071**	**6.64**	**3.20**	**3.44**	**92.82**
65	18735	9110	9625	1.53	0.75	0.79	94.65
66	17934	8722	9212	1.47	0.71	0.75	94.68
67	15936	7575	8361	1.30	0.62	0.68	90.60
68	15101	7252	7849	1.24	0.59	0.64	92.39
69	13414	6390	7024	1.10	0.52	0.57	90.97
70-74岁	**48170**	**22905**	**25265**	**3.94**	**1.87**	**2.07**	**90.66**
70	11734	5649	6085	0.96	0.46	0.50	92.83
71	10692	5110	5582	0.88	0.42	0.46	91.54
72	8550	4063	4487	0.70	0.33	0.37	90.55
73	9141	4329	4812	0.75	0.35	0.39	89.96
74	8053	3754	4299	0.66	0.31	0.35	87.32
75-79岁	**26995**	**12431**	**14564**	**2.21**	**1.02**	**1.19**	**85.35**
75	6831	3173	3658	0.56	0.26	0.30	86.74
76	5397	2548	2849	0.44	0.21	0.23	89.43
77	5115	2320	2795	0.42	0.19	0.23	83.01
78	5059	2277	2782	0.41	0.19	0.23	81.85
79	4593	2113	2480	0.38	0.17	0.20	85.20
80-84岁	**17100**	**7673**	**9427**	**1.40**	**0.63**	**0.77**	**81.39**
80	3797	1778	2019	0.31	0.15	0.17	88.06
81	3785	1650	2135	0.31	0.14	0.17	77.28
82	3573	1588	1985	0.29	0.13	0.16	80.00
83	3062	1369	1693	0.25	0.11	0.14	80.86
84	2883	1288	1595	0.24	0.11	0.13	80.75
85-89岁	**9027**	**3937**	**5090**	**0.74**	**0.32**	**0.42**	**77.35**
85	2596	1111	1485	0.21	0.09	0.12	74.81
86	2123	983	1140	0.17	0.08	0.09	86.23
87	1910	825	1085	0.16	0.07	0.09	76.04
88	1361	570	791	0.11	0.05	0.06	72.06
89	1037	448	589	0.08	0.04	0.05	76.06
90-94岁	**2969**	**1200**	**1769**	**0.24**	**0.10**	**0.14**	**67.83**
90	1035	425	610	0.08	0.03	0.05	69.67
91	714	272	442	0.06	0.02	0.04	61.54
92	550	214	336	0.05	0.02	0.03	63.69
93	397	182	215	0.03	0.01	0.02	84.65
94	273	107	166	0.02	0.01	0.01	64.46
95-99岁	**520**	**200**	**320**	**0.04**	**0.02**	**0.03**	**62.50**
95	208	81	127	0.02	0.01	0.01	63.78
96	151	53	98	0.01		0.01	54.08
97	77	32	45	0.01			71.11
98	53	19	34				55.88
99	31	15	16				93.75
100岁及以上	**54**	**16**	**38**				**42.11**

1-4a 全市分年龄、性别的人口(城市)

单位：人、%

年 龄	人口数			占总人口比重			性别比
	合计	男	女	合计	男	女	(女=100)
总 计	**944867**	**476846**	**468021**	**100.00**	**50.47**	**49.53**	**101.89**
0-4岁	**39235**	**20275**	**18960**	**4.15**	**2.15**	**2.01**	**106.94**
0	5018	2589	2429	0.53	0.27	0.26	106.59
1	7344	3777	3567	0.78	0.40	0.38	105.89
2	7711	3984	3727	0.82	0.42	0.39	106.90
3	9697	5037	4660	1.03	0.53	0.49	108.09
4	9465	4888	4577	1.00	0.52	0.48	106.79
5-9岁	**44620**	**23516**	**21104**	**4.72**	**2.49**	**2.23**	**111.43**
5	7179	3770	3409	0.76	0.40	0.36	110.59
6	10673	5633	5040	1.13	0.60	0.53	111.77
7	8841	4651	4190	0.94	0.49	0.44	111.00
8	9536	5057	4479	1.01	0.54	0.47	112.90
9	8391	4405	3986	0.89	0.47	0.42	110.51
10-14岁	**36715**	**19524**	**17191**	**3.89**	**2.07**	**1.82**	**113.57**
10	7943	4221	3722	0.84	0.45	0.39	113.41
11	7667	4090	3577	0.81	0.43	0.38	114.34
12	7362	3925	3437	0.78	0.42	0.36	114.20
13	7212	3837	3375	0.76	0.41	0.36	113.69
14	6531	3451	3080	0.69	0.37	0.33	112.05
15-19岁	**41740**	**22332**	**19408**	**4.42**	**2.36**	**2.05**	**115.07**
15	6757	3577	3180	0.72	0.38	0.34	112.48
16	7367	4030	3337	0.78	0.43	0.35	120.77
17	6365	3545	2820	0.67	0.38	0.30	125.71
18	8852	4764	4088	0.94	0.50	0.43	116.54
19	12399	6416	5983	1.31	0.68	0.63	107.24
20-24岁	**54842**	**28934**	**25908**	**5.80**	**3.06**	**2.74**	**111.68**
20	13714	7134	6580	1.45	0.76	0.70	108.42
21	11731	6192	5539	1.24	0.66	0.59	111.79
22	10064	5424	4640	1.07	0.57	0.49	116.90
23	9572	5077	4495	1.01	0.54	0.48	112.95
24	9761	5107	4654	1.03	0.54	0.49	109.73
25-29岁	**59721**	**30877**	**28844**	**6.32**	**3.27**	**3.05**	**107.05**
25	10491	5562	4929	1.11	0.59	0.52	112.84
26	10804	5500	5304	1.14	0.58	0.56	103.70
27	11906	6146	5760	1.26	0.65	0.61	106.70
28	12810	6580	6230	1.36	0.70	0.66	105.62
29	13710	7089	6621	1.45	0.75	0.70	107.07

1−4a 续表 1

单位：人、%

年龄	人口数			占总人口比重			性别比
	合计	男	女	合计	男	女	(女=100)
30−34岁	**96490**	**49210**	**47280**	**10.21**	**5.21**	**5.00**	**104.08**
30	18086	9223	8863	1.91	0.98	0.94	104.06
31	19139	9824	9315	2.03	1.04	0.99	105.46
32	18999	9754	9245	2.01	1.03	0.98	105.51
33	20879	10589	10290	2.21	1.12	1.09	102.91
34	19387	9820	9567	2.05	1.04	1.01	102.64
35−39岁	**89561**	**45627**	**43934**	**9.48**	**4.83**	**4.65**	**103.85**
35	16882	8721	8161	1.79	0.92	0.86	106.86
36	17609	8965	8644	1.86	0.95	0.91	103.71
37	18598	9508	9090	1.97	1.01	0.96	104.60
38	20353	10254	10099	2.15	1.09	1.07	101.53
39	16119	8179	7940	1.71	0.87	0.84	103.01
40−44岁	**66401**	**33770**	**32631**	**7.03**	**3.57**	**3.45**	**103.49**
40	13531	7009	6522	1.43	0.74	0.69	107.47
41	14756	7417	7339	1.56	0.78	0.78	101.06
42	13906	7087	6819	1.47	0.75	0.72	103.93
43	12015	6019	5996	1.27	0.64	0.63	100.38
44	12193	6238	5955	1.29	0.66	0.63	104.75
45−49岁	**64543**	**32829**	**31714**	**6.83**	**3.47**	**3.36**	**103.52**
45	11430	5800	5630	1.21	0.61	0.60	103.02
46	12131	6197	5934	1.28	0.66	0.63	104.43
47	13579	6906	6673	1.44	0.73	0.71	103.49
48	13550	6978	6572	1.43	0.74	0.70	106.18
49	13853	6948	6905	1.47	0.74	0.73	100.62
50−54岁	**64481**	**32633**	**31848**	**6.82**	**3.45**	**3.37**	**102.46**
50	14858	7521	7337	1.57	0.80	0.78	102.51
51	13448	6769	6679	1.42	0.72	0.71	101.35
52	14178	7223	6955	1.50	0.76	0.74	103.85
53	10108	5034	5074	1.07	0.53	0.54	99.21
54	11889	6086	5803	1.26	0.64	0.61	104.88
55−59岁	**73230**	**36579**	**36651**	**7.75**	**3.87**	**3.88**	**99.80**
55	13014	6525	6489	1.38	0.69	0.69	100.55
56	15232	7656	7576	1.61	0.81	0.80	101.06
57	21179	10644	10535	2.24	1.13	1.11	101.03
58	14280	7102	7178	1.51	0.75	0.76	98.94
59	9525	4652	4873	1.01	0.49	0.52	95.46
60−64岁	**71802**	**35086**	**36716**	**7.60**	**3.71**	**3.89**	**95.56**
60	13976	6908	7068	1.48	0.73	0.75	97.74
61	12692	6194	6498	1.34	0.66	0.69	95.32
62	15168	7466	7702	1.61	0.79	0.82	96.94
63	15741	7630	8111	1.67	0.81	0.86	94.07
64	14225	6888	7337	1.51	0.73	0.78	93.88

1-4a　续表 2　　　　单位：人、%

年　龄	人口数			占总人口比重			性别比
	合计	男	女	合计	男	女	(女=100)
65-69岁	**61949**	**29527**	**32422**	**6.56**	**3.12**	**3.43**	**91.07**
65	14567	7019	7548	1.54	0.74	0.80	92.99
66	13929	6707	7222	1.47	0.71	0.76	92.87
67	12175	5737	6438	1.29	0.61	0.68	89.11
68	11249	5333	5916	1.19	0.56	0.63	90.15
69	10029	4731	5298	1.06	0.50	0.56	89.30
70-74岁	**35834**	**16932**	**18902**	**3.79**	**1.79**	**2.00**	**89.58**
70	9010	4325	4685	0.95	0.46	0.50	92.32
71	7570	3607	3963	0.80	0.38	0.42	91.02
72	6374	3009	3365	0.67	0.32	0.36	89.42
73	6884	3218	3666	0.73	0.34	0.39	87.78
74	5996	2773	3223	0.63	0.29	0.34	86.04
75-79岁	**20233**	**9106**	**11127**	**2.14**	**0.96**	**1.18**	**81.84**
75	5088	2309	2779	0.54	0.24	0.29	83.09
76	3920	1826	2094	0.41	0.19	0.22	87.20
77	3783	1689	2094	0.40	0.18	0.22	80.66
78	3899	1711	2188	0.41	0.18	0.23	78.20
79	3543	1571	1972	0.37	0.17	0.21	79.67
80-84岁	**13453**	**5825**	**7628**	**1.42**	**0.62**	**0.81**	**76.36**
80	2966	1347	1619	0.31	0.14	0.17	83.20
81	2996	1254	1742	0.32	0.13	0.18	71.99
82	2804	1185	1619	0.30	0.13	0.17	73.19
83	2428	1042	1386	0.26	0.11	0.15	75.18
84	2259	997	1262	0.24	0.11	0.13	79.00
85-89岁	**7201**	**3112**	**4089**	**0.76**	**0.33**	**0.43**	**76.11**
85	2081	863	1218	0.22	0.09	0.13	70.85
86	1705	773	932	0.18	0.08	0.10	82.94
87	1514	652	862	0.16	0.07	0.09	75.64
88	1076	450	626	0.11	0.05	0.07	71.88
89	825	374	451	0.09	0.04	0.05	82.93
90-94岁	**2336**	**963**	**1373**	**0.25**	**0.10**	**0.15**	**70.14**
90	833	342	491	0.09	0.04	0.05	69.65
91	568	226	342	0.06	0.02	0.04	66.08
92	430	175	255	0.05	0.02	0.03	68.63
93	297	134	163	0.03	0.01	0.02	82.21
94	208	86	122	0.02	0.01	0.01	70.49
95-99岁	**434**	**175**	**259**	**0.05**	**0.02**	**0.03**	**67.57**
95	175	67	108	0.02	0.01	0.01	62.04
96	118	47	71	0.01		0.01	66.20
97	69	30	39	0.01			76.92
98	44	17	27				62.96
99	28	14	14				100.00
100岁及以上	**46**	**14**	**32**				**43.75**

1-4b 全市分年龄、性别的人口(镇)

单位：人、%

年龄	人口数			占总人口比重			性别比
	合计	男	女	合计	男	女	(女=100)
总计	**74319**	**39769**	**34550**	**100.00**	**53.51**	**46.49**	**115.11**
0-4岁	**2884**	**1522**	**1362**	**3.88**	**2.05**	**1.83**	**111.75**
0	409	215	194	0.55	0.29	0.26	110.82
1	590	309	281	0.79	0.42	0.38	109.96
2	571	304	267	0.77	0.41	0.36	113.86
3	676	354	322	0.91	0.48	0.43	109.94
4	638	340	298	0.86	0.46	0.40	114.09
5-9岁	**3482**	**1878**	**1604**	**4.69**	**2.53**	**2.16**	**117.08**
5	555	291	264	0.75	0.39	0.36	110.23
6	763	415	348	1.03	0.56	0.47	119.25
7	670	361	309	0.90	0.49	0.42	116.83
8	749	422	327	1.01	0.57	0.44	129.05
9	745	389	356	1.00	0.52	0.48	109.27
10-14岁	**3545**	**1909**	**1636**	**4.77**	**2.57**	**2.20**	**116.69**
10	672	369	303	0.90	0.50	0.41	121.78
11	712	370	342	0.96	0.50	0.46	108.19
12	712	375	337	0.96	0.50	0.45	111.28
13	738	400	338	0.99	0.54	0.45	118.34
14	711	395	316	0.96	0.53	0.43	125.00
15-19岁	**5017**	**2783**	**2234**	**6.75**	**3.74**	**3.01**	**124.57**
15	784	426	358	1.05	0.57	0.48	118.99
16	972	568	404	1.31	0.76	0.54	140.59
17	956	548	408	1.29	0.74	0.55	134.31
18	938	523	415	1.26	0.70	0.56	126.02
19	1367	718	649	1.84	0.97	0.87	110.63
20-24岁	**5879**	**3398**	**2481**	**7.91**	**4.57**	**3.34**	**136.96**
20	1512	895	617	2.03	1.20	0.83	145.06
21	1378	769	609	1.85	1.03	0.82	126.27
22	1051	613	438	1.41	0.82	0.59	139.95
23	1010	591	419	1.36	0.80	0.56	141.05
24	928	530	398	1.25	0.71	0.54	133.17
25-29岁	**5263**	**2946**	**2317**	**7.08**	**3.96**	**3.12**	**127.15**
25	1070	613	457	1.44	0.82	0.61	134.14
26	987	539	448	1.33	0.73	0.60	120.31
27	992	548	444	1.33	0.74	0.60	123.42
28	1087	609	478	1.46	0.82	0.64	127.41
29	1127	637	490	1.52	0.86	0.66	130.00

1-4b 续表 1

单位：人、%

年 龄	人口数			占总人口比重			性别比
	合计	男	女	合计	男	女	(女=100)
30-34岁	**7316**	**4062**	**3254**	**9.84**	**5.47**	**4.38**	**124.83**
30	1515	861	654	2.04	1.16	0.88	131.65
31	1497	818	679	2.01	1.10	0.91	120.47
32	1430	761	669	1.92	1.02	0.90	113.75
33	1498	823	675	2.02	1.11	0.91	121.93
34	1376	799	577	1.85	1.08	0.78	138.47
35-39岁	**5813**	**3232**	**2581**	**7.82**	**4.35**	**3.47**	**125.22**
35	1148	639	509	1.54	0.86	0.68	125.54
36	1103	616	487	1.48	0.83	0.66	126.49
37	1147	650	497	1.54	0.87	0.67	130.78
38	1304	701	603	1.75	0.94	0.81	116.25
39	1111	626	485	1.49	0.84	0.65	129.07
40-44岁	**5325**	**2886**	**2439**	**7.17**	**3.88**	**3.28**	**118.33**
40	994	547	447	1.34	0.74	0.60	122.37
41	1131	623	508	1.52	0.84	0.68	122.64
42	1162	638	524	1.56	0.86	0.71	121.76
43	998	505	493	1.34	0.68	0.66	102.43
44	1040	573	467	1.40	0.77	0.63	122.70
45-49岁	**5926**	**3166**	**2760**	**7.97**	**4.26**	**3.71**	**114.71**
45	1026	557	469	1.38	0.75	0.63	118.76
46	1119	605	514	1.51	0.81	0.69	117.70
47	1168	587	581	1.57	0.79	0.78	101.03
48	1248	679	569	1.68	0.91	0.77	119.33
49	1365	738	627	1.84	0.99	0.84	117.70
50-54岁	**6053**	**3201**	**2852**	**8.14**	**4.31**	**3.84**	**112.24**
50	1356	736	620	1.82	0.99	0.83	118.71
51	1130	588	542	1.52	0.79	0.73	108.49
52	1327	689	638	1.79	0.93	0.86	107.99
53	1071	564	507	1.44	0.76	0.68	111.24
54	1169	624	545	1.57	0.84	0.73	114.50
55-59岁	**5122**	**2607**	**2515**	**6.89**	**3.51**	**3.38**	**103.66**
55	1243	650	593	1.67	0.87	0.80	109.61
56	1134	578	556	1.53	0.78	0.75	103.96
57	1412	731	681	1.90	0.98	0.92	107.34
58	833	408	425	1.12	0.55	0.57	96.00
59	500	240	260	0.67	0.32	0.35	92.31
60-64岁	**4029**	**2017**	**2012**	**5.42**	**2.71**	**2.71**	**100.25**
60	770	389	381	1.04	0.52	0.51	102.10
61	647	325	322	0.87	0.44	0.43	100.93
62	835	409	426	1.12	0.55	0.57	96.01
63	902	452	450	1.21	0.61	0.61	100.44
64	875	442	433	1.18	0.59	0.58	102.08

1-4b 续表 2

单位：人、%

年 龄	人口数			占总人口比重			性别比
	合计	男	女	合计	男	女	(女=100)
65-69岁	**3773**	**1885**	**1888**	**5.08**	**2.54**	**2.54**	**99.84**
65	851	423	428	1.15	0.57	0.58	98.83
66	791	411	380	1.06	0.55	0.51	108.16
67	719	353	366	0.97	0.47	0.49	96.45
68	775	389	386	1.04	0.52	0.52	100.78
69	637	309	328	0.86	0.42	0.44	94.21
70-74岁	**2396**	**1131**	**1265**	**3.22**	**1.52**	**1.70**	**89.41**
70	521	258	263	0.70	0.35	0.35	98.10
71	603	256	347	0.81	0.34	0.47	73.78
72	446	233	213	0.60	0.31	0.29	109.39
73	411	190	221	0.55	0.26	0.30	85.97
74	415	194	221	0.56	0.26	0.30	87.78
75-79岁	**1279**	**579**	**700**	**1.72**	**0.78**	**0.94**	**82.71**
75	351	166	185	0.47	0.22	0.25	89.73
76	274	119	155	0.37	0.16	0.21	76.77
77	225	110	115	0.30	0.15	0.15	95.65
78	230	100	130	0.31	0.13	0.17	76.92
79	199	84	115	0.27	0.11	0.15	73.04
80-84岁	**748**	**361**	**387**	**1.01**	**0.49**	**0.52**	**93.28**
80	167	83	84	0.22	0.11	0.11	98.81
81	166	87	79	0.22	0.12	0.11	110.13
82	167	87	80	0.22	0.12	0.11	108.75
83	125	60	65	0.17	0.08	0.09	92.31
84	123	44	79	0.17	0.06	0.11	55.70
85-89岁	**346**	**162**	**184**	**0.47**	**0.22**	**0.25**	**88.04**
85	97	54	43	0.13	0.07	0.06	125.58
86	79	37	42	0.11	0.05	0.06	88.10
87	80	36	44	0.11	0.05	0.06	81.82
88	49	18	31	0.07	0.02	0.04	58.06
89	41	17	24	0.06	0.02	0.03	70.83
90-94岁	**106**	**40**	**66**	**0.14**	**0.05**	**0.09**	**60.61**
90	44	18	26	0.06	0.02	0.03	69.23
91	19	5	14	0.03	0.01	0.02	35.71
92	18	6	12	0.02	0.01	0.02	50.00
93	13	8	5	0.02	0.01	0.01	160.00
94	12	3	9	0.02		0.01	33.33
95-99岁	**15**	**4**	**11**	**0.02**	**0.01**	**0.01**	**36.36**
95	6	2	4	0.01		0.01	50.00
96	5	1	4	0.01		0.01	25.00
97	1		1				
98	1		1				
99	2	1	1				100.00
100岁及以上	**2**		**2**				

1-4c　全市分年龄、性别的人口(乡村)

单位：人、%

年　龄	人　口　数			占总人口比重			性别比
	合计	男	女	合计	男	女	(女=100)
总　计	**202592**	**103992**	**98600**	**100.00**	**51.33**	**48.67**	**105.47**
0-4岁	**8325**	**4252**	**4073**	**4.11**	**2.10**	**2.01**	**104.39**
0	1268	645	623	0.63	0.32	0.31	103.53
1	1510	786	724	0.75	0.39	0.36	108.56
2	1675	859	816	0.83	0.42	0.40	105.27
3	2062	1056	1006	1.02	0.52	0.50	104.97
4	1810	906	904	0.89	0.45	0.45	100.22
5-9岁	**10369**	**5399**	**4970**	**5.12**	**2.66**	**2.45**	**108.63**
5	1450	764	686	0.72	0.38	0.34	111.37
6	2144	1101	1043	1.06	0.54	0.51	105.56
7	2073	1089	984	1.02	0.54	0.49	110.67
8	2460	1279	1181	1.21	0.63	0.58	108.30
9	2242	1166	1076	1.11	0.58	0.53	108.36
10-14岁	**11670**	**6236**	**5434**	**5.76**	**3.08**	**2.68**	**114.76**
10	2259	1214	1045	1.12	0.60	0.52	116.17
11	2377	1238	1139	1.17	0.61	0.56	108.69
12	2405	1289	1116	1.19	0.64	0.55	115.50
13	2290	1263	1027	1.13	0.62	0.51	122.98
14	2339	1232	1107	1.15	0.61	0.55	111.29
15-19岁	**8207**	**4439**	**3768**	**4.05**	**2.19**	**1.86**	**117.81**
15	2054	1091	963	1.01	0.54	0.48	113.29
16	1734	923	811	0.86	0.46	0.40	113.81
17	1402	733	669	0.69	0.36	0.33	109.57
18	1593	876	717	0.79	0.43	0.35	122.18
19	1424	816	608	0.70	0.40	0.30	134.21
20-24岁	**7522**	**4144**	**3378**	**3.71**	**2.05**	**1.67**	**122.68**
20	1269	719	550	0.63	0.35	0.27	130.73
21	1358	753	605	0.67	0.37	0.30	124.46
22	1568	886	682	0.77	0.44	0.34	129.91
23	1585	850	735	0.78	0.42	0.36	115.65
24	1742	936	806	0.86	0.46	0.40	116.13
25-29岁	**11122**	**6131**	**4991**	**5.49**	**3.03**	**2.46**	**122.84**
25	2040	1124	916	1.01	0.55	0.45	122.71
26	2033	1112	921	1.00	0.55	0.45	120.74
27	2256	1233	1023	1.11	0.61	0.50	120.53
28	2232	1253	979	1.10	0.62	0.48	127.99
29	2561	1409	1152	1.26	0.70	0.57	122.31

1－4c 续表 1

单位：人、%

年 龄	人 口 数			占总人口比重			性别比
	合计	男	女	合计	男	女	(女=100)
30－34岁	**16337**	**8597**	**7740**	**8.06**	**4.24**	**3.82**	**111.07**
30	3393	1791	1602	1.67	0.88	0.79	111.80
31	3363	1747	1616	1.66	0.86	0.80	108.11
32	3187	1685	1502	1.57	0.83	0.74	112.18
33	3461	1825	1636	1.71	0.90	0.81	111.55
34	2933	1549	1384	1.45	0.76	0.68	111.92
35－39岁	**12437**	**6571**	**5866**	**6.14**	**3.24**	**2.90**	**112.02**
35	2404	1261	1143	1.19	0.62	0.56	110.32
36	2259	1185	1074	1.12	0.58	0.53	110.34
37	2284	1196	1088	1.13	0.59	0.54	109.93
38	3021	1638	1383	1.49	0.81	0.68	118.44
39	2469	1291	1178	1.22	0.64	0.58	109.59
40－44岁	**12271**	**6456**	**5815**	**6.06**	**3.19**	**2.87**	**111.02**
40	1986	1068	918	0.98	0.53	0.45	116.34
41	2666	1431	1235	1.32	0.71	0.61	115.87
42	2595	1341	1254	1.28	0.66	0.62	106.94
43	2407	1268	1139	1.19	0.63	0.56	111.33
44	2617	1348	1269	1.29	0.67	0.63	106.23
45－49岁	**15783**	**8100**	**7683**	**7.79**	**4.00**	**3.79**	**105.43**
45	2505	1311	1194	1.24	0.65	0.59	109.80
46	2802	1429	1373	1.38	0.71	0.68	104.08
47	3136	1619	1517	1.55	0.80	0.75	106.72
48	3544	1803	1741	1.75	0.89	0.86	103.56
49	3796	1938	1858	1.87	0.96	0.92	104.31
50－54岁	**19381**	**9629**	**9752**	**9.57**	**4.75**	**4.81**	**98.74**
50	4064	2032	2032	2.01	1.00	1.00	100.00
51	3701	1829	1872	1.83	0.90	0.92	97.70
52	4050	2044	2006	2.00	1.01	0.99	101.89
53	3396	1673	1723	1.68	0.83	0.85	97.10
54	4170	2051	2119	2.06	1.01	1.05	96.79
55－59岁	**18405**	**9010**	**9395**	**9.08**	**4.45**	**4.64**	**95.90**
55	4027	1940	2087	1.99	0.96	1.03	92.96
56	4018	1965	2053	1.98	0.97	1.01	95.71
57	5019	2440	2579	2.48	1.20	1.27	94.61
58	3457	1716	1741	1.71	0.85	0.86	98.56
59	1884	949	935	0.93	0.47	0.46	101.50
60－64岁	**14959**	**7433**	**7526**	**7.38**	**3.67**	**3.71**	**98.76**
60	2729	1397	1332	1.35	0.69	0.66	104.88
61	2366	1143	1223	1.17	0.56	0.60	93.46
62	3170	1567	1603	1.56	0.77	0.79	97.75
63	3443	1705	1738	1.70	0.84	0.86	98.10
64	3251	1621	1630	1.60	0.80	0.80	99.45

1-4c　续表 2　　　　　　　　　　　　　　　　单位：人、%

年　龄	人　口　数			占总人口比重			性别比
	合计	男	女	合计	男	女	(女=100)
65-69岁	**15398**	**7637**	**7761**	**7.60**	**3.77**	**3.83**	**98.40**
65	3317	1668	1649	1.64	0.82	0.81	101.15
66	3214	1604	1610	1.59	0.79	0.79	99.63
67	3042	1485	1557	1.50	0.73	0.77	95.38
68	3077	1530	1547	1.52	0.76	0.76	98.90
69	2748	1350	1398	1.36	0.67	0.69	96.57
70-74岁	**9940**	**4842**	**5098**	**4.91**	**2.39**	**2.52**	**94.98**
70	2203	1066	1137	1.09	0.53	0.56	93.76
71	2519	1247	1272	1.24	0.62	0.63	98.03
72	1730	821	909	0.85	0.41	0.45	90.32
73	1846	921	925	0.91	0.45	0.46	99.57
74	1642	787	855	0.81	0.39	0.42	92.05
75-79岁	**5483**	**2746**	**2737**	**2.71**	**1.36**	**1.35**	**100.33**
75	1392	698	694	0.69	0.34	0.34	100.58
76	1203	603	600	0.59	0.30	0.30	100.50
77	1107	521	586	0.55	0.26	0.29	88.91
78	930	466	464	0.46	0.23	0.23	100.43
79	851	458	393	0.42	0.23	0.19	116.54
80-84岁	**2899**	**1487**	**1412**	**1.43**	**0.73**	**0.70**	**105.31**
80	664	348	316	0.33	0.17	0.16	110.13
81	623	309	314	0.31	0.15	0.15	98.41
82	602	316	286	0.30	0.16	0.14	110.49
83	509	267	242	0.25	0.13	0.12	110.33
84	501	247	254	0.25	0.12	0.13	97.24
85-89岁	**1480**	**663**	**817**	**0.73**	**0.33**	**0.40**	**81.15**
85	418	194	224	0.21	0.10	0.11	86.61
86	339	173	166	0.17	0.09	0.08	104.22
87	316	137	179	0.16	0.07	0.09	76.54
88	236	102	134	0.12	0.05	0.07	76.12
89	171	57	114	0.08	0.03	0.06	50.00
90-94岁	**527**	**197**	**330**	**0.26**	**0.10**	**0.16**	**59.70**
90	158	65	93	0.08	0.03	0.05	69.89
91	127	41	86	0.06	0.02	0.04	47.67
92	102	33	69	0.05	0.02	0.03	47.83
93	87	40	47	0.04	0.02	0.02	85.11
94	53	18	35	0.03	0.01	0.02	51.43
95-99岁	**71**	**21**	**50**	**0.04**	**0.01**	**0.02**	**42.00**
95	27	12	15	0.01	0.01	0.01	80.00
96	28	5	23	0.01		0.01	21.74
97	7	2	5				40.00
98	8	2	6				33.33
99	1		1				
100岁及以上	**6**	**2**	**4**				**50.00**

第二部分　长表数据资料

第二卷　民族

2-1　全市各民族分性别、行业的人口

单位：人

民　族	人口数			农、林、牧、渔业			采矿业		
	合计	男	女	小计	男	女	小计	男	女
总　计	**504766**	**308304**	**196462**	**42185**	**26339**	**15846**	**5954**	**4441**	**1513**
汉　族	491170	300416	190754	41591	26038	15553	5842	4342	1500
蒙古族	1630	906	724	54	13	41	14	12	2
回　族	5168	3093	2075	86	57	29	35	32	3
藏　族	38	20	18	1	1		1	1	
维吾尔族	62	24	38						
苗　族	165	80	85	19	9	10	3	2	1
彝　族	115	77	38	4	2	2			
壮　族	252	104	148	47	7	40	2	1	1
布依族	50	28	22	7	1	6	1	1	
朝鲜族	642	378	264	9	6	3	1	1	
满　族	4816	2815	2001	346	201	145	51	45	6
侗　族	61	25	36	6		6	1	1	
瑶　族	21	6	15	3		3			
白　族	18	6	12						
土家族	276	164	112	8	2	6	3	3	
哈尼族	10	8	2						
哈萨克族									
傣　族	14	11	3						
黎　族	13	5	8						
傈僳族	11	8	3	2	1	1			
佤　族	6	4	2						
畲　族	11	6	5						
高山族	4	2	2						
拉祜族	4	2	2						
水　族	7	4	3						
东乡族	15	9	6						
纳西族	2	2							
景颇族	14	7	7						
柯尔克孜族	1	1							
土　族	9	3	6						
达斡尔族	50	28	22						
仫佬族	6	2	4						
羌　族	5	3	2						
布朗族	3	1	2						
撒拉族	5	3	2						
毛南族	2	2							
仡佬族	6	5	1						
锡伯族	46	28	18	2	1	1			
阿昌族									
普米族									
塔吉克族									
怒　族									
乌孜别克族									
俄罗斯族	13	5	8						
鄂温克族	16	7	9						
德昂族									
保安族									
裕固族	1	1							
京　族									
塔塔尔族	1	1							
独龙族									
鄂伦春族									
赫哲族	4	3	1						
门巴族									
珞巴族									
基诺族									
未定族称人口	3	1	2						
入　籍									

2-1 续表 1

单位：人

民　族	制造业			电力、热力、燃气及水生产和供应业			建筑业		
	小计	男	女	小计	男	女	小计	男	女
总　计	**104530**	**68685**	**35845**	**6978**	**5006**	**1972**	**41074**	**33062**	**8012**
汉　族	101716	66896	34820	6773	4857	1916	40088	32296	7792
蒙古族	484	282	202	21	16	5	126	90	36
回　族	834	577	257	105	76	29	199	143	56
藏　族	11	6	5				4	4	
维吾尔族	9	1	8						
苗　族	32	12	20	2	1	1	28	16	12
彝　族	22	13	9				57	46	11
壮　族	76	40	36	1		1	16	12	4
布依族	19	14	5	1	1		10	9	1
朝鲜族	196	124	72	2	1	1	20	16	4
满　族	950	610	340	69	51	18	440	365	75
侗　族	13	6	7				6	4	2
瑶　族	4	1	3				1	1	
白　族	4	2	2				4	1	3
土家族	94	62	32	2	2		42	34	8
哈尼族	3	3					5	4	1
哈萨克族									
傣　族	2	2					2	2	
黎　族	5	2	3						
傈僳族	4	3	1						
佤　族							3	3	
畲　族	1	1							
高山族									
拉祜族	4	2	2						
水　族							2	1	1
东乡族									
纳西族									
景颇族	14	7	7						
柯尔克孜族	1	1							
土　族	4	1	3				1		1
达斡尔族	9	6	3				7	5	2
仫佬族				1		1	2	1	1
羌　族	1	1					1	1	
布朗族							3	1	2
撒拉族									
毛南族							1	1	
仡佬族									
锡伯族	8	5	3				4	4	
阿昌族									
普米族									
塔吉克族									
怒　族									
乌孜别克族									
俄罗斯族	3	1	2						
鄂温克族	5	2	3				2	2	
德昂族									
保安族									
裕固族	1	1							
京　族									
塔塔尔族									
独龙族									
鄂伦春族									
赫哲族	1	1		1	1				
门巴族									
珞巴族									
基诺族									
未定族称人口									
入　籍									

2-1 续表 2

单位：人

民　族	批发和零售业			交通运输、仓储和邮政业			住宿和餐饮业		
	小计	男	女	小计	男	女	小计	男	女
总　计	**66403**	**35490**	**30913**	**37571**	**29561**	**8010**	**19328**	**10288**	**9040**
汉　族	64486	34495	29991	36530	28769	7761	18563	9865	8698
蒙古族	179	90	89	107	82	25	56	33	23
回　族	877	486	391	530	401	129	382	221	161
藏　族	3	1	2	4	2	2	1	1	
维吾尔族	7	6	1	3	1	2	21	11	10
苗　族	13	6	7	13	9	4	6	3	3
彝　族				3	3		8	3	5
壮　族	20	6	14	11	10	1	8	2	6
布依族	5		5	2		2	1	1	
朝鲜族	136	77	59	35	22	13	52	28	24
满　族	608	293	315	308	244	64	178	97	81
侗　族	9	4	5				5	2	3
瑶　族	3		3	1		1	3		3
白　族	1		1				1		1
土家族	28	13	15	12	7	5	10	2	8
哈尼族							1		1
哈萨克族									
傣　族	3	1	2				5	5	
黎　族				1	1				
傈僳族	1	1					1	1	
佤　族									
畲　族	6	3	3	1	1		1		1
高山族	1		1	1	1				
拉祜族									
水　族									
东乡族							14	8	6
纳西族									
景颇族									
柯尔克孜族									
土　族									
达斡尔族	7	3	4	1	1		2		2
仫佬族									
羌　族	1		1						
布朗族									
撒拉族							2	1	1
毛南族				1	1				
仡佬族	1	1		1	1				
锡伯族	7	3	4	4	3	1	4	2	2
阿昌族									
普米族									
塔吉克族									
怒　族									
乌孜别克族									
俄罗斯族	1	1		2	2				
鄂温克族							2	1	1
德昂族									
保安族									
裕固族									
京　族									
塔塔尔族									
独龙族									
鄂伦春族									
赫哲族							1	1	
门巴族									
珞巴族									
基诺族									
未定族称人口									
入　籍									

2-1 续表 3

单位：人

民族	信息传输、软件和信息技术服务业			金融业			房地产业		
	小计	男	女	小计	男	女	小计	男	女
总 计	**13261**	**8110**	**5151**	**14033**	**6426**	**7607**	**17128**	**9989**	**7139**
汉 族	12831	7859	4972	13613	6220	7393	16659	9700	6959
蒙古族	63	35	28	51	27	24	71	49	22
回 族	157	92	65	181	96	85	185	115	70
藏 族	2	2		2		2			
维吾尔族	2		2	4	1	3			
苗 族	5	2	3	3	3		4	1	3
彝 族	1		1				4	3	1
壮 族	8	4	4	3		3	5	1	4
布依族							1		1
朝鲜族	18	12	6	16	5	11	13	7	6
满 族	152	91	61	149	67	82	167	100	67
侗 族	1	1		2	2		2		2
瑶 族	1	1							
白 族							2	1	1
土家族	7	3	4	6	4	2	9	7	2
哈尼族									
哈萨克族									
傣 族	1	1							
黎 族	1		1						
傈僳族									
佤 族									
畲 族	1	1							
高山族									
拉祜族									
水 族							1	1	
东乡族									
纳西族									
景颇族									
柯尔克孜族									
土 族									
达斡尔族	3	2	1	1	1		2	2	
仫佬族				1		1			
羌 族							1	1	
布朗族									
撒拉族									
毛南族									
仡佬族	3	2	1						
锡伯族	1	1		1		1	1	1	
阿昌族									
普米族									
塔吉克族									
怒 族									
乌孜别克族									
俄罗斯族	1		1						
鄂温克族							1		1
德昂族									
保安族									
裕固族									
京 族									
塔塔尔族	1	1							
独龙族									
鄂伦春族									
赫哲族									
门巴族									
珞巴族									
基诺族									
未定族称人口	1		1						
入 籍									

2-1　续表 4

单位：人

民　族	租赁和商务服务业			科学研究和技术服务业			水利、环境和公共设施管理业		
	小计	男	女	小计	男	女	小计	男	女
总　计	**19523**	**11555**	**7968**	**16477**	**10443**	**6034**	**6294**	**4362**	**1932**
汉　族	18982	11252	7730	15987	10137	5850	6166	4279	1887
蒙古族	62	36	26	61	34	27	19	11	8
回　族	237	142	95	147	94	53	62	42	20
藏　族				2		2			
维吾尔族	1		1	1		1			
苗　族	4		4	8	6	2			
彝　族	4	4		2	1	1			
壮　族	10	5	5	9	3	6	3		3
布依族									
朝鲜族	24	16	8	30	21	9	2	2	
满　族	170	87	83	210	136	74	39	26	13
侗　族	2		2	2		2			
瑶　族	4	2	2						
白　族				4	2	2			
土家族	8	2	6	11	8	3	1		1
哈尼族									
哈萨克族									
傣　族									
黎　族									
傈僳族	1	1							
佤　族									
畲　族	1		1						
高山族									
拉祜族									
水　族									
东乡族	1	1							
纳西族									
景颇族									
柯尔克孜族									
土　族				1		1			
达斡尔族	5	3	2	2	1	1			
仫佬族									
羌　族	1		1						
布朗族									
撒拉族									
毛南族									
仡佬族	1	1							
锡伯族	2	1	1				1	1	
阿昌族									
普米族									
塔吉克族									
怒　族									
乌孜别克族									
俄罗斯族							1	1	
鄂温克族	2	1	1						
德昂族									
保安族									
裕固族									
京　族									
塔塔尔族									
独龙族									
鄂伦春族									
赫哲族									
门巴族									
珞巴族									
基诺族									
未定族称人口	1	1							
入　籍									

2-1 续表 5

单位：人

民族	居民服务、修理和其他服务业			教育			卫生和社会工作		
	小计	男	女	小计	男	女	小计	男	女
总计	**18642**	**10194**	**8448**	**27895**	**9060**	**18835**	**14001**	**4209**	**9792**
汉族	18196	9971	8225	27044	8827	18217	13541	4081	9460
蒙古族	65	29	36	72	15	57	60	18	42
回族	137	80	57	389	108	281	186	50	136
藏族	1	1		3	1	2	1		1
维吾尔族				12	4	8	2		2
苗族	6	2	4	9	1	8	5	2	3
彝族	6	1	5	1		1			
壮族	4	3	1	10	3	7	11	4	7
布依族	1		1	1		1	1	1	
朝鲜族	20	10	10	29	11	18	18	7	11
满族	183	86	97	276	76	200	166	42	124
侗族	1		1	6	3	3	2		2
瑶族									
白族				1		1			
土家族	4	2	2	21	6	15			
哈尼族	1	1							
哈萨克族									
傣族	1		1						
黎族	3		3	1	1		1	1	
傈僳族	1	1		1		1			
佤族	1		1						
畲族									
高山族	1	1					1		1
拉祜族									
水族	1		1				1		1
东乡族									
纳西族							1	1	
景颇族									
柯尔克孜族									
土族	1	1		2	1	1			
达斡尔族	2	1	1	6	1	5			
仫佬族				1	1		1		1
羌族									
布朗族									
撒拉族	3	2	1						
毛南族									
仡佬族									
锡伯族	1	1		4	1	3	2	2	
阿昌族									
普米族									
塔吉克族									
怒族									
乌孜别克族									
俄罗斯族				3		3			
鄂温克族	1	1		2		2	1		1
德昂族									
保安族									
裕固族									
京族									
塔塔尔族									
独龙族									
鄂伦春族									
赫哲族				1		1			
门巴族									
珞巴族									
基诺族									
未定族称人口	1		1						
入籍									

2-1 续表 6

单位：人

民　族	文化、体育和娱乐业			公共管理、社会保障和社会组织			国际组织		
	小计	男	女	小计	男	女	小计	男	女
总　计	**4543**	**2451**	**2092**	**28944**	**18632**	**10312**	**2**	**1**	**1**
汉　族	4369	2353	2016	28191	18178	10013	2	1	1
蒙古族	17	10	7	48	24	24			
回　族	70	41	29	369	240	129			
藏　族				2		2			
维吾尔族									
苗　族	1	1		4	4				
彝　族	1		1	2	1	1			
壮　族	3	1	2	5	2	3			
布依族									
朝鲜族	11	6	5	10	6	4			
满　族	60	33	27	294	165	129			
侗　族	1	1		2	1	1			
瑶　族				1	1				
白　族	1		1						
土家族	3	2	1	7	5	2			
哈尼族									
哈萨克族									
傣　族									
黎　族				1		1			
傈僳族									
佤　族	2	1	1						
畲　族									
高山族									
拉祜族									
水　族				2	2				
东乡族									
纳西族	1	1							
景颇族									
柯尔克孜族									
土　族									
达斡尔族	1		1	2	2				
仫佬族									
羌　族									
布朗族									
撒拉族									
毛南族									
仡佬族									
锡伯族	1	1		3	1	2			
阿昌族									
普米族									
塔吉克族									
怒　族									
乌孜别克族									
俄罗斯族	1		1	1		1			
鄂温克族									
德昂族									
保安族									
裕固族									
京　族									
塔塔尔族									
独龙族									
鄂伦春族									
赫哲族									
门巴族									
珞巴族									
基诺族									
未定族称人口									
入　籍									

2-2　全市各民族分性别、职业的人口

单位：人

民　族	人口数			党的机关、国家机关、群众团体和社会组织、企事业单位负责人		
	合计	男	女	小计	男	女
总　计	**504766**	**308304**	**196462**	**22089**	**15804**	**6285**
汉　族	491170	300416	190754	21362	15303	6059
蒙古族	1630	906	724	73	53	20
回　族	5168	3093	2075	289	198	91
藏　族	38	20	18	2	1	1
维吾尔族	62	24	38	4	3	1
苗　族	165	80	85	5	4	1
彝　族	115	77	38	1	1	
壮　族	252	104	148	7	4	3
布依族	50	28	22	3	2	1
朝鲜族	642	378	264	99	74	25
满　族	4816	2815	2001	219	151	68
侗　族	61	25	36			
瑶　族	21	6	15	1		1
白　族	18	6	12			
土家族	276	164	112	9	3	6
哈尼族	10	8	2			
哈萨克族						
傣　族	14	11	3			
黎　族	13	5	8			
傈僳族	11	8	3	1	1	
佤　族	6	4	2			
畲　族	11	6	5	4	1	3
高山族	4	2	2			
拉祜族	4	2	2			
水　族	7	4	3			
东乡族	15	9	6	1		1
纳西族	2	2				
景颇族	14	7	7			
柯尔克孜族	1	1				
土　族	9	3	6			
达斡尔族	50	28	22	5	2	3
仫佬族	6	2	4			
羌　族	5	3	2			
布朗族	3	1	2			
撒拉族	5	3	2			
毛南族	2	2				
仡佬族	6	5	1			
锡伯族	46	28	18	2	2	
阿昌族						
普米族						
塔吉克族						
怒　族						
乌孜别克族						
俄罗斯族	13	5	8	1		1
鄂温克族	16	7	9	1	1	
德昂族						
保安族						
裕固族	1	1				
京　族						
塔塔尔族	1	1				
独龙族						
鄂伦春族						
赫哲族	4	3	1			
门巴族						
珞巴族						
基诺族						
未定族称人口	3	1	2			
入　籍						

2-2　续表 1　　　　　　　　　　　　　　　　　　　　　　单位：人

民　族	专业技术人员			办事人员和有关人员			社会生产服务和生活服务人员		
	小计	男	女	小计	男	女	小计	男	女
总　计	**82709**	**37123**	**45586**	**76267**	**45173**	**31094**	**169971**	**102756**	**67215**
汉　族	80118	35997	44121	74111	43960	30151	165125	99905	65220
蒙古族	275	115	160	198	98	100	546	316	230
回　族	995	422	573	982	572	410	2154	1343	811
藏　族	8	3	5	4	1	3	13	7	6
维吾尔族	15	3	12	5	2	3	30	16	14
苗　族	30	14	16	14	8	6	42	22	20
彝　族	8	5	3	4	1	3	17	5	12
壮　族	50	20	30	25	13	12	61	30	31
布依族	7	6	1				8	1	7
朝鲜族	127	56	71	114	66	48	223	131	92
满　族	957	431	526	736	405	331	1549	880	669
侗　族	13	5	8	6	3	3	23	8	15
瑶　族	1		1	2	1	1	10	3	7
白　族	3	1	2	3		3	5	2	3
土家族	55	27	28	31	18	13	61	34	27
哈尼族				1	1		1		1
哈萨克族									
傣　族	1		1	1	1		9	7	2
黎　族	1	1		1		1	6	2	4
傈僳族	1		1	1	1		1	1	
佤　族	2	1	1				1		1
畲　族	2	2					5	3	2
高山族	1		1				2	1	1
拉祜族									
水　族	1		1	1	1		2	1	1
东乡族	1	1					13	8	5
纳西族	1	1		1	1				
景颇族									
柯尔克孜族									
土　族	3	1	2	2		2	1		1
达斡尔族	10	3	7	8	7	1	15	7	8
仫佬族	2	1	1	2	1	1	2		2
羌　族	1		1	2	2		1		1
布朗族									
撒拉族				1	1		4	2	2
毛南族							1	1	
仡佬族				2	2		4	3	1
锡伯族	11	6	5	6	5	1	19	9	10
阿昌族									
普米族									
塔吉克族									
怒　族									
乌孜别克族									
俄罗斯族	3		3	2	1	1	6	3	3
鄂温克族	4		4	1	1		6	2	4
德昂族									
保安族									
裕固族	1	1							
京　族									
塔塔尔族							1	1	
独龙族									
鄂伦春族									
赫哲族	1		1				2	2	
门巴族									
珞巴族									
基诺族									
未定族称人口							2		2
入　籍									

2-2 续表 2

单位：人

民 族	农、林、牧、渔业生产及辅助人员			生产制造及有关人员			不便分类的其他从业人员		
	小计	男	女	小计	男	女	小计	男	女
总 计	**41645**	**25964**	**15681**	**108097**	**78778**	**29319**	**3988**	**2706**	**1282**
汉 族	41062	25668	15394	105489	76932	28557	3903	2651	1252
蒙古族	51	11	40	474	304	170	13	9	4
回 族	88	61	27	634	477	157	26	20	6
藏 族				11	8	3			
维吾尔族				8		8			
苗 族	18	8	10	56	24	32			
彝 族	5	3	2	80	62	18			
壮 族	49	7	42	59	30	29	1		1
布依族	7	1	6	25	18	7			
朝鲜族	6	5	1	67	42	25	6	4	2
满 族	340	197	143	986	736	250	29	15	14
侗 族	6		6	11	8	3	2	1	1
瑶 族	2		2	5	2	3			
白 族				7	3	4			
土家族	8	2	6	111	80	31	1		1
哈尼族				7	6	1	1	1	
哈萨克族									
傣 族				3	3				
黎 族				5	2	3			
傈僳族	2	1	1	4	3	1	1	1	
佤 族				3	3				
畲 族									
高山族				1	1				
拉祜族				4	2	2			
水 族				2	1	1	1	1	
东乡族									
纳西族									
景颇族				14	7	7			
柯尔克孜族				1	1				
土 族				3	2	1			
达斡尔族				10	8	2	2	1	1
仫佬族									
羌 族				1	1				
布朗族				3	1	2			
撒拉族									
毛南族				1	1				
仡佬族									
锡伯族	1		1	6	5	1	1	1	
阿昌族									
普米族									
塔吉克族									
怒 族									
乌孜别克族									
俄罗斯族				1	1				
鄂温克族				4	3	1			
德昂族									
保安族									
裕固族									
京 族									
塔塔尔族									
独龙族									
鄂伦春族									
赫哲族				1	1				
门巴族									
珞巴族									
基诺族									
未定族称人口							1	1	
入 籍									

2-3　全市各民族分性别、主要生活来源的15岁及以上人口

单位：人

民　族	15岁及以上人口			劳动收入		
	合计	男	女	小计	男	女
总　计	**1060933**	**536096**	**524837**	**512240**	**313160**	**199080**
汉　族	1031456	521785	509671	498517	305192	193325
蒙古族	2625	1270	1355	1650	919	731
回　族	13515	6614	6901	5193	3106	2087
藏　族	316	148	168	37	20	17
维吾尔族	382	161	221	64	25	39
苗　族	397	178	219	166	80	86
彝　族	245	136	109	116	78	38
壮　族	696	234	462	254	104	150
布依族	177	85	92	53	29	24
朝鲜族	1114	536	578	646	380	266
满　族	8446	4222	4224	4876	2856	2020
侗　族	141	55	86	61	25	36
瑶　族	93	29	64	21	6	15
白　族	80	31	49	18	6	12
土家族	533	276	257	279	166	113
哈尼族	34	20	14	10	8	2
哈萨克族	65	22	43			
傣　族	25	14	11	14	11	3
黎　族	63	31	32	13	5	8
傈僳族	15	9	6	12	9	3
佤　族	7	4	3	6	4	2
畲　族	22	12	10	12	7	5
高山族	8	3	5	4	2	2
拉祜族	8	2	6	4	2	2
水　族	15	8	7	7	4	3
东乡族	20	10	10	15	9	6
纳西族	12	6	6	3	3	
景颇族	16	8	8	14	7	7
柯尔克孜族	8	3	5	1	1	
土　族	21	10	11	9	3	6
达斡尔族	84	43	41	50	28	22
仫佬族	17	5	12	6	2	4
羌　族	16	6	10	5	3	2
布朗族	4	2	2	3	1	2
撒拉族	11	9	2	5	3	2
毛南族	8	2	6	2	2	
仡佬族	46	22	24	9	7	2
锡伯族	91	43	48	46	28	18
阿昌族	1	1				
普米族	2		2			
塔吉克族	2	1	1			
怒　族	1		1			
乌孜别克族	2		2			
俄罗斯族	20	7	13	13	5	8
鄂温克族	23	9	14	16	7	9
德昂族						
保安族	1		1			
裕固族	2	1	1	1	1	
京　族	1		1			
塔塔尔族	1	1		1	1	
独龙族						
鄂伦春族	2	1	1			
赫哲族	8	3	5	4	3	1
门巴族						
珞巴族						
基诺族						
未定族称人口	34	17	17	4	2	2
入　籍	1	1				

2–3 续表 1

单位：人

民　族	离退休金/养老金			最低生活保障金			失业保险金		
	小计	男	女	小计	男	女	小计	男	女
总　计	**246124**	**103616**	**142508**	**9047**	**5124**	**3923**	**914**	**523**	**391**
汉　族	240030	101176	138854	8853	5026	3827	876	504	372
蒙古族	168	57	111	2	1	1	1	1	
回　族	4906	1992	2914	147	74	73	24	13	11
藏　族	2	1	1	1		1			
维吾尔族	3		3						
苗　族	7	1	6	1		1			
彝　族	3		3	1		1			
壮　族	25	9	16	3		3			
布依族	2		2						
朝鲜族	127	45	82	2		2	3	1	2
满　族	795	313	482	35	23	12	9	4	5
侗　族	1		1	1		1			
瑶　族	3	1	2						
白　族	2	1	1						
土家族	19	7	12						
哈尼族	1		1						
哈萨克族									
傣　族	2		2						
黎　族	2	2							
傈僳族									
佤　族									
畲　族	1	1							
高山族	2	1	1						
拉祜族									
水　族				1		1			
东乡族									
纳西族	1		1						
景颇族									
柯尔克孜族									
土　族									
达斡尔族	7	4	3						
仫佬族									
羌　族	1		1						
布朗族									
撒拉族									
毛南族									
仡佬族									
锡伯族	12	5	7				1		1
阿昌族									
普米族									
塔吉克族									
怒　族									
乌孜别克族									
俄罗斯族	2		2						
鄂温克族									
德昂族									
保安族									
裕固族									
京　族									
塔塔尔族									
独龙族									
鄂伦春族									
赫哲族									
门巴族									
珞巴族									
基诺族									
未定族称人口									
入　籍									

2-3　续表 2

单位：人

民　族	财产性收入			家庭其他成员供养			其　他		
	小计	男	女	小计	男	女	小计	男	女
总　计	**5683**	**3180**	**2503**	**222894**	**77945**	**144949**	**64031**	**32548**	**31483**
汉　族	5547	3113	2434	215100	74926	140174	62533	31848	30685
蒙古族	6	2	4	681	245	436	117	45	72
回　族	65	37	28	2463	1015	1448	717	377	340
藏　族				272	125	147	4	2	2
维吾尔族				309	132	177	6	4	2
苗　族				211	93	118	12	4	8
彝　族				119	57	62	6	1	5
壮　族	6	2	4	379	109	270	29	10	19
布依族				119	55	64	3	1	2
朝鲜族	11	6	5	261	77	184	64	27	37
满　族	46	20	26	2199	797	1402	486	209	277
侗　族	1		1	73	28	45	4	2	2
瑶　族				66	22	44	3		3
白　族				56	23	33	4	1	3
土家族	1		1	225	99	126	9	4	5
哈尼族				22	12	10	1		1
哈萨克族				65	22	43			
傣　族				9	3	6			
黎　族				44	21	23	4	3	1
傈僳族				3		3			
佤　族				1		1			
畲　族				9	4	5			
高山族				1		1	1		1
拉祜族				2		2	2		2
水　族				7	4	3			
东乡族				4	1	3	1		1
纳西族				7	3	4	1		1
景颇族				2	1	1			
柯尔克孜族				7	2	5			
土　族				12	7	5			
达斡尔族				20	8	12	7	3	4
仫佬族				11	3	8			
羌　族				9	2	7	1	1	
布朗族				1	1				
撒拉族				6	6				
毛南族				4		4	2		2
仡佬族				34	14	20	3	1	2
锡伯族				27	7	20	5	3	2
阿昌族				1	1				
普米族				1		1	1		1
塔吉克族				2	1	1			
怒　族				1		1			
乌孜别克族				2		2			
俄罗斯族				5	2	3			
鄂温克族				6	2	4	1		1
德昂族									
保安族				1		1			
裕固族							1		1
京　族				1		1			
塔塔尔族									
独龙族									
鄂伦春族				2	1	1			
赫哲族				3		3	1		1
门巴族									
珞巴族									
基诺族									
未定族称人口				28	13	15	2	2	
入　籍				1	1				

2-4 全市各民族分性别、婚姻状况的15岁及以上人口

单位：人

民 族	15岁及以上人口			未 婚		
	合计	男	女	小计	男	女
总 计	**1060933**	**536096**	**524837**	**192845**	**108913**	**83932**
汉 族	1031456	521785	509671	184815	104708	80107
蒙古族	2625	1270	1355	834	470	364
回 族	13515	6614	6901	2334	1236	1098
藏 族	316	148	168	286	134	152
维吾尔族	382	161	221	340	147	193
苗 族	397	178	219	230	116	114
彝 族	245	136	109	157	87	70
壮 族	696	234	462	364	149	215
布依族	177	85	92	127	63	64
朝鲜族	1114	536	578	217	112	105
满 族	8446	4222	4224	2264	1267	997
侗 族	141	55	86	84	35	49
瑶 族	93	29	64	56	24	32
白 族	80	31	49	59	27	32
土家族	533	276	257	255	139	116
哈尼族	34	20	14	24	18	6
哈萨克族	65	22	43	65	22	43
傣 族	25	14	11	17	11	6
黎 族	63	31	32	51	24	27
傈僳族	15	9	6	7	5	2
佤 族	7	4	3	4	3	1
畲 族	22	12	10	12	6	6
高山族	8	3	5	3	2	1
拉祜族	8	2	6	3		3
水 族	15	8	7	8	5	3
东乡族	20	10	10	4	1	3
纳西族	12	6	6	9	4	5
景颇族	16	8	8	1	1	
柯尔克孜族	8	3	5	7	2	5
土 族	21	10	11	14	8	6
达斡尔族	84	43	41	32	17	15
仫佬族	17	5	12	12	4	8
羌 族	16	6	10	9	2	7
布朗族	4	2	2	1	1	
撒拉族	11	9	2	7	7	
毛南族	8	2	6	5		5
仡佬族	46	22	24	36	17	19
锡伯族	91	43	48	31	14	17
阿昌族	1	1		1	1	
普米族	2		2	1		1
塔吉克族	2	1	1	2	1	1
怒 族	1		1			
乌孜别克族	2		2	2		2
俄罗斯族	20	7	13	9	2	7
鄂温克族	23	9	14	10	3	7
德昂族						
保安族	1		1	1		1
裕固族	2	1	1			
京 族	1		1	1		1
塔塔尔族	1	1		1	1	
独龙族						
鄂伦春族	2	1	1	1	1	
赫哲族	8	3	5	2		2
门巴族						
珞巴族						
基诺族						
未定族称人口	34	17	17	29	15	14
入 籍	1	1		1	1	

2-4　续表　　　　　　　　　　　　　　　　　　　　　　　　　　　　　　　　　　单位：人

民　　族	有配偶			离　婚			丧　偶		
	小计	男	女	小计	男	女	小计	男	女
总　计	**779817**	**396812**	**383005**	**33759**	**15712**	**18047**	**54512**	**14659**	**39853**
汉　族	760563	387445	373118	32719	15244	17475	53359	14388	38971
蒙古族	1675	762	913	77	31	46	39	7	32
回　族	9691	4863	4828	638	307	331	852	208	644
藏　族	28	14	14	2		2			
维吾尔族	39	14	25	2		2	1		1
苗　族	153	59	94	10	3	7	4		4
彝　族	84	47	37	4	2	2			
壮　族	307	85	222	6		6	19		19
布依族	50	22	28						
朝鲜族	837	412	425	27	11	16	33	1	32
满　族	5745	2796	2949	247	104	143	190	55	135
侗　族	52	20	32	3		3	2		2
瑶　族	35	5	30	1		1	1		1
白　族	20	4	16				1		1
土家族	267	134	133	7	3	4	4		4
哈尼族	10	2	8						
哈萨克族									
傣　族	7	3	4	1		1			
黎　族	10	5	5	2	2				
傈僳族	8	4	4						
佤　族	3	1	2						
畲　族	9	6	3	1		1			
高山族	4	1	3	1		1			
拉祜族	4	2	2	1		1			
水　族	7	3	4						
东乡族	16	9	7						
纳西族	3	2	1						
景颇族	15	7	8						
柯尔克孜族	1	1							
土　族	7	2	5						
达斡尔族	49	26	23	1		1	2		2
仫佬族	5	1	4						
羌　族	7	4	3						
布朗族	3	1	2						
撒拉族	4	2	2						
毛南族	2	2					1		1
仡佬族	10	5	5						
锡伯族	51	25	26	7	4	3	2		2
阿昌族									
普米族	1		1						
塔吉克族									
怒　族	1		1						
乌孜别克族									
俄罗斯族	9	4	5	1	1		1		1
鄂温克族	11	6	5	1		1	1		1
德昂族									
保安族									
裕固族	2	1	1						
京　族									
塔塔尔族									
独龙族									
鄂伦春族	1		1						
赫哲族	6	3	3						
门巴族									
珞巴族									
基诺族									
未定族称人口	5	2	3						
入　籍									

2-5 全市各民族分性别、初婚年龄的人口

单位：人

民 族	合 计			15岁以下		
	合计	男	女	小计	男	女
总 计	**868088**	**427183**	**440905**	**547**	**160**	**387**
汉 族	846641	417077	429564	534	158	376
蒙古族	1791	800	991	1	1	
回 族	11181	5378	5803	5		5
藏 族	30	14	16			
维吾尔族	42	14	28			
苗 族	167	62	105			
彝 族	88	49	39			
壮 族	332	85	247			
布依族	50	22	28	1		1
朝鲜族	897	424	473			
满 族	6182	2955	3227	6	1	5
侗 族	57	20	37			
瑶 族	37	5	32			
白 族	21	4	17			
土家族	278	137	141			
哈尼族	10	2	8			
哈萨克族						
傣 族	8	3	5			
黎 族	12	7	5			
傈僳族	8	4	4			
佤 族	3	1	2			
畲 族	10	6	4			
高山族	5	1	4			
拉祜族	5	2	3			
水 族	7	3	4			
东乡族	16	9	7			
纳西族	3	2	1			
景颇族	15	7	8			
柯尔克孜族	1	1				
土 族	7	2	5			
达斡尔族	52	26	26			
仫佬族	5	1	4			
羌 族	7	4	3			
布朗族	3	1	2			
撒拉族	4	2	2			
毛南族	3	2	1			
仡佬族	10	5	5			
锡伯族	60	29	31			
阿昌族						
普米族	1		1			
塔吉克族						
怒 族	1		1			
乌孜别克族						
俄罗斯族	11	5	6			
鄂温克族	13	6	7			
德昂族						
保安族						
裕固族	2	1	1			
京 族						
塔塔尔族						
独龙族						
鄂伦春族	1		1			
赫哲族	6	3	3			
门巴族						
珞巴族						
基诺族						
未定族称人口	5	2	3			
入 籍						

2-5　续表 1　　单位：人

民　族	15岁			16岁		
	小计	男	女	小计	男	女
总　计	**2383**	**702**	**1681**	**4360**	**1158**	**3202**
汉　族	2316	687	1629	4246	1134	3112
蒙古族	9	3	6	8	4	4
回　族	27	5	22	40	7	33
藏　族	1		1			
维吾尔族				1		1
苗　族				7	1	6
彝　族	4	2	2	3	1	2
壮　族	1		1	4	1	3
布依族						
朝鲜族	3		3	2		2
满　族	19	4	15	38	10	28
侗　族				1		1
瑶　族				1		1
白　族						
土家族	1		1	3		3
哈尼族				1		1
哈萨克族						
傣　族				1		1
黎　族						
傈僳族						
佤　族						
畲　族	1	1				
高山族						
拉祜族				1		1
水　族						
东乡族						
纳西族						
景颇族				2		2
柯尔克孜族						
土　族						
达斡尔族						
仫佬族				1		1
羌　族						
布朗族						
撒拉族						
毛南族						
仡佬族						
锡伯族						
阿昌族						
普米族						
塔吉克族						
怒　族	1		1			
乌孜别克族						
俄罗斯族						
鄂温克族						
德昂族						
保安族						
裕固族						
京　族						
塔塔尔族						
独龙族						
鄂伦春族						
赫哲族						
门巴族						
珞巴族						
基诺族						
未定族称人口						
入　籍						

2-5 续表 2

单位：人

民族	17岁			18岁			19岁		
	小计	男	女	小计	男	女	小计	男	女
总计	**8283**	**2213**	**6070**	**15534**	**4699**	**10835**	**32203**	**11252**	**20951**
汉族	8091	2165	5926	15162	4608	10554	31479	11025	20454
蒙古族	26	7	19	43	7	36	84	29	55
回族	80	19	61	146	28	118	254	83	171
藏族				1	1				
维吾尔族				1		1	4	1	3
苗族	2		2	2		2	9	1	8
彝族	1	1		4	2	2	7	4	3
壮族	4		4	9	1	8	24		24
布依族	1		1	1		1	11	3	8
朝鲜族	2		2	10	2	8	13	3	10
满族	56	16	40	142	49	93	289	97	192
侗族	4	1	3	1		1	3		3
瑶族	1		1	3	1	2	1		1
白族				1		1	1		1
土家族	3		3	5		5	15	4	11
哈尼族	1		1						
哈萨克族									
傣族									
黎族							1		1
傈僳族	2	1	1						
佤族									
畲族	1		1				1		1
高山族									
拉祜族	1		1						
水族									
东乡族	2	2					2		2
纳西族	1	1							
景颇族	1		1				1	1	
柯尔克孜族									
土族									
达斡尔族							1		1
仫佬族									
羌族									
布朗族				1		1			
撒拉族	2		2						
毛南族									
仡佬族									
锡伯族				1		1	2	1	1
阿昌族									
普米族									
塔吉克族									
怒族									
乌孜别克族									
俄罗斯族									
鄂温克族	1		1	1		1			
德昂族									
保安族									
裕固族									
京族									
塔塔尔族									
独龙族									
鄂伦春族									
赫哲族									
门巴族									
珞巴族									
基诺族									
未定族称人口							1		1
入籍									

2–5　续表 3　　　　单位：人

民　族	20岁			21岁			22岁		
	小计	男	女	小计	男	女	小计	男	女
总　计	**55095**	**20529**	**34566**	**81694**	**36134**	**45560**	**108020**	**53450**	**54570**
汉　族	53989	20158	33831	80100	35516	44584	105811	52500	53311
蒙古族	117	41	76	169	64	105	172	66	106
回　族	438	133	305	784	293	491	1146	485	661
藏　族				3	1	2	3	1	2
维吾尔族	1		1	1		1	1		1
苗　族	12	4	8	17	4	13	17	8	9
彝　族	9	4	5	7	4	3	13	8	5
壮　族	22	3	19	33	6	27	26	5	21
布依族	1		1	4	3	1	3	1	2
朝鲜族	31	6	25	32	9	23	57	16	41
满　族	434	169	265	495	217	278	695	326	369
侗　族	4		4	7	1	6	6	2	4
瑶　族	1		1	2	1	1	5		5
白　族				1		1	1		1
土家族	18	3	15	24	7	17	28	14	14
哈尼族	1		1				2	1	1
哈萨克族									
傣　族							1		1
黎　族	2	1	1	1	1		1	1	
傈僳族							1	1	
佤　族									
畲　族							2	2	
高山族				1		1			
拉祜族							1		1
水　族							1		1
东乡族	2	1	1	1		1	1	1	
纳西族							1	1	
景颇族	5	3	2	3	2	1			
柯尔克孜族									
土　族									
达斡尔族	3	1	2	3	2	1	9	3	6
仫佬族									
羌　族							1		1
布朗族							2	1	1
撒拉族	1	1							
毛南族									
仡佬族									
锡伯族	2		2	4	2	2	8	5	3
阿昌族									
普米族	1		1						
塔吉克族									
怒　族									
乌孜别克族									
俄罗斯族							3	2	1
鄂温克族	1	1		1	1		1		1
德昂族									
保安族									
裕固族									
京　族									
塔塔尔族									
独龙族									
鄂伦春族							1		1
赫哲族									
门巴族									
珞巴族									
基诺族									
未定族称人口				1		1			
入　籍									

2-5 续表 4

单位：人

民族	23岁			24岁			25岁		
	小计	男	女	小计	男	女	小计	男	女
总　计	**102083**	**48488**	**53595**	**99351**	**48522**	**50829**	**93833**	**47402**	**46431**
汉　族	99850	47498	52352	96900	47356	49544	91437	46246	45191
蒙古族	148	64	84	191	87	104	173	82	91
回　族	1285	554	731	1439	704	735	1368	663	705
藏　族	1		1				5	2	3
维吾尔族	6	1	5	5	2	3	5	1	4
苗　族	13	4	9	13	4	9	22	6	16
彝　族	11	6	5	7	5	2	5	4	1
壮　族	30	4	26	24	5	19	41	14	27
布依族	7	3	4	4	2	2	2	2	
朝鲜族	66	28	38	82	29	53	76	36	40
满　族	603	293	310	627	303	324	643	319	324
侗　族	6	3	3	1	1		3	2	1
瑶　族	4		4	2		2	1		1
白　族	2		2	2		2	3		3
土家族	23	13	10	28	12	16	26	17	9
哈尼族									
哈萨克族									
傣　族	1	1					1		1
黎　族	1	1		2	2		3	1	2
傈僳族	1		1	1	1		1		1
佤　族	1		1						
畲　族				1	1		1	1	
高山族									
拉祜族				1	1				
水　族				1		1	2	1	1
东乡族	1	1		3	2	1			
纳西族				1		1			
景颇族	1	1							
柯尔克孜族									
土　族	1		1						
达斡尔族	5	3	2	4	2	2	4	1	3
仫佬族				2		2	1		1
羌　族	1	1							
布朗族									
撒拉族	1	1							
毛南族	2	1	1	1	1				
仡佬族	1	1							
锡伯族	5	2	3	5	1	4	7	3	4
阿昌族									
普米族									
塔吉克族									
怒　族									
乌孜别克族									
俄罗斯族				2	1	1	1		1
鄂温克族	4	4							
德昂族									
保安族									
裕固族				1		1			
京　族									
塔塔尔族									
独龙族									
鄂伦春族									
赫哲族	1		1	1		1	1		1
门巴族									
珞巴族									
基诺族									
未定族称人口	1		1				1	1	
入　籍									

2-5　续表 5　　　　单位：人

民　族	26岁			27岁			28岁		
	小计	男	女	小计	男	女	小计	男	女
总　计	**73785**	**39348**	**34437**	**54680**	**30616**	**24064**	**38069**	**22472**	**15597**
汉　族	71660	38228	33432	52978	29716	23262	36893	21806	15087
蒙古族	185	97	88	139	60	79	78	46	32
回　族	1167	646	521	903	486	417	591	354	237
藏　族	3	1	2	3	1	2	6	3	3
维吾尔族	4	3	1	2	2		4		4
苗　族	12	7	5	9	5	4	12	7	5
彝　族	1		1	3		3	5	3	2
壮　族	30	10	20	24	13	11	20	6	14
布依族	4	1	3	5	4	1	3	2	1
朝鲜族	104	51	53	78	42	36	91	43	48
满　族	560	278	282	486	260	226	316	172	144
侗　族	3		3	4	3	1	4	2	2
瑶　族				6	1	5	3	2	1
白　族	3		3	1	1		2	2	
土家族	23	14	9	22	14	8	15	10	5
哈尼族	3	1	2				1		1
哈萨克族									
傣　族	1		1	1		1			
黎　族				1		1			
傈僳族							1	1	
佤　族	1		1				1	1	
畲　族	1	1		1		1			
高山族	1	1					2		2
拉祜族									
水　族							2	1	1
东乡族									
纳西族									
景颇族							1		1
柯尔克孜族							1	1	
土　族	1		1						
达斡尔族	3	3		4	1	3	3	3	
仫佬族	1	1							
羌　族	2	1	1				3	2	1
布朗族									
撒拉族									
毛南族									
仡佬族	2		2	2	1	1	3	2	1
锡伯族	7	3	4	5	4	1	4	1	3
阿昌族									
普米族									
塔吉克族									
怒　族									
乌孜别克族									
俄罗斯族	1		1	1		1	1	1	
鄂温克族	1		1				2		2
德昂族									
保安族									
裕固族				1	1				
京　族									
塔塔尔族									
独龙族									
鄂伦春族									
赫哲族	1	1		1	1		1	1	
门巴族									
珞巴族									
基诺族									
未定族称人口									
入　籍									

2−5 续表 6　　单位：人

民　族	29岁			30岁			31岁		
	小计	男	女	小计	男	女	小计	男	女
总　计	**26530**	**16027**	**10503**	**18024**	**11180**	**6844**	**12555**	**7725**	**4830**
汉　族	25723	15564	10159	17461	10830	6631	12114	7469	4645
蒙古族	63	35	28	43	29	14	42	21	21
回　族	413	243	170	280	166	114	197	121	76
藏　族	1	1					2	2	
维吾尔族	1	1					2		2
苗　族	3	2	1	2	1	1	4	3	1
彝　族	2		2	1	1		2	2	
壮　族	9	4	5	11	6	5	5	2	3
布依族	1	1					1		1
朝鲜族	76	41	35	42	29	13	41	27	14
满　族	216	121	95	164	107	57	125	65	60
侗　族	1	1		1		1	3	3	
瑶　族	1		1				1		1
白　族				1		1			
土家族	10	9	1	7	5	2	11	7	4
哈尼族									
哈萨克族									
傣　族									
黎　族									
傈僳族									
佤　族									
畲　族							1		1
高山族									
拉祜族									
水　族	1	1							
东乡族				2	1	1			
纳西族									
景颇族									
柯尔克孜族									
土　族	1	1		2		2			
达斡尔族	3	1	2	3	2	1	2	1	1
仫佬族									
羌　族									
布朗族									
撒拉族									
毛南族									
仡佬族				2	1	1			
锡伯族	4	1	3	2	2		1	1	
阿昌族									
普米族									
塔吉克族									
怒　族									
乌孜别克族									
俄罗斯族									
鄂温克族	1		1						
德昂族									
保安族									
裕固族									
京　族									
塔塔尔族									
独龙族									
鄂伦春族									
赫哲族									
门巴族									
珞巴族									
基诺族									
未定族称人口							1	1	
入　籍									

2-5 续表 7

单位：人

民族	32岁			33岁			34岁		
	小计	男	女	小计	男	女	小计	男	女
总 计	**9064**	**5563**	**3501**	**6783**	**4165**	**2618**	**5333**	**3239**	**2094**
汉 族	8801	5395	3406	6588	4043	2545	5164	3138	2026
蒙古族	17	11	6	20	13	7	11	7	4
回 族	144	90	54	99	64	35	94	56	38
藏 族									
维吾尔族									
苗 族	2	1	1	2	1	1	1		1
彝 族									
壮 族	4	1	3	3	1	2	1		1
布依族									
朝鲜族	29	24	5	12	7	5	14	8	6
满 族	53	34	19	51	32	19	40	27	13
侗 族	1		1						
瑶 族				1		1	2		2
白 族	1	1					1		1
土家族	6	3	3	1		1	4	2	2
哈尼族				1		1			
哈萨克族									
傣 族	1	1							
黎 族									
傈僳族				1		1			
佤 族									
畲 族									
高山族									
拉祜族	1	1							
水 族									
东乡族				1	1				
纳西族									
景颇族	1		1						
柯尔克孜族									
土 族				1	1				
达斡尔族	1		1				1	1	
仫佬族									
羌 族									
布朗族									
撒拉族									
毛南族									
仡佬族									
锡伯族	1	1		1	1				
阿昌族									
普米族									
塔吉克族									
怒 族									
乌孜别克族									
俄罗斯族	1		1	1	1				
鄂温克族									
德昂族									
保安族									
裕固族									
京 族									
塔塔尔族									
独龙族									
鄂伦春族									
赫哲族									
门巴族									
珞巴族									
基诺族									
未定族称人口									
入 籍									

2-5 续表 8

单位：人

民族	35岁			36岁			37岁		
	小计	男	女	小计	男	女	小计	男	女
总　计	**3985**	**2307**	**1678**	**2892**	**1773**	**1119**	**2185**	**1358**	**827**
汉　族	3873	2244	1629	2793	1720	1073	2127	1325	802
蒙古族	16	9	7	9	6	3	5	3	2
回　族	56	31	25	60	37	23	29	20	9
藏　族									
维吾尔族	1	1		1		1			
苗　族				2	1	1			
彝　族	2	1	1						
壮　族	3	1	2	1	1		1		1
布依族	1		1						
朝鲜族	9	7	2	3	2	1	6	5	1
满　族	19	11	8	20	6	14	14	5	9
侗　族							2		2
瑶　族				1		1			
白　族							1		1
土家族	2	1	1	1		1			
哈尼族									
哈萨克族									
傣　族									
黎　族									
傈僳族									
佤　族									
畲　族									
高山族									
拉祜族									
水　族									
东乡族				1		1			
纳西族									
景颇族									
柯尔克孜族									
土　族	1		1						
达斡尔族	2	1	1						
仫佬族									
羌　族									
布朗族									
撒拉族									
毛南族									
仡佬族									
锡伯族									
阿昌族									
普米族									
塔吉克族									
怒　族									
乌孜别克族									
俄罗斯族									
鄂温克族									
德昂族									
保安族									
裕固族									
京　族									
塔塔尔族									
独龙族									
鄂伦春族									
赫哲族									
门巴族									
珞巴族									
基诺族									
未定族称人口									
入　籍									

2-5 续表 9

单位：人

民 族	38岁			39岁			40岁及以上		
	小计	男	女	小计	男	女	小计	男	女
总 计	**1794**	**1143**	**651**	**1370**	**852**	**518**	**7653**	**4706**	**2947**
汉 族	1744	1110	634	1334	835	499	7473	4603	2870
蒙古族	5	1	4	7	4	3	10	3	7
回 族	30	21	9	13	8	5	93	61	32
藏 族	1	1							
维吾尔族	1	1					1	1	
苗 族							4	2	2
彝 族							1	1	
壮 族							2	1	1
布依族									
朝鲜族	4	3	1	2		2	12	6	6
满 族	9	6	3	12	5	7	50	22	28
侗 族							2	1	1
瑶 族				1		1			
白 族									
土家族							2	2	
哈尼族									
哈萨克族									
傣 族							1	1	
黎 族									
傈僳族									
佤 族									
畲 族									
高山族				1		1			
拉祜族									
水 族									
东乡族									
纳西族									
景颇族									
柯尔克孜族									
土 族									
达斡尔族							1	1	
仫佬族									
羌 族									
布朗族									
撒拉族									
毛南族									
仡佬族									
锡伯族							1	1	
阿昌族									
普米族									
塔吉克族									
怒 族									
乌孜别克族									
俄罗斯族									
鄂温克族									
德昂族									
保安族									
裕固族									
京 族									
塔塔尔族									
独龙族									
鄂伦春族									
赫哲族									
门巴族									
珞巴族									
基诺族									
未定族称人口									
入 籍									

2–6 全市按民族、生育孩次分的育龄妇女人数
(2019.11.1–2020.10.31)

单位：人

民族	合计	生男孩的妇女人数	生女孩的妇女人数	一孩			二孩		
				小计	男	女	小计	男	女
总计	**8226**	**4278**	**3948**	**4862**	**2560**	**2302**	**3104**	**1562**	**1542**
汉族	7915	4108	3807	4680	2465	2215	2984	1493	1491
蒙古族	45	28	17	24	15	9	18	10	8
回族	97	54	43	53	29	24	42	24	18
藏族	2	2		1	1		1	1	
维吾尔族	1	1		1	1				
苗族	5		5	4		4	1		1
彝族	1		1				1		1
壮族	5	2	3	1		1	4	2	2
布依族	1	1					1	1	
朝鲜族	7	3	4	6	3	3	1		1
满族	127	70	57	80	41	39	45	28	17
侗族	2	2		1	1		1	1	
瑶族									
白族									
土家族	5	3	2	4	2	2	1	1	
哈尼族	3	1	2				3	1	2
哈萨克族									
傣族									
黎族									
傈僳族									
佤族									
畲族	1		1	1		1			
高山族									
拉祜族									
水族									
东乡族	3	1	2	1		1			
纳西族									
景颇族									
柯尔克孜族									
土族									
达斡尔族									
仫佬族									
羌族									
布朗族									
撒拉族									
毛南族									
仡佬族	1		1	1		1			
锡伯族	2	1	1	2	1	1			
阿昌族									
普米族									
塔吉克族									
怒族	1		1				1		1
乌孜别克族									
俄罗斯族	1		1	1		1			
鄂温克族									
德昂族									
保安族									
裕固族									
京族									
塔塔尔族									
独龙族									
鄂伦春族									
赫哲族									
门巴族									
珞巴族									
基诺族									
未定族称人口	1	1		1	1				
入籍									

2-6　续表　　　单位：人

民　族	三　孩			四　孩			五孩及以上		
	小计	男	女	小计	男	女	小计	男	女
总　计	**234**	**140**	**94**	**24**	**15**	**9**	**2**	**1**	**1**
汉　族	226	134	92	23	15	8	2	1	1
蒙古族	3	3							
回　族	2	1	1						
藏　族									
维吾尔族									
苗　族									
彝　族									
壮　族									
布依族									
朝鲜族									
满　族	1	1		1		1			
侗　族									
瑶　族									
白　族									
土家族									
哈尼族									
哈萨克族									
傣　族									
黎　族									
傈僳族									
佤　族									
畲　族									
高山族									
拉祜族									
水　族									
东乡族	2	1	1						
纳西族									
景颇族									
柯尔克孜族									
土　族									
达斡尔族									
仫佬族									
羌　族									
布朗族									
撒拉族									
毛南族									
仡佬族									
锡伯族									
阿昌族									
普米族									
塔吉克族									
怒　族									
乌孜别克族									
俄罗斯族									
鄂温克族									
德昂族									
保安族									
裕固族									
京　族									
塔塔尔族									
独龙族									
鄂伦春族									
赫哲族									
门巴族									
珞巴族									
基诺族									
未定族称人口									
入　籍									

2-7 全市各民族15-64岁妇女平均活产子女数和平均存活子女数

单位：人、%

民族	15-64岁妇女人数	活产子女总数			存活子女总数			存活子女数占活产子女数的百分比	妇女平均活产子女数	妇女平均存活子女数
		小计	男	女	小计	男	女			
总计	**426293**	**436304**	**233451**	**202853**	**429993**	**229544**	**200449**	**98.55**	**1.02**	**1.01**
汉族	413213	424975	227530	197445	418813	223714	195099	98.55	1.03	1.01
蒙古族	1301	1172	608	564	1164	605	559	99.32	0.90	0.89
回族	5324	4839	2519	2320	4766	2475	2291	98.49	0.91	0.90
藏族	168	21	7	14	21	7	14	100.00	0.13	0.13
维吾尔族	221	38	21	17	38	21	17	100.00	0.17	0.17
苗族	213	149	80	69	149	80	69	100.00	0.70	0.70
彝族	108	61	31	30	59	30	29	96.72	0.56	0.55
壮族	431	323	181	142	320	179	141	99.07	0.75	0.74
布依族	90	43	25	18	43	25	18	100.00	0.48	0.48
朝鲜族	512	457	241	216	445	231	214	97.37	0.89	0.87
满族	3896	3754	1973	1781	3709	1945	1764	98.80	0.96	0.95
侗族	85	51	21	30	51	21	30	100.00	0.60	0.60
瑶族	61	44	20	24	43	19	24	97.73	0.72	0.70
白族	48	19	9	10	19	9	10	100.00	0.40	0.40
土家族	247	186	92	94	184	92	92	98.92	0.75	0.74
哈尼族	13	10	2	8	10	2	8	100.00	0.77	0.77
哈萨克族	43									
傣族	11	6	4	2	5	3	2	83.33	0.55	0.45
黎族	32	7	4	3	7	4	3	100.00	0.22	0.22
傈僳族	6	4	3	1	4	3	1	100.00	0.67	0.67
佤族	3	2	2		2	2		100.00	0.67	0.67
畲族	10	6	2	4	6	2	4	100.00	0.60	0.60
高山族	4	2	1	1	2	1	1	100.00	0.50	0.50
拉祜族	6	5	3	2	5	3	2	100.00	0.83	0.83
水族	7	3	3		3	3		100.00	0.43	0.43
东乡族	10	12	6	6	11	5	6	91.67	1.20	1.10
纳西族	6	1	1		1	1		100.00	0.17	0.17
景颇族	8	14	6	8	14	6	8	100.00	1.75	1.75
柯尔克孜族	5									
土族	11	6	3	3	6	3	3	100.00	0.55	0.55
达斡尔族	41	26	17	9	26	17	9	100.00	0.63	0.63
仫佬族	12	4	4		4	4		100.00	0.33	0.33
羌族	10	3	1	2	3	1	2	100.00	0.30	0.30
布朗族	2	3	1	2	3	1	2	100.00	1.50	1.50
撒拉族	2	3	2	1	3	2	1	100.00	1.50	1.50
毛南族	5									
仡佬族	24	5	2	3	5	2	3	100.00	0.21	0.21
锡伯族	47	28	16	12	27	16	11	96.43	0.60	0.57
阿昌族										
普米族	2	1	1		1	1		100.00	0.50	0.50
塔吉克族	1									
怒族	1	2		2	2		2	100.00	2.00	2.00
乌孜别克族	2									
俄罗斯族	11	4		4	4		4	100.00	0.36	0.36
鄂温克族	14	6	3	3	6	3	3	100.00	0.43	0.43
德昂族										
保安族	1									
裕固族	1	1	1		1	1		100.00	1.00	1.00
京族	1									
塔塔尔族										
独龙族										
鄂伦春族	1	1	1		1	1		100.00	1.00	1.00
赫哲族	5	3	1	2	3	1	2	100.00	0.60	0.60
门巴族										
珞巴族										
基诺族										
未定族称人口	17	4	3	1	4	3	1	100.00	0.24	0.24
入籍										

第二部分　长表数据资料

第三卷　教育

3-1　全市分学业完成情况、性别、受教育程度的3岁及以上人口

单位：人

学业完成情况	合计			小学		
	合计	男	女	小计	男	女
总　计	**1141671**	**583723**	**557948**	**188275**	**88209**	**100066**
在　校	179109	93068	86041	67775	35698	32077
毕　业	947056	482822	464234	113483	49598	63885
肄　业	6847	3391	3456	3580	1465	2115
辍　学	3444	1749	1695	1895	767	1128
其　他	5215	2693	2522	1542	681	861

3-1　续表 1

单位：人

学业完成情况	初中			高中			大学专科		
	小计	男	女	小计	男	女	小计	男	女
总　计	**380282**	**202951**	**177331**	**221478**	**113816**	**107662**	**138989**	**72482**	**66507**
在　校	30256	16237	14019	26849	14170	12679	13610	7416	6194
毕　业	343988	183181	160807	193191	98810	94381	124903	64801	60102
肄　业	2465	1445	1020	561	332	229	98	60	38
辍　学	1318	835	483	187	119	68	26	17	9
其　他	2255	1253	1002	690	385	305	352	188	164

3-1　续表 2

单位：人

学业完成情况	大学本科			硕士研究生			博士研究生		
	小计	男	女	小计	男	女	小计	男	女
总　计	**185784**	**93195**	**92589**	**23732**	**11292**	**12440**	**3131**	**1778**	**1353**
在　校	34857	16856	18001	4738	2140	2598	1024	551	473
毕　业	150452	76087	74365	18940	9122	9818	2099	1223	876
肄　业	131	83	48	10	5	5	2	1	1
辍　学	15	10	5	1		1	2	1	1
其　他	329	159	170	43	25	18	4	2	2

3-1a 全市分学业完成情况、性别、受教育程度的3岁及以上人口(城市)

单位：人

学业完成情况	合计			小学		
	合计	男	女	小计	男	女
总计	**886516**	**449157**	**437359**	**115370**	**54439**	**60931**
在校	137154	70856	66298	50174	26427	23747
毕业	740218	373649	366569	61311	26443	34868
肄业	5316	2604	2712	2696	1088	1608
辍学	1536	833	703	765	311	454
其他	2292	1215	1077	424	170	254

3-1a 续表 1

单位：人

学业完成情况	初中			高中			大学专科		
	小计	男	女	小计	男	女	小计	男	女
总计	**254410**	**133272**	**121138**	**192159**	**96893**	**95266**	**125830**	**65318**	**60512**
在校	20824	11150	9674	20006	10513	9493	11258	6088	5170
毕业	230164	120077	110087	171127	85790	85337	114220	59034	55186
肄业	1923	1109	814	479	275	204	86	50	36
辍学	617	418	199	119	81	38	19	13	6
其他	882	518	364	428	234	194	247	133	114

3-1a 续表 2

单位：人

学业完成情况	大学本科			硕士研究生			博士研究生		
	小计	男	女	小计	男	女	小计	男	女
总计	**172950**	**86702**	**86248**	**22773**	**10815**	**11958**	**3024**	**1718**	**1306**
在校	29722	14278	15444	4203	1878	2325	967	522	445
毕业	142828	72203	70625	18519	8910	9609	2049	1192	857
肄业	120	76	44	10	5	5	2	1	1
辍学	13	9	4	1		1	2	1	1
其他	267	136	131	40	22	18	4	2	2

3-1b　全市分学业完成情况、性别、受教育程度的3岁及以上人口(镇)

单位：人

学业完成情况	合计			小学		
	合计	男	女	小计	男	女
总　计	**69084**	**37395**	**31689**	**15454**	**7465**	**7989**
在　校	13767	7430	6337	4151	2217	1934
毕　业	53846	29182	24664	10653	4934	5719
肄　业	432	236	196	244	111	133
辍　学	358	191	167	166	77	89
其　他	681	356	325	240	126	114

3-1b　续表 1

单位：人

学业完成情况	初中			高中			大学专科		
	小计	男	女	小计	男	女	小计	男	女
总　计	**30469**	**17104**	**13365**	**10155**	**5839**	**4316**	**4950**	**2786**	**2164**
在　校	2211	1225	986	2538	1430	1108	794	484	310
毕　业	27640	15522	12118	7493	4333	3160	4116	2283	1833
肄　业	156	100	56	23	19	4	5	4	1
辍　学	167	98	69	22	14	8	1	1	
其　他	295	159	136	79	43	36	34	14	20

3-1b　续表 2

单位：人

学业完成情况	大学本科			硕士研究生			博士研究生		
	小计	男	女	小计	男	女	小计	男	女
总　计	**7182**	**3753**	**3429**	**783**	**395**	**388**	**91**	**53**	**38**
在　校	3568	1825	1743	457	224	233	48	25	23
毕　业	3578	1914	1664	323	168	155	43	28	15
肄　业	4	2	2						
辍　学	2	1	1						
其　他	30	11	19	3	3				

3-1c 全市分学业完成情况、性别、受教育程度的3岁及以上人口(乡村)

单位：人

学业完成情况	合计			小学		
	合计	男	女	小计	男	女
总 计	**186071**	**97171**	**88900**	**57451**	**26305**	**31146**
在 校	28188	14782	13406	13450	7054	6396
毕 业	152992	79991	73001	41519	18221	23298
肄 业	1099	551	548	640	266	374
辍 学	1550	725	825	964	379	585
其 他	2242	1122	1120	878	385	493

3-1c 续表 1

单位：人

学业完成情况	初中			高中			大学专科		
	小计	男	女	小计	男	女	小计	男	女
总 计	**95403**	**52575**	**42828**	**19164**	**11084**	**8080**	**8209**	**4378**	**3831**
在 校	7221	3862	3359	4305	2227	2078	1558	844	714
毕 业	86184	47582	38602	14571	8687	5884	6567	3484	3083
肄 业	386	236	150	59	38	21	7	6	1
辍 学	534	319	215	46	24	22	6	3	3
其 他	1078	576	502	183	108	75	71	41	30

3-1c 续表 2

单位：人

学业完成情况	大学本科			硕士研究生			博士研究生		
	小计	男	女	小计	男	女	小计	男	女
总 计	**5652**	**2740**	**2912**	**176**	**82**	**94**	**16**	**7**	**9**
在 校	1567	753	814	78	38	40	9	4	5
毕 业	4046	1970	2076	98	44	54	7	3	4
肄 业	7	5	2						
辍 学									
其 他	32	12	20						

3–2　全市分年龄、性别、学业完成情况的3岁及以上各种受教育程度人口

单位：人

年　龄	合　计								
	合　计			在　校			毕　业		
	合计	男	女	小计	男	女	小计	男	女
总　计	**1141671**	**583723**	**557948**	**179109**	**93068**	**86041**	**947056**	**482822**	**464234**
3									
4									
5–9岁	**45562**	**23936**	**21626**	**43925**	**23004**	**20921**	**1565**	**894**	**671**
5	772	406	366	723	377	346	41	26	15
6	9737	5060	4677	9385	4851	4534	336	199	137
7	11220	5904	5316	10817	5661	5156	388	235	153
8	12565	6665	5900	12137	6423	5714	417	237	180
9	11268	5901	5367	10863	5692	5171	383	197	186
10–14岁	**51589**	**27485**	**24104**	**49194**	**26185**	**23009**	**2299**	**1239**	**1060**
10	10775	5755	5020	10352	5528	4824	406	214	192
11	10685	5656	5029	10245	5427	4818	422	219	203
12	10416	5553	4863	9930	5316	4614	464	224	240
13	10177	5467	4710	9664	5190	4474	495	265	230
14	9536	5054	4482	9003	4724	4279	512	317	195
15–19岁	**54858**	**29478**	**25380**	**49347**	**25603**	**23744**	**5240**	**3705**	**1535**
15	9568	5076	4492	9302	4906	4396	238	156	82
16	10054	5506	4548	9497	5100	4397	511	383	128
17	8701	4810	3891	7783	4140	3643	859	628	231
18	11367	6151	5216	9818	5027	4791	1487	1080	407
19	15168	7935	7233	12947	6430	6517	2145	1458	687
20–24岁	**68106**	**36388**	**31718**	**32627**	**16282**	**16345**	**34973**	**19781**	**15192**
20	16460	8725	7735	13160	6572	6588	3226	2102	1124
21	14438	7696	6742	9677	4790	4887	4657	2845	1812
22	12657	6902	5755	5139	2594	2545	7428	4252	3176
23	12136	6497	5639	2715	1358	1357	9308	5062	4246
24	12415	6568	5847	1936	968	968	10354	5520	4834
25–29岁	**75938**	**39850**	**36088**	**2950**	**1470**	**1480**	**72252**	**37914**	**34338**
25	13559	7275	6284	1202	606	596	12237	6588	5649
26	13798	7135	6663	712	363	349	12942	6684	6258
27	15119	7903	7216	457	202	255	14518	7621	6897
28	16089	8418	7671	350	179	171	15589	8132	7457
29	17373	9119	8254	229	120	109	16966	8889	8077
30–34岁	**119866**	**61708**	**58158**	**598**	**285**	**313**	**118171**	**60780**	**57391**
30	22943	11844	11099	206	95	111	22528	11627	10901
31	23925	12345	11580	150	74	76	23571	12143	11428
32	23583	12183	11400	91	47	44	23262	12004	11258
33	25773	13199	12574	83	33	50	25462	13041	12421
34	23642	12137	11505	68	36	32	23348	11965	11383
35–39岁	**107549**	**55295**	**52254**	**214**	**97**	**117**	**106404**	**54665**	**51739**
35	20378	10592	9786	48	25	23	20154	10452	9702
36	20922	10737	10185	49	25	24	20694	10602	10092
37	21974	11327	10647	51	19	32	21760	11222	10538
38	24628	12569	12059	36	15	21	24375	12444	11931
39	19647	10070	9577	30	13	17	19421	9945	9476
40–44岁	**83695**	**42975**	**40720**	**90**	**43**	**47**	**82693**	**42419**	**40274**
40	16467	8606	7861	20	9	11	16299	8518	7781
41	18497	9441	9056	30	12	18	18282	9323	8959
42	17600	9036	8564	13	7	6	17393	8926	8467
43	15345	7760	7585	17	10	7	15141	7640	7501
44	15786	8132	7654	10	5	5	15578	8012	7566
45–49岁	**85724**	**43892**	**41832**	**51**	**32**	**19**	**84475**	**43168**	**41307**
45	14892	7640	7252	14	9	5	14658	7515	7143
46	15964	8196	7768	5	3	2	15741	8072	7669
47	17767	9069	8698	20	13	7	17512	8923	8589
48	18234	9410	8824	4	2	2	17980	9267	8713
49	18867	9577	9290	8	5	3	18584	9391	9193
50岁及以上	**448784**	**222716**	**226068**	**113**	**67**	**46**	**438984**	**218257**	**220727**

3-2 续表 1

单位：人

年 龄	合 计								
	肄 业			辍 学			其 他		
	小计	男	女	小计	男	女	小计	男	女
总 计	**6847**	**3391**	**3456**	**3444**	**1749**	**1695**	**5215**	**2693**	**2522**
3									
4									
5-9岁	**8**	**4**	**4**	**2**	**1**	**1**	**62**	**33**	**29**
5							8	3	5
6	1	1					15	9	6
7	4	3	1	1	1		10	4	6
8	1		1				10	5	5
9	2		2	1		1	19	12	7
10-14岁	**11**	**5**	**6**	**28**	**16**	**12**	**57**	**40**	**17**
10	3	1	2	1	1		13	11	2
11	2	1	1	2	2		14	7	7
12	2		2	6	4	2	14	9	5
13	1	1		7	2	5	10	9	1
14	3	2	1	12	7	5	6	4	2
15-19岁	**59**	**36**	**23**	**93**	**64**	**29**	**119**	**70**	**49**
15	7	4	3	10	6	4	11	4	7
16	10	3	7	20	14	6	16	6	10
17	17	11	6	21	15	6	21	16	5
18	16	13	3	22	15	7	24	16	8
19	9	5	4	20	14	6	47	28	19
20-24岁	**133**	**89**	**44**	**118**	**83**	**35**	**255**	**153**	**102**
20	22	14	8	18	11	7	34	26	8
21	27	15	12	24	16	8	53	30	23
22	23	15	8	16	11	5	51	30	21
23	26	21	5	30	25	5	57	31	26
24	35	24	11	30	20	10	60	36	24
25-29岁	**201**	**143**	**58**	**193**	**135**	**58**	**342**	**188**	**154**
25	41	34	7	25	18	7	54	29	25
26	43	27	16	40	24	16	61	37	24
27	32	20	12	37	26	11	75	34	41
28	40	29	11	37	30	7	73	48	25
29	45	33	12	54	37	17	79	40	39
30-34岁	**288**	**186**	**102**	**244**	**158**	**86**	**565**	**299**	**266**
30	51	32	19	44	29	15	114	61	53
31	54	38	16	47	28	19	103	62	41
32	65	45	20	48	33	15	117	54	63
33	60	37	23	50	27	23	118	61	57
34	58	34	24	55	41	14	113	61	52
35-39岁	**274**	**161**	**113**	**201**	**125**	**76**	**456**	**247**	**209**
35	46	28	18	41	28	13	89	59	30
36	50	33	17	48	27	21	81	50	31
37	40	20	20	32	21	11	91	45	46
38	73	41	32	45	30	15	99	39	60
39	65	39	26	35	19	16	96	54	42
40-44岁	**309**	**188**	**121**	**207**	**119**	**88**	**396**	**206**	**190**
40	45	20	25	33	18	15	70	41	29
41	53	36	17	43	26	17	89	44	45
42	60	34	26	52	29	23	82	40	42
43	80	53	27	38	22	16	69	35	34
44	71	45	26	41	24	17	86	46	40
45-49岁	**478**	**284**	**194**	**269**	**162**	**107**	**451**	**246**	**205**
45	79	39	40	50	28	22	91	49	42
46	77	49	28	52	26	26	89	46	43
47	92	51	41	58	37	21	85	45	40
48	109	61	48	51	30	21	90	50	40
49	121	84	37	58	41	17	96	56	40
50岁及以上	**5086**	**2295**	**2791**	**2089**	**886**	**1203**	**2512**	**1211**	**1301**

3-2　续表 2　　　　单位：人

年　龄	小学								
	合　计			在　校			毕　业		
	合计	男	女	小计	男	女	小计	男	女
总　计	**188275**	**88209**	**100066**	**67775**	**35698**	**32077**	**113483**	**49598**	**63885**
3									
4									
5–9岁	**45259**	**23765**	**21494**	**43673**	**22860**	**20813**	**1519**	**870**	**649**
5	772	406	366	723	377	346	41	26	15
6	9686	5036	4650	9344	4833	4511	327	194	133
7	11165	5875	5290	10772	5638	5134	379	229	150
8	12477	6605	5872	12062	6370	5692	404	230	174
9	11159	5843	5316	10772	5642	5130	368	191	177
10–14岁	**25089**	**13350**	**11739**	**24064**	**12818**	**11246**	**977**	**502**	**475**
10	10557	5615	4942	10172	5413	4759	370	190	180
11	9951	5267	4684	9576	5072	4504	358	186	172
12	3678	1980	1698	3514	1903	1611	155	71	84
13	658	355	303	605	328	277	51	27	24
14	245	133	112	197	102	95	43	28	15
15–19岁	**273**	**177**	**96**	**25**	**14**	**11**	**212**	**142**	**70**
15	36	19	17	9	4	5	21	11	10
16	40	23	17	4	2	2	27	18	9
17	43	31	12	5	5		29	18	11
18	74	46	28	5	1	4	64	42	22
19	80	58	22	2	2		71	53	18
20–24岁	**621**	**406**	**215**	**6**	**3**	**3**	**575**	**374**	**201**
20	87	56	31	6	3	3	73	47	26
21	118	78	40				109	72	37
22	150	99	51				142	93	49
23	129	78	51				121	71	50
24	137	95	42				130	91	39
25–29岁	**1368**	**856**	**512**				**1289**	**810**	**479**
25	203	122	81				194	116	78
26	195	121	74				184	118	66
27	270	173	97				258	167	91
28	293	185	108				266	166	100
29	407	255	152				387	243	144
30–34岁	**3048**	**1686**	**1362**				**2881**	**1584**	**1297**
30	587	342	245				553	321	232
31	601	326	275				570	305	265
32	588	318	270				555	303	252
33	676	383	293				640	361	279
34	596	317	279				563	294	269
35–39岁	**2982**	**1564**	**1418**				**2826**	**1482**	**1344**
35	509	279	230				486	263	223
36	494	274	220				461	255	206
37	585	301	284				551	283	268
38	729	368	361				692	354	338
39	665	342	323				636	327	309
40–44岁	**4781**	**2301**	**2480**				**4579**	**2196**	**2383**
40	666	335	331				639	325	314
41	917	438	479				890	426	464
42	1031	498	533				983	471	512
43	1015	472	543				963	441	522
44	1152	558	594				1104	533	571
45–49岁	**8538**	**4084**	**4454**				**8149**	**3871**	**4278**
45	1255	650	605				1191	614	577
46	1405	668	737				1334	634	700
47	1742	838	904				1660	796	864
48	1969	915	1054				1896	871	1025
49	2167	1013	1154				2068	956	1112
50岁及以上	**96316**	**40020**	**56296**	**7**	**3**	**4**	**90476**	**37767**	**52709**

3-2 续表 3

单位：人

年龄	小学								
	肄业			辍学			其他		
	小计	男	女	小计	男	女	小计	男	女
总计	**3580**	**1465**	**2115**	**1895**	**767**	**1128**	**1542**	**681**	**861**
3									
4									
5-9岁	**8**	**4**	**4**	**2**	**1**	**1**	**57**	**30**	**27**
5							8	3	5
6	1	1					14	8	6
7	4	3	1	1	1		9	4	5
8	1		1				10	5	5
9	2		2	1		1	16	10	6
10-14岁	**6**	**2**	**4**	**10**	**7**	**3**	**32**	**21**	**11**
10	2	1	1	1	1		12	10	2
11	2	1	1	2	2		13	6	7
12	1		1	3	2	1	5	4	1
13				2		2			
14	1		1	2	2		2	1	1
15-19岁	**7**	**4**	**3**	**13**	**9**	**4**	**16**	**8**	**8**
15	1	1		2	1	1	3	2	1
16	2		2	3	2	1	4	1	3
17	2	2		3	3		4	3	1
18	2	1	1	2	1	1	1	1	
19				3	2	1	4	1	3
20-24岁	**19**	**14**	**5**	**10**	**5**	**5**	**11**	**10**	**1**
20	6	5	1	2	1	1			
21	3	1	2	3	2	1	3	3	
22	2	2		2	1	1	4	3	1
23	4	4		2	1	1	2	2	
24	4	2	2	1		1	2	2	
25-29岁	**32**	**17**	**15**	**26**	**16**	**10**	**21**	**13**	**8**
25	3	3		3	2	1	3	1	2
26	8	2	6	2	1	1	1		1
27	3	1	2	6	4	2	3	1	2
28	12	8	4	6	4	2	9	7	2
29	6	3	3	9	5	4	5	4	1
30-34岁	**69**	**44**	**25**	**50**	**27**	**23**	**48**	**31**	**17**
30	10	5	5	10	5	5	14	11	3
31	14	11	3	7	5	2	10	5	5
32	16	10	6	10	2	8	7	3	4
33	14	7	7	14	9	5	8	6	2
34	15	11	4	9	6	3	9	6	3
35-39岁	**63**	**31**	**32**	**48**	**27**	**21**	**45**	**24**	**21**
35	9	6	3	5	3	2	9	7	2
36	9	5	4	17	10	7	7	4	3
37	15	7	8	8	5	3	11	6	5
38	16	7	9	12	6	6	9	1	8
39	14	6	8	6	3	3	9	6	3
40-44岁	**87**	**49**	**38**	**68**	**38**	**30**	**47**	**18**	**29**
40	14	4	10	8	4	4	5	2	3
41	8	4	4	10	5	5	9	3	6
42	21	15	6	15	7	8	12	5	7
43	20	15	5	21	13	8	11	3	8
44	24	11	13	14	9	5	10	5	5
45-49岁	**171**	**99**	**72**	**112**	**61**	**51**	**106**	**53**	**53**
45	30	17	13	17	9	8	17	10	7
46	27	14	13	23	10	13	21	10	11
47	31	14	17	25	13	12	26	15	11
48	32	21	11	20	12	8	21	11	10
49	51	33	18	27	17	10	21	7	14
50岁及以上	**3118**	**1201**	**1917**	**1556**	**576**	**980**	**1159**	**473**	**686**

3-2　续表 4　　　　　　　　　　　　　　　　　　　　　　　　　单位：人

年　龄	初　中								
	合　计			在　校			毕　业		
	合计	男	女	小计	男	女	小计	男	女
总　计	**380282**	**202951**	**177331**	**30256**	**16237**	**14019**	**343988**	**183181**	**160807**
3									
4									
5–9岁	**303**	**171**	**132**	**252**	**144**	**108**	**46**	**24**	**22**
5									
6	51	24	27	41	18	23	9	5	4
7	55	29	26	45	23	22	9	6	3
8	88	60	28	75	53	22	13	7	6
9	109	58	51	91	50	41	15	6	9
10–14岁	**26042**	**13894**	**12148**	**24720**	**13149**	**11571**	**1275**	**714**	**561**
10	218	140	78	180	115	65	36	24	12
11	733	388	345	669	355	314	63	32	31
12	6737	3573	3164	6416	3413	3003	308	153	155
13	9405	5052	4353	8960	4807	4153	429	233	196
14	8949	4741	4208	8495	4459	4036	439	272	167
15–19岁	**7796**	**4726**	**3070**	**5234**	**2917**	**2317**	**2432**	**1723**	**709**
15	3782	2112	1670	3597	1983	1614	165	119	46
16	1283	766	517	957	533	424	302	220	82
17	817	545	272	344	201	143	450	328	122
18	885	604	281	199	111	88	653	467	186
19	1029	699	330	137	89	48	862	589	273
20–24岁	**7900**	**5062**	**2838**	**18**	**11**	**7**	**7682**	**4918**	**2764**
20	1155	814	341	6	3	3	1119	791	328
21	1238	818	420	8	5	3	1191	790	401
22	1538	987	551				1509	971	538
23	1805	1113	692	2	2		1757	1078	679
24	2164	1330	834	2	1	1	2106	1288	818
25–29岁	**17297**	**10352**	**6945**	**5**	**2**	**3**	**16914**	**10100**	**6814**
25	2710	1678	1032	1	1		2655	1639	1016
26	2943	1721	1222	1		1	2868	1676	1192
27	3398	2008	1390	3	1	2	3320	1958	1362
28	3758	2297	1461				3684	2241	1443
29	4488	2648	1840				4387	2586	1801
30–34岁	**32520**	**18272**	**14248**	**5**	**4**	**1**	**31936**	**17918**	**14018**
30	6166	3543	2623	1	1		6057	3476	2581
31	6326	3542	2784	1	1		6223	3477	2746
32	6410	3641	2769	2	1	1	6295	3565	2730
33	7181	3991	3190	1	1		7052	3923	3129
34	6437	3555	2882				6309	3477	2832
35–39岁	**29970**	**16356**	**13614**	**3**		**3**	**29460**	**16055**	**13405**
35	5463	3071	2392	1		1	5369	3008	2361
36	5620	3062	2558				5522	3000	2522
37	5844	3240	2604	2		2	5750	3189	2561
38	7122	3842	3280				7007	3778	3229
39	5921	3141	2780				5812	3080	2732
40–44岁	**31147**	**16350**	**14797**				**30630**	**16047**	**14583**
40	5082	2732	2350				5005	2684	2321
41	6529	3485	3044				6409	3412	2997
42	6699	3474	3225				6588	3418	3170
43	6140	3152	2988				6037	3092	2945
44	6697	3507	3190				6591	3441	3150
45–49岁	**38842**	**19972**	**18870**	**4**	**1**	**3**	**38195**	**19583**	**18612**
45	6486	3326	3160				6371	3264	3107
46	7202	3711	3491	1		1	7081	3640	3441
47	7871	4038	3833				7752	3968	3784
48	8397	4374	4023				8253	4295	3958
49	8886	4523	4363	3	1	2	8738	4416	4322
50岁及以上	**188465**	**97796**	**90669**	**15**	**9**	**6**	**185418**	**96099**	**89319**

3-2 续表 5

单位：人

年龄	初中								
	肄业			辍学			其他		
	小计	男	女	小计	男	女	小计	男	女
总计	**2465**	**1445**	**1020**	**1318**	**835**	**483**	**2255**	**1253**	**1002**
3									
4									
5-9岁							**5**	**3**	**2**
5									
6							1	1	
7							1		1
8									
9							3	2	1
10-14岁	**5**	**3**	**2**	**17**	**9**	**8**	**25**	**19**	**6**
10	1		1				1	1	
11							1	1	
12	1		1	3	2	1	9	5	4
13	1	1		5	2	3	10	9	1
14	2	2		9	5	4	4	3	1
15-19岁	**34**	**24**	**10**	**61**	**41**	**20**	**35**	**21**	**14**
15	6	3	3	8	5	3	6	2	4
16	6	2	4	14	10	4	4	1	3
17	9	7	2	11	6	5	3	3	
18	9	9		16	11	5	8	6	2
19	4	3	1	12	9	3	14	9	5
20-24岁	**52**	**38**	**14**	**69**	**49**	**20**	**79**	**46**	**33**
20	10	7	3	7	4	3	13	9	4
21	10	5	5	14	9	5	15	9	6
22	10	6	4	8	6	2	11	4	7
23	9	8	1	16	12	4	21	13	8
24	13	12	1	24	18	6	19	11	8
25-29岁	**94**	**70**	**24**	**128**	**91**	**37**	**156**	**89**	**67**
25	19	15	4	15	11	4	20	12	8
26	20	16	4	27	15	12	27	14	13
27	18	10	8	25	18	7	32	21	11
28	18	16	2	20	17	3	36	23	13
29	19	13	6	41	30	11	41	19	22
30-34岁	**135**	**89**	**46**	**169**	**110**	**59**	**275**	**151**	**124**
30	22	16	6	30	20	10	56	30	26
31	21	14	7	36	22	14	45	28	17
32	31	22	9	31	24	7	51	29	22
33	32	20	12	32	15	17	64	32	32
34	29	17	12	40	29	11	59	32	27
35-39岁	**145**	**86**	**59**	**128**	**84**	**44**	**234**	**131**	**103**
35	19	12	7	31	21	10	43	30	13
36	30	19	11	22	14	8	46	29	17
37	19	8	11	22	16	6	51	27	24
38	39	24	15	30	21	9	46	19	27
39	38	23	15	23	12	11	48	26	22
40-44岁	**171**	**112**	**59**	**126**	**74**	**52**	**220**	**117**	**103**
40	22	13	9	20	12	8	35	23	12
41	34	24	10	32	20	12	54	29	25
42	31	16	15	36	21	15	44	19	25
43	50	33	17	16	8	8	37	19	18
44	34	26	8	22	13	9	50	27	23
45-49岁	**257**	**158**	**99**	**140**	**91**	**49**	**246**	**139**	**107**
45	38	17	21	31	19	12	46	26	20
46	43	29	14	27	15	12	50	27	23
47	50	31	19	28	20	8	41	19	22
48	67	35	32	26	16	10	51	28	23
49	59	46	13	28	21	7	58	39	19
50岁及以上	**1572**	**865**	**707**	**480**	**286**	**194**	**980**	**537**	**443**

3-2　续表 6　　　　单位：人

年　龄	高　　中								
	合　　计			在　　校			毕　　业		
	合计	男	女	小计	男	女	小计	男	女
总　计	**221478**	**113816**	**107662**	**26849**	**14170**	**12679**	**193191**	**98810**	**94381**
3									
4									
5-9岁									
5									
6									
7									
8									
9									
10-14岁	**455**	**240**	**215**	**409**	**218**	**191**	**45**	**22**	**23**
10									
11									
12	1		1				1		1
13	113	60	53	99	55	44	14	5	9
14	341	180	161	310	163	147	30	17	13
15-19岁	**27036**	**14696**	**12340**	**25206**	**13370**	**11836**	**1755**	**1283**	**472**
15	5637	2880	2757	5588	2858	2730	47	22	25
16	8432	4543	3889	8268	4419	3849	151	117	34
17	7016	3790	3226	6693	3556	3137	300	219	81
18	4227	2431	1796	3676	2015	1661	534	406	128
19	1724	1052	672	981	522	459	723	519	204
20-24岁	**7386**	**4565**	**2821**	**1204**	**567**	**637**	**6076**	**3928**	**2148**
20	1516	883	633	580	260	320	920	614	306
21	1409	901	508	324	156	168	1058	728	330
22	1497	964	533	178	86	92	1304	868	436
23	1460	910	550	78	41	37	1356	849	507
24	1504	907	597	44	24	20	1438	869	569
25-29岁	**10556**	**6127**	**4429**	**3**	**1**	**2**	**10431**	**6051**	**4380**
25	1654	987	667				1632	971	661
26	1928	1143	785				1896	1121	775
27	2101	1241	860	1		1	2075	1230	845
28	2306	1315	991	2	1	1	2284	1301	983
29	2567	1441	1126				2544	1428	1116
30-34岁	**18518**	**10172**	**8346**	**5**	**3**	**2**	**18369**	**10080**	**8289**
30	3410	1889	1521	1	1		3378	1870	1508
31	3663	2063	1600	1	1		3635	2044	1591
32	3664	2019	1645	1	1		3628	1998	1630
33	4133	2239	1894	1		1	4107	2225	1882
34	3648	1962	1686	1		1	3621	1943	1678
35-39岁	**17685**	**9352**	**8333**	**3**	**1**	**2**	**17562**	**9278**	**8284**
35	3051	1649	1402				3032	1636	1396
36	3221	1743	1478				3194	1727	1467
37	3533	1863	1670	1	1		3514	1853	1661
38	4214	2236	1978	1		1	4184	2218	1966
39	3666	1861	1805	1		1	3638	1844	1794
40-44岁	**16901**	**8624**	**8277**				**16796**	**8562**	**8234**
40	3304	1744	1560				3283	1735	1548
41	3834	1910	1924				3816	1898	1918
42	3613	1905	1708				3593	1892	1701
43	3061	1530	1531				3044	1520	1524
44	3089	1535	1554				3060	1517	1543
45-49岁	**16419**	**8282**	**8137**	**3**	**2**	**1**	**16304**	**8220**	**8084**
45	2902	1485	1417				2876	1474	1402
46	3023	1532	1491	1	1		3002	1520	1482
47	3495	1766	1729				3471	1750	1721
48	3417	1702	1715				3396	1692	1704
49	3582	1797	1785	2	1	1	3559	1784	1775
50岁及以上	**106522**	**51758**	**54764**	**16**	**8**	**8**	**105853**	**51386**	**54467**

3-2 续表 7

单位：人

年 龄	高中								
	肄业			辍学			其他		
	小计	男	女	小计	男	女	小计	男	女
总 计	**561**	**332**	**229**	**187**	**119**	**68**	**690**	**385**	**305**
3									
4									
5-9岁									
5									
6									
7									
8									
9									
10-14岁				**1**		**1**			
10									
11									
12									
13									
14				1		1			
15-19岁	**14**	**7**	**7**	**17**	**13**	**4**	**44**	**23**	**21**
15							2		2
16	2	1	1	3	2	1	8	4	4
17	5	2	3	7	6	1	11	7	4
18	4	3	1	4	3	1	9	4	5
19	3	1	2	3	2	1	14	8	6
20-24岁	**27**	**13**	**14**	**31**	**23**	**8**	**48**	**34**	**14**
20	4		4	6	4	2	6	5	1
21	8	4	4	5	4	1	14	9	5
22	3	2	1	6	4	2	6	4	2
23	4	3	1	9	9		13	8	5
24	8	4	4	5	2	3	9	8	1
25-29岁	**37**	**25**	**12**	**25**	**16**	**9**	**60**	**34**	**26**
25	10	8	2	4	3	1	8	5	3
26	8	5	3	7	4	3	17	13	4
27	6	4	2	5	3	2	14	4	10
28	3	1	2	5	4	1	12	8	4
29	10	7	3	4	2	2	9	4	5
30-34岁	**42**	**28**	**14**	**22**	**19**	**3**	**80**	**42**	**38**
30	13	7	6	3	3		15	8	7
31	7	7		4	1	3	16	10	6
32	10	7	3	6	6		19	7	12
33	7	5	2	3	3		15	6	9
34	5	2	3	6	6		15	11	4
35-39岁	**34**	**22**	**12**	**20**	**12**	**8**	**66**	**39**	**27**
35	10	5	5	3	3		6	5	1
36	5	5		8	3	5	14	8	6
37	4	3	1	2		2	12	6	6
38	8	4	4	3	3		18	11	7
39	7	5	2	4	3	1	16	9	7
40-44岁	**35**	**18**	**17**	**9**	**5**	**4**	**61**	**39**	**22**
40	6	2	4	3	1	2	12	6	6
41	5	3	2	1	1		12	8	4
42	6	2	4	1	1		13	10	3
43	8	4	4				9	6	3
44	10	7	3	4	2	2	15	9	6
45-49岁	**38**	**20**	**18**	**15**	**9**	**6**	**59**	**31**	**28**
45	8	4	4	2		2	16	7	9
46	5	4	1	2	1	1	13	6	7
47	8	4	4	5	4	1	11	8	3
48	8	4	4	3	1	2	10	5	5
49	9	4	5	3	3		9	5	4
50岁及以上	**334**	**199**	**135**	**47**	**22**	**25**	**272**	**143**	**129**

3-2 续表 8

单位：人

年 龄	大学专科								
	合 计			在 校			毕 业		
	合计	男	女	小计	男	女	小计	男	女
总 计	**138989**	**72482**	**66507**	**13610**	**7416**	**6194**	**124903**	**64801**	**60102**
3									
4									
5—9岁									
5									
6									
7									
8									
9									
10—14岁	**3**	**1**	**2**	**1**		**1**	**2**	**1**	**1**
10									
11	1	1					1	1	
12									
13	1		1				1		1
14	1		1	1		1			
15—19岁	**7837**	**4217**	**3620**	**7199**	**3805**	**3394**	**618**	**398**	**220**
15	98	58	40	94	55	39	4	3	1
16	237	142	95	224	131	93	13	11	2
17	461	266	195	410	228	182	50	38	12
18	2270	1207	1063	2093	1084	1009	172	119	53
19	4771	2544	2227	4378	2307	2071	379	227	152
20—24岁	**16579**	**9271**	**7308**	**6055**	**3423**	**2632**	**10442**	**5795**	**4647**
20	4579	2596	1983	3651	2047	1604	914	536	378
21	3286	1852	1434	1486	839	647	1788	1006	782
22	2867	1634	1233	577	337	240	2268	1282	986
23	2939	1636	1303	231	141	90	2691	1485	1206
24	2908	1553	1355	110	59	51	2781	1486	1295
25—29岁	**16097**	**8347**	**7750**	**161**	**87**	**74**	**15867**	**8215**	**7652**
25	3072	1674	1398	59	32	27	2999	1634	1365
26	2961	1509	1452	30	15	15	2918	1485	1433
27	3159	1645	1514	27	11	16	3120	1628	1492
28	3328	1696	1632	22	16	6	3294	1670	1624
29	3577	1823	1754	23	13	10	3536	1798	1738
30—34岁	**25028**	**12319**	**12709**	**72**	**33**	**39**	**24849**	**12236**	**12613**
30	4654	2261	2393	28	12	16	4609	2241	2368
31	5203	2577	2626	13	5	8	5167	2560	2607
32	5045	2474	2571	12	8	4	5003	2455	2548
33	5184	2563	2621	11	5	6	5152	2547	2605
34	4942	2444	2498	8	3	5	4918	2433	2485
35—39岁	**20329**	**10090**	**10239**	**36**	**14**	**22**	**20249**	**10055**	**10194**
35	4117	2021	2096	8	3	5	4100	2013	2087
36	4135	2085	2050	8	3	5	4119	2075	2044
37	4169	2099	2070	5	3	2	4157	2094	2063
38	4459	2151	2308	9	2	7	4436	2145	2291
39	3449	1734	1715	6	3	3	3437	1728	1709
40—44岁	**12265**	**6106**	**6159**	**27**	**16**	**11**	**12195**	**6070**	**6125**
40	2770	1397	1373	6	4	2	2758	1391	1367
41	2837	1383	1454	9	5	4	2814	1373	1441
42	2552	1268	1284	4	2	2	2544	1263	1281
43	2105	1031	1074	4	3	1	2093	1023	1070
44	2001	1027	974	4	2	2	1986	1020	966
45—49岁	**9238**	**4717**	**4521**	**23**	**16**	**7**	**9182**	**4685**	**4497**
45	1804	897	907	9	6	3	1790	890	900
46	1819	946	873	1		1	1813	942	871
47	2008	1011	997	12	9	3	1989	1000	989
48	1840	972	868				1831	967	864
49	1767	891	876	1	1		1759	886	873
50岁及以上	**31613**	**17414**	**14199**	**36**	**22**	**14**	**31499**	**17346**	**14153**

3–2 续表 9

单位：人

年 龄	大学专科								
	肄 业			辍 学			其 他		
	小计	男	女	小计	男	女	小计	男	女
总 计	**98**	**60**	**38**	**26**	**17**	**9**	**352**	**188**	**164**
3									
4									
5–9岁									
5									
6									
7									
8									
9									
10–14岁									
10									
11									
12									
13									
14									
15–19岁	**4**	**1**	**3**	**1**		**1**	**15**	**13**	**2**
15									
16									
17	1		1						
18	1		1				4	4	
19	2	1	1	1		1	11	9	2
20–24岁	**17**	**13**	**4**	**4**	**2**	**2**	**61**	**38**	**23**
20	2	2		3	2	1	9	9	
21	1	1		1		1	10	6	4
22	3	2	1				19	13	6
23	7	5	2				10	5	5
24	4	3	1				13	5	8
25–29岁	**12**	**9**	**3**	**8**	**8**		**49**	**28**	**21**
25	2	1	1	2	2		10	5	5
26	2	1	1	2	2		9	6	3
27	2	2					10	4	6
28	3	2	1	4	4		5	4	1
29	3	3					15	9	6
30–34岁	**17**	**10**	**7**	**3**	**2**	**1**	**87**	**38**	**49**
30	1		1	1	1		15	7	8
31	6	3	3				17	9	8
32	4	3	1	1	1		25	7	18
33	4	3	1	1		1	16	8	8
34	2	1	1				14	7	7
35–39岁	**12**	**8**	**4**	**2**	**1**	**1**	**30**	**12**	**18**
35	3	1	2				6	4	2
36	3	3		1		1	4	4	
37	1	1					6	1	5
38	4	3	1				10	1	9
39	1		1	1	1		4	2	2
40–44岁	**7**	**3**	**4**	**3**	**2**	**1**	**33**	**15**	**18**
40				1	1		5	1	4
41	3	2	1				11	3	8
42							4	3	1
43	2	1	1	1	1		5	3	2
44	2		2	1		1	8	5	3
45–49岁	**7**	**4**	**3**	**2**	**1**	**1**	**24**	**11**	**13**
45	1	1					4		4
46	2	2					3	2	1
47	2	1	1				5	1	4
48	1		1	2	1	1	6	4	2
49	1		1				6	4	2
50岁及以上	**22**	**12**	**10**	**3**	**1**	**2**	**53**	**33**	**20**

3-2　续表 10　　　　单位：人

年　龄	大学本科								
	合　计			在　校			毕　业		
	合计	男	女	小计	男	女	小计	男	女
总　计	**185784**	**93195**	**92589**	**34857**	**16856**	**18001**	**150452**	**76087**	**74365**
3									
4									
5-9岁									
5									
6									
7									
8									
9									
10-14岁									
10									
11									
12									
13									
14									
15-19岁	**11905**	**5655**	**6250**	**11675**	**5491**	**6184**	**221**	**159**	**62**
15	15	7	8	14	6	8	1	1	
16	62	32	30	44	15	29	18	17	1
17	362	178	184	330	150	180	29	25	4
18	3906	1859	2047	3841	1812	2029	63	46	17
19	7560	3579	3981	7446	3508	3938	110	70	40
20-24岁	**32311**	**15627**	**16684**	**22271**	**10909**	**11362**	**9968**	**4681**	**5287**
20	9102	4365	4737	8901	4250	4651	196	112	84
21	8286	4003	4283	7762	3746	4016	507	249	258
22	5967	2963	3004	3765	1923	1842	2187	1032	1155
23	4620	2252	2368	1280	690	590	3326	1556	1770
24	4336	2044	2292	563	300	263	3752	1732	2020
25-29岁	**25369**	**11941**	**13428**	**592**	**300**	**292**	**24697**	**11596**	**13101**
25	4697	2252	2445	251	130	121	4427	2111	2316
26	4729	2173	2556	120	59	61	4596	2106	2490
27	5232	2463	2769	94	44	50	5119	2411	2708
28	5381	2518	2863	73	38	35	5295	2473	2822
29	5330	2535	2795	54	29	25	5260	2495	2765
30-34岁	**34102**	**16295**	**17807**	**148**	**74**	**74**	**33871**	**16180**	**17691**
30	6796	3228	3568	44	22	22	6736	3200	3536
31	6796	3259	3537	30	13	17	6747	3234	3513
32	6512	3133	3379	24	12	12	6473	3113	3360
33	7192	3396	3796	22	9	13	7154	3378	3776
34	6806	3279	3527	28	18	10	6761	3255	3506
35-39岁	**31106**	**15279**	**15827**	**82**	**34**	**48**	**30934**	**15194**	**15740**
35	6158	3044	3114	16	7	9	6115	3020	3095
36	6315	3037	3278	19	7	12	6284	3024	3260
37	6721	3279	3442	26	8	18	6684	3266	3418
38	6911	3398	3513	12	7	5	6879	3382	3497
39	5001	2521	2480	9	5	4	4972	2502	2470
40-44岁	**15812**	**8076**	**7736**	**37**	**17**	**20**	**15735**	**8037**	**7698**
40	3881	1987	1894	7	2	5	3859	1976	1883
41	3698	1838	1860	12	5	7	3680	1829	1851
42	3159	1621	1538	7	4	3	3144	1613	1531
43	2593	1336	1257	8	4	4	2578	1328	1250
44	2481	1294	1187	3	2	1	2474	1291	1183
45-49岁	**11198**	**5922**	**5276**	**18**	**10**	**8**	**11163**	**5899**	**5264**
45	2134	1107	1027	4	2	2	2122	1099	1023
46	2185	1144	1041	2	2		2181	1141	1040
47	2349	1231	1118	7	3	4	2341	1227	1114
48	2332	1259	1073	3	1	2	2326	1255	1071
49	2198	1181	1017	2	2		2193	1177	1016
50岁及以上	**23981**	**14400**	**9581**	**34**	**21**	**13**	**23863**	**14341**	**9522**

3-2 续表 11 单位：人

年 龄	大学本科								
	肄 业			辍 学			其 他		
	小计	男	女	小计	男	女	小计	男	女
总 计	**131**	**83**	**48**	**15**	**10**	**5**	**329**	**159**	**170**
3									
4									
5-9岁									
5									
6									
7									
8									
9									
10-14岁									
10									
11									
12									
13									
14									
15-19岁							**9**	**5**	**4**
15									
16									
17							3	3	
18							2	1	1
19							4	1	3
20-24岁	**17**	**10**	**7**	**4**	**4**		**51**	**23**	**28**
20							5	3	2
21	5	4	1	1	1		11	3	8
22	4	2	2				11	6	5
23	2	1	1	3	3		9	2	7
24	6	3	3				15	9	6
25-29岁	**24**	**21**	**3**	**6**	**4**	**2**	**50**	**20**	**30**
25	6	6		1		1	12	5	7
26	5	3	2	2	2		6	3	3
27	3	3		1	1		15	4	11
28	3	2	1	2	1	1	8	4	4
29	7	7					9	4	5
30-34岁	**23**	**14**	**9**				**60**	**27**	**33**
30	5	4	1				11	2	9
31	5	3	2				14	9	5
32	4	3	1				11	5	6
33	2	1	1				14	8	6
34	7	3	4				10	3	7
35-39岁	**19**	**14**	**5**	**1**	**1**		**70**	**36**	**34**
35	4	4		1	1		22	12	10
36	3	1	2				9	5	4
37	1	1					10	4	6
38	6	3	3				14	6	8
39	5	5					15	9	6
40-44岁	**7**	**6**	**1**	**1**		**1**	**32**	**16**	**16**
40	2	1	1	1		1	12	8	4
41	3	3					3	1	2
42	1	1					7	3	4
43							7	4	3
44	1	1					3		3
45-49岁	**3**	**2**	**1**				**14**	**11**	**3**
45	1		1				7	6	1
46							2	1	1
47							1	1	
48	1	1					2	2	
49	1	1					2	1	1
50岁及以上	**38**	**16**	**22**	**3**	**1**	**2**	**43**	**21**	**22**

3-2　续表 12　　　　　　　　　　　　　　　　　　　　　　　　单位：人

年　龄	硕士研究生								
	合　计			在　校			毕　业		
	合计	男	女	小计	男	女	小计	男	女
总　计	**23732**	**11292**	**12440**	**4738**	**2140**	**2598**	**18940**	**9122**	**9818**
3									
4									
5-9岁									
5									
6									
7									
8									
9									
10-14岁									
10									
11									
12									
13									
14									
15-19岁	**9**	**6**	**3**	**7**	**6**	**1**	**2**		**2**
15									
16									
17	2		2	1		1	1		1
18	5	4	1	4	4		1		1
19	2	2		2	2				
20-24岁	**3211**	**1412**	**1799**	**2985**	**1328**	**1657**	**220**	**81**	**139**
20	16	10	6	13	8	5	2	2	
21	100	44	56	96	44	52	4		4
22	618	248	370	600	241	359	17	6	11
23	1162	498	664	1107	476	631	53	21	32
24	1315	612	703	1169	559	610	144	52	92
25-29岁	**4505**	**1835**	**2670**	**1546**	**729**	**817**	**2951**	**1101**	**1850**
25	1102	500	602	779	385	394	321	113	208
26	892	378	514	419	203	216	472	174	298
27	794	296	498	185	76	109	608	220	388
28	848	315	533	102	42	60	742	271	471
29	869	346	523	61	23	38	808	323	485
30-34岁	**5981**	**2602**	**3379**	**135**	**50**	**85**	**5832**	**2542**	**3290**
30	1161	495	666	38	15	23	1120	477	643
31	1190	488	702	41	13	28	1148	474	674
32	1253	541	712	24	11	13	1225	527	698
33	1275	562	713	15	4	11	1258	556	702
34	1102	516	586	17	7	10	1081	508	573
35-39岁	**4903**	**2345**	**2558**	**47**	**20**	**27**	**4843**	**2320**	**2523**
35	962	461	501	10	8	2	948	452	496
36	1014	468	546	13	6	7	1000	462	538
37	1021	486	535	9	2	7	1011	483	528
38	1073	515	558	8	3	5	1063	511	552
39	833	415	418	7	1	6	821	412	409
40-44岁	**2369**	**1273**	**1096**	**12**	**2**	**10**	**2352**	**1270**	**1082**
40	674	356	318	4	1	3	668	354	314
41	593	337	256	4		4	589	337	252
42	447	220	227	1		1	443	220	223
43	353	191	162	2	1	1	351	190	161
44	302	169	133	1		1	301	169	132
45-49岁	**1190**	**727**	**463**	**1**	**1**		**1186**	**724**	**462**
45	244	138	106				243	138	105
46	263	157	106				263	157	106
47	240	143	97				238	141	97
48	224	151	73	1	1		223	150	73
49	219	138	81				219	138	81
50岁及以上	**1564**	**1092**	**472**	**5**	**4**	**1**	**1554**	**1084**	**470**

3－2 续表 13

单位：人

年 龄	硕士研究生								
	肄 业			辍 学			其 他		
	小计	男	女	小计	男	女	小计	男	女
总 计	**10**	**5**	**5**	**1**		**1**	**43**	**25**	**18**
3									
4									
5－9岁									
5									
6									
7									
8									
9									
10－14岁									
10									
11									
12									
13									
14									
15－19岁									
15									
16									
17									
18									
19									
20－24岁	**1**	**1**					**5**	**2**	**3**
20							1		1
21									
22	1	1							
23							2	1	1
24							2	1	1
25－29岁	**2**	**1**	**1**				**6**	**4**	**2**
25	1	1					1	1	
26							1	1	
27							1		1
28	1		1				3	2	1
29									
30－34岁	**1**	**1**					**13**	**9**	**4**
30							3	3	
31							1	1	
32							4	3	1
33	1	1					1	1	
34							4	1	3
35－39岁	**1**		**1**	**1**		**1**	**11**	**5**	**6**
35	1		1				3	1	2
36							1		1
37							1	1	
38							2	1	1
39				1		1	4	2	2
40－44岁	**2**		**2**				**3**	**1**	**2**
40	1		1				1	1	
41									
42	1		1				2		2
43									
44									
45－49岁	**2**	**1**	**1**				**1**	**1**	
45	1		1						
46									
47	1	1					1	1	
48									
49									
50岁及以上	**1**	**1**					**4**	**3**	**1**

3-2　续表 14　　　　　　　　　　　　　　　　　　　　　　　　　　　单位：人

年　龄	博士研究生								
	合　计			在　校			毕　业		
	合计	男	女	小计	男	女	小计	男	女
总　计	**3131**	**1778**	**1353**	**1024**	**551**	**473**	**2099**	**1223**	**876**
3									
4									
5–9岁									
5									
6									
7									
8									
9									
10–14岁									
10									
11									
12									
13									
14									
15–19岁	**2**	**1**	**1**	**1**		**1**			
15									
16									
17									
18									
19	2	1	1	1		1			
20–24岁	**98**	**45**	**53**	**88**	**41**	**47**	**10**	**4**	**6**
20	5	1	4	3	1	2	2		2
21	1		1	1		1			
22	20	7	13	19	7	12	1		1
23	21	10	11	17	8	9	4	2	2
24	51	27	24	48	25	23	3	2	1
25–29岁	**746**	**392**	**354**	**643**	**351**	**292**	**103**	**41**	**62**
25	121	62	59	112	58	54	9	4	5
26	150	90	60	142	86	56	8	4	4
27	165	77	88	147	70	77	18	7	11
28	175	92	83	151	82	69	24	10	14
29	135	71	64	91	55	36	44	16	28
30–34岁	**669**	**362**	**307**	**233**	**121**	**112**	**433**	**240**	**193**
30	169	86	83	94	44	50	75	42	33
31	146	90	56	64	41	23	81	49	32
32	111	57	54	28	14	14	83	43	40
33	132	65	67	33	14	19	99	51	48
34	111	64	47	14	8	6	95	55	40
35–39岁	**574**	**309**	**265**	**43**	**28**	**15**	**530**	**281**	**249**
35	118	67	51	13	7	6	104	60	44
36	123	68	55	9	9		114	59	55
37	101	59	42	8	5	3	93	54	39
38	120	59	61	6	3	3	114	56	58
39	112	56	56	7	4	3	105	52	53
40–44岁	**420**	**245**	**175**	**14**	**8**	**6**	**406**	**237**	**169**
40	90	55	35	3	2	1	87	53	34
41	89	50	39	5	2	3	84	48	36
42	99	50	49	1	1		98	49	49
43	78	48	30	3	2	1	75	46	29
44	64	42	22	2	1	1	62	41	21
45–49岁	**299**	**188**	**111**	**2**	**2**		**296**	**186**	**110**
45	67	37	30	1	1		65	36	29
46	67	38	29				67	38	29
47	62	42	20	1	1		61	41	20
48	55	37	18				55	37	18
49	48	34	14				48	34	14
50岁及以上	**323**	**236**	**87**				**321**	**234**	**87**

3-2 续表 15 单位：人

年龄	博士研究生								
	肄业			辍学			其他		
	小计	男	女	小计	男	女	小计	男	女
总计	**2**	**1**	**1**	**2**	**1**	**1**	**4**	**2**	**2**
3									
4									
5-9岁									
5									
6									
7									
8									
9									
10-14岁									
10									
11									
12									
13									
14									
15-19岁				1	1				
15									
16									
17									
18									
19				1	1				
20-24岁									
20									
21									
22									
23									
24									
25-29岁									
25									
26									
27									
28									
29									
30-34岁	1		1				2	1	1
30									
31	1		1						
32									
33									
34							2	1	1
35-39岁				1		1			
35				1		1			
36									
37									
38									
39									
40-44岁									
40									
41									
42									
43									
44									
45-49岁							1		1
45							1		1
46									
47									
48									
49									
50岁及以上	1	1					1	1	

3–2a　全市分年龄、性别、学业完成情况的3岁及以上各种受教育程度人口(城市)

单位：人

年龄	合计								
	合计			在校			毕业		
	合计	男	女	小计	男	女	小计	男	女
总计	**886516**	**449157**	**437359**	**137154**	**70856**	**66298**	**740218**	**373649**	**366569**
3									
4									
5–9岁	**34693**	**18241**	**16452**	**33330**	**17472**	**15858**	**1314**	**746**	**568**
5	550	291	259	515	273	242	29	16	13
6	7804	4058	3746	7497	3875	3622	297	177	120
7	8607	4528	4079	8272	4327	3945	324	197	127
8	9410	4996	4414	9051	4793	4258	351	199	152
9	8322	4368	3954	7995	4204	3791	313	157	156
10–14岁	**36518**	**19412**	**17106**	**34678**	**18405**	**16273**	**1790**	**975**	**815**
10	7883	4186	3697	7549	4002	3547	329	180	149
11	7627	4064	3563	7275	3878	3397	339	179	160
12	7333	3910	3423	6961	3730	3231	363	175	188
13	7170	3814	3356	6767	3592	3175	389	212	177
14	6505	3438	3067	6126	3203	2923	370	229	141
15–19岁	**41676**	**22291**	**19385**	**37782**	**19466**	**18316**	**3740**	**2722**	**1018**
15	6742	3568	3174	6577	3458	3119	146	99	47
16	7358	4024	3334	6954	3713	3241	374	296	78
17	6351	3537	2814	5677	3033	2644	643	480	163
18	8840	4755	4085	7688	3903	3785	1111	819	292
19	12385	6407	5978	10886	5359	5527	1466	1028	438
20–24岁	**54754**	**28881**	**25873**	**27810**	**13743**	**14067**	**26616**	**14925**	**11691**
20	13692	7120	6572	11292	5562	5730	2350	1523	827
21	11715	6183	5532	8226	4051	4175	3413	2089	1324
22	10047	5412	4635	4354	2175	2179	5634	3198	2436
23	9549	5061	4488	2289	1136	1153	7197	3883	3314
24	9751	5105	4646	1649	819	830	8022	4232	3790
25–29岁	**59603**	**30800**	**28803**	**2583**	**1291**	**1292**	**56593**	**29228**	**27365**
25	10463	5546	4917	1050	523	527	9340	4968	4372
26	10786	5489	5297	620	322	298	10085	5110	4975
27	11880	6126	5754	404	182	222	11386	5892	5494
28	12781	6562	6219	308	159	149	12389	6346	6043
29	13693	7077	6616	201	105	96	13393	6912	6481
30–34岁	**96304**	**49105**	**47199**	**543**	**263**	**280**	**95114**	**48449**	**46665**
30	18049	9201	8848	181	82	99	17765	9059	8706
31	19092	9796	9296	136	70	66	18838	9646	9192
32	18974	9743	9231	86	45	41	18735	9606	9129
33	20838	10565	10273	77	32	45	20629	10456	10173
34	19351	9800	9551	63	34	29	19147	9682	9465
35–39岁	**89381**	**45533**	**43848**	**201**	**91**	**110**	**88628**	**45125**	**43503**
35	16845	8703	8142	44	24	20	16683	8602	8081
36	17575	8944	8631	48	24	24	17423	8854	8569
37	18560	9490	9070	47	17	30	18422	9428	8994
38	20320	10236	10084	35	15	20	20158	10154	10004
39	16081	8160	7921	27	11	16	15942	8087	7855
40–44岁	**66208**	**33686**	**32522**	**84**	**39**	**45**	**65594**	**33348**	**32246**
40	13500	6998	6502	19	8	11	13395	6943	6452
41	14721	7398	7323	26	10	16	14601	7337	7264
42	13868	7070	6798	13	7	6	13743	7003	6740
43	11969	6000	5969	16	9	7	11828	5917	5911
44	12150	6220	5930	10	5	5	12027	6148	5879
45–49岁	**64213**	**32705**	**31508**	**43**	**27**	**16**	**63461**	**32251**	**31210**
45	11387	5782	5605	12	7	5	11237	5698	5539
46	12079	6176	5903	4	3	1	11957	6103	5854
47	13505	6883	6622	16	10	6	13355	6800	6555
48	13480	6945	6535	4	2	2	13327	6850	6477
49	13762	6919	6843	7	5	2	13585	6800	6785
50岁及以上	**343166**	**168503**	**174663**	**100**	**59**	**41**	**337368**	**165880**	**171488**

3-2a 续表 1

单位：人

年 龄	合计								
	肄 业			辍 学			其 他		
	小计	男	女	小计	男	女	小计	男	女
总 计	**5316**	**2604**	**2712**	**1536**	**833**	**703**	**2292**	**1215**	**1077**
3									
4									
5-9岁	**6**	**3**	**3**	**2**	**1**	**1**	**41**	**19**	**22**
5							6	2	4
6	1	1					9	5	4
7	3	2	1	1	1		7	1	6
8	1		1				7	4	3
9	1		1	1		1	12	7	5
10-14岁	**5**	**2**	**3**	**13**	**8**	**5**	**32**	**22**	**10**
10							5	4	1
11	2	1	1	1	1		10	5	5
12	2		2	2	2		5	3	2
13				5	2	3	9	8	1
14	1	1		5	3	2	3	2	1
15-19岁	**50**	**31**	**19**	**50**	**36**	**14**	**54**	**36**	**18**
15	7	4	3	6	4	2	6	3	3
16	8	2	6	12	8	4	10	5	5
17	13	8	5	9	8	1	9	8	1
18	15	13	2	15	10	5	11	10	1
19	7	4	3	8	6	2	18	10	8
20-24岁	**100**	**66**	**34**	**74**	**55**	**19**	**154**	**92**	**62**
20	15	10	5	15	10	5	20	15	5
21	22	13	9	18	11	7	36	19	17
22	17	11	6	9	7	2	33	21	12
23	20	15	5	15	13	2	28	14	14
24	26	17	9	17	14	3	37	23	14
25-29岁	**148**	**106**	**42**	**114**	**82**	**32**	**165**	**93**	**72**
25	29	24	5	17	13	4	27	18	9
26	32	21	11	26	18	8	23	18	5
27	27	18	9	19	16	3	44	18	26
28	29	19	10	21	16	5	34	22	12
29	31	24	7	31	19	12	37	17	20
30-34岁	**221**	**140**	**81**	**134**	**90**	**44**	**292**	**163**	**129**
30	38	23	15	15	9	6	50	28	22
31	44	30	14	21	14	7	53	36	17
32	50	35	15	35	24	11	68	33	35
33	42	25	17	25	15	10	65	37	28
34	47	27	20	38	28	10	56	29	27
35-39岁	**203**	**120**	**83**	**107**	**65**	**42**	**242**	**132**	**110**
35	33	22	11	24	16	8	61	39	22
36	37	25	12	28	15	13	39	26	13
37	32	16	16	22	13	9	37	16	21
38	51	28	23	19	15	4	57	24	33
39	50	29	21	14	6	8	48	27	21
40-44岁	**238**	**138**	**100**	**106**	**66**	**40**	**186**	**95**	**91**
40	35	14	21	16	10	6	35	23	12
41	40	24	16	13	8	5	41	19	22
42	47	25	22	30	18	12	35	17	18
43	65	43	22	24	14	10	36	17	19
44	51	32	19	23	16	7	39	19	20
45-49岁	**375**	**226**	**149**	**140**	**88**	**52**	**194**	**113**	**81**
45	65	34	31	27	16	11	46	27	19
46	52	35	17	27	15	12	39	20	19
47	76	42	34	28	17	11	30	14	16
48	82	47	35	27	19	8	40	27	13
49	100	68	32	31	21	10	39	25	14
50岁及以上	**3970**	**1772**	**2198**	**796**	**342**	**454**	**932**	**450**	**482**

3–2a　续表 2　　单位：人

年　龄	小　学								
	合　计			在　校			毕　业		
	合计	男	女	小计	男	女	小计	男	女
总　计	**115370**	**54439**	**60931**	**50174**	**26427**	**23747**	**61311**	**26443**	**34868**
3									
4									
5–9岁	**34451**	**18102**	**16349**	**33126**	**17353**	**15773**	**1280**	**728**	**552**
5	550	291	259	515	273	242	29	16	13
6	7765	4039	3726	7465	3860	3605	291	174	117
7	8567	4508	4059	8238	4311	3927	319	193	126
8	9334	4943	4391	8984	4745	4239	342	194	148
9	8235	4321	3914	7924	4164	3760	299	151	148
10–14岁	**17814**	**9480**	**8334**	**17029**	**9063**	**7966**	**761**	**403**	**358**
10	7721	4076	3645	7417	3914	3503	299	158	141
11	7163	3822	3341	6859	3660	3199	291	155	136
12	2428	1313	1115	2311	1259	1052	112	51	61
13	363	192	171	330	173	157	33	19	14
14	139	77	62	112	57	55	26	20	6
15–19岁	**154**	**100**	**54**	**14**	**9**	**5**	**120**	**79**	**41**
15	22	13	9	5	3	2	13	7	6
16	23	13	10	3	2	1	15	9	6
17	25	20	5	3	3		18	13	5
18	41	24	17	2		2	34	21	13
19	43	30	13	1	1		40	29	11
20–24岁	**333**	**226**	**107**	**3**	**2**	**1**	**315**	**212**	**103**
20	47	28	19	3	2	1	41	23	18
21	67	46	21				62	42	20
22	85	59	26				81	56	25
23	62	38	24				62	38	24
24	72	55	17				69	53	16
25–29岁	**729**	**480**	**249**				**688**	**461**	**227**
25	108	67	41				105	66	39
26	101	64	37				93	61	32
27	134	95	39				129	93	36
28	155	100	55				142	93	49
29	231	154	77				219	148	71
30–34岁	**1730**	**1024**	**706**				**1628**	**966**	**662**
30	320	208	112				305	200	105
31	340	193	147				324	181	143
32	326	185	141				302	176	126
33	382	226	156				358	212	146
34	362	212	150				339	197	142
35–39岁	**1716**	**942**	**774**				**1620**	**899**	**721**
35	292	180	112				280	174	106
36	297	170	127				273	158	115
37	345	186	159				319	173	146
38	414	218	196				395	211	184
39	368	188	180				353	183	170
40–44岁	**2676**	**1310**	**1366**				**2554**	**1246**	**1308**
40	389	192	197				372	187	185
41	516	237	279				504	233	271
42	567	285	282				537	267	270
43	560	273	287				526	251	275
44	644	323	321				615	308	307
45–49岁	**4644**	**2303**	**2341**				**4419**	**2172**	**2247**
45	697	381	316				654	356	298
46	773	384	389				736	365	371
47	971	477	494				925	456	469
48	1064	520	544				1025	491	534
49	1139	541	598				1079	504	575
50岁及以上	**51123**	**20472**	**30651**	**2**		**2**	**47926**	**19277**	**28649**

3-2a 续表 3

单位：人

年 龄	小学								
	肄业			辍学			其他		
	小计	男	女	小计	男	女	小计	男	女
总 计	**2696**	**1088**	**1608**	**765**	**311**	**454**	**424**	**170**	**254**
3									
4									
5-9岁	**6**	**3**	**3**	**2**	**1**	**1**	**37**	**17**	**20**
5							6	2	4
6	1	1					8	4	4
7	3	2	1	1	1		6	1	5
8	1		1				7	4	3
9	1		1	1		1	10	6	4
10-14岁	**3**	**1**	**2**	**2**	**2**		**19**	**11**	**8**
10							5	4	1
11	2	1	1	1	1		10	5	5
12	1		1	1	1		3	2	1
13									
14							1		1
15-19岁	**5**	**3**	**2**	**5**	**3**	**2**	**10**	**6**	**4**
15	1	1					3	2	1
16	1		1	1	1		3	1	2
17	1	1		1	1		2	2	
18	2	1	1	2	1	1	1	1	
19				1		1	1		1
20-24岁	**9**	**7**	**2**	**2**	**2**		**4**	**3**	**1**
20	2	2		1	1				
21	2	1	1	1	1		2	2	
22	2	2					2	1	1
23									
24	3	2	1						
25-29岁	**20**	**9**	**11**	**12**	**5**	**7**	**9**	**5**	**4**
25				2	1	1	1		1
26	6	2	4	2	1	1			
27	2	1	1	2	1	1	1		1
28	7	4	3	2		2	4	3	1
29	5	2	3	4	2	2	3	2	1
30-34岁	**58**	**36**	**22**	**30**	**14**	**16**	**14**	**8**	**6**
30	9	4	5	3	1	2	3	3	
31	10	8	2	5	4	1	1		1
32	12	7	5	9	2	7	3		3
33	13	7	6	6	3	3	5	4	1
34	14	10	4	7	4	3	2	1	1
35-39岁	**52**	**24**	**28**	**28**	**14**	**14**	**16**	**5**	**11**
35	4	2	2	4	2	2	4	2	2
36	9	5	4	12	6	6	3	1	2
37	14	7	7	7	4	3	5	2	3
38	13	5	8	3	2	1	3		3
39	12	5	7	2		2	1		1
40-44岁	**73**	**42**	**31**	**38**	**21**	**17**	**11**	**1**	**10**
40	13	4	9	3	1	2	1		1
41	7	3	4	3	1	2	2		2
42	17	13	4	9	4	5	4	1	3
43	18	13	5	14	9	5	2		2
44	18	9	9	9	6	3	2		2
45-49岁	**129**	**77**	**52**	**61**	**32**	**29**	**35**	**22**	**13**
45	25	16	9	10	4	6	8	5	3
46	17	10	7	12	5	7	8	4	4
47	25	11	14	15	7	8	6	3	3
48	23	16	7	9	7	2	7	6	1
49	39	24	15	15	9	6	6	4	2
50岁及以上	**2341**	**886**	**1455**	**585**	**217**	**368**	**269**	**92**	**177**

3-2a　续表 4　　　　单位：人

年　龄	初　　中								
	合　计			在　校			毕　业		
	合计	男	女	小计	男	女	小计	男	女
总　计	**254410**	**133272**	**121138**	**20824**	**11150**	**9674**	**230164**	**120077**	**110087**
3									
4									
5-9岁	**242**	**139**	**103**	**204**	**119**	**85**	**34**	**18**	**16**
5									
6	39	19	20	32	15	17	6	3	3
7	40	20	20	34	16	18	5	4	1
8	76	53	23	67	48	19	9	5	4
9	87	47	40	71	40	31	14	6	8
10-14岁	**18331**	**9729**	**8602**	**17319**	**9161**	**8158**	**987**	**550**	**437**
10	162	110	52	132	88	44	30	22	8
11	463	241	222	416	218	198	47	23	24
12	4904	2597	2307	4650	2471	2179	250	124	126
13	6714	3571	3143	6357	3373	2984	343	188	155
14	6088	3210	2878	5764	3011	2753	317	193	124
15-19岁	**4937**	**3074**	**1863**	**3271**	**1852**	**1419**	**1588**	**1166**	**422**
15	2366	1329	1037	2259	1251	1008	93	70	23
16	807	504	303	591	341	250	200	155	45
17	535	376	159	214	135	79	306	229	77
18	610	430	180	129	72	57	460	340	120
19	619	435	184	78	53	25	529	372	157
20-24岁	**4573**	**2981**	**1592**	**11**	**6**	**5**	**4440**	**2892**	**1548**
20	734	531	203	4	2	2	711	517	194
21	781	517	264	4	2	2	748	499	249
22	859	566	293				842	555	287
23	1023	640	383	1	1		998	621	377
24	1176	727	449	2	1	1	1141	700	441
25-29岁	**9202**	**5571**	**3631**	**1**	**1**		**9008**	**5431**	**3577**
25	1403	892	511				1375	869	506
26	1549	904	645				1516	879	637
27	1784	1082	702	1	1		1742	1051	691
28	2019	1251	768				1981	1223	758
29	2447	1442	1005				2394	1409	985
30-34岁	**18297**	**10404**	**7893**	**2**	**2**		**18016**	**10214**	**7802**
30	3356	1937	1419				3317	1912	1405
31	3477	1993	1484				3427	1957	1470
32	3647	2110	1537	1	1		3583	2062	1521
33	4076	2299	1777	1	1		4016	2262	1754
34	3741	2065	1676				3673	2021	1652
35-39岁	**17653**	**9701**	**7952**	**1**		**1**	**17402**	**9542**	**7860**
35	3159	1794	1365				3108	1756	1352
36	3388	1872	1516				3341	1840	1501
37	3514	1971	1543	1		1	3470	1947	1523
38	4115	2209	1906				4058	2174	1884
39	3477	1855	1622				3425	1825	1600
40-44岁	**18767**	**9761**	**9006**				**18505**	**9607**	**8898**
40	3083	1659	1424				3048	1635	1413
41	3901	2059	1842				3847	2027	1820
42	4068	2102	1966				4008	2072	1936
43	3703	1868	1835				3641	1833	1808
44	4012	2073	1939				3961	2040	1921
45-49岁	**23688**	**12000**	**11688**	**3**	**1**	**2**	**23326**	**11773**	**11553**
45	3982	2012	1970				3918	1974	1944
46	4393	2224	2169	1		1	4334	2188	2146
47	4870	2484	2386				4806	2446	2360
48	5058	2596	2462				4973	2547	2426
49	5385	2684	2701	2	1	1	5295	2618	2677
50岁及以上	**138720**	**69912**	**68808**	**12**	**8**	**4**	**136858**	**68884**	**67974**

3–2a 续表 5 单位：人

年 龄	初中								
	肄业			辍学			其他		
	小计	男	女	小计	男	女	小计	男	女
总 计	**1923**	**1109**	**814**	**617**	**418**	**199**	**882**	**518**	**364**
3									
4									
5–9岁							**4**	**2**	**2**
5									
6							1	1	
7							1		1
8									
9							2	1	1
10–14岁	**2**	**1**	**1**	**10**	**6**	**4**	**13**	**11**	**2**
10									
11									
12	1		1	1	1		2	1	1
13				5	2	3	9	8	1
14	1	1		4	3	1	2	2	
15–19岁	**32**	**22**	**10**	**35**	**26**	**9**	**11**	**8**	**3**
15	6	3	3	6	4	2	2	1	1
16	6	2	4	8	5	3	2	1	1
17	8	6	2	6	5	1	1	1	
18	9	9		10	7	3	2	2	
19	3	2	1	5	5		4	3	1
20–24岁	**43**	**31**	**12**	**44**	**30**	**14**	**35**	**22**	**13**
20	8	6	2	6	3	3	5	3	2
21	9	4	5	11	6	5	9	6	3
22	7	4	3	5	4	1	5	3	2
23	8	7	1	7	5	2	9	6	3
24	11	10	1	15	12	3	7	4	3
25–29岁	**65**	**52**	**13**	**72**	**54**	**18**	**56**	**33**	**23**
25	12	10	2	9	8	1	7	5	2
26	13	12	1	15	9	6	5	4	1
27	16	10	6	13	11	2	12	9	3
28	12	10	2	11	10	1	15	8	7
29	12	10	2	24	16	8	17	7	10
30–34岁	**88**	**57**	**31**	**87**	**62**	**25**	**104**	**69**	**35**
30	13	9	4	9	5	4	17	11	6
31	17	11	6	14	10	4	19	15	4
32	21	16	5	20	16	4	22	15	7
33	18	10	8	17	11	6	24	15	9
34	19	11	8	27	20	7	22	13	9
35–39岁	**94**	**58**	**36**	**60**	**40**	**20**	**96**	**61**	**35**
35	12	10	2	16	11	5	23	17	6
36	18	12	6	10	7	3	19	13	6
37	13	5	8	14	9	5	16	10	6
38	23	15	8	13	10	3	21	10	11
39	28	16	12	7	3	4	17	11	6
40–44岁	**123**	**75**	**48**	**59**	**39**	**20**	**80**	**40**	**40**
40	15	8	7	9	7	2	11	9	2
41	25	16	9	10	7	3	19	9	10
42	23	10	13	20	13	7	17	7	10
43	38	25	13	9	4	5	15	6	9
44	22	16	6	11	8	3	18	9	9
45–49岁	**200**	**122**	**78**	**70**	**50**	**20**	**89**	**54**	**35**
45	29	13	16	15	12	3	20	13	7
46	29	19	10	14	9	5	15	8	7
47	41	25	16	11	8	3	12	5	7
48	50	26	24	16	11	5	19	12	7
49	51	39	12	14	10	4	23	16	7
50岁及以上	**1276**	**691**	**585**	**180**	**111**	**69**	**394**	**218**	**176**

3-2a　续表 6　　　　单位：人

年　龄	高中								
	合　计			在　校			毕　业		
	合计	男	女	小计	男	女	小计	男	女
总　计	**192159**	**96893**	**95266**	**20006**	**10513**	**9493**	**171127**	**85790**	**85337**
3									
4									
5—9岁									
5									
6									
7									
8									
9									
10—14岁	**371**	**202**	**169**	**329**	**181**	**148**	**41**	**21**	**20**
10									
11									
12	1		1				1		1
13	93	51	42	80	46	34	13	5	8
14	277	151	126	249	135	114	27	16	11
15—19岁	**20107**	**10931**	**9176**	**18701**	**9886**	**8815**	**1369**	**1024**	**345**
15	4280	2186	2094	4243	2168	2075	36	18	18
16	6323	3391	2932	6184	3280	2904	130	106	24
17	5159	2790	2369	4903	2604	2299	248	181	67
18	3073	1790	1283	2636	1457	1179	426	325	101
19	1272	774	498	735	377	358	529	394	135
20—24岁	**5456**	**3386**	**2070**	**950**	**433**	**517**	**4440**	**2910**	**1530**
20	1144	648	496	455	194	261	679	448	231
21	1049	655	394	267	120	147	763	523	240
22	1098	719	379	148	75	73	941	638	303
23	1076	680	396	58	30	28	1003	640	363
24	1089	684	405	22	14	8	1054	661	393
25—29岁	**8174**	**4790**	**3384**	**1**	**1**		**8098**	**4741**	**3357**
25	1207	731	476				1191	719	472
26	1484	878	606				1466	864	602
27	1618	967	651				1600	958	642
28	1838	1066	772	1	1		1826	1058	768
29	2027	1148	879				2015	1142	873
30—34岁	**15218**	**8404**	**6814**	**3**	**1**	**2**	**15108**	**8337**	**6771**
30	2722	1531	1191				2697	1517	1180
31	2962	1676	1286				2943	1663	1280
32	2998	1668	1330	1	1		2968	1650	1318
33	3461	1871	1590	1		1	3445	1863	1582
34	3075	1658	1417	1		1	3055	1644	1411
35—39岁	**15455**	**8112**	**7343**	**3**	**1**	**2**	**15375**	**8062**	**7313**
35	2595	1415	1180				2580	1405	1175
36	2804	1517	1287				2788	1504	1284
37	3136	1642	1494	1	1		3128	1638	1490
38	3725	1949	1776	1		1	3702	1936	1766
39	3195	1589	1606	1		1	3177	1579	1598
40—44岁	**15065**	**7573**	**7492**				**14990**	**7530**	**7460**
40	2892	1507	1385				2876	1500	1376
41	3389	1664	1725				3375	1656	1719
42	3204	1659	1545				3194	1653	1541
43	2770	1358	1412				2756	1350	1406
44	2810	1385	1425				2789	1371	1418
45—49岁	**14779**	**7336**	**7443**	**3**	**2**	**1**	**14696**	**7288**	**7408**
45	2625	1307	1318				2607	1299	1308
46	2730	1369	1361	1	1		2713	1358	1355
47	3169	1583	1586				3155	1574	1581
48	3083	1521	1562				3067	1511	1556
49	3172	1556	1616	2	1	1	3154	1546	1608
50岁及以上	**97534**	**46159**	**51375**	**16**	**8**	**8**	**97010**	**45877**	**51133**

3－2a　续表 7　　　　单位：人

年龄	高中								
	肄业			辍学			其他		
	小计	男	女	小计	男	女	小计	男	女
总　计	**479**	**275**	**204**	**119**	**81**	**38**	**428**	**234**	**194**
3									
4									
5－9岁									
5									
6									
7									
8									
9									
10－14岁				**1**		**1**			
10									
11									
12									
13									
14				1		1			
15－19岁	**10**	**5**	**5**	**9**	**6**	**3**	**18**	**10**	**8**
15							1		1
16	1		1	3	2	1	5	3	2
17	3	1	2	2	2		3	2	1
18	4	3	1	3	2	1	4	3	1
19	2	1	1	1		1	5	2	3
20－24岁	**20**	**9**	**11**	**21**	**18**	**3**	**25**	**16**	**9**
20	3		3	5	4	1	2	2	
21	6	3	3	4	3	1	9	6	3
22	3	2	1	4	3	1	2	1	1
23	3	2	1	6	6		6	2	4
24	5	2	3	2	2		6	5	1
25－29岁	**28**	**17**	**11**	**18**	**13**	**5**	**29**	**18**	**11**
25	9	7	2	3	2	1	4	3	1
26	6	3	3	5	4	1	7	7	
27	4	2	2	3	3		11	4	7
28	3	1	2	4	3	1	4	3	1
29	6	4	2	3	1	2	3	1	2
30－34岁	**37**	**24**	**13**	**15**	**13**	**2**	**55**	**29**	**26**
30	12	6	6	3	3		10	5	5
31	7	7		2		2	10	6	4
32	9	6	3	5	5		15	6	9
33	4	3	1	1	1		10	4	6
34	5	2	3	4	4		10	8	2
35－39岁	**29**	**19**	**10**	**14**	**9**	**5**	**34**	**21**	**13**
35	9	5	4	2	2		4	3	1
36	4	4		5	2	3	7	7	
37	4	3	1	1		1	2		2
38	7	3	4	3	3		12	7	5
39	5	4	1	3	2	1	9	4	5
40－44岁	**28**	**14**	**14**	**7**	**4**	**3**	**40**	**25**	**15**
40	4	1	3	3	1	2	9	5	4
41	4	2	2				10	6	4
42	5	1	4	1	1		4	4	
43	7	4	3				7	4	3
44	8	6	2	3	2	1	10	6	4
45－49岁	**34**	**20**	**14**	**8**	**6**	**2**	**38**	**20**	**18**
45	8	4	4	2		2	8	4	4
46	4	4		1	1		11	5	6
47	7	4	3	2	2		5	3	2
48	7	4	3	1	1		8	5	3
49	8	4	4	2	2		6	3	3
50岁及以上	**293**	**167**	**126**	**26**	**12**	**14**	**189**	**95**	**94**

3-2a 续表 8 单位：人

年龄	大学专科								
	合计			在校			毕业		
	合计	男	女	小计	男	女	小计	男	女
总计	**125830**	**65318**	**60512**	**11258**	**6088**	**5170**	**114220**	**59034**	**55186**
3									
4									
5-9岁									
5									
6									
7									
8									
9									
10-14岁	**2**	**1**	**1**	**1**		**1**	**1**	**1**	
10									
11	1	1					1	1	
12									
13									
14	1		1	1		1			
15-19岁	**6341**	**3363**	**2978**	**5863**	**3048**	**2815**	**466**	**307**	**159**
15	60	34	26	57	31	26	3	3	
16	149	85	64	138	76	62	11	9	2
17	318	191	127	274	158	116	43	33	10
18	1773	920	853	1637	825	812	133	92	41
19	4041	2133	1908	3757	1958	1799	276	170	106
20-24岁	**13634**	**7637**	**5997**	**5129**	**2898**	**2231**	**8445**	**4699**	**3746**
20	3940	2218	1722	3186	1773	1413	742	434	308
21	2634	1506	1128	1230	699	531	1396	803	593
22	2292	1311	981	447	266	181	1828	1034	794
23	2368	1321	1047	186	115	71	2170	1197	973
24	2400	1281	1119	80	45	35	2309	1231	1078
25-29岁	**13607**	**7113**	**6494**	**106**	**57**	**49**	**13458**	**7027**	**6431**
25	2503	1384	1119	41	24	17	2453	1354	1099
26	2444	1254	1190	18	9	9	2418	1239	1179
27	2672	1400	1272	16	6	10	2647	1390	1257
28	2873	1474	1399	15	10	5	2850	1457	1393
29	3115	1601	1514	16	8	8	3090	1587	1503
30-34岁	**22373**	**11034**	**11339**	**54**	**29**	**25**	**22244**	**10969**	**11275**
30	4058	1969	2089	21	9	12	4026	1955	2071
31	4622	2308	2314	9	5	4	4597	2294	2303
32	4518	2234	2284	11	7	4	4488	2219	2269
33	4695	2328	2367	7	5	2	4670	2313	2357
34	4480	2195	2285	6	3	3	4463	2188	2275
35-39岁	**18982**	**9374**	**9608**	**32**	**12**	**20**	**18916**	**9348**	**9568**
35	3793	1859	1934	6	3	3	3778	1851	1927
36	3850	1930	1920	8	3	5	3837	1923	1914
37	3926	1972	1954	4	2	2	3918	1970	1948
38	4181	2002	2179	9	2	7	4161	1997	2164
39	3232	1611	1621	5	2	3	3222	1607	1615
40-44岁	**11572**	**5721**	**5851**	**22**	**13**	**9**	**11518**	**5691**	**5827**
40	2615	1318	1297	5	3	2	2607	1313	1294
41	2647	1273	1374	6	4	2	2631	1265	1366
42	2416	1188	1228	4	2	2	2409	1184	1225
43	1986	971	1015	3	2	1	1975	964	1011
44	1908	971	937	4	2	2	1896	965	931
45-49岁	**8791**	**4440**	**4351**	**17**	**11**	**6**	**8745**	**4417**	**4328**
45	1714	835	879	7	4	3	1702	830	872
46	1745	900	845				1740	896	844
47	1917	961	956	9	6	3	1901	953	948
48	1734	906	828				1727	903	824
49	1681	838	843	1	1		1675	835	840
50岁及以上	**30528**	**16635**	**13893**	**34**	**20**	**14**	**30427**	**16575**	**13852**

3-2a 续表 9　　　　单位：人

年 龄	大学专科								
	肄 业			辍 学			其 他		
	小计	男	女	小计	男	女	小计	男	女
总 计	**86**	**50**	**36**	**19**	**13**	**6**	**247**	**133**	**114**
3									
4									
5-9岁									
5									
6									
7									
8									
9									
10-14岁									
10									
11									
12									
13									
14									
15-19岁	**3**	**1**	**2**				**9**	**7**	**2**
15									
16									
17	1		1						
18							3	3	
19	2	1	1				6	4	2
20-24岁	**14**	**10**	**4**	**4**	**2**	**2**	**42**	**28**	**14**
20	2	2		3	2	1	7	7	
21	1	1		1		1	6	3	3
22	2	1	1				15	10	5
23	7	5	2				5	4	1
24	2	1	1				9	4	5
25-29岁	**9**	**6**	**3**	**6**	**6**		**28**	**17**	**11**
25	1		1	2	2		6	4	2
26	2	1	1	2	2		4	3	1
27	2	2					7	2	5
28	3	2	1	2	2		3	3	
29	1	1					8	5	3
30-34岁	**15**	**9**	**6**	**2**	**1**	**1**	**58**	**26**	**32**
30							11	5	6
31	5	2	3				11	7	4
32	4	3	1	1	1		14	4	10
33	4	3	1	1		1	13	7	6
34	2	1	1				9	3	6
35-39岁	**11**	**7**	**4**	**2**	**1**	**1**	**21**	**6**	**15**
35	3	1	2				6	4	2
36	3	3		1		1	1	1	
37							4		4
38	4	3	1				7		7
39	1		1	1	1		3	1	2
40-44岁	**6**	**2**	**4**	**2**	**2**		**24**	**13**	**11**
40				1	1		2	1	1
41	2	1	1				8	3	5
42							3	2	1
43	2	1	1	1	1		5	3	2
44	2		2				6	4	2
45-49岁	**7**	**4**	**3**	**1**		**1**	**21**	**8**	**13**
45	1	1					4		4
46	2	2					3	2	1
47	2	1	1				5	1	4
48	1		1	1		1	5	3	2
49	1		1				4	2	2
50岁及以上	**21**	**11**	**10**	**2**	**1**	**1**	**44**	**28**	**16**

3-2a　续表 10　　　　　　　　　　　　　　　　　　　　　　　　单位：人

年　龄	大学本科								
	合　计			在　校			毕　业		
	合计	男	女	小计	男	女	小计	男	女
总　计	**172950**	**86702**	**86248**	**29722**	**14278**	**15444**	**142828**	**72203**	**70625**
3									
4									
5–9岁									
5									
6									
7									
8									
9									
10–14岁									
10									
11									
12									
13									
14									
15–19岁	**10127**	**4816**	**5311**	**9926**	**4665**	**5261**	**195**	**146**	**49**
15	14	6	8	13	5	8	1	1	
16	56	31	25	38	14	24	18	17	1
17	313	160	153	283	133	150	27	24	3
18	3338	1587	1751	3280	1545	1735	57	41	16
19	6406	3032	3374	6312	2968	3344	92	63	29
20–24岁	**27813**	**13375**	**14438**	**18994**	**9207**	**9787**	**8759**	**4135**	**4624**
20	7809	3686	4123	7630	3584	4046	174	99	75
21	7093	3421	3672	6638	3192	3446	440	222	218
22	5142	2530	2612	3207	1614	1593	1924	909	1015
23	3967	1938	2029	1047	567	480	2909	1366	1543
24	3802	1800	2002	472	250	222	3312	1539	1773
25–29岁	**22976**	**10778**	**12198**	**503**	**260**	**243**	**22406**	**10477**	**11929**
25	4134	1973	2161	213	111	102	3906	1851	2055
26	4248	1959	2289	100	50	50	4135	1901	2234
27	4763	2229	2534	83	40	43	4664	2182	2482
28	4916	2281	2635	57	32	25	4849	2243	2606
29	4915	2336	2579	50	27	23	4852	2300	2552
30–34岁	**32205**	**15356**	**16849**	**136**	**69**	**67**	**32001**	**15252**	**16749**
30	6315	3003	3312	40	20	20	6264	2977	3287
31	6392	3067	3325	26	13	13	6351	3045	3306
32	6153	2961	3192	23	12	11	6116	2941	3175
33	6845	3228	3617	21	8	13	6810	3213	3597
34	6500	3097	3403	26	16	10	6460	3076	3384
35–39岁	**30189**	**14795**	**15394**	**79**	**32**	**47**	**30029**	**14716**	**15313**
35	5946	2939	3007	16	7	9	5904	2915	2989
36	6115	2925	3190	18	6	12	6086	2914	3172
37	6531	3180	3351	24	7	17	6497	3169	3328
38	6721	3296	3425	12	7	5	6693	3281	3412
39	4876	2455	2421	9	5	4	4849	2437	2412
40–44岁	**15375**	**7824**	**7551**	**36**	**16**	**20**	**15305**	**7788**	**7517**
40	3771	1920	1851	7	2	5	3751	1910	1841
41	3592	1781	1811	11	4	7	3577	1774	1803
42	3077	1571	1506	7	4	3	3064	1563	1501
43	2522	1293	1229	8	4	4	2507	1285	1222
44	2413	1259	1154	3	2	1	2406	1256	1150
45–49岁	**10857**	**5735**	**5122**	**17**	**10**	**7**	**10828**	**5715**	**5113**
45	2065	1077	988	4	2	2	2055	1070	985
46	2118	1110	1008	2	2		2114	1107	1007
47	2279	1196	1083	6	3	3	2272	1192	1080
48	2269	1218	1051	3	1	2	2264	1215	1049
49	2126	1134	992	2	2		2123	1131	992
50岁及以上	**23408**	**14023**	**9385**	**31**	**19**	**12**	**23305**	**13974**	**9331**

3-2a 续表 11　　单位：人

年龄	大学本科								
	肄业			辍学			其他		
	小计	男	女	小计	男	女	小计	男	女
总计	**120**	**76**	**44**	**13**	**9**	**4**	**267**	**136**	**131**
3									
4									
5—9岁									
5									
6									
7									
8									
9									
10—14岁									
10									
11									
12									
13									
14									
15—19岁							**6**	**5**	**1**
15									
16									
17							3	3	
18							1	1	
19							2	1	1
20—24岁	**13**	**8**	**5**	**3**	**3**		**44**	**22**	**22**
20							5	3	2
21	4	4		1	1		10	2	8
22	2	1	1				9	6	3
23	2	1	1	2	2		7	2	5
24	5	2	3				13	9	4
25—29岁	**24**	**21**	**3**	**6**	**4**	**2**	**37**	**16**	**21**
25	6	6		1		1	8	5	3
26	5	3	2	2	2		6	3	3
27	3	3		1	1		12	3	9
28	3	2	1	2	1	1	5	3	2
29	7	7					6	2	4
30—34岁	**21**	**13**	**8**				**47**	**22**	**25**
30	4	4					7	2	5
31	4	2	2				11	7	4
32	4	3	1				10	5	5
33	2	1	1				12	6	6
34	7	3	4				7	2	5
35—39岁	**16**	**12**	**4**	**1**	**1**		**64**	**34**	**30**
35	4	4		1	1		21	12	9
36	3	1	2				8	4	4
37	1	1					9	3	6
38	4	2	2				12	6	6
39	4	4					14	9	5
40—44岁	**6**	**5**	**1**				**28**	**15**	**13**
40	2	1	1				11	7	4
41	2	2					2	1	1
42	1	1					5	3	2
43							7	4	3
44	1	1					3		3
45—49岁	**3**	**2**	**1**				**9**	**8**	**1**
45	1		1				5	5	
46							2	1	1
47							1	1	
48	1	1					1	1	
49	1	1							
50岁及以上	**37**	**15**	**22**	**3**	**1**	**2**	**32**	**14**	**18**

3-2a　续表 12　　　　单位：人

年龄	硕士研究生								
	合计			在校			毕业		
	合计	男	女	小计	男	女	小计	男	女
总　计	**22773**	**10815**	**11958**	**4203**	**1878**	**2325**	**18519**	**8910**	**9609**
3									
4									
5–9岁									
5									
6									
7									
8									
9									
10–14岁									
10									
11									
12									
13									
14									
15–19岁	**8**	**6**	**2**	**6**	**6**		**2**		**2**
15									
16									
17	1		1				1		1
18	5	4	1	4	4		1		1
19	2	2		2	2				
20–24岁	**2855**	**1236**	**1619**	**2642**	**1161**	**1481**	**208**	**73**	**135**
20	14	8	6	11	6	5	2	2	
21	90	38	52	86	38	48	4		4
22	552	220	332	534	213	321	17	6	11
23	1035	437	598	983	418	565	51	19	32
24	1164	533	631	1028	486	542	134	46	88
25–29岁	**4210**	**1694**	**2516**	**1368**	**639**	**729**	**2834**	**1050**	**1784**
25	992	437	555	688	330	358	302	105	197
26	814	341	473	364	178	186	449	162	287
27	756	282	474	168	71	97	587	211	376
28	814	302	512	93	38	55	717	262	455
29	834	332	502	55	22	33	779	310	469
30–34岁	**5834**	**2530**	**3304**	**125**	**46**	**79**	**5696**	**2475**	**3221**
30	1118	471	647	31	12	19	1085	457	628
31	1160	472	688	40	13	27	1119	458	661
32	1223	528	695	23	10	13	1196	515	681
33	1250	549	701	15	4	11	1233	543	690
34	1083	510	573	16	7	9	1063	502	561
35–39岁	**4825**	**2309**	**2516**	**44**	**19**	**25**	**4768**	**2285**	**2483**
35	946	452	494	10	8	2	932	443	489
36	1000	463	537	13	6	7	986	457	529
37	1008	480	528	9	2	7	998	477	521
38	1049	507	542	7	3	4	1040	503	537
39	822	407	415	5		5	812	405	407
40–44岁	**2341**	**1257**	**1084**	**12**	**2**	**10**	**2324**	**1254**	**1070**
40	662	348	314	4	1	3	656	346	310
41	588	335	253	4		4	584	335	249
42	440	216	224	1		1	436	216	220
43	351	190	161	2	1	1	349	189	160
44	300	168	132	1		1	299	168	131
45–49岁	**1164**	**711**	**453**	**1**	**1**		**1160**	**708**	**452**
45	241	137	104				240	137	103
46	255	153	102				255	153	102
47	237	140	97				235	138	97
48	219	148	71	1	1		218	147	71
49	212	133	79				212	133	79
50岁及以上	**1536**	**1072**	**464**	**5**	**4**	**1**	**1527**	**1065**	**462**

3－2a 续表 13

单位：人

年 龄	硕士研究生								
	肄 业			辍 学			其 他		
	小计	男	女	小计	男	女	小计	男	女
总 计	**10**	**5**	**5**	**1**		**1**	**40**	**22**	**18**
3									
4									
5－9岁									
5									
6									
7									
8									
9									
10－14岁									
10									
11									
12									
13									
14									
15－19岁									
15									
16									
17									
18									
19									
20－24岁	**1**	**1**					**4**	**1**	**3**
20							1		1
21									
22	1	1							
23							1		1
24							2	1	1
25－29岁	**2**	**1**	**1**				**6**	**4**	**2**
25	1	1					1	1	
26							1	1	
27							1		1
28	1		1				3	2	1
29									
30－34岁	**1**	**1**					**12**	**8**	**4**
30							2	2	
31							1	1	
32							4	3	1
33	1	1					1	1	
34							4	1	3
35－39岁	**1**		**1**	**1**		**1**	**11**	**5**	**6**
35	1		1				3	1	2
36							1		1
37							1	1	
38							2	1	1
39				1		1	4	2	2
40－44岁	**2**		**2**				**3**	**1**	**2**
40	1		1				1	1	
41									
42	1		1				2		2
43									
44									
45－49岁	**2**	**1**	**1**				**1**	**1**	
45	1		1						
46									
47	1	1					1	1	
48									
49									
50岁及以上	**1**	**1**					**3**	**2**	**1**

3–2a　续表 14　　　　　　　　　　　　　　　　　　　　　　　　　　单位：人

年　龄	博士研究生								
	合　计			在　校			毕　业		
	合计	男	女	小计	男	女	小计	男	女
总　计	**3024**	**1718**	**1306**	**967**	**522**	**445**	**2049**	**1192**	**857**
3									
4									
5–9岁									
5									
6									
7									
8									
9									
10–14岁									
10									
11									
12									
13									
14									
15–19岁	**2**	**1**	**1**	**1**		**1**			
15									
16									
17									
18									
19	2	1	1	1		1			
20–24岁	**90**	**40**	**50**	**81**	**36**	**45**	**9**	**4**	**5**
20	4	1	3	3	1	2	1		1
21	1		1	1		1			
22	19	7	12	18	7	11	1		1
23	18	7	11	14	5	9	4	2	2
24	48	25	23	45	23	22	3	2	1
25–29岁	**705**	**374**	**331**	**604**	**333**	**271**	**101**	**41**	**60**
25	116	62	54	108	58	50	8	4	4
26	146	89	57	138	85	53	8	4	4
27	153	71	82	136	64	72	17	7	10
28	166	88	78	142	78	64	24	10	14
29	124	64	60	80	48	32	44	16	28
30–34岁	**647**	**353**	**294**	**223**	**116**	**107**	**421**	**236**	**185**
30	160	82	78	89	41	48	71	41	30
31	139	87	52	61	39	22	77	48	29
32	109	57	52	27	14	13	82	43	39
33	129	64	65	32	14	18	97	50	47
34	110	63	47	14	8	6	94	54	40
35–39岁	**561**	**300**	**261**	**42**	**27**	**15**	**518**	**273**	**245**
35	114	64	50	12	6	6	101	58	43
36	121	67	54	9	9		112	58	54
37	100	59	41	8	5	3	92	54	38
38	115	55	60	6	3	3	109	52	57
39	111	55	56	7	4	3	104	51	53
40–44岁	**412**	**240**	**172**	**14**	**8**	**6**	**398**	**232**	**166**
40	88	54	34	3	2	1	85	52	33
41	88	49	39	5	2	3	83	47	36
42	96	49	47	1	1		95	48	47
43	77	47	30	3	2	1	74	45	29
44	63	41	22	2	1	1	61	40	21
45–49岁	**290**	**180**	**110**	**2**	**2**		**287**	**178**	**109**
45	63	33	30	1	1		61	32	29
46	65	36	29				65	36	29
47	62	42	20	1	1		61	41	20
48	53	36	17				53	36	17
49	47	33	14				47	33	14
50岁及以上	**317**	**230**	**87**				**315**	**228**	**87**

3-2a 续表 15 单位：人

年 龄	博士研究生								
	肄 业			辍 学			其 他		
	小计	男	女	小计	男	女	小计	男	女
总 计	**2**	**1**	**1**	**2**	**1**	**1**	**4**	**2**	**2**
3									
4									
5-9岁									
5									
6									
7									
8									
9									
10-14岁									
10									
11									
12									
13									
14									
15-19岁				**1**	**1**				
15									
16									
17									
18									
19				1	1				
20-24岁									
20									
21									
22									
23									
24									
25-29岁									
25									
26									
27									
28									
29									
30-34岁	**1**		**1**				**2**	**1**	**1**
30									
31	1		1						
32									
33									
34							2	1	1
35-39岁				**1**		**1**			
35				1		1			
36									
37									
38									
39									
40-44岁									
40									
41									
42									
43									
44									
45-49岁							**1**		**1**
45							1		1
46									
47									
48									
49									
50岁及以上	**1**	**1**					**1**	**1**	

3-2b　全市分年龄、性别、学业完成情况的3岁及以上各种受教育程度人口(镇)

单位：人

年　龄	合　计								
	合　计			在　校			毕　业		
	合计	男	女	小计	男	女	小计	男	女
总　计	**69084**	**37395**	**31689**	**13767**	**7430**	**6337**	**53846**	**29182**	**24664**
3									
4									
5-9岁	**2636**	**1427**	**1209**	**2556**	**1376**	**1180**	**75**	**48**	**27**
5	45	26	19	42	24	18	1	1	
6	480	259	221	464	249	215	14	8	6
7	637	341	296	618	324	294	19	17	2
8	741	418	323	723	407	316	18	11	7
9	733	383	350	709	372	337	23	11	12
10-14岁	**3513**	**1893**	**1620**	**3358**	**1807**	**1551**	**150**	**82**	**68**
10	660	364	296	634	354	280	25	9	16
11	704	364	340	675	346	329	28	17	11
12	709	374	335	678	359	319	29	14	15
13	733	398	335	702	382	320	31	16	15
14	707	393	314	669	366	303	37	26	11
15-19岁	**5010**	**2777**	**2233**	**4473**	**2428**	**2045**	**501**	**330**	**171**
15	782	424	358	751	410	341	31	14	17
16	971	567	404	922	539	383	45	26	19
17	954	546	408	868	484	384	76	56	20
18	937	522	415	811	430	381	120	90	30
19	1366	718	648	1121	565	556	229	144	85
20-24岁	**5861**	**3388**	**2473**	**3092**	**1676**	**1416**	**2717**	**1675**	**1042**
20	1503	890	613	1190	670	520	308	216	92
21	1373	767	606	945	484	461	415	273	142
22	1049	611	438	492	268	224	549	339	210
23	1009	590	419	286	159	127	710	422	288
24	927	530	397	179	95	84	735	425	310
25-29岁	**5253**	**2940**	**2313**	**237**	**116**	**121**	**4931**	**2770**	**2161**
25	1068	612	456	95	53	42	961	552	409
26	985	538	447	65	30	35	904	497	407
27	990	546	444	35	11	24	935	527	408
28	1085	608	477	25	13	12	1046	582	464
29	1125	636	489	17	9	8	1085	612	473
30-34岁	**7290**	**4047**	**3243**	**31**	**16**	**15**	**7139**	**3963**	**3176**
30	1509	856	653	15	8	7	1469	830	639
31	1488	815	673	8	4	4	1452	797	655
32	1430	761	669	2	2		1413	753	660
33	1494	821	673	4	1	3	1462	804	658
34	1369	794	575	2	1	1	1343	779	564
35-39岁	**5798**	**3222**	**2576**	**10**	**5**	**5**	**5672**	**3145**	**2527**
35	1145	637	508	2	1	1	1129	628	501
36	1102	616	486	1	1		1082	602	480
37	1143	647	496	4	2	2	1117	631	486
38	1300	699	601	1		1	1267	682	585
39	1108	623	485	2	1	1	1077	602	475
40-44岁	**5296**	**2873**	**2423**	**3**	**1**	**2**	**5185**	**2807**	**2378**
40	991	546	445				974	537	437
41	1127	621	506	2		2	1096	601	495
42	1156	636	520				1132	623	509
43	985	498	487	1	1		968	488	480
44	1037	572	465				1015	558	457
45-49岁	**5880**	**3146**	**2734**	**4**	**3**	**1**	**5759**	**3075**	**2684**
45	1020	555	465	1	1		998	545	453
46	1113	604	509				1088	591	497
47	1158	580	578	3	2	1	1133	564	569
48	1237	674	563				1214	662	552
49	1352	733	619				1326	713	613
50岁及以上	**22547**	**11682**	**10865**	**3**	**2**	**1**	**21717**	**11287**	**10430**

3-2b 续表 1

单位：人

年 龄	合计								
	肄 业			辍 学			其 他		
	小计	男	女	小计	男	女	小计	男	女
总 计	**432**	**236**	**196**	**358**	**191**	**167**	**681**	**356**	**325**
3									
4									
5-9岁							**5**	**3**	**2**
5							2	1	1
6							2	2	
7									
8									
9							1		1
10-14岁				**1**	**1**		**4**	**3**	**1**
10							1	1	
11							1	1	
12				1	1		1		1
13									
14							1	1	
15-19岁	**3**		**3**	**12**	**10**	**2**	**21**	**9**	**12**
15									
16				1	1		3	1	2
17	1		1	5	4	1	4	2	2
18	1		1	1	1		4	1	3
19	1		1	5	4	1	10	5	5
20-24岁	**8**	**6**	**2**	**16**	**11**	**5**	**28**	**20**	**8**
20							5	4	1
21	2	1	1	4	4		7	5	2
22	2	1	1	1		1	5	3	2
23	1	1		6	4	2	6	4	2
24	3	3		5	3	2	5	4	1
25-29岁	**14**	**12**	**2**	**30**	**19**	**11**	**41**	**23**	**18**
25	3	3		3	1	2	6	3	3
26	4	4		3	2	1	9	5	4
27	2		2	8	3	5	10	5	5
28	4	4		5	5		5	4	1
29	1	1		11	8	3	11	6	5
30-34岁	**19**	**15**	**4**	**37**	**23**	**14**	**64**	**30**	**34**
30	4	4		9	7	2	12	7	5
31	1	1		8	4	4	19	9	10
32	1		1	4	3	1	10	3	7
33	7	5	2	10	5	5	11	6	5
34	6	5	1	6	4	2	12	5	7
35-39岁	**23**	**17**	**6**	**35**	**21**	**14**	**58**	**34**	**24**
35	4	3	1	7	3	4	3	2	1
36	2	2		9	6	3	8	5	3
37	3	1	2	3	3		16	10	6
38	8	6	2	10	6	4	14	5	9
39	6	5	1	6	3	3	17	12	5
40-44岁	**18**	**13**	**5**	**25**	**13**	**12**	**65**	**39**	**26**
40	2	2		3		3	12	7	5
41	3	3		10	8	2	16	9	7
42	5	3	2	5	3	2	14	7	7
43	4	2	2	4	1	3	8	6	2
44	4	3	1	3	1	2	15	10	5
45-49岁	**32**	**19**	**13**	**20**	**14**	**6**	**65**	**35**	**30**
45	3	1	2	4	3	1	14	5	9
46	9	5	4	6	2	4	10	6	4
47	6	3	3	2	2		14	9	5
48	7	4	3	2	1	1	14	7	7
49	7	6	1	6	6		13	8	5
50岁及以上	**315**	**154**	**161**	**182**	**79**	**103**	**330**	**160**	**170**

3-2b　续表 2

单位：人

年　龄	小学								
	合　计			在　校			毕　业		
	合计	男	女	小计	男	女	小计	男	女
总　计	**15454**	**7465**	**7989**	**4151**	**2217**	**1934**	**10653**	**4934**	**5719**
3									
4									
5-9岁	**2616**	**1415**	**1201**	**2541**	**1367**	**1174**	**70**	**45**	**25**
5	45	26	19	42	24	18	1	1	
6	476	257	219	462	248	214	12	7	5
7	634	339	295	616	323	293	18	16	2
8	735	413	322	718	403	315	17	10	7
9	726	380	346	703	369	334	22	11	11
10-14岁	**1670**	**881**	**789**	**1608**	**848**	**760**	**59**	**30**	**29**
10	650	358	292	626	348	278	23	9	14
11	637	323	314	617	310	307	20	13	7
12	293	154	139	282	150	132	10	3	7
13	71	35	36	68	33	35	3	2	1
14	19	11	8	15	7	8	3	3	
15-19岁	**31**	**21**	**10**	**2**	**2**		**26**	**17**	**9**
15	4	1	3				4	1	3
16	2	1	1				2	1	1
17	8	6	2	1	1		4	3	1
18	7	5	2	1	1		6	4	2
19	10	8	2				10	8	2
20-24岁	**76**	**55**	**21**				**72**	**51**	**21**
20	9	7	2				9	7	2
21	13	11	2				12	10	2
22	22	16	6				22	16	6
23	20	12	8				19	11	8
24	12	9	3				10	7	3
25-29岁	**174**	**103**	**71**				**159**	**92**	**67**
25	31	20	11				29	18	11
26	18	4	14				18	4	14
27	37	24	13				35	24	11
28	40	27	13				34	21	13
29	48	28	20				43	25	18
30-34岁	**362**	**199**	**163**				**343**	**187**	**156**
30	74	43	31				69	39	30
31	70	38	32				63	35	28
32	67	34	33				66	33	33
33	82	50	32				80	48	32
34	69	34	35				65	32	33
35-39岁	**372**	**195**	**177**				**351**	**178**	**173**
35	68	34	34				65	31	34
36	59	37	22				55	33	22
37	78	33	45				74	30	44
38	84	40	44				78	37	41
39	83	51	32				79	47	32
40-44岁	**598**	**293**	**305**				**578**	**283**	**295**
40	88	50	38				87	49	38
41	107	50	57				98	44	54
42	139	61	78				137	61	76
43	112	51	61				109	51	58
44	152	81	71				147	78	69
45-49岁	**934**	**445**	**489**				**889**	**417**	**472**
45	142	69	73				134	65	69
46	155	71	84				144	65	79
47	183	81	102				174	74	100
48	200	93	107				194	91	103
49	254	131	123				243	122	121
50岁及以上	**8621**	**3858**	**4763**				**8106**	**3634**	**4472**

3-2b 续表 3

单位：人

年龄	小学								
	肄业			辍学			其他		
	小计	男	女	小计	男	女	小计	男	女
总计	**244**	**111**	**133**	**166**	**77**	**89**	**240**	**126**	**114**
3									
4									
5-9岁							**5**	**3**	**2**
5							2	1	1
6							2	2	
7									
8									
9							1		1
10-14岁				**1**	**1**		**2**	**2**	
10							1	1	
11									
12				1	1				
13									
14							1	1	
15-19岁				**2**	**2**		**1**		**1**
15									
16									
17				2	2		1		1
18									
19									
20-24岁							**4**	**4**	
20									
21							1	1	
22									
23							1	1	
24							2	2	
25-29岁	**5**	**4**	**1**	**7**	**4**	**3**	**3**	**3**	
25	1	1					1	1	
26									
27	1		1	1		1			
28	3	3		1	1		2	2	
29				5	3	2			
30-34岁	**2**	**2**		**3**	**2**	**1**	**14**	**8**	**6**
30				2	1	1	3	3	
31	1	1					6	2	4
32							1	1	
33				1	1		1	1	
34	1	1					3	1	2
35-39岁	**5**	**4**	**1**	**4**	**3**	**1**	**12**	**10**	**2**
35	1	1					2	2	
36				2	2		2	2	
37	1		1				3	3	
38	2	2		2	1	1	2		2
39	1	1					3	3	
40-44岁	**2**	**1**	**1**	**7**	**3**	**4**	**11**	**6**	**5**
40							1	1	
41	1	1		4	3	1	4	2	2
42				1		1	1		1
43				2		2	1		1
44	1		1				4	3	1
45-49岁	**12**	**7**	**5**	**9**	**7**	**2**	**24**	**14**	**10**
45	1		1	2	1	1	5	3	2
46	5	3	2	2	1	1	4	2	2
47	1		1	1	1		7	6	1
48	1		1				5	2	3
49	4	4		4	4		3	1	2
50岁及以上	**218**	**93**	**125**	**133**	**55**	**78**	**164**	**76**	**88**

3-2b 续表 4

单位：人

年 龄	初中								
	合 计			在 校			毕 业		
	合计	男	女	小计	男	女	小计	男	女
总 计	**30469**	**17104**	**13365**	**2211**	**1225**	**986**	**27640**	**15522**	**12118**
3									
4									
5-9岁	**20**	**12**	**8**	**15**	**9**	**6**	**5**	**3**	**2**
5									
6	4	2	2	2	1	1	2	1	1
7	3	2	1	2	1	1	1	1	
8	6	5	1	5	4	1	1	1	
9	7	3	4	6	3	3	1		1
10-14岁	**1824**	**1004**	**820**	**1732**	**951**	**781**	**90**	**52**	**38**
10	10	6	4	8	6	2	2		2
11	67	41	26	58	36	22	8	4	4
12	416	220	196	396	209	187	19	11	8
13	657	361	296	629	347	282	28	14	14
14	674	376	298	641	353	288	33	23	10
15-19岁	**737**	**447**	**290**	**457**	**260**	**197**	**265**	**179**	**86**
15	327	190	137	304	178	126	23	12	11
16	122	67	55	89	46	43	31	20	11
17	71	43	28	29	12	17	42	31	11
18	72	48	24	15	10	5	53	36	17
19	145	99	46	20	14	6	116	80	36
20-24岁	**1027**	**665**	**362**	**3**	**3**		**1004**	**648**	**356**
20	139	96	43	1	1		135	93	42
21	148	103	45	1	1		143	98	45
22	198	123	75				194	122	72
23	248	148	100	1	1		243	145	98
24	294	195	99				289	190	99
25-29岁	**2197**	**1320**	**877**	**1**		**1**	**2154**	**1292**	**862**
25	380	232	148				374	229	145
26	399	243	156				389	235	154
27	409	226	183	1		1	394	219	175
28	493	297	196				489	293	196
29	516	322	194				508	316	192
30-34岁	**3674**	**2106**	**1568**	**2**	**2**		**3596**	**2059**	**1537**
30	708	416	292	1	1		691	403	288
31	725	413	312	1	1		711	403	308
32	715	399	316				705	394	311
33	798	449	349				776	438	338
34	728	429	299				713	421	292
35-39岁	**3355**	**1889**	**1466**	**1**		**1**	**3276**	**1842**	**1434**
35	633	374	259				622	369	253
36	610	338	272				597	330	267
37	675	401	274	1		1	661	392	269
38	780	416	364				761	404	357
39	657	360	297				635	347	288
40-44岁	**3276**	**1783**	**1493**				**3208**	**1740**	**1468**
40	583	312	271				573	306	267
41	671	380	291				655	369	286
42	719	400	319				702	390	312
43	637	322	315				626	315	311
44	666	369	297				652	360	292
45-49岁	**3769**	**2037**	**1732**				**3711**	**2004**	**1707**
45	645	347	298				635	343	292
46	731	410	321				717	403	314
47	759	389	370				748	383	365
48	802	449	353				788	440	348
49	832	442	390				823	435	388
50岁及以上	**10590**	**5841**	**4749**				**10331**	**5703**	**4628**

3-2b 续表 5　　　　单位：人

年龄	初中								
	肄业			辍学			其他		
	小计	男	女	小计	男	女	小计	男	女
总计	**156**	**100**	**56**	**167**	**98**	**69**	**295**	**159**	**136**
3									
4									
5-9岁									
5									
6									
7									
8									
9									
10-14岁							**2**	**1**	**1**
10									
11							1	1	
12							1		1
13									
14									
15-19岁				**6**	**5**	**1**	**9**	**3**	**6**
15									
16				1	1		1		1
17									
18				1	1		3	1	2
19				4	3	1	5	2	3
20-24岁	**1**	**1**		**11**	**8**	**3**	**8**	**5**	**3**
20							3	2	1
21				3	3		1	1	
22				1		1	3	1	2
23				4	2	2			
24	1	1		3	3		1	1	
25-29岁	**7**	**6**	**1**	**17**	**11**	**6**	**18**	**11**	**7**
25	2	2		2		2	2	1	1
26	3	3		2	2		5	3	2
27	1		1	6	3	3	7	4	3
28	1	1		2	2		1	1	
29				5	4	1	3	2	1
30-34岁	**17**	**13**	**4**	**29**	**17**	**12**	**30**	**15**	**15**
30	4	4		7	6	1	5	2	3
31				7	4	3	6	5	1
32	1		1	4	3	1	5	2	3
33	7	5	2	7	2	5	8	4	4
34	5	4	1	4	2	2	6	2	4
35-39岁	**14**	**10**	**4**	**31**	**18**	**13**	**33**	**19**	**14**
35	3	2	1	7	3	4	1		1
36	2	2		7	4	3	4	2	2
37	1		1	3	3		9	6	3
38	4	3	1	8	5	3	7	4	3
39	4	3	1	6	3	3	12	7	5
40-44岁	**14**	**10**	**4**	**16**	**9**	**7**	**38**	**24**	**14**
40	2	2		2		2	6	4	2
41	1	1		5	4	1	10	6	4
42	5	3	2	4	3	1	8	4	4
43	4	2	2	2	1	1	5	4	1
44	2	2		3	1	2	9	6	3
45-49岁	**19**	**12**	**7**	**10**	**6**	**4**	**29**	**15**	**14**
45	2	1	1	2	2		6	1	5
46	4	2	2	4	1	3	6	4	2
47	4	3	1	1	1		6	2	4
48	6	4	2	2	1	1	6	4	2
49	3	2	1	1	1		5	4	1
50岁及以上	**84**	**48**	**36**	**47**	**24**	**23**	**128**	**66**	**62**

3-2b 续表 6

单位：人

年龄	高中								
	合计			在校			毕业		
	合计	男	女	小计	男	女	小计	男	女
总计	**10155**	**5839**	**4316**	**2538**	**1430**	**1108**	**7493**	**4333**	**3160**
3									
4									
5—9岁									
5									
6									
7									
8									
9									
10—14岁	**19**	**8**	**11**	**18**	**8**	**10**	**1**		**1**
10									
11									
12									
13	5	2	3	5	2	3			
14	14	6	8	13	6	7	1		1
15—19岁	**2628**	**1503**	**1125**	**2453**	**1387**	**1066**	**160**	**108**	**52**
15	442	228	214	439	227	212	3	1	2
16	824	487	337	810	481	329	12	5	7
17	784	463	321	751	439	312	26	20	6
18	422	236	186	374	197	177	47	39	8
19	156	89	67	79	43	36	72	43	29
20—24岁	**676**	**432**	**244**	**65**	**34**	**31**	**593**	**385**	**208**
20	128	91	37	30	16	14	96	73	23
21	136	99	37	15	9	6	114	86	28
22	122	77	45	8	1	7	113	75	38
23	141	88	53	8	7	1	129	77	52
24	149	77	72	4	1	3	141	74	67
25—29岁	**860**	**494**	**366**	**1**		**1**	**846**	**487**	**359**
25	170	99	71				169	98	71
26	151	91	60				147	89	58
27	179	105	74	1		1	176	105	71
28	174	94	80				172	92	80
29	186	105	81				182	103	79
30—34岁	**1240**	**687**	**553**	**1**	**1**		**1231**	**679**	**552**
30	265	155	110				264	154	110
31	252	141	111	1	1		249	139	110
32	255	139	116				255	139	116
33	242	128	114				239	125	114
34	226	124	102				224	122	102
35—39岁	**857**	**498**	**359**				**848**	**494**	**354**
35	165	94	71				165	94	71
36	165	94	71				164	94	70
37	157	89	68				154	89	65
38	187	113	74				184	111	73
39	183	108	75				181	106	75
40—44岁	**749**	**427**	**322**				**736**	**417**	**319**
40	156	92	64				154	91	63
41	178	98	80				176	96	80
42	161	97	64				157	94	63
43	128	70	58				126	68	58
44	126	70	56				123	68	55
45—49岁	**666**	**373**	**293**				**657**	**369**	**288**
45	120	76	44				119	76	43
46	128	67	61				128	67	61
47	124	64	60				122	63	59
48	135	71	64				133	71	62
49	159	95	64				155	92	63
50岁及以上	**2460**	**1417**	**1043**				**2421**	**1394**	**1027**

3-2b 续表 7

单位：人

年龄	高中								
	肄业			辍学			其他		
	小计	男	女	小计	男	女	小计	男	女
总计	**23**	**19**	**4**	**22**	**14**	**8**	**79**	**43**	**36**
3									
4									
5-9岁									
5									
6									
7									
8									
9									
10-14岁									
10									
11									
12									
13									
14									
15-19岁	**2**		**2**	**4**	**3**	**1**	**9**	**5**	**4**
15									
16							2	1	1
17	1		1	3	2	1	3	2	1
18							1		1
19	1		1	1	1		3	2	1
20-24岁	**4**	**3**	**1**	**4**	**2**	**2**	**10**	**8**	**2**
20							2	2	
21	2	1	1	1	1		4	2	2
22							1	1	
23	1	1		1	1		2	2	
24	1	1		2		2	1	1	
25-29岁	**1**	**1**		**5**	**3**	**2**	**7**	**3**	**4**
25				1	1				
26	1	1		1		1	2	1	1
27				1		1	1		1
28				1	1		1	1	
29				1	1		3	1	2
30-34岁				**5**	**4**	**1**	**3**	**3**	
30							1	1	
31				1		1	1	1	
32									
33				2	2		1	1	
34				2	2				
35-39岁	**1**	**1**					**8**	**3**	**5**
35									
36							1		1
37							3		3
38	1	1					2	1	1
39							2	2	
40-44岁	**1**	**1**		**1**	**1**		**11**	**8**	**3**
40							2	1	1
41				1	1		1	1	
42							4	3	1
43							2	2	
44	1	1					2	1	1
45-49岁	**1**		**1**	**1**	**1**		**7**	**3**	**4**
45							1		1
46									
47	1		1				1	1	
48							2		2
49				1	1		3	2	1
50岁及以上	**13**	**13**		**2**		**2**	**24**	**10**	**14**

3-2b　续表 8　　　　　　　　　　　　　　　　单位：人

年龄	大学专科								
	合计			在校			毕业		
	合计	男	女	小计	男	女	小计	男	女
总　计	**4950**	**2786**	**2164**	**794**	**484**	**310**	**4116**	**2283**	**1833**
3									
4									
5-9岁									
5									
6									
7									
8									
9									
10-14岁									
10									
11									
12									
13									
14									
15-19岁	**487**	**288**	**199**	**445**	**266**	**179**	**40**	**21**	**19**
15	8	4	4	7	4	3	1		1
16	21	12	9	21	12	9			
17	51	18	33	49	17	32	2	1	1
18	155	99	56	142	90	52	12	9	3
19	252	155	97	226	143	83	25	11	14
20-24岁	**943**	**580**	**363**	**321**	**202**	**119**	**617**	**374**	**243**
20	236	158	78	176	120	56	60	38	22
21	208	117	91	83	48	35	124	68	56
22	172	108	64	40	22	18	130	84	46
23	184	117	67	13	9	4	170	108	62
24	143	80	63	9	3	6	133	76	57
25-29岁	**861**	**446**	**415**	**14**	**8**	**6**	**836**	**431**	**405**
25	197	107	90	2	1	1	193	105	88
26	166	87	79	2		2	162	86	76
27	169	87	82	6	3	3	162	83	79
28	156	77	79	1	1		153	75	78
29	173	88	85	3	3		166	82	84
30-34岁	**979**	**510**	**469**	**5**	**2**	**3**	**961**	**505**	**456**
30	199	106	93	2	1	1	196	105	91
31	213	108	105				208	107	101
32	202	93	109	1	1		198	92	106
33	187	99	88	2		2	184	99	85
34	178	104	74				175	102	73
35-39岁	**590**	**314**	**276**	**2**	**1**	**1**	**585**	**311**	**274**
35	143	64	79	1		1	142	64	78
36	134	75	59				133	74	59
37	99	53	46	1	1		97	51	46
38	118	67	51				117	67	50
39	96	55	41				96	55	41
40-44岁	**352**	**183**	**169**	**3**	**1**	**2**	**347**	**182**	**165**
40	73	35	38				71	35	36
41	97	53	44	2		2	95	53	42
42	72	40	32				72	40	32
43	61	27	34	1	1		60	26	34
44	49	28	21				49	28	21
45-49岁	**241**	**143**	**98**	**3**	**3**		**238**	**140**	**98**
45	51	34	17	1	1		50	33	17
46	44	26	18				44	26	18
47	41	24	17	2	2		39	22	17
48	55	32	23				55	32	23
49	50	27	23				50	27	23
50岁及以上	**497**	**322**	**175**	**1**	**1**		**492**	**319**	**173**

3-2b 续表 9 单位：人

年龄	大学专科								
	肄业			辍学			其他		
	小计	男	女	小计	男	女	小计	男	女
总计	**5**	**4**	**1**	**1**	**1**		**34**	**14**	**20**
3									
4									
5-9岁									
5									
6									
7									
8									
9									
10-14岁									
10									
11									
12									
13									
14									
15-19岁	**1**		**1**				**1**	**1**	
15									
16									
17									
18	1		1						
19							1	1	
20-24岁	**2**	**2**					**3**	**2**	**1**
20									
21							1	1	
22	1	1					1	1	
23							1		1
24	1	1							
25-29岁	**1**	**1**		**1**	**1**		**9**	**5**	**4**
25							2	1	1
26							2	1	1
27							1	1	
28				1	1		1		1
29	1	1					3	2	1
30-34岁							**13**	**3**	**10**
30							1		1
31							5	1	4
32							3		3
33							1		1
34							3	2	1
35-39岁	**1**	**1**					**2**	**1**	**1**
35									
36							1	1	
37	1	1							
38							1		1
39									
40-44岁							**2**		**2**
40							2		2
41									
42									
43									
44									
45-49岁									
45									
46									
47									
48									
49									
50岁及以上							**4**	**2**	**2**

3-2b　续表 10　　　　单位：人

年龄	大学本科								
	合　计			在　校			毕　业		
	合计	男	女	小计	男	女	小计	男	女
总　计	**7182**	**3753**	**3429**	**3568**	**1825**	**1743**	**3578**	**1914**	**1664**
3									
4									
5—9岁									
5									
6									
7									
8									
9									
10—14岁									
10									
11									
12									
13									
14									
15—19岁	**1126**	**518**	**608**	**1115**	**513**	**602**	**10**	**5**	**5**
15	1	1		1	1				
16	2		2	2		2			
17	39	16	23	37	15	22	2	1	1
18	281	134	147	279	132	147	2	2	
19	803	367	436	796	365	431	6	2	4
20—24岁	**2831**	**1503**	**1328**	**2407**	**1292**	**1115**	**420**	**210**	**210**
20	988	536	452	981	531	450	7	5	2
21	861	432	429	839	421	418	22	11	11
22	479	266	213	388	224	164	90	42	48
23	303	169	134	154	89	65	147	79	68
24	200	100	100	45	27	18	154	73	81
25—29岁	**902**	**453**	**449**	**35**	**14**	**21**	**863**	**438**	**425**
25	202	104	98	13	4	9	188	100	88
26	185	82	103	7	4	3	178	78	100
27	158	92	66	4	1	3	153	91	62
28	190	98	92	8	4	4	182	94	88
29	167	77	90	3	1	2	162	75	87
30—34岁	**898**	**474**	**424**	**5**	**3**	**2**	**890**	**471**	**419**
30	219	110	109	1	1		217	109	108
31	198	98	100	2		2	195	98	97
32	163	84	79				162	84	78
33	164	85	79	1	1		163	84	79
34	154	97	57	1	1		153	96	57
35—39岁	**544**	**286**	**258**	**3**	**2**	**1**	**536**	**282**	**254**
35	120	60	60				120	60	60
36	120	68	52	1	1		119	67	52
37	122	66	56	2	1	1	119	64	55
38	104	51	53				101	51	50
39	78	41	37				77	40	37
40—44岁	**288**	**169**	**119**				**283**	**167**	**116**
40	78	49	29				76	48	28
41	69	38	31				67	37	30
42	55	33	22				54	33	21
43	45	27	18				45	27	18
44	41	22	19				41	22	19
45—49岁	**239**	**127**	**112**	**1**		**1**	**233**	**124**	**109**
45	56	25	31				54	24	30
46	47	25	22				47	25	22
47	48	19	29	1		1	47	19	28
48	38	25	13				37	24	13
49	50	33	17				48	32	16
50岁及以上	**354**	**223**	**131**	**2**	**1**	**1**	**343**	**217**	**126**

3-2b 续表 11

单位：人

年龄	大学本科								
	肄业			辍学			其他		
	小计	男	女	小计	男	女	小计	男	女
总计	**4**	**2**	**2**	**2**	**1**	**1**	**30**	**11**	**19**
3									
4									
5-9岁									
5									
6									
7									
8									
9									
10-14岁									
10									
11									
12									
13									
14									
15-19岁							**1**		**1**
15									
16									
17									
18									
19							1		1
20-24岁	**1**		**1**	**1**	**1**		**2**		**2**
20									
21									
22	1		1						
23				1	1		1		1
24							1		1
25-29岁							**4**	**1**	**3**
25							1		1
26									
27							1		1
28									
29							2	1	1
30-34岁							**3**		**3**
30							1		1
31							1		1
32							1		1
33									
34									
35-39岁	**2**	**1**	**1**				**3**	**1**	**2**
35									
36									
37							1	1	
38	1		1				2		2
39	1	1							
40-44岁	**1**	**1**		**1**		**1**	**3**	**1**	**2**
40				1		1	1	1	
41	1	1					1		1
42							1		1
43									
44									
45-49岁							**5**	**3**	**2**
45							2	1	1
46									
47									
48							1	1	
49							2	1	1
50岁及以上							**9**	**5**	**4**

3-2b　续表 12　　　　　　　　　　　　　　　　　　　　单位：人

年　龄	硕士研究生								
	合　计			在　校			毕　业		
	合计	男	女	小计	男	女	小计	男	女
总　计	**783**	**395**	**388**	**457**	**224**	**233**	**323**	**168**	**155**
3									
4									
5-9岁									
5									
6									
7									
8									
9									
10-14岁									
10									
11									
12									
13									
14									
15-19岁	**1**		**1**	**1**		**1**			
15									
16									
17	1		1	1		1			
18									
19									
20-24岁	**300**	**148**	**152**	**289**	**140**	**149**	**10**	**7**	**3**
20	2	2		2	2				
21	7	5	2	7	5	2			
22	55	21	34	55	21	34			
23	110	53	57	107	50	57	2	2	
24	126	67	59	118	62	56	8	5	3
25-29岁	**227**	**110**	**117**	**155**	**80**	**75**	**72**	**30**	**42**
25	85	50	35	77	48	29	8	2	6
26	62	30	32	52	25	27	10	5	5
27	28	8	20	14	3	11	14	5	9
28	25	11	14	9	4	5	16	7	9
29	27	11	16	3		3	24	11	13
30-34岁	**119**	**62**	**57**	**9**	**3**	**6**	**109**	**58**	**51**
30	36	22	14	6	2	4	29	19	10
31	24	14	10	1		1	23	14	9
32	28	12	16	1	1		27	11	16
33	18	9	9				18	9	9
34	13	5	8	1		1	12	5	7
35-39岁	**67**	**31**	**36**	**3**	**1**	**2**	**64**	**30**	**34**
35	12	8	4				12	8	4
36	12	3	9				12	3	9
37	11	5	6				11	5	6
38	22	8	14	1		1	21	8	13
39	10	7	3	2	1	1	8	6	2
40-44岁	**26**	**14**	**12**				**26**	**14**	**12**
40	11	7	4				11	7	4
41	5	2	3				5	2	3
42	7	4	3				7	4	3
43	1		1				1		1
44	2	1	1				2	1	1
45-49岁	**24**	**15**	**9**				**24**	**15**	**9**
45	3	1	2				3	1	2
46	7	4	3				7	4	3
47	3	3					3	3	
48	5	3	2				5	3	2
49	6	4	2				6	4	2
50岁及以上	**19**	**15**	**4**				**18**	**14**	**4**

3-2b 续表 13

单位：人

年龄	硕士研究生								
	肄业			辍学			其他		
	小计	男	女	小计	男	女	小计	男	女
总计							**3**	**3**	
3									
4									
5-9岁									
5									
6									
7									
8									
9									
10-14岁									
10									
11									
12									
13									
14									
15-19岁									
15									
16									
17									
18									
19									
20-24岁							**1**	**1**	
20									
21									
22									
23							1	1	
24									
25-29岁									
25									
26									
27									
28									
29									
30-34岁							**1**	**1**	
30							1	1	
31									
32									
33									
34									
35-39岁									
35									
36									
37									
38									
39									
40-44岁									
40									
41									
42									
43									
44									
45-49岁									
45									
46									
47									
48									
49									
50岁及以上							**1**	**1**	

3-2b 续表 14 单位：人

年 龄	博士研究生								
	合 计			在 校			毕 业		
	合计	男	女	小计	男	女	小计	男	女
总 计	**91**	**53**	**38**	**48**	**25**	**23**	**43**	**28**	**15**
3									
4									
5–9岁									
5									
6									
7									
8									
9									
10–14岁									
10									
11									
12									
13									
14									
15–19岁									
15									
16									
17									
18									
19									
20–24岁	**8**	**5**	**3**	**7**	**5**	**2**	**1**		**1**
20	1		1				1		1
21									
22	1		1	1		1			
23	3	3		3	3				
24	3	2	1	3	2	1			
25–29岁	**32**	**14**	**18**	**31**	**14**	**17**	**1**		**1**
25	3		3	3		3			
26	4	1	3	4	1	3			
27	10	4	6	9	4	5	1		1
28	7	4	3	7	4	3			
29	8	5	3	8	5	3			
30–34岁	**18**	**9**	**9**	**9**	**5**	**4**	**9**	**4**	**5**
30	8	4	4	5	3	2	3	1	2
31	6	3	3	3	2	1	3	1	2
32									
33	3	1	2	1		1	2	1	1
34	1	1					1	1	
35–39岁	**13**	**9**	**4**	**1**	**1**		**12**	**8**	**4**
35	4	3	1	1	1		3	2	1
36	2	1	1				2	1	1
37	1		1				1		1
38	5	4	1				5	4	1
39	1	1					1	1	
40–44岁	**7**	**4**	**3**				**7**	**4**	**3**
40	2	1	1				2	1	1
41									
42	3	1	2				3	1	2
43	1	1					1	1	
44	1	1					1	1	
45–49岁	**7**	**6**	**1**				**7**	**6**	**1**
45	3	3					3	3	
46	1	1					1	1	
47									
48	2	1	1				2	1	1
49	1	1					1	1	
50岁及以上	**6**	**6**					**6**	**6**	

3-2b 续表 15

单位：人

年 龄	博士研究生								
	肄 业			辍 学			其 他		
	小计	男	女	小计	男	女	小计	男	女
总 计									
3									
4									
5-9岁									
5									
6									
7									
8									
9									
10-14岁									
10									
11									
12									
13									
14									
15-19岁									
15									
16									
17									
18									
19									
20-24岁									
20									
21									
22									
23									
24									
25-29岁									
25									
26									
27									
28									
29									
30-34岁									
30									
31									
32									
33									
34									
35-39岁									
35									
36									
37									
38									
39									
40-44岁									
40									
41									
42									
43									
44									
45-49岁									
45									
46									
47									
48									
49									
50岁及以上									

3-2c 全市分年龄、性别、学业完成情况的3岁及以上各种受教育程度人口(乡村)

单位：人

年龄	合计								
	合计			在校			毕业		
	合计	男	女	小计	男	女	小计	男	女
总计	**186071**	**97171**	**88900**	**28188**	**14782**	**13406**	**152992**	**79991**	**73001**
3									
4									
5-9岁	**8233**	**4268**	**3965**	**8039**	**4156**	**3883**	**176**	**100**	**76**
5	177	89	88	166	80	86	11	9	2
6	1453	743	710	1424	727	697	25	14	11
7	1976	1035	941	1927	1010	917	45	21	24
8	2414	1251	1163	2363	1223	1140	48	27	21
9	2213	1150	1063	2159	1116	1043	47	29	18
10-14岁	**11558**	**6180**	**5378**	**11158**	**5973**	**5185**	**359**	**182**	**177**
10	2232	1205	1027	2169	1172	997	52	25	27
11	2354	1228	1126	2295	1203	1092	55	23	32
12	2374	1269	1105	2291	1227	1064	72	35	37
13	2274	1255	1019	2195	1216	979	75	37	38
14	2324	1223	1101	2208	1155	1053	105	62	43
15-19岁	**8172**	**4410**	**3762**	**7092**	**3709**	**3383**	**999**	**653**	**346**
15	2044	1084	960	1974	1038	936	61	43	18
16	1725	915	810	1621	848	773	92	61	31
17	1396	727	669	1238	623	615	140	92	48
18	1590	874	716	1319	694	625	256	171	85
19	1417	810	607	940	506	434	450	286	164
20-24岁	**7491**	**4119**	**3372**	**1725**	**863**	**862**	**5640**	**3181**	**2459**
20	1265	715	550	678	340	338	568	363	205
21	1350	746	604	506	255	251	829	483	346
22	1561	879	682	293	151	142	1245	715	530
23	1578	846	732	140	63	77	1401	757	644
24	1737	933	804	108	54	54	1597	863	734
25-29岁	**11082**	**6110**	**4972**	**130**	**63**	**67**	**10728**	**5916**	**4812**
25	2028	1117	911	57	30	27	1936	1068	868
26	2027	1108	919	27	11	16	1953	1077	876
27	2249	1231	1018	18	9	9	2197	1202	995
28	2223	1248	975	17	7	10	2154	1204	950
29	2555	1406	1149	11	6	5	2488	1365	1123
30-34岁	**16272**	**8556**	**7716**	**24**	**6**	**18**	**15918**	**8368**	**7550**
30	3385	1787	1598	10	5	5	3294	1738	1556
31	3345	1734	1611	6		6	3281	1700	1581
32	3179	1679	1500	3		3	3114	1645	1469
33	3441	1813	1628	2		2	3371	1781	1590
34	2922	1543	1379	3	1	2	2858	1504	1354
35-39岁	**12370**	**6540**	**5830**	**3**	**1**	**2**	**12104**	**6395**	**5709**
35	2388	1252	1136	2		2	2342	1222	1120
36	2245	1177	1068				2189	1146	1043
37	2271	1190	1081				2221	1163	1058
38	3008	1634	1374				2950	1608	1342
39	2458	1287	1171	1	1		2402	1256	1146
40-44岁	**12191**	**6416**	**5775**	**3**	**3**		**11914**	**6264**	**5650**
40	1976	1062	914	1	1		1930	1038	892
41	2649	1422	1227	2	2		2585	1385	1200
42	2576	1330	1246				2518	1300	1218
43	2391	1262	1129				2345	1235	1110
44	2599	1340	1259				2536	1306	1230
45-49岁	**15631**	**8041**	**7590**	**4**	**2**	**2**	**15255**	**7842**	**7413**
45	2485	1303	1182	1	1		2423	1272	1151
46	2772	1416	1356	1		1	2696	1378	1318
47	3104	1606	1498	1	1		3024	1559	1465
48	3517	1791	1726				3439	1755	1684
49	3753	1925	1828	1		1	3673	1878	1795
50岁及以上	**83071**	**42531**	**40540**	**10**	**6**	**4**	**79899**	**41090**	**38809**

3-2c 续表 1

单位：人

年 龄	合计								
	肄业			辍学			其他		
	小计	男	女	小计	男	女	小计	男	女
总 计	**1099**	**551**	**548**	**1550**	**725**	**825**	**2242**	**1122**	**1120**
3									
4									
5-9岁	**2**	**1**	**1**				**16**	**11**	**5**
5									
6							4	2	2
7	1	1					3	3	
8							3	1	2
9	1		1				6	5	1
10-14岁	**6**	**3**	**3**	**14**	**7**	**7**	**21**	**15**	**6**
10	3	1	2	1	1		7	6	1
11				1	1		3	1	2
12				3	1	2	8	6	2
13	1	1		2		2	1	1	
14	2	1	1	7	4	3	2	1	1
15-19岁	**6**	**5**	**1**	**31**	**18**	**13**	**44**	**25**	**19**
15				4	2	2	5	1	4
16	2	1	1	7	5	2	3		3
17	3	3		7	3	4	8	6	2
18				6	4	2	9	5	4
19	1	1		7	4	3	19	13	6
20-24岁	**25**	**17**	**8**	**28**	**17**	**11**	**73**	**41**	**32**
20	7	4	3	3	1	2	9	7	2
21	3	1	2	2	1	1	10	6	4
22	4	3	1	6	4	2	13	6	7
23	5	5		9	8	1	23	13	10
24	6	4	2	8	3	5	18	9	9
25-29岁	**39**	**25**	**14**	**49**	**34**	**15**	**136**	**72**	**64**
25	9	7	2	5	4	1	21	8	13
26	7	2	5	11	4	7	29	14	15
27	3	2	1	10	7	3	21	11	10
28	7	6	1	11	9	2	34	22	12
29	13	8	5	12	10	2	31	17	14
30-34岁	**48**	**31**	**17**	**73**	**45**	**28**	**209**	**106**	**103**
30	9	5	4	20	13	7	52	26	26
31	9	7	2	18	10	8	31	17	14
32	14	10	4	9	6	3	39	18	21
33	11	7	4	15	7	8	42	18	24
34	5	2	3	11	9	2	45	27	18
35-39岁	**48**	**24**	**24**	**59**	**39**	**20**	**156**	**81**	**75**
35	9	3	6	10	9	1	25	18	7
36	11	6	5	11	6	5	34	19	15
37	5	3	2	7	5	2	38	19	19
38	14	7	7	16	9	7	28	10	18
39	9	5	4	15	10	5	31	15	16
40-44岁	**53**	**37**	**16**	**76**	**40**	**36**	**145**	**72**	**73**
40	8	4	4	14	8	6	23	11	12
41	10	9	1	20	10	10	32	16	16
42	8	6	2	17	8	9	33	16	17
43	11	8	3	10	7	3	25	12	13
44	16	10	6	15	7	8	32	17	15
45-49岁	**71**	**39**	**32**	**109**	**60**	**49**	**192**	**98**	**94**
45	11	4	7	19	9	10	31	17	14
46	16	9	7	19	9	10	40	20	20
47	10	6	4	28	18	10	41	22	19
48	20	10	10	22	10	12	36	16	20
49	14	10	4	21	14	7	44	23	21
50岁及以上	**801**	**369**	**432**	**1111**	**465**	**646**	**1250**	**601**	**649**

3-2c　续表 2　　　　单位：人

年　龄	小　学								
	合　计			在　校			毕　业		
	合计	男	女	小计	男	女	小计	男	女
总　计	**57451**	**26305**	**31146**	**13450**	**7054**	**6396**	**41519**	**18221**	**23298**
3									
4									
5-9岁	**8192**	**4248**	**3944**	**8006**	**4140**	**3866**	**169**	**97**	**72**
5	177	89	88	166	80	86	11	9	2
6	1445	740	705	1417	725	692	24	13	11
7	1964	1028	936	1918	1004	914	42	20	22
8	2408	1249	1159	2360	1222	1138	45	26	19
9	2198	1142	1056	2145	1109	1036	47	29	18
10-14岁	**5605**	**2989**	**2616**	**5427**	**2907**	**2520**	**157**	**69**	**88**
10	2186	1181	1005	2129	1151	978	48	23	25
11	2151	1122	1029	2100	1102	998	47	18	29
12	957	513	444	921	494	427	33	17	16
13	224	128	96	207	122	85	15	6	9
14	87	45	42	70	38	32	14	5	9
15-19岁	**88**	**56**	**32**	**9**	**3**	**6**	**66**	**46**	**20**
15	10	5	5	4	1	3	4	3	1
16	15	9	6	1		1	10	8	2
17	10	5	5	1	1		7	2	5
18	26	17	9	2		2	24	17	7
19	27	20	7	1	1		21	16	5
20-24岁	**212**	**125**	**87**	**3**	**1**	**2**	**188**	**111**	**77**
20	31	21	10	3	1	2	23	17	6
21	38	21	17				35	20	15
22	43	24	19				39	21	18
23	47	28	19				40	22	18
24	53	31	22				51	31	20
25-29岁	**465**	**273**	**192**				**442**	**257**	**185**
25	64	35	29				60	32	28
26	76	53	23				73	53	20
27	99	54	45				94	50	44
28	98	58	40				90	52	38
29	128	73	55				125	70	55
30-34岁	**956**	**463**	**493**				**910**	**431**	**479**
30	193	91	102				179	82	97
31	191	95	96				183	89	94
32	195	99	96				187	94	93
33	212	107	105				202	101	101
34	165	71	94				159	65	94
35-39岁	**894**	**427**	**467**				**855**	**405**	**450**
35	149	65	84				141	58	83
36	138	67	71				133	64	69
37	162	82	80				158	80	78
38	231	110	121				219	106	113
39	214	103	111				204	97	107
40-44岁	**1507**	**698**	**809**				**1447**	**667**	**780**
40	189	93	96				180	89	91
41	294	151	143				288	149	139
42	325	152	173				309	143	166
43	343	148	195				328	139	189
44	356	154	202				342	147	195
45-49岁	**2960**	**1336**	**1624**				**2841**	**1282**	**1559**
45	416	200	216				403	193	210
46	477	213	264				454	204	250
47	588	280	308				561	266	295
48	705	302	403				677	289	388
49	774	341	433				746	330	416
50岁及以上	**36572**	**15690**	**20882**	**5**	**3**	**2**	**34444**	**14856**	**19588**

3-2c　续表 3　　　　单位：人

年　龄	小　　学								
	肄　业			辍　学			其　他		
	小计	男	女	小计	男	女	小计	男	女
总　计	**640**	**266**	**374**	**964**	**379**	**585**	**878**	**385**	**493**
3									
4									
5-9岁	**2**	**1**	**1**				**15**	**10**	**5**
5									
6							4	2	2
7	1	1					3	3	
8							3	1	2
9	1		1				5	4	1
10-14岁	**3**	**1**	**2**	**7**	**4**	**3**	**11**	**8**	**3**
10	2	1	1	1	1		6	5	1
11				1	1		3	1	2
12				1		1	2	2	
13				2		2			
14	1		1	2	2				
15-19岁	**2**	**1**	**1**	**6**	**4**	**2**	**5**	**2**	**3**
15				2	1	1			
16	1		1	2	1	1	1		1
17	1	1					1	1	
18									
19				2	2		3	1	2
20-24岁	**10**	**7**	**3**	**8**	**3**	**5**	**3**	**3**	
20	4	3	1	1		1			
21	1		1	2	1	1			
22				2	1	1	2	2	
23	4	4		2	1	1	1	1	
24	1		1	1		1			
25-29岁	**7**	**4**	**3**	**7**	**7**		**9**	**5**	**4**
25	2	2		1	1		1		1
26	2		2				1		1
27				3	3		2	1	1
28	2	1	1	3	3		3	2	1
29	1	1					2	2	
30-34岁	**9**	**6**	**3**	**17**	**11**	**6**	**20**	**15**	**5**
30	1	1		5	3	2	8	5	3
31	3	2	1	2	1	1	3	3	
32	4	3	1	1		1	3	2	1
33	1		1	7	5	2	2	1	1
34				2	2		4	4	
35-39岁	**6**	**3**	**3**	**16**	**10**	**6**	**17**	**9**	**8**
35	4	3	1	1	1		3	3	
36				3	2	1	2	1	1
37				1	1		3	1	2
38	1		1	7	3	4	4	1	3
39	1		1	4	3	1	5	3	2
40-44岁	**12**	**6**	**6**	**23**	**14**	**9**	**25**	**11**	**14**
40	1		1	5	3	2	3	1	2
41				3	1	2	3	1	2
42	4	2	2	5	3	2	7	4	3
43	2	2		5	4	1	8	3	5
44	5	2	3	5	3	2	4	2	2
45-49岁	**30**	**15**	**15**	**42**	**22**	**20**	**47**	**17**	**30**
45	4	1	3	5	4	1	4	2	2
46	5	1	4	9	4	5	9	4	5
47	5	3	2	9	5	4	13	6	7
48	8	5	3	11	5	6	9	3	6
49	8	5	3	8	4	4	12	2	10
50岁及以上	**559**	**222**	**337**	**838**	**304**	**534**	**726**	**305**	**421**

3-2c　续表 4　　　　　　　　　　　　　　　　　　　　　　　　　　　　　单位：人

年　龄	初　　中								
	合　　计			在　　校			毕　　业		
	合计	男	女	小计	男	女	小计	男	女
总　计	**95403**	**52575**	**42828**	**7221**	**3862**	**3359**	**86184**	**47582**	**38602**
3									
4									
5-9岁	**41**	**20**	**21**	**33**	**16**	**17**	**7**	**3**	**4**
5									
6	8	3	5	7	2	5	1	1	
7	12	7	5	9	6	3	3	1	2
8	6	2	4	3	1	2	3	1	2
9	15	8	7	14	7	7			
10-14岁	**5887**	**3161**	**2726**	**5669**	**3037**	**2632**	**198**	**112**	**86**
10	46	24	22	40	21	19	4	2	2
11	203	106	97	195	101	94	8	5	3
12	1417	756	661	1370	733	637	39	18	21
13	2034	1120	914	1974	1087	887	58	31	27
14	2187	1155	1032	2090	1095	995	89	56	33
15-19岁	**2122**	**1205**	**917**	**1506**	**805**	**701**	**579**	**378**	**201**
15	1089	593	496	1034	554	480	49	37	12
16	354	195	159	277	146	131	71	45	26
17	211	126	85	101	54	47	102	68	34
18	203	126	77	55	29	26	140	91	49
19	265	165	100	39	22	17	217	137	80
20-24岁	**2300**	**1416**	**884**	**4**	**2**	**2**	**2238**	**1378**	**860**
20	282	187	95	1		1	273	181	92
21	309	198	111	3	2	1	300	193	107
22	481	298	183				473	294	179
23	534	325	209				516	312	204
24	694	408	286				676	398	278
25-29岁	**5898**	**3461**	**2437**	**3**	**1**	**2**	**5752**	**3377**	**2375**
25	927	554	373	1	1		906	541	365
26	995	574	421	1		1	963	562	401
27	1205	700	505	1		1	1184	688	496
28	1246	749	497				1214	725	489
29	1525	884	641				1485	861	624
30-34岁	**10549**	**5762**	**4787**	**1**		**1**	**10324**	**5645**	**4679**
30	2102	1190	912				2049	1161	888
31	2124	1136	988				2085	1117	968
32	2048	1132	916	1		1	2007	1109	898
33	2307	1243	1064				2260	1223	1037
34	1968	1061	907				1923	1035	888
35-39岁	**8962**	**4766**	**4196**	**1**		**1**	**8782**	**4671**	**4111**
35	1671	903	768	1		1	1639	883	756
36	1622	852	770				1584	830	754
37	1655	868	787				1619	850	769
38	2227	1217	1010				2188	1200	988
39	1787	926	861				1752	908	844
40-44岁	**9104**	**4806**	**4298**				**8917**	**4700**	**4217**
40	1416	761	655				1384	743	641
41	1957	1046	911				1907	1016	891
42	1912	972	940				1878	956	922
43	1800	962	838				1770	944	826
44	2019	1065	954				1978	1041	937
45-49岁	**11385**	**5935**	**5450**	**1**		**1**	**11158**	**5806**	**5352**
45	1859	967	892				1818	947	871
46	2078	1077	1001				2030	1049	981
47	2242	1165	1077				2198	1139	1059
48	2537	1329	1208				2492	1308	1184
49	2669	1397	1272	1		1	2620	1363	1257
50岁及以上	**39155**	**22043**	**17112**	**3**	**1**	**2**	**38229**	**21512**	**16717**

3-2c 续表 5

单位：人

年龄	初中								
	肄业			辍学			其他		
	小计	男	女	小计	男	女	小计	男	女
总计	**386**	**236**	**150**	**534**	**319**	**215**	**1078**	**576**	**502**
3									
4									
5—9岁							**1**	**1**	
5									
6									
7									
8									
9							1	1	
10—14岁	**3**	**2**	**1**	**7**	**3**	**4**	**10**	**7**	**3**
10	1		1				1	1	
11									
12				2	1	1	6	4	2
13	1	1					1	1	
14	1	1		5	2	3	2	1	1
15—19岁	**2**	**2**		**20**	**10**	**10**	**15**	**10**	**5**
15				2	1	1	4	1	3
16				5	4	1	1		1
17	1	1		5	1	4	2	2	
18				5	3	2	3	3	
19	1	1		3	1	2	5	4	1
20—24岁	**8**	**6**	**2**	**14**	**11**	**3**	**36**	**19**	**17**
20	2	1	1	1	1		5	4	1
21	1	1					5	2	3
22	3	2	1	2	2		3		3
23	1	1		5	5		12	7	5
24	1	1		6	3	3	11	6	5
25—29岁	**22**	**12**	**10**	**39**	**26**	**13**	**82**	**45**	**37**
25	5	3	2	4	3	1	11	6	5
26	4	1	3	10	4	6	17	7	10
27	1		1	6	4	2	13	8	5
28	5	5		7	5	2	20	14	6
29	7	3	4	12	10	2	21	10	11
30—34岁	**30**	**19**	**11**	**53**	**31**	**22**	**141**	**67**	**74**
30	5	3	2	14	9	5	34	17	17
31	4	3	1	15	8	7	20	8	12
32	9	6	3	7	5	2	24	12	12
33	7	5	2	8	2	6	32	13	19
34	5	2	3	9	7	2	31	17	14
35—39岁	**37**	**18**	**19**	**37**	**26**	**11**	**105**	**51**	**54**
35	4		4	8	7	1	19	13	6
36	10	5	5	5	3	2	23	14	9
37	5	3	2	5	4	1	26	11	15
38	12	6	6	9	6	3	18	5	13
39	6	4	2	10	6	4	19	8	11
40—44岁	**34**	**27**	**7**	**51**	**26**	**25**	**102**	**53**	**49**
40	5	3	2	9	5	4	18	10	8
41	8	7	1	17	9	8	25	14	11
42	3	3		12	5	7	19	8	11
43	8	6	2	5	3	2	17	9	8
44	10	8	2	8	4	4	23	12	11
45—49岁	**38**	**24**	**14**	**60**	**35**	**25**	**128**	**70**	**58**
45	7	3	4	14	5	9	20	12	8
46	10	8	2	9	5	4	29	15	14
47	5	3	2	16	11	5	23	12	11
48	11	5	6	8	4	4	26	12	14
49	5	5		13	10	3	30	19	11
50岁及以上	**212**	**126**	**86**	**253**	**151**	**102**	**458**	**253**	**205**

3-2c 续表 6

单位：人

年龄	高中								
	合计			在校			毕业		
	合计	男	女	小计	男	女	小计	男	女
总计	**19164**	**11084**	**8080**	**4305**	**2227**	**2078**	**14571**	**8687**	**5884**
3									
4									
5-9岁									
5									
6									
7									
8									
9									
10-14岁	**65**	**30**	**35**	**62**	**29**	**33**	**3**	**1**	**2**
10									
11									
12									
13	15	7	8	14	7	7	1		1
14	50	23	27	48	22	26	2	1	1
15-19岁	**4301**	**2262**	**2039**	**4052**	**2097**	**1955**	**226**	**151**	**75**
15	915	466	449	906	463	443	8	3	5
16	1285	665	620	1274	658	616	9	6	3
17	1073	537	536	1039	513	526	26	18	8
18	732	405	327	666	361	305	61	42	19
19	296	189	107	167	102	65	122	82	40
20-24岁	**1254**	**747**	**507**	**189**	**100**	**89**	**1043**	**633**	**410**
20	244	144	100	95	50	45	145	93	52
21	224	147	77	42	27	15	181	119	62
22	277	168	109	22	10	12	250	155	95
23	243	142	101	12	4	8	224	132	92
24	266	146	120	18	9	9	243	134	109
25-29岁	**1522**	**843**	**679**	**1**		**1**	**1487**	**823**	**664**
25	277	157	120				272	154	118
26	293	174	119				283	168	115
27	304	169	135				299	167	132
28	294	155	139	1		1	286	151	135
29	354	188	166				347	183	164
30-34岁	**2060**	**1081**	**979**	**1**	**1**		**2030**	**1064**	**966**
30	423	203	220	1	1		417	199	218
31	449	246	203				443	242	201
32	411	212	199				405	209	196
33	430	240	190				423	237	186
34	347	180	167				342	177	165
35-39岁	**1373**	**742**	**631**				**1339**	**722**	**617**
35	291	140	151				287	137	150
36	252	132	120				242	129	113
37	240	132	108				232	126	106
38	302	174	128				298	171	127
39	288	164	124				280	159	121
40-44岁	**1087**	**624**	**463**				**1070**	**615**	**455**
40	256	145	111				253	144	109
41	267	148	119				265	146	119
42	248	149	99				242	145	97
43	163	102	61				162	102	60
44	153	80	73				148	78	70
45-49岁	**974**	**573**	**401**				**951**	**563**	**388**
45	157	102	55				150	99	51
46	165	96	69				161	95	66
47	202	119	83				194	113	81
48	199	110	89				196	110	86
49	251	146	105				250	146	104
50岁及以上	**6528**	**4182**	**2346**				**6422**	**4115**	**2307**

3−2c　续表 7　　　　　　　　　　　　　　　　　　　　　　　　单位：人

年　龄	高　　中								
	肄　业			辍　学			其　他		
	小计	男	女	小计	男	女	小计	男	女
总　计	**59**	**38**	**21**	**46**	**24**	**22**	**183**	**108**	**75**
3									
4									
5−9岁									
5									
6									
7									
8									
9									
10−14岁									
10									
11									
12									
13									
14									
15−19岁	**2**	**2**		**4**	**4**		**17**	**8**	**9**
15							1		1
16	1	1					1		1
17	1	1		2	2		5	3	2
18				1	1		4	1	3
19				1	1		6	4	2
20−24岁	**3**	**1**	**2**	**6**	**3**	**3**	**13**	**10**	**3**
20	1		1	1		1	2	1	1
21							1	1	
22				2	1	1	3	2	1
23				2	2		5	4	1
24	2	1	1	1		1	2	2	
25−29岁	**8**	**7**	**1**	**2**		**2**	**24**	**13**	**11**
25	1	1					4	2	2
26	1	1		1		1	8	5	3
27	2	2		1		1	2		2
28							7	4	3
29	4	3	1				3	2	1
30−34岁	**5**	**4**	**1**	**2**	**2**		**22**	**10**	**12**
30	1	1					4	2	2
31				1	1		5	3	2
32	1	1		1	1		4	1	3
33	3	2	1				4	1	3
34							5	3	2
35−39岁	**4**	**2**	**2**	**6**	**3**	**3**	**24**	**15**	**9**
35	1		1	1	1		2	2	
36	1	1		3	1	2	6	1	5
37				1		1	7	6	1
38							4	3	1
39	2	1	1	1	1		5	3	2
40−44岁	**6**	**3**	**3**	**1**		**1**	**10**	**6**	**4**
40	2	1	1				1		1
41	1	1					1	1	
42	1	1					5	3	2
43	1		1						
44	1		1	1		1	3	2	1
45−49岁	**3**		**3**	**6**	**2**	**4**	**14**	**8**	**6**
45							7	3	4
46	1		1	1		1	2	1	1
47				3	2	1	5	4	1
48	1		1	2		2			
49	1		1						
50岁及以上	**28**	**19**	**9**	**19**	**10**	**9**	**59**	**38**	**21**

3-2c　续表 8　　　　　　　　　　　　　　　　　　　　　　单位：人

年龄	大学专科								
	合计			在校			毕业		
	合计	男	女	小计	男	女	小计	男	女
总　计	**8209**	**4378**	**3831**	**1558**	**844**	**714**	**6567**	**3484**	**3083**
3									
4									
5-9岁									
5									
6									
7									
8									
9									
10-14岁	**1**		**1**				**1**		**1**
10									
11									
12									
13	1		1				1		1
14									
15-19岁	**1009**	**566**	**443**	**891**	**491**	**400**	**112**	**70**	**42**
15	30	20	10	30	20	10			
16	67	45	22	65	43	22	2	2	
17	92	57	35	87	53	34	5	4	1
18	342	188	154	314	169	145	27	18	9
19	478	256	222	395	206	189	78	46	32
20-24岁	**2002**	**1054**	**948**	**605**	**323**	**282**	**1380**	**722**	**658**
20	403	220	183	289	154	135	112	64	48
21	444	229	215	173	92	81	268	135	133
22	403	215	188	90	49	41	310	164	146
23	387	198	189	32	17	15	351	180	171
24	365	192	173	21	11	10	339	179	160
25-29岁	**1629**	**788**	**841**	**41**	**22**	**19**	**1573**	**757**	**816**
25	372	183	189	16	7	9	353	175	178
26	351	168	183	10	6	4	338	160	178
27	318	158	160	5	2	3	311	155	156
28	299	145	154	6	5	1	291	138	153
29	289	134	155	4	2	2	280	129	151
30-34岁	**1676**	**775**	**901**	**13**	**2**	**11**	**1644**	**762**	**882**
30	397	186	211	5	2	3	387	181	206
31	368	161	207	4		4	362	159	203
32	325	147	178				317	144	173
33	302	136	166	2		2	298	135	163
34	284	145	139	2		2	280	143	137
35-39岁	**757**	**402**	**355**	**2**	**1**	**1**	**748**	**396**	**352**
35	181	98	83	1		1	180	98	82
36	151	80	71				149	78	71
37	144	74	70				142	73	69
38	160	82	78				158	81	77
39	121	68	53	1	1		119	66	53
40-44岁	**341**	**202**	**139**	**2**	**2**		**330**	**197**	**133**
40	82	44	38	1	1		80	43	37
41	93	57	36	1	1		88	55	33
42	64	40	24				63	39	24
43	58	33	25				58	33	25
44	44	28	16				41	27	14
45-49岁	**206**	**134**	**72**	**3**	**2**	**1**	**199**	**128**	**71**
45	39	28	11	1	1		38	27	11
46	30	20	10	1		1	29	20	9
47	50	26	24	1	1		49	25	24
48	51	34	17				49	32	17
49	36	26	10				34	24	10
50岁及以上	**588**	**457**	**131**	**1**	**1**		**580**	**452**	**128**

3−2c 续表 9

单位：人

年龄	大学专科								
	肄业			辍学			其他		
	小计	男	女	小计	男	女	小计	男	女
总计	**7**	**6**	**1**	**6**	**3**	**3**	**71**	**41**	**30**
3									
4									
5−9岁									
5									
6									
7									
8									
9									
10−14岁									
10									
11									
12									
13									
14									
15−19岁				**1**		**1**	**5**	**5**	
15									
16									
17									
18							1	1	
19				1		1	4	4	
20−24岁	**1**	**1**					**16**	**8**	**8**
20							2	2	
21							3	2	1
22							3	2	1
23							4	1	3
24	1	1					4	1	3
25−29岁	**2**	**2**		**1**	**1**		**12**	**6**	**6**
25	1	1					2		2
26							3	2	1
27							2	1	1
28				1	1		1	1	
29	1	1					4	2	2
30−34岁	**2**	**1**	**1**	**1**	**1**		**16**	**9**	**7**
30	1		1	1	1		3	2	1
31	1	1					1	1	
32							8	3	5
33							2	1	1
34							2	2	
35−39岁							**7**	**5**	**2**
35									
36							2	2	
37							2	1	1
38							2	1	1
39							1	1	
40−44岁	**1**	**1**		**1**		**1**	**7**	**2**	**5**
40							1		1
41	1	1					3		3
42							1	1	
43									
44				1		1	2	1	1
45−49岁				**1**	**1**		**3**	**3**	
45									
46									
47									
48				1	1		1	1	
49							2	2	
50岁及以上	**1**	**1**		**1**		**1**	**5**	**3**	**2**

3-2c 续表 10

单位：人

年 龄	大学本科								
	合 计			在 校			毕 业		
	合计	男	女	小计	男	女	小计	男	女
总 计	**5652**	**2740**	**2912**	**1567**	**753**	**814**	**4046**	**1970**	**2076**
3									
4									
5–9岁									
5									
6									
7									
8									
9									
10–14岁									
10									
11									
12									
13									
14									
15–19岁	**652**	**321**	**331**	**634**	**313**	**321**	**16**	**8**	**8**
15									
16	4	1	3	4	1	3			
17	10	2	8	10	2	8			
18	287	138	149	282	135	147	4	3	1
19	351	180	171	338	175	163	12	5	7
20–24岁	**1667**	**749**	**918**	**870**	**410**	**460**	**789**	**336**	**453**
20	305	143	162	290	135	155	15	8	7
21	332	150	182	285	133	152	45	16	29
22	346	167	179	170	85	85	173	81	92
23	350	145	205	79	34	45	270	111	159
24	334	144	190	46	23	23	286	120	166
25–29岁	**1491**	**710**	**781**	**54**	**26**	**28**	**1428**	**681**	**747**
25	361	175	186	25	15	10	333	160	173
26	296	132	164	13	5	8	283	127	156
27	311	142	169	7	3	4	302	138	164
28	275	139	136	8	2	6	264	136	128
29	248	122	126	1	1		246	120	126
30–34岁	**999**	**465**	**534**	**7**	**2**	**5**	**980**	**457**	**523**
30	262	115	147	3	1	2	255	114	141
31	206	94	112	2		2	201	91	110
32	196	88	108	1		1	195	88	107
33	183	83	100				181	81	100
34	152	85	67	1	1		148	83	65
35–39岁	**373**	**198**	**175**				**369**	**196**	**173**
35	92	45	47				91	45	46
36	80	44	36				79	43	36
37	68	33	35				68	33	35
38	86	51	35				85	50	35
39	47	25	22				46	25	21
40–44岁	**149**	**83**	**66**	**1**	**1**		**147**	**82**	**65**
40	32	18	14				32	18	14
41	37	19	18	1	1		36	18	18
42	27	17	10				26	17	9
43	26	16	10				26	16	10
44	27	13	14				27	13	14
45–49岁	**102**	**60**	**42**				**102**	**60**	**42**
45	13	5	8				13	5	8
46	20	9	11				20	9	11
47	22	16	6				22	16	6
48	25	16	9				25	16	9
49	22	14	8				22	14	8
50岁及以上	**219**	**154**	**65**	**1**	**1**		**215**	**150**	**65**

3-2c 续表 11

单位：人

年龄	大学本科								
	肄业			辍学			其他		
	小计	男	女	小计	男	女	小计	男	女
总计	**7**	**5**	**2**				**32**	**12**	**20**
3									
4									
5-9岁									
5									
6									
7									
8									
9									
10-14岁									
10									
11									
12									
13									
14									
15-19岁							**2**		**2**
15									
16									
17									
18							1		1
19							1		1
20-24岁	**3**	**2**	**1**				**5**	**1**	**4**
20									
21	1		1				1	1	
22	1	1					2		2
23							1		1
24	1	1					1		1
25-29岁							**9**	**3**	**6**
25							3		3
26									
27							2	1	1
28							3	1	2
29							1	1	
30-34岁	**2**	**1**	**1**				**10**	**5**	**5**
30	1		1				3		3
31	1	1					2	2	
32									
33							2	2	
34							3	1	2
35-39岁	**1**	**1**					**3**	**1**	**2**
35							1		1
36							1	1	
37									
38	1	1							
39							1		1
40-44岁							**1**		**1**
40									
41									
42							1		1
43									
44									
45-49岁									
45									
46									
47									
48									
49									
50岁及以上	**1**	**1**					**2**	**2**	

3-2c　续表 12　　　　　　　　　　　　　　　　　　　　　　　　　　　　　　　　单位：人

年　龄	硕士研究生								
	合　计			在　校			毕　业		
	合计	男	女	小计	男	女	小计	男	女
总　计	**176**	**82**	**94**	**78**	**38**	**40**	**98**	**44**	**54**
3									
4									
5-9岁									
5									
6									
7									
8									
9									
10-14岁									
10									
11									
12									
13									
14									
15-19岁									
15									
16									
17									
18									
19									
20-24岁	**56**	**28**	**28**	**54**	**27**	**27**	**2**	**1**	**1**
20									
21	3	1	2	3	1	2			
22	11	7	4	11	7	4			
23	17	8	9	17	8	9			
24	25	12	13	23	11	12	2	1	1
25-29岁	**68**	**31**	**37**	**23**	**10**	**13**	**45**	**21**	**24**
25	25	13	12	14	7	7	11	6	5
26	16	7	9	3		3	13	7	6
27	10	6	4	3	2	1	7	4	3
28	9	2	7				9	2	7
29	8	3	5	3	1	2	5	2	3
30-34岁	**28**	**10**	**18**	**1**	**1**		**27**	**9**	**18**
30	7	2	5	1	1		6	1	5
31	6	2	4				6	2	4
32	2	1	1				2	1	1
33	7	4	3				7	4	3
34	6	1	5				6	1	5
35-39岁	**11**	**5**	**6**				**11**	**5**	**6**
35	4	1	3				4	1	3
36	2	2					2	2	
37	2	1	1				2	1	1
38	2		2				2		2
39	1	1					1	1	
40-44岁	**2**	**2**					**2**	**2**	
40	1	1					1	1	
41									
42									
43	1	1					1	1	
44									
45-49岁	**2**	**1**	**1**				**2**	**1**	**1**
45									
46	1		1				1		1
47									
48									
49	1	1					1	1	
50岁及以上	**9**	**5**	**4**				**9**	**5**	**4**

3-2c　续表 13　　　　单位：人

年　龄	硕士研究生								
	肄　业			辍　学			其　他		
	小计	男	女	小计	男	女	小计	男	女
总　计									
3									
4									
5-9岁									
5									
6									
7									
8									
9									
10-14岁									
10									
11									
12									
13									
14									
15-19岁									
15									
16									
17									
18									
19									
20-24岁									
20									
21									
22									
23									
24									
25-29岁									
25									
26									
27									
28									
29									
30-34岁									
30									
31									
32									
33									
34									
35-39岁									
35									
36									
37									
38									
39									
40-44岁									
40									
41									
42									
43									
44									
45-49岁									
45									
46									
47									
48									
49									
50岁及以上									

3–2c　续表 14　　　　单位：人

年　龄	博士研究生								
	合　计			在　校			毕　业		
	合计	男	女	小计	男	女	小计	男	女
总　计	**16**	**7**	**9**	**9**	**4**	**5**	**7**	**3**	**4**
3									
4									
5–9岁									
5									
6									
7									
8									
9									
10–14岁									
10									
11									
12									
13									
14									
15–19岁									
15									
16									
17									
18									
19									
20–24岁									
20									
21									
22									
23									
24									
25–29岁	**9**	**4**	**5**	**8**	**4**	**4**	**1**		**1**
25	2		2	1		1	1		1
26									
27	2	2		2	2				
28	2		2	2		2			
29	3	2	1	3	2	1			
30–34岁	**4**		**4**	**1**		**1**	**3**		**3**
30	1		1				1		1
31	1		1				1		1
32	2		2	1		1	1		1
33									
34									
35–39岁									
35									
36									
37									
38									
39									
40–44岁	**1**	**1**					**1**	**1**	
40									
41	1	1					1	1	
42									
43									
44									
45–49岁	**2**	**2**					**2**	**2**	
45	1	1					1	1	
46	1	1					1	1	
47									
48									
49									
50岁及以上									

3-2c 续表 15

单位：人

年龄	博士研究生								
	肄业			辍学			其他		
	小计	男	女	小计	男	女	小计	男	女
总计									
3									
4									
5-9岁									
5									
6									
7									
8									
9									
10-14岁									
10									
11									
12									
13									
14									
15-19岁									
15									
16									
17									
18									
19									
20-24岁									
20									
21									
22									
23									
24									
25-29岁									
25									
26									
27									
28									
29									
30-34岁									
30									
31									
32									
33									
34									
35-39岁									
35									
36									
37									
38									
39									
40-44岁									
40									
41									
42									
43									
44									
45-49岁									
45									
46									
47									
48									
49									
50岁及以上									

第二部分　长表数据资料

第四卷　就业

4－1　各地区分性别、年龄的就业人口

单位：人

地　区 性　别	合计	16－19岁	20－24岁	25－29岁	30－34岁	35－39岁	40－44岁
天　津	**504665**	**3676**	**25535**	**57317**	**95349**	**85458**	**65217**
和平区	8231	43	319	596	1085	1960	1617
河东区	26323	101	1115	2787	5194	5791	3832
河西区	24328	103	976	2408	4182	5241	3693
南开区	29648	202	1491	3248	5018	6277	4412
河北区	17948	47	620	1841	3589	4146	2532
红桥区	13573	31	498	1415	2709	3045	1942
东丽区	31008	210	1673	4286	7400	5532	3674
西青区	43579	458	2855	5978	9692	7373	4998
津南区	34171	237	1980	4476	7049	5300	4061
北辰区	30443	234	1591	3700	6395	5789	4014
武清区	50930	370	2471	5069	8366	7047	6894
宝坻区	30081	99	1036	3019	4879	3485	3779
滨海新区	89053	1053	5486	10856	17847	15073	11300
宁河区	16136	77	704	1706	2563	2007	1992
静海区	27589	273	1538	3128	4113	3276	3379
蓟州区	31624	138	1182	2804	5268	4116	3098
男	**308218**	**2758**	**15772**	**33183**	**54681**	**48467**	**37418**
和平区	4458	29	171	311	535	946	834
河东区	14945	67	592	1375	2673	3014	2063
河西区	13447	82	518	1187	2077	2666	1905
南开区	16355	156	779	1628	2547	3122	2345
河北区	10303	32	310	964	1811	2225	1353
红桥区	7693	22	266	666	1378	1552	1061
东丽区	19283	143	987	2503	4293	3324	2213
西青区	26602	316	1811	3475	5595	4333	2892
津南区	21706	172	1200	2615	4241	3168	2447
北辰区	18802	169	1002	2149	3691	3412	2346
武清区	30675	251	1502	2930	4864	4071	3979
宝坻区	18923	79	629	1868	2950	2091	2221
滨海新区	55597	869	3715	6499	10461	8745	6635
宁河区	10649	60	481	1154	1584	1240	1177
静海区	18559	215	1058	2056	2640	2061	2127
蓟州区	20221	96	751	1803	3341	2497	1820
女	**196447**	**918**	**9763**	**24134**	**40668**	**36991**	**27799**
和平区	3773	14	148	285	550	1014	783
河东区	11378	34	523	1412	2521	2777	1769
河西区	10881	21	458	1221	2105	2575	1788
南开区	13293	46	712	1620	2471	3155	2067
河北区	7645	15	310	877	1778	1921	1179
红桥区	5880	9	232	749	1331	1493	881
东丽区	11725	67	686	1783	3107	2208	1461
西青区	16977	142	1044	2503	4097	3040	2106
津南区	12465	65	780	1861	2808	2132	1614
北辰区	11641	65	589	1551	2704	2377	1668
武清区	20255	119	969	2139	3502	2976	2915
宝坻区	11158	20	407	1151	1929	1394	1558
滨海新区	33456	184	1771	4357	7386	6328	4665
宁河区	5487	17	223	552	979	767	815
静海区	9030	58	480	1072	1473	1215	1252
蓟州区	11403	42	431	1001	1927	1619	1278

4-1 续表

单位：人

地区 性别	45-49岁	50-54岁	55-59岁	60-64岁	65-69岁	70-74岁	75岁及以上
天津	**63245**	**51993**	**36961**	**10763**	**6410**	**2060**	**681**
和平区	1208	785	512	63	31	10	2
河东区	3340	2263	1726	115	46	11	2
河西区	3301	2399	1779	165	53	15	13
南开区	3670	2883	2150	219	67	7	4
河北区	2162	1487	1402	76	29	12	5
红桥区	1563	1208	1070	66	16	4	6
东丽区	3561	2662	1685	225	80	20	
西青区	4749	4044	2606	500	251	55	20
津南区	4406	3654	2353	474	141	29	11
北辰区	3432	2758	1931	417	143	30	9
武清区	6520	5220	4451	2191	1576	575	180
宝坻区	4077	4024	2942	1367	974	315	85
滨海新区	11547	8911	5292	1047	494	104	43
宁河区	1864	1977	1576	865	584	171	50
静海区	4067	3481	2115	1070	790	257	102
蓟州区	3778	4237	3371	1903	1135	445	149
男	**36989**	**35383**	**29047**	**7865**	**4682**	**1465**	**508**
和平区	669	489	409	45	15	4	1
河东区	1897	1587	1553	82	35	6	1
河西区	1749	1563	1538	120	26	10	6
南开区	1927	1854	1797	144	49	6	1
河北区	1215	1032	1273	55	22	9	2
红桥区	845	842	988	52	14	4	3
东丽区	2169	1975	1423	181	57	15	
西青区	2727	2767	2073	380	175	41	17
津南区	2725	2649	1940	395	122	25	7
北辰区	2028	1964	1593	313	111	19	5
武清区	3820	3307	2888	1464	1075	391	133
宝坻区	2457	2602	2076	968	706	217	59
滨海新区	6736	6286	4362	811	376	73	29
宁河区	1153	1306	1189	663	457	140	45
静海区	2659	2451	1574	819	611	194	94
蓟州区	2213	2709	2371	1373	831	311	105
女	**26256**	**16610**	**7914**	**2898**	**1728**	**595**	**173**
和平区	539	296	103	18	16	6	1
河东区	1443	676	173	33	11	5	1
河西区	1552	836	241	45	27	5	7
南开区	1743	1029	353	75	18	1	3
河北区	947	455	129	21	7	3	3
红桥区	718	366	82	14	2		3
东丽区	1392	687	262	44	23	5	
西青区	2022	1277	533	120	76	14	3
津南区	1681	1005	413	79	19	4	4
北辰区	1404	794	338	104	32	11	4
武清区	2700	1913	1563	727	501	184	47
宝坻区	1620	1422	866	399	268	98	26
滨海新区	4811	2625	930	236	118	31	14
宁河区	711	671	387	202	127	31	5
静海区	1408	1030	541	251	179	63	8
蓟州区	1565	1528	1000	530	304	134	44

4-1a 各地区分性别、年龄的就业人口(城市)

单位：人

地区 性别	合计	16-19岁	20-24岁	25-29岁	30-34岁	35-39岁	40-44岁
天津	**382450**	**2839**	**19868**	**45824**	**77873**	**71606**	**51955**
和平区	8231	43	319	596	1085	1960	1617
河东区	26323	101	1115	2787	5194	5791	3832
河西区	24328	103	976	2408	4182	5241	3693
南开区	29648	202	1491	3248	5018	6277	4412
河北区	17948	47	620	1841	3589	4146	2532
红桥区	13573	31	498	1415	2709	3045	1942
东丽区	31008	210	1673	4286	7400	5532	3674
西青区	39067	414	2603	5531	8959	6753	4482
津南区	34171	237	1980	4476	7049	5300	4061
北辰区	23624	175	1150	2920	5325	4875	3152
武清区	17089	117	844	2049	3476	3070	2895
宝坻区	9852	27	421	1243	1919	1453	1600
滨海新区	82826	1008	5035	10165	17089	14439	10537
宁河区	5394	18	232	623	1087	840	886
静海区	8624	73	456	1159	1599	1175	1180
蓟州区	10744	33	455	1077	2193	1709	1460
男	**228490**	**2145**	**11932**	**25549**	**43512**	**39812**	**29253**
和平区	4458	29	171	311	535	946	834
河东区	14945	67	592	1375	2673	3014	2063
河西区	13447	82	518	1187	2077	2666	1905
南开区	16355	156	779	1628	2547	3122	2345
河北区	10303	32	310	964	1811	2225	1353
红桥区	7693	22	266	666	1378	1552	1061
东丽区	19283	143	987	2503	4293	3324	2213
西青区	23810	285	1644	3187	5147	3966	2587
津南区	21706	172	1200	2615	4241	3168	2447
北辰区	14296	122	694	1619	3025	2841	1826
武清区	9929	81	477	1113	1919	1682	1605
宝坻区	5901	21	234	688	1074	850	904
滨海新区	51452	840	3380	6048	9986	8348	6161
宁河区	3259	13	137	380	614	480	488
静海区	5234	58	277	649	914	675	672
蓟州区	6419	22	266	616	1278	953	789
女	**153960**	**694**	**7936**	**20275**	**34361**	**31794**	**22702**
和平区	3773	14	148	285	550	1014	783
河东区	11378	34	523	1412	2521	2777	1769
河西区	10881	21	458	1221	2105	2575	1788
南开区	13293	46	712	1620	2471	3155	2067
河北区	7645	15	310	877	1778	1921	1179
红桥区	5880	9	232	749	1331	1493	881
东丽区	11725	67	686	1783	3107	2208	1461
西青区	15257	129	959	2344	3812	2787	1895
津南区	12465	65	780	1861	2808	2132	1614
北辰区	9328	53	456	1301	2300	2034	1326
武清区	7160	36	367	936	1557	1388	1290
宝坻区	3951	6	187	555	845	603	696
滨海新区	31374	168	1655	4117	7103	6091	4376
宁河区	2135	5	95	243	473	360	398
静海区	3390	15	179	510	685	500	508
蓟州区	4325	11	189	461	915	756	671

4-1a 续表 单位：人

地区 性别	45-49岁	50-54岁	55-59岁	60-64岁	65-69岁	70-74岁	75岁及以上
天津	**47619**	**35696**	**24023**	**3455**	**1299**	**273**	**120**
和平区	1208	785	512	63	31	10	2
河东区	3340	2263	1726	115	46	11	2
河西区	3301	2399	1779	165	53	15	13
南开区	3670	2883	2150	219	67	7	4
河北区	2162	1487	1402	76	29	12	5
红桥区	1563	1208	1070	66	16	4	6
东丽区	3561	2662	1685	225	80	20	
西青区	4172	3435	2221	329	136	21	11
津南区	4406	3654	2353	474	141	29	11
北辰区	2562	1902	1298	191	62	9	3
武清区	2250	1336	807	169	63	8	5
宝坻区	1361	1031	595	121	56	18	7
滨海新区	10608	8032	4719	792	314	57	31
宁河区	684	515	353	95	47	12	2
静海区	1351	935	516	108	61	7	4
蓟州区	1420	1169	837	247	97	33	14
男	**27359**	**24759**	**20248**	**2676**	**983**	**188**	**74**
和平区	669	489	409	45	15	4	1
河东区	1897	1587	1553	82	35	6	1
河西区	1749	1563	1538	120	26	10	6
南开区	1927	1854	1797	144	49	6	1
河北区	1215	1032	1273	55	22	9	2
红桥区	845	842	988	52	14	4	3
东丽区	2169	1975	1423	181	57	15	
西青区	2397	2387	1814	269	102	16	9
津南区	2725	2649	1940	395	122	25	7
北辰区	1475	1369	1125	140	52	7	1
武清区	1314	920	636	128	45	6	3
宝坻区	805	713	458	94	45	10	5
滨海新区	6175	5662	3942	614	241	36	19
宁河区	391	337	295	76	38	9	1
静海区	814	627	406	87	47	4	4
蓟州区	792	753	651	194	73	21	11
女	**20260**	**10937**	**3775**	**779**	**316**	**85**	**46**
和平区	539	296	103	18	16	6	1
河东区	1443	676	173	33	11	5	1
河西区	1552	836	241	45	27	5	7
南开区	1743	1029	353	75	18	1	3
河北区	947	455	129	21	7	3	3
红桥区	718	366	82	14	2		3
东丽区	1392	687	262	44	23	5	
西青区	1775	1048	407	60	34	5	2
津南区	1681	1005	413	79	19	4	4
北辰区	1087	533	173	51	10	2	2
武清区	936	416	171	41	18	2	2
宝坻区	556	318	137	27	11	8	2
滨海新区	4433	2370	777	178	73	21	12
宁河区	293	178	58	19	9	3	1
静海区	537	308	110	21	14	3	
蓟州区	628	416	186	53	24	12	3

4-1b 各地区分性别、年龄的就业人口(镇)

单位：人

地区 性别	合计	16-19岁	20-24岁	25-29岁	30-34岁	35-39岁	40-44岁
天津	**32378**	**322**	**1933**	**3759**	**5590**	**4475**	**4001**
和平区							
河东区							
河西区							
南开区							
河北区							
红桥区							
东丽区							
西青区	1388	23	92	177	328	307	157
津南区							
北辰区	3849	47	262	457	631	571	490
武清区	8932	85	504	1052	1749	1374	1244
宝坻区	2356	25	105	238	399	276	291
滨海新区	3025	31	276	411	465	362	396
宁河区	2435	16	113	291	378	274	259
静海区	7279	78	474	872	1161	908	902
蓟州区	3114	17	107	261	479	403	262
男	**22021**	**243**	**1377**	**2513**	**3669**	**2897**	**2535**
和平区							
河东区							
河西区							
南开区							
河北区							
红桥区							
东丽区							
西青区	843	16	59	107	198	179	82
津南区							
北辰区	2610	40	184	324	412	362	300
武清区	5718	57	336	642	1098	866	762
宝坻区	1656	23	79	171	270	191	190
滨海新区	1984	21	214	249	277	224	242
宁河区	1780	10	80	215	272	194	160
静海区	5274	63	350	614	808	617	629
蓟州区	2156	13	75	191	334	264	170
女	**10357**	**79**	**556**	**1246**	**1921**	**1578**	**1466**
和平区							
河东区							
河西区							
南开区							
河北区							
红桥区							
东丽区							
西青区	545	7	33	70	130	128	75
津南区							
北辰区	1239	7	78	133	219	209	190
武清区	3214	28	168	410	651	508	482
宝坻区	700	2	26	67	129	85	101
滨海新区	1041	10	62	162	188	138	154
宁河区	655	6	33	76	106	80	99
静海区	2005	15	124	258	353	291	273
蓟州区	958	4	32	70	145	139	92

4-1b 续表 单位：人

地区 性别	45-49岁	50-54岁	55-59岁	60-64岁	65-69岁	70-74岁	75岁及以上
天津	**4216**	**3669**	**2482**	**1084**	**633**	**178**	**36**
和平区							
河东区							
河西区							
南开区							
河北区							
红桥区							
东丽区							
西青区	135	87	60	11	11		
津南区							
北辰区	494	460	294	99	37	5	2
武清区	1103	806	577	242	142	47	7
宝坻区	348	306	209	91	58	7	3
滨海新区	488	359	170	40	22	4	1
宁河区	263	306	274	128	105	21	7
静海区	1045	878	541	239	130	43	8
蓟州区	340	467	357	234	128	51	8
男	**2709**	**2660**	**1864**	**868**	**510**	**147**	**29**
和平区							
河东区							
河西区							
南开区							
河北区							
红桥区							
东丽区							
西青区	70	66	48	9	9		
津南区							
北辰区	322	333	219	81	30	2	1
武清区	673	539	407	182	113	37	6
宝坻区	232	225	154	67	47	5	2
滨海新区	283	275	141	36	18	3	1
宁河区	187	231	215	107	83	19	7
静海区	726	677	432	202	109	40	7
蓟州区	216	314	248	184	101	41	5
女	**1507**	**1009**	**618**	**216**	**123**	**31**	**7**
和平区							
河东区							
河西区							
南开区							
河北区							
红桥区							
东丽区							
西青区	65	21	12	2	2		
津南区							
北辰区	172	127	75	18	7	3	1
武清区	430	267	170	60	29	10	1
宝坻区	116	81	55	24	11	2	1
滨海新区	205	84	29	4	4	1	
宁河区	76	75	59	21	22	2	
静海区	319	201	109	37	21	3	1
蓟州区	124	153	109	50	27	10	3

4-1c 各地区分性别、年龄的就业人口(乡村)

单位：人

地区 性别	合计	16-19岁	20-24岁	25-29岁	30-34岁	35-39岁	40-44岁
天津	**89837**	**515**	**3734**	**7734**	**11886**	**9377**	**9261**
和平区							
河东区							
河西区							
南开区							
河北区							
红桥区							
东丽区							
西青区	3124	21	160	270	405	313	359
津南区							
北辰区	2970	12	179	323	439	343	372
武清区	24909	168	1123	1968	3141	2603	2755
宝坻区	17873	47	510	1538	2561	1756	1888
滨海新区	3202	14	175	280	293	272	367
宁河区	8307	43	359	792	1098	893	847
静海区	11686	122	608	1097	1353	1193	1297
蓟州区	17766	88	620	1466	2596	2004	1376
男	**57707**	**370**	**2463**	**5121**	**7500**	**5758**	**5630**
和平区							
河东区							
河西区							
南开区							
河北区							
红桥区							
东丽区							
西青区	1949	15	108	181	250	188	223
津南区							
北辰区	1896	7	124	206	254	209	220
武清区	15028	113	689	1175	1847	1523	1612
宝坻区	11366	35	316	1009	1606	1050	1127
滨海新区	2161	8	121	202	198	173	232
宁河区	5610	37	264	559	698	566	529
静海区	8051	94	431	793	918	769	826
蓟州区	11646	61	410	996	1729	1280	861
女	**32130**	**145**	**1271**	**2613**	**4386**	**3619**	**3631**
和平区							
河东区							
河西区							
南开区							
河北区							
红桥区							
东丽区							
西青区	1175	6	52	89	155	125	136
津南区							
北辰区	1074	5	55	117	185	134	152
武清区	9881	55	434	793	1294	1080	1143
宝坻区	6507	12	194	529	955	706	761
滨海新区	1041	6	54	78	95	99	135
宁河区	2697	6	95	233	400	327	318
静海区	3635	28	177	304	435	424	471
蓟州区	6120	27	210	470	867	724	515

4－1c 续表

单位：人

地区 性别	45－49岁	50－54岁	55－59岁	60－64岁	65－69岁	70－74岁	75岁及以上
天津	**11410**	**12628**	**10456**	**6224**	**4478**	**1609**	**525**
和平区							
河东区							
河西区							
南开区							
河北区							
红桥区							
东丽区							
西青区	442	522	325	160	104	34	9
津南区							
北辰区	376	396	339	127	44	16	4
武清区	3167	3078	3067	1780	1371	520	168
宝坻区	2368	2687	2138	1155	860	290	75
滨海新区	451	520	403	215	158	43	11
宁河区	917	1156	949	642	432	138	41
静海区	1671	1668	1058	723	599	207	90
蓟州区	2018	2601	2177	1422	910	361	127
男	**6921**	**7964**	**6935**	**4321**	**3189**	**1130**	**405**
和平区							
河东区							
河西区							
南开区							
河北区							
红桥区							
东丽区							
西青区	260	314	211	102	64	25	8
津南区							
北辰区	231	262	249	92	29	10	3
武清区	1833	1848	1845	1154	917	348	124
宝坻区	1420	1664	1464	807	614	202	52
滨海新区	278	349	279	161	117	34	9
宁河区	575	738	679	480	336	112	37
静海区	1119	1147	736	530	455	150	83
蓟州区	1205	1642	1472	995	657	249	89
女	**4489**	**4664**	**3521**	**1903**	**1289**	**479**	**120**
和平区							
河东区							
河西区							
南开区							
河北区							
红桥区							
东丽区							
西青区	182	208	114	58	40	9	1
津南区							
北辰区	145	134	90	35	15	6	1
武清区	1334	1230	1222	626	454	172	44
宝坻区	948	1023	674	348	246	88	23
滨海新区	173	171	124	54	41	9	2
宁河区	342	418	270	162	96	26	4
静海区	552	521	322	193	144	57	7
蓟州区	813	959	705	427	253	112	38

4–2 各地区分性别、受教育程度的就业人口

单位：人

地区 性别	合计	未上过学	学前教育	小学	初中	高中	大学专科	大学本科	硕士研究生	博士研究生
天津	**504665**	**1731**	**63**	**34809**	**165998**	**82642**	**81051**	**119220**	**17175**	**1976**
和平区	8231	24	1	192	891	1050	1379	3674	866	154
河东区	26323	42	2	394	2713	4816	6013	10702	1519	122
河西区	24328	29	1	364	2455	4093	4741	10442	1996	207
南开区	29648	62	3	545	3245	4555	5823	12014	2791	610
河北区	17948	19		264	2139	3936	4251	6423	838	78
红桥区	13573	11		211	1623	2940	3032	5059	645	52
东丽区	31008	91	1	1605	10019	5120	5880	7087	1137	68
西青区	43579	142	3	2901	14318	7074	7008	10307	1608	218
津南区	34171	131	4	2818	13633	5112	5014	6358	974	127
北辰区	30443	115	4	1856	9947	5850	5478	6385	731	77
武清区	50930	137	5	5229	24708	7792	5956	6564	509	30
宝坻区	30081	133	1	3681	16612	3319	2883	3283	158	11
滨海新区	89053	279	34	4786	23554	17780	16530	22815	3071	204
宁河区	16136	100		2445	8040	2074	1560	1856	59	2
静海区	27589	164	1	3911	14670	3415	2323	2922	171	12
蓟州区	31624	252	3	3607	17431	3716	3180	3329	102	4
男	**308218**	**753**	**41**	**21968**	**111769**	**54775**	**46775**	**62591**	**8388**	**1158**
和平区	4458	5	1	104	583	668	720	1844	443	90
河东区	14945	21	1	232	1843	3128	3378	5540	726	76
河西区	13447	11	1	195	1674	2640	2561	5276	983	106
南开区	16355	14		273	2130	3023	3164	6077	1339	335
河北区	10303	6		155	1422	2594	2398	3262	420	46
红桥区	7693	1		124	1092	1944	1695	2505	305	27
东丽区	19283	40		1051	6933	3391	3523	3752	549	44
西青区	26602	69	3	1798	9613	4592	4130	5486	784	127
津南区	21706	75	2	1962	9391	3412	2966	3359	452	87
北辰区	18802	55	2	1232	6718	3956	3051	3411	332	45
武清区	30675	64	3	3124	15522	4912	3375	3426	227	22
宝坻区	18923	39	1	2145	10918	2318	1722	1702	70	8
滨海新区	55597	133	24	3191	16086	11853	9877	12693	1601	139
宁河区	10649	47		1605	5547	1452	953	1009	36	
静海区	18559	83	1	2562	10475	2436	1396	1525	76	5
蓟州区	20221	90	2	2215	11822	2456	1866	1724	45	1
女	**196447**	**978**	**22**	**12841**	**54229**	**27867**	**34276**	**56629**	**8787**	**818**
和平区	3773	19		88	308	382	659	1830	423	64
河东区	11378	21	1	162	870	1688	2635	5162	793	46
河西区	10881	18		169	781	1453	2180	5166	1013	101
南开区	13293	48	3	272	1115	1532	2659	5937	1452	275
河北区	7645	13		109	717	1342	1853	3161	418	32
红桥区	5880	10		87	531	996	1337	2554	340	25
东丽区	11725	51	1	554	3086	1729	2357	3335	588	24
西青区	16977	73		1103	4705	2482	2878	4821	824	91
津南区	12465	56	2	856	4242	1700	2048	2999	522	40
北辰区	11641	60	2	624	3229	1894	2427	2974	399	32
武清区	20255	73	2	2105	9186	2880	2581	3138	282	8
宝坻区	11158	94		1536	5694	1001	1161	1581	88	3
滨海新区	33456	146	10	1595	7468	5927	6653	10122	1470	65
宁河区	5487	53		840	2493	622	607	847	23	2
静海区	9030	81		1349	4195	979	927	1397	95	7
蓟州区	11403	162	1	1392	5609	1260	1314	1605	57	3

4-2a 各地区分性别、受教育程度的就业人口(城市)

单位：人

地区 性别	合计	未上过学	学前教育	小学	初中	高中	大学专科	大学本科	硕士 研究生	博士 研究生
天津	**382450**	**867**	**54**	**15698**	**92110**	**68429**	**73311**	**113242**	**16806**	**1933**
和平区	8231	24	1	192	891	1050	1379	3674	866	154
河东区	26323	42	2	394	2713	4816	6013	10702	1519	122
河西区	24328	29	1	364	2455	4093	4741	10442	1996	207
南开区	29648	62	3	545	3245	4555	5823	12014	2791	610
河北区	17948	19		264	2139	3936	4251	6423	838	78
红桥区	13573	11		211	1623	2940	3032	5059	645	52
东丽区	31008	91	1	1605	10019	5120	5880	7087	1137	68
西青区	39067	95	3	2115	12157	6493	6636	9851	1515	202
津南区	34171	131	4	2818	13633	5112	5014	6358	974	127
北辰区	23624	47	4	876	6199	4874	4830	6020	703	71
武清区	17089	22	2	602	4548	3340	3531	4602	419	23
宝坻区	9852	14		536	3237	1401	1831	2680	143	10
滨海新区	82826	234	33	3995	20777	16629	15757	22195	3006	200
宁河区	5394	7		272	1688	1027	1053	1310	37	
静海区	8624	13		494	2991	1426	1408	2158	128	6
蓟州区	10744	26		415	3795	1617	2132	2667	89	3
男	**228490**	**382**	**36**	**10166**	**62262**	**44931**	**42048**	**59342**	**8191**	**1132**
和平区	4458	5	1	104	583	668	720	1844	443	90
河东区	14945	21	1	232	1843	3128	3378	5540	726	76
河西区	13447	11	1	195	1674	2640	2561	5276	983	106
南开区	16355	14		273	2130	3023	3164	6077	1339	335
河北区	10303	6		155	1422	2594	2398	3262	420	46
红桥区	7693	1		124	1092	1944	1695	2505	305	27
东丽区	19283	40		1051	6933	3391	3523	3752	549	44
西青区	23810	43	3	1353	8218	4188	3906	5244	740	115
津南区	21706	75	2	1962	9391	3412	2966	3359	452	87
北辰区	14296	19	2	548	4208	3283	2667	3210	317	42
武清区	9929	10	2	379	2876	2031	1997	2432	185	17
宝坻区	5901	5		355	2126	930	1053	1361	63	8
滨海新区	51452	111	24	2704	14167	11058	9350	12344	1558	136
宁河区	3259	5		170	1096	679	628	664	17	
静海区	5234	6		284	2003	953	826	1105	54	3
蓟州区	6419	10		277	2500	1009	1216	1367	40	
女	**153960**	**485**	**18**	**5532**	**29848**	**23498**	**31263**	**53900**	**8615**	**801**
和平区	3773	19		88	308	382	659	1830	423	64
河东区	11378	21	1	162	870	1688	2635	5162	793	46
河西区	10881	18		169	781	1453	2180	5166	1013	101
南开区	13293	48	3	272	1115	1532	2659	5937	1452	275
河北区	7645	13		109	717	1342	1853	3161	418	32
红桥区	5880	10		87	531	996	1337	2554	340	25
东丽区	11725	51	1	554	3086	1729	2357	3335	588	24
西青区	15257	52		762	3939	2305	2730	4607	775	87
津南区	12465	56	2	856	4242	1700	2048	2999	522	40
北辰区	9328	28	2	328	1991	1591	2163	2810	386	29
武清区	7160	12		223	1672	1309	1534	2170	234	6
宝坻区	3951	9		181	1111	471	778	1319	80	2
滨海新区	31374	123	9	1291	6610	5571	6407	9851	1448	64
宁河区	2135	2		102	592	348	425	646	20	
静海区	3390	7		210	988	473	582	1053	74	3
蓟州区	4325	16		138	1295	608	916	1300	49	3

4-2b　各地区分性别、受教育程度的就业人口(镇)

单位：人

地区 性别	合计	未上过学	学前教育	小学	初中	高中	大学专科	大学本科	硕士研究生	博士研究生
天津	**32378**	**168**	**2**	**3824**	**17362**	**4746**	**3052**	**2894**	**293**	**37**
和平区										
河东区										
河西区										
南开区										
河北区										
红桥区										
东丽区										
西青区	1388	2		90	463	190	197	345	86	15
津南区										
北辰区	3849	41		604	2030	558	379	210	21	6
武清区	8932	22		774	4624	1498	1005	936	68	5
宝坻区	2356	10		331	1454	263	172	122	4	
滨海新区	3025	4	1	200	938	771	531	512	64	4
宁河区	2435	25		441	1286	269	130	264	18	2
静海区	7279	28		984	4480	874	476	401	31	5
蓟州区	3114	36	1	400	2087	323	162	104	1	
男	**22021**	**87**	**1**	**2649**	**12185**	**3330**	**1920**	**1667**	**159**	**23**
和平区										
河东区										
河西区										
南开区										
河北区										
红桥区										
东丽区										
西青区	843	1		51	290	143	122	184	41	11
津南区										
北辰区	2610	24		436	1391	394	228	121	13	3
武清区	5718	12		509	3050	1019	591	501	32	4
宝坻区	1656	3		216	1053	201	114	67	2	
滨海新区	1984	3		125	641	508	362	300	42	3
宁河区	1780	13		325	941	197	89	199	16	
静海区	5274	17		708	3342	648	309	236	12	2
蓟州区	2156	14	1	279	1477	220	105	59	1	
女	**10357**	**81**	**1**	**1175**	**5177**	**1416**	**1132**	**1227**	**134**	**14**
和平区										
河东区										
河西区										
南开区										
河北区										
红桥区										
东丽区										
西青区	545	1		39	173	47	75	161	45	4
津南区										
北辰区	1239	17		168	639	164	151	89	8	3
武清区	3214	10		265	1574	479	414	435	36	1
宝坻区	700	7		115	401	62	58	55	2	
滨海新区	1041	1	1	75	297	263	169	212	22	1
宁河区	655	12		116	345	72	41	65	2	2
静海区	2005	11		276	1138	226	167	165	19	3
蓟州区	958	22		121	610	103	57	45		

4－2c 各地区分性别、受教育程度的就业人口(乡村)

单位：人

地区 性别	合计	未上过学	学前教育	小学	初中	高中	大学专科	大学本科	硕士研究生	博士研究生
天津	**89837**	**696**	**7**	**15287**	**56526**	**9467**	**4688**	**3084**	**76**	**6**
和平区										
河东区										
河西区										
南开区										
河北区										
红桥区										
东丽区										
西青区	3124	45		696	1698	391	175	111	7	1
津南区										
北辰区	2970	27		376	1718	418	269	155	7	
武清区	24909	93	3	3853	15536	2954	1420	1026	22	2
宝坻区	17873	109	1	2814	11921	1655	880	481	11	1
滨海新区	3202	41		591	1839	380	242	108	1	
宁河区	8307	68		1732	5066	778	377	282	4	
静海区	11686	123	1	2433	7199	1115	439	363	12	1
蓟州区	17766	190	2	2792	11549	1776	886	558	12	1
男	**57707**	**284**	**4**	**9153**	**37322**	**6514**	**2807**	**1582**	**38**	**3**
和平区										
河东区										
河西区										
南开区										
河北区										
红桥区										
东丽区										
西青区	1949	25		394	1105	261	102	58	3	1
津南区										
北辰区	1896	12		248	1119	279	156	80	2	
武清区	15028	42	1	2236	9596	1862	787	493	10	1
宝坻区	11366	31	1	1574	7739	1187	555	274	5	
滨海新区	2161	19		362	1278	287	165	49	1	
宁河区	5610	29		1110	3510	576	236	146	3	
静海区	8051	60	1	1570	5130	835	261	184	10	
蓟州区	11646	66	1	1659	7845	1227	545	298	4	1
女	**32130**	**412**	**3**	**6134**	**19204**	**2953**	**1881**	**1502**	**38**	**3**
和平区										
河东区										
河西区										
南开区										
河北区										
红桥区										
东丽区										
西青区	1175	20		302	593	130	73	53	4	
津南区										
北辰区	1074	15		128	599	139	113	75	5	
武清区	9881	51	2	1617	5940	1092	633	533	12	1
宝坻区	6507	78		1240	4182	468	325	207	6	1
滨海新区	1041	22		229	561	93	77	59		
宁河区	2697	39		622	1556	202	141	136	1	
静海区	3635	63		863	2069	280	178	179	2	1
蓟州区	6120	124	1	1133	3704	549	341	260	8	

4-3　全市分年龄、性别、受教育程度的就业人口

单位：人

年龄组 性　别	合　计	未上过学	学前教育	小　学	初　中	高　中	大学专科	大学本科	硕　士 研究生	博　士 研究生
总　计	**504665**	**1731**	**63**	**34809**	**165998**	**82642**	**81051**	**119220**	**17175**	**1976**
16-19岁	3676	6	1	96	1686	1245	493	146	2	1
20-24岁	25535	20	7	356	5624	4467	7988	6918	151	4
25-29岁	57317	35	6	899	12531	7744	12308	21032	2669	93
30-34岁	95349	66	10	2109	24432	13635	19541	29633	5509	414
35-39岁	85458	80	4	2107	22515	12686	15856	27139	4555	516
40-44岁	65217	121	6	3397	23116	12362	9663	13951	2197	404
45-49岁	63245	229	10	5746	26967	11334	7515	10060	1096	288
50-54岁	51993	283	7	7440	24271	8238	4379	6640	590	145
55-59岁	36961	223	6	4722	16677	8508	2935	3429	370	91
60-64岁	10763	286	3	3235	4951	1829	231	192	22	14
65-69岁	6410	255	2	3093	2412	463	107	61	11	6
70-74岁	2060	83	1	1249	605	81	26	14	1	
75岁及以上	681	44		360	211	50	9	5	2	
男	**308218**	**753**	**41**	**21968**	**111769**	**54775**	**46775**	**62591**	**8388**	**1158**
16-19岁	2758	5	1	73	1288	937	337	116		1
20-24岁	15772	13	4	275	4198	3143	4709	3361	66	3
25-29岁	33183	24	5	664	8962	5151	7079	10243	1011	44
30-34岁	54681	39	7	1384	16166	8600	10803	14982	2465	235
35-39岁	48467	41	1	1292	14180	7681	8715	14051	2232	274
40-44岁	37418	59	6	1885	14045	7164	5324	7476	1221	238
45-49岁	36989	87	4	3353	16467	6593	4150	5465	689	181
50-54岁	35383	112	5	4604	17233	6189	2826	3911	409	94
55-59岁	29047	97	5	3044	12820	7395	2564	2781	270	71
60-64岁	7865	110	2	2126	3864	1424	169	143	15	12
65-69岁	4682	112	1	2115	1919	399	79	45	7	5
70-74岁	1465	33		874	466	63	16	12	1	
75岁及以上	508	21		279	161	36	4	5	2	
女	**196447**	**978**	**22**	**12841**	**54229**	**27867**	**34276**	**56629**	**8787**	**818**
16-19岁	918	1		23	398	308	156	30	2	
20-24岁	9763	7	3	81	1426	1324	3279	3557	85	1
25-29岁	24134	11	1	235	3569	2593	5229	10789	1658	49
30-34岁	40668	27	3	725	8266	5035	8738	14651	3044	179
35-39岁	36991	39	3	815	8335	5005	7141	13088	2323	242
40-44岁	27799	62		1512	9071	5198	4339	6475	976	166
45-49岁	26256	142	6	2393	10500	4741	3365	4595	407	107
50-54岁	16610	171	2	2836	7038	2049	1553	2729	181	51
55-59岁	7914	126	1	1678	3857	1113	371	648	100	20
60-64岁	2898	176	1	1109	1087	405	62	49	7	2
65-69岁	1728	143	1	978	493	64	28	16	4	1
70-74岁	595	50	1	375	139	18	10	2		
75岁及以上	173	23		81	50	14	5			

4-3a 全市分年龄、性别、受教育程度的就业人口(城市)

单位：人

年龄组 性别	合计	未上过学	学前教育	小学	初中	高中	大学专科	大学本科	硕士 研究生	博士 研究生
总计	**382450**	**867**	**54**	**15698**	**92110**	**68429**	**73311**	**113242**	**16806**	**1933**
16-19岁	2839	6	1	62	1230	1009	401	127	2	1
20-24岁	19868	17	7	202	3431	3345	6585	6134	143	4
25-29岁	45824	30	5	514	6904	6038	10508	19169	2564	92
30-34岁	77873	42	9	1271	13919	11191	17564	28086	5389	402
35-39岁	71606	60	4	1214	13135	10998	14812	26395	4484	504
40-44岁	51955	87	6	1974	13752	10906	9097	13566	2171	396
45-49岁	47619	148	10	3233	15895	10094	7140	9748	1072	279
50-54岁	35696	190	6	3818	13389	6995	4124	6449	580	145
55-59岁	24023	121	5	2011	8506	6845	2769	3310	366	90
60-64岁	3455	83	1	818	1339	797	197	184	22	14
65-69岁	1299	67		435	489	152	84	56	10	6
70-74岁	273	10		115	80	33	21	13	1	
75岁及以上	120	6		31	41	26	9	5	2	
男	**228490**	**382**	**36**	**10166**	**62262**	**44931**	**42048**	**59342**	**8191**	**1132**
16-19岁	2145	5	1	46	944	768	279	101		1
20-24岁	11932	10	4	152	2508	2347	3858	2990	60	3
25-29岁	25549	20	4	388	4835	3980	6029	9285	964	44
30-34岁	43512	23	7	855	9158	7036	9658	14144	2400	231
35-39岁	39812	33	1	763	8252	6590	8082	13627	2198	266
40-44岁	29253	39	6	1079	8237	6239	4976	7239	1205	233
45-49岁	27359	53	4	1884	9613	5767	3900	5292	673	173
50-54岁	24759	68	4	2481	9991	5300	2638	3782	401	94
55-59岁	20248	56	4	1458	7128	6161	2418	2687	266	70
60-64岁	2676	39	1	612	1128	593	137	139	15	12
65-69岁	983	30		340	391	114	57	40	6	5
70-74岁	188	2		85	55	22	12	11	1	
75岁及以上	74	4		23	22	14	4	5	2	
女	**153960**	**485**	**18**	**5532**	**29848**	**23498**	**31263**	**53900**	**8615**	**801**
16-19岁	694	1		16	286	241	122	26	2	
20-24岁	7936	7	3	50	923	998	2727	3144	83	1
25-29岁	20275	10	1	126	2069	2058	4479	9884	1600	48
30-34岁	34361	19	2	416	4761	4155	7906	13942	2989	171
35-39岁	31794	27	3	451	4883	4408	6730	12768	2286	238
40-44岁	22702	48		895	5515	4667	4121	6327	966	163
45-49岁	20260	95	6	1349	6282	4327	3240	4456	399	106
50-54岁	10937	122	2	1337	3398	1695	1486	2667	179	51
55-59岁	3775	65	1	553	1378	684	351	623	100	20
60-64岁	779	44		206	211	204	60	45	7	2
65-69岁	316	37		95	98	38	27	16	4	1
70-74岁	85	8		30	25	11	9	2		
75岁及以上	46	2		8	19	12	5			

4-3b 全市分年龄、性别、受教育程度的就业人口(镇)

单位：人

年龄组 性别	合计	未上过学	学前教育	小学	初中	高中	大学专科	大学本科	硕士 研究生	博士 研究生
总计	**32378**	**168**	**2**	**3824**	**17362**	**4746**	**3052**	**2894**	**293**	**37**
16-19岁	322			12	173	103	28	6		
20-24岁	1933	2		47	710	416	468	283	7	
25-29岁	3759	4		116	1596	607	647	721	67	1
30-34岁	5590	12	1	247	2780	930	762	750	99	9
35-39岁	4475	4		266	2563	650	467	452	61	12
40-44岁	4001	12		403	2436	582	281	256	24	7
45-49岁	4216	26		615	2633	494	198	220	23	7
50-54岁	3669	30		798	2207	379	119	126	10	
55-59岁	2482	16		525	1440	360	64	74	2	1
60-64岁	1084	32		331	531	177	11	2		
65-69岁	633	18	1	332	231	42	5	4		
70-74岁	178	10		111	50	5	2			
75岁及以上	36	2		21	12	1				
男	**22021**	**87**	**1**	**2649**	**12185**	**3330**	**1920**	**1667**	**159**	**23**
16-19岁	243			10	134	79	14	6		
20-24岁	1377	2		41	552	309	311	156	6	
25-29岁	2513	3		84	1181	433	391	392	29	
30-34岁	3669	9		172	1918	619	462	429	56	4
35-39岁	2897	1		171	1698	441	290	259	29	8
40-44岁	2535	6		247	1571	374	159	160	14	4
45-49岁	2709	15		379	1730	318	128	118	15	6
50-54岁	2660	12		552	1625	286	93	84	8	
55-59岁	1864	7		365	1091	285	54	59	2	1
60-64岁	868	16		257	439	145	11			
65-69岁	510	10	1	262	192	36	5	4		
70-74岁	147	5		91	44	5	2			
75岁及以上	29	1		18	10					
女	**10357**	**81**	**1**	**1175**	**5177**	**1416**	**1132**	**1227**	**134**	**14**
16-19岁	79			2	39	24	14			
20-24岁	556			6	158	107	157	127	1	
25-29岁	1246	1		32	415	174	256	329	38	1
30-34岁	1921	3	1	75	862	311	300	321	43	5
35-39岁	1578	3		95	865	209	177	193	32	4
40-44岁	1466	6		156	865	208	122	96	10	3
45-49岁	1507	11		236	903	176	70	102	8	1
50-54岁	1009	18		246	582	93	26	42	2	
55-59岁	618	9		160	349	75	10	15		
60-64岁	216	16		74	92	32		2		
65-69岁	123	8		70	39	6				
70-74岁	31	5		20	6					
75岁及以上	7	1		3	2	1				

4-3c 全市分年龄、性别、受教育程度的就业人口(乡村)

单位：人

年龄组 性别	合计	未上过学	学前教育	小学	初中	高中	大学专科	大学本科	硕士 研究生	博士 研究生
总 计	**89837**	**696**	**7**	**15287**	**56526**	**9467**	**4688**	**3084**	**76**	**6**
16-19岁	515			22	283	133	64	13		
20-24岁	3734	1		107	1483	706	935	501	1	
25-29岁	7734	1	1	269	4031	1099	1153	1142	38	
30-34岁	11886	12		591	7733	1514	1215	797	21	3
35-39岁	9377	16		627	6817	1038	577	292	10	
40-44岁	9261	22		1020	6928	874	285	129	2	1
45-49岁	11410	55		1898	8439	746	177	92	1	2
50-54岁	12628	63	1	2824	8675	864	136	65		
55-59岁	10456	86	1	2186	6731	1303	102	45	2	
60-64岁	6224	171	2	2086	3081	855	23	6		
65-69岁	4478	170	1	2326	1692	269	18	1	1	
70-74岁	1609	63	1	1023	475	43	3	1		
75岁及以上	525	36		308	158	23				
男	**57707**	**284**	**4**	**9153**	**37322**	**6514**	**2807**	**1582**	**38**	**3**
16-19岁	370			17	210	90	44	9		
20-24岁	2463	1		82	1138	487	540	215		
25-29岁	5121	1	1	192	2946	738	659	566	18	
30-34岁	7500	7		357	5090	945	683	409	9	
35-39岁	5758	7		358	4230	650	343	165	5	
40-44岁	5630	14		559	4237	551	189	77	2	1
45-49岁	6921	19		1090	5124	508	122	55	1	2
50-54岁	7964	32	1	1571	5617	603	95	45		
55-59岁	6935	34	1	1221	4601	949	92	35	2	
60-64岁	4321	55	1	1257	2297	686	21	4		
65-69岁	3189	72		1513	1336	249	17	1	1	
70-74岁	1130	26		698	367	36	2	1		
75岁及以上	405	16		238	129	22				
女	**32130**	**412**	**3**	**6134**	**19204**	**2953**	**1881**	**1502**	**38**	**3**
16-19岁	145			5	73	43	20	4		
20-24岁	1271			25	345	219	395	286	1	
25-29岁	2613			77	1085	361	494	576	20	
30-34岁	4386	5		234	2643	569	532	388	12	3
35-39岁	3619	9		269	2587	388	234	127	5	
40-44岁	3631	8		461	2691	323	96	52		
45-49岁	4489	36		808	3315	238	55	37		
50-54岁	4664	31		1253	3058	261	41	20		
55-59岁	3521	52		965	2130	354	10	10		
60-64岁	1903	116	1	829	784	169	2	2		
65-69岁	1289	98	1	813	356	20	1			
70-74岁	479	37	1	325	108	7	1			
75岁及以上	120	20		70	29	1				

4–4　各地区分性别、行业大类的就业人口

单位：人

地区 性别	合计	农、林、牧、渔业						采矿业	
		小计	农业	林业	畜牧业	渔业	农、林、牧、渔专业及辅助性活动	小计	煤炭开采和洗选业
天　津	**504665**	**42177**	**37747**	**1148**	**2000**	**892**	**390**	**5953**	**68**
和平区	8231	73	64	5	2	1	1	20	1
河东区	26323	40	16	8	12	3	1	68	6
河西区	24328	46	26	7	4	3	6	59	1
南开区	29648	39	20	3	9	4	3	43	6
河北区	17948	40	32		3	2	3	24	1
红桥区	13573	9	5	2	1		1	14	
东丽区	31008	200	133	8	19	33	7	40	2
西青区	43579	1430	1246	35	37	49	63	54	3
津南区	34171	228	110	3	32	78	5	65	5
北辰区	30443	849	734	30	56	15	14	19	
武清区	50930	11167	10717	39	280	100	31	74	9
宝坻区	30081	6446	5689	33	423	191	110	23	3
滨海新区	89053	1775	1300	41	141	244	49	5356	26
宁河区	16136	4845	4481	15	234	81	34	31	3
静海区	27589	5066	4745	28	231	34	28	32	
蓟州区	31624	9924	8429	891	516	54	34	31	2
男	**308218**	**26334**	**23129**	**718**	**1443**	**769**	**275**	**4440**	**48**
和平区	4458	45	40	3	1		1	15	1
河东区	14945	26	9	5	9	3		54	4
河西区	13447	34	23	3	4	2	2	42	
南开区	16355	27	14		7	3	3	34	2
河北区	10303	27	21		2	2	2	17	
红桥区	7693	5	3	1			1	12	
东丽区	19283	147	94	5	16	27	5	35	2
西青区	26602	866	736	24	27	43	36	37	2
津南区	21706	173	70	2	24	72	5	53	3
北辰区	18802	514	439	17	36	13	9	14	
武清区	30675	6416	6084	32	199	80	21	52	7
宝坻区	18923	4081	3485	27	308	176	85	23	3
滨海新区	55597	1172	808	25	103	204	32	3976	21
宁河区	10649	3161	2876	12	175	70	28	27	1
静海区	18559	3463	3219	23	171	32	18	22	
蓟州区	20221	6177	5208	539	361	42	27	27	2
女	**196447**	**15843**	**14618**	**430**	**557**	**123**	**115**	**1513**	**20**
和平区	3773	28	24	2	1	1		5	
河东区	11378	14	7	3	3		1	14	2
河西区	10881	12	3	4		1	4	17	1
南开区	13293	12	6	3	2	1		9	4
河北区	7645	13	11		1		1	7	1
红桥区	5880	4	2	1	1			2	
东丽区	11725	53	39	3	3	6	2	5	
西青区	16977	564	510	11	10	6	27	17	1
津南区	12465	55	40	1	8	6		12	2
北辰区	11641	335	295	13	20	2	5	5	
武清区	20255	4751	4633	7	81	20	10	22	2
宝坻区	11158	2365	2204	6	115	15	25		
滨海新区	33456	603	492	16	38	40	17	1380	5
宁河区	5487	1684	1605	3	59	11	6	4	2
静海区	9030	1603	1526	5	60	2	10	10	
蓟州区	11403	3747	3221	352	155	12	7	4	

4-4 续表 1

单位：人

地区 性别	采矿业						制造业		
	石油和天然气开采业	黑色金属矿采选业	有色金属矿采选业	非金属矿采选业	开采专业及辅助性活动	其他采矿业	小计	农副食品加工业	食品制造业
天津	**2748**	**17**	**17**	**414**	**2669**	**20**	**104515**	**2100**	**3803**
和平区	3	1		1	12	2	567	10	28
河东区	33	1	2	2	24		4580	31	156
河西区	24	1		3	29	1	2696	34	109
南开区	21	2		1	13		3345	36	139
河北区	10	2		1	9	1	2620	22	114
红桥区	9			1	4		2235	30	87
东丽区	23			4	11		6882	65	219
西青区	13	1		9	26	2	8524	208	256
津南区	16	1			41	2	7907	51	262
北辰区	4				15		7629	72	261
武清区	18	2	5	2	37	1	14218	250	665
宝坻区	9			1	8	2	8160	305	140
滨海新区	2548	3	8	367	2395	9	19373	418	844
宁河区	9			6	13		3109	60	83
静海区	6	2	2	1	21		9306	357	258
蓟州区	2	1		15	11		3364	151	182
男	**1977**	**15**	**14**	**339**	**2032**	**15**	**68674**	**1386**	**2044**
和平区	3	1		1	7	2	351	7	14
河东区	28	1	1	2	18		3001	18	89
河西区	17	1		2	21	1	1717	17	64
南开区	18	2		1	11		2137	23	78
河北区	6	2		1	7	1	1729	13	60
红桥区	9				3		1473	14	50
东丽区	20			4	9		4740	38	105
西青区	10	1		5	18	1	5459	126	147
津南区	13	1			34	2	5274	33	142
北辰区	3				11		5106	45	140
武清区	12	1	5	1	26		8942	156	342
宝坻区	9			1	8	2	4627	226	81
滨海新区	1813	3	6	302	1825	6	13366	286	470
宁河区	9			6	11		2129	32	42
静海区	5	1	2	1	13		6816	250	150
蓟州区	2	1		12	10		1807	102	70
女	**771**	**2**	**3**	**75**	**637**	**5**	**35841**	**714**	**1759**
和平区					5		216	3	14
河东区	5		1		6		1579	13	67
河西区	7			1	8		979	17	45
南开区	3				2		1208	13	61
河北区	4				2		891	9	54
红桥区				1	1		762	16	37
东丽区	3				2		2142	27	114
西青区	3			4	8	1	3065	82	109
津南区	3				7		2633	18	120
北辰区	1				4		2523	27	121
武清区	6	1		1	11	1	5276	94	323
宝坻区							3533	79	59
滨海新区	735		2	65	570	3	6007	132	374
宁河区					2		980	28	41
静海区	1	1			8		2490	107	108
蓟州区				3	1		1557	49	112

4-4　续表 2　　　　　　　　　　　　　　　　　　　　　　　　　　　　单位：人

地　区 性　别	制造业								
	酒、饮料和精制茶制造业	烟　草制品业	纺织业	纺织服装、服饰业	皮革、毛皮、羽毛及其制品和制鞋业	木材加工和木、竹、藤、棕、草制品业	家　具制造业	造纸和纸制品业	印刷和记录媒介复制业
天　津	**873**	**122**	**1836**	**4916**	**639**	**788**	**2552**	**1928**	**1455**
和 平 区	5		7	20	1	1	2		20
河 东 区	61	26	62	53	9	12	25	27	80
河 西 区	30	4	60	36	7	18	22	20	65
南 开 区	50	4	49	39	19	4	20	24	83
河 北 区	53	11	30	50	7	6	16	23	40
红 桥 区	43	6	31	42	9	4	14	25	31
东 丽 区	61	28	60	110	10	130	51	88	137
西 青 区	50	1	100	118	63	45	70	224	104
津 南 区	17	4	53	89	33	50	116	138	81
北 辰 区	66	9	68	128	66	63	220	98	144
武 清 区	126	5	829	236	123	79	375	532	141
宝 坻 区	20	2	306	2440	209	131	750	133	267
滨海新区	161	10	90	119	28	101	332	176	107
宁 河 区	43	10	20	185	27	36	71	252	23
静 海 区	13	1	51	188	18	75	405	92	74
蓟 州 区	74	1	20	1063	10	33	63	76	58
男	**563**	**81**	**938**	**1202**	**258**	**578**	**1766**	**1235**	**912**
和 平 区	5		4	9		1			11
河 东 区	38	14	39	22	3	7	15	21	50
河 西 区	17	2	35	11	3	13	16	15	39
南 开 区	28	4	25	17	10	4	10	14	50
河 北 区	36	9	14	29	3	5	6	13	27
红 桥 区	33	5	22	19	4	2	8	12	22
东 丽 区	40	17	28	55	4	106	34	58	81
西 青 区	32	1	54	62	34	27	43	135	69
津 南 区	10	4	28	34	18	34	80	78	45
北 辰 区	45	7	34	60	21	40	156	59	95
武 清 区	75	2	451	84	53	54	260	315	79
宝 坻 区	16	1	129	584	82	98	519	97	187
滨海新区	109	6	37	33	10	71	219	110	59
宁 河 区	30	7	7	28	2	27	42	200	17
静 海 区	10	1	23	39	8	57	309	59	44
蓟 州 区	39	1	8	116	3	32	49	49	37
女	**310**	**41**	**898**	**3714**	**381**	**210**	**786**	**693**	**543**
和 平 区			3	11	1		2		9
河 东 区	23	12	23	31	6	5	10	6	30
河 西 区	13	2	25	25	4	5	6	5	26
南 开 区	22		24	22	9		10	10	33
河 北 区	17	2	16	21	4	1	10	10	13
红 桥 区	10	1	9	23	5	2	6	13	9
东 丽 区	21	11	32	55	6	24	17	30	56
西 青 区	18		46	56	29	18	27	89	35
津 南 区	7		25	55	15	16	36	60	36
北 辰 区	21	2	34	68	45	23	64	39	49
武 清 区	51	3	378	152	70	25	115	217	62
宝 坻 区	4	1	177	1856	127	33	231	36	80
滨海新区	52	4	53	86	18	30	113	66	48
宁 河 区	13	3	13	157	25	9	29	52	6
静 海 区	3		28	149	10	18	96	33	30
蓟 州 区	35		12	947	7	1	14	27	21

4-4 续表 3 单位：人

地区 性别	制造业 文教、工美、体育和娱乐用品制造业	石油、煤炭及其他燃料加工业	化学原料和化学制品制造业	医药制造业	化学纤维制造业	橡胶和塑料制品业	非金属矿物制品业	黑色金属冶炼和压延加工业	有色金属冶炼和压延加工业
天津	**2352**	**1223**	**4422**	**3106**	**93**	**4657**	**3549**	**6575**	**795**
和平区	5	5	36	42		26	14	21	4
河东区	51	87	162	280	2	111	50	969	23
河西区	42	21	144	183	2	127	24	138	9
南开区	53	54	175	319	1	110	49	78	23
河北区	38	21	110	256		98	45	106	11
红桥区	16	16	118	235	1	74	41	61	15
东丽区	46	51	155	150	8	177	173	772	57
西青区	60	21	418	209	5	506	348	338	32
津南区	56	59	217	139	4	614	217	704	23
北辰区	69	17	232	313	4	590	346	185	36
武清区	1091	20	256	262	15	483	634	73	212
宝坻区	347	9	62	64	10	252	477	39	102
滨海新区	125	802	2185	546	28	1002	566	310	111
宁河区	27	15	22	21	5	91	131	412	24
静海区	274	15	83	55	3	352	222	2359	93
蓟州区	52	10	47	32	5	44	212	10	20
男	**1169**	**871**	**3106**	**1768**	**59**	**2983**	**2758**	**5376**	**619**
和平区	4	5	20	19		16	10	18	2
河东区	23	62	108	153	2	71	33	733	13
河西区	22	11	85	109	1	91	16	120	8
南开区	27	38	106	174	1	79	31	55	18
河北区	15	17	71	143		77	26	90	9
红桥区	11	12	65	135		50	32	54	12
东丽区	28	41	101	82	4	110	132	636	45
西青区	23	15	264	127	2	300	246	273	27
津南区	27	42	142	79	2	335	163	599	20
北辰区	37	12	140	187	3	399	263	153	29
武清区	514	18	182	135	8	289	507	56	177
宝坻区	204	7	46	29	6	144	399	31	79
滨海新区	57	566	1667	334	18	681	436	251	86
宁河区	8	9	17	9	4	62	102	350	16
静海区	146	8	59	32	3	251	188	1950	61
蓟州区	23	8	33	21	5	28	174	7	17
女	**1183**	**352**	**1316**	**1338**	**34**	**1674**	**791**	**1199**	**176**
和平区	1		16	23		10	4	3	2
河东区	28	25	54	127		40	17	236	10
河西区	20	10	59	74	1	36	8	18	1
南开区	26	16	69	145		31	18	23	5
河北区	23	4	39	113		21	19	16	2
红桥区	5	4	53	100	1	24	9	7	3
东丽区	18	10	54	68	4	67	41	136	12
西青区	37	6	154	82	3	206	102	65	5
津南区	29	17	75	60	2	279	54	105	3
北辰区	32	5	92	126	1	191	83	32	7
武清区	577	2	74	127	7	194	127	17	35
宝坻区	143	2	16	35	4	108	78	8	23
滨海新区	68	236	518	212	10	321	130	59	25
宁河区	19	6	5	12	1	29	29	62	8
静海区	128	7	24	23		101	34	409	32
蓟州区	29	2	14	11		16	38	3	3

4-4　续表 4

单位：人

地　区 性　别	制造业								
	金　属 制品业	通用设备 制造业	专用设备 制造业	汽　车 制造业	铁路、船舶、航空航天和其他运输设备制造业	电气机械和器材制造业	计算机、通信和其他电子设备制造业	仪器仪表 制造业	其　他 制造业
天　津	**9037**	**9560**	**5098**	**9017**	**6247**	**4854**	**8836**	**1109**	**1026**
和平区	35	56	36	31	17	26	61	20	19
河东区	312	375	297	354	105	235	380	118	39
河西区	188	255	165	182	59	166	402	84	53
南开区	162	327	260	317	57	267	385	136	48
河北区	141	273	178	233	99	201	295	44	34
红桥区	103	261	161	278	40	135	232	66	29
东丽区	490	637	403	945	670	379	512	77	51
西青区	736	769	367	825	204	626	1415	148	110
津南区	915	1411	445	465	141	381	936	59	62
北辰区	544	1120	452	728	493	630	429	95	52
武清区	1217	1047	418	1152	2113	440	1140	52	97
宝坻区	637	580	208	131	90	226	85	26	41
滨海新区	923	976	1363	2865	1152	804	2299	133	251
宁河区	826	286	69	162	54	52	39	8	23
静海区	1422	906	190	257	909	213	106	22	103
蓟州区	386	281	86	92	44	73	120	21	14
男	**6968**	**7001**	**3373**	**6449**	**4165**	**3275**	**4900**	**686**	**658**
和平区	22	36	24	20	8	19	38	12	14
河东区	242	234	175	233	70	151	221	79	23
河西区	127	175	105	122	41	98	236	45	41
南开区	107	214	153	247	39	173	248	94	29
河北区	109	188	114	180	66	127	186	26	21
红桥区	75	184	104	217	30	84	134	37	23
东丽区	392	480	278	661	447	271	272	39	28
西青区	583	537	230	539	139	403	756	89	57
津南区	665	1021	333	291	102	251	485	34	44
北辰区	384	859	296	514	281	426	247	54	43
武清区	984	768	273	798	1340	289	527	40	57
宝坻区	549	463	162	95	71	166	57	9	26
滨海新区	685	702	879	2163	821	568	1329	94	192
宁河区	583	219	48	120	41	38	22	7	11
静海区	1135	674	136	178	635	150	59	12	41
蓟州区	326	247	63	71	34	61	83	15	8
女	**2069**	**2559**	**1725**	**2568**	**2082**	**1579**	**3936**	**423**	**368**
和平区	13	20	12	11	9	7	23	8	5
河东区	70	141	122	121	35	84	159	39	16
河西区	61	80	60	60	18	68	166	39	12
南开区	55	113	107	70	18	94	137	42	19
河北区	32	85	64	53	33	74	109	18	13
红桥区	28	77	57	61	10	51	98	29	6
东丽区	98	157	125	284	223	108	240	38	23
西青区	153	232	137	286	65	223	659	59	53
津南区	250	390	112	174	39	130	451	25	18
北辰区	160	261	156	214	212	204	182	41	9
武清区	233	279	145	354	773	151	613	12	40
宝坻区	88	117	46	36	19	60	28	17	15
滨海新区	238	274	484	702	331	236	970	39	59
宁河区	243	67	21	42	13	14	17	1	12
静海区	287	232	54	79	274	63	47	10	62
蓟州区	60	34	23	21	10	12	37	6	6

4-4 续表 5

单位：人

地区 性别	制造业		电力、热力、燃气及水生产和供应业				建筑业		
	废弃资源综合利用业	金属制品、机械和设备修理业	小计	电力、热力生产和供应业	燃气生产和供应业	水的生产和供应业	小计	房屋建筑业	土木工程建筑业
天津	**686**	**1261**	**6978**	**4691**	**1191**	**1096**	**41070**	**16708**	**7196**
和平区	9	10	157	110	24	23	407	87	123
河东区	17	71	650	482	90	78	1640	437	533
河西区	15	32	453	319	74	60	1469	362	462
南开区	15	42	521	345	86	90	1415	407	356
河北区	6	59	417	292	51	74	875	177	277
红桥区	6	25	246	137	46	63	608	134	149
东丽区	72	98	372	286	46	40	2794	998	361
西青区	60	88	369	221	84	64	3469	1079	436
津南区	59	106	293	170	50	73	5002	2122	574
北辰区	31	68	277	181	43	53	2436	1001	360
武清区	66	69	442	267	81	94	2674	1173	392
宝坻区	23	48	243	149	47	47	3136	1868	299
滨海新区	93	453	1613	1049	343	221	8131	2962	1977
宁河区	22	10	197	138	36	23	1504	623	390
静海区	156	34	278	178	43	57	1935	1039	210
蓟州区	36	48	450	367	47	36	3575	2239	297
男	**492**	**1035**	**5006**	**3399**	**848**	**759**	**33058**	**13906**	**5531**
和平区	6	7	94	68	12	14	293	60	82
河东区	12	47	462	355	62	45	1177	338	381
河西区	8	24	301	218	50	33	1110	283	351
南开区	9	32	355	233	57	65	996	311	239
河北区	2	47	288	202	39	47	626	129	194
红桥区	3	20	174	95	34	45	431	94	111
东丽区	45	82	267	204	33	30	2230	801	277
西青区	39	80	274	164	61	49	2736	858	323
津南区	44	89	207	123	36	48	4093	1793	456
北辰区	20	57	195	128	32	35	1876	776	288
武清区	47	62	329	196	59	74	2181	987	310
宝坻区	20	44	203	119	42	42	2798	1651	262
滨海新区	69	358	1155	774	233	148	6397	2422	1487
宁河区	20	9	146	102	28	16	1322	549	332
静海区	116	32	209	133	30	46	1601	848	180
蓟州区	32	45	347	285	40	22	3191	2006	258
女	**194**	**226**	**1972**	**1292**	**343**	**337**	**8012**	**2802**	**1665**
和平区	3	3	63	42	12	9	114	27	41
河东区	5	24	188	127	28	33	463	99	152
河西区	7	8	152	101	24	27	359	79	111
南开区	6	10	166	112	29	25	419	96	117
河北区	4	12	129	90	12	27	249	48	83
红桥区	3	5	72	42	12	18	177	40	38
东丽区	27	16	105	82	13	10	564	197	84
西青区	21	8	95	57	23	15	733	221	113
津南区	15	17	86	47	14	25	909	329	118
北辰区	11	11	82	53	11	18	560	225	72
武清区	19	7	113	71	22	20	493	186	82
宝坻区	3	4	40	30	5	5	338	217	37
滨海新区	24	95	458	275	110	73	1734	540	490
宁河区	2	1	51	36	8	7	182	74	58
静海区	40	2	69	45	13	11	334	191	30
蓟州区	4	3	103	82	7	14	384	233	39

4-4 续表 6

单位：人

地区 性别	建筑业		批发和零售业			交通运输、仓储和邮政业			
	建筑安装业	建筑装饰、装修和其他建筑业	小计	批发业	零售业	小计	铁路运输业	道路运输业	水上运输业
天津	**2994**	**14172**	**66394**	**21468**	**44926**	**37569**	**1613**	**22377**	**1473**
和平区	35	162	1179	454	725	413	15	153	16
河东区	136	534	3953	1298	2655	1979	185	957	73
河西区	115	530	3606	1358	2248	1372	57	684	58
南开区	139	513	4240	1618	2622	1424	117	686	55
河北区	87	334	3181	1162	2019	1605	382	748	45
红桥区	47	278	2225	797	1428	883	115	488	31
东丽区	205	1230	4726	1328	3398	3745	115	1993	28
西青区	280	1674	6923	2591	4332	2521	59	1594	22
津南区	192	2114	5118	1470	3648	2523	119	1711	26
北辰区	111	964	4679	1474	3205	2598	161	1697	19
武清区	180	929	5436	1433	4003	2848	60	1835	31
宝坻区	216	753	2630	653	1977	1551	21	1122	43
滨海新区	677	2515	11203	3968	7235	9574	107	5159	973
宁河区	247	244	1346	391	955	889	29	580	18
静海区	116	570	2943	925	2018	1147	23	823	9
蓟州区	211	828	3006	548	2458	2497	48	2147	26
男	**2450**	**11171**	**35484**	**12959**	**22525**	**29559**	**1316**	**18778**	**1128**
和平区	19	132	637	252	385	266	11	106	11
河东区	103	355	2066	755	1311	1325	141	690	36
河西区	89	387	1883	770	1113	923	46	494	37
南开区	96	350	2302	939	1363	1005	93	513	35
河北区	59	244	1715	687	1028	1193	320	563	34
红桥区	32	194	1207	467	740	631	89	369	19
东丽区	165	987	2486	773	1713	2915	92	1669	20
西青区	220	1335	3877	1509	2368	1969	51	1310	15
津南区	148	1696	2801	922	1879	2107	100	1521	22
北辰区	84	728	2543	870	1673	2084	136	1415	17
武清区	152	732	2824	830	1994	2282	49	1570	29
宝坻区	201	684	1419	453	966	1368	19	1028	43
滨海新区	544	1944	5745	2438	3307	7395	83	4191	758
宁河区	237	204	730	249	481	750	26	527	17
静海区	105	468	1702	667	1035	1011	16	757	9
蓟州区	196	731	1547	378	1169	2335	44	2055	26
女	**544**	**3001**	**30910**	**8509**	**22401**	**8010**	**297**	**3599**	**345**
和平区	16	30	542	202	340	147	4	47	5
河东区	33	179	1887	543	1344	654	44	267	37
河西区	26	143	1723	588	1135	449	11	190	21
南开区	43	163	1938	679	1259	419	24	173	20
河北区	28	90	1466	475	991	412	62	185	11
红桥区	15	84	1018	330	688	252	26	119	12
东丽区	40	243	2240	555	1685	830	23	324	8
西青区	60	339	3046	1082	1964	552	8	284	7
津南区	44	418	2317	548	1769	416	19	190	4
北辰区	27	236	2136	604	1532	514	25	282	2
武清区	28	197	2612	603	2009	566	11	265	2
宝坻区	15	69	1211	200	1011	183	2	94	
滨海新区	133	571	5458	1530	3928	2179	24	968	215
宁河区	10	40	616	142	474	139	3	53	1
静海区	11	102	1241	258	983	136	7	66	
蓟州区	15	97	1459	170	1289	162	4	92	

4-4 续表 7　　　　　　　　　　　　　　　　　　　　　　　　单位：人

地区 性别	交通运输、仓储和邮政业					住宿和餐饮业		
	航空运输业	管道运输业	多式联运和运输代理业	装卸搬运和仓储业	邮政业	小计	住宿业	餐饮业
天　津	**1517**	**92**	**3044**	**3077**	**4376**	**19307**	**2676**	**16631**
和平区	49	2	105	13	60	558	73	485
河东区	254	5	212	58	235	1052	219	833
河西区	106	1	242	41	183	1077	238	839
南开区	72	1	190	69	234	1697	199	1498
河北区	67		124	41	198	712	138	574
红桥区	22		72	32	123	583	100	483
东丽区	553	1	231	348	476	1292	195	1097
西青区	27		123	262	434	1794	177	1617
津南区	60	1	80	155	371	1530	140	1390
北辰区	30	1	84	315	291	1107	108	999
武清区	18		74	284	546	1392	120	1272
宝坻区	11	1	32	120	201	779	66	713
滨海新区	217	79	1389	1057	593	3235	474	2761
宁河区	16		23	106	117	378	38	340
静海区	5		32	92	163	871	85	786
蓟州区	10		31	84	151	1250	306	944
男	**984**	**67**	**1873**	**2374**	**3039**	**10270**	**1186**	**9084**
和平区	34		54	5	45	300	32	268
河东区	162	1	103	44	148	580	114	466
河西区	69	1	119	27	130	634	121	513
南开区	45	1	94	55	169	1014	89	925
河北区	41		67	29	139	367	55	312
红桥区	16		28	27	83	347	57	290
东丽区	359	1	159	278	337	683	79	604
西青区	20		79	181	313	979	75	904
津南区	36	1	48	128	251	823	66	757
北辰区	20		45	230	221	582	51	531
武清区	12		55	214	353	707	40	667
宝坻区	8	1	26	100	143	394	21	373
滨海新区	141	61	925	830	406	1628	206	1422
宁河区	11		21	79	69	167	9	158
静海区	4		26	79	120	446	39	407
蓟州区	6		24	68	112	619	132	487
女	**533**	**25**	**1171**	**703**	**1337**	**9037**	**1490**	**7547**
和平区	15	2	51	8	15	258	41	217
河东区	92	4	109	14	87	472	105	367
河西区	37		123	14	53	443	117	326
南开区	27		96	14	65	683	110	573
河北区	26		57	12	59	345	83	262
红桥区	6		44	5	40	236	43	193
东丽区	194		72	70	139	609	116	493
西青区	7		44	81	121	815	102	713
津南区	24		32	27	120	707	74	633
北辰区	10	1	39	85	70	525	57	468
武清区	6		19	70	193	685	80	605
宝坻区	3		6	20	58	385	45	340
滨海新区	76	18	464	227	187	1607	268	1339
宁河区	5		2	27	48	211	29	182
静海区	1		6	13	43	425	46	379
蓟州区	4		7	16	39	631	174	457

4-4 续表 8

单位：人

地区 性别	信息传输、软件和信息技术服务业				金融业				
	小计	电信、广播电视和卫星传输服务	互联网和相关服务	软件和信息技术服务业	小计	货币金融服务	资本市场服务	保险业	其他金融业
天 津	**13261**	**2687**	**3615**	**6959**	**14033**	**6868**	**1250**	**3902**	**2013**
和平区	339	94	75	170	511	244	51	95	121
河东区	1063	224	284	555	1376	749	132	306	189
河西区	988	255	212	521	1658	969	172	304	213
南开区	1739	372	401	966	1713	913	194	319	287
河北区	820	213	197	410	808	408	65	185	150
红桥区	684	149	228	307	659	379	66	151	63
东丽区	818	138	209	471	700	289	74	223	114
西青区	1535	208	389	938	1120	375	92	494	159
津南区	713	128	228	357	731	325	59	242	105
北辰区	725	174	182	369	702	318	64	214	106
武清区	876	138	321	417	664	286	42	256	80
宝坻区	223	72	68	83	364	167	12	166	19
滨海新区	2144	302	670	1172	1969	970	184	502	313
宁河区	131	62	32	37	216	112	2	66	36
静海区	184	70	40	74	376	165	16	160	35
蓟州区	279	88	79	112	466	199	25	219	23
男	**8110**	**1518**	**2171**	**4421**	**6426**	**3194**	**682**	**1553**	**997**
和平区	209	47	50	112	235	102	30	40	63
河东区	653	131	164	358	634	352	78	122	82
河西区	588	146	121	321	760	440	83	130	107
南开区	1041	201	229	611	809	415	113	140	141
河北区	511	114	129	268	379	185	44	86	64
红桥区	400	83	137	180	305	160	34	74	37
东丽区	496	83	131	282	320	145	35	92	48
西青区	972	125	238	609	556	177	48	242	89
津南区	478	72	152	254	335	146	32	103	54
北辰区	416	93	102	221	320	149	40	77	54
武清区	549	77	206	266	325	161	20	97	47
宝坻区	149	45	47	57	158	89	6	54	9
滨海新区	1270	173	368	729	825	422	94	157	152
宁河区	70	26	19	25	95	61		17	17
静海区	135	51	29	55	181	90	10	59	22
蓟州区	173	51	49	73	189	100	15	63	11
女	**5151**	**1169**	**1444**	**2538**	**7607**	**3674**	**568**	**2349**	**1016**
和平区	130	47	25	58	276	142	21	55	58
河东区	410	93	120	197	742	397	54	184	107
河西区	400	109	91	200	898	529	89	174	106
南开区	698	171	172	355	904	498	81	179	146
河北区	309	99	68	142	429	223	21	99	86
红桥区	284	66	91	127	354	219	32	77	26
东丽区	322	55	78	189	380	144	39	131	66
西青区	563	83	151	329	564	198	44	252	70
津南区	235	56	76	103	396	179	27	139	51
北辰区	309	81	80	148	382	169	24	137	52
武清区	327	61	115	151	339	125	22	159	33
宝坻区	74	27	21	26	206	78	6	112	10
滨海新区	874	129	302	443	1144	548	90	345	161
宁河区	61	36	13	12	121	51	2	49	19
静海区	49	19	11	19	195	75	6	101	13
蓟州区	106	37	30	39	277	99	10	156	12

4-4 续表 9 单位：人

地区 性别	房地产业		租赁和商务服务业			科学研究和技术服务业			
	小计	房地产业	小计	租赁业	商务服务业	小计	研究和试验发展	专业技术服务业	科技推广和应用服务业
天津	**17128**	**17128**	**19522**	**1472**	**18050**	**16477**	**3642**	**8477**	**4358**
和平区	393	393	611	9	602	478	101	253	124
河东区	1063	1063	1236	71	1165	1251	258	630	363
河西区	1147	1147	1349	48	1301	1457	324	798	335
南开区	1376	1376	1385	54	1331	1761	418	1013	330
河北区	748	748	958	45	913	800	169	439	192
红桥区	575	575	731	19	712	655	207	283	165
东丽区	1247	1247	1035	176	859	1326	341	507	478
西青区	1679	1679	2725	171	2554	1876	332	1029	515
津南区	1537	1537	1230	122	1108	963	133	453	377
北辰区	1060	1060	1109	60	1049	916	191	510	215
武清区	1556	1556	1594	104	1490	817	179	364	274
宝坻区	612	612	450	107	343	255	21	157	77
滨海新区	3159	3159	3795	295	3500	3298	881	1641	776
宁河区	160	160	332	49	283	104	11	66	27
静海区	354	354	532	32	500	268	43	177	48
蓟州区	462	462	450	110	340	252	33	157	62
男	**9989**	**9989**	**11554**	**1154**	**10400**	**10443**	**2242**	**5598**	**2603**
和平区	249	249	330	6	324	301	56	169	76
河东区	642	642	632	46	586	797	167	410	220
河西区	680	680	713	33	680	886	174	514	198
南开区	826	826	722	42	680	1079	255	636	188
河北区	449	449	517	34	483	507	108	291	108
红桥区	368	368	399	15	384	402	132	176	94
东丽区	740	740	595	121	474	809	220	336	253
西青区	1018	1018	1670	132	1538	1187	187	671	329
津南区	877	877	791	104	687	621	92	295	234
北辰区	648	648	633	40	593	585	126	335	124
武清区	928	928	1001	88	913	505	107	241	157
宝坻区	345	345	333	97	236	198	17	127	54
滨海新区	1670	1670	2307	218	2089	2130	544	1112	474
宁河区	91	91	237	44	193	69	8	43	18
静海区	190	190	366	28	338	203	30	138	35
蓟州区	268	268	308	106	202	164	19	104	41
女	**7139**	**7139**	**7968**	**318**	**7650**	**6034**	**1400**	**2879**	**1755**
和平区	144	144	281	3	278	177	45	84	48
河东区	421	421	604	25	579	454	91	220	143
河西区	467	467	636	15	621	571	150	284	137
南开区	550	550	663	12	651	682	163	377	142
河北区	299	299	441	11	430	293	61	148	84
红桥区	207	207	332	4	328	253	75	107	71
东丽区	507	507	440	55	385	517	121	171	225
西青区	661	661	1055	39	1016	689	145	358	186
津南区	660	660	439	18	421	342	41	158	143
北辰区	412	412	476	20	456	331	65	175	91
武清区	628	628	593	16	577	312	72	123	117
宝坻区	267	267	117	10	107	57	4	30	23
滨海新区	1489	1489	1488	77	1411	1168	337	529	302
宁河区	69	69	95	5	90	35	3	23	9
静海区	164	164	166	4	162	65	13	39	13
蓟州区	194	194	142	4	138	88	14	53	21

4-4 续表 10

单位：人

地区 性别	水利、环境和公共设施管理业					居民服务、修理和其他服务业			
	小计	水利管理业	生态保护和环境治理业	公共设施管理业	土地管理业	小计	居民服务业	机动车、电子产品和日用产品修理业	其他服务业
天　津	**6293**	**616**	**470**	**5100**	**107**	**18620**	**10585**	**3827**	**4208**
和平区	117	5	3	103	6	352	214	33	105
河东区	314	52	30	227	5	790	523	163	104
河西区	372	70	26	258	18	720	531	87	102
南开区	388	47	47	289	5	1215	923	175	117
河北区	223	26	17	176	4	603	419	67	117
红桥区	133	12	17	101	3	385	265	63	57
东丽区	397	24	26	339	8	1479	945	350	184
西青区	398	47	40	307	4	2705	1347	351	1007
津南区	429	24	23	375	7	1211	687	316	208
北辰区	304	19	27	255	3	1708	792	241	675
武清区	523	42	32	449		1357	666	366	325
宝坻区	423	55	16	348	4	821	439	246	136
滨海新区	1132	89	110	896	37	2885	1604	669	612
宁河区	403	24	9	369	1	396	243	76	77
静海区	283	24	19	239	1	929	477	175	277
蓟州区	454	56	28	369	1	1064	510	449	105
男	**4361**	**442**	**314**	**3538**	**67**	**10173**	**4669**	**3142**	**2362**
和平区	73	4	3	64	2	182	96	25	61
河东区	210	33	18	156	3	405	210	134	61
河西区	236	46	15	161	14	369	246	65	58
南开区	261	30	26	202	3	583	370	152	61
河北区	147	17	11	117	2	314	192	50	72
红桥区	93	9	12	70	2	203	118	53	32
东丽区	276	15	21	236	4	809	441	279	89
西青区	281	37	24	216	4	1650	717	282	651
津南区	317	19	20	272	6	616	256	270	90
北辰区	214	16	17	179	2	1085	433	199	453
武清区	381	34	22	325		723	262	305	156
宝坻区	316	45	15	253	3	463	180	217	66
滨海新区	726	60	65	580	21	1424	658	527	239
宁河区	306	18	6	281	1	199	100	63	36
静海区	216	17	17	182		529	209	139	181
蓟州区	308	42	22	244		619	181	382	56
女	**1932**	**174**	**156**	**1562**	**40**	**8447**	**5916**	**685**	**1846**
和平区	44	1		39	4	170	118	8	44
河东区	104	19	12	71	2	385	313	29	43
河西区	136	24	11	97	4	351	285	22	44
南开区	127	17	21	87	2	632	553	23	56
河北区	76	9	6	59	2	289	227	17	45
红桥区	40	3	5	31	1	182	147	10	25
东丽区	121	9	5	103	4	670	504	71	95
西青区	117	10	16	91		1055	630	69	356
津南区	112	5	3	103	1	595	431	46	118
北辰区	90	3	10	76	1	623	359	42	222
武清区	142	8	10	124		634	404	61	169
宝坻区	107	10	1	95	1	358	259	29	70
滨海新区	406	29	45	316	16	1461	946	142	373
宁河区	97	6	3	88		197	143	13	41
静海区	67	7	2	57	1	400	268	36	96
蓟州区	146	14	6	125	1	445	329	67	49

4-4 续表 11

单位：人

地区 性别	教育		卫生和社会工作			文化、体育和娱乐业				
	小计	教育	小计	卫生	社会工作	小计	新闻和出版业	广播、电视、电影和录音制作业	文化艺术业	体育
天津	**27881**	**27881**	**14001**	**13426**	**575**	**4541**	**631**	**720**	**1081**	**794**
和平区	712	712	480	467	13	153	37	22	37	17
河东区	1806	1806	1091	1042	49	381	83	58	96	61
河西区	1920	1920	1228	1200	28	492	90	96	141	64
南开区	2939	2939	1776	1713	63	499	114	90	141	64
河北区	1202	1202	835	799	36	251	43	49	61	29
红桥区	1110	1110	623	596	27	178	27	27	60	22
东丽区	1517	1517	677	635	42	275	24	46	53	55
西青区	2397	2397	995	944	51	516	46	77	116	144
津南区	1948	1948	851	816	35	267	24	40	58	54
北辰区	1574	1574	883	861	22	210	32	32	37	29
武清区	2129	2129	897	857	40	226	24	45	46	37
宝坻区	1441	1441	487	464	23	126	8	14	33	19
滨海新区	3846	3846	1790	1702	88	689	55	103	158	118
宁河区	742	742	310	306	4	41	7	3	9	6
静海区	1202	1202	506	479	27	113	8	9	16	54
蓟州区	1396	1396	572	545	27	124	9	9	19	21
男	**9046**	**9046**	**4209**	**4013**	**196**	**2449**	**318**	**398**	**545**	**457**
和平区	228	228	152	147	5	75	13	12	18	8
河东区	499	499	300	287	13	208	38	31	50	44
河西区	583	583	365	350	15	280	53	51	78	43
南开区	1044	1044	548	524	24	264	58	55	64	36
河北区	362	362	226	208	18	142	22	30	29	19
红桥区	335	335	165	154	11	98	13	16	33	10
东丽区	473	473	182	173	9	157	13	27	27	31
西青区	844	844	325	307	18	286	26	44	61	77
津南区	711	711	238	229	9	136	11	26	29	26
北辰区	531	531	242	235	7	111	15	13	22	21
武清区	732	732	307	295	12	118	10	25	23	21
宝坻区	534	534	184	178	6	72	5	7	16	10
滨海新区	1010	1010	487	454	33	345	30	48	69	59
宁河区	278	278	137	135	2	19	3	1	4	3
静海区	367	367	163	158	5	66	2	6	10	35
蓟州区	515	515	188	179	9	72	6	6	12	14
女	**18835**	**18835**	**9792**	**9413**	**379**	**2092**	**313**	**322**	**536**	**337**
和平区	484	484	328	320	8	78	24	10	19	9
河东区	1307	1307	791	755	36	173	45	27	46	17
河西区	1337	1337	863	850	13	212	37	45	63	21
南开区	1895	1895	1228	1189	39	235	56	35	77	28
河北区	840	840	609	591	18	109	21	19	32	10
红桥区	775	775	458	442	16	80	14	11	27	12
东丽区	1044	1044	495	462	33	118	11	19	26	24
西青区	1553	1553	670	637	33	230	20	33	55	67
津南区	1237	1237	613	587	26	131	13	14	29	28
北辰区	1043	1043	641	626	15	99	17	19	15	8
武清区	1397	1397	590	562	28	108	14	20	23	16
宝坻区	907	907	303	286	17	54	3	7	17	9
滨海新区	2836	2836	1303	1248	55	344	25	55	89	59
宁河区	464	464	173	171	2	22	4	2	5	3
静海区	835	835	343	321	22	47	6	3	6	19
蓟州区	881	881	384	366	18	52	3	3	7	7

4-4　续表 12　　　　单位：人

地区 性别	娱乐业	公共管理、社会保障和社会组织							国际组织	
		小计	中国共产党机关	国家机构	人民政协、民主党派	社会保障	群众团体、社会团体和其他成员组织	基层群众自治组织	小计	国际组织
天　津	**1315**	**28943**	**750**	**22434**	**56**	**191**	**902**	**4610**	**2**	**2**
和平区	40	711	18	600	7	11	28	47		
河东区	83	1990	41	1686	5	28	55	175		
河西区	101	2219	102	1859	13	15	93	137		
南开区	90	2133	59	1823	8	21	66	156		
河北区	69	1226	23	977	3	12	49	162		
红桥区	42	1037	21	879		3	15	119		
东丽区	97	1485	40	1164	1	11	13	256	1	1
西青区	133	2549	71	1833	5	16	203	421		
津南区	91	1625	49	1255		9	33	279		
北辰区	80	1658	49	1207		10	44	348		
武清区	74	2039	59	1574	4	7	63	332	1	1
宝坻区	52	1911	31	1264	1	2	12	601		
滨海新区	255	4086	117	3085	5	33	174	672		
宁河区	16	1002	20	845		5	13	119		
静海区	26	1264	32	954		5	31	242		
蓟州区	66	2008	18	1429	4	3	10	544		
男	**731**	**18632**	**502**	**15089**	**35**	**88**	**475**	**2443**	**1**	**1**
和平区	24	423	9	377	5	7	14	11		
河东区	45	1274	29	1164	4	14	18	45		
河西区	55	1343	69	1177	9	8	44	36		
南开区	51	1308	32	1183	3	9	35	46		
河北区	42	787	13	696	1	3	28	46		
红桥区	26	645	17	577		2	6	43		
东丽区	59	922	28	754	1	5	9	125	1	1
西青区	78	1616	49	1206	2	6	109	244		
津南区	44	1055	30	844		6	15	160		
北辰区	40	1103	32	846		2	24	199		
武清区	39	1373	46	1077	4	5	29	212		
宝坻区	34	1258	24	841		1	5	387		
滨海新区	139	2569	72	2081	3	13	97	303		
宁河区	8	716	13	623		1	8	71		
静海区	13	873	23	644		4	28	174		
蓟州区	34	1367	16	999	3	2	6	341		
女	**584**	**10311**	**248**	**7345**	**21**	**103**	**427**	**2167**	**1**	**1**
和平区	16	288	9	223	2	4	14	36		
河东区	38	716	12	522	1	14	37	130		
河西区	46	876	33	682	4	7	49	101		
南开区	39	825	27	640	5	12	31	110		
河北区	27	439	10	281	2	9	21	116		
红桥区	16	392	4	302		1	9	76		
东丽区	38	563	12	410		6	4	131		
西青区	55	933	22	627	3	10	94	177		
津南区	47	570	19	411		3	18	119		
北辰区	40	555	17	361		8	20	149		
武清区	35	666	13	497		2	34	120	1	1
宝坻区	18	653	7	423	1	1	7	214		
滨海新区	116	1517	45	1004	2	20	77	369		
宁河区	8	286	7	222		4	5	48		
静海区	13	391	9	310		1	3	68		
蓟州区	32	641	2	430	1	1	4	203		

4-4a 各地区分性别、行业大类的就业人口(城市)

单位：人

地区 性别	合计	农、林、牧、渔业						采矿业	
		小计	农业	林业	畜牧业	渔业	农、林、牧、渔专业及辅助性活动	小计	煤炭开采和洗选业
天　津	**382450**	**3234**	**2228**	**138**	**310**	**391**	**167**	**5117**	**66**
和平区	8231	73	64	5	2	1	1	20	1
河东区	26323	40	16	8	12	3	1	68	6
河西区	24328	46	26	7	4	3	6	59	1
南开区	29648	39	20	3	9	4	3	43	6
河北区	17948	40	32		3	2	3	24	1
红桥区	13573	9	5	2	1		1	14	
东丽区	31008	200	133	8	19	33	7	40	2
西青区	39067	555	417	24	32	29	53	50	3
津南区	34171	228	110	3	32	78	5	65	5
北辰区	23624	113	73	13	14	2	11	18	
武清区	17089	90	46	3	22	13	6	45	9
宝坻区	9852	156	112	5	20	15	4	16	2
滨海新区	82826	733	431	29	56	175	42	4591	26
宁河区	5394	186	128	2	26	22	8	14	2
静海区	8624	302	276	2	9	3	12	26	
蓟州区	10744	424	339	24	49	8	4	24	2
男	**228490**	**2152**	**1411**	**88**	**227**	**322**	**104**	**3828**	**47**
和平区	4458	45	40	3	1		1	15	1
河东区	14945	26	9	5	9	3		54	4
河西区	13447	34	23	3	4	2	2	42	
南开区	16355	27	14		7	3	3	34	2
河北区	10303	27	21		2	2	2	17	
红桥区	7693	5	3	1			1	12	
东丽区	19283	147	94	5	16	27	5	35	2
西青区	23810	359	266	16	23	23	31	36	2
津南区	21706	173	70	2	24	72	5	53	3
北辰区	14296	66	41	8	8	2	7	13	
武清区	9929	57	28	2	16	9	2	32	7
宝坻区	5901	106	68	4	18	12	4	16	2
滨海新区	51452	498	267	21	39	145	26	3420	21
宁河区	3259	109	68	2	19	15	5	12	1
静海区	5234	214	195	2	7	2	8	17	
蓟州区	6419	259	204	14	34	5	2	20	2
女	**153960**	**1082**	**817**	**50**	**83**	**69**	**63**	**1289**	**19**
和平区	3773	28	24	2	1	1		5	
河东区	11378	14	7	3	3		1	14	2
河西区	10881	12	3	4		1	4	17	1
南开区	13293	12	6	3	2	1		9	4
河北区	7645	13	11		1		1	7	1
红桥区	5880	4	2	1	1			2	
东丽区	11725	53	39	3	3	6	2	5	
西青区	15257	196	151	8	9	6	22	14	1
津南区	12465	55	40	1	8	6		12	2
北辰区	9328	47	32	5	6		4	5	
武清区	7160	33	18	1	6	4	4	13	2
宝坻区	3951	50	44	1	2	3			
滨海新区	31374	235	164	8	17	30	16	1171	5
宁河区	2135	77	60		7	7	3	2	1
静海区	3390	88	81		2	1	4	9	
蓟州区	4325	165	135	10	15	3	2	4	

4-4a 续表 1

单位：人

地区 性别	采矿业						制造业		
	石油和天然气开采业	黑色金属矿采选业	有色金属矿采选业	非金属矿采选业	开采专业及辅助性活动	其他采矿业	小计	农副食品加工业	食品制造业
天　津	**2354**	**14**	**13**	**400**	**2253**	**17**	**70959**	**1150**	**2813**
和平区	3	1		1	12	2	567	10	28
河东区	33	1	2	2	24		4580	31	156
河西区	24	1		3	29	1	2696	34	109
南开区	21	2		1	13		3345	36	139
河北区	10	2		1	9	1	2620	22	114
红桥区	9			1	4		2235	30	87
东丽区	23			4	11		6882	65	219
西青区	11	1		9	24	2	7426	161	190
津南区	16	1			41	2	7907	51	262
北辰区	4				14		5560	44	213
武清区	8		1	1	25	1	3772	56	324
宝坻区	8			1	5		1798	75	45
滨海新区	2178	3	8	357	2011	8	17707	393	771
宁河区	2			4	6		1129	27	29
静海区	2	2	2	1	19		1781	75	55
蓟州区	2			14	6		954	40	72
男	**1705**	**13**	**10**	**327**	**1713**	**13**	**47525**	**727**	**1531**
和平区	3	1		1	7	2	351	7	14
河东区	28	1	1	2	18		3001	18	89
河西区	17	1		2	21	1	1717	17	64
南开区	18	2		1	11		2137	23	78
河北区	6	2		1	7	1	1729	13	60
红桥区	9				3		1473	14	50
东丽区	20			4	9		4740	38	105
西青区	9	1		5	18	1	4780	91	107
津南区	13	1			34	2	5274	33	142
北辰区	3				10		3776	27	112
武清区	6		1	1	17		2410	34	178
宝坻区	8			1	5		1169	54	25
滨海新区	1559	3	6	293	1532	6	12250	276	436
宁河区	2			4	5		835	12	15
静海区	2	1	2	1	11		1270	45	28
蓟州区	2			11	5		613	25	28
女	**649**	**1**	**3**	**73**	**540**	**4**	**23434**	**423**	**1282**
和平区					5		216	3	14
河东区	5		1		6		1579	13	67
河西区	7			1	8		979	17	45
南开区	3				2		1208	13	61
河北区	4				2		891	9	54
红桥区				1	1		762	16	37
东丽区	3				2		2142	27	114
西青区	2			4	6	1	2646	70	83
津南区	3				7		2633	18	120
北辰区	1				4		1784	17	101
武清区	2				8	1	1362	22	146
宝坻区							629	21	20
滨海新区	619		2	64	479	2	5457	117	335
宁河区					1		294	15	14
静海区		1			8		511	30	27
蓟州区				3	1		341	15	44

4–4a 续表 2

单位：人

地区 性别	制造业								
	酒、饮料和精制茶制造业	烟草制品业	纺织业	纺织服装、服饰业	皮革、毛皮、羽毛及其制品和制鞋业	木材加工和木、竹、藤、棕、草制品业	家具制造业	造纸和纸制品业	印刷和记录媒介复制业
天津	**731**	**100**	**668**	**1202**	**293**	**434**	**1309**	**1077**	**1002**
和平区	5		7	20	1	1	2		20
河东区	61	26	62	53	9	12	25	27	80
河西区	30	4	60	36	7	18	22	20	65
南开区	50	4	49	39	19	4	20	24	83
河北区	53	11	30	50	7	6	16	23	40
红桥区	43	6	31	42	9	4	14	25	31
东丽区	61	28	60	110	10	130	51	88	137
西青区	46	1	50	82	52	41	61	180	92
津南区	17	4	53	89	33	50	116	138	81
北辰区	53	2	54	106	10	36	93	76	69
武清区	53	3	42	69	16	15	183	76	55
宝坻区	5	1	62	245	91	22	79	34	96
滨海新区	152	9	83	94	27	68	324	135	105
宁河区	38		11	13	1	6	10	204	6
静海区	8	1	8	25	1	17	266	17	23
蓟州区	56		6	129		4	27	10	19
男	**472**	**67**	**348**	**450**	**142**	**315**	**900**	**704**	**622**
和平区	5		4	9		1			11
河东区	38	14	39	22	3	7	15	21	50
河西区	17	2	35	11	3	13	16	15	39
南开区	28	4	25	17	10	4	10	14	50
河北区	36	9	14	29	3	5	6	13	27
红桥区	33	5	22	19	4	2	8	12	22
东丽区	40	17	28	55	4	106	34	58	81
西青区	30	1	29	41	29	25	37	113	62
津南区	10	4	28	34	18	34	80	78	45
北辰区	36	2	25	52	3	26	67	48	44
武清区	33	2	23	27	9	11	122	48	32
宝坻区	4	1	31	79	44	14	52	22	71
滨海新区	103	5	35	28	10	48	213	82	59
宁河区	26		5	3	1	5	6	161	4
静海区	5	1	3	8	1	10	212	12	12
蓟州区	28		2	16		4	22	7	13
女	**259**	**33**	**320**	**752**	**151**	**119**	**409**	**373**	**380**
和平区			3	11	1		2		9
河东区	23	12	23	31	6	5	10	6	30
河西区	13	2	25	25	4	5	6	5	26
南开区	22		24	22	9		10	10	33
河北区	17	2	16	21	4	1	10	10	13
红桥区	10	1	9	23	5	2	6	13	9
东丽区	21	11	32	55	6	24	17	30	56
西青区	16		21	41	23	16	24	67	30
津南区	7		25	55	15	16	36	60	36
北辰区	17		29	54	7	10	26	28	25
武清区	20	1	19	42	7	4	61	28	23
宝坻区	1		31	166	47	8	27	12	25
滨海新区	49	4	48	66	17	20	111	53	46
宁河区	12		6	10		1	4	43	2
静海区	3		5	17		7	54	5	11
蓟州区	28		4	113			5	3	6

4-4a　续表 3　　　　单位：人

地　区 性　别	制造业								
	文教、工美、体育和娱乐用品制造业	石油、煤炭及其他燃料加工业	化学原料和化学制品制造业	医　药制造业	化学纤维制造业	橡胶和塑　料制品业	非金属矿　物制品业	黑色金属冶炼和压延加工业	有色金属冶炼和压延加工业
天　津	**788**	**1157**	**3916**	**2833**	**60**	**3522**	**2170**	**3967**	**428**
和平区	5	5	36	42		26	14	21	4
河东区	51	87	162	280	2	111	50	969	23
河西区	42	21	144	183	2	127	24	138	9
南开区	53	54	175	319	1	110	49	78	23
河北区	38	21	110	256		98	45	106	11
红桥区	16	16	118	235	1	74	41	61	15
东丽区	46	51	155	150	8	177	173	772	57
西青区	55	20	349	187	5	439	327	282	29
津南区	56	59	217	139	4	614	217	704	23
北辰区	51	17	184	272	3	474	187	138	22
武清区	120	10	103	152	4	131	250	18	21
宝坻区	124	4	30	31		61	92	7	54
滨海新区	89	772	2072	541	28	934	448	225	102
宁河区	4	8	4	5		43	68	252	10
静海区	22	8	40	29	1	81	72	193	12
蓟州区	16	4	17	12	1	22	113	3	13
男	**387**	**824**	**2743**	**1629**	**36**	**2291**	**1632**	**3215**	**328**
和平区	4	5	20	19		16	10	18	2
河东区	23	62	108	153	2	71	33	733	13
河西区	22	11	85	109	1	91	16	120	8
南开区	27	38	106	174	1	79	31	55	18
河北区	15	17	71	143		77	26	90	9
红桥区	11	12	65	135		50	32	54	12
东丽区	28	41	101	82	4	110	132	636	45
西青区	20	15	221	115	2	262	231	227	24
津南区	27	42	142	79	2	335	163	599	20
北辰区	29	12	114	163	2	328	139	117	16
武清区	60	9	73	81	2	79	201	11	17
宝坻区	72	3	22	15		43	73	5	42
滨海新区	36	546	1578	330	18	643	339	176	77
宁河区		6	2	3		29	54	217	8
静海区	5	3	24	20	1	64	57	156	7
蓟州区	8	2	11	8	1	14	95	1	10
女	**401**	**333**	**1173**	**1204**	**24**	**1231**	**538**	**752**	**100**
和平区	1		16	23		10	4	3	2
河东区	28	25	54	127		40	17	236	10
河西区	20	10	59	74	1	36	8	18	1
南开区	26	16	69	145		31	18	23	5
河北区	23	4	39	113		21	19	16	2
红桥区	5	4	53	100	1	24	9	7	3
东丽区	18	10	54	68	4	67	41	136	12
西青区	35	5	128	72	3	177	96	55	5
津南区	29	17	75	60	2	279	54	105	3
北辰区	22	5	70	109	1	146	48	21	6
武清区	60	1	30	71	2	52	49	7	4
宝坻区	52	1	8	16		18	19	2	12
滨海新区	53	226	494	211	10	291	109	49	25
宁河区	4	2	2	2		14	14	35	2
静海区	17	5	16	9		17	15	37	5
蓟州区	8	2	6	4		8	18	2	3

4-4a 续表 4 单位：人

地区 性别	制造业								
	金属制品业	通用设备制造业	专用设备制造业	汽车制造业	铁路、船舶、航空航天和其他运输设备制造业	电气机械和器材制造业	计算机、通信和其他电子设备制造业	仪器仪表制造业	其他制造业
天津	**5095**	**7003**	**4450**	**7452**	**2857**	**3831**	**7416**	**998**	**793**
和平区	35	56	36	31	17	26	61	20	19
河东区	312	375	297	354	105	235	380	118	39
河西区	188	255	165	182	59	166	402	84	53
南开区	162	327	260	317	57	267	385	136	48
河北区	141	273	178	233	99	201	295	44	34
红桥区	103	261	161	278	40	135	232	66	29
东丽区	490	637	403	945	670	379	512	77	51
西青区	636	721	349	769	139	577	1218	133	104
津南区	915	1411	445	465	141	381	936	59	62
北辰区	382	864	356	558	180	541	385	83	34
武清区	214	447	181	349	66	231	470	29	59
宝坻区	182	162	130	33	10	56	32	5	9
滨海新区	786	900	1306	2797	1143	528	2016	120	236
宁河区	200	62	41	25	9	15	15	4	7
静海区	220	172	106	88	113	62	29	9	7
蓟州区	129	80	36	28	9	31	48	11	2
男	**3814**	**5069**	**2930**	**5380**	**1958**	**2546**	**4187**	**625**	**540**
和平区	22	36	24	20	8	19	38	12	14
河东区	242	234	175	233	70	151	221	79	23
河西区	127	175	105	122	41	98	236	45	41
南开区	107	214	153	247	39	173	248	94	29
河北区	109	188	114	180	66	127	186	26	21
红桥区	75	184	104	217	30	84	134	37	23
东丽区	392	480	278	661	447	271	272	39	28
西青区	506	501	216	505	97	374	651	83	57
津南区	665	1021	333	291	102	251	485	34	44
北辰区	271	681	240	392	105	372	220	47	28
武清区	160	337	105	265	50	152	210	22	39
宝坻区	142	134	101	27	8	41	20	1	5
滨海新区	580	641	843	2118	816	355	1199	88	179
宁河区	137	51	33	14	6	10	9	4	3
静海区	172	127	77	67	64	40	23	6	5
蓟州区	107	65	29	21	9	28	35	8	1
女	**1281**	**1934**	**1520**	**2072**	**899**	**1285**	**3229**	**373**	**253**
和平区	13	20	12	11	9	7	23	8	5
河东区	70	141	122	121	35	84	159	39	16
河西区	61	80	60	60	18	68	166	39	12
南开区	55	113	107	70	18	94	137	42	19
河北区	32	85	64	53	33	74	109	18	13
红桥区	28	77	57	61	10	51	98	29	6
东丽区	98	157	125	284	223	108	240	38	23
西青区	130	220	133	264	42	203	567	50	47
津南区	250	390	112	174	39	130	451	25	18
北辰区	111	183	116	166	75	169	165	36	6
武清区	54	110	76	84	16	79	260	7	20
宝坻区	40	28	29	6	2	15	12	4	4
滨海新区	206	259	463	679	327	173	817	32	57
宁河区	63	11	8	11	3	5	6		4
静海区	48	45	29	21	49	22	6	3	2
蓟州区	22	15	7	7		3	13	3	1

4-4a 续表 5

单位：人

地区 性别	制造业		电力、热力、燃气及水生产和供应业				建筑业		
	废弃资源综合利用业	金属制品、机械和设备修理业	小计	电力、热力生产和供应业	燃气生产和供应业	水的生产和供应业	小计	房屋建筑业	土木工程建筑业
天津	**368**	**1076**	**6150**	**4164**	**1031**	**955**	**31387**	**11379**	**6054**
和平区	9	10	157	110	24	23	407	87	123
河东区	17	71	650	482	90	78	1640	437	533
河西区	15	32	453	319	74	60	1469	362	462
南开区	15	42	521	345	86	90	1415	407	356
河北区	6	59	417	292	51	74	875	177	277
红桥区	6	25	246	137	46	63	608	134	149
东丽区	72	98	372	286	46	40	2794	998	361
西青区	45	86	348	213	77	58	3193	975	397
津南区	59	106	293	170	50	73	5002	2122	574
北辰区	21	52	232	151	37	44	1729	626	255
武清区	7	18	255	172	38	45	1205	492	227
宝坻区	2	19	136	87	22	27	1160	785	101
滨海新区	69	434	1520	981	328	211	7752	2751	1942
宁河区	8	4	100	62	19	19	289	110	73
静海区	14	7	152	105	22	25	650	213	78
蓟州区	3	13	298	252	21	25	1199	703	146
男	**249**	**864**	**4314**	**2960**	**720**	**634**	**24527**	**9250**	**4521**
和平区	6	7	94	68	12	14	293	60	82
河东区	12	47	462	355	62	45	1177	338	381
河西区	8	24	301	218	50	33	1110	283	351
南开区	9	32	355	233	57	65	996	311	239
河北区	2	47	288	202	39	47	626	129	194
红桥区	3	20	174	95	34	45	431	94	111
东丽区	45	82	267	204	33	30	2230	801	277
西青区	30	78	258	157	56	45	2500	770	291
津南区	44	89	207	123	36	48	4093	1793	456
北辰区	14	44	162	105	28	29	1347	521	190
武清区	5	13	166	115	22	29	912	392	164
宝坻区	2	16	106	63	21	22	973	653	90
滨海新区	50	343	1083	719	224	140	6071	2233	1456
宁河区	8	3	68	42	13	13	236	96	57
静海区	9	6	102	70	16	16	514	171	62
蓟州区	2	13	221	191	17	13	1018	605	120
女	**119**	**212**	**1836**	**1204**	**311**	**321**	**6860**	**2129**	**1533**
和平区	3	3	63	42	12	9	114	27	41
河东区	5	24	188	127	28	33	463	99	152
河西区	7	8	152	101	24	27	359	79	111
南开区	6	10	166	112	29	25	419	96	117
河北区	4	12	129	90	12	27	249	48	83
红桥区	3	5	72	42	12	18	177	40	38
东丽区	27	16	105	82	13	10	564	197	84
西青区	15	8	90	56	21	13	693	205	106
津南区	15	17	86	47	14	25	909	329	118
北辰区	7	8	70	46	9	15	382	105	65
武清区	2	5	89	57	16	16	293	100	63
宝坻区		3	30	24	1	5	187	132	11
滨海新区	19	91	437	262	104	71	1681	518	486
宁河区		1	32	20	6	6	53	14	16
静海区	5	1	50	35	6	9	136	42	16
蓟州区	1		77	61	4	12	181	98	26

4-4a 续表 6 单位：人

地区/性别	建筑业		批发和零售业			交通运输、仓储和邮政业			
	建筑安装业	建筑装饰、装修和其他建筑业	小计	批发业	零售业	小计	铁路运输业	道路运输业	水上运输业
天津	**2182**	**11772**	**57571**	**19175**	**38396**	**30155**	**1552**	**16891**	**1406**
和平区	35	162	1179	454	725	413	15	153	16
河东区	136	534	3953	1298	2655	1979	185	957	73
河西区	115	530	3606	1358	2248	1372	57	684	58
南开区	139	513	4240	1618	2622	1424	117	686	55
河北区	87	334	3181	1162	2019	1605	382	748	45
红桥区	47	278	2225	797	1428	883	115	488	31
东丽区	205	1230	4726	1328	3398	3745	115	1993	28
西青区	232	1589	6492	2438	4054	2252	57	1477	21
津南区	192	2114	5118	1470	3648	2523	119	1711	26
北辰区	91	757	4013	1286	2727	1974	152	1246	17
武清区	76	410	2771	839	1932	845	43	544	17
宝坻区	48	226	1341	326	1015	548	10	370	23
滨海新区	659	2400	10830	3837	6993	9114	107	4785	969
宁河区	24	82	831	256	575	318	27	210	9
静海区	38	321	1597	442	1155	392	18	256	7
蓟州区	58	292	1468	266	1202	768	33	583	11
男	**1684**	**9072**	**30497**	**11377**	**19120**	**23039**	**1262**	**13672**	**1065**
和平区	19	132	637	252	385	266	11	106	11
河东区	103	355	2066	755	1311	1325	141	690	36
河西区	89	387	1883	770	1113	923	46	494	37
南开区	96	350	2302	939	1363	1005	93	513	35
河北区	59	244	1715	687	1028	1193	320	563	34
红桥区	32	194	1207	467	740	631	89	369	19
东丽区	165	987	2486	773	1713	2915	92	1669	20
西青区	178	1261	3634	1419	2215	1763	49	1202	14
津南区	148	1696	2801	922	1879	2107	100	1521	22
北辰区	68	568	2152	741	1411	1556	128	1011	15
武清区	59	297	1407	487	920	669	36	446	17
宝坻区	40	190	659	207	452	452	8	318	23
滨海新区	528	1854	5563	2351	3212	6980	83	3846	755
宁河区	19	64	429	150	279	264	24	179	9
静海区	32	249	874	291	583	321	11	221	7
蓟州区	49	244	682	166	516	669	31	524	11
女	**498**	**2700**	**27074**	**7798**	**19276**	**7116**	**290**	**3219**	**341**
和平区	16	30	542	202	340	147	4	47	5
河东区	33	179	1887	543	1344	654	44	267	37
河西区	26	143	1723	588	1135	449	11	190	21
南开区	43	163	1938	679	1259	419	24	173	20
河北区	28	90	1466	475	991	412	62	185	11
红桥区	15	84	1018	330	688	252	26	119	12
东丽区	40	243	2240	555	1685	830	23	324	8
西青区	54	328	2858	1019	1839	489	8	275	7
津南区	44	418	2317	548	1769	416	19	190	4
北辰区	23	189	1861	545	1316	418	24	235	2
武清区	17	113	1364	352	1012	176	7	98	
宝坻区	8	36	682	119	563	96	2	52	
滨海新区	131	546	5267	1486	3781	2134	24	939	214
宁河区	5	18	402	106	296	54	3	31	
静海区	6	72	723	151	572	71	7	35	
蓟州区	9	48	786	100	686	99	2	59	

4-4a　续表 7　　　　单位：人

地区 性别	交通运输、仓储和邮政业					住宿和餐饮业		
	航空运输业	管道运输业	多式联运和运输代理业	装卸搬运和仓储业	邮政业	小计	住宿业	餐饮业
天　津	**1485**	**92**	**2918**	**2321**	**3490**	**16335**	**2310**	**14025**
和平区	49	2	105	13	60	558	73	485
河东区	254	5	212	58	235	1052	219	833
河西区	106	1	242	41	183	1077	238	839
南开区	72	1	190	69	234	1697	199	1498
河北区	67		124	41	198	712	138	574
红桥区	22		72	32	123	583	100	483
东丽区	553	1	231	348	476	1292	195	1097
西青区	27		113	155	402	1677	167	1510
津南区	60	1	80	155	371	1530	140	1390
北辰区	29	1	79	218	232	922	99	823
武清区	7		32	62	140	596	58	538
宝坻区	6	1	22	25	91	351	24	327
滨海新区	216	79	1375	1012	571	3110	455	2655
宁河区	6		14	19	33	217	28	189
静海区	4		9	34	64	376	34	342
蓟州区	7		18	39	77	585	143	442
男	**961**	**67**	**1772**	**1803**	**2437**	**8808**	**1050**	**7758**
和平区	34		54	5	45	300	32	268
河东区	162	1	103	44	148	580	114	466
河西区	69	1	119	27	130	634	121	513
南开区	45	1	94	55	169	1014	89	925
河北区	41		67	29	139	367	55	312
红桥区	16		28	27	83	347	57	290
东丽区	359	1	159	278	337	683	79	604
西青区	20		71	118	289	924	72	852
津南区	36	1	48	128	251	823	66	757
北辰区	19		42	162	179	490	48	442
武清区	5		25	46	94	312	22	290
宝坻区	5	1	17	19	61	184	10	174
滨海新区	141	61	912	791	391	1579	199	1380
宁河区	3		13	15	21	96	6	90
静海区	3		5	29	45	192	16	176
蓟州区	3		15	30	55	283	64	219
女	**524**	**25**	**1146**	**518**	**1053**	**7527**	**1260**	**6267**
和平区	15	2	51	8	15	258	41	217
河东区	92	4	109	14	87	472	105	367
河西区	37		123	14	53	443	117	326
南开区	27		96	14	65	683	110	573
河北区	26		57	12	59	345	83	262
红桥区	6		44	5	40	236	43	193
东丽区	194		72	70	139	609	116	493
西青区	7		42	37	113	753	95	658
津南区	24		32	27	120	707	74	633
北辰区	10	1	37	56	53	432	51	381
武清区	2		7	16	46	284	36	248
宝坻区	1		5	6	30	167	14	153
滨海新区	75	18	463	221	180	1531	256	1275
宁河区	3		1	4	12	121	22	99
静海区	1		4	5	19	184	18	166
蓟州区	4		3	9	22	302	79	223

4-4a 续表 8　　　　单位：人

地区 性别	信息传输、软件和信息技术服务业				金融业				
	小计	电信、广播电视和卫星传输服务	互联网和相关服务	软件和信息技术服务业	小计	货币金融服务	资本市场服务	保险业	其他金融业
天津	**12348**	**2506**	**3280**	**6562**	**13326**	**6648**	**1219**	**3516**	**1943**
和平区	339	94	75	170	511	244	51	95	121
河东区	1063	224	284	555	1376	749	132	306	189
河西区	988	255	212	521	1658	969	172	304	213
南开区	1739	372	401	966	1713	913	194	319	287
河北区	820	213	197	410	808	408	65	185	150
红桥区	684	149	228	307	659	379	66	151	63
东丽区	818	138	209	471	700	289	74	223	114
西青区	1455	196	360	899	1078	357	92	473	156
津南区	713	128	228	357	731	325	59	242	105
北辰区	665	155	160	350	663	306	64	189	104
武清区	488	73	146	269	468	229	33	152	54
宝坻区	143	55	42	46	279	142	7	117	13
滨海新区	2070	292	654	1124	1918	943	180	491	304
宁河区	87	50	20	17	169	91	1	45	32
静海区	105	44	22	39	264	127	10	98	29
蓟州区	171	68	42	61	331	177	19	126	9
男	**7517**	**1408**	**1940**	**4169**	**6121**	**3077**	**667**	**1417**	**960**
和平区	209	47	50	112	235	102	30	40	63
河东区	653	131	164	358	634	352	78	122	82
河西区	588	146	121	321	760	440	83	130	107
南开区	1041	201	229	611	809	415	113	140	141
河北区	511	114	129	268	379	185	44	86	64
红桥区	400	83	137	180	305	160	34	74	37
东丽区	496	83	131	282	320	145	35	92	48
西青区	916	116	217	583	542	172	48	235	87
津南区	478	72	152	254	335	146	32	103	54
北辰区	374	80	87	207	305	145	40	67	53
武清区	310	41	86	183	228	125	17	56	30
宝坻区	100	36	31	33	114	71	4	34	5
滨海新区	1220	168	356	696	802	407	91	154	150
宁河区	43	19	12	12	77	50		11	16
静海区	77	32	16	29	130	69	6	36	19
蓟州区	101	39	22	40	146	93	12	37	4
女	**4831**	**1098**	**1340**	**2393**	**7205**	**3571**	**552**	**2099**	**983**
和平区	130	47	25	58	276	142	21	55	58
河东区	410	93	120	197	742	397	54	184	107
河西区	400	109	91	200	898	529	89	174	106
南开区	698	171	172	355	904	498	81	179	146
河北区	309	99	68	142	429	223	21	99	86
红桥区	284	66	91	127	354	219	32	77	26
东丽区	322	55	78	189	380	144	39	131	66
西青区	539	80	143	316	536	185	44	238	69
津南区	235	56	76	103	396	179	27	139	51
北辰区	291	75	73	143	358	161	24	122	51
武清区	178	32	60	86	240	104	16	96	24
宝坻区	43	19	11	13	165	71	3	83	8
滨海新区	850	124	298	428	1116	536	89	337	154
宁河区	44	31	8	5	92	41	1	34	16
静海区	28	12	6	10	134	58	4	62	10
蓟州区	70	29	20	21	185	84	7	89	5

4-4a 续表 9

单位：人

地区 性别	房地产业		租赁和商务服务业			科学研究和技术服务业			
	小计	房地产业	小计	租赁业	商务服务业	小计	研究和试验发展	专业技术服务业	科技推广和应用服务业
天　津	**15662**	**15662**	**17614**	**1188**	**16426**	**15677**	**3513**	**7994**	**4170**
和平区	393	393	611	9	602	478	101	253	124
河东区	1063	1063	1236	71	1165	1251	258	630	363
河西区	1147	1147	1349	48	1301	1457	324	798	335
南开区	1376	1376	1385	54	1331	1761	418	1013	330
河北区	748	748	958	45	913	800	169	439	192
红桥区	575	575	731	19	712	655	207	283	165
东丽区	1247	1247	1035	176	859	1326	341	507	478
西青区	1613	1613	2600	159	2441	1805	319	984	502
津南区	1537	1537	1230	122	1108	963	133	453	377
北辰区	937	937	944	52	892	872	184	481	207
武清区	976	976	913	39	874	578	131	247	200
宝坻区	429	429	252	42	210	138	14	88	36
滨海新区	3033	3033	3643	276	3367	3211	863	1591	757
宁河区	119	119	188	20	168	57	8	31	18
静海区	132	132	233	13	220	150	25	88	37
蓟州区	337	337	306	43	263	175	18	108	49
男	**9121**	**9121**	**10171**	**887**	**9284**	**9895**	**2161**	**5253**	**2481**
和平区	249	249	330	6	324	301	56	169	76
河东区	642	642	632	46	586	797	167	410	220
河西区	680	680	713	33	680	886	174	514	198
南开区	826	826	722	42	680	1079	255	636	188
河北区	449	449	517	34	483	507	108	291	108
红桥区	368	368	399	15	384	402	132	176	94
东丽区	740	740	595	121	474	809	220	336	253
西青区	984	984	1589	123	1466	1146	179	646	321
津南区	877	877	791	104	687	621	92	295	234
北辰区	557	557	521	35	486	556	121	316	119
武清区	583	583	535	27	508	344	77	155	112
宝坻区	242	242	167	36	131	109	12	73	24
滨海新区	1609	1609	2203	200	2003	2070	533	1074	463
宁河区	63	63	119	15	104	39	6	21	12
静海区	70	70	146	9	137	115	17	69	29
蓟州区	182	182	192	41	151	114	12	72	30
女	**6541**	**6541**	**7443**	**301**	**7142**	**5782**	**1352**	**2741**	**1689**
和平区	144	144	281	3	278	177	45	84	48
河东区	421	421	604	25	579	454	91	220	143
河西区	467	467	636	15	621	571	150	284	137
南开区	550	550	663	12	651	682	163	377	142
河北区	299	299	441	11	430	293	61	148	84
红桥区	207	207	332	4	328	253	75	107	71
东丽区	507	507	440	55	385	517	121	171	225
西青区	629	629	1011	36	975	659	140	338	181
津南区	660	660	439	18	421	342	41	158	143
北辰区	380	380	423	17	406	316	63	165	88
武清区	393	393	378	12	366	234	54	92	88
宝坻区	187	187	85	6	79	29	2	15	12
滨海新区	1424	1424	1440	76	1364	1141	330	517	294
宁河区	56	56	69	5	64	18	2	10	6
静海区	62	62	87	4	83	35	8	19	8
蓟州区	155	155	114	2	112	61	6	36	19

4-4a 续表 10 单位：人

地区 性别	水利、环境和公共设施管理业					居民服务、修理和其他服务业			
	小计	水利管理业	生态保护和环境治理业	公共设施管理业	土地管理业	小计	居民服务业	机动车、电子产品和日用产品修理业	其他服务业
天津	**4756**	**556**	**404**	**3693**	**103**	**14435**	**8938**	**2886**	**2611**
和平区	117	5	3	103	6	352	214	33	105
河东区	314	52	30	227	5	790	523	163	104
河西区	372	70	26	258	18	720	531	87	102
南开区	388	47	47	289	5	1215	923	175	117
河北区	223	26	17	176	4	603	419	67	117
红桥区	133	12	17	101	3	385	265	63	57
东丽区	397	24	26	339	8	1479	945	350	184
西青区	358	46	35	273	4	2074	1297	328	449
津南区	429	24	23	375	7	1211	687	316	208
北辰区	239	16	21	199	3	892	446	195	251
武清区	205	31	13	161		555	296	136	123
宝坻区	92	39	9	41	3	367	239	91	37
滨海新区	1067	86	104	842	35	2706	1516	624	566
宁河区	78	14	6	57	1	197	128	29	40
静海区	106	17	15	73	1	398	231	60	107
蓟州区	238	47	12	179		491	278	169	44
男	**3214**	**388**	**263**	**2498**	**65**	**7595**	**3909**	**2329**	**1357**
和平区	73	4	3	64	2	182	96	25	61
河东区	210	33	18	156	3	405	210	134	61
河西区	236	46	15	161	14	369	246	65	58
南开区	261	30	26	202	3	583	370	152	61
河北区	147	17	11	117	2	314	192	50	72
红桥区	93	9	12	70	2	203	118	53	32
东丽区	276	15	21	236	4	809	441	279	89
西青区	255	36	20	195	4	1243	697	261	285
津南区	317	19	20	272	6	616	256	270	90
北辰区	165	13	13	137	2	501	190	163	148
武清区	146	26	10	110		291	117	113	61
宝坻区	71	29	9	31	2	182	95	75	12
滨海新区	683	58	59	546	20	1339	625	490	224
宁河区	57	8	4	44	1	102	56	25	21
静海区	75	12	13	50		201	94	45	62
蓟州区	149	33	9	107		255	106	129	20
女	**1542**	**168**	**141**	**1195**	**38**	**6840**	**5029**	**557**	**1254**
和平区	44	1		39	4	170	118	8	44
河东区	104	19	12	71	2	385	313	29	43
河西区	136	24	11	97	4	351	285	22	44
南开区	127	17	21	87	2	632	553	23	56
河北区	76	9	6	59	2	289	227	17	45
红桥区	40	3	5	31	1	182	147	10	25
东丽区	121	9	5	103	4	670	504	71	95
西青区	103	10	15	78		831	600	67	164
津南区	112	5	3	103	1	595	431	46	118
北辰区	74	3	8	62	1	391	256	32	103
武清区	59	5	3	51		264	179	23	62
宝坻区	21	10		10	1	185	144	16	25
滨海新区	384	28	45	296	15	1367	891	134	342
宁河区	21	6	2	13		95	72	4	19
静海区	31	5	2	23	1	197	137	15	45
蓟州区	89	14	3	72		236	172	40	24

4-4a 续表 11

单位：人

地区 性别	教育		卫生和社会工作			文化、体育和娱乐业				
	小计	教育	小计	卫生	社会工作	小计	新闻和出版业	广播、电视、电影和录音制作业	文化艺术业	体育
天津	**25194**	**25194**	**12899**	**12409**	**490**	**4192**	**616**	**681**	**1021**	**715**
和平区	712	712	480	467	13	153	37	22	37	17
河东区	1806	1806	1091	1042	49	381	83	58	96	61
河西区	1920	1920	1228	1200	28	492	90	96	141	64
南开区	2939	2939	1776	1713	63	499	114	90	141	64
河北区	1202	1202	835	799	36	251	43	49	61	29
红桥区	1110	1110	623	596	27	178	27	27	60	22
东丽区	1517	1517	677	635	42	275	24	46	53	55
西青区	2268	2268	939	892	47	497	45	72	114	144
津南区	1948	1948	851	816	35	267	24	40	58	54
北辰区	1422	1422	801	785	16	187	31	29	32	25
武清区	1305	1305	566	556	10	119	18	25	26	17
宝坻区	1043	1043	369	360	9	61	6	10	14	9
滨海新区	3712	3712	1707	1621	86	673	54	100	154	116
宁河区	536	536	221	217	4	26	6	3	7	4
静海区	732	732	330	320	10	66	6	8	12	22
蓟州区	1022	1022	405	390	15	67	8	6	15	12
男	**8019**	**8019**	**3781**	**3605**	**176**	**2258**	**311**	**377**	**515**	**416**
和平区	228	228	152	147	5	75	13	12	18	8
河东区	499	499	300	287	13	208	38	31	50	44
河西区	583	583	365	350	15	280	53	51	78	43
南开区	1044	1044	548	524	24	264	58	55	64	36
河北区	362	362	226	208	18	142	22	30	29	19
红桥区	335	335	165	154	11	98	13	16	33	10
东丽区	473	473	182	173	9	157	13	27	27	31
西青区	797	797	307	290	17	273	25	41	59	77
津南区	711	711	238	229	9	136	11	26	29	26
北辰区	485	485	219	213	6	101	14	12	19	20
武清区	421	421	170	169	1	65	8	16	12	11
宝坻区	338	338	130	128	2	35	5	5	9	4
滨海新区	969	969	458	425	33	336	29	46	68	59
宁河区	184	184	93	91	2	12	2	1	4	3
静海区	233	233	97	92	5	38	2	5	7	15
蓟州区	357	357	131	125	6	38	5	3	9	10
女	**17175**	**17175**	**9118**	**8804**	**314**	**1934**	**305**	**304**	**506**	**299**
和平区	484	484	328	320	8	78	24	10	19	9
河东区	1307	1307	791	755	36	173	45	27	46	17
河西区	1337	1337	863	850	13	212	37	45	63	21
南开区	1895	1895	1228	1189	39	235	56	35	77	28
河北区	840	840	609	591	18	109	21	19	32	10
红桥区	775	775	458	442	16	80	14	11	27	12
东丽区	1044	1044	495	462	33	118	11	19	26	24
西青区	1471	1471	632	602	30	224	20	31	55	67
津南区	1237	1237	613	587	26	131	13	14	29	28
北辰区	937	937	582	572	10	86	17	17	13	5
武清区	884	884	396	387	9	54	10	9	14	6
宝坻区	705	705	239	232	7	26	1	5	5	5
滨海新区	2743	2743	1249	1196	53	337	25	54	86	57
宁河区	352	352	128	126	2	14	4	2	3	1
静海区	499	499	233	228	5	28	4	3	5	7
蓟州区	665	665	274	265	9	29	3	3	6	2

4-4a 续表 12

单位：人

地区 性别	娱乐业	公共管理、社会保障和社会组织							国际组织	
		小计	中国共产党机关	国家机构	人民政协、民主党派	社会保障	群众团体、社会团体和其他成员组织	基层群众自治组织	小计	国际组织
天　津	**1159**	**25437**	**652**	**20870**	**55**	**179**	**810**	**2871**	**2**	**2**
和平区	40	711	18	600	7	11	28	47		
河东区	83	1990	41	1686	5	28	55	175		
河西区	101	2219	102	1859	13	15	93	137		
南开区	90	2133	59	1823	8	21	66	156		
河北区	69	1226	23	977	3	12	49	162		
红桥区	42	1037	21	879		3	15	119		
东丽区	97	1485	40	1164	1	11	13	256	1	1
西青区	122	2387	69	1738	5	15	196	364		
津南区	91	1625	49	1255		9	33	279		
北辰区	70	1441	37	1092		9	36	267		
武清区	33	1336	32	1191	3	4	34	72	1	1
宝坻区	22	1173	16	1089	1	2	5	60		
滨海新区	249	3729	112	2980	5	31	162	439		
宁河区	6	632	9	569		2	9	43		
静海区	18	832	17	736		4	10	65		
蓟州区	26	1481	7	1232	4	2	6	230		
男	**639**	**16107**	**430**	**13858**	**34**	**81**	**415**	**1289**	**1**	**1**
和平区	24	423	9	377	5	7	14	11		
河东区	45	1274	29	1164	4	14	18	45		
河西区	55	1343	69	1177	9	8	44	36		
南开区	51	1308	32	1183	3	9	35	46		
河北区	42	787	13	696	1	3	28	46		
红桥区	26	645	17	577		2	6	43		
东丽区	59	922	28	754	1	5	9	125	1	1
西青区	71	1504	48	1142	2	5	105	202		
津南区	44	1055	30	844		6	15	160		
北辰区	36	950	26	760		2	19	143		
武清区	18	871	26	789	3	2	15	36		
宝坻区	12	748	11	694		1	2	40		
滨海新区	134	2319	70	1994	3	13	88	151		
宁河区	2	421	4	391			5	21		
静海区	9	548	12	482		3	8	43		
蓟州区	11	989	6	834	3	1	4	141		
女	**520**	**9330**	**222**	**7012**	**21**	**98**	**395**	**1582**	**1**	**1**
和平区	16	288	9	223	2	4	14	36		
河东区	38	716	12	522	1	14	37	130		
河西区	46	876	33	682	4	7	49	101		
南开区	39	825	27	640	5	12	31	110		
河北区	27	439	10	281	2	9	21	116		
红桥区	16	392	4	302		1	9	76		
东丽区	38	563	12	410		6	4	131		
西青区	51	883	21	596	3	10	91	162		
津南区	47	570	19	411		3	18	119		
北辰区	34	491	11	332		7	17	124		
武清区	15	465	6	402		2	19	36	1	1
宝坻区	10	425	5	395	1	1	3	20		
滨海新区	115	1410	42	986	2	18	74	288		
宁河区	4	211	5	178		2	4	22		
静海区	9	284	5	254		1	2	22		
蓟州区	15	492	1	398	1	1	2	89		

4-4b 各地区分性别、行业大类的就业人口(镇)

单位：人

地区 性别	合计	农、林、牧、渔业						采矿业	
		小计	农业	林业	畜牧业	渔业	农、林、牧、渔专业及辅助性活动	小计	煤炭开采和洗选业
天津	**32378**	**3815**	**3307**	**144**	**268**	**62**	**34**	**769**	
和平区									
河东区									
河西区									
南开区									
河北区									
红桥区									
东丽区									
西青区	1388	1				1		2	
津南区									
北辰区	3849	223	193		24	4	2	1	
武清区	8932	952	892		43	10	7	17	
宝坻区	2356	199	145		35	15	4		
滨海新区	3025	68	49	1	13		5	743	
宁河区	2435	740	697	3	20	17	3	4	
静海区	7279	566	486	4	63	8	5	2	
蓟州区	3114	1066	845	136	70	7	8		
男	**22021**	**2564**	**2190**	**100**	**192**	**55**	**27**	**553**	
和平区									
河东区									
河西区									
南开区									
河北区									
红桥区									
东丽区									
西青区	843	1				1		1	
津南区									
北辰区	2610	143	121		17	4	1	1	
武清区	5718	563	520		30	9	4	11	
宝坻区	1656	147	104		26	13	4		
滨海新区	1984	51	35	1	10		5	535	
宁河区	1780	549	512	3	15	16	3	4	
静海区	5274	423	363	3	47	8	2	1	
蓟州区	2156	687	535	93	47	4	8		
女	**10357**	**1251**	**1117**	**44**	**76**	**7**	**7**	**216**	
和平区									
河东区									
河西区									
南开区									
河北区									
红桥区									
东丽区									
西青区	545							1	
津南区									
北辰区	1239	80	72		7		1		
武清区	3214	389	372		13	1	3	6	
宝坻区	700	52	41		9	2			
滨海新区	1041	17	14		3			208	
宁河区	655	191	185		5	1			
静海区	2005	143	123	1	16		3	1	
蓟州区	958	379	310	43	23	3			

4-4b 续表 1

单位：人

地区 性别	采矿业						制造业		
	石油和天然气开采业	黑色金属矿采选业	有色金属矿采选业	非金属矿采选业	开采专业及辅助性活动	其他采矿业	小计	农副食品加工业	食品制造业
天津	**374**	**2**	**3**	**3**	**386**	**1**	**12043**	**307**	**412**
和平区									
河东区									
河西区									
南开区									
河北区									
红桥区									
东丽区									
西青区	2						550	18	50
津南区									
北辰区					1		1188	6	23
武清区	2	2	3	1	9		3739	80	140
宝坻区							1174	37	23
滨海新区	368				374	1	907	16	12
宁河区				2	2		525	8	25
静海区	2						3557	121	118
蓟州区							403	21	21
男	**255**	**1**	**3**	**2**	**292**		**8361**	**219**	**234**
和平区									
河东区									
河西区									
南开区									
河北区									
红桥区									
东丽区									
西青区	1						339	12	33
津南区									
北辰区					1		784	3	10
武清区	1	1	3		6		2554	46	71
宝坻区							819	26	14
滨海新区	252				283		582	8	6
宁河区				2	2		364	8	16
静海区	1						2696	100	74
蓟州区							223	16	10
女	**119**	**1**		**1**	**94**	**1**	**3682**	**88**	**178**
和平区									
河东区									
河西区									
南开区									
河北区									
红桥区									
东丽区									
西青区	1						211	6	17
津南区									
北辰区							404	3	13
武清区	1	1		1	3		1185	34	69
宝坻区							355	11	9
滨海新区	116				91	1	325	8	6
宁河区							161		9
静海区	1						861	21	44
蓟州区							180	5	11

4-4b　续表 2　　　　单位：人

地　区 性　别	制造业								
	酒、饮料和精制茶制造业	烟　草制品业	纺织业	纺织服装、服饰业	皮革、毛皮、羽毛及其制品和制鞋业	木材加工和木、竹、藤、棕、草制品业	家　具制造业	造纸和纸制品业	印刷和记录媒介复制业
天　津	**53**	**8**	**254**	**451**	**82**	**112**	**377**	**243**	**228**
和平区									
河东区									
河西区									
南开区									
河北区									
红桥区									
东丽区									
西青区	3		19	32	10	1	2	32	11
津南区									
北辰区	7	4	8	15	31	11	109	13	59
武清区	28		184	41	26	13	74	104	21
宝坻区	2		27	140	2	27	99	41	111
滨海新区	9	1		2	1	19	5	10	
宁河区	2	3		40	3	21	31	10	10
静海区	2		11	40	5	16	52	19	10
蓟州区			5	141	4	4	5	14	6
男	**36**	**6**	**136**	**94**	**39**	**82**	**264**	**177**	**156**
和平区									
河东区									
河西区									
南开区									
河北区									
红桥区									
东丽区									
西青区	1		12	19	5		1	16	6
津南区									
北辰区	7	3	5	4	10	8	81	8	41
武清区	17		100	15	18	9	52	75	10
宝坻区	1		12	37	1	19	66	35	78
滨海新区	6	1				13	4	9	
宁河区	2	2		3		15	22	10	10
静海区	2		5	2	3	14	35	12	6
蓟州区			2	14	2	4	3	12	5
女	**17**	**2**	**118**	**357**	**43**	**30**	**113**	**66**	**72**
和平区									
河东区									
河西区									
南开区									
河北区									
红桥区									
东丽区									
西青区	2		7	13	5	1	1	16	5
津南区									
北辰区		1	3	11	21	3	28	5	18
武清区	11		84	26	8	4	22	29	11
宝坻区	1		15	103	1	8	33	6	33
滨海新区	3			2	1	6	1	1	
宁河区		1		37	3	6	9		
静海区			6	38	2	2	17	7	4
蓟州区			3	127	2		2	2	1

4-4b 续表 3

单位：人

地区 性别	制造业								
	文教、工美、体育和娱乐用品制造业	石油、煤炭及其他燃料加工业	化学原料和化学制品制造业	医药制造业	化学纤维制造业	橡胶和塑料制品业	非金属矿物制品业	黑色金属冶炼和压延加工业	有色金属冶炼和压延加工业
天津	**255**	**23**	**162**	**93**	**11**	**416**	**651**	**1354**	**177**
和平区									
河东区									
河西区									
南开区									
河北区									
红桥区									
东丽区									
西青区	2	1	16	10		30	8	32	1
津南区									
北辰区	11		24	22		36	130	16	5
武清区	172	7	63	38	9	119	183	22	114
宝坻区	33	1	4	3		39	181	21	11
滨海新区	9	12	26	2		32	23	22	8
宁河区	6	2	5	3	1	19	34	14	1
静海区	14		21	14	1	141	78	1224	35
蓟州区	8		3	1			14	3	2
男	**138**	**13**	**112**	**49**	**7**	**263**	**554**	**1100**	**142**
和平区									
河东区									
河西区									
南开区									
河北区									
红桥区									
东丽区									
西青区	1		10	5		19	6	24	1
津南区									
北辰区	5		16	16		24	104	12	5
武清区	88	6	45	18	5	74	152	16	99
宝坻区	25	1	4	2		20	166	15	5
滨海新区	6	6	14	2		17	18	19	8
宁河区	2		4		1	15	27	12	
静海区	9		16	6	1	94	69	1000	22
蓟州区	2		3				12	2	2
女	**117**	**10**	**50**	**44**	**4**	**153**	**97**	**254**	**35**
和平区									
河东区									
河西区									
南开区									
河北区									
红桥区									
东丽区									
西青区	1	1	6	5		11	2	8	
津南区									
北辰区	6		8	6		12	26	4	
武清区	84	1	18	20	4	45	31	6	15
宝坻区	8			1		19	15	6	6
滨海新区	3	6	12			15	5	3	
宁河区	4	2	1	3		4	7	2	1
静海区	5		5	8		47	9	224	13
蓟州区	6			1			2	1	

4-4b 续表 4　　　　单位：人

地区 性别	制造业								
	金属制品业	通用设备制造业	专用设备制造业	汽车制造业	铁路、船舶、航空航天和其他运输设备制造业	电气机械和器材制造业	计算机、通信和其他电子设备制造业	仪器仪表制造业	其他制造业
天津	**1575**	**774**	**259**	**546**	**1686**	**546**	**710**	**37**	**98**
和平区									
河东区									
河西区									
南开区									
河北区									
红桥区									
东丽区									
西青区	18	10	9	29	28	15	145	10	
津南区									
北辰区	92	114	55	100	204	33	28	6	6
武清区	592	208	111	294	727	87	223	5	18
宝坻区	119	95	10	17	35	65	7	11	8
滨海新区	51	37	37	9	4	267	267	2	10
宁河区	157	27	6	33	31	17	4	1	5
静海区	491	235	28	55	655	57	26	1	48
蓟州区	55	48	3	9	2	5	10	1	3
男	**1273**	**617**	**179**	**381**	**1141**	**405**	**353**	**17**	**51**
和平区									
河东区									
河西区									
南开区									
河北区									
红桥区									
东丽区									
西青区	12	8	7	19	23	11	80	4	
津南区									
北辰区	61	80	28	73	122	17	20	3	4
武清区	511	163	86	205	459	59	110	4	7
宝坻区	101	72	8	10	32	50	4	4	6
滨海新区	37	29	25	6	2	207	118	1	10
宁河区	113	24	3	22	25	17	3		3
静海区	387	197	19	38	477	40	12		20
蓟州区	51	44	3	8	1	4	6	1	1
女	**302**	**157**	**80**	**165**	**545**	**141**	**357**	**20**	**47**
和平区									
河东区									
河西区									
南开区									
河北区									
红桥区									
东丽区									
西青区	6	2	2	10	5	4	65	6	
津南区									
北辰区	31	34	27	27	82	16	8	3	2
武清区	81	45	25	89	268	28	113	1	11
宝坻区	18	23	2	7	3	15	3	7	2
滨海新区	14	8	12	3	2	60	149	1	
宁河区	44	3	3	11	6		1	1	2
静海区	104	38	9	17	178	17	14	1	28
蓟州区	4	4		1	1	1	4		2

4-4b 续表 5 单位：人

地区 性别	制造业		电力、热力、燃气及水生产和供应业				建筑业		
	废弃资源综合利用业	金属制品、机械和设备修理业	小计	电力、热力生产和供应业	燃气生产和供应业	水的生产和供应业	小计	房屋建筑业	土木工程建筑业
天津	**71**	**72**	**287**	**190**	**47**	**50**	**2839**	**1766**	**301**
和平区									
河东区									
河西区									
南开区									
河北区									
红桥区									
东丽区									
西青区	8		9	4	2	3	146	90	10
津南区									
北辰区	7	13	16	9	1	6	436	232	48
武清区	5	31	86	50	16	20	475	253	50
宝坻区		5	13	8	3	2	232	118	50
滨海新区	9	5	65	49	10	6	193	134	12
宁河区	5	1	26	22	3	1	286	145	71
静海区	29	10	58	40	6	12	715	542	45
蓟州区	8	7	14	8	6		356	252	15
男	**57**	**66**	**233**	**155**	**36**	**42**	**2437**	**1515**	**261**
和平区									
河东区									
河西区									
南开区									
河北区									
红桥区									
东丽区									
西青区	4		5	3	1	1	124	79	7
津南区									
北辰区	4	10	12	6	1	5	328	153	46
武清区	4	30	74	43	14	17	387	209	41
宝坻区		5	10	6	2	2	214	114	37
滨海新区	7	3	51	40	6	5	158	119	10
宁河区	4	1	19	16	2	1	257	130	62
静海区	26	10	50	35	4	11	631	469	43
蓟州区	8	7	12	6	6		338	242	15
女	**14**	**6**	**54**	**35**	**11**	**8**	**402**	**251**	**40**
和平区									
河东区									
河西区									
南开区									
河北区									
红桥区									
东丽区									
西青区	4		4	1	1	2	22	11	3
津南区									
北辰区	3	3	4	3		1	108	79	2
武清区	1	1	12	7	2	3	88	44	9
宝坻区			3	2	1		18	4	13
滨海新区	2	2	14	9	4	1	35	15	2
宁河区	1		7	6	1		29	15	9
静海区	3		8	5	2	1	84	73	2
蓟州区			2	2			18	10	

4-4b 续表 6 单位：人

地区 性别	建筑业		批发和零售业			交通运输、仓储和邮政业			
	建筑安装业	建筑装饰、装修和其他建筑业	小计	批发业	零售业	小计	铁路运输业	道路运输业	水上运输业
天　津	**168**	**604**	**2926**	**843**	**2083**	**1996**	**18**	**1426**	**13**
和平区									
河东区									
河西区									
南开区									
河北区									
红桥区									
东丽区									
西青区	2	44	135	57	78	32	1	17	1
津南区									
北辰区	6	150	369	109	260	356	4	277	
武清区	45	127	938	208	730	592	8	356	2
宝坻区	18	46	214	60	154	99		72	
滨海新区	10	37	167	84	83	157		119	1
宁河区	40	30	116	26	90	136	1	82	3
静海区	23	105	625	238	387	283		196	1
蓟州区	24	65	362	61	301	341	4	307	5
男	**157**	**504**	**1643**	**563**	**1080**	**1690**	**15**	**1275**	**13**
和平区									
河东区									
河西区									
南开区									
河北区									
红桥区									
东丽区									
西青区	2	36	80	33	47	26	1	16	1
津南区									
北辰区	6	123	211	72	139	297	4	246	
武清区	40	97	494	124	370	450	6	286	2
宝坻区	18	45	124	42	82	86		65	
滨海新区	9	20	86	51	35	135		103	1
宁河区	39	26	61	17	44	111	1	75	3
静海区	21	98	380	179	201	257		183	1
蓟州区	22	59	207	45	162	328	3	301	5
女	**11**	**100**	**1283**	**280**	**1003**	**306**	**3**	**151**	
和平区									
河东区									
河西区									
南开区									
河北区									
红桥区									
东丽区									
西青区		8	55	24	31	6		1	
津南区									
北辰区		27	158	37	121	59		31	
武清区	5	30	444	84	360	142	2	70	
宝坻区		1	90	18	72	13		7	
滨海新区	1	17	81	33	48	22		16	
宁河区	1	4	55	9	46	25		7	
静海区	2	7	245	59	186	26		13	
蓟州区	2	6	155	16	139	13	1	6	

4–4b 续表 7

单位：人

地区 性别	交通运输、仓储和邮政业					住宿和餐饮业		
	航空运输业	管道运输业	多式联运和运输代理业	装卸搬运和仓储业	邮政业	小计	住宿业	餐饮业
天　津	**12**		**47**	**213**	**267**	**1010**	**101**	**909**
和平区								
河东区								
河西区								
南开区								
河北区								
红桥区								
东丽区								
西青区			5	3	5	37	3	34
津南区								
北辰区	1		1	37	36	106	3	103
武清区	5		17	64	140	285	18	267
宝坻区				14	13	87	6	81
滨海新区			4	32	1	52	13	39
宁河区	6		5	23	16	51	1	50
静海区			13	29	44	278	36	242
蓟州区			2	11	12	114	21	93
男	**9**		**37**	**164**	**177**	**496**	**46**	**450**
和平区								
河东区								
河西区								
南开区								
河北区								
红桥区								
东丽区								
西青区			4	1	3	19	2	17
津南区								
北辰区	1			23	23	49		49
武清区	2		12	53	89	138	9	129
宝坻区				12	9	42	1	41
滨海新区			3	28		23	5	18
宁河区	6		5	14	7	23		23
静海区			11	24	38	139	17	122
蓟州区			2	9	8	63	12	51
女	**3**		**10**	**49**	**90**	**514**	**55**	**459**
和平区								
河东区								
河西区								
南开区								
河北区								
红桥区								
东丽区								
西青区			1	2	2	18	1	17
津南区								
北辰区			1	14	13	57	3	54
武清区	3		5	11	51	147	9	138
宝坻区				2	4	45	5	40
滨海新区			1	4	1	29	8	21
宁河区				9	9	28	1	27
静海区			2	5	6	139	19	120
蓟州区				2	4	51	9	42

4-4b 续表 8

单位：人

地区 性别	信息传输、软件和信息技术服务业				金融业				
	小计	电信、广播电视和卫星传输服务	互联网和相关服务	软件和信息技术服务业	小计	货币金融服务	资本市场服务	保险业	其他金融业
天津	**426**	**64**	**154**	**208**	**226**	**80**	**14**	**112**	**20**
和平区									
河东区									
河西区									
南开区									
河北区									
红桥区									
东丽区									
西青区	49	2	16	31	26	12		11	3
津南区									
北辰区	39	14	11	14	21	5		16	
武清区	197	20	101	76	57	16	6	29	6
宝坻区	14	2	3	9	6	2		3	1
滨海新区	53	6	6	41	25	14	4	2	5
宁河区	11	4	3	4	16	11		5	
静海区	38	9	9	20	55	20	3	30	2
蓟州区	25	7	5	13	20		1	16	3
男	**289**	**37**	**105**	**147**	**94**	**38**	**7**	**38**	**11**
和平区									
河东区									
河西区									
南开区									
河北区									
红桥区									
东丽区									
西青区	31	1	9	21	9	3		4	2
津南区									
北辰区	29	10	8	11	6	1		5	
武清区	131	9	73	49	23	9	1	9	4
宝坻区	8	1	1	6	4	2		1	1
滨海新区	39	4	3	32	10	5	3	1	1
宁河区	6	2	1	3	6	6			
静海区	27	6	6	15	29	12	2	13	2
蓟州区	18	4	4	10	7		1	5	1
女	**137**	**27**	**49**	**61**	**132**	**42**	**7**	**74**	**9**
和平区									
河东区									
河西区									
南开区									
河北区									
红桥区									
东丽区									
西青区	18	1	7	10	17	9		7	1
津南区									
北辰区	10	4	3	3	15	4		11	
武清区	66	11	28	27	34	7	5	20	2
宝坻区	6	1	2	3	2			2	
滨海新区	14	2	3	9	15	9	1	1	4
宁河区	5	2	2	1	10	5		5	
静海区	11	3	3	5	26	8	1	17	
蓟州区	7	3	1	3	13			11	2

4-4b 续表 9 单位：人

地区 性别	房地产业		租赁和商务服务业			科学研究和技术服务业			
	小计	房地产业	小计	租赁业	商务服务业	小计	研究和试验发展	专业技术服务业	科技推广和应用服务业
天津	**577**	**577**	**755**	**78**	**677**	**367**	**65**	**224**	**78**
和平区									
河东区									
河西区									
南开区									
河北区									
红桥区									
东丽区									
西青区	39	39	72	6	66	50	10	31	9
津南区									
北辰区	45	45	64	2	62	22	3	16	3
武清区	226	226	263	21	242	113	26	49	38
宝坻区	20	20	27	8	19	29	2	20	7
滨海新区	74	74	76	6	70	62	13	36	13
宁河区	10	10	42	12	30	7	1	4	2
静海区	146	146	186	10	176	72	10	57	5
蓟州区	17	17	25	13	12	12		11	1
男	**332**	**332**	**523**	**70**	**453**	**256**	**42**	**167**	**47**
和平区									
河东区									
河西区									
南开区									
河北区									
红桥区									
东丽区									
西青区	19	19	44	3	41	26	6	15	5
津南区									
北辰区	39	39	49	2	47	16	3	10	3
武清区	135	135	173	18	155	78	17	37	24
宝坻区	11	11	23	8	15	25	2	20	3
滨海新区	29	29	42	5	37	43	7	28	8
宁河区	9	9	36	12	24	3		2	1
静海区	80	80	135	10	125	54	7	45	2
蓟州区	10	10	21	12	9	11		10	1
女	**245**	**245**	**232**	**8**	**224**	**111**	**23**	**57**	**31**
和平区									
河东区									
河西区									
南开区									
河北区									
红桥区									
东丽区									
西青区	20	20	28	3	25	24	4	16	4
津南区									
北辰区	6	6	15		15	6		6	
武清区	91	91	90	3	87	35	9	12	14
宝坻区	9	9	4		4	4			4
滨海新区	45	45	34	1	33	19	6	8	5
宁河区	1	1	6		6	4	1	2	1
静海区	66	66	51		51	18	3	12	3
蓟州区	7	7	4	1	3	1		1	

4-4b　续表 10　　　　　　　　　　　　　　　　单位：人

地区 性别	水利、环境和公共设施管理业					居民服务、修理和其他服务业			
	小计	水利管理业	生态保护和环境治理业	公共设施管理业	土地管理业	小计	居民服务业	机动车、电子产品和日用产品修理业	其他服务业
天　津	**336**	**18**	**18**	**298**	**2**	**1446**	**702**	**278**	**466**
和平区									
河东区									
河西区									
南开区									
河北区									
红桥区									
东丽区									
西青区	11	1	3	7		34	26	5	3
津南区									
北辰区	34	2	3	29		673	299	33	341
武清区	68	2	6	60		257	120	77	60
宝坻区	50	1		49		46	27	17	2
滨海新区	16	3		11	2	71	45	17	9
宁河区	65	4		61		69	49	12	8
静海区	55	3	1	51		169	82	58	29
蓟州区	37	2	5	30		127	54	59	14
男	**255**	**16**	**13**	**225**	**1**	**930**	**379**	**237**	**314**
和平区									
河东区									
河西区									
南开区									
河北区									
红桥区									
东丽区									
西青区	7	1	2	4		18	12	5	1
津南区									
北辰区	24	2	2	20		496	216	26	254
武清区	49	2	4	43		141	55	65	21
宝坻区	40	1		39		27	12	14	1
滨海新区	10	2		7	1	29	12	13	4
宁河区	53	4		49		34	22	9	3
静海区	41	2	1	38		95	27	50	18
蓟州区	31	2	4	25		90	23	55	12
女	**81**	**2**	**5**	**73**	**1**	**516**	**323**	**41**	**152**
和平区									
河东区									
河西区									
南开区									
河北区									
红桥区									
东丽区									
西青区	4		1	3		16	14		2
津南区									
北辰区	10		1	9		177	83	7	87
武清区	19		2	17		116	65	12	39
宝坻区	10			10		19	15	3	1
滨海新区	6	1		4	1	42	33	4	5
宁河区	12			12		35	27	3	5
静海区	14	1		13		74	55	8	11
蓟州区	6		1	5		37	31	4	2

4-4b 续表 11

单位：人

地区 性别	教育		卫生和社会工作			文化、体育和娱乐业				
	小计	教育	小计	卫生	社会工作	小计	新闻和出版业	广播、电视、电影和录音制作业	文化艺术业	体育
天津	**962**	**962**	**376**	**340**	**36**	**144**	**7**	**25**	**19**	**44**
和平区										
河东区										
河西区										
南开区										
河北区										
红桥区										
东丽区										
西青区	80	80	31	29	2	13	1	4	1	
津南区										
北辰区	93	93	34	33	1	10		1	3	
武清区	318	318	105	97	8	47	1	17	8	6
宝坻区	66	66	13	11	2	11	2	1	1	2
滨海新区	68	68	49	47	2	6	1	2	3	
宁河区	59	59	42	42		7	1		1	2
静海区	203	203	68	53	15	42	1		2	32
蓟州区	75	75	34	28	6	8				2
男	**341**	**341**	**142**	**140**	**2**	**78**	**3**	**10**	**9**	**27**
和平区										
河东区										
河西区										
南开区										
河北区										
红桥区										
东丽区										
西青区	31	31	11	11		10	1	2	1	
津南区										
北辰区	32	32	10	10		4			1	
武清区	112	112	42	41	1	19		7	4	3
宝坻区	27	27	6	6		7				2
滨海新区	16	16	13	13		3	1	1	1	
宁河区	27	27	25	25		3	1			
静海区	67	67	22	22		26			2	20
蓟州区	29	29	13	12	1	6				2
女	**621**	**621**	**234**	**200**	**34**	**66**	**4**	**15**	**10**	**17**
和平区										
河东区										
河西区										
南开区										
河北区										
红桥区										
东丽区										
西青区	49	49	20	18	2	3		2		
津南区										
北辰区	61	61	24	23	1	6		1	2	
武清区	206	206	63	56	7	28	1	10	4	3
宝坻区	39	39	7	5	2	4	2	1	1	
滨海新区	52	52	36	34	2	3		1	2	
宁河区	32	32	17	17		4			1	2
静海区	136	136	46	31	15	16	1			12
蓟州区	46	46	21	16	5	2				

4-4b　续表 12　　　　　　　　　　　　　　　　　　　　　　　　　　　　　单位：人

地区 性别	娱乐业	公共管理、社会保障和社会组织						国际组织	
		小计	中国共产党机关	国家机构	人民政协、民主党派	社会保障	群众团体、社会团体和其他成员组织	基层群众自治组织	小计	国际组织
天　津	**49**	**1078**	**28**	**695**	**1**	**4**	**35**	**315**		
和平区										
河东区										
河西区										
南开区										
河北区										
红桥区										
东丽区										
西青区	7	71	1	54		1	5	10		
津南区										
北辰区	6	119	3	74			1	41		
武清区	15	197	8	147	1		2	39		
宝坻区	5	56	3	19			2	32		
滨海新区		173	3	72		2		96		
宁河区	3	223	1	213			3	6		
静海区	7	161	8	81		1	21	50		
蓟州区	6	78	1	35			1	41		
男	**29**	**804**	**17**	**551**	**1**	**2**	**27**	**206**		
和平区										
河东区										
河西区										
南开区										
河北区										
红桥区										
东丽区										
西青区	6	42		32		1	2	7		
津南区										
北辰区	3	80	1	52			1	26		
武清区	5	144	5	110	1		1	27		
宝坻区	5	36	2	18				16		
滨海新区		129	1	65				63		
宁河区	2	190	1	184			2	3		
静海区	4	121	6	59		1	20	35		
蓟州区	4	62	1	31			1	29		
女	**20**	**274**	**11**	**144**		**2**	**8**	**109**		
和平区										
河东区										
河西区										
南开区										
河北区										
红桥区										
东丽区										
西青区	1	29	1	22			3	3		
津南区										
北辰区	3	39	2	22				15		
武清区	10	53	3	37			1	12		
宝坻区		20	1	1			2	16		
滨海新区		44	2	7		2		33		
宁河区	1	33		29			1	3		
静海区	3	40	2	22			1	15		
蓟州区	2	16		4				12		

4-4c 各地区分性别、行业大类的就业人口(乡村)

单位：人

地区 性别	合计	农、林、牧、渔业						采矿业	
		小计	农业	林业	畜牧业	渔业	农、林、牧、渔专业及辅助性活动	小计	煤炭开采和洗选业
天　津	**89837**	**35128**	**32212**	**866**	**1422**	**439**	**189**	**67**	**2**
和平区									
河东区									
河西区									
南开区									
河北区									
红桥区									
东丽区									
西青区	3124	874	829	11	5	19	10	2	
津南区									
北辰区	2970	513	468	17	18	9	1		
武清区	24909	10125	9779	36	215	77	18	12	
宝坻区	17873	6091	5432	28	368	161	102	7	1
滨海新区	3202	974	820	11	72	69	2	22	
宁河区	8307	3919	3656	10	188	42	23	13	1
静海区	11686	4198	3983	22	159	23	11	4	
蓟州区	17766	8434	7245	731	397	39	22	7	
男	**57707**	**21618**	**19528**	**530**	**1024**	**392**	**144**	**59**	**1**
和平区									
河东区									
河西区									
南开区									
河北区									
红桥区									
东丽区									
西青区	1949	506	470	8	4	19	5		
津南区									
北辰区	1896	305	277	9	11	7	1		
武清区	15028	5796	5536	30	153	62	15	9	
宝坻区	11366	3828	3313	23	264	151	77	7	1
滨海新区	2161	623	506	3	54	59	1	21	
宁河区	5610	2503	2296	7	141	39	20	11	
静海区	8051	2826	2661	18	117	22	8	4	
蓟州区	11646	5231	4469	432	280	33	17	7	
女	**32130**	**13510**	**12684**	**336**	**398**	**47**	**45**	**8**	**1**
和平区									
河东区									
河西区									
南开区									
河北区									
红桥区									
东丽区									
西青区	1175	368	359	3	1		5	2	
津南区									
北辰区	1074	208	191	8	7	2			
武清区	9881	4329	4243	6	62	15	3	3	
宝坻区	6507	2263	2119	5	104	10	25		
滨海新区	1041	351	314	8	18	10	1	1	
宁河区	2697	1416	1360	3	47	3	3	2	1
静海区	3635	1372	1322	4	42	1	3		
蓟州区	6120	3203	2776	299	117	6	5		

4-4c　续表 1　　　　　　　　　　　　　　　　　　　　　　　　　　单位：人

地区 性别	采矿业						制造业		
	石油和天然气开采业	黑色金属矿采选业	有色金属矿采选业	非金属矿采选业	开采专业及辅助性活动	其他采矿业	小计	农副食品加工业	食品制造业
天　津	**20**	**1**	**1**	**11**	**30**	**2**	**21513**	**643**	**578**
和 平 区									
河 东 区									
河 西 区									
南 开 区									
河 北 区									
红 桥 区									
东 丽 区									
西 青 区					2		548	29	16
津 南 区									
北 辰 区							881	22	25
武 清 区	8		1		3		6707	114	201
宝 坻 区	1				3	2	5188	193	72
滨海新区	2			10	10		759	9	61
宁 河 区	7				5		1455	25	29
静 海 区	2				2		3968	161	85
蓟 州 区		1		1	5		2007	90	89
男	**17**	**1**	**1**	**10**	**27**	**2**	**12788**	**440**	**279**
和 平 区									
河 东 区									
河 西 区									
南 开 区									
河 北 区									
红 桥 区									
东 丽 区									
西 青 区							340	23	7
津 南 区									
北 辰 区							546	15	18
武 清 区	5		1		3		3978	76	93
宝 坻 区	1				3	2	2639	146	42
滨海新区	2			9	10		534	2	28
宁 河 区	7				4		930	12	11
静 海 区	2				2		2850	105	48
蓟 州 区		1		1	5		971	61	32
女	**3**			**1**	**3**		**8725**	**203**	**299**
和 平 区									
河 东 区									
河 西 区									
南 开 区									
河 北 区									
红 桥 区									
东 丽 区									
西 青 区					2		208	6	9
津 南 区									
北 辰 区							335	7	7
武 清 区	3						2729	38	108
宝 坻 区							2549	47	30
滨海新区				1			225	7	33
宁 河 区					1		525	13	18
静 海 区							1118	56	37
蓟 州 区							1036	29	57

4−4c 续表 2　　　　单位：人

地区 性别	制造业								
	酒、饮料和精制茶制造业	烟草制品业	纺织业	纺织服装、服饰业	皮革、毛皮、羽毛及其制品和制鞋业	木材加工和木、竹、藤、棕、草制品业	家具制造业	造纸和纸制品业	印刷和记录媒介复制业
天　津	**89**	**14**	**914**	**3263**	**264**	**242**	**866**	**608**	**225**
和平区									
河东区									
河西区									
南开区									
河北区									
红桥区									
东丽区									
西青区	1		31	4	1	3	7	12	1
津南区									
北辰区	6	3	6	7	25	16	18	9	16
武清区	45	2	603	126	81	51	118	352	65
宝坻区	13	1	217	2055	116	82	572	58	60
滨海新区			7	23		14	3	31	2
宁河区	3	7	9	132	23	9	30	38	7
静海区	3		32	123	12	42	87	56	41
蓟州区	18	1	9	793	6	25	31	52	33
男	**55**	**8**	**454**	**658**	**77**	**181**	**602**	**354**	**134**
和平区									
河东区									
河西区									
南开区									
河北区									
红桥区									
东丽区									
西青区	1		13	2		2	5	6	1
津南区									
北辰区	2	2	4	4	8	6	8	3	10
武清区	25		328	42	26	34	86	192	37
宝坻区	11		86	468	37	65	401	40	38
滨海新区			2	5		10	2	19	
宁河区	2	5	2	22	1	7	14	29	3
静海区	3		15	29	4	33	62	35	26
蓟州区	11	1	4	86	1	24	24	30	19
女	**34**	**6**	**460**	**2605**	**187**	**61**	**264**	**254**	**91**
和平区									
河东区									
河西区									
南开区									
河北区									
红桥区									
东丽区									
西青区			18	2	1	1	2	6	
津南区									
北辰区	4	1	2	3	17	10	10	6	6
武清区	20	2	275	84	55	17	32	160	28
宝坻区	2	1	131	1587	79	17	171	18	22
滨海新区			5	18		4	1	12	2
宁河区	1	2	7	110	22	2	16	9	4
静海区			17	94	8	9	25	21	15
蓟州区	7		5	707	5	1	7	22	14

4-4c　续表 3　　　　　　　　　　　　　　　　　　　　　　　　　　　　单位：人

地区 性别	制造业								
	文教、工美、体育和娱乐用品制造业	石油、煤炭及其他燃料加工业	化学原料和化学制品制造业	医药制造业	化学纤维制造业	橡胶和塑料制品业	非金属矿物制品业	黑色金属冶炼和压延加工业	有色金属冶炼和压延加工业
天　津	**1309**	**43**	**344**	**180**	**22**	**719**	**728**	**1254**	**190**
和平区									
河东区									
河西区									
南开区									
河北区									
红桥区									
东丽区									
西青区	3		53	12		37	13	24	2
津南区									
北辰区	7		24	19	1	80	29	31	9
武清区	799	3	90	72	2	233	201	33	77
宝坻区	190	4	28	30	10	152	204	11	37
滨海新区	27	18	87	3		36	95	63	1
宁河区	17	5	13	13	4	29	29	146	13
静海区	238	7	22	12	1	130	72	942	46
蓟州区	28	6	27	19	4	22	85	4	5
男	**644**	**34**	**251**	**90**	**16**	**429**	**572**	**1061**	**149**
和平区									
河东区									
河西区									
南开区									
河北区									
红桥区									
东丽区									
西青区	2		33	7		19	9	22	2
津南区									
北辰区	3		10	8	1	47	20	24	8
武清区	366	3	64	36	1	136	154	29	61
宝坻区	107	3	20	12	6	81	160	11	32
滨海新区	15	14	75	2		21	79	56	1
宁河区	6	3	11	6	3	18	21	121	8
静海区	132	5	19	6	1	93	62	794	32
蓟州区	13	6	19	13	4	14	67	4	5
女	**665**	**9**	**93**	**90**	**6**	**290**	**156**	**193**	**41**
和平区									
河东区									
河西区									
南开区									
河北区									
红桥区									
东丽区									
西青区	1		20	5		18	4	2	
津南区									
北辰区	4		14	11		33	9	7	1
武清区	433		26	36	1	97	47	4	16
宝坻区	83	1	8	18	4	71	44		5
滨海新区	12	4	12	1		15	16	7	
宁河区	11	2	2	7	1	11	8	25	5
静海区	106	2	3	6		37	10	148	14
蓟州区	15		8	6		8	18		

4−4c　续表 4　　　　单位：人

地区 性别	制造业								
	金属制品业	通用设备制造业	专用设备制造业	汽车制造业	铁路、船舶、航空航天和其他运输设备制造业	电气机械和器材制造业	计算机、通信和其他电子设备制造业	仪器仪表制造业	其他制造业
天　津	**2367**	**1783**	**389**	**1019**	**1704**	**477**	**710**	**74**	**135**
和平区									
河东区									
河西区									
南开区									
河北区									
红桥区									
东丽区									
西青区	82	38	9	27	37	34	52	5	6
津南区									
北辰区	70	142	41	70	109	56	16	6	12
武清区	411	392	126	509	1320	122	447	18	20
宝坻区	336	323	68	81	45	105	46	10	24
滨海新区	86	39	20	59	5	9	16	11	5
宁河区	469	197	22	104	14	20	20	3	11
静海区	711	499	56	114	141	94	51	12	48
蓟州区	202	153	47	55	33	37	62	9	9
男	**1881**	**1315**	**264**	**688**	**1066**	**324**	**360**	**44**	**67**
和平区									
河东区									
河西区									
南开区									
河北区									
红桥区									
东丽区									
西青区	65	28	7	15	19	18	25	2	
津南区									
北辰区	52	98	28	49	54	37	7	4	11
武清区	313	268	82	328	831	78	207	14	11
宝坻区	306	257	53	58	31	75	33	4	15
滨海新区	68	32	11	39	3	6	12	5	3
宁河区	333	144	12	84	10	11	10	3	5
静海区	576	350	40	73	94	70	24	6	16
蓟州区	168	138	31	42	24	29	42	6	6
女	**486**	**468**	**125**	**331**	**638**	**153**	**350**	**30**	**68**
和平区									
河东区									
河西区									
南开区									
河北区									
红桥区									
东丽区									
西青区	17	10	2	12	18	16	27	3	6
津南区									
北辰区	18	44	13	21	55	19	9	2	1
武清区	98	124	44	181	489	44	240	4	9
宝坻区	30	66	15	23	14	30	13	6	9
滨海新区	18	7	9	20	2	3	4	6	2
宁河区	136	53	10	20	4	9	10		6
静海区	135	149	16	41	47	24	27	6	32
蓟州区	34	15	16	13	9	8	20	3	3

4-4c　续表 5

单位：人

地区 性别	制造业		电力、热力、燃气及水生产和供应业				建筑业		
	废弃资源综合利用业	金属制品、机械和设备修理业	小计	电力、热力生产和供应业	燃气生产和供应业	水的生产和供应业	小计	房屋建筑业	土木工程建筑业
天津	**247**	**113**	**541**	**337**	**113**	**91**	**6844**	**3563**	**841**
和平区									
河东区									
河西区									
南开区									
河北区									
红桥区									
东丽区									
西青区	7	2	12	4	5	3	130	14	29
津南区									
北辰区	3	3	29	21	5	3	271	143	57
武清区	54	20	101	45	27	29	994	428	115
宝坻区	21	24	94	54	22	18	1744	965	148
滨海新区	15	14	28	19	5	4	186	77	23
宁河区	9	5	71	54	14	3	929	368	246
静海区	113	17	68	33	15	20	570	284	87
蓟州区	25	28	138	107	20	11	2020	1284	136
男	**186**	**105**	**459**	**284**	**92**	**83**	**6094**	**3141**	**749**
和平区									
河东区									
河西区									
南开区									
河北区									
红桥区									
东丽区									
西青区	5	2	11	4	4	3	112	9	25
津南区									
北辰区	2	3	21	17	3	1	201	102	52
武清区	38	19	89	38	23	28	882	386	105
宝坻区	18	23	87	50	19	18	1611	884	135
滨海新区	12	12	21	15	3	3	168	70	21
宁河区	8	5	59	44	13	2	829	323	213
静海区	81	16	57	28	10	19	456	208	75
蓟州区	22	25	114	88	17	9	1835	1159	123
女	**61**	**8**	**82**	**53**	**21**	**8**	**750**	**422**	**92**
和平区									
河东区									
河西区									
南开区									
河北区									
红桥区									
东丽区									
西青区	2		1		1		18	5	4
津南区									
北辰区	1		8	4	2	2	70	41	5
武清区	16	1	12	7	4	1	112	42	10
宝坻区	3	1	7	4	3		133	81	13
滨海新区	3	2	7	4	2	1	18	7	2
宁河区	1		12	10	1	1	100	45	33
静海区	32	1	11	5	5	1	114	76	12
蓟州区	3	3	24	19	3	2	185	125	13

4-4c 续表 6

单位：人

地区 性别	建筑业		批发和零售业			交通运输、仓储和邮政业			
	建筑安装业	建筑装饰、装修和其他建筑业	小计	批发业	零售业	小计	铁路运输业	道路运输业	水上运输业
天津	**644**	**1796**	**5897**	**1450**	**4447**	**5418**	**43**	**4060**	**54**
和平区									
河东区									
河西区									
南开区									
河北区									
红桥区									
东丽区									
西青区	46	41	296	96	200	237	1	100	
津南区									
北辰区	14	57	297	79	218	268	5	174	2
武清区	59	392	1727	386	1341	1411	9	935	12
宝坻区	150	481	1075	267	808	904	11	680	20
滨海新区	8	78	206	47	159	303		255	3
宁河区	183	132	399	109	290	435	1	288	6
静海区	55	144	721	245	476	472	5	371	1
蓟州区	129	471	1176	221	955	1388	11	1257	10
男	**609**	**1595**	**3344**	**1019**	**2325**	**4830**	**39**	**3831**	**50**
和平区									
河东区									
河西区									
南开区									
河北区									
红桥区									
东丽区									
西青区	40	38	163	57	106	180	1	92	
津南区									
北辰区	10	37	180	57	123	231	4	158	2
武清区	53	338	923	219	704	1163	7	838	10
宝坻区	143	449	636	204	432	830	11	645	20
滨海新区	7	70	96	36	60	280		242	2
宁河区	179	114	240	82	158	375	1	273	5
静海区	52	121	448	197	251	433	5	353	1
蓟州区	125	428	658	167	491	1338	10	1230	10
女	**35**	**201**	**2553**	**431**	**2122**	**588**	**4**	**229**	**4**
和平区									
河东区									
河西区									
南开区									
河北区									
红桥区									
东丽区									
西青区	6	3	133	39	94	57		8	
津南区									
北辰区	4	20	117	22	95	37	1	16	
武清区	6	54	804	167	637	248	2	97	2
宝坻区	7	32	439	63	376	74		35	
滨海新区	1	8	110	11	99	23		13	1
宁河区	4	18	159	27	132	60		15	1
静海区	3	23	273	48	225	39		18	
蓟州区	4	43	518	54	464	50	1	27	

4-4c　续表 7

单位：人

地区 性别	交通运输、仓储和邮政业					住宿和餐饮业		
	航空运输业	管道运输业	多式联运和运输代理业	装卸搬运和仓储业	邮政业	小计	住宿业	餐饮业
天　津	**20**		**79**	**543**	**619**	**1962**	**265**	**1697**
和平区								
河东区								
河西区								
南开区								
河北区								
红桥区								
东丽区								
西青区			5	104	27	80	7	73
津南区								
北辰区			4	60	23	79	6	73
武清区	6		25	158	266	511	44	467
宝坻区	5		10	81	97	341	36	305
滨海新区	1		10	13	21	73	6	67
宁河区	4		4	64	68	110	9	101
静海区	1		10	29	55	217	15	202
蓟州区	3		11	34	62	551	142	409
男	**14**		**64**	**407**	**425**	**966**	**90**	**876**
和平区								
河东区								
河西区								
南开区								
河北区								
红桥区								
东丽区								
西青区			4	62	21	36	1	35
津南区								
北辰区			3	45	19	43	3	40
武清区	5		18	115	170	257	9	248
宝坻区	3		9	69	73	168	10	158
滨海新区			10	11	15	26	2	24
宁河区	2		3	50	41	48	3	45
静海区	1		10	26	37	115	6	109
蓟州区	3		7	29	49	273	56	217
女	**6**		**15**	**136**	**194**	**996**	**175**	**821**
和平区								
河东区								
河西区								
南开区								
河北区								
红桥区								
东丽区								
西青区			1	42	6	44	6	38
津南区								
北辰区			1	15	4	36	3	33
武清区	1		7	43	96	254	35	219
宝坻区	2		1	12	24	173	26	147
滨海新区	1			2	6	47	4	43
宁河区	2		1	14	27	62	6	56
静海区				3	18	102	9	93
蓟州区			4	5	13	278	86	192

4-4c 续表 8 单位：人

地区 性别	信息传输、软件和信息技术服务业				金融业				
	小计	电信、广播电视和卫星传输服务	互联网和相关服务	软件和信息技术服务业	小计	货币金融服务	资本市场服务	保险业	其他金融业
天津	**487**	**117**	**181**	**189**	**481**	**140**	**17**	**274**	**50**
和平区									
河东区									
河西区									
南开区									
河北区									
红桥区									
东丽区									
西青区	31	10	13	8	16	6		10	
津南区									
北辰区	21	5	11	5	18	7		9	2
武清区	191	45	74	72	139	41	3	75	20
宝坻区	66	15	23	28	79	23	5	46	5
滨海新区	21	4	10	7	26	13		9	4
宁河区	33	8	9	16	31	10	1	16	4
静海区	41	17	9	15	57	18	3	32	4
蓟州区	83	13	32	38	115	22	5	77	11
男	**304**	**73**	**126**	**105**	**211**	**79**	**8**	**98**	**26**
和平区									
河东区									
河西区									
南开区									
河北区									
红桥区									
东丽区									
西青区	25	8	12	5	5	2		3	
津南区									
北辰区	13	3	7	3	9	3		5	1
武清区	108	27	47	34	74	27	2	32	13
宝坻区	41	8	15	18	40	16	2	19	3
滨海新区	11	1	9	1	13	10		2	1
宁河区	21	5	6	10	12	5		6	1
静海区	31	13	7	11	22	9	2	10	1
蓟州区	54	8	23	23	36	7	2	21	6
女	**183**	**44**	**55**	**84**	**270**	**61**	**9**	**176**	**24**
和平区									
河东区									
河西区									
南开区									
河北区									
红桥区									
东丽区									
西青区	6	2	1	3	11	4		7	
津南区									
北辰区	8	2	4	2	9	4		4	1
武清区	83	18	27	38	65	14	1	43	7
宝坻区	25	7	8	10	39	7	3	27	2
滨海新区	10	3	1	6	13	3		7	3
宁河区	12	3	3	6	19	5	1	10	3
静海区	10	4	2	4	35	9	1	22	3
蓟州区	29	5	9	15	79	15	3	56	5

4-4c 续表 9

单位：人

地区 性别	房地产业		租赁和商务服务业			科学研究和技术服务业			
	小计	房地产业	小计	租赁业	商务服务业	小计	研究和试验发展	专业技术服务业	科技推广和应用服务业
天　津	**889**	**889**	**1153**	**206**	**947**	**433**	**64**	**259**	**110**
和平区									
河东区									
河西区									
南开区									
河北区									
红桥区									
东丽区									
西青区	27	27	53	6	47	21	3	14	4
津南区									
北辰区	78	78	101	6	95	22	4	13	5
武清区	354	354	418	44	374	126	22	68	36
宝坻区	163	163	171	57	114	88	5	49	34
滨海新区	52	52	76	13	63	25	5	14	6
宁河区	31	31	102	17	85	40	2	31	7
静海区	76	76	113	9	104	46	8	32	6
蓟州区	108	108	119	54	65	65	15	38	12
男	**536**	**536**	**860**	**197**	**663**	**292**	**39**	**178**	**75**
和平区									
河东区									
河西区									
南开区									
河北区									
红桥区									
东丽区									
西青区	15	15	37	6	31	15	2	10	3
津南区									
北辰区	52	52	63	3	60	13	2	9	2
武清区	210	210	293	43	250	83	13	49	21
宝坻区	92	92	143	53	90	64	3	34	27
滨海新区	32	32	62	13	49	17	4	10	3
宁河区	19	19	82	17	65	27	2	20	5
静海区	40	40	85	9	76	34	6	24	4
蓟州区	76	76	95	53	42	39	7	22	10
女	**353**	**353**	**293**	**9**	**284**	**141**	**25**	**81**	**35**
和平区									
河东区									
河西区									
南开区									
河北区									
红桥区									
东丽区									
西青区	12	12	16		16	6	1	4	1
津南区									
北辰区	26	26	38	3	35	9	2	4	3
武清区	144	144	125	1	124	43	9	19	15
宝坻区	71	71	28	4	24	24	2	15	7
滨海新区	20	20	14		14	8	1	4	3
宁河区	12	12	20		20	13		11	2
静海区	36	36	28		28	12	2	8	2
蓟州区	32	32	24	1	23	26	8	16	2

4–4c 续表 10

单位：人

地区 性别	水利、环境和公共设施管理业					居民服务、修理和其他服务业			
	小计	水利管理业	生态保护和环境治理业	公共设施管理业	土地管理业	小计	居民服务业	机动车、电子产品和日用产品修理业	其他服务业
天津	**1201**	**42**	**48**	**1109**	**2**	**2739**	**945**	**663**	**1131**
和平区									
河东区									
河西区									
南开区									
河北区									
红桥区									
东丽区									
西青区	29		2	27		597	24	18	555
津南区									
北辰区	31	1	3	27		143	47	13	83
武清区	250	9	13	228		545	250	153	142
宝坻区	281	15	7	258	1	408	173	138	97
滨海新区	49		6	43		108	43	28	37
宁河区	260	6	3	251		130	66	35	29
静海区	122	4	3	115		362	164	57	141
蓟州区	179	7	11	160	1	446	178	221	47
男	**892**	**38**	**38**	**815**	**1**	**1648**	**381**	**576**	**691**
和平区									
河东区									
河西区									
南开区									
河北区									
红桥区									
东丽区									
西青区	19		2	17		389	8	16	365
津南区									
北辰区	25	1	2	22		88	27	10	51
武清区	186	6	8	172		291	90	127	74
宝坻区	205	15	6	183	1	254	73	128	53
滨海新区	33		6	27		56	21	24	11
宁河区	196	6	2	188		63	22	29	12
静海区	100	3	3	94		233	88	44	101
蓟州区	128	7	9	112		274	52	198	24
女	**309**	**4**	**10**	**294**	**1**	**1091**	**564**	**87**	**440**
和平区									
河东区									
河西区									
南开区									
河北区									
红桥区									
东丽区									
西青区	10			10		208	16	2	190
津南区									
北辰区	6		1	5		55	20	3	32
武清区	64	3	5	56		254	160	26	68
宝坻区	76		1	75		154	100	10	44
滨海新区	16			16		52	22	4	26
宁河区	64		1	63		67	44	6	17
静海区	22	1		21		129	76	13	40
蓟州区	51		2	48	1	172	126	23	23

4-4c　续表 11

单位：人

地区 性别	教育		卫生和社会工作			文化、体育和娱乐业				
	小计	教育	小计	卫生	社会工作	小计	新闻和出版业	广播、电视、电影和录音制作业	文化艺术业	体育
天　津	**1725**	**1725**	**726**	**677**	**49**	**205**	**8**	**14**	**41**	**35**
和平区										
河东区										
河西区										
南开区										
河北区										
红桥区										
东丽区										
西青区	49	49	25	23	2	6		1	1	
津南区										
北辰区	59	59	48	43	5	13	1	2	2	4
武清区	506	506	226	204	22	60	5	3	12	14
宝坻区	332	332	105	93	12	54		3	18	8
滨海新区	66	66	34	34		10		1	1	2
宁河区	147	147	47	47		8			1	
静海区	267	267	108	106	2	5	1	1	2	
蓟州区	299	299	133	127	6	49	1	3	4	7
男	**686**	**686**	**286**	**268**	**18**	**113**	**4**	**11**	**21**	**14**
和平区										
河东区										
河西区										
南开区										
河北区										
红桥区										
东丽区										
西青区	16	16	7	6	1	3		1	1	
津南区										
北辰区	14	14	13	12	1	6	1	1	2	1
武清区	199	199	95	85	10	34	2	2	7	7
宝坻区	169	169	48	44	4	30		2	7	4
滨海新区	25	25	16	16		6		1		
宁河区	67	67	19	19		4				
静海区	67	67	44	44		2		1	1	
蓟州区	129	129	44	42	2	28	1	3	3	2
女	**1039**	**1039**	**440**	**409**	**31**	**92**	**4**	**3**	**20**	**21**
和平区										
河东区										
河西区										
南开区										
河北区										
红桥区										
东丽区										
西青区	33	33	18	17	1	3				
津南区										
北辰区	45	45	35	31	4	7		1		3
武清区	307	307	131	119	12	26	3	1	5	7
宝坻区	163	163	57	49	8	24		1	11	4
滨海新区	41	41	18	18		4			1	2
宁河区	80	80	28	28		4			1	
静海区	200	200	64	62	2	3	1		1	
蓟州区	170	170	89	85	4	21			1	5

4-4c 续表 12 单位：人

地区 性别	娱乐业	公共管理、社会保障和社会组织						国际组织	
		小计	中国共产党机关	国家机构	人民政协、民主党派	社会保障	群众团体、社会团体和其他成员组织	基层群众自治组织	小计	国际组织
天　津	**107**	**2428**	**70**	**869**		**8**	**57**	**1424**		
和平区										
河东区										
河西区										
南开区										
河北区										
红桥区										
东丽区										
西青区	4	91	1	41			2	47		
津南区										
北辰区	4	98	9	41		1	7	40		
武清区	26	506	19	236		3	27	221		
宝坻区	25	682	12	156			5	509		
滨海新区	6	184	2	33			12	137		
宁河区	7	147	10	63		3	1	70		
静海区	1	271	7	137				127		
蓟州区	34	449	10	162		1	3	273		
男	**63**	**1721**	**55**	**680**		**5**	**33**	**948**		
和平区										
河东区										
河西区										
南开区										
河北区										
红桥区										
东丽区										
西青区	1	70	1	32			2	35		
津南区										
北辰区	1	73	5	34			4	30		
武清区	16	358	15	178		3	13	149		
宝坻区	17	474	11	129			3	331		
滨海新区	5	121	1	22			9	89		
宁河区	4	105	8	48		1	1	47		
静海区		204	5	103				96		
蓟州区	19	316	9	134		1	1	171		
女	**44**	**707**	**15**	**189**		**3**	**24**	**476**		
和平区										
河东区										
河西区										
南开区										
河北区										
红桥区										
东丽区										
西青区	3	21		9				12		
津南区										
北辰区	3	25	4	7		1	3	10		
武清区	10	148	4	58			14	72		
宝坻区	8	208	1	27			2	178		
滨海新区	1	63	1	11			3	48		
宁河区	3	42	2	15		2		23		
静海区	1	67	2	34				31		
蓟州区	15	133	1	28			2	102		

4-5 全市分年龄、性别、行业大类的就业人口

单位：人

年龄组 性别	合计	农、林、牧、渔业						采矿业	
		小计	农业	林业	畜牧业	渔业	农、林、牧、渔专业及辅助性活动	小计	煤炭开采和洗选业
总　计	**504665**	**42177**	**37747**	**1148**	**2000**	**892**	**390**	**5953**	**68**
16-19岁	3676	147	128	1	10	3	5	5	
20-24岁	25535	851	779	14	34	12	12	141	1
25-29岁	57317	1976	1802	37	58	48	31	406	8
30-34岁	95349	3441	3031	123	144	99	44	1014	12
35-39岁	85458	3063	2655	109	169	86	44	1145	9
40-44岁	65217	3428	2996	85	198	106	43	990	11
45-49岁	63245	5245	4551	145	336	156	57	1094	11
50-54岁	51993	6982	6160	203	379	178	62	703	11
55-59岁	36961	6658	5972	196	328	117	45	405	4
60-64岁	10763	4702	4309	128	188	51	26	35	1
65-69岁	6410	3741	3517	83	100	29	12	6	
70-74岁	2060	1463	1382	21	47	6	7	2	
75岁及以上	681	480	465	3	9	1	2	7	
男	**308218**	**26334**	**23129**	**718**	**1443**	**769**	**275**	**4440**	**48**
16-19岁	2758	108	92	1	7	3	5	3	
20-24岁	15772	590	540	10	22	10	8	111	1
25-29岁	33183	1339	1219	24	43	39	14	293	4
30-34岁	54681	2230	1925	81	110	87	27	763	11
35-39岁	48467	1857	1574	63	122	67	31	877	4
40-44岁	37418	2063	1761	48	132	89	33	695	8
45-49岁	36989	3101	2616	85	228	134	38	698	5
50-54岁	35383	4125	3531	128	269	153	44	574	10
55-59岁	29047	4033	3534	121	235	107	36	386	4
60-64岁	7865	3022	2724	81	149	48	20	29	1
65-69岁	4682	2519	2344	61	77	25	12	5	
70-74岁	1465	982	917	12	41	6	6	1	
75岁及以上	508	365	352	3	8	1	1	5	
女	**196447**	**15843**	**14618**	**430**	**557**	**123**	**115**	**1513**	**20**
16-19岁	918	39	36		3			2	
20-24岁	9763	261	239	4	12	2	4	30	
25-29岁	24134	637	583	13	15	9	17	113	4
30-34岁	40668	1211	1106	42	34	12	17	251	1
35-39岁	36991	1206	1081	46	47	19	13	268	5
40-44岁	27799	1365	1235	37	66	17	10	295	3
45-49岁	26256	2144	1935	60	108	22	19	396	6
50-54岁	16610	2857	2629	75	110	25	18	129	1
55-59岁	7914	2625	2438	75	93	10	9	19	
60-64岁	2898	1680	1585	47	39	3	6	6	
65-69岁	1728	1222	1173	22	23	4		1	
70-74岁	595	481	465	9	6		1	1	
75岁及以上	173	115	113		1		1	2	

4－5 续表 1

单位：人

年龄组 性 别	采矿业						制造业		
	石油和天然气开采业	黑色金属矿采选业	有色金属矿采选业	非金属矿采选业	开采专业及辅助性活动	其他采矿业	小计	农副食品加工业	食品制造业
总 计	**2748**	**17**	**17**	**414**	**2669**	**20**	**104515**	**2100**	**3803**
16－19岁	4				1		1333	6	63
20－24岁	57		1	14	68		6101	64	274
25－29岁	188	1		27	177	5	11898	196	457
30－34岁	480	4	1	61	451	5	21563	388	774
35－39岁	552	2	2	41	537	2	18600	327	605
40－44岁	487	4	2	49	437		14369	268	515
45－49岁	511	1	4	77	487	3	13259	308	507
50－54岁	282	2	3	87	315	3	9688	260	325
55－59岁	158	3	4	53	181	2	5871	170	205
60－64岁	20			3	11		1200	61	51
65－69岁	3			1	2		496	40	23
70－74岁	2						109	10	4
75岁及以上	4			1	2		28	2	
男	**1977**	**15**	**14**	**339**	**2032**	**15**	**68674**	**1386**	**2044**
16－19岁	2				1		1090	5	37
20－24岁	42		1	11	56		4676	45	171
25－29岁	128	1		24	131	5	8173	122	260
30－34岁	365	4	1	49	330	3	13791	252	380
35－39岁	421	2		28	420	2	11446	206	275
40－44岁	330	2	2	33	320		8393	168	243
45－49岁	303	1	4	57	326	2	7933	189	258
50－54岁	222	2	3	81	255	1	6976	179	206
55－59岁	145	3	3	51	178	2	4752	130	154
60－64岁	14			3	11		935	47	38
65－69岁	2			1	2		410	33	20
70－74岁	1						80	9	2
75岁及以上	2			1	2		19	1	
女	**771**	**2**	**3**	**75**	**637**	**5**	**35841**	**714**	**1759**
16－19岁	2						243	1	26
20－24岁	15			3	12		1425	19	103
25－29岁	60			3	46		3725	74	197
30－34岁	115			12	121	2	7772	136	394
35－39岁	131		2	13	117		7154	121	330
40－44岁	157	2		16	117		5976	100	272
45－49岁	208			20	161	1	5326	119	249
50－54岁	60			6	60	2	2712	81	119
55－59岁	13		1	2	3		1119	40	51
60－64岁	6						265	14	13
65－69岁	1						86	7	3
70－74岁	1						29	1	2
75岁及以上	2						9	1	

4-5　续表 2　　　　　　　　　　　　　　　　　　　　　　　　　　　单位：人

年龄组 性　别	制造业								
	酒、饮料和精制茶制造业	烟　草制品业	纺织业	纺织服装、服饰业	皮革、毛皮、羽毛及其制品和制鞋业	木材加工和木、竹、藤、棕、草制品业	家　具制造业	造纸和纸制品业	印刷和记录媒介复制业
总　计	**873**	**122**	**1836**	**4916**	**639**	**788**	**2552**	**1928**	**1455**
16-19岁	8	2	5	17	1	2	23	16	26
20-24岁	37	8	39	98	20	22	124	80	81
25-29岁	91	10	117	378	30	69	265	202	152
30-34岁	178	29	245	899	98	123	516	403	314
35-39岁	174	27	269	793	75	122	407	309	279
40-44岁	129	19	278	783	114	96	342	260	224
45-49岁	116	7	283	863	134	121	346	260	165
50-54岁	69	13	251	621	90	130	273	202	124
55-59岁	60	7	269	331	57	72	186	132	74
60-64岁	9		44	87	10	20	55	47	11
65-69岁	1		24	38	6	6	13	16	4
70-74岁	1		9	6	4	3	1	1	1
75岁及以上			3	2		2	1		
男	**563**	**81**	**938**	**1202**	**258**	**578**	**1766**	**1235**	**912**
16-19岁	8	1	3	7	1	2	20	10	25
20-24岁	22	4	28	29	13	18	92	62	55
25-29岁	61	8	63	144	21	52	188	146	93
30-34岁	109	20	121	242	41	84	352	253	191
35-39岁	109	13	114	186	36	91	263	189	169
40-44岁	73	13	115	155	32	65	224	158	130
45-49岁	66	4	120	158	40	80	225	135	90
50-54岁	54	12	137	132	39	102	194	136	85
55-59岁	53	6	187	106	24	56	146	96	61
60-64岁	7		27	21	4	18	48	37	9
65-69岁			14	19	5	6	13	12	4
70-74岁	1		7	2	2	3	1	1	
75岁及以上			2	1		1			
女	**310**	**41**	**898**	**3714**	**381**	**210**	**786**	**693**	**543**
16-19岁		1	2	10			3	6	1
20-24岁	15	4	11	69	7	4	32	18	26
25-29岁	30	2	54	234	9	17	77	56	59
30-34岁	69	9	124	657	57	39	164	150	123
35-39岁	65	14	155	607	39	31	144	120	110
40-44岁	56	6	163	628	82	31	118	102	94
45-49岁	50	3	163	705	94	41	121	125	75
50-54岁	15	1	114	489	51	28	79	66	39
55-59岁	7	1	82	225	33	16	40	36	13
60-64岁	2		17	66	6	2	7	10	2
65-69岁	1		10	19	1			4	
70-74岁			2	4	2				1
75岁及以上			1	1		1	1		

4-5 续表 3

单位：人

年龄组 性 别	制造业								
	文教、工美、体育和娱乐用品制造业	石油、煤炭及其他燃料加工业	化学原料和化学制品制造业	医 药制造业	化学纤维制造业	橡胶和塑 料制品业	非金属矿 物制品业	黑色金属冶炼和压延加工业	有色金属冶炼和压延加工业
总 计	**2352**	**1223**	**4422**	**3106**	**93**	**4657**	**3549**	**6575**	**795**
16-19岁	16		39	7		57	14	37	2
20-24岁	92	30	149	230	5	239	152	245	42
25-29岁	190	61	343	418	9	476	381	549	114
30-34岁	345	190	814	737	19	891	718	1141	188
35-39岁	376	203	730	663	18	844	603	1222	141
40-44岁	360	210	650	395	15	724	523	983	105
45-49岁	419	279	684	303	14	642	473	1128	75
50-54岁	281	153	537	203	3	459	387	831	64
55-59岁	161	89	412	132	6	253	216	354	48
60-64岁	65	6	37	15	3	50	50	61	9
65-69岁	36	1	17	2		19	27	19	3
70-74岁	11	1	7			3	4	5	4
75岁及以上			3	1	1		1		
男	**1169**	**871**	**3106**	**1768**	**59**	**2983**	**2758**	**5376**	**619**
16-19岁	11		28	6		48	14	32	2
20-24岁	57	26	121	145	3	185	125	207	38
25-29岁	105	36	207	201	8	339	296	457	91
30-34岁	158	129	537	406	11	562	533	904	147
35-39岁	178	148	472	332	10	515	438	946	113
40-44岁	162	139	416	216	12	399	400	746	67
45-49岁	187	184	455	170	6	357	355	906	60
50-54岁	145	119	440	155	1	311	327	772	43
55-59岁	89	84	376	123	5	204	197	328	42
60-64岁	41	5	31	11	2	41	46	58	9
65-69岁	30	1	16	2		19	23	16	3
70-74岁	6		5			3	3	4	4
75岁及以上			2	1	1		1		
女	**1183**	**352**	**1316**	**1338**	**34**	**1674**	**791**	**1199**	**176**
16-19岁	5		11	1		9		5	
20-24岁	35	4	28	85	2	54	27	38	4
25-29岁	85	25	136	217	1	137	85	92	23
30-34岁	187	61	277	331	8	329	185	237	41
35-39岁	198	55	258	331	8	329	165	276	28
40-44岁	198	71	234	179	3	325	123	237	38
45-49岁	232	95	229	133	8	285	118	222	15
50-54岁	136	34	97	48	2	148	60	59	21
55-59岁	72	5	36	9	1	49	19	26	6
60-64岁	24	1	6	4	1	9	4	3	
65-69岁	6		1				4	3	
70-74岁	5	1	2				1	1	
75岁及以上			1						

4-5　续表 4　　　　单位：人

年龄组 性　别	制造业								
	金　属 制品业	通用设备 制造业	专用设备 制造业	汽　车 制造业	铁路、船舶、 航空航天和 其他运输 设备制造业	电气机械 和器材 制造业	计算机、 通信和其 他电子设 备制造业	仪器仪表 制造业	其　他 制造业
总　计	**9037**	**9560**	**5098**	**9017**	**6247**	**4854**	**8836**	**1109**	**1026**
16-19岁	45	53	24	468	115	76	166	5	29
20-24岁	306	441	269	1019	442	420	947	43	93
25-29岁	774	1055	641	1433	807	682	1557	126	133
30-34岁	1730	1981	1205	2117	1366	1131	2229	249	180
35-39岁	1617	1819	999	1682	1025	891	1700	220	189
40-44岁	1316	1331	711	947	825	631	1083	168	146
45-49岁	1277	1199	598	640	739	476	667	115	123
50-54岁	1085	928	374	428	566	309	290	80	76
55-59岁	662	591	222	225	289	190	164	88	47
60-64岁	153	106	34	37	53	32	26	8	9
65-69岁	59	46	16	17	18	11	7	5	1
70-74岁	12	7	3	3		3		2	
75岁及以上	1	3	2	1	2	2			
男	**6968**	**7001**	**3373**	**6449**	**4165**	**3275**	**4900**	**686**	**658**
16-19岁	40	48	16	420	99	60	103	4	29
20-24岁	257	361	203	893	348	328	653	34	72
25-29岁	588	822	432	1104	580	501	925	81	87
30-34岁	1326	1451	779	1461	902	740	1166	145	113
35-39岁	1193	1262	599	1115	648	549	845	122	107
40-44岁	961	863	423	534	484	364	514	88	77
45-49岁	938	831	371	351	439	282	318	59	70
50-54岁	875	707	304	332	394	244	203	60	53
55-59岁	582	515	202	192	214	168	148	83	42
60-64岁	139	94	26	29	44	27	20	6	7
65-69岁	57	40	13	15	11	10	5	3	1
70-74岁	11	5	3	2		2		1	
75岁及以上	1	2	2	1	2				
女	**2069**	**2559**	**1725**	**2568**	**2082**	**1579**	**3936**	**423**	**368**
16-19岁	5	5	8	48	16	16	63	1	
20-24岁	49	80	66	126	94	92	294	9	21
25-29岁	186	233	209	329	227	181	632	45	46
30-34岁	404	530	426	656	464	391	1063	104	67
35-39岁	424	557	400	567	377	342	855	98	82
40-44岁	355	468	288	413	341	267	569	80	69
45-49岁	339	368	227	289	300	194	349	56	53
50-54岁	210	221	70	96	172	65	87	20	23
55-59岁	80	76	20	33	75	22	16	5	5
60-64岁	14	12	8	8	9	5	6	2	2
65-69岁	2	6	3	2	7	1	2	2	
70-74岁	1	2		1		1		1	
75岁及以上		1				2			

4-5 续表 5

单位：人

年龄组 性 别	制造业		电力、热力、燃气及水生产和供应业				建筑业		
	废弃资源综合利用业	金属制品、机械和设备修理业	小计	电力、热力生产和供应业	燃气生产和供应业	水的生产和供应业	小计	房屋建筑业	土木工程建筑业
总 计	**686**	**1261**	**6978**	**4691**	**1191**	**1096**	**41070**	**16708**	**7196**
16-19岁	4	7	16	14	1	1	176	70	29
20-24岁	30	60	268	178	50	40	1527	593	307
25-29岁	44	138	742	501	121	120	3817	1400	757
30-34岁	88	277	1202	763	210	229	7002	2626	1352
35-39岁	67	204	1163	736	211	216	6209	2138	1318
40-44岁	71	147	946	625	173	148	5081	1847	916
45-49岁	131	167	1065	792	151	122	5799	2373	921
50-54岁	132	144	805	576	137	92	5818	2669	807
55-59岁	66	93	682	451	123	108	3894	1945	585
60-64岁	31	20	60	35	10	15	1177	716	131
65-69岁	19	2	28	20	3	5	474	276	61
70-74岁	2	2					75	42	10
75岁及以上	1		1		1		21	13	2
男	**492**	**1035**	**5006**	**3399**	**848**	**759**	**33058**	**13906**	**5531**
16-19岁	4	7	14	12	1	1	155	63	27
20-24岁	23	58	198	126	38	34	1231	481	250
25-29岁	35	120	508	339	88	81	2959	1133	575
30-34岁	60	216	807	505	146	156	5312	2053	979
35-39岁	47	156	753	491	131	131	4630	1675	915
40-44岁	50	102	594	410	103	81	3917	1454	690
45-49岁	90	139	726	547	104	75	4625	1924	698
50-54岁	91	124	674	490	108	76	5023	2323	676
55-59岁	50	89	652	430	116	106	3584	1813	531
60-64岁	23	20	55	32	10	13	1097	677	120
65-69岁	17	2	25	17	3	5	440	261	58
70-74岁	1	2					67	38	10
75岁及以上	1						18	11	2
女	**194**	**226**	**1972**	**1292**	**343**	**337**	**8012**	**2802**	**1665**
16-19岁			2	2			21	7	2
20-24岁	7	2	70	52	12	6	296	112	57
25-29岁	9	18	234	162	33	39	858	267	182
30-34岁	28	61	395	258	64	73	1690	573	373
35-39岁	20	48	410	245	80	85	1579	463	403
40-44岁	21	45	352	215	70	67	1164	393	226
45-49岁	41	28	339	245	47	47	1174	449	223
50-54岁	41	20	131	86	29	16	795	346	131
55-59岁	16	4	30	21	7	2	310	132	54
60-64岁	8		5	3		2	80	39	11
65-69岁	2		3	3			34	15	3
70-74岁	1						8	4	
75岁及以上			1		1		3	2	

4–5 续表 6 单位：人

年龄组 性 别	建筑业		批发和零售业			交通运输、仓储和邮政业			
	建 筑 安装业	建筑装 饰、装修 和其他 建筑业	小计	批发业	零售业	小计	铁 路 运输业	道 路 运输业	水 上 运输业
总 计	**2994**	**14172**	**66394**	**21468**	**44926**	**37569**	**1613**	**22377**	**1473**
16–19岁	17	60	365	84	281	146	1	63	2
20–24岁	115	512	3021	853	2168	1467	86	670	31
25–29岁	292	1368	6981	2107	4874	4004	242	1954	100
30–34岁	552	2472	13836	4448	9388	7103	235	3892	297
35–39岁	505	2248	13417	4493	8924	7059	204	4133	346
40–44岁	405	1913	10281	3268	7013	5523	207	3562	203
45–49岁	397	2108	8702	2838	5864	5007	196	3320	168
50–54岁	392	1950	5448	1839	3609	4100	188	2753	207
55–59岁	243	1121	3274	1199	2075	2715	236	1738	106
60–64岁	48	282	657	197	460	310	9	210	7
65–69岁	25	112	298	98	200	112	5	72	4
70–74岁	2	21	79	30	49	16	3	8	1
75岁及以上	1	5	35	14	21	7	1	2	1
男	**2450**	**11171**	**35484**	**12959**	**22525**	**29559**	**1316**	**18778**	**1128**
16–19岁	16	49	236	57	179	116	1	54	2
20–24岁	100	400	1658	499	1159	1035	65	496	23
25–29岁	236	1015	3638	1228	2410	2933	189	1525	80
30–34岁	429	1851	7047	2495	4552	5097	161	3008	209
35–39岁	379	1661	6634	2449	4185	5173	143	3253	250
40–44岁	313	1460	4997	1902	3095	4415	178	3063	143
45–49岁	326	1677	4408	1709	2699	4113	166	2877	132
50–54岁	350	1674	3578	1350	2228	3693	171	2550	182
55–59岁	228	1012	2520	996	1524	2576	229	1678	96
60–64岁	46	254	468	163	305	289	7	199	7
65–69岁	24	97	208	75	133	101	3	67	4
70–74岁	2	17	67	26	41	14	3	7	
75岁及以上	1	4	25	10	15	4		1	
女	**544**	**3001**	**30910**	**8509**	**22401**	**8010**	**297**	**3599**	**345**
16–19岁	1	11	129	27	102	30		9	
20–24岁	15	112	1363	354	1009	432	21	174	8
25–29岁	56	353	3343	879	2464	1071	53	429	20
30–34岁	123	621	6789	1953	4836	2006	74	884	88
35–39岁	126	587	6783	2044	4739	1886	61	880	96
40–44岁	92	453	5284	1366	3918	1108	29	499	60
45–49岁	71	431	4294	1129	3165	894	30	443	36
50–54岁	42	276	1870	489	1381	407	17	203	25
55–59岁	15	109	754	203	551	139	7	60	10
60–64岁	2	28	189	34	155	21	2	11	
65–69岁	1	15	90	23	67	11	2	5	
70–74岁		4	12	4	8	2		1	1
75岁及以上		1	10	4	6	3	1	1	1

4－5 续表 7 单位：人

年龄组 性 别	交通运输、仓储和邮政业					住宿和餐饮业		
	航 空 运输业	管 道 运输业	多式联运 和运输 代理业	装卸搬运 和仓储业	邮政业	小计	住宿业	餐饮业
总 计	**1517**	**92**	**3044**	**3077**	**4376**	**19307**	**2676**	**16631**
16－19岁	1	2	6	14	57	518	49	469
20－24岁	113	9	119	101	338	1389	197	1192
25－29岁	365	9	326	260	748	2095	268	1827
30－34岁	436	17	627	534	1065	3450	428	3022
35－39岁	249	22	759	508	838	3110	454	2656
40－44岁	126	7	501	401	516	2708	379	2329
45－49岁	107	12	342	470	392	2731	401	2330
50－54岁	74	10	239	404	225	1908	267	1641
55－59岁	42	4	114	308	167	1057	179	878
60－64岁	4		6	56	18	231	39	192
65－69岁			5	15	11	89	10	79
70－74岁				4		14	2	12
75岁及以上				2	1	7	3	4
男	**984**	**67**	**1873**	**2374**	**3039**	**10270**	**1186**	**9084**
16－19岁		2	4	13	40	400	30	370
20－24岁	66	9	66	74	236	882	87	795
25－29岁	226	8	186	195	524	1248	112	1136
30－34岁	275	10	342	379	713	1878	178	1700
35－39岁	165	16	417	366	563	1585	191	1394
40－44岁	90	3	308	296	334	1258	145	1113
45－49岁	65	8	235	359	271	1185	137	1048
50－54岁	55	9	195	340	191	964	143	821
55－59岁	39	2	109	281	142	653	129	524
60－64岁	3		6	52	15	145	26	119
65－69岁			5	13	9	64	6	58
70－74岁				4		7	2	5
75岁及以上				2	1	1		1
女	**533**	**25**	**1171**	**703**	**1337**	**9037**	**1490**	**7547**
16－19岁	1		2	1	17	118	19	99
20－24岁	47		53	27	102	507	110	397
25－29岁	139	1	140	65	224	847	156	691
30－34岁	161	7	285	155	352	1572	250	1322
35－39岁	84	6	342	142	275	1525	263	1262
40－44岁	36	4	193	105	182	1450	234	1216
45－49岁	42	4	107	111	121	1546	264	1282
50－54岁	19	1	44	64	34	944	124	820
55－59岁	3	2	5	27	25	404	50	354
60－64岁	1			4	3	86	13	73
65－69岁				2	2	25	4	21
70－74岁						7		7
75岁及以上						6	3	3

4-5　续表 8　　　　单位：人

年龄组 性　别	信息传输、软件和信息技术服务业				金融业				
	小计	电信、广播电视和卫星传输服务	互联网和相关服务	软件和信息技术服务业	小计	货币金融服　务	资本市场服　务	保险业	其　他金融业
总　计	**13261**	**2687**	**3615**	**6959**	**14033**	**6868**	**1250**	**3902**	**2013**
16-19岁	49	5	14	30	6	1	3	1	1
20-24岁	1366	101	526	739	613	269	46	202	96
25-29岁	2691	282	953	1456	2069	982	160	576	351
30-34岁	3260	614	905	1741	3555	1699	313	950	593
35-39岁	2805	676	594	1535	2987	1364	324	906	393
40-44岁	1470	382	291	797	1541	686	140	537	178
45-49岁	861	301	177	383	1534	793	137	396	208
50-54岁	447	180	86	181	1119	694	75	222	128
55-59岁	265	134	56	75	572	367	45	99	61
60-64岁	31	7	11	13	28	11	5	9	3
65-69岁	8	2	2	4	9	2	2	4	1
70-74岁	5	2		3					
75岁及以上	3	1		2					
男	**8110**	**1518**	**2171**	**4421**	**6426**	**3194**	**682**	**1553**	**997**
16-19岁	35	1	11	23	3	1	1		1
20-24岁	812	62	279	471	271	117	16	92	46
25-29岁	1575	171	514	890	928	408	80	296	144
30-34岁	1886	282	547	1057	1500	686	149	404	261
35-39岁	1661	330	355	976	1265	567	180	321	197
40-44岁	973	224	210	539	657	314	80	173	90
45-49岁	556	184	124	248	713	391	72	126	124
50-54岁	342	134	72	136	579	369	56	81	73
55-59岁	236	119	50	67	488	330	43	57	58
60-64岁	24	7	8	9	15	9	3	1	2
65-69岁	5	1	1	3	7	2	2	2	1
70-74岁	4	2		2					
75岁及以上	1	1							
女	**5151**	**1169**	**1444**	**2538**	**7607**	**3674**	**568**	**2349**	**1016**
16-19岁	14	4	3	7	3		2	1	
20-24岁	554	39	247	268	342	152	30	110	50
25-29岁	1116	111	439	566	1141	574	80	280	207
30-34岁	1374	332	358	684	2055	1013	164	546	332
35-39岁	1144	346	239	559	1722	797	144	585	196
40-44岁	497	158	81	258	884	372	60	364	88
45-49岁	305	117	53	135	821	402	65	270	84
50-54岁	105	46	14	45	540	325	19	141	55
55-59岁	29	15	6	8	84	37	2	42	3
60-64岁	7		3	4	13	2	2	8	1
65-69岁	3	1	1	1	2			2	
70-74岁	1			1					
75岁及以上	2			2					

4-5 续表 9 单位：人

年龄组 性 别	房地产业		租赁和商务服务业			科学研究和技术服务业			
	小计	房地产业	小计	租赁业	商 务 服务业	小计	研究和 试验发展	专业技术 服务业	科技推广 和应用 服务业
总 计	**17128**	**17128**	**19522**	**1472**	**18050**	**16477**	**3642**	**8477**	**4358**
16-19岁	84	84	168	5	163	52	6	30	16
20-24岁	1091	1091	1248	83	1165	952	187	507	258
25-29岁	2230	2230	2801	196	2605	2507	582	1247	678
30-34岁	3441	3441	4192	313	3879	4251	917	2173	1161
35-39岁	2827	2827	3521	267	3254	3651	810	1861	980
40-44岁	1865	1865	2477	196	2281	1911	402	949	560
45-49岁	1846	1846	1973	164	1809	1365	307	684	374
50-54岁	1687	1687	1541	126	1415	999	218	583	198
55-59岁	1508	1508	1224	92	1132	699	195	389	115
60-64岁	391	391	233	22	211	60	14	37	9
65-69岁	134	134	117	8	109	25	4	15	6
70-74岁	21	21	23		23	4		2	2
75岁及以上	3	3	4		4	1			1
男	**9989**	**9989**	**11554**	**1154**	**10400**	**10443**	**2242**	**5598**	**2603**
16-19岁	68	68	122	4	118	27	3	15	9
20-24岁	661	661	675	64	611	568	98	321	149
25-29岁	1242	1242	1408	141	1267	1458	344	740	374
30-34岁	1850	1850	2179	222	1957	2564	533	1380	651
35-39岁	1452	1452	1872	200	1672	2265	483	1206	576
40-44岁	994	994	1413	156	1257	1221	252	628	341
45-49岁	930	930	1255	137	1118	895	188	474	233
50-54岁	1146	1146	1196	120	1076	747	161	431	155
55-59岁	1202	1202	1109	85	1024	626	168	356	102
60-64岁	314	314	205	19	186	49	9	33	7
65-69岁	109	109	99	6	93	21	3	13	5
70-74岁	19	19	19		19	2		1	1
75岁及以上	2	2	2		2				
女	**7139**	**7139**	**7968**	**318**	**7650**	**6034**	**1400**	**2879**	**1755**
16-19岁	16	16	46	1	45	25	3	15	7
20-24岁	430	430	573	19	554	384	89	186	109
25-29岁	988	988	1393	55	1338	1049	238	507	304
30-34岁	1591	1591	2013	91	1922	1687	384	793	510
35-39岁	1375	1375	1649	67	1582	1386	327	655	404
40-44岁	871	871	1064	40	1024	690	150	321	219
45-49岁	916	916	718	27	691	470	119	210	141
50-54岁	541	541	345	6	339	252	57	152	43
55-59岁	306	306	115	7	108	73	27	33	13
60-64岁	77	77	28	3	25	11	5	4	2
65-69岁	25	25	18	2	16	4	1	2	1
70-74岁	2	2	4		4	2		1	1
75岁及以上	1	1	2		2	1			1

4-5　续表 10　　　　单位：人

年龄组 性　别	水利、环境和公共设施管理业					居民服务、修理和其他服务业			
	小计	水　利 管理业	生态保护 和环境 治理业	公共设施 管理业	土　地 管理业	小计	居　民 服务业	机动车、 电子产品 和日用产 品修理业	其　他 服务业
总　计	**6293**	**616**	**470**	**5100**	**107**	**18620**	**10585**	**3827**	**4208**
16－19岁	4			4		360	257	76	27
20－24岁	142	18	16	99	9	1199	759	287	153
25－29岁	423	49	62	302	10	1989	1210	494	285
30－34岁	783	102	90	573	18	3142	1797	837	508
35－39岁	873	106	84	663	20	2639	1534	630	475
40－44岁	724	94	67	544	19	2337	1339	521	477
45－49岁	807	83	50	661	13	2537	1420	409	708
50－54岁	879	73	47	750	9	2140	1182	296	662
55－59岁	900	72	35	784	9	1525	780	198	547
60－64岁	441	7	14	420		436	180	52	204
65－69岁	234	6	4	224		245	102	21	122
70－74岁	69	5		64		57	20	4	33
75岁及以上	14	1	1	12		14	5	2	7
男	**4361**	**442**	**314**	**3538**	**67**	**10173**	**4669**	**3142**	**2362**
16－19岁	4			4		231	141	73	17
20－24岁	103	14	10	72	7	724	365	258	101
25－29岁	265	33	40	188	4	1171	563	426	182
30－34岁	503	69	60	363	11	1758	773	676	309
35－39岁	534	68	54	405	7	1383	628	502	253
40－44岁	444	60	46	325	13	1112	495	387	230
45－49岁	506	59	28	411	8	1105	490	316	299
50－54岁	641	58	33	542	8	1145	553	250	342
55－59岁	751	66	28	648	9	1022	487	181	354
60－64岁	339	6	11	322		294	106	47	141
65－69岁	196	4	4	188		172	52	21	99
70－74岁	63	4		59		46	14	4	28
75岁及以上	12	1		11		10	2	1	7
女	**1932**	**174**	**156**	**1562**	**40**	**8447**	**5916**	**685**	**1846**
16－19岁						129	116	3	10
20－24岁	39	4	6	27	2	475	394	29	52
25－29岁	158	16	22	114	6	818	647	68	103
30－34岁	280	33	30	210	7	1384	1024	161	199
35－39岁	339	38	30	258	13	1256	906	128	222
40－44岁	280	34	21	219	6	1225	844	134	247
45－49岁	301	24	22	250	5	1432	930	93	409
50－54岁	238	15	14	208	1	995	629	46	320
55－59岁	149	6	7	136		503	293	17	193
60－64岁	102	1	3	98		142	74	5	63
65－69岁	38	2		36		73	50		23
70－74岁	6	1		5		11	6		5
75岁及以上	2		1	1		4	3	1	

4−5 续表 11　　单位：人

年龄组 性　别	教育		卫生和社会工作			文化、体育和娱乐业				
	小计	教育	小计	卫生	社会工作	小计	新闻和出版业	广播、电视、电影和录音制作业	文　化艺术业	体育
总　计	**27881**	**27881**	**14001**	**13426**	**575**	**4541**	**631**	**720**	**1081**	**794**
16−19岁	155	155	28	25	3	37		3	9	10
20−24岁	1808	1808	800	766	34	475	22	94	83	132
25−29岁	4183	4183	2002	1956	46	809	95	152	155	186
30−34岁	4781	4781	3042	2975	67	915	99	155	218	142
35−39岁	4523	4523	2544	2470	74	798	133	137	199	95
40−44岁	3814	3814	1726	1662	64	504	96	68	129	68
45−49岁	3645	3645	1699	1604	95	384	65	47	115	62
50−54岁	3002	3002	1208	1115	93	303	57	31	90	40
55−59岁	1700	1700	665	600	65	270	62	32	72	47
60−64岁	168	168	148	122	26	36	1	1	10	9
65−69岁	70	70	102	95	7	9	1		1	3
70−74岁	14	14	27	27						
75岁及以上	18	18	10	9	1	1				
男	**9046**	**9046**	**4209**	**4013**	**196**	**2449**	**318**	**398**	**545**	**457**
16−19岁	84	84	17	17		21		1	7	5
20−24岁	416	416	156	148	8	274	11	62	40	84
25−29岁	1003	1003	430	419	11	449	46	86	76	122
30−34岁	1336	1336	673	651	22	450	36	75	102	68
35−39岁	1364	1364	744	715	29	389	58	67	93	43
40−44岁	1245	1245	603	588	15	241	44	32	62	27
45−49岁	1106	1106	562	533	29	187	28	29	52	33
50−54岁	1150	1150	410	375	35	182	41	19	46	24
55−59岁	1147	1147	423	393	30	222	52	27	60	39
60−64岁	127	127	86	76	10	26	1		6	9
65−69岁	49	49	75	69	6	8	1		1	3
70−74岁	7	7	22	22						
75岁及以上	12	12	8	7	1					
女	**18835**	**18835**	**9792**	**9413**	**379**	**2092**	**313**	**322**	**536**	**337**
16−19岁	71	71	11	8	3	16		2	2	5
20−24岁	1392	1392	644	618	26	201	11	32	43	48
25−29岁	3180	3180	1572	1537	35	360	49	66	79	64
30−34岁	3445	3445	2369	2324	45	465	63	80	116	74
35−39岁	3159	3159	1800	1755	45	409	75	70	106	52
40−44岁	2569	2569	1123	1074	49	263	52	36	67	41
45−49岁	2539	2539	1137	1071	66	197	37	18	63	29
50−54岁	1852	1852	798	740	58	121	16	12	44	16
55−59岁	553	553	242	207	35	48	10	5	12	8
60−64岁	41	41	62	46	16	10		1	4	
65−69岁	21	21	27	26	1	1				
70−74岁	7	7	5	5						
75岁及以上	6	6	2	2		1				

4-5　续表 12　　单位：人

年龄组 性　别	娱乐业	公共管理、社会保障和社会组织							国际组织	
		小计	中国共产党机关	国家机构	人民政协、民主党派	社会保障	群众团体、社会团体和其他成员组织	基层群众自治组织	小计	国际组织
总　计	**1315**	**28943**	**750**	**22434**	**56**	**191**	**902**	**4610**	**2**	**2**
16-19岁	15	27	2	23			1	1		
20-24岁	144	1076	25	876		6	32	137		
25-29岁	221	3694	109	3076		17	103	389		
30-34岁	301	5376	144	4304	9	39	171	709		
35-39岁	234	4522	113	3607	13	35	179	575	2	2
40-44岁	143	3522	92	2784	4	27	131	484		
45-49岁	95	3692	86	2848	13	23	99	623		
50-54岁	85	3216	89	2399	6	25	98	599		
55-59岁	57	3077	81	2301	8	18	68	601		
60-64岁	15	419	6	140	3	1	7	262		
65-69岁	4	213	2	47			8	156		
70-74岁		82	1	20			3	58		
75岁及以上	1	27		9			2	16		
男	**731**	**18632**	**502**	**15089**	**35**	**88**	**475**	**2443**	**1**	**1**
16-19岁	8	24	2	20			1	1		
20-24岁	77	731	11	621		3	15	81		
25-29岁	119	2163	67	1856		8	42	190		
30-34岁	169	3057	91	2635	7	14	78	232		
35-39岁	128	2582	67	2223	9	15	86	182	1	1
40-44岁	76	2183	59	1835	2	6	73	208		
45-49岁	45	2385	60	1954	6	12	47	306		
50-54岁	52	2238	69	1708	5	13	67	376		
55-59岁	44	2665	68	2062	5	16	49	465		
60-64岁	10	346	5	114	1	1	5	220		
65-69岁	3	169	2	36			7	124		
70-74岁		65	1	18			3	43		
75岁及以上		24		7			2	15		
女	**584**	**10311**	**248**	**7345**	**21**	**103**	**427**	**2167**	**1**	**1**
16-19岁	7	3		3						
20-24岁	67	345	14	255		3	17	56		
25-29岁	102	1531	42	1220		9	61	199		
30-34岁	132	2319	53	1669	2	25	93	477		
35-39岁	106	1940	46	1384	4	20	93	393	1	1
40-44岁	67	1339	33	949	2	21	58	276		
45-49岁	50	1307	26	894	7	11	52	317		
50-54岁	33	978	20	691	1	12	31	223		
55-59岁	13	412	13	239	3	2	19	136		
60-64岁	5	73	1	26	2		2	42		
65-69岁	1	44		11			1	32		
70-74岁		17		2				15		
75岁及以上	1	3		2				1		

4-5a 全市分年龄、性别、行业大类的就业人口(城市)

单位：人

年龄组 性 别	合计	农、林、牧、渔业						采矿业	
		小计	农业	林业	畜牧业	渔业	农、林、牧、渔专业及辅助性活动	小计	煤炭开采和洗选业
总 计	**382450**	**3234**	**2228**	**138**	**310**	**391**	**167**	**5117**	**66**
16-19岁	2839	9	6		2		1	5	
20-24岁	19868	62	43	2	6	4	7	125	1
25-29岁	45824	209	141	12	12	22	22	357	7
30-34岁	77873	383	255	21	33	54	20	912	12
35-39岁	71606	409	263	29	39	50	28	1026	9
40-44岁	51955	397	261	10	51	51	24	812	11
45-49岁	47619	533	371	21	51	70	20	888	11
50-54岁	35696	494	321	24	55	70	24	581	10
55-59岁	24023	428	308	12	42	49	17	365	4
60-64岁	3455	161	129	5	10	14	3	33	1
65-69岁	1299	96	81	2	7	5	1	5	
70-74岁	273	45	42		1	2		2	
75岁及以上	120	8	7		1			6	
男	**228490**	**2152**	**1411**	**88**	**227**	**322**	**104**	**3828**	**47**
16-19岁	2145	6	4		1		1	3	
20-24岁	11932	38	25	1	4	4	4	95	1
25-29岁	25549	124	85	6	8	17	8	256	4
30-34岁	43512	253	164	12	23	45	9	679	11
35-39岁	39812	250	153	14	30	35	18	786	4
40-44岁	29253	249	155	7	31	38	18	586	8
45-49岁	27359	366	244	13	41	57	11	572	5
50-54岁	24759	340	196	19	47	60	18	469	9
55-59岁	20248	321	222	11	27	46	15	346	4
60-64岁	2676	110	85	3	8	13	1	27	1
65-69岁	983	61	48	2	5	5	1	4	
70-74岁	188	28	25		1	2		1	
75岁及以上	74	6	5		1			4	
女	**153960**	**1082**	**817**	**50**	**83**	**69**	**63**	**1289**	**19**
16-19岁	694	3	2		1			2	
20-24岁	7936	24	18	1	2		3	30	
25-29岁	20275	85	56	6	4	5	14	101	3
30-34岁	34361	130	91	9	10	9	11	233	1
35-39岁	31794	159	110	15	9	15	10	240	5
40-44岁	22702	148	106	3	20	13	6	226	3
45-49岁	20260	167	127	8	10	13	9	316	6
50-54岁	10937	154	125	5	8	10	6	112	1
55-59岁	3775	107	86	1	15	3	2	19	
60-64岁	779	51	44	2	2	1	2	6	
65-69岁	316	35	33		2			1	
70-74岁	85	17	17					1	
75岁及以上	46	2	2					2	

4–5a 续表 1 单位：人

年龄组 性别	采矿业						制造业		
	石油和天然气开采业	黑色金属矿采选业	有色金属矿采选业	非金属矿采选业	开采专业及辅助性活动	其他采矿业	小计	农副食品加工业	食品制造业
总计	**2354**	**14**	**13**	**400**	**2253**	**17**	**70959**	**1150**	**2813**
16–19岁	4				1		1011	3	43
20–24岁	50			13	61		4140	39	210
25–29岁	169	1		26	150	4	8090	106	343
30–34岁	430	3	1	57	404	5	15205	240	616
35–39岁	502	2	2	41	468	2	13623	206	480
40–44岁	401	3	1	46	350		9894	153	381
45–49岁	391		2	77	405	2	8652	177	358
50–54岁	235	2	3	84	245	2	5988	121	228
55–59岁	143	3	4	52	157	2	3691	75	128
60–64岁	20			3	9		469	19	18
65–69岁	3				2		136	8	6
70–74岁	2						44	2	2
75岁及以上	4			1	1		16	1	
男	**1705**	**13**	**10**	**327**	**1713**	**13**	**47525**	**727**	**1531**
16–19岁	2				1		838	3	28
20–24岁	35			10	49		3175	27	132
25–29岁	114	1		23	110	4	5521	60	201
30–34岁	327	3	1	46	288	3	9827	155	300
35–39岁	383	2		28	367	2	8494	124	227
40–44岁	280	2	1	31	264		5885	88	181
45–49岁	234		2	57	273	1	5292	104	184
50–54岁	181	2	3	78	195	1	4672	83	153
55–59岁	130	3	3	50	154	2	3287	60	104
60 64岁	14			3	9		383	13	14
65–69岁	2				2		111	7	6
70–74岁	1						29	2	1
75岁及以上	2			1	1		11	1	
女	**649**	**1**	**3**	**73**	**540**	**4**	**23434**	**423**	**1282**
16–19岁	2						173		15
20–24岁	15			3	12		965	12	78
25–29岁	55			3	40		2569	46	142
30–34岁	103			11	116	2	5378	85	316
35–39岁	119		2	13	101		5129	82	253
40–44岁	121	1		15	86		4009	65	200
45–49岁	157			20	132	1	3360	73	174
50–54岁	54			6	50	1	1316	38	75
55–59岁	13		1	2	3		404	15	24
60–64岁	6						86	6	4
65–69岁	1						25	1	
70–74岁	1						15		1
75岁及以上	2						5		

4-5a 续表 2

单位：人

年龄组 性别	制造业								
	酒、饮料和精制茶制造业	烟草制品业	纺织业	纺织服装、服饰业	皮革、毛皮、羽毛及其制品和制鞋业	木材加工和木、竹、藤、棕、草制品业	家具制造业	造纸和纸制品业	印刷和记录媒介复制业
总计	**731**	**100**	**668**	**1202**	**293**	**434**	**1309**	**1077**	**1002**
16-19岁	6	1	2	9	1	1	17	2	19
20-24岁	26	4	9	28	9	9	88	42	37
25-29岁	73	8	37	89	12	38	166	105	94
30-34岁	145	26	88	199	44	74	302	238	213
35-39岁	156	23	105	206	45	75	247	187	203
40-44岁	111	18	116	224	58	57	178	164	158
45-49岁	98	4	106	229	59	61	140	138	124
50-54岁	63	10	81	111	43	73	100	115	88
55-59岁	47	6	113	86	17	38	57	68	55
60-64岁	4		7	13	2	5	13	15	8
65-69岁	1		3	6	3	1	1	2	2
70-74岁	1		1	1		1		1	1
75岁及以上				1		1			
男	**472**	**67**	**348**	**450**	**142**	**315**	**900**	**704**	**622**
16-19岁	6		1	6	1	1	14	1	18
20-24岁	16	2	9	10	6	5	60	33	23
25-29岁	51	7	18	36	9	30	120	75	55
30-34岁	88	17	44	78	23	48	201	150	127
35-39岁	96	11	35	78	24	57	161	119	118
40-44岁	64	13	48	58	19	38	120	101	91
45-49岁	53	1	40	67	22	41	92	70	65
50-54岁	50	10	51	47	25	58	72	82	69
55-59岁	44	6	94	61	10	31	47	56	48
60-64岁	3		5	5	1	4	12	14	6
65-69岁			3	3	2	1	1	2	2
70-74岁	1					1		1	
75岁及以上				1					
女	**259**	**33**	**320**	**752**	**151**	**119**	**409**	**373**	**380**
16-19岁		1	1	3			3	1	1
20-24岁	10	2		18	3	4	28	9	14
25-29岁	22	1	19	53	3	8	46	30	39
30-34岁	57	9	44	121	21	26	101	88	86
35-39岁	60	12	70	128	21	18	86	68	85
40-44岁	47	5	68	166	39	19	58	63	67
45-49岁	45	3	66	162	37	20	48	68	59
50-54岁	13		30	64	18	15	28	33	19
55-59岁	3		19	25	7	7	10	12	7
60-64岁	1		2	8	1	1	1	1	2
65-69岁	1			3	1				
70-74岁			1	1					1
75岁及以上						1			

4-5a　续表 3　　　　　　　　　　　　　　　　　　单位：人

年龄组 性　别	制造业								
	文教、工美、体育和娱乐用品制造业	石油、煤炭及其他燃料加工业	化学原料和化学制品制造业	医　药制造业	化学纤维制造业	橡胶和塑　料制品业	非金属矿　物制品业	黑色金属冶炼和压延加工业	有色金属冶炼和压延加工业
总　计	**788**	**1157**	**3916**	**2833**	**60**	**3522**	**2170**	**3967**	**428**
16−19岁	3		37	7		47	7	10	1
20−24岁	20	27	129	201	4	185	98	87	16
25−29岁	74	55	292	370	5	351	235	251	49
30−34岁	126	172	725	670	15	676	472	726	99
35−39岁	173	195	653	610	11	688	404	840	80
40−44岁	135	201	578	367	10	548	330	628	59
45−49岁	147	271	633	285	9	471	269	671	51
50−54岁	67	141	464	186	2	341	210	519	35
55−59岁	32	88	365	124	2	186	105	218	31
60−64岁	6	5	28	11	1	22	25	12	4
65−69岁	3	1	6	2		5	11	2	
70−74岁	2	1	3			2	3	3	3
75岁及以上			3		1		1		
男	**387**	**824**	**2743**	**1629**	**36**	**2291**	**1632**	**3215**	**328**
16−19岁	3		28	6		39	7	10	1
20−24岁	8	23	107	133	2	143	78	69	13
25−29岁	38	31	179	180	4	254	170	200	37
30−34岁	54	115	479	372	8	432	339	572	74
35−39岁	80	142	420	304	6	420	286	656	65
40−44岁	58	135	367	204	7	310	249	473	31
45−49岁	63	179	417	159	4	260	193	528	43
50−54岁	47	110	378	143	1	246	178	493	28
55−59岁	28	84	337	118	2	160	96	201	29
60−64岁	3	4	23	8	1	20	23	10	4
65−69岁	3	1	5	2		5	10	1	
70−74岁	2		1			2	2	2	3
75岁及以上			2		1		1		
女	**401**	**333**	**1173**	**1204**	**24**	**1231**	**538**	**752**	**100**
16−19岁			9	1		8			
20−24岁	12	4	22	68	2	42	20	18	3
25−29岁	36	24	113	190	1	97	65	51	12
30−34岁	72	57	246	298	7	244	133	154	25
35−39岁	93	53	233	306	5	268	118	184	15
40−44岁	77	66	211	163	3	238	81	155	28
45−49岁	84	92	216	126	5	211	76	143	8
50−54岁	20	31	86	43	1	95	32	26	7
55−59岁	4	4	28	6		26	9	17	2
60−64岁	3	1	5	3		2	2	2	
65−69岁			1				1	1	
70−74岁		1	2				1	1	
75岁及以上			1						

4-5a 续表 4　　　　单位：人

年龄组 性　别	制造业								
	金　属 制品业	通用设备 制造业	专用设备 制造业	汽　车 制造业	铁路、船舶、 航空航天和 其他运输 设备制造业	电气机械 和器材 制造业	计算机、 通信和其 他电子设 备制造业	仪器仪表 制造业	其　他 制造业
总　计	**5095**	**7003**	**4450**	**7452**	**2857**	**3831**	**7416**	**998**	**793**
16-19岁	20	39	15	442	47	50	145	5	27
20-24岁	145	288	212	868	187	282	718	39	80
25-29岁	389	715	544	1210	390	479	1252	107	111
30-34岁	971	1431	1059	1758	683	893	1870	229	142
35-39岁	985	1433	907	1411	479	749	1493	206	146
40-44岁	773	992	630	758	361	536	947	147	108
45-49岁	736	904	532	482	320	407	574	96	80
50-54岁	600	682	317	326	255	253	247	73	55
55-59岁	395	441	197	172	110	159	146	83	38
60-64岁	62	56	22	17	22	17	21	6	5
65-69岁	14	17	12	6	3	2	3	5	1
70-74岁	5	3	1	1		2		2	
75岁及以上		2	2	1		2			
男	**3814**	**5069**	**2930**	**5380**	**1958**	**2546**	**4187**	**625**	**540**
16-19岁	18	34	11	397	38	41	90	4	27
20-24岁	122	233	160	766	149	212	489	32	65
25-29岁	281	538	365	931	290	348	757	71	70
30-34岁	711	1042	680	1228	452	574	1015	131	94
35-39岁	702	980	540	946	291	461	773	116	86
40-44岁	544	630	375	433	226	306	457	76	66
45-49岁	537	608	331	251	200	237	280	52	47
50-54岁	472	545	259	258	195	204	172	56	45
55-59岁	356	395	181	150	98	146	136	78	35
60-64岁	54	50	15	13	18	14	16	5	4
65-69岁	13	12	10	5	1	2	2	3	1
70-74岁	4	1	1	1		1		1	
75岁及以上		1	2	1					
女	**1281**	**1934**	**1520**	**2072**	**899**	**1285**	**3229**	**373**	**253**
16-19岁	2	5	4	45	9	9	55	1	
20-24岁	23	55	52	102	38	70	229	7	15
25-29岁	108	177	179	279	100	131	495	36	41
30-34岁	260	389	379	530	231	319	855	98	48
35-39岁	283	453	367	465	188	288	720	90	60
40-44岁	229	362	255	325	135	230	490	71	42
45-49岁	199	296	201	231	120	170	294	44	33
50-54岁	128	137	58	68	60	49	75	17	10
55-59岁	39	46	16	22	12	13	10	5	3
60-64岁	8	6	7	4	4	3	5	1	1
65-69岁	1	5	2	1	2		1	2	
70-74岁	1	2				1		1	
75岁及以上		1				2			

4-5a 续表 5　　　　单位：人

年龄组 性别	制造业		电力、热力、燃气及水生产和供应业				建筑业		
	废弃资源综合利用业	金属制品、机械和设备修理业	小计	电力、热力生产和供应业	燃气生产和供应业	水的生产和供应业	小计	房屋建筑业	土木工程建筑业
总　计	**368**	**1076**	**6150**	**4164**	**1031**	**955**	**31387**	**11379**	**6054**
16-19岁	1	4	10	9	1		143	54	22
20-24岁	8	45	218	156	34	28	1195	431	238
25-29岁	26	114	640	434	102	104	3012	1018	624
30-34岁	56	247	1065	682	178	205	5664	1957	1188
35-39岁	41	186	1063	672	190	201	5166	1626	1190
40-44岁	35	133	838	545	155	138	4159	1372	814
45-49岁	80	140	948	718	129	101	4563	1707	796
50-54岁	64	118	708	508	122	78	4208	1727	647
55-59岁	34	75	608	406	114	88	2599	1112	466
60-64岁	11	12	39	24	5	10	484	278	43
65-69岁	10		12	10		2	165	85	22
70-74岁	1	2					23	8	4
75岁及以上	1		1		1		6	4	
男	**249**	**864**	**4314**	**2960**	**720**	**634**	**24527**	**9250**	**4521**
16-19岁	1	4	9	8	1		126	48	22
20-24岁	5	43	157	110	25	22	953	351	194
25-29岁	19	96	430	287	73	70	2275	812	465
30-34岁	35	189	689	438	119	132	4160	1498	832
35-39岁	30	140	679	443	116	120	3739	1245	802
40-44岁	26	91	506	343	90	73	3135	1055	602
45-49岁	51	113	628	484	88	56	3557	1360	588
50-54岁	39	103	586	428	95	63	3584	1490	531
55-59岁	25	71	585	389	108	88	2381	1035	425
60-64岁	9	12	35	22	5	8	444	263	37
65-69岁	8		10	8		2	149	81	19
70-74岁		2					19	8	4
75岁及以上	1						5	4	
女	**119**	**212**	**1836**	**1204**	**311**	**321**	**6860**	**2129**	**1533**
16-19岁			1	1			17	6	
20-24岁	3	2	61	46	9	6	242	80	44
25-29岁	7	18	210	147	29	34	737	206	159
30-34岁	21	58	376	244	59	73	1504	459	356
35-39岁	11	46	384	229	74	81	1427	381	388
40-44岁	9	42	332	202	65	65	1024	317	212
45-49岁	29	27	320	234	41	45	1006	347	208
50-54岁	25	15	122	80	27	15	624	237	116
55-59岁	9	4	23	17	6		218	77	41
60-64岁	2		4	2		2	40	15	6
65-69岁	2		2	2			16	4	3
70-74岁	1						4		
75岁及以上			1		1		1		

4−5a 续表 6　　　　　　　　　　　　　　　　　　　　　　　　单位：人

年龄组 性别	建筑业		批发和零售业			交通运输、仓储和邮政业			
	建筑安装业	建筑装饰、装修和其他建筑业	小计	批发业	零售业	小计	铁路运输业	道路运输业	水上运输业
总计	**2182**	**11772**	**57571**	**19175**	**38396**	**30155**	**1552**	**16891**	**1406**
16−19岁	13	54	286	69	217	110	1	48	2
20−24岁	81	445	2519	704	1815	1155	72	521	27
25−29岁	203	1167	5953	1836	4117	3135	225	1453	90
30−34岁	403	2116	12194	4075	8119	5737	230	2953	267
35−39岁	419	1931	12065	4182	7883	5894	202	3210	339
40−44岁	311	1662	9142	2997	6145	4404	205	2651	199
45−49岁	282	1778	7584	2513	5071	3947	190	2456	165
50−54岁	266	1568	4503	1564	2939	3213	177	2023	199
55−59岁	180	841	2686	1014	1672	2282	233	1403	106
60−64岁	16	147	425	137	288	193	8	128	7
65−69岁	8	50	156	57	99	68	5	38	3
70−74岁		11	35	17	18	12	3	5	1
75岁及以上		2	23	10	13	5	1	2	1
男	**1684**	**9072**	**30497**	**11377**	**19120**	**23039**	**1262**	**13672**	**1065**
16−19岁	12	44	182	46	136	87	1	39	2
20−24岁	67	341	1376	407	969	795	52	376	19
25−29岁	151	847	3061	1041	2020	2208	174	1078	71
30−34岁	288	1542	6179	2253	3926	3960	159	2161	180
35−39岁	299	1393	5939	2243	3696	4138	141	2383	243
40−44岁	224	1254	4408	1708	2700	3416	176	2206	140
45−49岁	221	1388	3781	1489	2292	3157	160	2067	129
50−54岁	233	1330	2993	1144	1849	2865	161	1850	175
55−59岁	166	755	2133	873	1260	2166	226	1354	96
60−64岁	15	129	295	110	185	176	6	118	7
65−69岁	8	41	107	43	64	59	3	35	3
70−74岁		7	28	14	14	10	3	4	
75岁及以上		1	15	6	9	2		1	
女	**498**	**2700**	**27074**	**7798**	**19276**	**7116**	**290**	**3219**	**341**
16−19岁	1	10	104	23	81	23		9	
20−24岁	14	104	1143	297	846	360	20	145	8
25−29岁	52	320	2892	795	2097	927	51	375	19
30−34岁	115	574	6015	1822	4193	1777	71	792	87
35−39岁	120	538	6126	1939	4187	1756	61	827	96
40−44岁	87	408	4734	1289	3445	988	29	445	59
45−49岁	61	390	3803	1024	2779	790	30	389	36
50−54岁	33	238	1510	420	1090	348	16	173	24
55−59岁	14	86	553	141	412	116	7	49	10
60−64岁	1	18	130	27	103	17	2	10	
65−69岁		9	49	14	35	9	2	3	
70−74岁		4	7	3	4	2		1	1
75岁及以上		1	8	4	4	3	1	1	1

4-5a 续表 7

单位：人

年龄组 性 别	交通运输、仓储和邮政业					住宿和餐饮业		
	航 空 运输业	管 道 运输业	多式联运 和运输 代理业	装卸搬运 和仓储业	邮政业	小计	住宿业	餐饮业
总 计	**1485**	**92**	**2918**	**2321**	**3490**	**16335**	**2310**	**14025**
16-19岁	1	2	5	9	42	463	43	420
20-24岁	107	9	111	63	245	1229	169	1060
25-29岁	357	9	312	167	522	1805	239	1566
30-34岁	426	17	602	404	838	2940	373	2567
35-39岁	243	22	739	417	722	2680	401	2279
40-44岁	126	7	476	307	433	2295	340	1955
45-49岁	106	12	329	358	331	2282	344	1938
50-54岁	73	10	225	316	190	1543	217	1326
55-59岁	42	4	109	237	148	868	152	716
60-64岁	4		6	30	10	166	23	143
65-69岁			4	9	9	54	6	48
70-74岁				3		6	1	5
75岁及以上				1		4	2	2
男	**961**	**67**	**1772**	**1803**	**2437**	**8808**	**1050**	**7758**
16-19岁		2	3	8	32	366	28	338
20-24岁	61	9	59	46	173	785	78	707
25-29岁	221	8	177	122	357	1080	103	977
30-34岁	269	10	324	298	559	1620	159	1461
35-39岁	160	16	401	309	485	1382	172	1210
40-44岁	90	3	288	227	286	1063	136	927
45-49岁	64	8	223	268	238	1001	115	886
50-54岁	54	9	183	269	164	802	122	680
55-59岁	39	2	104	218	127	561	115	446
60-64岁	3		6	27	9	106	16	90
65-69岁			4	7	7	41	5	36
70-74岁				3		1	1	
75岁及以上				1				
女	**524**	**25**	**1146**	**518**	**1053**	**7527**	**1260**	**6267**
16-19岁	1		2	1	10	97	15	82
20-24岁	46		52	17	72	444	91	353
25-29岁	136	1	135	45	165	725	136	589
30-34岁	157	7	278	106	279	1320	214	1106
35-39岁	83	6	338	108	237	1298	229	1069
40-44岁	36	4	188	80	147	1232	204	1028
45-49岁	42	4	106	90	93	1281	229	1052
50-54岁	19	1	42	47	26	741	95	646
55-59岁	3	2	5	19	21	307	37	270
60-64岁	1			3	1	60	7	53
65-69岁				2	2	13	1	12
70-74岁						5		5
75岁及以上						4	2	2

4-5a 续表 8

单位：人

年龄组 性别	信息传输、软件和信息技术服务业				金融业				
	小计	电信、广播电视和卫星传输服务	互联网和相关服务	软件和信息技术服务业	小计	货币金融服务	资本市场服务	保险业	其他金融业
总　计	**12348**	**2506**	**3280**	**6562**	**13326**	**6648**	**1219**	**3516**	**1943**
16-19岁	43	3	11	29	6	1	3	1	1
20-24岁	1215	81	474	660	562	244	45	182	91
25-29岁	2459	252	863	1344	1929	937	153	506	333
30-34岁	3028	574	817	1637	3404	1647	305	884	568
35-39岁	2692	650	552	1490	2896	1344	316	848	388
40-44岁	1411	363	272	776	1460	674	135	479	172
45-49岁	796	276	157	363	1463	778	136	343	206
50-54岁	420	170	75	175	1054	676	74	182	122
55-59岁	249	128	51	70	520	337	45	80	58
60-64岁	23	5	7	11	24	9	5	7	3
65-69岁	6	1	1	4	8	1	2	4	1
70-74岁	3	2		1					
75岁及以上	3	1		2					
男	**7517**	**1408**	**1940**	**4169**	**6121**	**3077**	**667**	**1417**	**960**
16-19岁	32		9	23	3	1	1		1
20-24岁	710	48	243	419	252	105	16	86	45
25-29岁	1434	155	457	822	853	388	75	257	133
30-34岁	1742	262	489	991	1441	670	148	377	246
35-39岁	1591	315	324	952	1230	558	175	302	195
40-44岁	931	212	194	525	633	307	78	158	90
45-49岁	510	168	110	232	686	381	71	111	123
50-54岁	317	125	62	130	550	353	55	74	68
55-59岁	224	115	46	63	453	305	43	49	56
60-64岁	18	5	5	8	14	8	3	1	2
65-69岁	4		1	3	6	1	2	2	1
70-74岁	3	2		1					
75岁及以上	1	1							
女	**4831**	**1098**	**1340**	**2393**	**7205**	**3571**	**552**	**2099**	**983**
16-19岁	11	3	2	6	3		2	1	
20-24岁	505	33	231	241	310	139	29	96	46
25-29岁	1025	97	406	522	1076	549	78	249	200
30-34岁	1286	312	328	646	1963	977	157	507	322
35-39岁	1101	335	228	538	1666	786	141	546	193
40-44岁	480	151	78	251	827	367	57	321	82
45-49岁	286	108	47	131	777	397	65	232	83
50-54岁	103	45	13	45	504	323	19	108	54
55-59岁	25	13	5	7	67	32	2	31	2
60-64岁	5		2	3	10	1	2	6	1
65-69岁	2	1		1	2			2	
70-74岁									
75岁及以上	2			2					

4-5a　续表 9　　　　单位：人

年龄组 性　别	房地产业		租赁和商务服务业			科学研究和技术服务业			
	小计	房地产业	小计	租赁业	商　务 服务业	小计	研究和 试验发展	专业技术 服务业	科技推广 和应用 服务业
总　计	**15662**	**15662**	**17614**	**1188**	**16426**	**15677**	**3513**	**7994**	**4170**
16-19岁	75	75	143	2	141	44	5	25	14
20-24岁	938	938	1094	62	1032	843	172	434	237
25-29岁	1978	1978	2514	146	2368	2333	553	1134	646
30-34岁	3177	3177	3867	270	3597	4073	884	2074	1115
35-39岁	2666	2666	3294	227	3067	3536	794	1800	942
40-44岁	1740	1740	2279	156	2123	1834	387	899	548
45-49岁	1700	1700	1780	133	1647	1303	300	651	352
50-54岁	1552	1552	1366	98	1268	957	212	555	190
55-59岁	1379	1379	1041	74	967	672	189	373	110
60-64岁	330	330	154	14	140	54	13	33	8
65-69岁	106	106	65	6	59	23	4	14	5
70-74岁	18	18	14		14	4		2	2
75岁及以上	3	3	3		3	1			1
男	**9121**	**9121**	**10171**	**887**	**9284**	**9895**	**2161**	**5253**	**2481**
16-19岁	59	59	100	1	99	21	2	12	7
20-24岁	564	564	559	43	516	496	90	268	138
25-29岁	1097	1097	1220	95	1125	1340	327	661	352
30-34岁	1701	1701	1973	181	1792	2453	515	1313	625
35-39岁	1372	1372	1723	164	1559	2189	474	1167	548
40-44岁	930	930	1274	119	1155	1162	240	589	333
45-49岁	859	859	1121	107	1014	854	183	451	220
50-54岁	1065	1065	1059	93	966	713	156	408	149
55-59岁	1112	1112	950	69	881	602	162	342	98
60-64岁	261	261	131	11	120	44	9	29	6
65-69岁	83	83	50	4	46	19	3	12	4
70-74岁	16	16	10		10	2		1	1
75岁及以上	2	2	1		1				
女	**6541**	**6541**	**7443**	**301**	**7142**	**5782**	**1352**	**2741**	**1689**
16-19岁	16	16	43	1	42	23	3	13	7
20-24岁	374	374	535	19	516	347	82	166	99
25-29岁	881	881	1294	51	1243	993	226	473	294
30-34岁	1476	1476	1894	89	1805	1620	369	761	490
35-39岁	1294	1294	1571	63	1508	1347	320	633	394
40-44岁	810	810	1005	37	968	672	147	310	215
45-49岁	841	841	659	26	633	449	117	200	132
50-54岁	487	487	307	5	302	244	56	147	41
55-59岁	267	267	91	5	86	70	27	31	12
60-64岁	69	69	23	3	20	10	4	4	2
65-69岁	23	23	15	2	13	4	1	2	1
70-74岁	2	2	4		4	2		1	1
75岁及以上	1	1	2		2	1			1

4-5a 续表 10 单位：人

年龄组 性别	水利、环境和公共设施管理业					居民服务、修理和其他服务业			
	小计	水利管理业	生态保护和环境治理业	公共设施管理业	土地管理业	小计	居民服务业	机动车、电子产品和日用产品修理业	其他服务业
总计	**4756**	**556**	**404**	**3693**	**103**	**14435**	**8938**	**2886**	**2611**
16-19岁	2			2		302	229	59	14
20-24岁	117	17	13	78	9	973	677	202	94
25-29岁	350	42	46	252	10	1585	1044	362	179
30-34岁	681	97	78	490	16	2515	1543	639	333
35-39岁	773	101	83	570	19	2125	1332	489	304
40-44岁	621	85	58	459	19	1864	1134	406	324
45-49岁	639	75	45	506	13	2005	1193	318	494
50-54岁	643	61	40	533	9	1546	940	216	390
55-59岁	633	66	30	529	8	1131	653	149	329
60-64岁	197	5	8	184		246	114	32	100
65-69岁	84	5	2	77		123	66	11	46
70-74岁	12	1		11		15	10	2	3
75岁及以上	4	1	1	2		5	3	1	1
男	**3214**	**388**	**263**	**2498**	**65**	**7595**	**3909**	**2329**	**1357**
16-19岁	2			2		195	128	58	9
20-24岁	85	13	9	56	7	570	324	184	62
25-29岁	211	26	29	152	4	882	474	306	102
30-34岁	424	64	50	300	10	1363	668	508	187
35-39岁	465	64	53	341	7	1082	553	383	146
40-44岁	378	54	38	273	13	846	413	290	143
45-49岁	390	53	24	305	8	844	404	246	194
50-54岁	472	46	27	391	8	810	444	180	186
55-59岁	553	60	25	460	8	767	410	134	223
60-64岁	151	4	6	141		153	58	27	68
65-69岁	73	3	2	68		71	26	11	34
70-74岁	8			8		9	5	2	2
75岁及以上	2	1		1		3	2		1
女	**1542**	**168**	**141**	**1195**	**38**	**6840**	**5029**	**557**	**1254**
16-19岁						107	101	1	5
20-24岁	32	4	4	22	2	403	353	18	32
25-29岁	139	16	17	100	6	703	570	56	77
30-34岁	257	33	28	190	6	1152	875	131	146
35-39岁	308	37	30	229	12	1043	779	106	158
40-44岁	243	31	20	186	6	1018	721	116	181
45-49岁	249	22	21	201	5	1161	789	72	300
50-54岁	171	15	13	142	1	736	496	36	204
55-59岁	80	6	5	69		364	243	15	106
60-64岁	46	1	2	43		93	56	5	32
65-69岁	11	2		9		52	40		12
70-74岁	4	1		3		6	5		1
75岁及以上	2		1	1		2	1	1	

4-5a　续表 11　　　　单位：人

年龄组 性　别	教育		卫生和社会工作			文化、体育和娱乐业				
	小计	教育	小计	卫生	社会工作	小计	新闻和出版业	广播、电视、电影和录音制作业	文　化艺术业	体育
总　计	**25194**	**25194**	**12899**	**12409**	**490**	**4192**	**616**	**681**	**1021**	**715**
16-19岁	111	111	22	19	3	31		3	8	7
20-24岁	1522	1522	669	643	26	411	19	87	76	104
25-29岁	3662	3662	1797	1762	35	738	91	138	144	169
30-34岁	4410	4410	2839	2783	56	853	96	147	206	127
35-39岁	4276	4276	2444	2377	67	764	131	131	196	90
40-44岁	3535	3535	1618	1565	53	473	95	67	124	63
45-49岁	3289	3289	1576	1495	81	363	63	46	109	60
50-54岁	2735	2735	1141	1056	85	275	57	30	82	40
55-59岁	1448	1448	612	555	57	249	62	31	66	45
60-64岁	128	128	106	84	22	28	1	1	10	7
65-69岁	52	52	58	54	4	6	1			3
70-74岁	12	12	10	10						
75岁及以上	14	14	7	6	1	1				
男	**8019**	**8019**	**3781**	**3605**	**176**	**2258**	**311**	**377**	**515**	**416**
16-19岁	66	66	13	13		16		1	6	3
20-24岁	366	366	127	120	7	238	10	57	38	69
25-29岁	880	880	397	387	10	413	44	79	71	113
30-34岁	1239	1239	628	608	20	421	35	72	97	60
35-39岁	1295	1295	701	675	26	372	56	64	93	42
40-44岁	1138	1138	549	535	14	226	44	31	59	24
45-49岁	945	945	499	471	28	174	27	28	48	33
50-54岁	1002	1002	376	344	32	164	41	18	42	24
55-59岁	943	943	390	363	27	209	52	27	55	38
60-64岁	97	97	52	45	7	20	1		6	7
65-69岁	34	34	37	33	4	5	1			3
70-74岁	5	5	7	7						
75岁及以上	9	9	5	4	1					
女	**17175**	**17175**	**9118**	**8804**	**314**	**1934**	**305**	**304**	**506**	**299**
16-19岁	45	45	9	6	3	15		2	2	4
20-24岁	1156	1156	542	523	19	173	9	30	38	35
25-29岁	2782	2782	1400	1375	25	325	47	59	73	56
30-34岁	3171	3171	2211	2175	36	432	61	75	109	67
35-39岁	2981	2981	1743	1702	41	392	75	67	103	48
40-44岁	2397	2397	1069	1030	39	247	51	36	65	39
45-49岁	2344	2344	1077	1024	53	189	36	18	61	27
50-54岁	1733	1733	765	712	53	111	16	12	40	16
55-59岁	505	505	222	192	30	40	10	4	11	7
60-64岁	31	31	54	39	15	8		1	4	
65-69岁	18	18	21	21		1				
70-74岁	7	7	3	3						
75岁及以上	5	5	2	2		1				

4-5a 续表 12 单位：人

年龄组 性 别	娱乐业	公共管理、社会保障和社会组织							国际组织	
		小计	中国共产党机关	国家机构	人民政协、民主党派	社会保障	群众团体、社会团体和其他成员组织	基层群众自治组织	小计	国际组织
总 计	**1159**	**25437**	**652**	**20870**	**55**	**179**	**810**	**2871**	**2**	**2**
16-19岁	13	23	2	19			1	1		
20-24岁	125	881	18	718		6	29	110		
25-29岁	196	3278	89	2773		16	94	306		
30-34岁	277	4926	126	4026	9	38	155	572		
35-39岁	216	4212	108	3434	12	30	166	462	2	2
40-44岁	124	3179	81	2629	4	26	116	323		
45-49岁	85	3308	77	2716	13	22	88	392		
50-54岁	66	2769	80	2277	6	23	90	293		
55-59岁	45	2562	67	2121	8	17	59	290		
60-64岁	9	195	3	114	3	1	5	69		
65-69岁	2	76		31			5	40		
70-74岁		18	1	7				10		
75岁及以上	1	10		5			2	3		
男	**639**	**16107**	**430**	**13858**	**34**	**81**	**415**	**1289**	**1**	**1**
16-19岁	6	21	2	17			1	1		
20-24岁	64	591	6	504		3	13	65		
25-29岁	106	1867	53	1626		7	39	142		
30-34岁	157	2760	79	2434	7	14	67	159		
35-39岁	117	2384	63	2091	8	12	77	133	1	1
40-44岁	68	1938	52	1707	2	6	64	107		
45-49岁	38	2123	54	1854	6	12	42	155		
50-54岁	39	1920	61	1608	5	11	62	173		
55-59岁	37	2265	57	1898	5	15	41	249		
60-64岁	6	159	2	90	1	1	3	62		
65-69岁	1	59		21			4	34		
70-74岁		12	1	5				6		
75岁及以上		8		3			2	3		
女	**520**	**9330**	**222**	**7012**	**21**	**98**	**395**	**1582**	**1**	**1**
16-19岁	7	2		2						
20-24岁	61	290	12	214		3	16	45		
25-29岁	90	1411	36	1147		9	55	164		
30-34岁	120	2166	47	1592	2	24	88	413		
35-39岁	99	1828	45	1343	4	18	89	329	1	1
40-44岁	56	1241	29	922	2	20	52	216		
45-49岁	47	1185	23	862	7	10	46	237		
50-54岁	27	849	19	669	1	12	28	120		
55-59岁	8	297	10	223	3	2	18	41		
60-64岁	3	36	1	24	2		2	7		
65-69岁	1	17		10			1	6		
70-74岁		6		2				4		
75岁及以上	1	2		2						

4–5b　全市分年龄、性别、行业大类的就业人口(镇)

单位：人

年龄组 性　别	合计	农、林、牧、渔业						采矿业	
		小计	农业	林业	畜牧业	渔业	农、林、牧、渔专业及辅助性活动	小计	煤炭开采和洗选业
总　计	**32378**	**3815**	**3307**	**144**	**268**	**62**	**34**	**769**	
16–19岁	322	21	17		2		2		
20–24岁	1933	96	81	3	9	2	1	9	
25–29岁	3759	200	182	4	8	5	1	36	
30–34岁	5590	339	295	12	21	4	7	87	
35–39岁	4475	306	264	11	25	2	4	110	
40–44岁	4001	335	295	8	18	10	4	169	
45–49岁	4216	476	380	21	55	13	7	200	
50–54岁	3669	666	576	27	48	10	5	117	
55–59岁	2482	552	484	25	34	7	2	39	
60–64岁	1084	395	347	17	25	5	1	1	
65–69岁	633	309	273	14	19	3			
70–74岁	178	98	92	1	4	1			
75岁及以上	36	22	21	1				1	
男	**22021**	**2564**	**2190**	**100**	**192**	**55**	**27**	**553**	
16–19岁	243	18	14		2		2		
20–24岁	1377	66	56	2	6	1	1	9	
25–29岁	2513	138	126	3	4	4	1	26	
30–34岁	3669	233	196	11	17	4	5	70	
35–39岁	2897	207	178	7	17	2	3	83	
40–44岁	2535	202	174	5	11	9	3	102	
45–49岁	2709	298	236	12	34	12	4	122	
50–54岁	2660	437	370	17	37	8	5	100	
55–59岁	1864	355	306	14	26	7	2	39	
60–64岁	868	286	245	14	21	5	1	1	
65–69岁	510	232	203	13	14	2			
70–74岁	147	73	68	1	3	1			
75岁及以上	29	19	18	1				1	
女	**10357**	**1251**	**1117**	**44**	**76**	**7**	**7**	**216**	
16–19岁	79	3	3						
20–24岁	556	30	25	1	3	1			
25–29岁	1246	62	56	1	4	1		10	
30–34岁	1921	106	99	1	4		2	17	
35–39岁	1578	99	86	4	8		1	27	
40–44岁	1466	133	121	3	7	1	1	67	
45–49岁	1507	178	144	9	21	1	3	78	
50–54岁	1009	229	206	10	11	2		17	
55–59岁	618	197	178	11	8				
60–64岁	216	109	102	3	4				
65–69岁	123	77	70	1	5	1			
70–74岁	31	25	24		1				
75岁及以上	7	3	3						

4—5b 续表 1

单位：人

年龄组 性别	采矿业						制造业		
	石油和天然气开采业	黑色金属矿采选业	有色金属矿采选业	非金属矿采选业	开采专业及辅助性活动	其他采矿业	小计	农副食品加工业	食品制造业
总　计	**374**	**2**	**3**	**3**	**386**	**1**	**12043**	**307**	**412**
16—19岁							188	3	15
20—24岁	3		1		5		896	7	26
25—29岁	16			1	19		1618	35	45
30—34岁	45			2	40		2456	47	61
35—39岁	46				64		1855	47	49
40—44岁	85	1	1		82		1577	39	59
45—49岁	117	1	1		81		1500	34	60
50—54岁	47				69	1	1058	47	34
55—59岁	15				24		600	25	36
60—64岁					1		196	12	16
65—69岁							80	11	9
70—74岁							16		2
75岁及以上					1		3		
男	**255**	**1**	**3**	**2**	**292**		**8361**	**219**	**234**
16—19岁							147	2	8
20—24岁	3		1		5		720	6	17
25—29岁	11			1	14		1165	27	23
30—34岁	33			1	36		1633	32	35
35—39岁	35				48		1224	30	20
40—44岁	49		1		52		1014	29	29
45—49岁	68	1	1		52		987	21	32
50—54岁	41				59		763	36	20
55—59岁	15				24		457	18	27
60—64岁					1		164	10	14
65—69岁							71	8	8
70—74岁							14		1
75岁及以上					1		2		
女	**119**	**1**		**1**	**94**	**1**	**3682**	**88**	**178**
16—19岁							41	1	7
20—24岁							176	1	9
25—29岁	5				5		453	8	22
30—34岁	12			1	4		823	15	26
35—39岁	11				16		631	17	29
40—44岁	36	1			30		563	10	30
45—49岁	49				29		513	13	28
50—54岁	6				10	1	295	11	14
55—59岁							143	7	9
60—64岁							32	2	2
65—69岁							9	3	1
70—74岁							2		1
75岁及以上							1		

4-5b　续表 2　　　　　　　　　　　　　　　　　　　　　　单位：人

年龄组 性　别	制造业								
	酒、饮料和精制茶制造业	烟　草制品业	纺织业	纺织服装、服饰业	皮革、毛皮、羽毛及其制品和制鞋业	木材加工和木、竹、藤、棕、草制品业	家　具制造业	造纸和纸制品业	印刷和记录媒介复制业
总　计	**53**	**8**	**254**	**451**	**82**	**112**	**377**	**243**	**228**
16–19岁	1	1	1	2		1	4	7	3
20–24岁	3	2	4	8	5	8	14	15	29
25–29岁	6	1	15	34	10	12	33	31	34
30–34岁	15	2	45	81	14	14	67	56	50
35–39岁	6		42	84	7	10	49	32	33
40–44岁	6		38	72	13	9	53	25	34
45–49岁	5	1	27	80	15	21	69	36	20
50–54岁	1	1	30	49	10	17	40	16	16
55–59岁	6		38	25	6	12	36	15	7
60–64岁	4		10	13		6	7	9	1
65–69岁			2	3	2	2	4	1	1
70–74岁			2						
75岁及以上							1		
男	**36**	**6**	**136**	**94**	**39**	**82**	**264**	**177**	**156**
16–19岁	1	1	1			1	4	4	3
20–24岁	3		3	2	4	8	14	12	19
25–29岁	4	1	7	13	7	8	21	23	22
30–34岁	9	2	21	16	4	12	42	43	36
35–39岁	4		20	17	5	7	36	22	26
40–44岁	5		16	18	3	7	37	20	22
45–49岁	4	1	14	12	7	12	45	23	15
50–54岁		1	17	6	6	11	28	11	7
55–59岁	3		27	5	1	9	27	10	4
60–64岁	3		6	3		5	6	8	1
65–69岁			2	2	2	2	4	1	1
70–74岁			2						
75岁及以上									
女	**17**	**2**	**118**	**357**	**43**	**30**	**113**	**66**	**72**
16–19岁				2				3	
20–24岁		2	1	6	1			3	10
25–29岁	2		8	21	3	4	12	8	12
30–34岁	6		24	65	10	2	25	13	14
35–39岁	2		22	67	2	3	13	10	7
40–44岁	1		22	54	10	2	16	5	12
45–49岁	1		13	68	8	9	24	13	5
50–54岁	1		13	43	4	6	12	5	9
55–59岁	3		11	20	5	3	9	5	3
60–64岁	1		4	10		1	1	1	
65–69岁				1					
70–74岁									
75岁及以上							1		

4-5b 续表 3

单位：人

年龄组 性别	制造业								
	文教、工美、体育和娱乐用品制造业	石油、煤炭及其他燃料加工业	化学原料和化学制品制造业	医药制造业	化学纤维制造业	橡胶和塑料制品业	非金属矿物制品业	黑色金属冶炼和压延加工业	有色金属冶炼和压延加工业
总计	**255**	**23**	**162**	**93**	**11**	**416**	**651**	**1354**	**177**
16-19岁	6		1			6	3	17	1
20-24岁	12		8	10	1	24	23	74	20
25-29岁	20	1	20	19	1	55	80	169	34
30-34岁	44	4	39	18	2	92	115	216	37
35-39岁	42	2	26	19	2	55	98	193	32
40-44岁	38	3	27	13	1	62	84	180	25
45-49岁	40	5	11	4	3	64	110	237	13
50-54岁	38	7	15	5		34	75	166	12
55-59岁	8		9	3		12	52	71	3
60-64岁	3	1	3	1	1	8	6	26	
65-69岁	2		1			4	5	4	
70-74岁	2		2					1	
75岁及以上				1					
男	**138**	**13**	**112**	**49**	**7**	**263**	**554**	**1100**	**142**
16-19岁	2					5	3	12	1
20-24岁	10		7	4	1	18	22	66	19
25-29岁	15		11	7	1	38	70	141	29
30-34岁	18	2	24	9	2	52	92	165	30
35-39岁	21	1	16	13	1	34	81	142	26
40-44岁	17	2	17	6	1	33	70	137	21
45-49岁	24	2	11	2	1	39	89	195	10
50-54岁	23	5	12	4		22	67	148	3
55-59岁	4		9	2		11	49	64	3
60-64岁	1	1	2	1		7	6	25	
65-69岁	2		1			4	5	4	
70-74岁	1		2					1	
75岁及以上				1					
女	**117**	**10**	**50**	**44**	**4**	**153**	**97**	**254**	**35**
16-19岁	4		1			1		5	
20-24岁	2		1	6		6	1	8	1
25-29岁	5	1	9	12		17	10	28	5
30-34岁	26	2	15	9		40	23	51	7
35-39岁	21	1	10	6	1	21	17	51	6
40-44岁	21	1	10	7		29	14	43	4
45-49岁	16	3		2	2	25	21	42	3
50-54岁	15	2	3	1		12	8	18	9
55-59岁	4			1		1	3	7	
60-64岁	2		1		1	1		1	
65-69岁									
70-74岁	1								
75岁及以上									

4-5b　续表 4　　　　单位：人

年龄组 性　别	制造业								
	金　属 制品业	通用设备 制造业	专用设备 制造业	汽　车 制造业	铁路、船舶、 航空航天和 其他运输 设备制造业	电气机械 和器材 制造业	计算机、 通信和其 他电子设 备制造业	仪器仪表 制造业	其　他 制造业
总　计	**1575**	**774**	**259**	**546**	**1686**	**546**	**710**	**37**	**98**
16–19岁	9	7	6	15	39	22	13		1
20–24岁	69	56	22	58	157	95	128	1	4
25–29岁	166	117	39	86	235	128	167	9	6
30–34岁	361	172	63	124	382	119	181	3	12
35–39岁	281	112	42	102	280	80	92	5	24
40–44岁	221	102	31	68	241	39	59	10	12
45–49岁	200	83	26	48	170	27	37	6	25
50–54岁	157	66	18	30	104	17	20	2	12
55–59岁	70	41	5	13	63	11	8	1	1
60–64岁	24	13	7	2	9	4	3		1
65–69岁	12	5			5	3	2		
70–74岁	5					1			
75岁及以上					1				
男	**1273**	**617**	**179**	**381**	**1141**	**405**	**353**	**17**	**51**
16–19岁	8	7	3	14	36	17	9		1
20–24岁	53	47	16	50	124	84	95	1	3
25–29岁	138	103	27	64	167	94	84	4	6
30–34岁	299	132	44	76	254	87	68	2	7
35–39岁	224	87	30	65	192	51	34	1	11
40–44岁	179	77	18	42	142	26	26	5	2
45–49岁	148	62	16	35	94	21	14	2	15
50–54岁	128	53	14	22	70	12	15	1	5
55–59岁	56	32	4	11	48	6	5	1	1
60–64岁	24	12	7	2	9	4	2		
65–69岁	11	5			4	2	1		
70–74岁	5					1			
75岁及以上					1				
女	**302**	**157**	**80**	**165**	**545**	**141**	**357**	**20**	**47**
16–19岁	1		3	1	3	5	4		
20–24岁	16	9	6	8	33	11	33		1
25–29岁	28	14	12	22	68	34	83	5	
30–34岁	62	40	19	48	128	32	113	1	5
35–39岁	57	25	12	37	88	29	58	4	13
40–44岁	42	25	13	26	99	13	33	5	10
45–49岁	52	21	10	13	76	6	23	4	10
50–54岁	29	13	4	8	34	5	5	1	7
55–59岁	14	9	1	2	15	5	3		
60–64岁		1					1		1
65–69岁	1				1	1	1		
70–74岁									
75岁及以上									

4–5b　续表 5　　　　单位：人

年龄组 性　别	制造业		电力、热力、燃气及水生产和供应业				建筑业		
	废弃资源综合利用业	金属制品、机械和设备修理业	小计	电力、热力生产和供应业	燃气生产和供应业	水的生产和供应业	小计	房屋建筑业	土木工程建筑业
总　计	**71**	**72**	**287**	**190**	**47**	**50**	**2839**	**1766**	**301**
16–19岁	2	2	3	3			9	6	2
20–24岁	10	3	15	8	3	4	104	65	21
25–29岁	1	9	32	23	4	5	257	156	37
30–34岁	7	13	52	34	8	10	422	241	49
35–39岁	2	7	41	27	8	6	360	210	39
40–44岁	8	5	43	33	8	2	304	189	27
45–49岁	9	14	36	22	9	5	387	240	29
50–54岁	14	5	31	19	5	7	469	305	40
55–59岁	11	12	27	18	2	7	318	225	25
60–64岁	4	2	2			2	144	97	18
65–69岁	2		5	3		2	55	27	11
70–74岁	1						8	4	2
75岁及以上							2	1	1
男	**57**	**66**	**233**	**155**	**36**	**42**	**2437**	**1515**	**261**
16–19岁	2	2	3	3			8	6	1
20–24岁	9	3	12	5	3	4	86	54	15
25–29岁	1	9	26	19	3	4	218	136	30
30–34岁	7	11	43	26	7	10	360	202	43
35–39岁	1	6	29	21	5	3	290	171	29
40–44岁	4	3	31	25	5	1	252	155	25
45–49岁	7	14	30	19	7	4	318	193	27
50–54岁	12	4	28	18	4	6	419	270	36
55–59岁	8	12	24	16	2	6	288	204	23
60–64岁	3	2	2			2	138	93	18
65–69岁	2		5	3		2	50	26	11
70–74岁	1						8	4	2
75岁及以上							2	1	1
女	**14**	**6**	**54**	**35**	**11**	**8**	**402**	**251**	**40**
16–19岁							1		1
20–24岁	1		3	3			18	11	6
25–29岁			6	4	1	1	39	20	7
30–34岁		2	9	8	1		62	39	6
35–39岁	1	1	12	6	3	3	70	39	10
40–44岁	4	2	12	8	3	1	52	34	2
45–49岁	2		6	3	2	1	69	47	2
50–54岁	2	1	3	1	1	1	50	35	4
55–59岁	3		3	2		1	30	21	2
60–64岁	1						6	4	
65–69岁							5	1	
70–74岁									
75岁及以上									

4-5b　续表 6　　　　单位：人

年龄组 性　别	建筑业		批发和零售业			交通运输、仓储和邮政业			
	建　筑 安装业	建筑装 饰、装修 和其他 建筑业	小计	批发业	零售业	小计	铁　路 运输业	道　路 运输业	水　上 运输业
总　计	**168**	**604**	**2926**	**843**	**2083**	**1996**	**18**	**1426**	**13**
16-19岁	1		29	3	26	7		5	
20-24岁	7	11	165	68	97	91	4	54	
25-29岁	16	48	344	106	238	238	5	134	1
30-34岁	40	92	524	147	377	377		244	8
35-39岁	11	100	497	134	363	322	1	245	3
40-44岁	16	72	383	103	280	305	1	234	
45-49岁	20	98	373	106	267	261	2	210	1
50-54岁	25	99	307	98	209	231	5	189	
55-59岁	16	52	180	47	133	119		83	
60-64岁	11	18	68	18	50	28		17	
65-69岁	5	12	41	11	30	15		9	
70-74岁		2	12	1	11	2		2	
75岁及以上			3	1	2				
男	**157**	**504**	**1643**	**563**	**1080**	**1690**	**15**	**1275**	**13**
16-19岁	1		21	3	18	7		5	
20-24岁	7	10	89	36	53	68	4	44	
25-29岁	14	38	196	73	123	182	3	109	1
30-34岁	39	76	284	91	193	294		205	8
35-39岁	9	81	259	88	171	274	1	224	3
40-44岁	15	57	196	72	124	263	1	215	
45-49岁	17	81	193	69	124	233	2	187	1
50-54岁	24	89	192	69	123	214	4	179	
55-59岁	15	46	117	34	83	112		79	
60-64岁	11	16	52	16	36	26		17	
65-69岁	5	8	31	10	21	15		9	
70-74岁		2	11	1	10	2		2	
75岁及以上			2	1	1				
女	**11**	**100**	**1283**	**280**	**1003**	**306**	**3**	**151**	
16-19岁			8		8				
20-24岁		1	76	32	44	23		10	
25-29岁	2	10	148	33	115	56	2	25	
30-34岁	1	16	240	56	184	83		39	
35-39岁	2	19	238	46	192	48		21	
40-44岁	1	15	187	31	156	42		19	
45-49岁	3	17	180	37	143	28		23	
50-54岁	1	10	115	29	86	17	1	10	
55-59岁	1	6	63	13	50	7		4	
60-64岁		2	16	2	14	2			
65-69岁		4	10	1	9				
70-74岁			1		1				
75岁及以上			1		1				

4-5b 续表 7

单位：人

年龄组 性别	交通运输、仓储和邮政业					住宿和餐饮业		
	航空运输业	管道运输业	多式联运和运输代理业	装卸搬运和仓储业	邮政业	小计	住宿业	餐饮业
总　计	**12**		**47**	**213**	**267**	**1010**	**101**	**909**
16-19岁			1		1	14	3	11
20-24岁	2		2	12	17	35	5	30
25-29岁	3		4	24	67	107	11	96
30-34岁	2		13	31	79	171	16	155
35-39岁	3		8	25	37	158	16	142
40-44岁			9	33	28	159	12	147
45-49岁	1		4	30	13	158	15	143
50-54岁	1		3	24	9	122	10	112
55-59岁			2	23	11	61	5	56
60-64岁				7	4	15	5	10
65-69岁			1	4	1	8	2	6
70-74岁						1	1	
75岁及以上						1		1
男	**9**		**37**	**164**	**177**	**496**	**46**	**450**
16-19岁			1		1	9		9
20-24岁	2		2	6	10	19	1	18
25-29岁	2		2	17	48	61	3	58
30-34岁	1		9	18	53	94	9	85
35-39岁	2		6	14	24	72	8	64
40-44岁			7	27	13	73	4	69
45-49岁	1		4	29	9	68	5	63
50-54岁	1		3	20	7	58	7	51
55-59岁			2	22	9	25	3	22
60-64岁				7	2	11	4	7
65-69岁			1	4	1	5	1	4
70-74岁						1	1	
75岁及以上								
女	**3**		**10**	**49**	**90**	**514**	**55**	**459**
16-19岁						5	3	2
20-24岁				6	7	16	4	12
25-29岁	1		2	7	19	46	8	38
30-34岁	1		4	13	26	77	7	70
35-39岁	1		2	11	13	86	8	78
40-44岁			2	6	15	86	8	78
45-49岁				1	4	90	10	80
50-54岁				4	2	64	3	61
55-59岁				1	2	36	2	34
60-64岁					2	4	1	3
65-69岁						3	1	2
70-74岁								
75岁及以上						1		1

4-5b 续表 8 单位：人

年龄组 性 别	信息传输、软件和信息技术服务业				金融业				
	小计	电信、广播电视和卫星传输服务	互联网和相关服务	软件和信息技术服务业	小计	货币金融服务	资本市场服务	保险业	其他金融业
总 计	**426**	**64**	**154**	**208**	**226**	**80**	**14**	**112**	**20**
16-19岁	3		3						
20-24岁	71	7	22	42	17	10	1	6	
25-29岁	90	7	39	44	40	15	2	18	5
30-34岁	113	13	44	56	49	20	3	20	6
35-39岁	63	13	20	30	44	10	4	26	4
40-44岁	32	7	9	16	22	3	3	15	1
45-49岁	30	9	10	11	23	7	1	13	2
50-54岁	16	4	6	6	14	4		8	2
55-59岁	7	3	1	3	15	10		5	
60-64岁	1	1			1			1	
65-69岁					1	1			
70-74岁									
75岁及以上									
男	**289**	**37**	**105**	**147**	**94**	**38**	**7**	**38**	**11**
16-19岁	2		2						
20-24岁	52	5	16	31	8	6		2	
25-29岁	58	4	23	31	20	5	2	10	3
30-34岁	72	4	29	39	15	5	1	6	3
35-39岁	41	9	14	18	18	4	2	10	2
40-44岁	22	4	7	11	7	1	1	5	
45-49岁	21	5	8	8	12	6	1	4	1
50-54岁	15	4	5	6	5	3			2
55-59岁	5	1	1	3	8	7		1	
60-64岁	1	1							
65-69岁					1	1			
70-74岁									
75岁及以上									
女	**137**	**27**	**49**	**61**	**132**	**42**	**7**	**74**	**9**
16-19岁	1		1						
20-24岁	19	2	6	11	9	4	1	4	
25-29岁	32	3	16	13	20	10		8	2
30-34岁	41	9	15	17	34	15	2	14	3
35-39岁	22	4	6	12	26	6	2	16	2
40-44岁	10	3	2	5	15	2	2	10	1
45-49岁	9	4	2	3	11	1		9	1
50-54岁	1		1		9	1		8	
55-59岁	2	2			7	3		4	
60-64岁					1			1	
65-69岁									
70-74岁									
75岁及以上									

4-5b 续表 9 单位：人

年龄组 性 别	房地产业		租赁和商务服务业			科学研究和技术服务业			
	小计	房地产业	小计	租赁业	商 务 服务业	小计	研究和 试验发展	专业技术 服务业	科技推广 和应用 服务业
总 计	**577**	**577**	**755**	**78**	**677**	**367**	**65**	**224**	**78**
16-19岁	1	1	9	2	7	2	1	1	
20-24岁	49	49	56	4	52	40	9	20	11
25-29岁	84	84	101	12	89	60	11	40	9
30-34岁	104	104	140	8	132	83	16	48	19
35-39岁	67	67	101	12	89	69	10	35	24
40-44岁	59	59	88	16	72	42	10	28	4
45-49岁	65	65	90	8	82	33	4	23	6
50-54岁	55	55	53	7	46	26	4	18	4
55-59岁	52	52	77	7	70	9		8	1
60-64岁	25	25	24	1	23	2		2	
65-69岁	14	14	13	1	12	1		1	
70-74岁	2	2	3		3				
75岁及以上									
男	**332**	**332**	**523**	**70**	**453**	**256**	**42**	**167**	**47**
16-19岁	1	1	8	2	6	1	1		
20-24岁	31	31	45	4	41	26	5	17	4
25-29岁	42	42	65	11	54	39	7	25	7
30-34岁	60	60	89	8	81	55	9	36	10
35-39岁	37	37	63	9	54	47	6	24	17
40-44岁	27	27	59	15	44	32	8	22	2
45-49岁	26	26	57	7	50	23	3	17	3
50-54岁	38	38	38	7	31	21	3	15	3
55-59岁	32	32	64	5	59	9		8	1
60-64岁	22	22	21	1	20	2		2	
65-69岁	14	14	11	1	10	1		1	
70-74岁	2	2	3		3				
75岁及以上									
女	**245**	**245**	**232**	**8**	**224**	**111**	**23**	**57**	**31**
16-19岁			1		1	1		1	
20-24岁	18	18	11		11	14	4	3	7
25-29岁	42	42	36	1	35	21	4	15	2
30-34岁	44	44	51		51	28	7	12	9
35-39岁	30	30	38	3	35	22	4	11	7
40-44岁	32	32	29	1	28	10	2	6	2
45-49岁	39	39	33	1	32	10	1	6	3
50-54岁	17	17	15		15	5	1	3	1
55-59岁	20	20	13	2	11				
60-64岁	3	3	3		3				
65-69岁			2		2				
70-74岁									
75岁及以上									

4–5b　续表 10　　　　单位：人

年龄组 性　别	水利、环境和公共设施管理业					居民服务、修理和其他服务业			
	小计	水　利 管理业	生态保护 和环境 治理业	公共设施 管理业	土　地 管理业	小计	居　民 服务业	机动车、 电子产品 和日用产 品修理业	其　他 服务业
总　计	**336**	**18**	**18**	**298**	**2**	**1446**	**702**	**278**	**466**
16–19岁						17	11	4	2
20–24岁	6	1	1	4		74	31	22	21
25–29岁	20	2	4	14		118	54	32	32
30–34岁	16	1	3	12		222	98	66	58
35–39岁	25	2		22	1	196	91	49	56
40–44岁	20	2	3	15		186	111	35	40
45–49岁	38		3	35		201	107	17	77
50–54岁	56	4	1	51		220	106	29	85
55–59岁	60	4	1	54	1	119	54	14	51
60–64岁	61	1	1	59		54	27	5	22
65–69岁	26		1	25		29	9	5	15
70–74岁	8	1		7		10	3		7
75岁及以上									
男	**255**	**16**	**13**	**225**	**1**	**930**	**379**	**237**	**314**
16–19岁						8	3	4	1
20–24岁	3	1		2		54	20	18	16
25–29岁	14	2	2	10		86	31	28	27
30–34岁	14	1	3	10		145	50	57	38
35–39岁	14	2		12		122	43	41	38
40–44岁	11		2	9		101	51	29	21
45–49岁	28		2	26		111	52	14	45
50–54岁	49	4	1	44		140	60	22	58
55–59岁	49	4	1	43	1	88	39	14	35
60–64岁	45	1	1	43		42	20	5	17
65–69岁	20		1	19		25	7	5	13
70–74岁	8	1		7		8	3		5
75岁及以上									
女	**81**	**2**	**5**	**73**	**1**	**516**	**323**	**41**	**152**
16–19岁						9	8		1
20–24岁	3		1	2		20	11	4	5
25–29岁	6		2	4		32	23	4	5
30–34岁	2			2		77	48	9	20
35–39岁	11			10	1	74	48	8	18
40–44岁	9	2	1	6		85	60	6	19
45–49岁	10		1	9		90	55	3	32
50–54岁	7			7		80	46	7	27
55–59岁	11			11		31	15		16
60–64岁	16			16		12	7		5
65–69岁	6			6		4	2		2
70–74岁						2			2
75岁及以上									

4−5b 续表 11　　单位：人

年龄组 性　别	教育		卫生和社会工作			文化、体育和娱乐业				
	小计	教育	小计	卫生	社会工作	小计	新闻和出版业	广播、电视、电影和录音制作业	文　化艺术业	体育
总　计	**962**	**962**	**376**	**340**	**36**	**144**	**7**	**25**	**19**	**44**
16−19岁	15	15				4			1	2
20−24岁	81	81	34	28	6	29		1	2	22
25−29岁	154	154	72	64	8	30	2	10	4	7
30−34岁	154	154	80	73	7	24	1	6	2	9
35−39岁	103	103	35	32	3	19	1	5	2	2
40−44岁	119	119	39	36	3	9	1	1	1	
45−49岁	152	152	54	49	5	12	2	1	2	
50−54岁	89	89	19	19		7			1	
55−59岁	79	79	17	13	4	8		1	3	1
60−64岁	9	9	11	11		1				1
65−69岁	6	6	10	10		1			1	
70−74岁			4	4						
75岁及以上	1	1	1	1						
男	**341**	**341**	**142**	**140**	**2**	**78**	**3**	**10**	**9**	**27**
16−19岁	6	6				4			1	2
20−24岁	19	19	6	6		18		1	1	13
25−29岁	37	37	9	9		15	1	3	2	5
30−34岁	46	46	24	22	2	11		2		4
35−39岁	24	24	13	13		8	1	2		1
40−44岁	36	36	21	21		4		1		
45−49岁	63	63	26	26		8	1	1	2	
50−54岁	43	43	9	9		3				
55−59岁	57	57	11	11		5			2	1
60−64岁	5	5	8	8		1				1
65−69岁	5	5	10	10		1			1	
70−74岁			4	4						
75岁及以上			1	1						
女	**621**	**621**	**234**	**200**	**34**	**66**	**4**	**15**	**10**	**17**
16−19岁	9	9								
20−24岁	62	62	28	22	6	11			1	9
25−29岁	117	117	63	55	8	15	1	7	2	2
30−34岁	108	108	56	51	5	13	1	4	2	5
35−39岁	79	79	22	19	3	11		3	2	1
40−44岁	83	83	18	15	3	5	1		1	
45−49岁	89	89	28	23	5	4	1			
50−54岁	46	46	10	10		4			1	
55−59岁	22	22	6	2	4	3		1	1	
60−64岁	4	4	3	3						
65−69岁	1	1								
70−74岁										
75岁及以上	1	1								

4-5b 续表 12 单位：人

年龄组 性 别	娱乐业	公共管理、社会保障和社会组织							国际组织	
		小计	中国共产党机关	国家机构	人民政协、民主党派	社会保障	群众团体、社会团体和其他成员组织	基层群众自治组织	小计	国际组织
总 计	**49**	**1078**	**28**	**695**	**1**	**4**	**35**	**315**		
16-19岁	1									
20-24岁	4	65	5	52			1	7		
25-29岁	7	158	5	130		1	4	18		
30-34岁	6	177	8	133			5	31		
35-39岁	9	104	1	79	1	1	4	18		
40-44岁	6	110	2	73		1	5	29		
45-49岁	7	127	3	72			4	48		
50-54岁	6	113	1	54		1	5	52		
55-59岁	3	143	1	83			2	57		
60-64岁		46	1	10			1	34		
65-69岁		19	1	4			3	11		
70-74岁		14		5			1	8		
75岁及以上		2						2		
男	**29**	**804**	**17**	**551**	**1**	**2**	**27**	**206**		
16-19岁	1									
20-24岁	3	46	3	40				3		
25-29岁	4	116	4	97		1	2	12		
30-34岁	5	127	4	101			5	17		
35-39岁	4	72	1	63	1		3	4		
40-44岁	3	82	1	60			4	17		
45-49岁	4	85	1	52			2	30		
50-54岁	3	88	1	45		1	4	37		
55-59岁	2	119		76			2	41		
60-64岁		41	1	9			1	30		
65-69岁		13	1	3			3	6		
70-74岁		13		5			1	7		
75岁及以上		2						2		
女	**20**	**274**	**11**	**144**		**2**	**8**	**109**		
16-19岁										
20-24岁	1	19	2	12			1	4		
25-29岁	3	42	1	33			2	6		
30-34岁	1	50	4	32				14		
35-39岁	5	32		16		1	1	14		
40-44岁	3	28	1	13		1	1	12		
45-49岁	3	42	2	20			2	18		
50-54岁	3	25		9			1	15		
55-59岁	1	24	1	7				16		
60-64岁		5		1				4		
65-69岁		6		1				5		
70-74岁		1						1		
75岁及以上										

4－5c 全市分年龄、性别、行业大类的就业人口(乡村)

单位：人

年龄组 性 别	合计	农、林、牧、渔业						采矿业	
		小计	农业	林业	畜牧业	渔业	农、林、牧、渔专业及辅助性活动	小计	煤炭开采和洗选业
总　计	**89837**	**35128**	**32212**	**866**	**1422**	**439**	**189**	**67**	**2**
16－19岁	515	117	105	1	6	3	2		
20－24岁	3734	693	655	9	19	6	4	7	
25－29岁	7734	1567	1479	21	38	21	8	13	1
30－34岁	11886	2719	2481	90	90	41	17	15	
35－39岁	9377	2348	2128	69	105	34	12	9	
40－44岁	9261	2696	2440	67	129	45	15	9	
45－49岁	11410	4236	3800	103	230	73	30	6	
50－54岁	12628	5822	5263	152	276	98	33	5	1
55－59岁	10456	5678	5180	159	252	61	26	1	
60－64岁	6224	4146	3833	106	153	32	22	1	
65－69岁	4478	3336	3163	67	74	21	11	1	
70－74岁	1609	1320	1248	20	42	3	7		
75岁及以上	525	450	437	2	8	1	2		
男	**57707**	**21618**	**19528**	**530**	**1024**	**392**	**144**	**59**	**1**
16－19岁	370	84	74	1	4	3	2		
20－24岁	2463	486	459	7	12	5	3	7	
25－29岁	5121	1077	1008	15	31	18	5	11	
30－34岁	7500	1744	1565	58	70	38	13	14	
35－39岁	5758	1400	1243	42	75	30	10	8	
40－44岁	5630	1612	1432	36	90	42	12	7	
45－49岁	6921	2437	2136	60	153	65	23	4	
50－54岁	7964	3348	2965	92	185	85	21	5	1
55－59岁	6935	3357	3006	96	182	54	19	1	
60－64岁	4321	2626	2394	64	120	30	18	1	
65－69岁	3189	2226	2093	46	58	18	11	1	
70－74岁	1130	881	824	11	37	3	6		
75岁及以上	405	340	329	2	7	1	1		
女	**32130**	**13510**	**12684**	**336**	**398**	**47**	**45**	**8**	**1**
16－19岁	145	33	31		2				
20－24岁	1271	207	196	2	7	1	1		
25－29岁	2613	490	471	6	7	3	3	2	1
30－34岁	4386	975	916	32	20	3	4	1	
35－39岁	3619	948	885	27	30	4	2	1	
40－44岁	3631	1084	1008	31	39	3	3	2	
45－49岁	4489	1799	1664	43	77	8	7	2	
50－54岁	4664	2474	2298	60	91	13	12		
55－59岁	3521	2321	2174	63	70	7	7		
60－64岁	1903	1520	1439	42	33	2	4		
65－69岁	1289	1110	1070	21	16	3			
70－74岁	479	439	424	9	5		1		
75岁及以上	120	110	108		1		1		

4-5c　续表 1　　　　单位：人

年龄组 性　别	采矿业						制造业		
	石油和天然气开采业	黑色金属矿采选业	有色金属矿采选业	非金属矿采选业	开采专业及辅助性活　动	其　他采矿业	小计	农副食品加工业	食　品制造业
总　计	**20**	**1**	**1**	**11**	**30**	**2**	**21513**	**643**	**578**
16−19岁							134		5
20−24岁	4			1	2		1065	18	38
25−29岁	3				8	1	2190	55	69
30−34岁	5	1		2	7		3902	101	97
35−39岁	4				5		3122	74	76
40−44岁	1			3	5		2898	76	75
45−49岁	3		1		1	1	3107	97	89
50−54岁				3	1		2642	92	63
55−59岁				1			1580	70	41
60−64岁					1		535	30	17
65−69岁				1			280	21	8
70−74岁							49	8	
75岁及以上							9	1	
男	**17**	**1**	**1**	**10**	**27**	**2**	**12788**	**440**	**279**
16−19岁							105		1
20−24岁	4			1	2		781	12	22
25−29岁	3				7	1	1487	35	36
30−34岁	5	1		2	6		2331	65	45
35−39岁	3				5		1728	52	28
40−44岁	1			2	4		1494	51	33
45−49岁	1		1		1	1	1654	64	42
50−54岁				3	1		1541	60	33
55−59岁				1			1008	52	23
60−64岁					1		388	24	10
65−69岁				1			228	18	6
70−74岁							37	7	
75岁及以上							6		
女	**3**			**1**	**3**		**8725**	**203**	**299**
16−19岁							29		4
20−24岁							284	6	16
25−29岁					1		703	20	33
30−34岁					1		1571	36	52
35−39岁	1						1394	22	48
40−44岁				1	1		1404	25	42
45−49岁	2						1453	33	47
50−54岁							1101	32	30
55−59岁							572	18	18
60−64岁							147	6	7
65−69岁							52	3	2
70−74岁							12	1	
75岁及以上							3	1	

4－5c 续表 2

单位：人

年龄组 性 别	制造业								
	酒、饮料和精制茶制造业	烟 草制品业	纺织业	纺织服装、服饰业	皮革、毛皮、羽毛及其制品和制鞋业	木材加工和木、竹、藤、棕、草制品业	家 具制造业	造纸和纸制品业	印刷和记录媒介复制业
总 计	**89**	**14**	**914**	**3263**	**264**	**242**	**866**	**608**	**225**
16－19岁	1		2	6			2	7	4
20－24岁	8	2	26	62	6	5	22	23	15
25－29岁	12	1	65	255	8	19	66	66	24
30－34岁	18	1	112	619	40	35	147	109	51
35－39岁	12	4	122	503	23	37	111	90	43
40－44岁	12	1	124	487	43	30	111	71	32
45－49岁	13	2	150	554	60	39	137	86	21
50－54岁	5	2	140	461	37	40	133	71	20
55－59岁	7	1	118	220	34	22	93	49	12
60－64岁	1		27	61	8	9	35	23	2
65－69岁			19	29	1	3	8	13	1
70－74岁			6	5	4	2	1		
75岁及以上			3	1		1			
男	**55**	**8**	**454**	**658**	**77**	**181**	**602**	**354**	**134**
16－19岁	1		1	1			2	5	4
20－24岁	3	2	16	17	3	5	18	17	13
25－29岁	6		38	95	5	14	47	48	16
30－34岁	12	1	56	148	14	24	109	60	28
35－39岁	9	2	59	91	7	27	66	48	25
40－44岁	4		51	79	10	20	67	37	17
45－49岁	9	2	66	79	11	27	88	42	10
50－54岁	4	1	69	79	8	33	94	43	9
55－59岁	6		66	40	13	16	72	30	9
60－64岁	1		16	13	3	9	30	15	2
65－69岁			9	14	1	3	8	9	1
70－74岁			5	2	2	2	1		
75岁及以上			2			1			
女	**34**	**6**	**460**	**2605**	**187**	**61**	**264**	**254**	**91**
16－19岁			1	5				2	
20－24岁	5		10	45	3		4	6	2
25－29岁	6	1	27	160	3	5	19	18	8
30－34岁	6		56	471	26	11	38	49	23
35－39岁	3	2	63	412	16	10	45	42	18
40－44岁	8	1	73	408	33	10	44	34	15
45－49岁	4		84	475	49	12	49	44	11
50－54岁	1	1	71	382	29	7	39	28	11
55－59岁	1	1	52	180	21	6	21	19	3
60－64岁			11	48	5		5	8	
65－69岁			10	15				4	
70－74岁			1	3	2				
75岁及以上			1	1					

4–5c 续表 3

单位：人

年龄组 性 别	制造业								
	文教、工美、体育和娱乐用品制造业	石油、煤炭及其他燃料加工业	化学原料和化学制品制造业	医 药制造业	化学纤维制造业	橡胶和塑 料制品业	非金属矿 物制品业	黑色金属冶炼和压延加工业	有色金属冶炼和压延加工业
总 计	**1309**	**43**	**344**	**180**	**22**	**719**	**728**	**1254**	**190**
16–19岁	7		1			4	4	10	
20–24岁	60	3	12	19		30	31	84	6
25–29岁	96	5	31	29	3	70	66	129	31
30–34岁	175	14	50	49	2	123	131	199	52
35–39岁	161	6	51	34	5	101	101	189	29
40–44岁	187	6	45	15	4	114	109	175	21
45–49岁	232	3	40	14	2	107	94	220	11
50–54岁	176	5	58	12	1	84	102	146	17
55–59岁	121	1	38	5	4	55	59	65	14
60–64岁	56		6	3	1	20	19	23	5
65–69岁	31		10			10	11	13	3
70–74岁	7		2			1	1	1	1
75岁及以上									
男	**644**	**34**	**251**	**90**	**16**	**429**	**572**	**1061**	**149**
16–19岁	6					4	4	10	
20–24岁	39	3	7	8		24	25	72	6
25–29岁	52	5	17	14	3	47	56	116	25
30–34岁	86	12	34	25	1	78	102	167	43
35–39岁	77	5	36	15	3	61	71	148	22
40–44岁	87	2	32	6	4	56	81	136	15
45–49岁	100	3	27	9	1	58	73	183	7
50–54岁	75	4	50	8		43	82	131	12
55–59岁	57		30	3	3	33	52	63	10
60–64岁	37		6	2	1	14	17	23	5
65–69岁	25		10			10	8	11	3
70–74岁	3		2			1	1	1	1
75岁及以上									
女	**665**	**9**	**93**	**90**	**6**	**290**	**156**	**193**	**41**
16–19岁	1		1						
20–24岁	21		5	11		6	6	12	
25–29岁	44		14	15		23	10	13	6
30–34岁	89	2	16	24	1	45	29	32	9
35–39岁	84	1	15	19	2	40	30	41	7
40–44岁	100	4	13	9		58	28	39	6
45–49岁	132		13	5	1	49	21	37	4
50–54岁	101	1	8	4	1	41	20	15	5
55–59岁	64	1	8	2	1	22	7	2	4
60–64岁	19			1		6	2		
65–69岁	6						3	2	
70–74岁	4								
75岁及以上									

4−5c 续表 4 单位：人

年龄组 性 别	制造业								
	金 属 制品业	通用设备 制造业	专用设备 制造业	汽 车 制造业	铁路、船舶、航空航天和其他运输设备制造业	电气机械和器材制造业	计算机、通信和其他电子设备制造业	仪器仪表 制造业	其 他 制造业
总 计	**2367**	**1783**	**389**	**1019**	**1704**	**477**	**710**	**74**	**135**
16−19岁	16	7	3	11	29	4	8		1
20−24岁	92	97	35	93	98	43	101	3	9
25−29岁	219	223	58	137	182	75	138	10	16
30−34岁	398	378	83	235	301	119	178	17	26
35−39岁	351	274	50	169	266	62	115	9	19
40−44岁	322	237	50	121	223	56	77	11	26
45−49岁	341	212	40	110	249	42	56	13	18
50−54岁	328	180	39	72	207	39	23	5	9
55−59岁	197	109	20	40	116	20	10	4	8
60−64岁	67	37	5	18	22	11	2	2	3
65−69岁	33	24	4	11	10	6	2		
70−74岁	2	4	2	2					
75岁及以上	1	1			1				
男	**1881**	**1315**	**264**	**688**	**1066**	**324**	**360**	**44**	**67**
16−19岁	14	7	2	9	25	2	4		1
20−24岁	82	81	27	77	75	32	69	1	4
25−29岁	169	181	40	109	123	59	84	6	11
30−34岁	316	277	55	157	196	79	83	12	12
35−39岁	267	195	29	104	165	37	38	5	10
40−44岁	238	156	30	59	116	32	31	7	9
45−49岁	253	161	24	65	145	24	24	5	8
50−54岁	275	109	31	52	129	28	16	3	3
55−59岁	170	88	17	31	68	16	7	4	6
60−64岁	61	32	4	14	17	9	2	1	3
65−69岁	33	23	3	10	6	6	2		
70−74岁	2	4	2	1					
75岁及以上	1	1			1				
女	**486**	**468**	**125**	**331**	**638**	**153**	**350**	**30**	**68**
16−19岁	2		1	2	4	2	4		
20−24岁	10	16	8	16	23	11	32	2	5
25−29岁	50	42	18	28	59	16	54	4	5
30−34岁	82	101	28	78	105	40	95	5	14
35−39岁	84	79	21	65	101	25	77	4	9
40−44岁	84	81	20	62	107	24	46	4	17
45−49岁	88	51	16	45	104	18	32	8	10
50−54岁	53	71	8	20	78	11	7	2	6
55−59岁	27	21	3	9	48	4	3		2
60−64岁	6	5	1	4	5	2		1	
65−69岁		1	1	1	4				
70−74岁				1					
75岁及以上									

4-5c 续表 5

单位：人

年龄组 性别	制造业		电力、热力、燃气及水生产和供应业				建筑业		
	废弃资源综合利用业	金属制品、机械和设备修理业	小计	电力、热力生产和供应业	燃气生产和供应业	水的生产和供应业	小计	房屋建筑业	土木工程建筑业
总计	**247**	**113**	**541**	**337**	**113**	**91**	**6844**	**3563**	**841**
16-19岁	1	1	3	2		1	24	10	5
20-24岁	12	12	35	14	13	8	228	97	48
25-29岁	17	15	70	44	15	11	548	226	96
30-34岁	25	17	85	47	24	14	916	428	115
35-39岁	24	11	59	37	13	9	683	302	89
40-44岁	28	9	65	47	10	8	618	286	75
45-49岁	42	13	81	52	13	16	849	426	96
50-54岁	54	21	66	49	10	7	1141	637	120
55-59岁	21	6	47	27	7	13	977	608	94
60-64岁	16	6	19	11	5	3	549	341	70
65-69岁	7	2	11	7	3	1	254	164	28
70-74岁							44	30	4
75岁及以上							13	8	1
男	**186**	**105**	**459**	**284**	**92**	**83**	**6094**	**3141**	**749**
16-19岁	1	1	2	1		1	21	9	4
20-24岁	9	12	29	11	10	8	192	76	41
25-29岁	15	15	52	33	12	7	466	185	80
30-34岁	18	16	75	41	20	14	792	353	104
35-39岁	16	10	45	27	10	8	601	259	84
40-44岁	20	8	57	42	8	7	530	244	63
45-49岁	32	12	68	44	9	15	750	371	83
50-54岁	40	17	60	44	9	7	1020	563	109
55-59岁	17	6	43	25	6	12	915	574	83
60-64岁	11	6	18	10	5	3	515	321	65
65-69岁	7	2	10	6	3	1	241	154	28
70-74岁							40	26	4
75岁及以上							11	6	1
女	**61**	**8**	**82**	**53**	**21**	**8**	**750**	**422**	**92**
16-19岁			1	1			3	1	1
20-24岁	3		6	3	3		36	21	7
25-29岁	2		18	11	3	4	82	41	16
30-34岁	7	1	10	6	4		124	75	11
35-39岁	8	1	14	10	3	1	82	43	5
40-44岁	8	1	8	5	2	1	88	42	12
45-49岁	10	1	13	8	4	1	99	55	13
50-54岁	14	4	6	5	1		121	74	11
55-59岁	4		4	2	1	1	62	34	11
60-64岁	5		1	1			34	20	5
65-69岁			1	1			13	10	
70-74岁							4	4	
75岁及以上							2	2	

4-5c 续表 6

单位：人

年龄组 性别	建筑业		批发和零售业			交通运输、仓储和邮政业			
	建筑安装业	建筑装饰、装修和其他建筑业	小计	批发业	零售业	小计	铁路运输业	道路运输业	水上运输业
总　计	**644**	**1796**	**5897**	**1450**	**4447**	**5418**	**43**	**4060**	**54**
16-19岁	3	6	50	12	38	29		10	
20-24岁	27	56	337	81	256	221	10	95	4
25-29岁	73	153	684	165	519	631	12	367	9
30-34岁	109	264	1118	226	892	989	5	695	22
35-39岁	75	217	855	177	678	843	1	678	4
40-44岁	78	179	756	168	588	814	1	677	4
45-49岁	95	232	745	219	526	799	4	654	2
50-54岁	101	283	638	177	461	656	6	541	8
55-59岁	47	228	408	138	270	314	3	252	
60-64岁	21	117	164	42	122	89	1	65	
65-69岁	12	50	101	30	71	29		25	1
70-74岁	2	8	32	12	20	2		1	
75岁及以上	1	3	9	3	6	2			
男	**609**	**1595**	**3344**	**1019**	**2325**	**4830**	**39**	**3831**	**50**
16-19岁	3	5	33	8	25	22		10	
20-24岁	26	49	193	56	137	172	9	76	4
25-29岁	71	130	381	114	267	543	12	338	8
30-34岁	102	233	584	151	433	843	2	642	21
35-39岁	71	187	436	118	318	761	1	646	4
40-44岁	74	149	393	122	271	736	1	642	3
45-49岁	88	208	434	151	283	723	4	623	2
50-54岁	93	255	393	137	256	614	6	521	7
55-59岁	47	211	270	89	181	298	3	245	
60-64岁	20	109	121	37	84	87	1	64	
65-69岁	11	48	70	22	48	27		23	1
70-74岁	2	8	28	11	17	2		1	
75岁及以上	1	3	8	3	5	2			
女	**35**	**201**	**2553**	**431**	**2122**	**588**	**4**	**229**	**4**
16-19岁		1	17	4	13	7			
20-24岁	1	7	144	25	119	49	1	19	
25-29岁	2	23	303	51	252	88		29	1
30-34岁	7	31	534	75	459	146	3	53	1
35-39岁	4	30	419	59	360	82		32	
40-44岁	4	30	363	46	317	78		35	1
45-49岁	7	24	311	68	243	76		31	
50-54岁	8	28	245	40	205	42		20	1
55-59岁		17	138	49	89	16		7	
60-64岁	1	8	43	5	38	2		1	
65-69岁	1	2	31	8	23	2		2	
70-74岁			4	1	3				
75岁及以上			1		1				

4-5c　续表 7　　　　　　　　　　　　　　　　　　　　　　　　　　　　　　　　单位：人

年龄组 性别	交通运输、仓储和邮政业					住宿和餐饮业		
	航空运输业	管道运输业	多式联运和运输代理业	装卸搬运和仓储业	邮政业	小计	住宿业	餐饮业
总　计	**20**		**79**	**543**	**619**	**1962**	**265**	**1697**
16-19岁				5	14	41	3	38
20-24岁	4		6	26	76	125	23	102
25-29岁	5		10	69	159	183	18	165
30-34岁	8		12	99	148	339	39	300
35-39岁	3		12	66	79	272	37	235
40-44岁			16	61	55	254	27	227
45-49岁			9	82	48	291	42	249
50-54岁			11	64	26	243	40	203
55-59岁			3	48	8	128	22	106
60-64岁				19	4	50	11	39
65-69岁				2	1	27	2	25
70-74岁				1		7		7
75岁及以上				1	1	2	1	1
男	**14**		**64**	**407**	**425**	**966**	**90**	**876**
16-19岁				5	7	25	2	23
20-24岁	3		5	22	53	78	8	70
25-29岁	3		7	56	119	107	6	101
30-34岁	5		9	63	101	164	10	154
35-39岁	3		10	43	54	131	11	120
40-44岁			13	42	35	122	5	117
45-49岁			8	62	24	116	17	99
50-54岁			9	51	20	104	14	90
55-59岁			3	41	6	67	11	56
60-64岁				18	4	28	6	22
65-69岁				2	1	18		18
70-74岁				1		5		5
75岁及以上				1	1	1		1
女	**6**		**15**	**136**	**194**	**996**	**175**	**821**
16-19岁					7	16	1	15
20-24岁	1		1	4	23	47	15	32
25-29岁	2		3	13	40	76	12	64
30-34岁	3		3	36	47	175	29	146
35-39岁			2	23	25	141	26	115
40-44岁			3	19	20	132	22	110
45-49岁			1	20	24	175	25	150
50-54岁			2	13	6	139	26	113
55-59岁				7	2	61	11	50
60-64岁				1		22	5	17
65-69岁						9	2	7
70-74岁						2		2
75岁及以上						1	1	

4-5c　续表 8　　　　单位：人

年龄组 性　别	信息传输、软件和信息技术服务业				金融业				
	小计	电信、广播电视和卫星传输服务	互联网和相关服务	软件和信息技术服务业	小计	货币金融服　务	资本市场服　务	保险业	其　他金融业
总　计	**487**	**117**	**181**	**189**	**481**	**140**	**17**	**274**	**50**
16-19岁	3	2		1					
20-24岁	80	13	30	37	34	15		14	5
25-29岁	142	23	51	68	100	30	5	52	13
30-34岁	119	27	44	48	102	32	5	46	19
35-39岁	50	13	22	15	47	10	4	32	1
40-44岁	27	12	10	5	59	9	2	43	5
45-49岁	35	16	10	9	48	8		40	
50-54岁	11	6	5		51	14	1	32	4
55-59岁	9	3	4	2	37	20		14	3
60-64岁	7	1	4	2	3	2		1	
65-69岁	2	1	1						
70-74岁	2			2					
75岁及以上									
男	**304**	**73**	**126**	**105**	**211**	**79**	**8**	**98**	**26**
16-19岁	1	1							
20-24岁	50	9	20	21	11	6		4	1
25-29岁	83	12	34	37	55	15	3	29	8
30-34岁	72	16	29	27	44	11		21	12
35-39岁	29	6	17	6	17	5	3	9	
40-44岁	20	8	9	3	17	6	1	10	
45-49岁	25	11	6	8	15	4		11	
50-54岁	10	5	5		24	13	1	7	3
55-59岁	7	3	3	1	27	18		7	2
60-64岁	5	1	3	1	1	1			
65-69岁	1	1							
70-74岁	1			1					
75岁及以上									
女	**183**	**44**	**55**	**84**	**270**	**61**	**9**	**176**	**24**
16-19岁	2	1		1					
20-24岁	30	4	10	16	23	9		10	4
25-29岁	59	11	17	31	45	15	2	23	5
30-34岁	47	11	15	21	58	21	5	25	7
35-39岁	21	7	5	9	30	5	1	23	1
40-44岁	7	4	1	2	42	3	1	33	5
45-49岁	10	5	4	1	33	4		29	
50-54岁	1	1			27	1		25	1
55-59岁	2		1	1	10	2		7	1
60-64岁	2		1	1	2	1		1	
65-69岁	1		1						
70-74岁	1			1					
75岁及以上									

4-5c 续表 9

单位：人

年龄组 性 别	房地产业		租赁和商务服务业			科学研究和技术服务业			
	小计	房地产业	小计	租赁业	商 务 服务业	小计	研究和 试验发展	专业技术 服务业	科技推广 和应用 服务业
总 计	**889**	**889**	**1153**	**206**	**947**	**433**	**64**	**259**	**110**
16-19岁	8	8	16	1	15	6		4	2
20-24岁	104	104	98	17	81	69	6	53	10
25-29岁	168	168	186	38	148	114	18	73	23
30-34岁	160	160	185	35	150	95	17	51	27
35-39岁	94	94	126	28	98	46	6	26	14
40-44岁	66	66	110	24	86	35	5	22	8
45-49岁	81	81	103	23	80	29	3	10	16
50-54岁	80	80	122	21	101	16	2	10	4
55-59岁	77	77	106	11	95	18	6	8	4
60-64岁	36	36	55	7	48	4	1	2	1
65-69岁	14	14	39	1	38	1			1
70-74岁	1	1	6		6				
75岁及以上			1		1				
男	**536**	**536**	**860**	**197**	**663**	**292**	**39**	**178**	**75**
16-19岁	8	8	14	1	13	5		3	2
20-24岁	66	66	71	17	54	46	3	36	7
25-29岁	103	103	123	35	88	79	10	54	15
30-34岁	89	89	117	33	84	56	9	31	16
35-39岁	43	43	86	27	59	29	3	15	11
40-44岁	37	37	80	22	58	27	4	17	6
45-49岁	45	45	77	23	54	18	2	6	10
50-54岁	43	43	99	20	79	13	2	8	3
55-59岁	58	58	95	11	84	15	6	6	3
60-64岁	31	31	53	7	46	3		2	1
65-69岁	12	12	38	1	37	1			1
70-74岁	1	1	6		6				
75岁及以上			1		1				
女	**353**	**353**	**293**	**9**	**284**	**141**	**25**	**81**	**35**
16-19岁			2		2	1		1	
20-24岁	38	38	27		27	23	3	17	3
25-29岁	65	65	63	3	60	35	8	19	8
30-34岁	71	71	68	2	66	39	8	20	11
35-39岁	51	51	40	1	39	17	3	11	3
40-44岁	29	29	30	2	28	8	1	5	2
45-49岁	36	36	26		26	11	1	4	6
50-54岁	37	37	23	1	22	3		2	1
55-59岁	19	19	11		11	3		2	1
60-64岁	5	5	2		2	1	1		
65-69岁	2	2	1		1				
70-74岁									
75岁及以上									

4－5c　续表 10　　　　　　　　　　　　　　　　　　　　　　　　单位：人

年龄组 性　别	水利、环境和公共设施管理业					居民服务、修理和其他服务业			
	小计	水　利 管理业	生态保护 和环境 治理业	公共设施 管理业	土　地 管理业	小计	居　民 服务业	机动车、 电子产品 和日用产 品修理业	其　他 服务业
总　计	**1201**	**42**	**48**	**1109**	**2**	**2739**	**945**	**663**	**1131**
16－19岁	2			2		41	17	13	11
20－24岁	19		2	17		152	51	63	38
25－29岁	53	5	12	36		286	112	100	74
30－34岁	86	4	9	71	2	405	156	132	117
35－39岁	75	3	1	71		318	111	92	115
40－44岁	83	7	6	70		287	94	80	113
45－49岁	130	8	2	120		331	120	74	137
50－54岁	180	8	6	166		374	136	51	187
55－59岁	207	2	4	201		275	73	35	167
60－64岁	183	1	5	177		136	39	15	82
65－69岁	124	1	1	122		93	27	5	61
70－74岁	49	3		46		32	7	2	23
75岁及以上	10			10		9	2	1	6
男	**892**	**38**	**38**	**815**	**1**	**1648**	**381**	**576**	**691**
16－19岁	2			2		28	10	11	7
20－24岁	15		1	14		100	21	56	23
25－29岁	40	5	9	26		203	58	92	53
30－34岁	65	4	7	53	1	250	55	111	84
35－39岁	55	2	1	52		179	32	78	69
40－44岁	55	6	6	43		165	31	68	66
45－49岁	88	6	2	80		150	34	56	60
50－54岁	120	8	5	107		195	49	48	98
55－59岁	149	2	2	145		167	38	33	96
60－64岁	143	1	4	138		99	28	15	56
65－69岁	103	1	1	101		76	19	5	52
70－74岁	47	3		44		29	6	2	21
75岁及以上	10			10		7		1	6
女	**309**	**4**	**10**	**294**	**1**	**1091**	**564**	**87**	**440**
16－19岁						13	7	2	4
20－24岁	4		1	3		52	30	7	15
25－29岁	13		3	10		83	54	8	21
30－34岁	21		2	18	1	155	101	21	33
35－39岁	20	1		19		139	79	14	46
40－44岁	28	1		27		122	63	12	47
45－49岁	42	2		40		181	86	18	77
50－54岁	60		1	59		179	87	3	89
55－59岁	58		2	56		108	35	2	71
60－64岁	40		1	39		37	11		26
65－69岁	21			21		17	8		9
70－74岁	2			2		3	1		2
75岁及以上						2	2		

4-5c　续表 11　　　　　　　　　　　　　　　　　　　　　　单位：人

年龄组 性　别	教育		卫生和社会工作			文化、体育和娱乐业				
	小计	教育	小计	卫生	社会工作	小计	新闻和出版业	广播、电视、电影和录音制作业	文化艺术业	体育
总　计	**1725**	**1725**	**726**	**677**	**49**	**205**	**8**	**14**	**41**	**35**
16–19岁	29	29	6	6		2				1
20–24岁	205	205	97	95	2	35	3	6	5	6
25–29岁	367	367	133	130	3	41	2	4	7	10
30–34岁	217	217	123	119	4	38	2	2	10	6
35–39岁	144	144	65	61	4	15	1	1	1	3
40–44岁	160	160	69	61	8	22			4	5
45–49岁	204	204	69	60	9	9			4	2
50–54岁	178	178	48	40	8	21		1	7	
55–59岁	173	173	36	32	4	13			3	1
60–64岁	31	31	31	27	4	7				1
65–69岁	12	12	34	31	3	2				
70–74岁	2	2	13	13						
75岁及以上	3	3	2	2						
男	**686**	**686**	**286**	**268**	**18**	**113**	**4**	**11**	**21**	**14**
16–19岁	12	12	4	4		1				
20–24岁	31	31	23	22	1	18	1	4	1	2
25–29岁	86	86	24	23	1	21	1	4	3	4
30–34岁	51	51	21	21		18	1	1	5	4
35–39岁	45	45	30	27	3	9	1	1		
40–44岁	71	71	33	32	1	11			3	3
45–49岁	98	98	37	36	1	5			2	
50–54岁	105	105	25	22	3	15		1	4	
55–59岁	147	147	22	19	3	8			3	
60–64岁	25	25	26	23	3	5				1
65–69岁	10	10	28	26	2	2				
70–74岁	2	2	11	11						
75岁及以上	3	3	2	2						
女	**1039**	**1039**	**440**	**409**	**31**	**92**	**4**	**3**	**20**	**21**
16–19岁	17	17	2	2		1				1
20–24岁	174	174	74	73	1	17	2	2	4	4
25–29岁	281	281	109	107	2	20	1		4	6
30–34岁	166	166	102	98	4	20	1	1	5	2
35–39岁	99	99	35	34	1	6			1	3
40–44岁	89	89	36	29	7	11			1	2
45–49岁	106	106	32	24	8	4			2	2
50–54岁	73	73	23	18	5	6			3	
55–59岁	26	26	14	13	1	5				1
60–64岁	6	6	5	4	1	2				
65–69岁	2	2	6	5	1					
70–74岁			2	2						
75岁及以上										

4-5c　续表 12　　　　单位：人

年龄组 性　别	娱乐业	公共管理、社会保障和社会组织							国际组织	
		小计	中国共产党机关	国家机构	人民政协、民主党派	社会保障	群众团体、社会团体和其他成员组织	基层群众自治组织	小计	国际组织
总　计	**107**	**2428**	**70**	**869**		**8**	**57**	**1424**		
16-19岁	1	4		4						
20-24岁	15	130	2	106			2	20		
25-29岁	18	258	15	173			5	65		
30-34岁	18	273	10	145		1	11	106		
35-39岁	9	206	4	94		4	9	95		
40-44岁	13	233	9	82			10	132		
45-49岁	3	257	6	60		1	7	183		
50-54岁	13	334	8	68		1	3	254		
55-59岁	9	372	13	97		1	7	254		
60-64岁	6	178	2	16			1	159		
65-69岁	2	118	1	12				105		
70-74岁		50		8			2	40		
75岁及以上		15		4				11		
男	**63**	**1721**	**55**	**680**		**5**	**33**	**948**		
16-19岁	1	3		3						
20-24岁	10	94	2	77			2	13		
25-29岁	9	180	10	133			1	36		
30-34岁	7	170	8	100			6	56		
35-39岁	7	126	3	69		3	6	45		
40-44岁	5	163	6	68			5	84		
45-49岁	3	177	5	48			3	121		
50-54岁	10	230	7	55		1	1	166		
55-59岁	5	281	11	88		1	6	175		
60-64岁	4	146	2	15			1	128		
65-69岁	2	97	1	12				84		
70-74岁		40		8			2	30		
75岁及以上		14		4				10		
女	**44**	**707**	**15**	**189**		**3**	**24**	**476**		
16-19岁		1		1						
20-24岁	5	36		29				7		
25-29岁	9	78	5	40			4	29		
30-34岁	11	103	2	45		1	5	50		
35-39岁	2	80	1	25		1	3	50		
40-44岁	8	70	3	14			5	48		
45-49岁		80	1	12		1	4	62		
50-54岁	3	104	1	13			2	88		
55-59岁	4	91	2	9			1	79		
60-64岁	2	32		1				31		
65-69岁		21						21		
70-74岁		10						10		
75岁及以上		1						1		

4-6　各地区分性别、职业中类的就业人口

单位：人

地　区 性　别	合计	党的机关、国家机关、群众团体和社会组织、企事业单位负责人						
		小计	中国共产党机关负责人	国家机关负责人	民主党派和工商联负责人	人民团体和群众团体、社会组织及其他成员组织负责人	基层群众自治组织负责人	企事业单位负责人
天　津	**504665**	**22089**	**32**	**632**	**1**	**417**	**306**	**20701**
和平区	8231	618		19		5		594
河东区	26323	1129		49		16	9	1055
河西区	24328	1510	3	91		23	5	1388
南开区	29648	1867		61		32	7	1767
河北区	17948	926	2	23		15	4	882
红桥区	13573	636		22		7		607
东丽区	31008	998	1	12		23	9	953
西青区	43579	2218	1	47		38	8	2124
津南区	34171	1912	1	27		29	5	1850
北辰区	30443	1587		18		31	24	1514
武清区	50930	1939	6	51		44	53	1785
宝坻区	30081	1096	4	36		7	66	983
滨海新区	89053	3920	12	95	1	73	24	3715
宁河区	16136	264		28		11	9	216
静海区	27589	956	1	35		18	30	872
蓟州区	31624	513	1	18		45	53	396
男	**308218**	**15804**	**22**	**467**		**267**	**209**	**14839**
和平区	4458	421		12		2		407
河东区	14945	778		39		8	1	730
河西区	13447	1047	2	63		13	2	967
南开区	16355	1329		45		19	1	1264
河北区	10303	632	2	15		10	1	604
红桥区	7693	415		15		3		397
东丽区	19283	680		11		15	4	650
西青区	26602	1589		31		24	6	1528
津南区	21706	1390		23		20	5	1342
北辰区	18802	1122		16		23	16	1067
武清区	30675	1427	4	41		34	36	1312
宝坻区	18923	811	2	25		7	51	726
滨海新区	55597	2829	10	67		45	17	2690
宁河区	10649	204		23		9	8	164
静海区	18559	757	1	24		12	21	699
蓟州区	20221	373	1	17		23	40	292
女	**196447**	**6285**	**10**	**165**	**1**	**150**	**97**	**5862**
和平区	3773	197		7		3		187
河东区	11378	351		10		8	8	325
河西区	10881	463	1	28		10	3	421
南开区	13293	538		16		13	6	503
河北区	7645	294		8		5	3	278
红桥区	5880	221		7		4		210
东丽区	11725	318	1	1		8	5	303
西青区	16977	629	1	16		14	2	596
津南区	12465	522	1	4		9		508
北辰区	11641	465		2		8	8	447
武清区	20255	512	2	10		10	17	473
宝坻区	11158	285	2	11			15	257
滨海新区	33456	1091	2	28	1	28	7	1025
宁河区	5487	60		5		2	1	52
静海区	9030	199		11		6	9	173
蓟州区	11403	140		1		22	13	104

4－6 续表 1　　　　单位：人

地 区 性 别	专业技术人员									
	小计	科学研究人员	工程技术人员	农业技术人员	飞机和船舶技术人员	卫生专业技术人员	经济和金融专业人员	法律、社会和宗教专业人员	教学人员	文学艺术、体育专业人员
天 津	**82704**	**1082**	**23385**	**216**	**271**	**11311**	**16770**	**2792**	**23431**	**949**
和平区	2046	29	408	1	10	393	407	101	612	21
河东区	6400	95	1736	12	18	832	1550	306	1579	105
河西区	6181	88	1569	5	15	989	1374	232	1624	83
南开区	8446	144	1986	13	16	1365	1848	310	2333	117
河北区	3844	40	1015	3	7	641	790	213	991	51
红桥区	3100	36	741	5	7	500	555	155	962	42
东丽区	4695	60	1502	8	41	521	1022	77	1257	50
西青区	6555	95	1966	12	3	823	1238	237	1903	135
津南区	4969	34	1443	5	8	670	959	179	1510	60
北辰区	4478	55	1249	13	3	729	799	178	1276	39
武清区	5659	53	1345	25	3	764	1283	115	1834	46
宝坻区	2882	13	552	26	3	395	540	43	1231	36
滨海新区	16287	308	6604	25	130	1519	3158	474	3316	114
宁河区	1439	3	205	10	3	257	216	38	675	5
静海区	2793	15	527	29	2	431	555	78	1078	29
蓟州区	2930	14	537	24	2	482	476	56	1250	16
男	**37119**	**604**	**18484**	**148**	**240**	**3196**	**4707**	**1184**	**6742**	**531**
和平区	790	15	289		10	121	103	42	170	14
河东区	2734	57	1326	8	18	199	504	104	390	57
河西区	2615	51	1178	4	15	272	413	101	440	42
南开区	3561	70	1461	4	15	389	506	131	757	64
河北区	1638	23	796	1	6	142	238	89	269	34
红桥区	1279	21	570	4	7	116	150	70	267	24
东丽区	2183	35	1224	8	35	137	263	26	344	24
西青区	3013	57	1569	7	3	234	313	117	574	73
津南区	2287	19	1192	4	8	180	238	81	487	36
北辰区	1947	32	1001	11	3	198	185	66	357	23
武清区	2520	23	1114	14	2	242	358	61	557	29
宝坻区	1294	6	494	20	3	148	158	24	395	22
滨海新区	8101	179	5174	16	108	410	867	171	789	54
宁河区	647	2	182	5	3	114	64	17	241	3
静海区	1228	6	452	24	2	142	208	55	288	19
蓟州区	1282	8	462	18	2	152	139	29	417	13
女	**45585**	**478**	**4901**	**68**	**31**	**8115**	**12063**	**1608**	**16689**	**418**
和平区	1256	14	119	1		272	304	59	442	7
河东区	3666	38	410	4		633	1046	202	1189	48
河西区	3566	37	391	1		717	961	131	1184	41
南开区	4885	74	525	9	1	976	1342	179	1576	53
河北区	2206	17	219	2	1	499	552	124	722	17
红桥区	1821	15	171	1		384	405	85	695	18
东丽区	2512	25	278		6	384	759	51	913	26
西青区	3542	38	397	5		589	925	120	1329	62
津南区	2682	15	251	1		490	721	98	1023	24
北辰区	2531	23	248	2		531	614	112	919	16
武清区	3139	30	231	11	1	522	925	54	1277	17
宝坻区	1588	7	58	6		247	382	19	836	14
滨海新区	8186	129	1430	9	22	1109	2291	303	2527	60
宁河区	792	1	23	5		143	152	21	434	2
静海区	1565	9	75	5		289	347	23	790	10
蓟州区	1648	6	75	6		330	337	27	833	3

4-6　续表 2　　　　　　　　　　　　　　　　　　　　　　　　单位：人

地　区 性　别	专业技术人员		办事人员和有关人员				社会生产服务和生活服务人员		
	新闻出版、文化专业人员	其他专业技术人员	小计	办事人员	安全和消防人员	其他办事人员和有关人员	小计	批发与零售服务人员	交通运输、仓储和邮政业服务人员
天　津	**1430**	**1067**	**76265**	**65037**	**10308**	**920**	**169916**	**66438**	**35082**
和平区	49	15	2183	1957	200	26	2774	1050	235
河东区	131	36	6298	5603	667	28	9438	3936	1359
河西区	158	44	6623	5966	602	55	7883	3449	897
南开区	229	85	6629	5861	686	82	10430	4034	1183
河北区	73	20	4217	3692	483	42	6956	3079	1144
红桥区	78	19	3433	2966	403	64	4941	2241	761
东丽区	59	98	4761	4101	609	51	13643	4975	3430
西青区	109	34	7225	6139	1047	39	15986	6446	2730
津南区	67	34	4207	3480	710	17	13369	5184	3041
北辰区	63	74	4334	3637	623	74	11410	4762	2471
武清区	61	130	4206	3350	830	26	14525	5638	3445
宝坻区	19	24	2280	1854	406	20	7470	2709	1874
滨海新区	267	372	13940	11962	1679	299	29507	10548	7338
宁河区	10	17	1440	1002	401	37	4252	1494	999
静海区	17	32	2248	1746	488	14	7649	3581	1463
蓟州区	40	33	2241	1721	474	46	9683	3312	2712
男	**529**	**754**	**45171**	**35303**	**9313**	**555**	**102708**	**35044**	**29787**
和平区	15	11	1209	1018	173	18	1588	568	190
河东区	49	22	3706	3102	591	13	5410	2032	1034
河西区	64	35	3667	3106	532	29	4497	1792	709
南开区	95	69	3627	2970	606	51	6163	2193	975
河北区	27	13	2442	1998	425	19	4098	1615	915
红桥区	35	15	1956	1562	354	40	2942	1199	616
东丽区	22	65	2789	2204	550	35	8352	2642	2874
西青区	41	25	4289	3319	948	22	9703	3588	2268
津南区	19	23	2556	1895	648	13	8176	2815	2597
北辰区	21	50	2620	2009	561	50	7043	2554	2078
武清区	24	96	2663	1880	769	14	8743	2897	2839
宝坻区	7	17	1489	1098	381	10	4751	1376	1709
滨海新区	82	251	8129	6426	1526	177	17360	5084	6280
宁河区	5	11	982	591	362	29	2701	793	867
静海区	5	27	1524	1065	450	9	4932	2194	1306
蓟州区	18	24	1523	1060	437	26	6249	1702	2530
女	**901**	**313**	**31094**	**29734**	**995**	**365**	**67208**	**31394**	**5295**
和平区	34	4	974	939	27	8	1186	482	45
河东区	82	14	2592	2501	76	15	4028	1904	325
河西区	94	9	2956	2860	70	26	3386	1657	188
南开区	134	16	3002	2891	80	31	4267	1841	208
河北区	46	7	1775	1694	58	23	2858	1464	229
红桥区	43	4	1477	1404	49	24	1999	1042	145
东丽区	37	33	1972	1897	59	16	5291	2333	556
西青区	68	9	2936	2820	99	17	6283	2858	462
津南区	48	11	1651	1585	62	4	5193	2369	444
北辰区	42	24	1714	1628	62	24	4367	2208	393
武清区	37	34	1543	1470	61	12	5782	2741	606
宝坻区	12	7	791	756	25	10	2719	1333	165
滨海新区	185	121	5811	5536	153	122	12147	5464	1058
宁河区	5	6	458	411	39	8	1551	701	132
静海区	12	5	724	681	38	5	2717	1387	157
蓟州区	22	9	718	661	37	20	3434	1610	182

4−6 续表 3 单位：人

地区 性别	社会生产服务和生活服务人员								
	住宿和餐饮服务人员	信息传输、软件和信息技术服务人员	金融服务人员	房地产服务人员	租赁和商务服务人员	技术辅助服务人员	水利、环境和公共设施管理服务人员	居民服务人员	电力、燃气及水供应服务人员
天津	**16775**	**5213**	**6103**	**4791**	**5003**	**4200**	**9025**	**8954**	**1673**
和平区	443	110	224	74	80	114	149	170	23
河东区	853	486	614	377	377	345	183	393	178
河西区	836	309	599	305	244	262	225	436	71
南开区	1311	606	611	360	349	486	309	717	77
河北区	522	310	372	216	275	221	168	333	90
红桥区	434	222	312	164	150	163	121	204	47
东丽区	1177	414	285	338	504	294	740	503	65
西青区	1720	643	469	453	515	434	766	1093	102
津南区	1297	281	373	387	374	321	908	635	83
北辰区	892	296	320	312	313	239	473	769	78
武清区	1310	351	313	461	380	296	1026	611	172
宝坻区	806	99	159	123	189	123	654	348	75
滨海新区	2816	786	897	924	893	641	1715	1573	320
宁河区	371	69	112	45	71	43	655	206	71
静海区	810	84	184	89	90	87	403	480	108
蓟州区	1177	147	259	163	199	131	530	483	113
男	**8627**	**3472**	**2685**	**2759**	**3199**	**2536**	**4385**	**3824**	**1308**
和平区	249	75	94	57	51	66	72	84	12
河东区	470	331	277	235	212	192	103	158	138
河西区	502	213	272	186	129	158	126	191	48
南开区	792	408	257	229	196	302	180	281	65
河北区	271	213	170	137	159	134	102	151	65
红桥区	260	149	131	102	76	108	68	92	39
东丽区	581	255	124	185	329	174	298	177	52
西青区	892	438	244	266	318	273	304	554	84
津南区	656	192	149	218	259	191	409	236	70
北辰区	448	184	154	196	199	140	220	442	64
武清区	641	242	143	266	277	165	498	226	138
宝坻区	391	67	71	67	158	86	360	127	64
滨海新区	1356	496	358	468	587	393	643	654	243
宁河区	158	46	52	16	48	24	465	81	58
静海区	391	62	83	42	64	53	248	199	78
蓟州区	569	101	106	89	137	77	289	171	90
女	**8148**	**1741**	**3418**	**2032**	**1804**	**1664**	**4640**	**5130**	**365**
和平区	194	35	130	17	29	48	77	86	11
河东区	383	155	337	142	165	153	80	235	40
河西区	334	96	327	119	115	104	99	245	23
南开区	519	198	354	131	153	184	129	436	12
河北区	251	97	202	79	116	87	66	182	25
红桥区	174	73	181	62	74	55	53	112	8
东丽区	596	159	161	153	175	120	442	326	13
西青区	828	205	225	187	197	161	462	539	18
津南区	641	89	224	169	115	130	499	399	13
北辰区	444	112	166	116	114	99	253	327	14
武清区	669	109	170	195	103	131	528	385	34
宝坻区	415	32	88	56	31	37	294	221	11
滨海新区	1460	290	539	456	306	248	1072	919	77
宁河区	213	23	60	29	23	19	190	125	13
静海区	419	22	101	47	26	34	155	281	30
蓟州区	608	46	153	74	62	54	241	312	23

4-6 续表 4

单位：人

地区 性别	社会生产服务和生活服务人员				农、林、牧、渔业生产及辅助人员				
	修理及制作服务人员	文化、体育和娱乐服务人员	健康服务人员	其他社会生产和生活服务人员	小计	农业生产人员	林业生产人员	畜牧业生产人员	渔业生产人员
天津	**4614**	**823**	**508**	**714**	**41637**	**37673**	**1076**	**1836**	**793**
和平区	45	27	13	17	18	16	1		
河东区	210	60	47	20	18	9	1	4	2
河西区	129	80	33	8	40	33	2	4	1
南开区	243	80	49	15	30	16	5	5	1
河北区	133	45	36	12	8	5	1		
红桥区	90	18	13	1	11	7	1	2	
东丽区	429	56	35	398	161	117	6	15	19
西青区	443	96	56	20	1246	1168	5	18	40
津南区	389	56	32	8	201	96	6	32	65
北辰区	285	48	45	107	790	705	14	42	24
武清区	424	46	33	19	11190	10703	106	266	94
宝坻区	271	25	10	5	6653	5960	27	392	198
滨海新区	797	129	68	62	1693	1311	17	117	208
宁河区	96	4	13	3	4710	4423	8	216	55
静海区	224	24	10	12	4978	4663	30	211	34
蓟州区	406	29	15	7	9890	8441	846	512	52
男	**4035**	**466**	**136**	**445**	**25959**	**23064**	**674**	**1326**	**698**
和平区	37	18	4	11	11	10	1		
河东区	174	31	12	11	13	4	1	4	2
河西区	117	40	9	5	32	27	1	3	1
南开区	215	48	9	13	24	12	4	4	1
河北区	118	33	7	8	7	4	1		
红桥区	83	11	7	1	9	6		2	
东丽区	377	34	12	238	116	82	4	12	16
西青区	392	56	11	15	754	684	4	16	39
津南区	344	32	6	2	158	62	6	26	64
北辰区	250	27	12	75	487	426	11	26	19
武清区	368	26	7	10	6425	6087	62	187	75
宝坻区	249	16	6	4	4186	3632	24	287	183
滨海新区	680	58	21	39	1135	829	14	85	174
宁河区	83	4	5	1	3064	2839	6	161	51
静海区	186	17	2	7	3402	3160	25	154	33
蓟州区	362	15	6	5	6136	5200	510	359	40
女	**579**	**357**	**372**	**269**	**15678**	**14609**	**402**	**510**	**95**
和平区	8	9	9	6	7	6			
河东区	36	29	35	9	5	5			
河西区	12	40	24	3	8	6	1	1	
南开区	28	32	40	2	6	4	1	1	
河北区	15	12	29	4	1	1			
红桥区	7	7	6		2	1	1		
东丽区	52	22	23	160	45	35	2	3	3
西青区	51	40	45	5	492	484	1	2	1
津南区	45	24	26	6	43	34		6	1
北辰区	35	21	33	32	303	279	3	16	5
武清区	56	20	26	9	4765	4616	44	79	19
宝坻区	22	9	4	1	2467	2328	3	105	15
滨海新区	117	71	47	23	558	482	3	32	34
宁河区	13		8	2	1646	1584	2	55	4
静海区	38	7	8	5	1576	1503	5	57	1
蓟州区	44	14	9	2	3754	3241	336	153	12

4-6 续表 5

单位：人

地区 性别			生产制造及有关人员						
	农林牧渔生产辅助人员	其他农、林、牧、渔业生产加工人员	小计	农副产品加工人员	食品、饮料生产加工人员	烟草及其制品加工人员	纺织、针织、印染人员	纺织品、服装和皮革、毛皮制品加工制作人员	木材加工、家具与木制品制作人员
天津	**237**	**22**	**108077**	**927**	**2452**	**47**	**402**	**6038**	**2552**
和平区	1		461	3	20		5	12	
河东区	2		2994	24	80	14	20	40	11
河西区			1951	18	60	1	16	40	12
南开区	3		2136	12	88	1	4	39	5
河北区		2	1869	6	63	7	9	37	5
红桥区	1		1438	3	52		5	24	9
东丽区	4		6671	14	134	17	12	115	162
西青区	14	1	9117	70	154		29	278	74
津南区	2		9464	13	167	2	18	130	157
北辰区	5		7191	29	181	2	23	181	151
武清区	20	1	13263	74	431	1	122	737	367
宝坻区	72	4	9615	152	77		76	2668	624
滨海新区	37	3	22989	143	568	2	26	225	370
宁河区	8		3968	49	46		7	231	99
静海区	33	7	8665	235	185		20	272	388
蓟州区	35	4	6285	82	146		10	1009	118
男	**181**	**16**	**78762**	**638**	**1343**	**29**	**202**	**1651**	**2007**
和平区			348	1	9		4	10	
河东区	2		2275	13	45	7	11	22	9
河西区			1509	10	43		9	22	12
南开区	3		1588	9	51	1	3	19	5
河北区		2	1414	5	42	6	6	19	3
红桥区	1		1085	3	34		4	15	7
东丽区	2		5115	8	63	9	6	53	136
西青区	10	1	6405	41	89		19	150	65
津南区			7099	9	81	2	8	54	133
北辰区	5		5108	17	93	2	14	76	101
武清区	13	1	8797	51	236	1	52	326	267
宝坻区	58	2	6338	112	40		38	610	486
滨海新区	31	2	17582	101	337	1	11	95	287
宁河区	7		3011	29	25		1	35	73
静海区	26	4	6488	171	108		11	63	311
蓟州区	23	4	4600	58	47		5	82	112
女	**56**	**6**	**29315**	**289**	**1109**	**18**	**200**	**4387**	**545**
和平区	1		113	2	11		1	2	
河东区			719	11	35	7	9	18	2
河西区			442	8	17	1	7	18	
南开区			548	3	37		1	20	
河北区			455	1	21	1	3	18	2
红桥区			353		18		1	9	2
东丽区	2		1556	6	71	8	6	62	26
西青区	4		2712	29	65		10	128	9
津南区	2		2365	4	86		10	76	24
北辰区			2083	12	88		9	105	50
武清区	7		4466	23	195		70	411	100
宝坻区	14	2	3277	40	37		38	2058	138
滨海新区	6	1	5407	42	231	1	15	130	83
宁河区	1		957	20	21		6	196	26
静海区	7	3	2177	64	77		9	209	77
蓟州区	12		1685	24	99		5	927	6

4-6 续表 6

单位：人

地区 性别	生产制造及有关人员								
	纸及纸制品生产加工人员	印刷和记录媒介复制人员	文教、工美、体育和娱乐用品制造人员	石油加工和炼焦、煤化工生产人员	化学原料和化学制品制造人员	医药制造人员	化学纤维制造人员	橡胶和塑料制品制造人员	非金属矿物制品制造人员
天津	**875**	**781**	**1536**	**576**	**1648**	**1201**	**50**	**2588**	**1407**
和平区	1	6	1	1	5	21		1	2
河东区	5	36	10	24	35	92	1	24	11
河西区	6	20	12	2	18	40	1	38	2
南开区	3	28	24	13	36	83	2	22	6
河北区	7	14	11	1	25	100		35	12
红桥区	4	10	10	7	28	68	1	26	9
东丽区	39	80	19	34	35	73	7	86	46
西青区	114	41	27	10	189	101	4	259	137
津南区	60	40	26	20	74	61		351	94
北辰区	51	62	39	7	78	160	3	285	74
武清区	244	97	870	21	95	101	2	266	299
宝坻区	65	192	182	5	30	14	3	151	259
滨海新区	77	67	71	415	932	238	18	718	200
宁河区	87	21	10	10	13	12	2	74	56
静海区	65	28	204	3	30	22	4	224	93
蓟州区	47	39	20	3	25	15	2	28	107
男	**534**	**496**	**754**	**415**	**1249**	**709**	**30**	**1676**	**1134**
和平区		4	1	1	5	7		1	
河东区	4	28	4	17	26	56		20	9
河西区	4	14	6	2	14	26	1	26	1
南开区	3	15	17	11	25	51	1	17	3
河北区	5	7	6	1	18	60		24	7
红桥区	2	7	4	6	17	45	1	21	7
东丽区	22	46	10	32	25	40	5	59	39
西青区	68	29	15	7	140	61	2	137	104
津南区	28	24	13	13	53	34		186	64
北辰区	32	41	17	5	52	98	2	174	52
武清区	141	58	396	20	72	55	1	153	252
宝坻区	46	137	101	5	23	10	1	81	227
滨海新区	47	32	47	282	725	141	12	551	158
宁河区	70	17	5	9	12	4		51	43
静海区	35	16	102	1	23	13	4	155	78
蓟州区	27	21	10	3	19	8		20	90
女	**341**	**285**	**782**	**161**	**399**	**492**	**20**	**912**	**273**
和平区	1	2				14			2
河东区	1	8	6	7	9	36	1	4	2
河西区	2	6	6		4	14		12	1
南开区		13	7	2	11	32	1	5	3
河北区	2	7	5		7	40		11	5
红桥区	2	3	6	1	11	23		5	2
东丽区	17	34	9	2	10	33	2	27	7
西青区	46	12	12	3	49	40	2	122	33
津南区	32	16	13	7	21	27		165	30
北辰区	19	21	22	2	26	62	1	111	22
武清区	103	39	474	1	23	46	1	113	47
宝坻区	19	55	81		7	4	2	70	32
滨海新区	30	35	24	133	207	97	6	167	42
宁河区	17	4	5	1	1	8	2	23	13
静海区	30	12	102	2	7	9		69	15
蓟州区	20	18	10		6	7	2	8	17

4-6 续表 7 单位：人

地区 性别	生产制造及有关人员								
	采矿人员	金属冶炼和压延加工人员	机械制造基础加工人员	金属制品制造人员	通用设备制造人员	专用设备制造人员	汽车制造人员	铁路、船舶、航空设备制造人员	电气机械和器材制造人员
天津	**1810**	**3479**	**5943**	**2830**	**2206**	**639**	**6069**	**3076**	**1248**
和平区	3	9	5	8	1	5	7	2	1
河东区	32	330	105	40	49	38	146	22	43
河西区	8	44	31	44	9	15	60	6	25
南开区	5	28	63	53	15	25	92	6	21
河北区	14	57	47	43	24	18	110	25	31
红桥区	5	34	49	35	25	12	113	15	24
东丽区	14	355	419	201	101	55	563	345	71
西青区	24	187	249	199	204	38	634	34	131
津南区	23	437	722	323	399	45	335	57	105
北辰区	10	146	275	192	230	69	645	271	236
武清区	18	152	771	271	190	76	1151	1008	138
宝坻区	8	77	508	307	110	32	55	64	111
滨海新区	1588	208	989	338	151	179	1698	521	195
宁河区	17	212	439	164	345	11	117	30	21
静海区	24	1165	851	477	286	13	290	654	66
蓟州区	17	38	420	135	67	8	53	16	29
男	**1421**	**2978**	**5121**	**2147**	**1757**	**421**	**4470**	**2131**	**870**
和平区	3	8	4	6	1	2	7	1	1
河东区	29	273	89	25	43	29	113	17	31
河西区	7	43	24	27	8	12	41	5	19
南开区	5	25	58	41	13	17	79	5	14
河北区	13	53	39	33	22	12	96	23	20
红桥区	5	28	40	26	22	8	97	12	16
东丽区	12	308	370	172	85	33	405	232	44
西青区	22	162	219	157	166	26	399	26	81
津南区	22	394	623	232	287	31	209	43	67
北辰区	9	122	221	139	192	41	458	166	155
武清区	16	129	640	199	158	41	871	643	91
宝坻区	8	69	459	265	100	27	46	55	93
滨海新区	1223	178	861	255	128	118	1313	395	148
宁河区	14	188	357	109	249	9	88	24	14
静海区	18	965	719	350	221	11	206	472	48
蓟州区	15	33	398	111	62	4	42	12	28
女	**389**	**501**	**822**	**683**	**449**	**218**	**1599**	**945**	**378**
和平区		1	1	2		3		1	
河东区	3	57	16	15	6	9	33	5	12
河西区	1	1	7	17	1	3	19	1	6
南开区		3	5	12	2	8	13	1	7
河北区	1	4	8	10	2	6	14	2	11
红桥区		6	9	9	3	4	16	3	8
东丽区	2	47	49	29	16	22	158	113	27
西青区	2	25	30	42	38	12	235	8	50
津南区	1	43	99	91	112	14	126	14	38
北辰区	1	24	54	53	38	28	187	105	81
武清区	2	23	131	72	32	35	280	365	47
宝坻区		8	49	42	10	5	9	9	18
滨海新区	365	30	128	83	23	61	385	126	47
宁河区	3	24	82	55	96	2	29	6	7
静海区	6	200	132	127	65	2	84	182	18
蓟州区	2	5	22	24	5	4	11	4	1

4-6　续表 8　　　　　　　　　　　　　　　　　　　　　　　　　　　　　　　　单位：人

地　区 性　别	生产制造及有关人员								不便分类的其他从业人员
	计算机、通信和其他电子设备制造人　员	仪器仪表制造人员	废弃资源综合利用人　员	电力、热力、气体、水生产和输配人员	建筑施工人　员	运输设备和通用工程机械操作人员及有关人员	生产辅助人　员	其他生产制造及有关人员	
天　津	**11480**	**201**	**274**	**1031**	**26182**	**3257**	**13754**	**1518**	**3977**
和平区	45	2	1	6	151	14	114	9	131
河东区	274	20	1	137	534	141	645	10	46
河西区	267	16	4	35	595	81	414	11	140
南开区	275	14	1	55	422	75	596	24	110
河北区	227	9	8	36	311	67	494	16	128
红桥区	196	7	2	31	281	35	300	18	14
东丽区	647	13	18	45	1778	279	864	30	79
西青区	1919	9	19	41	2488	272	1110	72	1232
津南区	1018	9	17	44	3371	202	1115	29	49
北辰区	674	17	10	45	1710	150	636	549	653
武清区	1569	6	37	41	1797	297	1844	170	148
宝坻区	227	8	11	35	2484	249	780	51	85
滨海新区	3320	60	36	289	4773	854	3320	400	717
宁河区	174	1	13	52	1112	144	360	39	63
静海区	479	3	82	55	1568	158	661	60	300
蓟州区	169	7	14	84	2807	239	501	30	82
男	**7046**	**135**	**203**	**849**	**22563**	**3005**	**9673**	**1105**	**2695**
和平区	27	1	1	5	134	12	84	8	91
河东区	168	15	1	90	454	123	495	9	29
河西区	169	11	1	29	530	73	312	8	80
南开区	184	10		49	365	69	405	18	63
河北区	141	4	6	29	265	61	375	13	72
红桥区	130	3	1	29	228	33	220	14	7
东丽区	412	6	9	41	1518	232	660	23	48
西青区	1120	8	15	36	2042	248	705	46	849
津南区	564	5	12	38	2894	191	768	17	40
北辰区	412	11	5	35	1368	138	437	423	475
武清区	828	4	27	35	1554	285	1087	108	100
宝坻区	153	1	10	32	2288	243	534	38	54
滨海新区	2171	49	31	233	4084	783	2492	293	461
宁河区	124	1	13	51	985	136	244	31	40
静海区	324	1	59	48	1294	145	478	38	228
蓟州区	119	5	12	69	2560	233	377	18	58
女	**4434**	**66**	**71**	**182**	**3619**	**252**	**4081**	**413**	**1282**
和平区	18	1		1	17	2	30	1	40
河东区	106	5		47	80	18	150	1	17
河西区	98	5	3	6	65	8	102	3	60
南开区	91	4	1	6	57	6	191	6	47
河北区	86	5	2	7	46	6	119	3	56
红桥区	66	4	1	2	53	2	80	4	7
东丽区	235	7	9	4	260	47	204	7	31
西青区	799	1	4	5	446	24	405	26	383
津南区	454	4	5	6	477	11	347	12	9
北辰区	262	6	5	10	342	12	199	126	178
武清区	741	2	10	6	243	12	757	62	48
宝坻区	74	7	1	3	196	6	246	13	31
滨海新区	1149	11	5	56	689	71	828	107	256
宁河区	50			1	127	8	116	8	23
静海区	155	2	23	7	274	13	183	22	72
蓟州区	50	2	2	15	247	6	124	12	24

4–6a 各地区分性别、职业中类的就业人口(城市)

单位：人

地区 性别	合计	党的机关、国家机关、群众团体和社会组织、企事业单位负责人						
		小计	中国共产党机关负责人	国家机关负责人	民主党派和工商联负责人	人民团体和群众团体、社会组织及其他成员组织负责人	基层群众自治组织负责人	企事业单位负责人
天津	**382450**	**19733**	**21**	**600**	**1**	**334**	**119**	**18658**
和平区	8231	618		19		5		594
河东区	26323	1129		49		16	9	1055
河西区	24328	1510	3	91		23	5	1388
南开区	29648	1867		61		32	7	1767
河北区	17948	926	2	23		15	4	882
红桥区	13573	636		22		7		607
东丽区	31008	998	1	12		23	9	953
西青区	39067	2050	1	43		35	8	1963
津南区	34171	1912	1	27		29	5	1850
北辰区	23624	1380		17		26	17	1320
武清区	17089	1183	2	42		19	3	1117
宝坻区	9852	691		33			16	642
滨海新区	82826	3804	10	95	1	69	17	3612
宁河区	5394	175		22		2	2	149
静海区	8624	571	1	30		5	2	533
蓟州区	10744	283		14		28	15	226
男	**228490**	**13996**	**16**	**442**		**209**	**64**	**13265**
和平区	4458	421		12		2		407
河东区	14945	778		39		8	1	730
河西区	13447	1047	2	63		13	2	967
南开区	16355	1329		45		19	1	1264
河北区	10303	632	2	15		10	1	604
红桥区	7693	415		15		3		397
东丽区	19283	680		11		15	4	650
西青区	23810	1466		28		23	6	1409
津南区	21706	1390		23		20	5	1342
北辰区	14296	962		16		19	10	917
武清区	9929	863	2	34		15	1	811
宝坻区	5901	513		23			11	479
滨海新区	51452	2736	9	67		43	10	2607
宁河区	3259	132		18		2	1	111
静海区	5234	435	1	20		2	2	410
蓟州区	6419	197		13		15	9	160
女	**153960**	**5737**	**5**	**158**	**1**	**125**	**55**	**5393**
和平区	3773	197		7		3		187
河东区	11378	351		10		8	8	325
河西区	10881	463	1	28		10	3	421
南开区	13293	538		16		13	6	503
河北区	7645	294		8		5	3	278
红桥区	5880	221		7		4		210
东丽区	11725	318	1	1		8	5	303
西青区	15257	584	1	15		12	2	554
津南区	12465	522	1	4		9		508
北辰区	9328	418		1		7	7	403
武清区	7160	320		8		4	2	306
宝坻区	3951	178		10			5	163
滨海新区	31374	1068	1	28	1	26	7	1005
宁河区	2135	43		4			1	38
静海区	3390	136		10		3		123
蓟州区	4325	86		1		13	6	66

4-6a　续表 1　　　　单位：人

地区 性别	专业技术人员									
	小计	科学研究人员	工程技术人员	农业技术人员	飞机和船舶技术人员	卫生专业技术人员	经济和金融专业人员	法律、社会和宗教专业人员	教学人员	文学艺术、体育专业人员
天　津	**75764**	**1046**	**21506**	**157**	**266**	**10407**	**15329**	**2666**	**21242**	**870**
和平区	2046	29	408	1	10	393	407	101	612	21
河东区	6400	95	1736	12	18	832	1550	306	1579	105
河西区	6181	88	1569	5	15	989	1374	232	1624	83
南开区	8446	144	1986	13	16	1365	1848	310	2333	117
河北区	3844	40	1015	3	7	641	790	213	991	51
红桥区	3100	36	741	5	7	500	555	155	962	42
东丽区	4695	60	1502	8	41	521	1022	77	1257	50
西青区	6183	90	1841	12	3	784	1166	226	1793	129
津南区	4969	34	1443	5	8	670	959	179	1510	60
北辰区	4103	52	1165	11	3	647	729	172	1166	37
武清区	3480	44	779	11	3	491	799	91	1139	29
宝坻区	1960	5	255	11	3	311	359	33	951	12
滨海新区	15731	304	6369	22	130	1449	3067	460	3210	111
宁河区	981	3	108	5		190	125	32	492	5
静海区	1551	11	264	18	1	280	233	38	684	7
蓟州区	2094	11	325	15	1	344	346	41	939	11
男	**33602**	**589**	**16851**	**104**	**235**	**2839**	**4219**	**1102**	**6037**	**481**
和平区	790	15	289		10	121	103	42	170	14
河东区	2734	57	1326	8	18	199	504	104	390	57
河西区	2615	51	1178	4	15	272	413	101	440	42
南开区	3561	70	1461	4	15	389	506	131	757	64
河北区	1638	23	796	1	6	142	238	89	269	34
红桥区	1279	21	570	4	7	116	150	70	267	24
东丽区	2183	35	1224	8	35	137	263	26	344	24
西青区	2821	54	1464	7	3	222	292	111	536	68
津南区	2287	19	1192	4	8	180	238	81	487	36
北辰区	1790	29	930	9	3	170	172	62	334	23
武清区	1469	20	622	4	2	138	230	45	327	20
宝坻区	755	2	230	8	3	108	84	19	284	7
滨海新区	7806	178	4984	15	108	386	831	165	765	52
宁河区	405	2	95	3		80	33	13	163	3
静海区	606	6	215	16	1	77	68	20	194	4
蓟州区	863	7	275	9	1	102	94	23	310	9
女	**42162**	**457**	**4655**	**53**	**31**	**7568**	**11110**	**1564**	**15205**	**389**
和平区	1256	14	119	1		272	304	59	442	7
河东区	3666	38	410	4		633	1046	202	1189	48
河西区	3566	37	391	1		717	961	131	1184	41
南开区	4885	74	525	9	1	976	1342	179	1576	53
河北区	2206	17	219	2	1	499	552	124	722	17
红桥区	1821	15	171	1		384	405	85	695	18
东丽区	2512	25	278		6	384	759	51	913	26
西青区	3362	36	377	5		562	874	115	1257	61
津南区	2682	15	251	1		490	721	98	1023	24
北辰区	2313	23	235	2		477	557	110	832	14
武清区	2011	24	157	7	1	353	569	46	812	9
宝坻区	1205	3	25	3		203	275	14	667	5
滨海新区	7925	126	1385	7	22	1063	2236	295	2445	59
宁河区	576	1	13	2		110	92	19	329	2
静海区	945	5	49	2		203	165	18	490	3
蓟州区	1231	4	50	6		242	252	18	629	2

4-6a 续表 2

单位：人

地区 性别	专业技术人员 新闻出版、文化专业人员	专业技术人员 其他专业技术人员	办事人员和有关人员 小计	办事人员和有关人员 办事人员	办事人员和有关人员 安全和消防人员	办事人员和有关人员 其他办事人员和有关人员	社会生产服务和生活服务人员 小计	社会生产服务和生活服务人员 批发与零售服务人员	社会生产服务和生活服务人员 交通运输、仓储和邮政业服务人员
天津	**1364**	**911**	**70790**	**61362**	**8588**	**840**	**140341**	**56766**	**26167**
和平区	49	15	2183	1957	200	26	2774	1050	235
河东区	131	36	6298	5603	667	28	9438	3936	1359
河西区	158	44	6623	5966	602	55	7883	3449	897
南开区	229	85	6629	5861	686	82	10430	4034	1183
河北区	73	20	4217	3692	483	42	6956	3079	1144
红桥区	78	19	3433	2966	403	64	4941	2241	761
东丽区	59	98	4761	4101	609	51	13643	4975	3430
西青区	106	33	6863	5857	969	37	14882	6052	2421
津南区	67	34	4207	3480	710	17	13369	5184	3041
北辰区	56	65	3836	3276	495	65	9162	4092	1802
武清区	41	53	2604	2255	342	7	6283	2895	914
宝坻区	15	5	1580	1368	207	5	3229	1423	597
滨海新区	247	362	13412	11596	1525	291	27949	10159	6772
宁河区	7	14	958	775	157	26	2060	978	340
静海区	11	4	1421	1219	196	6	3116	1609	436
蓟州区	37	24	1765	1390	337	38	4226	1610	835
男	**508**	**637**	**41372**	**33179**	**7686**	**507**	**82924**	**29494**	**21882**
和平区	15	11	1209	1018	173	18	1588	568	190
河东区	49	22	3706	3102	591	13	5410	2032	1034
河西区	64	35	3667	3106	532	29	4497	1792	709
南开区	95	69	3627	2970	606	51	6163	2193	975
河北区	27	13	2442	1998	425	19	4098	1615	915
红桥区	35	15	1956	1562	354	40	2942	1199	616
东丽区	22	65	2789	2204	550	35	8352	2642	2874
西青区	40	24	4072	3174	877	21	9037	3372	2022
津南区	19	23	2556	1895	648	13	8176	2815	2597
北辰区	16	42	2306	1817	443	46	5495	2169	1501
武清区	20	41	1586	1283	301	2	3569	1452	769
宝坻区	7	3	985	797	186	2	1857	659	529
滨海新区	78	244	7781	6231	1379	171	16367	4884	5764
宁河区	3	10	613	451	140	22	1186	501	288
静海区	2	3	911	735	174	2	1801	867	374
蓟州区	16	17	1166	836	307	23	2386	734	725
女	**856**	**274**	**29418**	**28183**	**902**	**333**	**57417**	**27272**	**4285**
和平区	34	4	974	939	27	8	1186	482	45
河东区	82	14	2592	2501	76	15	4028	1904	325
河西区	94	9	2956	2860	70	26	3386	1657	188
南开区	134	16	3002	2891	80	31	4267	1841	208
河北区	46	7	1775	1694	58	23	2858	1464	229
红桥区	43	4	1477	1404	49	24	1999	1042	145
东丽区	37	33	1972	1897	59	16	5291	2333	556
西青区	66	9	2791	2683	92	16	5845	2680	399
津南区	48	11	1651	1585	62	4	5193	2369	444
北辰区	40	23	1530	1459	52	19	3667	1923	301
武清区	21	12	1018	972	41	5	2714	1443	145
宝坻区	8	2	595	571	21	3	1372	764	68
滨海新区	169	118	5631	5365	146	120	11582	5275	1008
宁河区	4	4	345	324	17	4	874	477	52
静海区	9	1	510	484	22	4	1315	742	62
蓟州区	21	7	599	554	30	15	1840	876	110

4-6a　续表 3　　　　单位：人

地区 性别	社会生产服务和生活服务人员								
	住宿和餐饮服务人员	信息传输、软件和信息技术服务人员	金融服务人员	房地产服务人员	租赁和商务服务人员	技术辅助服务人员	水利、环境和公共设施管理服务人员	居民服务人员	电力、燃气及水供应服务人员
天津	**13800**	**4787**	**5736**	**4374**	**4460**	**3808**	**6332**	**7250**	**1375**
和平区	443	110	224	74	80	114	149	170	23
河东区	853	486	614	377	377	345	183	393	178
河西区	836	309	599	305	244	262	225	436	71
南开区	1311	606	611	360	349	486	309	717	77
河北区	522	310	372	216	275	221	168	333	90
红桥区	434	222	312	164	150	163	121	204	47
东丽区	1177	414	285	338	504	294	740	503	65
西青区	1617	623	452	442	487	409	691	1024	91
津南区	1297	281	373	387	374	321	908	635	83
北辰区	736	267	293	278	270	219	321	396	56
武清区	519	178	213	275	208	123	370	261	103
宝坻区	337	58	116	85	90	71	132	162	43
滨海新区	2682	756	868	885	865	619	1570	1491	292
宁河区	206	38	94	31	34	23	131	92	42
静海区	307	42	127	33	37	50	112	184	64
蓟州区	523	87	183	124	116	88	202	249	50
男	**7222**	**3192**	**2527**	**2532**	**2774**	**2308**	**2804**	**3043**	**1044**
和平区	249	75	94	57	51	66	72	84	12
河东区	470	331	277	235	212	192	103	158	138
河西区	502	213	272	186	129	158	126	191	48
南开区	792	408	257	229	196	302	180	281	65
河北区	271	213	170	137	159	134	102	151	65
红桥区	260	149	131	102	76	108	68	92	39
东丽区	581	255	124	185	329	174	298	177	52
西青区	840	425	238	262	298	261	277	526	73
津南区	656	192	149	218	259	191	409	236	70
北辰区	377	161	143	174	164	127	142	172	44
武清区	251	126	97	154	152	68	153	96	76
宝坻区	174	40	47	45	72	50	51	57	35
滨海新区	1313	481	343	453	562	382	591	625	223
宁河区	89	27	46	11	23	13	78	35	31
静海区	148	36	58	18	24	31	61	66	38
蓟州区	249	60	81	66	68	51	93	96	35
女	**6578**	**1595**	**3209**	**1842**	**1686**	**1500**	**3528**	**4207**	**331**
和平区	194	35	130	17	29	48	77	86	11
河东区	383	155	337	142	165	153	80	235	40
河西区	334	96	327	119	115	104	99	245	23
南开区	519	198	354	131	153	184	129	436	12
河北区	251	97	202	79	116	87	66	182	25
红桥区	174	73	181	62	74	55	53	112	8
东丽区	596	159	161	153	175	120	442	326	13
西青区	777	198	214	180	189	148	414	498	18
津南区	641	89	224	169	115	130	499	399	13
北辰区	359	106	150	104	106	92	179	224	12
武清区	268	52	116	121	56	55	217	165	27
宝坻区	163	18	69	40	18	21	81	105	8
滨海新区	1369	275	525	432	303	237	979	866	69
宁河区	117	11	48	20	11	10	53	57	11
静海区	159	6	69	15	13	19	51	118	26
蓟州区	274	27	102	58	48	37	109	153	15

4-6a 续表 4

单位：人

地区 性别	社会生产服务和生活服务人员				农、林、牧、渔业生产及辅助人员				
	修理及制作服务人员	文化、体育和娱乐服务人员	健康服务人员	其他社会生产和生活服务人员	小计	农业生产人员	林业生产人员	畜牧业生产人员	渔业生产人员
天津	**3604**	**751**	**457**	**674**	**2604**	**1914**	**93**	**225**	**296**
和平区	45	27	13	17	18	16	1		
河东区	210	60	47	20	18	9	1	4	2
河西区	129	80	33	8	40	33	2	4	1
南开区	243	80	49	15	30	16	5	5	1
河北区	133	45	36	12	8	5	1		
红桥区	90	18	13	1	11	7	1	2	
东丽区	429	56	35	398	161	117	6	15	19
西青区	412	94	49	18	419	375	5	15	21
津南区	389	56	32	8	201	96	6	32	65
北辰区	242	44	43	103	93	66	13	8	2
武清区	175	18	18	13	76	46	5	14	9
宝坻区	102	8	5		151	116	3	11	17
滨海新区	752	125	63	50	507	279	12	41	145
宁河区	38	4	6	3	132	108	2	13	5
静海区	83	21	7	4	275	262		7	1
蓟州区	132	15	8	4	464	363	30	54	8
男	**3139**	**428**	**121**	**414**	**1796**	**1238**	**73**	**173**	**257**
和平区	37	18	4	11	11	10	1		
河东区	174	31	12	11	13	4	1	4	2
河西区	117	40	9	5	32	27	1	3	1
南开区	215	48	9	13	24	12	4	4	1
河北区	118	33	7	8	7	4	1		
红桥区	83	11	7	1	9	6		2	
东丽区	377	34	12	238	116	82	4	12	16
西青区	364	55	11	13	276	236	4	14	20
津南区	344	32	6	2	158	62	6	26	64
北辰区	212	26	12	71	60	39	10	5	2
武清区	152	12	3	8	53	32	4	11	6
宝坻区	91	5	2		96	66	3	10	14
滨海新区	642	57	19	28	377	195	10	29	120
宁河区	35	4	4	1	76	58	2	9	4
静海区	62	14	2	2	194	184		5	1
蓟州区	116	8	2	2	294	221	22	39	6
女	**465**	**323**	**336**	**260**	**808**	**676**	**20**	**52**	**39**
和平区	8	9	9	6	7	6			
河东区	36	29	35	9	5	5			
河西区	12	40	24	3	8	6	1	1	
南开区	28	32	40	2	6	4	1	1	
河北区	15	12	29	4	1	1			
红桥区	7	7	6		2	1	1		
东丽区	52	22	23	160	45	35	2	3	3
西青区	48	39	38	5	143	139	1	1	1
津南区	45	24	26	6	43	34		6	1
北辰区	30	18	31	32	33	27	3	3	
武清区	23	6	15	5	23	14	1	3	3
宝坻区	11	3	3		55	50		1	3
滨海新区	110	68	44	22	130	84	2	12	25
宁河区	3		2	2	56	50		4	1
静海区	21	7	5	2	81	78		2	
蓟州区	16	7	6	2	170	142	8	15	2

4–6a　续表 5　　　　单位：人

地　区 性　别	农林牧渔生产辅助人员	其他农、林、牧、渔业生产加工人员	生产制造及有关人员 小计	农副产品加工人员	食品、饮料生产加工人员	烟草及其制品加工人员	纺织、针织、印染人员	纺织品、服装和皮革、毛皮制品加工制作人员	木材加工、家具与木制品制作人员
天　津	**68**	**8**	**70663**	**406**	**1826**	**45**	**160**	**1471**	**1356**
和平区	1		461	3	20		5	12	
河东区	2		2994	24	80	14	20	40	11
河西区			1951	18	60	1	16	40	12
南开区	3		2136	12	88	1	4	39	5
河北区		2	1869	6	63	7	9	37	5
红桥区	1		1438	3	52		5	24	9
东丽区	4		6671	14	134	17	12	115	162
西青区	2	1	7987	56	118		11	216	48
津南区	2		9464	13	167	2	18	130	157
北辰区	4		4793	24	135	1	18	105	60
武清区	2		3394	9	211	1	8	55	190
宝坻区	3	1	2180	26	18		2	296	83
滨海新区	27	3	20777	127	539	1	25	194	329
宁河区	4		1064	23	21		2	21	9
静海区	5		1592	30	50		3	22	242
蓟州区	8	1	1892	18	70		2	125	34
男	**49**	**6**	**53120**	**261**	**1031**	**27**	**91**	**620**	**1086**
和平区			348	1	9		4	10	
河东区	2		2275	13	45	7	11	22	9
河西区			1509	10	43		9	22	12
南开区	3		1588	9	51	1	3	19	5
河北区		2	1414	5	42	6	6	19	3
红桥区	1		1085	3	34		4	15	7
东丽区	2		5115	8	63	9	6	53	136
西青区	1	1	5658	30	70		9	118	41
津南区			7099	9	81	2	8	54	133
北辰区	4		3505	14	71	1	9	53	45
武清区			2337	9	123	1	4	31	139
宝坻区	3		1659	18	8		2	90	66
滨海新区	21	2	15983	95	325		11	87	256
宁河区	3		836	8	14		1	5	7
静海区	4		1211	16	27		3	8	195
蓟州区	5	1	1498	13	25		1	14	32
女	**19**	**2**	**17543**	**145**	**795**	**18**	**69**	**851**	**270**
和平区	1		113	2	11		1	2	
河东区			719	11	35	7	9	18	2
河西区			442	8	17	1	7	18	
南开区			548	3	37		1	20	
河北区			455	1	21	1	3	18	2
红桥区			353		18		1	9	2
东丽区	2		1556	6	71	8	6	62	26
西青区	1		2329	26	48		2	98	7
津南区	2		2365	4	86		10	76	24
北辰区			1288	10	64		9	52	15
武清区	2		1057		88		4	24	51
宝坻区		1	521	8	10			206	17
滨海新区	6	1	4794	32	214	1	14	107	73
宁河区	1		228	15	7		1	16	2
静海区	1		381	14	23			14	47
蓟州区	3		394	5	45		1	111	2

4-6a 续表 6

单位：人

地区 性别	生产制造及有关人员								
	纸及纸制品生产加工人员	印刷和记录媒介复制人员	文教、工美、体育和娱乐用品制造人员	石油加工和炼焦、煤化工生产人员	化学原料和化学制品制造人员	医药制造人员	化学纤维制造人员	橡胶和塑料制品制造人员	非金属矿物制品制造人员
天津	**432**	**474**	**321**	**520**	**1404**	**1080**	**39**	**1789**	**792**
和平区	1	6	1	1	5	21		1	2
河东区	5	36	10	24	35	92	1	24	11
河西区	6	20	12	2	18	40	1	38	2
南开区	3	28	24	13	36	83	2	22	6
河北区	7	14	11	1	25	100		35	12
红桥区	4	10	10	7	28	68	1	26	9
东丽区	39	80	19	34	35	73	7	86	46
西青区	91	39	21	9	157	88	4	224	134
津南区	60	40	26	20	74	61		351	94
北辰区	44	29	28	7	44	136	3	171	49
武清区	16	18	37	2	34	61	1	66	117
宝坻区	13	69	56	2	13	8		17	29
滨海新区	61	64	50	392	880	236	18	664	177
宁河区	69	6		5	3	1	1	14	24
静海区	10	6	9	1	14	8		35	37
蓟州区	3	9	7		3	4		15	43
男	**266**	**303**	**184**	**368**	**1068**	**640**	**25**	**1209**	**619**
和平区		4	1	1	5	7		1	
河东区	4	28	4	17	26	56		20	9
河西区	4	14	6	2	14	26	1	26	1
南开区	3	15	17	11	25	51	1	17	3
河北区	5	7	6	1	18	60		24	7
红桥区	2	7	4	6	17	45	1	21	7
东丽区	22	46	10	32	25	40	5	59	39
西青区	56	28	12	7	119	52	2	126	101
津南区	28	24	13	13	53	34		186	64
北辰区	28	22	13	5	30	82	2	112	32
武清区	8	10	20	1	27	33	1	34	99
宝坻区	10	51	35	2	11	6		11	25
滨海新区	36	32	36	265	683	139	12	520	141
宁河区	55	4		5	3			9	19
静海区	4	4	2		10	6		32	32
蓟州区	1	7	5		2	3		11	40
女	**166**	**171**	**137**	**152**	**336**	**440**	**14**	**580**	**173**
和平区	1	2				14			2
河东区	1	8	6	7	9	36	1	4	2
河西区	2	6	6		4	14		12	1
南开区		13	7	2	11	32	1	5	3
河北区	2	7	5		7	40		11	5
红桥区	2	3	6	1	11	23		5	2
东丽区	17	34	9	2	10	33	2	27	7
西青区	35	11	9	2	38	36	2	98	33
津南区	32	16	13	7	21	27		165	30
北辰区	16	7	15	2	14	54	1	59	17
武清区	8	8	17	1	7	28		32	18
宝坻区	3	18	21		2	2		6	4
滨海新区	25	32	14	127	197	97	6	144	36
宁河区	14	2				1	1	5	5
静海区	6	2	7	1	4	2		3	5
蓟州区	2	2	2		1	1		4	3

4-6a　续表 7　　　　　　　　　　　　　　　　　　　　　　单位：人

地　区 性　别	生产制造及有关人员								
	采矿人员	金属冶炼和压延加工人员	机械制造基础加工人员	金属制品制造人员	通用设备制造人员	专用设备制造人员	汽车制造人员	铁路、船舶、航空设备制造人员	电气机械和器材制造人员
天　津	**1429**	**2024**	**3191**	**1611**	**1255**	**528**	**4443**	**1166**	**941**
和平区	3	9	5	8	1	5	7	2	1
河东区	32	330	105	40	49	38	146	22	43
河西区	8	44	31	44	9	15	60	6	25
南开区	5	28	63	53	15	25	92	6	21
河北区	14	57	47	43	24	18	110	25	31
红桥区	5	34	49	35	25	12	113	15	24
东丽区	14	355	419	201	101	55	563	345	71
西青区	24	160	209	160	194	37	576	25	126
津南区	23	437	722	323	399	45	335	57	105
北辰区	10	116	188	115	154	40	487	75	184
武清区	10	12	77	62	61	38	205	14	67
宝坻区	7	28	136	68	22	13	6	4	18
滨海新区	1240	153	862	304	135	177	1643	520	191
宁河区	11	135	113	48	11	4	16		4
静海区	12	111	77	58	32	2	71	46	21
蓟州区	11	15	88	49	23	4	13	4	9
男	**1129**	**1751**	**2785**	**1220**	**1025**	**349**	**3271**	**845**	**649**
和平区	3	8	4	6	1	2	7	1	1
河东区	29	273	89	25	43	29	113	17	31
河西区	7	43	24	27	8	12	41	5	19
南开区	5	25	58	41	13	17	79	5	14
河北区	13	53	39	33	22	12	96	23	20
红桥区	5	28	40	26	22	8	97	12	16
东丽区	12	308	370	172	85	33	405	232	44
西青区	22	138	184	129	158	25	364	18	79
津南区	22	394	623	232	287	31	209	43	67
北辰区	9	97	155	89	133	27	344	52	124
武清区	8	11	75	40	55	18	158	12	43
宝坻区	7	23	126	59	21	10	6	4	16
滨海新区	961	131	757	226	117	116	1274	394	145
宁河区	9	121	95	31	8	3	9		4
静海区	8	85	62	41	29	2	61	23	18
蓟州区	9	13	84	43	23	4	8	4	8
女	**300**	**273**	**406**	**391**	**230**	**179**	**1172**	**321**	**292**
和平区		1	1	2		3		1	
河东区	3	57	16	15	6	9	33	5	12
河西区	1	1	7	17	1	3	19	1	6
南开区		3	5	12	2	8	13	1	7
河北区	1	4	8	10	2	6	14	2	11
红桥区		6	9	9	3	4	16	3	8
东丽区	2	47	49	29	16	22	158	113	27
西青区	2	22	25	31	36	12	212	7	47
津南区	1	43	99	91	112	14	126	14	38
北辰区	1	19	33	26	21	13	143	23	60
武清区	2	1	2	22	6	20	47	2	24
宝坻区		5	10	9	1	3			2
滨海新区	279	22	105	78	18	61	369	126	46
宁河区	2	14	18	17	3	1	7		
静海区	4	26	15	17	3		10	23	3
蓟州区	2	2	4	6			5		1

4-6a 续表 8 单位：人

地区 性别	生产制造及有关人员								不便分类的其他从业人员
	计算机、通信和其他电子设备制造人员	仪器仪表制造人员	废弃资源综合利用人员	电力、热力、气体、水生产和输配人员	建筑施工人员	运输设备和通用工程机械操作人员及有关人员	生产辅助人员	其他生产制造及有关人员	
天津	**8742**	**171**	**111**	**863**	**18182**	**2397**	**10576**	**918**	**2555**
和平区	45	2	1	6	151	14	114	9	131
河东区	274	20	1	137	534	141	645	10	46
河西区	267	16	4	35	595	81	414	11	140
南开区	275	14	1	55	422	75	596	24	110
河北区	227	9	8	36	311	67	494	16	128
红桥区	196	7	2	31	281	35	300	18	14
东丽区	647	13	18	45	1778	279	864	30	79
西青区	1656	9	15	39	2277	244	954	66	683
津南区	1018	9	17	44	3371	202	1115	29	49
北辰区	488	16	6	34	1078	117	524	307	257
武清区	575	3		24	635	108	643	34	69
宝坻区	70			11	860	73	225	7	61
滨海新区	2779	52	26	261	4469	778	3120	310	646
宁河区	71		8	24	176	58	168	18	24
静海区	67		4	16	452	29	116	11	98
蓟州区	87	1		65	792	96	284	18	20
男	**5432**	**120**	**79**	**693**	**15471**	**2195**	**7635**	**673**	**1680**
和平区	27	1	1	5	134	12	84	8	91
河东区	168	15	1	90	454	123	495	9	29
河西区	169	11	1	29	530	73	312	8	80
南开区	184	10		49	365	69	405	18	63
河北区	141	4	6	29	265	61	375	13	72
红桥区	130	3	1	29	228	33	220	14	7
东丽区	412	6	9	41	1518	232	660	23	48
西青区	965	8	12	34	1873	224	612	42	480
津南区	564	5	12	38	2894	191	768	17	40
北辰区	301	11	3	27	897	107	367	243	178
武清区	314	2		20	519	104	397	21	52
宝坻区	48			8	764	71	158	3	36
滨海新区	1841	44	22	208	3818	719	2353	219	402
宁河区	52		8	23	147	55	126	15	11
静海区	48		3	11	362	28	82	9	76
蓟州区	68			52	703	93	221	11	15
女	**3310**	**51**	**32**	**170**	**2711**	**202**	**2941**	**245**	**875**
和平区	18	1		1	17	2	30	1	40
河东区	106	5		47	80	18	150	1	17
河西区	98	5	3	6	65	8	102	3	60
南开区	91	4	1	6	57	6	191	6	47
河北区	86	5	2	7	46	6	119	3	56
红桥区	66	4	1	2	53	2	80	4	7
东丽区	235	7	9	4	260	47	204	7	31
西青区	691	1	3	5	404	20	342	24	203
津南区	454	4	5	6	477	11	347	12	9
北辰区	187	5	3	7	181	10	157	64	79
武清区	261	1		4	116	4	246	13	17
宝坻区	22			3	96	2	67	4	25
滨海新区	938	8	4	53	651	59	767	91	244
宁河区	19			1	29	3	42	3	13
静海区	19		1	5	90	1	34	2	22
蓟州区	19	1		13	89	3	63	7	5

4-6b　各地区分性别、职业中类的就业人口(镇)

单位：人

地　区 性　别	合计	党的机关、国家机关、群众团体和社会组织、企事业单位负责人						
		小计	中国共产党机关负责人	国家机关负责人	民主党派和工商联负责人	人民团体和群众团体、社会组织及其他成员组织负责人	基层群众自治组织负责人	企事业单位负责人
天　津	**32378**	**960**	**2**	**9**		**22**	**25**	**902**
和平区								
河东区								
河西区								
南开区								
河北区								
红桥区								
东丽区								
西青区	1388	116		2		2		112
津南区								
北辰区	3849	142		1		5	2	134
武清区	8932	289		2		5	6	276
宝坻区	2356	64					6	58
滨海新区	3025	70	2			2		66
宁河区	2435	24					2	22
静海区	7279	193		3		4	4	182
蓟州区	3114	62		1		4	5	52
男	**22021**	**744**	**1**	**7**		**16**	**22**	**698**
和平区								
河东区								
河西区								
南开区								
河北区								
红桥区								
东丽区								
西青区	843	83		2				81
津南区								
北辰区	2610	113				4	2	107
武清区	5718	221		2		4	6	209
宝坻区	1656	49					6	43
滨海新区	1984	52	1			1		50
宁河区	1780	19					2	17
静海区	5274	162		2		4	1	155
蓟州区	2156	45		1		3	5	36
女	**10357**	**216**	**1**	**2**		**6**	**3**	**204**
和平区								
河东区								
河西区								
南开区								
河北区								
红桥区								
东丽区								
西青区	545	33				2		31
津南区								
北辰区	1239	29		1		1		27
武清区	3214	68				1		67
宝坻区	700	15						15
滨海新区	1041	18	1			1		16
宁河区	655	5						5
静海区	2005	31		1			3	27
蓟州区	958	17				1		16

4-6b 续表 1

单位：人

地区 性别	专业技术人员									
	小计	科学研究人员	工程技术人员	农业技术人员	飞机和船舶技术人员	卫生专业技术人员	经济和金融专业人员	法律、社会和宗教专业人员	教学人员	文学艺术、体育专业人员
天津	**2844**	**17**	**883**	**12**	**2**	**293**	**622**	**64**	**814**	**39**
和平区										
河东区										
河西区										
南开区										
河北区										
红桥区										
东丽区										
西青区	240	5	77			22	42	11	75	5
津南区										
北辰区	212	3	52	2		34	45	5	61	1
武清区	939	3	305	3		83	203	11	280	7
宝坻区	175		65	3		9	28	2	60	3
滨海新区	400	4	196	1		43	67	4	62	2
宁河区	135		24		2	27	27	2	50	
静海区	610	1	136	1		51	194	29	164	21
蓟州区	133	1	28	2		24	16		62	
男	**1493**	**8**	**765**	**11**	**2**	**115**	**205**	**49**	**260**	**24**
和平区										
河东区										
河西区										
南开区										
河北区										
红桥区										
东丽区										
西青区	120	3	62			10	6	6	28	4
津南区										
北辰区	98	3	46	2		13	9	3	14	
武清区	478		267	3		30	46	9	93	2
宝坻区	99		57	3		4	8		23	2
滨海新区	214	1	159			12	23	2	13	1
宁河区	77		23		2	14	11	2	23	
静海区	337		123	1		22	94	27	45	15
蓟州区	70	1	28	2		10	8		21	
女	**1351**	**9**	**118**	**1**		**178**	**417**	**15**	**554**	**15**
和平区										
河东区										
河西区										
南开区										
河北区										
红桥区										
东丽区										
西青区	120	2	15			12	36	5	47	1
津南区										
北辰区	114		6			21	36	2	47	1
武清区	461	3	38			53	157	2	187	5
宝坻区	76		8			5	20	2	37	1
滨海新区	186	3	37	1		31	44	2	49	1
宁河区	58		1			13	16		27	
静海区	273	1	13			29	100	2	119	6
蓟州区	63					14	8		41	

4-6b　续表 2　　　　　　　　　　　　　　　　　　　　单位：人

地区 性别	专业技术人员		办事人员和有关人员				社会生产服务和生活服务人员		
	新闻出版、文化专业人员	其他专业技术人员	小计	办事人员	安全和消防人员	其他办事人员和有关人员	小计	批发与零售服务人员	交通运输、仓储和邮政业服务人员
天　津	**44**	**54**	**2236**	**1479**	**734**	**23**	**9348**	**3244**	**2543**
和平区									
河东区									
河西区									
南开区									
河北区									
红桥区									
东丽区									
西青区	3		175	138	36	1	340	123	60
津南区									
北辰区	5	4	265	203	56	6	1350	343	395
武清区	10	34	632	455	174	3	2764	976	811
宝坻区	1	4	127	96	28	3	585	209	148
滨海新区	18	3	331	240	87	4	645	151	223
宁河区	2	1	247	61	185	1	526	144	154
静海区	5	8	380	234	144	2	2050	929	390
蓟州区			79	52	24	3	1088	369	362
男	**12**	**42**	**1512**	**820**	**677**	**15**	**6076**	**1886**	**2166**
和平区									
河东区									
河西区									
南开区									
河北区									
红桥区									
东丽区									
西青区	1		99	68	31		202	73	46
津南区									
北辰区	4	4	159	104	52	3	934	191	339
武清区	2	26	409	238	168	3	1661	510	635
宝坻区		2	82	56	25	1	386	114	136
滨海新区	2	1	216	132	81	3	382	79	189
宁河区	1	1	208	43	164	1	338	73	125
静海区	2	8	279	144	133	2	1379	631	348
蓟州区			60	35	23	2	794	215	348
女	**32**	**12**	**724**	**659**	**57**	**8**	**3272**	**1358**	**377**
和平区									
河东区									
河西区									
南开区									
河北区									
红桥区									
东丽区									
西青区	2		76	70	5	1	138	50	14
津南区									
北辰区	1		106	99	4	3	416	152	56
武清区	8	8	223	217	6		1103	466	176
宝坻区	1	2	45	40	3	2	199	95	12
滨海新区	16	2	115	108	6	1	263	72	34
宁河区	1		39	18	21		188	71	29
静海区	3		101	90	11		671	298	42
蓟州区			19	17	1	1	294	154	14

4-6b 续表 3　　　　单位：人

地　区 性　别	社会生产服务和生活服务人员								
	住宿和餐饮服务人员	信息传输、软件和信息技术服务人员	金融服务人员	房地产服务人员	租赁和商务服务人员	技术辅助服务人员	水利、环境和公共设施管理服务人员	居民服务人员	电力、燃气及水供应服务人员
天　津	**1007**	**167**	**116**	**147**	**157**	**146**	**649**	**736**	**90**
和平区									
河东区									
河西区									
南开区									
河北区									
红桥区									
东丽区									
西青区	28	14	12	9	11	16	9	37	6
津南区									
北辰区	95	22	16	13	15	9	78	328	6
武清区	285	63	30	63	50	65	197	108	16
宝坻区	88	6	4	3	17	7	60	22	3
滨海新区	58	22	11	20	15	16	50	35	20
宁河区	58	6	4	2	7	4	88	38	10
静海区	282	23	26	34	26	18	106	108	22
蓟州区	113	11	13	3	16	11	61	60	7
男	**483**	**111**	**49**	**69**	**120**	**79**	**354**	**400**	**75**
和平区									
河东区									
河西区									
南开区									
河北区									
红桥区									
东丽区									
西青区	17	10	4	3	7	8	2	17	6
津南区									
北辰区	43	17	6	9	14	6	38	242	5
武清区	137	45	11	38	31	35	82	43	13
宝坻区	40	2	3	2	16	5	41	8	3
滨海新区	23	10	5	2	13	8	14	9	13
宁河区	25	3	1		5	2	67	18	10
静海区	137	15	14	13	20	8	64	38	19
蓟州区	61	9	5	2	14	7	46	25	6
女	**524**	**56**	**67**	**78**	**37**	**67**	**295**	**336**	**15**
和平区									
河东区									
河西区									
南开区									
河北区									
红桥区									
东丽区									
西青区	11	4	8	6	4	8	7	20	
津南区									
北辰区	52	5	10	4	1	3	40	86	1
武清区	148	18	19	25	19	30	115	65	3
宝坻区	48	4	1	1	1	2	19	14	
滨海新区	35	12	6	18	2	8	36	26	7
宁河区	33	3	3	2	2	2	21	20	
静海区	145	8	12	21	6	10	42	70	3
蓟州区	52	2	8	1	2	4	15	35	1

4-6b 续表 4

单位：人

地区 性别	社会生产服务和生活服务人员				农、林、牧、渔业生产及辅助人员				
	修理及制作服务人员	文化、体育和娱乐服务人员	健康服务人员	其他社会生产和生活服务人员	小计	农业生产人员	林业生产人员	畜牧业生产人员	渔业生产人员
天津	**292**	**22**	**19**	**13**	**3847**	**3372**	**134**	**237**	**63**
和平区									
河东区									
河西区									
南开区									
河北区									
红桥区									
东丽区									
西青区	8	1	6		8	6			1
津南区									
北辰区	25	2	2	1	205	186		15	4
武清区	86	9	4	1	951	891	1	46	10
宝坻区	15	2	1		203	151		27	17
滨海新区	17		2	5	136	128		6	
宁河区	11				754	718	2	17	16
静海区	77	3	2	4	556	472	5	59	9
蓟州区	53	5	2	2	1034	820	126	67	6
男	**255**	**14**	**3**	**12**	**2571**	**2233**	**90**	**162**	**57**
和平区									
河东区									
河西区									
南开区									
河北区									
红桥区									
东丽区									
西青区	8	1			7	5			1
津南区									
北辰区	22	1		1	130	116		10	4
武清区	76	3	1	1	564	524	1	29	9
宝坻区	13	2	1		146	104		19	15
滨海新区	12			5	93	86		5	
宁河区	9				564	534	1	12	16
静海区	66	3		3	413	351	4	43	9
蓟州区	49	4	1	2	654	513	84	44	3
女	**37**	**8**	**16**	**1**	**1276**	**1139**	**44**	**75**	**6**
和平区									
河东区									
河西区									
南开区									
河北区									
红桥区									
东丽区									
西青区			6		1	1			
津南区									
北辰区	3	1	2		75	70		5	
武清区	10	6	3		387	367		17	1
宝坻区	2				57	47		8	2
滨海新区	5		2		43	42		1	
宁河区	2				190	184	1	5	
静海区	11		2	1	143	121	1	16	
蓟州区	4	1	1		380	307	42	23	3

4-6b 续表 5

单位：人

地区 性别	农林牧渔生产辅助人员	其他农、林、牧、渔业生产加工人员	生产制造及有关人员 小计	农副产品加工人员	食品、饮料生产加工人员	烟草及其制品加工人员	纺织、针织、印染人员	纺织品、服装和皮革、毛皮制品加工制作人员	木材加工、家具与木制品制作人员
天　津	**38**	**3**	**12731**	**179**	**248**	**1**	**52**	**658**	**375**
和平区									
河东区									
河西区									
南开区									
河北区									
红桥区									
东丽区									
西青区	1		501	4	25		2	34	22
津南区									
北辰区			1385	1	23	1	2	41	69
武清区	3		3336	23	68		34	149	60
宝坻区	8		1201	26	16		9	157	68
滨海新区	2		1419	10	16			4	23
宁河区	1		739	13	3			41	56
静海区	8	3	3450	98	82		5	87	63
蓟州区	15		700	4	15			145	14
男	**28**	**1**	**9314**	**140**	**137**	**1**	**22**	**173**	**282**
和平区									
河东区									
河西区									
南开区									
河北区									
红桥区									
东丽区									
西青区	1		327	2	14		1	18	21
津南区									
北辰区			956		10	1	2	10	48
武清区	1		2370	14	35		13	68	46
宝坻区	8		893	18	10		3	41	51
滨海新区	2		1007	5	7			1	17
宁河区	1		567	13	2			1	43
静海区	5	1	2676	84	53		3	18	45
蓟州区	10		518	4	6			16	11
女	**10**	**2**	**3417**	**39**	**111**		**30**	**485**	**93**
和平区									
河东区									
河西区									
南开区									
河北区									
红桥区									
东丽区									
西青区			174	2	11		1	16	1
津南区									
北辰区			429	1	13			31	21
武清区	2		966	9	33		21	81	14
宝坻区			308	8	6		6	116	17
滨海新区			412	5	9			3	6
宁河区			172		1			40	13
静海区	3	2	774	14	29		2	69	18
蓟州区	5		182		9			129	3

4-6b　续表 6　　　　单位：人

地区 性别	生产制造及有关人员								
	纸及纸制品生产加工人员	印刷和记录媒介复制人员	文教、工美、体育和娱乐用品制造人员	石油加工和炼焦、煤化工生产人员	化学原料和化学制品制造人员	医药制造人员	化学纤维制造人员	橡胶和塑料制品制造人员	非金属矿物制品制造人员
天津	**116**	**141**	**185**	**35**	**74**	**33**	**4**	**312**	**305**
和平区									
河东区									
河西区									
南开区									
河北区									
红桥区									
东丽区									
西青区	20		4		7	5		12	1
津南区									
北辰区	3	26	6		23	11		37	14
武清区	43	21	150	15	21	11	1	67	83
宝坻区	15	75	4	1	1			37	131
滨海新区	7	1	4	19	13	1		25	15
宁河区	3	9	3		3	1		27	21
静海区	14	5	11		4	4	3	107	25
蓟州区	11	4	3		2				15
男	**81**	**96**	**91**	**30**	**55**	**20**	**3**	**195**	**273**
和平区									
河东区									
河西区									
南开区									
河北区									
红桥区									
东丽区									
西青区	11		1		6	3		4	1
津南区									
北辰区	2	15	3		15	10		25	13
武清区	31	15	74	15	14	4		43	74
宝坻区	11	53	2	1	1			19	123
滨海新区	6		3	14	11	1		12	11
宁河区	3	9	2		3			22	17
静海区	8	1	5		4	2	3	70	23
蓟州区	9	3	1		1				11
女	**35**	**45**	**94**	**5**	**19**	**13**	**1**	**117**	**32**
和平区									
河东区									
河西区									
南开区									
河北区									
红桥区									
东丽区									
西青区	9		3		1	2		8	
津南区									
北辰区	1	11	3		8	1		12	1
武清区	12	6	76		7	7	1	24	9
宝坻区	4	22	2					18	8
滨海新区	1	1	1	5	2			13	4
宁河区			1			1		5	4
静海区	6	4	6			2		37	2
蓟州区	2	1	2		1				4

4-6b 续表 7

单位：人

地区 性别	生产制造及有关人员								
	采矿人员	金属冶炼和压延加工人员	机械制造基础加工人员	金属制品制造人员	通用设备制造人员	专用设备制造人员	汽车制造人员	铁路、船舶、航空设备制造人员	电气机械和器材制造人员
天津	**354**	**683**	**931**	**349**	**307**	**51**	**792**	**1018**	**127**
和平区									
河东区									
河西区									
南开区									
河北区									
红桥区									
东丽区									
西青区		16	10	3	2		26	8	
津南区									
北辰区		11	59	33	51	25	79	128	17
武清区	2	58	296	78	47	15	541	269	25
宝坻区		6	64	61	11	4	8	32	50
滨海新区	345	20	54	19	7	1	8		1
宁河区	1	10	48	13	109	2	29	26	6
静海区	6	560	328	131	75	4	97	553	25
蓟州区		2	72	11	5		4	2	3
男	**267**	**556**	**811**	**271**	**248**	**29**	**626**	**717**	**92**
和平区									
河东区									
河西区									
南开区									
河北区									
红桥区									
东丽区									
西青区		13	9	2	1		17	7	
津南区									
北辰区		7	46	18	38	11	58	81	8
武清区	2	45	250	63	38	10	447	171	19
宝坻区		3	59	54	11	3	5	30	41
滨海新区	259	18	46	16	5	1	6		1
宁河区	1	10	42	8	80	2	20	21	3
静海区	5	458	288	99	70	2	69	406	17
蓟州区		2	71	11	5		4	1	3
女	**87**	**127**	**120**	**78**	**59**	**22**	**166**	**301**	**35**
和平区									
河东区									
河西区									
南开区									
河北区									
红桥区									
东丽区									
西青区		3	1	1	1		9	1	
津南区									
北辰区		4	13	15	13	14	21	47	9
武清区		13	46	15	9	5	94	98	6
宝坻区		3	5	7		1	3	2	9
滨海新区	86	2	8	3	2		2		
宁河区			6	5	29		9	5	3
静海区	1	102	40	32	5	2	28	147	8
蓟州区			1					1	

4-6b 续表 8　　　　单位：人

地区 性别	生产制造及有关人员 计算机、通信和其他电子设备制造人员	仪器仪表制造人员	废弃资源综合利用人员	电力、热力、气体、水生产和输配人员	建筑施工人员	运输设备和通用工程机械操作人员及有关人员	生产辅助人员	其他生产制造及有关人员	不便分类的其他从业人员
天　津	**1185**	**11**	**23**	**69**	**2375**	**233**	**1231**	**274**	**412**
和平区									
河东区									
河西区									
南开区									
河北区									
红桥区									
东丽区									
西青区	119		4	1	87	5	84		8
津南区									
北辰区	68	1	4	5	404	15	76	152	290
武清区	272	1	4	9	337	66	499	71	21
宝坻区	38	6		2	191	9	158	21	1
滨海新区	492	2	2	17	156	41	97	19	24
宁河区	21		1	8	211	23	49	2	10
静海区	156		6	26	681	53	234	7	40
蓟州区	19	1	2	1	308	21	34	2	18
男	**701**	**4**	**19**	**65**	**2057**	**210**	**826**	**216**	**311**
和平区									
河东区									
河西区									
南开区									
河北区									
红桥区									
东丽区									
西青区	65		3	1	72	4	51		5
津南区									
北辰区	43		2	4	301	14	46	125	220
武清区	146		4	8	293	64	312	52	15
宝坻区	24	1		2	185	9	112	21	1
滨海新区	292	2	2	15	133	33	77	13	20
宁河区	14		1	8	189	23	28	2	7
静海区	106		5	26	587	44	172	3	28
蓟州区	11	1	2	1	297	19	28		15
女	**484**	**7**	**4**	**4**	**318**	**23**	**405**	**58**	**101**
和平区									
河东区									
河西区									
南开区									
河北区									
红桥区									
东丽区									
西青区	54		1		15	1	33		3
津南区									
北辰区	25	1	2	1	103	1	30	27	70
武清区	126	1		1	44	2	187	19	6
宝坻区	14	5			6		46		
滨海新区	200			2	23	8	20	6	4
宁河区	7				22		21		3
静海区	50		1		94	9	62	4	12
蓟州区	8				11	2	6	2	3

4—6c　各地区分性别、职业中类的就业人口(乡村)

单位：人

地区 性别	合计	党的机关、国家机关、群众团体和社会组织、企事业单位负责人						
		小计	中国共产党机关负责人	国家机关负责人	民主党派和工商联负责人	人民团体和群众团体、社会组织及其他成员组织负责人	基层群众自治组织负责人	企事业单位负责人
天　津	**89837**	**1396**	**9**	**23**		**61**	**162**	**1141**
和平区								
河东区								
河西区								
南开区								
河北区								
红桥区								
东丽区								
西青区	3124	52		2		1		49
津南区								
北辰区	2970	65					5	60
武清区	24909	467	4	7		20	44	392
宝坻区	17873	341	4	3		7	44	283
滨海新区	3202	46				2	7	37
宁河区	8307	65		6		9	5	45
静海区	11686	192		2		9	24	157
蓟州区	17766	168	1	3		13	33	118
男	**57707**	**1064**	**5**	**18**		**42**	**123**	**876**
和平区								
河东区								
河西区								
南开区								
河北区								
红桥区								
东丽区								
西青区	1949	40		1		1		38
津南区								
北辰区	1896	47					4	43
武清区	15028	343	2	5		15	29	292
宝坻区	11366	249	2	2		7	34	204
滨海新区	2161	41				1	7	33
宁河区	5610	53		5		7	5	36
静海区	8051	160		2		6	18	134
蓟州区	11646	131	1	3		5	26	96
女	**32130**	**332**	**4**	**5**		**19**	**39**	**265**
和平区								
河东区								
河西区								
南开区								
河北区								
红桥区								
东丽区								
西青区	1175	12		1				11
津南区								
北辰区	1074	18					1	17
武清区	9881	124	2	2		5	15	100
宝坻区	6507	92	2	1			10	79
滨海新区	1041	5				1		4
宁河区	2697	12		1		2		9
静海区	3635	32				3	6	23
蓟州区	6120	37				8	7	22

4-6c　续表 1

单位：人

地　区 性　别	专业技术人员 小计	科学研究人员	工程技术人员	农业技术人员	飞机和船舶技术人员	卫生专业技术人员	经济和金融专业人员	法律、社会和宗教专业人员	教学人员	文学艺术、体育专业人员
天　津	**4096**	**19**	**996**	**47**	**3**	**611**	**819**	**62**	**1375**	**40**
和 平 区										
河 东 区										
河 西 区										
南 开 区										
河 北 区										
红 桥 区										
东 丽 区										
西 青 区	132		48			17	30		35	1
津 南 区										
北 辰 区	163		32			48	25	1	49	1
武 清 区	1240	6	261	11		190	281	13	415	10
宝 坻 区	747	8	232	12		75	153	8	220	21
滨海新区	156		39	2		27	24	10	44	1
宁 河 区	323		73	5	1	40	64	4	133	
静 海 区	632	3	127	10	1	100	128	11	230	1
蓟 州 区	703	2	184	7	1	114	114	15	249	5
男	**2024**	**7**	**868**	**33**	**3**	**242**	**283**	**33**	**445**	**26**
和 平 区										
河 东 区										
河 西 区										
南 开 区										
河 北 区										
红 桥 区										
东 丽 区										
西 青 区	72		43			2	15		10	1
津 南 区										
北 辰 区	59		25			15	4	1	9	
武 清 区	573	3	225	7		74	82	7	137	7
宝 坻 区	440	4	207	9		36	66	5	88	13
滨海新区	81		31	1		12	13	4	11	1
宁 河 区	165		64	2	1	20	20	2	55	
静 海 区	285		114	7	1	43	46	8	49	
蓟 州 区	349		159	7	1	40	37	6	86	4
女	**2072**	**12**	**128**	**14**		**369**	**536**	**29**	**930**	**14**
和 平 区										
河 东 区										
河 西 区										
南 开 区										
河 北 区										
红 桥 区										
东 丽 区										
西 青 区	60		5			15	15		25	
津 南 区										
北 辰 区	104		7			33	21		40	1
武 清 区	667	3	36	4		116	199	6	278	3
宝 坻 区	307	4	25	3		39	87	3	132	8
滨海新区	75		8	1		15	11	6	33	
宁 河 区	158		9	3		20	44	2	78	
静 海 区	347	3	13	3		57	82	3	181	1
蓟 州 区	354	2	25			74	77	9	163	1

4-6c 续表 2

单位：人

地区 性别	专业技术人员		办事人员和有关人员				社会生产服务和生活服务人员		
	新闻出版、文化专业人员	其他专业技术人员	小计	办事人员	安全和消防人员	其他办事人员和有关人员	小计	批发与零售服务人员	交通运输、仓储和邮政业服务人员
天津	**22**	**102**	**3239**	**2196**	**986**	**57**	**20227**	**6428**	**6372**
和平区									
河东区									
河西区									
南开区									
河北区									
红桥区									
东丽区									
西青区		1	187	144	42	1	764	271	249
津南区									
北辰区	2	5	233	158	72	3	898	327	274
武清区	10	43	970	640	314	16	5478	1767	1720
宝坻区	3	15	573	390	171	12	3656	1077	1129
滨海新区	2	7	197	126	67	4	913	238	343
宁河区	1	2	235	166	59	10	1666	372	505
静海区	1	20	447	293	148	6	2483	1043	637
蓟州区	3	9	397	279	113	5	4369	1333	1515
男	**9**	**75**	**2287**	**1304**	**950**	**33**	**13708**	**3664**	**5739**
和平区									
河东区									
河西区									
南开区									
河北区									
红桥区									
东丽区									
西青区		1	118	77	40	1	464	143	200
津南区									
北辰区	1	4	155	88	66	1	614	194	238
武清区	2	29	668	359	300	9	3513	935	1435
宝坻区		12	422	245	170	7	2508	603	1044
滨海新区	2	6	132	63	66	3	611	121	327
宁河区	1		161	97	58	6	1177	219	454
静海区	1	16	334	186	143	5	1752	696	584
蓟州区	2	7	297	189	107	1	3069	753	1457
女	**13**	**27**	**952**	**892**	**36**	**24**	**6519**	**2764**	**633**
和平区									
河东区									
河西区									
南开区									
河北区									
红桥区									
东丽区									
西青区			69	67	2		300	128	49
津南区									
北辰区	1	1	78	70	6	2	284	133	36
武清区	8	14	302	281	14	7	1965	832	285
宝坻区	3	3	151	145	1	5	1148	474	85
滨海新区		1	65	63	1	1	302	117	16
宁河区		2	74	69	1	4	489	153	51
静海区		4	113	107	5	1	731	347	53
蓟州区	1	2	100	90	6	4	1300	580	58

4-6c 续表 3

单位：人

地区 性别	社会生产服务和生活服务人员 住宿和餐饮服务人员	信息传输、软件和信息技术服务人员	金融服务人员	房地产服务人员	租赁和商务服务人员	技术辅助服务人员	水利、环境和公共设施管理服务人员	居民服务人员	电力、燃气及水供应服务人员
天津	**1968**	**259**	**251**	**270**	**386**	**246**	**2044**	**968**	**208**
和平区									
河东区									
河西区									
南开区									
河北区									
红桥区									
东丽区									
西青区	75	6	5	2	17	9	66	32	5
津南区									
北辰区	61	7	11	21	28	11	74	45	16
武清区	506	110	70	123	122	108	459	242	53
宝坻区	381	35	39	35	82	45	462	164	29
滨海新区	76	8	18	19	13	6	95	47	8
宁河区	107	25	14	12	30	16	436	76	19
静海区	221	19	31	22	27	19	185	188	22
蓟州区	541	49	63	36	67	32	267	174	56
男	**922**	**169**	**109**	**158**	**305**	**149**	**1227**	**381**	**189**
和平区									
河东区									
河西区									
南开区									
河北区									
红桥区									
东丽区									
西青区	35	3	2	1	13	4	25	11	5
津南区									
北辰区	28	6	5	13	21	7	40	28	15
武清区	253	71	35	74	94	62	263	87	49
宝坻区	177	25	21	20	70	31	268	62	26
滨海新区	20	5	10	13	12	3	38	20	7
宁河区	44	16	5	5	20	9	320	28	17
静海区	106	11	11	11	20	14	123	95	21
蓟州区	259	32	20	21	55	19	150	50	49
女	**1046**	**90**	**142**	**112**	**81**	**97**	**817**	**587**	**19**
和平区									
河东区									
河西区									
南开区									
河北区									
红桥区									
东丽区									
西青区	40	3	3	1	4	5	41	21	
津南区									
北辰区	33	1	6	8	7	4	34	17	1
武清区	253	39	35	49	28	46	196	155	4
宝坻区	204	10	18	15	12	14	194	102	3
滨海新区	56	3	8	6	1	3	57	27	1
宁河区	63	9	9	7	10	7	116	48	2
静海区	115	8	20	11	7	5	62	93	1
蓟州区	282	17	43	15	12	13	117	124	7

4-6c 续表 4

单位：人

地区 性别	社会生产服务和生活服务人员				农、林、牧、渔业生产及辅助人员				
	修理及制作服务人员	文化、体育和娱乐服务人员	健康服务人员	其他社会生产和生活服务人员	小计	农业生产人员	林业生产人员	畜牧业生产人员	渔业生产人员
天津	**718**	**50**	**32**	**27**	**35186**	**32387**	**849**	**1374**	**434**
和平区									
河东区									
河西区									
南开区									
河北区									
红桥区									
东丽区									
西青区	23	1	1	2	819	787		3	18
津南区									
北辰区	18	2		3	492	453	1	19	18
武清区	163	19	11	5	10163	9766	100	206	75
宝坻区	154	15	4	5	6299	5693	24	354	164
滨海新区	28	4	3	7	1050	904	5	70	63
宁河区	47		7		3824	3597	4	186	34
静海区	64		1	4	4147	3929	25	145	24
蓟州区	221	9	5	1	8392	7258	690	391	38
男	**641**	**24**	**12**	**19**	**21592**	**19593**	**511**	**991**	**384**
和平区									
河东区									
河西区									
南开区									
河北区									
红桥区									
东丽区									
西青区	20			2	471	443		2	18
津南区									
北辰区	16			3	297	271	1	11	13
武清区	140	11	3	1	5808	5531	57	147	60
宝坻区	145	9	3	4	3944	3462	21	258	154
滨海新区	26	1	2	6	665	548	4	51	54
宁河区	39		1		2424	2247	3	140	31
静海区	58			2	2795	2625	21	106	23
蓟州区	197	3	3	1	5188	4466	404	276	31
女	**77**	**26**	**20**	**8**	**13594**	**12794**	**338**	**383**	**50**
和平区									
河东区									
河西区									
南开区									
河北区									
红桥区									
东丽区									
西青区	3	1	1		348	344		1	
津南区									
北辰区	2	2			195	182		8	5
武清区	23	8	8	4	4355	4235	43	59	15
宝坻区	9	6	1	1	2355	2231	3	96	10
滨海新区	2	3	1	1	385	356	1	19	9
宁河区	8		6		1400	1350	1	46	3
静海区	6		1	2	1352	1304	4	39	1
蓟州区	24	6	2		3204	2792	286	115	7

4-6c 续表 5　　　　单位：人

地区 性别	农林牧渔生产辅助人员	其他农、林、牧、渔业生产加工人员	生产制造及有关人员 小计	农副产品加工人员	食品、饮料生产加工人员	烟草及其制品加工人员	纺织、针织、印染人员	纺织品、服装和皮革、毛皮制品加工制作人员	木材加工、家具与木制品制作人员
天　津	**131**	**11**	**24683**	**342**	**378**	**1**	**190**	**3909**	**821**
和平区									
河东区									
河西区									
南开区									
河北区									
红桥区									
东丽区									
西青区	11		629	10	11		16	28	4
津南区									
北辰区	1		1013	4	23		3	35	22
武清区	15	1	6533	42	152		80	533	117
宝坻区	61	3	6234	100	43		65	2215	473
滨海新区	8		793	6	13	1	1	27	18
宁河区	3		2165	13	22		5	169	34
静海区	20	4	3623	107	53		12	163	83
蓟州区	12	3	3693	60	61		8	739	70
男	**104**	**9**	**16328**	**237**	**175**	**1**	**89**	**858**	**639**
和平区									
河东区									
河西区									
南开区									
河北区									
红桥区									
东丽区									
西青区	8		420	9	5		9	14	3
津南区									
北辰区	1		647	3	12		3	13	8
武清区	12	1	4090	28	78		35	227	82
宝坻区	47	2	3786	76	22		33	479	369
滨海新区	8		592	1	5	1		7	14
宁河区	3		1608	8	9			29	23
静海区	17	3	2601	71	28		5	37	71
蓟州区	8	3	2584	41	16		4	52	69
女	**27**	**2**	**8355**	**105**	**203**		**101**	**3051**	**182**
和平区									
河东区									
河西区									
南开区									
河北区									
红桥区									
东丽区									
西青区	3		209	1	6		7	14	1
津南区									
北辰区			366	1	11			22	14
武清区	3		2443	14	74		45	306	35
宝坻区	14	1	2448	24	21		32	1736	104
滨海新区			201	5	8		1	20	4
宁河区			557	5	13		5	140	11
静海区	3	1	1022	36	25		7	126	12
蓟州区	4		1109	19	45		4	687	1

4-6c 续表 6

单位：人

地区 性别	生产制造及有关人员								
	纸及纸制品生产加工人员	印刷和记录媒介复制人员	文教、工美、体育和娱乐用品制造人员	石油加工和炼焦、煤化工生产人员	化学原料和化学制品制造人员	医药制造人员	化学纤维制造人员	橡胶和塑料制品制造人员	非金属矿物制品制造人员
天　津	**327**	**166**	**1030**	**21**	**170**	**88**	**7**	**487**	**310**
和平区									
河东区									
河西区									
南开区									
河北区									
红桥区									
东丽区									
西青区	3	2	2	1	25	8		23	2
津南区									
北辰区	4	7	5		11	13		77	11
武清区	185	58	683	4	40	29		133	99
宝坻区	37	48	122	2	16	6	3	97	99
滨海新区	9	2	17	4	39	1		29	8
宁河区	15	6	7	5	7	10	1	33	11
静海区	41	17	184	2	12	10	1	82	31
蓟州区	33	26	10	3	20	11	2	13	49
男	**187**	**97**	**479**	**17**	**126**	**49**	**2**	**272**	**242**
和平区									
河东区									
河西区									
南开区									
河北区									
红桥区									
东丽区									
西青区	1	1	2		15	6		7	2
津南区									
北辰区	2	4	1		7	6		37	7
武清区	102	33	302	4	31	18		76	79
宝坻区	25	33	64	2	11	4	1	51	79
滨海新区	5		8	3	31	1		19	6
宁河区	12	4	3	4	6	4		20	7
静海区	23	11	95	1	9	5	1	53	23
蓟州区	17	11	4	3	16	5		9	39
女	**140**	**69**	**551**	**4**	**44**	**39**	**5**	**215**	**68**
和平区									
河东区									
河西区									
南开区									
河北区									
红桥区									
东丽区									
西青区	2	1		1	10	2		16	
津南区									
北辰区	2	3	4		4	7		40	4
武清区	83	25	381		9	11		57	20
宝坻区	12	15	58		5	2	2	46	20
滨海新区	4	2	9	1	8			10	2
宁河区	3	2	4	1	1	6	1	13	4
静海区	18	6	89	1	3	5		29	8
蓟州区	16	15	6		4	6	2	4	10

4-6c　续表 7　　　　单位：人

地区 性别	采矿人员	金属冶炼和压延加工人员	机械制造基础加工人员	金属制品制造人员	通用设备制造人员	专用设备制造人员	汽车制造人员	铁路、船舶、航空设备制造人员	电气机械和器材制造人员
	生产制造及有关人员								
天　津	**27**	**772**	**1821**	**870**	**644**	**60**	**834**	**892**	**180**
和平区									
河东区									
河西区									
南开区									
河北区									
红桥区									
东丽区									
西青区		11	30	36	8	1	32	1	5
津南区									
北辰区		19	28	44	25	4	79	68	35
武清区	6	82	398	131	82	23	405	725	46
宝坻区	1	43	308	178	77	15	41	28	43
滨海新区	3	35	73	15	9	1	47	1	3
宁河区	5	67	278	103	225	5	72	4	11
静海区	6	494	446	288	179	7	122	55	20
蓟州区	6	21	260	75	39	4	36	10	17
男	**25**	**671**	**1525**	**656**	**484**	**43**	**573**	**569**	**129**
和平区									
河东区									
河西区									
南开区									
河北区									
红桥区									
东丽区									
西青区		11	26	26	7	1	18	1	2
津南区									
北辰区		18	20	32	21	3	56	33	23
武清区	6	73	315	96	65	13	266	460	29
宝坻区	1	43	274	152	68	14	35	21	36
滨海新区	3	29	58	13	6	1	33	1	2
宁河区	4	57	220	70	161	4	59	3	7
静海区	5	422	369	210	122	7	76	43	13
蓟州区	6	18	243	57	34		30	7	17
女	**2**	**101**	**296**	**214**	**160**	**17**	**261**	**323**	**51**
和平区									
河东区									
河西区									
南开区									
河北区									
红桥区									
东丽区									
西青区			4	10	1		14		3
津南区									
北辰区		1	8	12	4	1	23	35	12
武清区		9	83	35	17	10	139	265	17
宝坻区			34	26	9	1	6	7	7
滨海新区		6	15	2	3		14		1
宁河区	1	10	58	33	64	1	13	1	4
静海区	1	72	77	78	57		46	12	7
蓟州区		3	17	18	5	4	6	3	

4-6c 续表 8

单位：人

地区 性别	生产制造及有关人员								不便分类的其他从业人员
	计算机、通信和其他电子设备制造人员	仪器仪表制造人员	废弃资源综合利用人员	电力、热力、气体、水生产和输配人员	建筑施工人员	运输设备和通用工程机械操作人员及有关人员	生产辅助人员	其他生产制造及有关人员	
天津	**1553**	**19**	**140**	**99**	**5625**	**627**	**1947**	**326**	**1010**
和平区									
河东区									
河西区									
南开区									
河北区									
红桥区									
东丽区									
西青区	144			1	124	23	72	6	541
津南区									
北辰区	118			6	228	18	36	90	106
武清区	722	2	33	8	825	123	702	65	58
宝坻区	119	2	11	22	1433	167	397	23	23
滨海新区	49	6	8	11	148	35	103	71	47
宁河区	82	1	4	20	725	63	143	19	29
静海区	256	3	72	13	435	76	311	42	162
蓟州区	63	5	12	18	1707	122	183	10	44
男	**913**	**11**	**105**	**91**	**5035**	**600**	**1212**	**216**	**704**
和平区									
河东区									
河西区									
南开区									
河北区									
红桥区									
东丽区									
西青区	90			1	97	20	42	4	364
津南区									
北辰区	68			4	170	17	24	55	77
武清区	368	2	23	7	742	117	378	35	33
宝坻区	81		10	22	1339	163	264	14	17
滨海新区	38	3	7	10	133	31	62	61	39
宁河区	58	1	4	20	649	58	90	14	22
静海区	170	1	51	11	345	73	224	26	124
蓟州区	40	4	10	16	1560	121	128	7	28
女	**640**	**8**	**35**	**8**	**590**	**27**	**735**	**110**	**306**
和平区									
河东区									
河西区									
南开区									
河北区									
红桥区									
东丽区									
西青区	54				27	3	30	2	177
津南区									
北辰区	50			2	58	1	12	35	29
武清区	354		10	1	83	6	324	30	25
宝坻区	38	2	1		94	4	133	9	6
滨海新区	11	3	1	1	15	4	41	10	8
宁河区	24				76	5	53	5	7
静海区	86	2	21	2	90	3	87	16	38
蓟州区	23	1	2	2	147	1	55	3	16

4—7　全市分年龄、性别、职业中类的就业人口

单位：人

年龄组 性　别	合计	党的机关、国家机关、群众团体和社会组织、企事业单位负责人						
		小计	中国共产党机关负责人	国家机关负责人	民主党派和工商联负责人	人民团体和群众团体、社会组织及其他成员组织负责人	基层群众自治组织负责人	企事业单位负责人
总　计	**504665**	**22089**	**32**	**632**	**1**	**417**	**306**	**20701**
16—19岁	3676	19	2					17
20—24岁	25535	356	1	2		9	3	341
25—29岁	57317	1628	2	18		26	12	1570
30—34岁	95349	4091	7	47		65	27	3945
35—39岁	85458	4725	7	77	1	85	25	4530
40—44岁	65217	3897	2	85		59	32	3719
45—49岁	63245	3228	3	129		56	54	2986
50—54岁	51993	2300	4	125		54	66	2051
55—59岁	36961	1545	3	134		52	60	1296
60—64岁	10763	200		9		6	18	167
65—69岁	6410	79		5		4	8	62
70—74岁	2060	15	1			1	1	12
75岁及以上	681	6		1				5
男	**308218**	**15804**	**22**	**467**		**267**	**209**	**14839**
16—19岁	2758	12	2					10
20—24岁	15772	248	1			5	1	241
25—29岁	33183	1093	1	10		17	4	1061
30—34岁	54681	2757	5	24		38	12	2678
35—39岁	48467	3212	6	54		49	13	3090
40—44岁	37418	2742	1	59		39	27	2616
45—49岁	36989	2303	1	98		32	32	2140
50—54岁	35383	1821	2	97		38	46	1638
55—59岁	29047	1355	3	114		39	51	1148
60—64岁	7865	174		7		6	16	145
65—69岁	4682	70		3		3	6	58
70—74岁	1465	13				1	1	11
75岁及以上	508	4		1				3
女	**196447**	**6285**	**10**	**165**	**1**	**150**	**97**	**5862**
16—19岁	918	7						7
20—24岁	9763	108		2		4	2	100
25—29岁	24134	535	1	8		9	8	509
30—34岁	40668	1334	2	23		27	15	1267
35—39岁	36991	1513	1	23	1	36	12	1440
40—44岁	27799	1155	1	26		20	5	1103
45—49岁	26256	925	2	31		24	22	846
50—54岁	16610	479	2	28		16	20	413
55—59岁	7914	190		20		13	9	148
60—64岁	2898	26		2			2	22
65—69岁	1728	9		2		1	2	4
70—74岁	595	2	1					1
75岁及以上	173	2						2

4－7 续表 1

单位：人

年龄组 性 别	专业技术人员									
	小计	科学研究人员	工程技术人员	农业技术人员	飞机和船舶技术人员	卫生专业技术人员	经济和金融专业人员	法律、社会和宗教专业人员	教学人员	文学艺术、体育专业人员
总 计	**82704**	**1082**	**23385**	**216**	**271**	**11311**	**16770**	**2792**	**23431**	**949**
16－19岁	194	3	54	2		21	23		72	10
20－24岁	4898	62	1182	17	16	699	879	158	1559	144
25－29岁	12548	224	3218	19	47	1760	2492	453	3724	211
30－34岁	18023	249	5575	32	77	2587	4041	657	4071	213
35－39岁	16113	208	5101	28	58	2052	3590	591	3837	179
40－44岁	10659	131	2842	31	21	1359	2297	302	3271	74
45－49岁	9202	66	2307	30	17	1313	1825	262	3077	57
50－54岁	6469	78	1648	24	23	862	998	199	2424	31
55－59岁	3774	51	1268	26	12	418	479	141	1220	26
60－64岁	452	6	130	3		109	71	15	102	2
65－69岁	261	4	41	4		95	47	11	50	2
70－74岁	71		14			28	18	3	8	
75岁及以上	40		5			8	10		16	
男	**37119**	**604**	**18484**	**148**	**240**	**3196**	**4707**	**1184**	**6742**	**531**
16－19岁	96	3	42	2		10	10		17	7
20－24岁	1919	33	943	8	13	136	242	77	289	79
25－29岁	5000	119	2510	10	39	352	661	199	800	105
30－34岁	7624	141	4303	22	66	541	984	218	1002	113
35－39岁	7147	109	3941	20	54	582	848	216	1058	100
40－44岁	4648	73	2167	22	19	466	549	113	1031	46
45－49岁	3927	34	1788	14	16	420	520	116	870	32
50－54岁	3249	45	1413	20	21	267	421	109	810	24
55－59岁	2876	42	1201	23	12	252	353	112	751	22
60－64岁	351	3	123	3		69	61	12	68	1
65－69岁	199	2	39	4		72	37	9	31	2
70－74岁	52		10			23	12	3	4	
75岁及以上	31		4			6	9		11	
女	**45585**	**478**	**4901**	**68**	**31**	**8115**	**12063**	**1608**	**16689**	**418**
16－19岁	98		12			11	13		55	3
20－24岁	2979	29	239	9	3	563	637	81	1270	65
25－29岁	7548	105	708	9	8	1408	1831	254	2924	106
30－34岁	10399	108	1272	10	11	2046	3057	439	3069	100
35－39岁	8966	99	1160	8	4	1470	2742	375	2779	79
40－44岁	6011	58	675	9	2	893	1748	189	2240	28
45－49岁	5275	32	519	16	1	893	1305	146	2207	25
50－54岁	3220	33	235	4	2	595	577	90	1614	7
55－59岁	898	9	67	3		166	126	29	469	4
60－64岁	101	3	7			40	10	3	34	1
65－69岁	62	2	2			23	10	2	19	
70－74岁	19		4			5	6		4	
75岁及以上	9		1			2	1		5	

4-7 续表 2

单位：人

年龄组 性 别	专业技术人员		办事人员和有关人员				社会生产服务和生活服务人员		
	新闻出版、文化专业人员	其他专业技术人员	小计	办事人员	安全和消防人员	其他办事人员和有关人员	小计	批发与零售服务人 员	交通运输、仓储和邮政业服务人员
总 计	**1430**	**1067**	**76265**	**65037**	**10308**	**920**	**169916**	**66438**	**35082**
16-19岁	4	5	180	114	64	2	1535	372	184
20-24岁	114	68	3337	2723	558	56	9569	3517	1310
25-29岁	255	145	9553	8200	1230	123	19820	8038	3456
30 34岁	305	216	16016	14224	1601	191	33130	14558	6251
35-39岁	275	194	15237	13964	1103	170	29483	13438	5873
40-44岁	171	160	9884	8857	924	103	22863	9652	5288
45-49岁	123	125	8593	7325	1159	109	21689	8020	5164
50-54岁	93	89	6529	5140	1305	84	16711	5071	4284
55-59岁	80	53	5797	3969	1761	67	10956	2766	2778
60-64岁	6	8	739	365	367	7	2630	627	347
65-69岁	4	3	287	102	180	5	1197	282	123
70-74岁			84	38	44	2	252	64	14
75岁及以上		1	29	16	12	1	81	33	10
男	**529**	**754**	**45171**	**35303**	**9313**	**555**	**102708**	**35044**	**29787**
16-19岁	1	4	133	67	64	2	1074	219	152
20-24岁	49	50	1863	1319	515	29	5967	1954	1055
25-29岁	102	103	4935	3809	1057	69	11921	4260	2772
30-34岁	86	148	8165	6700	1348	117	19241	7366	4996
35-39岁	92	127	7894	6898	914	82	16827	6674	4847
40-44岁	57	105	5649	4787	810	52	12892	4607	4475
45-49岁	31	86	5333	4209	1052	72	12066	3973	4401
50-54岁	49	70	4882	3565	1258	59	11156	3240	3959
55-59岁	58	50	5325	3548	1716	61	8453	2047	2664
60-64岁	3	8	655	295	355	5	1910	429	330
65-69岁	1	2	251	74	173	4	926	196	116
70-74岁			69	27	40	2	216	54	13
75岁及以上		1	17	5	11	1	59	25	7
女	**901**	**313**	**31094**	**29734**	**995**	**365**	**67208**	**31394**	**5295**
16-19岁	3	1	47	47			461	153	32
20-24岁	65	18	1474	1404	43	27	3602	1563	255
25-29岁	153	42	4618	4391	173	54	7899	3778	684
30-34岁	219	68	7851	7524	253	74	13889	7192	1255
35-39岁	183	67	7343	7066	189	88	12656	6764	1026
40-44岁	114	55	4235	4070	114	51	9971	5045	813
45-49岁	92	39	3260	3116	107	37	9623	4047	763
50-54岁	44	19	1647	1575	47	25	5555	1831	325
55-59岁	22	3	472	421	45	6	2503	719	114
60-64岁	3		84	70	12	2	720	198	17
65-69岁	3	1	36	28	7	1	271	86	7
70-74岁			15	11	4		36	10	1
75岁及以上			12	11	1		22	8	3

4−7 续表 3

单位：人

年龄组 性 别	社会生产服务和生活服务人员								
	住宿和餐饮服务人员	信息传输、软件和信息技术服务人员	金融服务人员	房地产服务人员	租赁和商务服务人员	技术辅助服务人员	水利、环境和公共设施管理服务人员	居民服务人员	电力、燃气及水供应服务人员
总 计	**16775**	**5213**	**6103**	**4791**	**5003**	**4200**	**9025**	**8954**	**1673**
16−19岁	498	21	2	19	73	25	12	215	4
20−24岁	1249	620	301	403	424	417	97	606	64
25−29岁	1641	1206	942	716	733	827	221	895	163
30−34岁	2738	1410	1595	1001	993	1094	425	1411	290
35−39岁	2445	1012	1283	744	742	866	578	1191	256
40−44岁	2337	456	654	487	469	423	891	1155	238
45−49岁	2563	267	640	496	425	268	1646	1309	236
50−54岁	1875	132	474	432	457	162	1904	1129	203
55−59岁	1058	72	201	368	513	99	1755	745	187
60−64岁	260	12	7	86	115	13	891	177	23
65−69岁	90	4	4	31	48	5	468	98	8
70−74岁	16			6	10		117	17	
75岁及以上	5	1		2	1	1	20	6	1
男	**8627**	**3472**	**2685**	**2759**	**3199**	**2536**	**4385**	**3824**	**1308**
16−19岁	387	13		13	42	20	8	118	4
20−24岁	822	394	136	239	246	250	75	305	48
25−29岁	992	781	421	442	356	474	146	412	121
30−34岁	1491	906	685	528	516	649	239	611	220
35−39岁	1203	675	506	373	381	509	254	468	184
40−44岁	1006	334	266	234	300	251	280	413	156
45−49岁	1014	180	262	238	293	183	474	388	182
50−54岁	855	109	236	297	402	102	798	496	183
55−59岁	623	67	166	302	497	86	997	447	179
60−64岁	160	9	3	65	111	7	608	101	23
65−69岁	63	3	4	22	45	5	380	52	7
70−74岁	10			5	10		106	10	
75岁及以上	1	1		1			20	3	1
女	**8148**	**1741**	**3418**	**2032**	**1804**	**1664**	**4640**	**5130**	**365**
16−19岁	111	8	2	6	31	5	4	97	
20−24岁	427	226	165	164	178	167	22	301	16
25−29岁	649	425	521	274	377	353	75	483	42
30−34岁	1247	504	910	473	477	445	186	800	70
35−39岁	1242	337	777	371	361	357	324	723	72
40−44岁	1331	122	388	253	169	172	611	742	82
45−49岁	1549	87	378	258	132	85	1172	921	54
50−54岁	1020	23	238	135	55	60	1106	633	20
55−59岁	435	5	35	66	16	13	758	298	8
60−64岁	100	3	4	21	4	6	283	76	
65−69岁	27	1		9	3		88	46	1
70−74岁	6			1			11	7	
75岁及以上	4			1	1	1		3	

4-7　续表 4　　　　　　　　　　　　　　　　　　　　　　　单位：人

年龄组 性　别	社会生产服务和生活服务人员				农、林、牧、渔业生产及辅助人员				
	修理及制作服务人　员	文化、体育和娱乐服务人员	健康服务人　　员	其他社会生产和生活服务人　员	小计	农业生产人　　员	林业生产人　　员	畜牧业生产人员	渔业生产人　　员
总　计	**4614**	**823**	**508**	**714**	**41637**	**37673**	**1076**	**1836**	**793**
16−19岁	90	13	2	5	141	127	1	9	3
20−24岁	348	142	36	35	823	775	11	24	9
25−29岁	623	205	84	70	1892	1759	26	51	43
30−34岁	959	166	111	128	3289	2960	96	126	75
35−39岁	728	119	85	123	2950	2590	93	155	74
40−44岁	565	60	65	123	3322	2956	84	171	84
45−49岁	459	44	52	100	5117	4509	138	292	142
50−54岁	436	37	40	75	6925	6172	189	350	171
55−59岁	313	34	23	44	6672	6015	201	323	108
60−64岁	57	2	6	7	4750	4359	134	185	51
65−69岁	32	1	1	2	3787	3573	79	96	29
70−74岁	3		3	2	1483	1407	18	46	3
75岁及以上	1				486	471	6	8	1
男	**4035**	**466**	**136**	**445**	**25959**	**23064**	**674**	**1326**	**698**
16−19岁	86	6	1	5	101	90	1	6	3
20−24岁	327	85	7	24	568	533	8	17	7
25−29岁	554	130	18	42	1298	1197	18	38	35
30−34岁	840	96	20	78	2137	1880	65	98	70
35−39岁	614	52	18	69	1799	1541	55	113	62
40−44岁	453	29	16	72	1994	1739	46	114	75
45−49岁	383	20	21	54	3011	2587	81	197	122
50−54岁	390	18	12	59	4064	3535	112	242	147
55−59岁	300	29	15	34	4020	3542	124	231	100
60−64岁	54	1	4	5	3060	2756	90	148	48
65−69岁	31		1	1	2545	2380	55	75	25
70−74岁	3		3	2	992	928	13	40	3
75岁及以上					370	356	6	7	1
女	**579**	**357**	**372**	**269**	**15678**	**14609**	**402**	**510**	**95**
16−19岁	4	7	1		40	37		3	
20−24岁	21	57	29	11	255	242	3	7	2
25−29岁	69	75	66	28	594	562	8	13	8
30−34岁	119	70	91	50	1152	1080	31	28	5
35−39岁	114	67	67	54	1151	1049	38	42	12
40−44岁	112	31	49	51	1328	1217	38	57	9
45−49岁	76	24	31	46	2106	1922	57	95	20
50−54岁	46	19	28	16	2861	2637	77	108	24
55−59岁	13	5	8	10	2652	2473	77	92	8
60−64岁	3	1	2	2	1690	1603	44	37	3
65−69岁	1	1		1	1242	1193	24	21	4
70−74岁					491	479	5	6	
75岁及以上	1				116	115		1	

4-7 续表 5

单位：人

年龄组 性 别	农林牧渔生产辅助人员	其他农、林、牧、渔业生产加工人员	生产制造及有关人员 小计	农副产品加工人员	食品、饮料生产加工人员	烟草及其制品加工人员	纺织、针织、印染人员	纺织品、服装和皮革、毛皮制品加工制作人员	木材加工、家具与木制品制作人员
总 计	**237**	**22**	**108077**	**927**	**2452**	**47**	**402**	**6038**	**2552**
16—19岁		1	1494	3	65	1	2	39	23
20—24岁	4		6293	31	194	1	6	134	99
25—29岁	12	1	11482	81	293	4	18	446	238
30—34岁	31	1	20097	147	509	20	50	1031	415
35—39岁	36	2	16377	129	355	9	64	944	360
40—44岁	25	2	14117	111	323	4	61	969	321
45—49岁	31	5	14913	155	310	1	66	1074	398
50—54岁	38	5	12562	114	206	6	55	815	374
55—59岁	22	3	7884	78	144	1	67	433	248
60—64岁	20	1	1917	34	34		5	103	54
65—69岁	10		759	36	16		3	34	17
70—74岁	8	1	145	7	2		4	13	3
75岁及以上			37	1	1		1	3	2
男	**181**	**16**	**78762**	**638**	**1343**	**29**	**202**	**1651**	**2007**
16—19岁		1	1252	2	48		2	26	20
20—24岁	3		5023	25	125		4	57	79
25—29岁	9	1	8680	61	177	4	11	194	195
30—34岁	23	1	14300	99	262	12	24	312	320
35—39岁	27	1	11222	79	172	3	28	238	275
40—44岁	19	1	9202	73	140	3	22	207	239
45—49岁	20	4	10033	97	156	1	27	206	306
50—54岁	26	2	9854	87	127	5	29	206	292
55—59岁	20	3	6748	53	96	1	47	155	209
60—64岁	17	1	1651	26	25		3	31	51
65—69岁	10		654	29	12		2	12	16
70—74岁	7	1	117	7	2		3	6	3
75岁及以上			26		1			1	2
女	**56**	**6**	**29315**	**289**	**1109**	**18**	**200**	**4387**	**545**
16—19岁			242	1	17	1		13	3
20—24岁	1		1270	6	69	1	2	77	20
25—29岁	3		2802	20	116		7	252	43
30—34岁	8		5797	48	247	8	26	719	95
35—39岁	9	1	5155	50	183	6	36	706	85
40—44岁	6	1	4915	38	183	1	39	762	82
45—49岁	11	1	4880	58	154		39	868	92
50—54岁	12	3	2708	27	79	1	26	609	82
55—59岁	2		1136	25	48		20	278	39
60—64岁	3		266	8	9		2	72	3
65—69岁			105	7	4		1	22	1
70—74岁	1		28				1	7	
75岁及以上			11	1			1	2	

4-7　续表 6　　单位：人

年龄组 性　别	生产制造及有关人员								
	纸及纸制品生产加工人员	印刷和记录媒介复制人员	文教、工美、体育和娱乐用品制造人　员	石油加工和炼焦、煤化工生产人员	化学原料和化学制品制造人　员	医药制造人　　员	化学纤维制造人员	橡胶和塑料制品制造人员	非金属矿物制品制造人员
总　计	**875**	**781**	**1536**	**576**	**1648**	**1201**	**50**	**2588**	**1407**
16–19岁	6	26	13	1	22	4		49	8
20–24岁	40	61	80	28	87	114		185	58
25–29岁	102	88	124	39	153	167	5	281	161
30–34岁	177	183	223	82	268	273	6	505	272
35–39岁	111	132	219	88	216	228	11	396	210
40–44岁	122	116	218	99	219	154	12	386	216
45–49岁	134	71	256	120	260	140	8	375	217
50–54岁	96	61	194	69	234	74	5	260	164
55–59岁	58	33	125	45	158	42	2	123	66
60–64岁	21	7	49	3	20	4		18	26
65–69岁	7	1	28		7		1	7	9
70–74岁	1	1	7	2	2			3	
75岁及以上		1			2	1			
男	**534**	**496**	**754**	**415**	**1249**	**709**	**30**	**1676**	**1134**
16–19岁	3	24	9	1	21	2		43	8
20–24岁	31	45	55	18	79	70		148	49
25–29岁	74	57	78	28	99	90	5	220	136
30–34岁	118	120	110	67	200	161	3	348	216
35–39岁	67	83	102	68	154	126	8	250	164
40–44岁	64	61	93	67	140	89	7	204	165
45–49岁	59	37	106	68	183	69	5	185	164
50–54岁	61	37	86	54	199	58	1	160	141
55–59岁	34	26	62	42	147	40	1	95	59
60–64岁	17	5	29	1	18	3		14	25
65–69岁	5	1	20		6			7	7
70–74岁	1		4	1	2			2	
75岁及以上					1	1			
女	**341**	**285**	**782**	**161**	**399**	**492**	**20**	**912**	**273**
16–19岁	3	2	4		1	2		6	
20–24岁	9	16	25	10	8	44		37	9
25–29岁	28	31	46	11	54	77		61	25
30–34岁	59	63	113	15	68	112	3	157	56
35–39岁	44	49	117	20	62	102	3	146	46
40–44岁	58	55	125	32	79	65	5	182	51
45–49岁	75	34	150	52	77	71	3	190	53
50–54岁	35	24	108	15	35	16	4	100	23
55–59岁	24	7	63	3	11	2	1	28	7
60–64岁	4	2	20	2	2	1		4	1
65–69岁	2		8		1		1		2
70–74岁		1	3	1				1	
75岁及以上		1			1				

4−7 续表 7

单位：人

年龄组 性 别	生产制造及有关人员								
	采矿人员	金属冶炼和压延加工人员	机械制造基础加工人员	金属制品制造人员	通用设备制造人员	专用设备制造人员	汽车制造人员	铁路、船舶、航空设备制造人员	电气机械和器材制造人员
总 计	**1810**	**3479**	**5943**	**2830**	**2206**	**639**	**6069**	**3076**	**1248**
16−19岁	1	16	70	23	18	10	377	86	31
20−24岁	40	125	356	111	99	51	705	247	140
25−29岁	116	274	633	289	198	81	957	418	195
30−34岁	251	674	1212	552	433	131	1373	605	266
35−39岁	277	610	891	467	358	122	1098	455	192
40−44岁	361	524	802	384	288	97	665	419	153
45−49岁	407	545	817	418	309	58	476	377	137
50−54岁	230	445	652	341	275	54	253	286	79
55−59岁	111	216	400	195	164	31	129	146	49
60−64岁	10	29	82	36	42	2	22	27	5
65−69岁	2	15	23	13	21	2	11	9	1
70−74岁		6	4		1		3		
75岁及以上	4		1	1				1	
男	**1421**	**2978**	**5121**	**2147**	**1757**	**421**	**4470**	**2131**	**870**
16−19岁	1	15	69	22	17	4	330	74	25
20−24岁	35	114	333	97	87	39	622	203	107
25−29岁	95	232	561	241	169	60	773	330	147
30−34岁	212	588	1061	437	338	82	1004	422	185
35−39岁	224	506	758	338	275	70	758	298	113
40−44岁	260	426	640	256	216	60	376	258	92
45−49岁	268	448	658	300	239	33	271	219	87
50−54岁	203	402	568	246	219	42	196	199	68
55−59岁	108	200	369	165	139	29	110	98	41
60−64岁	10	29	79	32	37	1	18	23	4
65−69岁	2	13	20	13	20	1	10	6	1
70−74岁		5	4		1		2		
75岁及以上	3		1					1	
女	**389**	**501**	**822**	**683**	**449**	**218**	**1599**	**945**	**378**
16−19岁		1	1	1	1	6	47	12	6
20−24岁	5	11	23	14	12	12	83	44	33
25−29岁	21	42	72	48	29	21	184	88	48
30−34岁	39	86	151	115	95	49	369	183	81
35−39岁	53	104	133	129	83	52	340	157	79
40−44岁	101	98	162	128	72	37	289	161	61
45−49岁	139	97	159	118	70	25	205	158	50
50−54岁	27	43	84	95	56	12	57	87	11
55−59岁	3	16	31	30	25	2	19	48	8
60−64岁			3	4	5	1	4	4	1
65−69岁		2	3		1	1	1	3	
70−74岁		1					1		
75岁及以上	1			1					

4-7　续表 8　　　　单位：人

年龄组 性　别	生产制造及有关人员								不便分类的其他从业人员
	计算机、通信和其他电子设备制造人　员	仪器仪表制造人员	废弃资源综合利用人　　员	电力、热力、气体、水生产和输配人员	建筑施工人　　员	运输设备和通用工程机械操作人员及有关人员	生产辅助人　　员	其他生产制造及有关人员	
总　计	**11480**	**201**	**274**	**1031**	**26182**	**3257**	**13754**	**1518**	**3977**
16–19岁	291		3	4	141	16	125	20	113
20–24岁	1291	13	7	36	821	151	873	109	259
25–29岁	1839	25	23	92	1978	365	1626	173	394
30–34岁	2696	40	39	155	3715	628	2833	333	703
35–39岁	1938	42	31	133	3195	528	2328	240	573
40–44岁	1402	29	30	125	3080	461	1756	210	475
45–49岁	1049	23	50	184	4149	437	1705	187	503
50–54岁	579	15	45	151	4563	359	1369	139	497
55–59岁	323	10	24	134	3040	268	937	84	333
60–64岁	46	1	15	11	1006	35	155	15	75
65–69岁	18	3	7	6	407	7	44	4	40
70–74岁	7				71	2	3	3	10
75岁及以上	1				16			1	2
男	**7046**	**135**	**203**	**849**	**22563**	**3005**	**9673**	**1105**	**2695**
16–19岁	218		3	3	128	15	103	16	90
20–24岁	982	11	7	30	698	142	643	88	184
25–29岁	1223	18	20	80	1690	342	1137	133	256
30–34岁	1537	30	29	123	3185	561	1887	247	457
35–39岁	1050	28	23	108	2670	474	1540	172	366
40–44岁	718	13	21	81	2534	417	1122	138	291
45–49岁	544	13	35	135	3457	403	1137	117	316
50–54岁	438	11	30	144	3990	347	1099	109	357
55–59岁	282	9	19	128	2815	261	838	70	270
60–64岁	34		10	11	941	34	131	9	64
65–69岁	16	2	6	6	378	7	33	3	37
70–74岁	4				63	2	3	2	6
75岁及以上					14			1	1
女	**4434**	**66**	**71**	**182**	**3619**	**252**	**4081**	**413**	**1282**
16–19岁	73			1	13	1	22	4	23
20–24岁	309	2		6	123	9	230	21	75
25–29岁	616	7	3	12	288	23	489	40	138
30–34岁	1159	10	10	32	530	67	946	86	246
35–39岁	888	14	8	25	525	54	788	68	207
40–44岁	684	16	9	44	546	44	634	72	184
45–49岁	505	10	15	49	692	34	568	70	187
50–54岁	141	4	15	7	573	12	270	30	140
55–59岁	41	1	5	6	225	7	99	14	63
60–64岁	12	1	5		65	1	24	6	11
65–69岁	2	1	1		29		11	1	3
70–74岁	3				8			1	4
75岁及以上	1				2				1

4-7a 全市分年龄、性别、职业中类的就业人口(城市)

单位：人

年龄组 性　别	合计	党的机关、国家机关、群众团体和社会组织、企事业单位负责人						
		小计	中国共产党机关负责人	国家机关负责人	民主党派和工商联负责人	人民团体和群众团体、社会组织及其他成员组织负责人	基层群众自治组织负责人	企事业单位负责人
总　计	**382450**	**19733**	**21**	**600**	**1**	**334**	**119**	**18658**
16-19岁	2839	16	2					14
20-24岁	19868	306		2		6	1	297
25-29岁	45824	1449	2	16		21	8	1402
30-34岁	77873	3703	4	45		54	17	3583
35-39岁	71606	4364	4	75	1	74	16	4194
40-44岁	51955	3538	2	82		51	9	3394
45-49岁	47619	2889	1	125		48	27	2688
50-54岁	35696	1982	2	117		40	18	1805
55-59岁	24023	1297	3	127		34	16	1117
60-64岁	3455	126		7		2	4	113
65-69岁	1299	49		3		3	3	40
70-74岁	273	8	1			1		6
75岁及以上	120	6		1				5
男	**228490**	**13996**	**16**	**442**		**209**	**64**	**13265**
16-19岁	2145	10	2					8
20-24岁	11932	213				4	1	208
25-29岁	25549	961	1	9		13	3	935
30-34岁	43512	2472	3	23		28	5	2413
35-39岁	39812	2955	4	53		43	6	2849
40-44岁	29253	2466	1	56		34	5	2370
45-49岁	27359	2049	1	94		27	12	1915
50-54岁	24759	1559	1	90		28	12	1428
55-59岁	20248	1150	3	109		27	14	997
60-64岁	2676	110		6		2	4	98
65-69岁	983	41		1		2	2	36
70-74岁	188	6				1		5
75岁及以上	74	4		1				3
女	**153960**	**5737**	**5**	**158**	**1**	**125**	**55**	**5393**
16-19岁	694	6						6
20-24岁	7936	93		2		2		89
25-29岁	20275	488	1	7		8	5	467
30-34岁	34361	1231	1	22		26	12	1170
35-39岁	31794	1409		22	1	31	10	1345
40-44岁	22702	1072	1	26		17	4	1024
45-49岁	20260	840		31		21	15	773
50-54岁	10937	423	1	27		12	6	377
55-59岁	3775	147		18		7	2	120
60-64岁	779	16		1				15
65-69岁	316	8		2		1	1	4
70-74岁	85	2	1					1
75岁及以上	46	2						2

4-7a 续表 1 单位：人

年龄组 性 别	专业技术人员									
	小计	科学研究人员	工程技术人员	农业技术人员	飞机和船舶技术人员	卫生专业技术人员	经济和金融专业人员	法律、社会和宗教专业人员	教学人员	文学艺术、体育专业人员
总 计	**75764**	**1046**	**21506**	**157**	**266**	**10407**	**15329**	**2666**	**21242**	**870**
16-19岁	137	3	41	1		13	15		49	8
20-24岁	4091	60	990	10	16	582	715	147	1293	120
25-29岁	11179	210	2865	13	46	1583	2235	429	3239	197
30-34岁	16734	241	5170	29	77	2422	3737	634	3750	198
35-39岁	15308	204	4853	25	55	1965	3388	578	3629	168
40-44岁	9936	130	2661	28	20	1268	2137	285	3040	69
45-49岁	8480	62	2116	21	17	1222	1710	249	2806	55
50-54岁	5967	76	1498	12	23	815	914	189	2246	26
55-59岁	3393	51	1171	16	12	391	412	135	1056	26
60-64岁	316	6	100	1		76	32	11	77	1
65-69岁	156	3	26	1		54	21	7	37	2
70-74岁	41		11			11	10	2	7	
75岁及以上	26		4			5	3		13	
男	**33602**	**589**	**16851**	**104**	**235**	**2839**	**4219**	**1102**	**6037**	**481**
16-19岁	68	3	34	1		6	6		10	5
20-24岁	1582	33	768	3	13	106	190	72	250	64
25-29岁	4428	111	2209	6	38	322	584	185	697	97
30-34岁	7061	138	3959	19	66	509	915	205	938	102
35-39岁	6761	107	3728	19	51	544	804	205	1010	94
40-44岁	4284	73	2018	19	18	416	502	100	946	44
45-49岁	3535	32	1627	9	16	367	481	109	761	30
50-54岁	2924	45	1270	10	21	247	381	104	717	21
55-59岁	2584	42	1109	16	12	235	316	106	625	22
60-64岁	229	3	94	1		41	22	9	50	
65-69岁	103	2	24	1		35	12	5	21	2
70-74岁	25		8			8	4	2	3	
75岁及以上	18		3			3	2		9	
女	**42162**	**457**	**4655**	**53**	**31**	**7568**	**11110**	**1564**	**15205**	**389**
16-19岁	69		7			7	9		39	3
20-24岁	2509	27	222	7	3	476	525	75	1043	56
25-29岁	6751	99	656	7	8	1261	1651	244	2542	100
30-34岁	9673	103	1211	10	11	1913	2822	429	2812	96
35-39岁	8547	97	1125	6	4	1421	2584	373	2619	74
40-44岁	5652	57	643	9	2	852	1635	185	2094	25
45-49岁	4945	30	489	12	1	855	1229	140	2045	25
50-54岁	3043	31	228	2	2	568	533	85	1529	5
55-59岁	809	9	62			156	96	29	431	4
60-64岁	87	3	6			35	10	2	27	1
65-69岁	53	1	2			19	9	2	16	
70-74岁	16		3			3	6		4	
75岁及以上	8		1			2	1		4	

4-7a 续表 2

单位：人

年龄组 性 别	专业技术人员		办事人员和有关人员				社会生产服务和生活服务人员		
	新闻出版、文化专业人员	其他专业技术人员	小计	办事人员	安全和消防人员	其他办事人员和有关人员	小计	批发与零售服务人员	交通运输、仓储和邮政业服务人员
总 计	**1364**	**911**	**70790**	**61362**	**8588**	**840**	**140341**	**56766**	**26167**
16-19岁	3	4	145	97	47	1	1298	292	136
20-24岁	106	52	2883	2406	429	48	7979	2902	947
25-29岁	241	121	8715	7573	1027	115	16426	6808	2426
30-34岁	293	183	15053	13457	1423	173	28058	12698	4600
35-39岁	268	175	14647	13482	1010	155	25388	11981	4469
40-44岁	163	135	9369	8472	801	96	19190	8468	3968
45-49岁	114	108	8073	6973	998	102	17781	6809	3873
50-54岁	91	77	6015	4835	1100	80	13177	4035	3228
55-59岁	76	47	5181	3672	1450	59	8712	2172	2234
60-64岁	5	7	485	282	197	6	1611	397	208
65-69岁	4	1	159	75	80	4	596	154	65
70-74岁			42	23	18	1	83	29	8
75岁及以上		1	23	15	8		42	21	5
男	**508**	**637**	**41372**	**33179**	**7686**	**507**	**82924**	**29494**	**21882**
16-19岁		3	105	57	47	1	909	169	111
20-24岁	46	37	1587	1169	393	25	4898	1591	745
25-29岁	95	84	4446	3515	866	65	9621	3544	1896
30-34岁	85	125	7623	6328	1185	110	15951	6385	3593
35-39岁	89	110	7547	6645	829	73	14156	5899	3605
40-44岁	57	91	5310	4559	702	49	10517	3989	3306
45-49岁	29	74	4946	3978	902	66	9592	3281	3251
50-54岁	48	60	4456	3342	1058	56	8759	2589	2967
55-59岁	56	45	4763	3298	1412	53	6863	1647	2146
60-64岁	2	7	418	220	193	5	1136	261	195
65-69岁	1		130	50	77	3	437	102	58
70-74岁			30	14	15	1	59	22	7
75岁及以上		1	11	4	7		26	15	2
女	**856**	**274**	**29418**	**28183**	**902**	**333**	**57417**	**27272**	**4285**
16-19岁	3	1	40	40			389	123	25
20-24岁	60	15	1296	1237	36	23	3081	1311	202
25-29岁	146	37	4269	4058	161	50	6805	3264	530
30-34岁	208	58	7430	7129	238	63	12107	6313	1007
35-39岁	179	65	7100	6837	181	82	11232	6082	864
40-44岁	106	44	4059	3913	99	47	8673	4479	662
45-49岁	85	34	3127	2995	96	36	8189	3528	622
50-54岁	43	17	1559	1493	42	24	4418	1446	261
55-59岁	20	2	418	374	38	6	1849	525	88
60-64岁	3		67	62	4	1	475	136	13
65-69岁	3	1	29	25	3	1	159	52	7
70-74岁			12	9	3		24	7	1
75岁及以上			12	11	1		16	6	3

4-7a　续表 3　　　　单位：人

年龄组 性　别	社会生产服务和生活服务人员								
	住宿和餐饮服务人　员	信息传输、软件和信息技术服务人　员	金融服务人　　员	房地产服务人员	租赁和商务服务人　员	技术辅助服务人员	水利、环境和公共设施管理服务人员	居民服务人　　员	电力、燃气及水供应服务人　员
总　计	**13800**	**4787**	**5736**	**4374**	**4460**	**3808**	**6332**	**7250**	**1375**
16-19岁	449	15	2	18	66	23	8	195	4
20-24岁	1108	542	276	363	385	363	70	513	53
25-29岁	1382	1093	857	643	648	742	149	740	130
30-34岁	2262	1310	1519	923	920	997	300	1175	236
35-39岁	2044	955	1235	688	703	797	431	984	218
40-44岁	1937	427	615	449	417	395	694	939	196
45-49岁	2091	245	606	459	380	245	1285	1050	194
50-54岁	1458	121	436	395	391	148	1445	870	164
55-59岁	834	67	181	338	445	87	1247	601	160
60-64岁	182	7	6	69	76	9	487	108	16
65-69岁	44	4	3	24	24	1	190	64	4
70-74岁	6			4	4		22	7	
75岁及以上	3	1		1	1	1	4	4	
男	**7222**	**3192**	**2527**	**2532**	**2774**	**2308**	**2804**	**3043**	**1044**
16-19岁	354	11		12	37	18	5	108	4
20-24岁	735	341	127	214	217	213	57	262	39
25-29岁	842	711	375	401	311	420	96	331	90
30-34岁	1243	843	655	491	474	597	154	513	173
35-39岁	1023	638	483	351	349	479	175	386	153
40-44岁	827	311	256	219	261	234	208	321	121
45-49岁	838	167	249	220	254	170	334	298	144
50-54岁	698	98	219	275	341	95	567	374	146
55-59岁	513	63	157	280	431	76	716	364	154
60-64岁	113	5	3	50	74	5	322	52	16
65-69岁	32	3	3	16	21	1	151	29	4
70-74岁	3			3	4		15	2	
75岁及以上	1	1					4	3	
女	**6578**	**1595**	**3209**	**1842**	**1686**	**1500**	**3528**	**4207**	**331**
16-19岁	95	4	2	6	29	5	3	87	
20-24岁	373	201	149	149	168	150	13	251	14
25-29岁	540	382	482	242	337	322	53	409	40
30-34岁	1019	467	864	432	446	400	146	662	63
35-39岁	1021	317	752	337	354	318	256	598	65
40-44岁	1110	116	359	230	156	161	486	618	75
45-49岁	1253	78	357	239	126	75	951	752	50
50-54岁	760	23	217	120	50	53	878	496	18
55-59岁	321	4	24	58	14	11	531	237	6
60-64岁	69	2	3	19	2	4	165	56	
65-69岁	12	1		8	3		39	35	
70-74岁	3			1			7	5	
75岁及以上	2			1	1	1		1	

4-7a 续表 4

单位：人

年龄组 性别	社会生产服务和生活服务人员				农、林、牧、渔业生产及辅助人员				
	修理及制作服务人员	文化、体育和娱乐服务人员	健康服务人员	其他社会生产和生活服务人员	小计	农业生产人员	林业生产人员	畜牧业生产人员	渔业生产人员
总　计	**3604**	**751**	**457**	**674**	**2604**	**1914**	**93**	**225**	**296**
16-19岁	73	10	2	5	14	11		2	1
20-24岁	263	134	30	30	55	48	1	5	1
25-29岁	482	187	73	66	146	111	4	10	19
30-34岁	743	146	104	125	277	204	7	26	32
35-39岁	571	115	80	117	304	203	19	28	35
40-44岁	452	54	62	117	296	215	6	31	31
45-49岁	365	41	44	94	405	293	17	29	53
50-54岁	340	34	37	75	412	287	13	37	63
55-59岁	258	29	22	37	384	282	15	39	42
60-64岁	36	1	3	6	160	127	7	11	14
65-69岁	18			1	97	81	4	5	5
70-74岁	2			1	46	45		1	
75岁及以上	1				8	7		1	
男	**3139**	**428**	**121**	**414**	**1796**	**1238**	**73**	**173**	**257**
16-19岁	70	4	1	5	10	8		1	1
20-24岁	249	80	7	21	37	31	1	4	1
25-29岁	428	121	17	38	100	74	2	7	15
30-34岁	648	86	20	76	197	134	6	20	30
35-39岁	482	50	17	66	201	122	15	24	27
40-44岁	356	25	15	68	195	136	5	19	26
45-49岁	304	18	16	48	280	191	11	24	45
50-54岁	303	17	11	59	282	180	9	32	54
55-59岁	247	26	15	28	285	198	15	26	40
60-64岁	33	1	2	4	112	84	5	10	13
65-69岁	17				63	48	4	4	5
70-74岁	2			1	28	27		1	
75岁及以上					6	5		1	
女	**465**	**323**	**336**	**260**	**808**	**676**	**20**	**52**	**39**
16-19岁	3	6	1		4	3		1	
20-24岁	14	54	23	9	18	17		1	
25-29岁	54	66	56	28	46	37	2	3	4
30-34岁	95	60	84	49	80	70	1	6	2
35-39岁	89	65	63	51	103	81	4	4	8
40-44岁	96	29	47	49	101	79	1	12	5
45-49岁	61	23	28	46	125	102	6	5	8
50-54岁	37	17	26	16	130	107	4	5	9
55-59岁	11	3	7	9	99	84		13	2
60-64岁	3		1	2	48	43	2	1	1
65-69岁	1			1	34	33		1	
70-74岁					18	18			
75岁及以上	1				2	2			

4-7a　续表 5　　　　单位：人

年龄组 性　别			生产制造及有关人员						
	农林牧渔生产辅助人　　员	其他农、林、牧、渔业生产加工人员	小计	农副产品加工人员	食品、饮料生产加工人员	烟草及其制品加工人员	纺织、针织、印染人员	纺织品、服装和皮革、毛皮制品加工制作人员	木材加工、家具与木制品制作人员
总　计	**68**	**8**	**70663**	**406**	**1826**	**45**	**160**	**1471**	**1356**
16–19岁			1155	1	50	1	1	29	17
20–24岁			4368	16	157	1	5	47	66
25–29岁	2		7647	34	227	4	8	99	146
30–34岁	8		13550	80	389	19	15	228	257
35–39岁	18	1	11202	66	273	9	18	243	226
40–44岁	12	1	9298	42	230	4	24	248	169
45–49岁	10	3	9669	83	216		33	281	176
50–54岁	10	2	7887	45	156	6	20	173	182
55–59岁	5	1	4870	24	102	1	33	106	100
60–64岁	1		730	6	19		2	11	12
65–69岁	2		223	7	5		1	4	5
70–74岁			50	2	1			2	
75岁及以上			14		1				
男	**49**	**6**	**53120**	**261**	**1031**	**27**	**91**	**620**	**1086**
16–19岁			978	1	39		1	23	14
20–24岁			3486	12	101		3	23	48
25–29岁	2		5836	24	139	4	5	59	120
30–34岁	7		9894	51	200	11	8	111	197
35–39岁	13		7954	36	141	3	9	96	176
40–44岁	8	1	6295	26	104	3	10	67	131
45–49岁	6	3	6756	48	114		13	84	145
50–54岁	6	1	6584	35	96	5	13	77	149
55–59岁	5	1	4448	16	76	1	27	75	90
60–64岁			650	5	15		1	3	12
65–69岁	2		192	5	4		1	1	4
70–74岁			38	2	1			1	
75岁及以上			9		1				
女	**19**	**2**	**17543**	**145**	**795**	**18**	**69**	**851**	**270**
16–19岁			177		11	1		6	3
20–24岁			882	4	56	1	2	24	18
25–29岁			1811	10	88		3	40	26
30–34岁	1		3656	29	189	8	7	117	60
35–39岁	5	1	3248	30	132	6	9	147	50
40–44岁	4		3003	16	126	1	14	181	38
45–49岁	4		2913	35	102		20	197	31
50–54岁	4	1	1303	10	60	1	7	96	33
55–59岁			422	8	26		6	31	10
60–64岁	1		80	1	4		1	8	
65–69岁			31	2	1			3	1
70–74岁			12					1	
75岁及以上			5						

4-7a 续表 6

单位：人

年龄组 性　别	生产制造及有关人员								
	纸及纸制品生产加工人员	印刷和记录媒介复制人员	文教、工美、体育和娱乐用品制造人　员	石油加工和炼焦、煤化工生产人员	化学原料和化学制品制造人　员	医药制造人　　员	化学纤维制造人员	橡胶和塑料制品制造人员	非金属矿物制品制造人员
总　计	**432**	**474**	**321**	**520**	**1404**	**1080**	**39**	**1789**	**792**
16-19岁		17	4		21	3		40	2
20-24岁	21	24	15	27	74	103		136	36
25-29岁	45	48	32	37	121	144	5	200	97
30-34岁	91	116	54	66	228	247	5	361	174
35-39岁	57	86	64	74	173	205	9	295	133
40-44岁	71	80	44	91	189	135	9	262	124
45-49岁	66	42	53	112	237	132	5	244	113
50-54岁	48	32	33	66	201	71	5	166	66
55-59岁	28	21	18	42	140	38	1	73	37
60-64岁	4	5	2	3	13	2		9	9
65-69岁		1			3			2	1
70-74岁	1	1	2	2	2			1	
75岁及以上		1			2				
男	**266**	**303**	**184**	**368**	**1068**	**640**	**25**	**1209**	**619**
16-19岁		16	3		21	2		35	2
20-24岁	18	16	11	17	66	63		114	29
25-29岁	34	31	22	26	82	81	5	165	78
30-34岁	64	74	35	51	172	145	3	254	136
35-39岁	33	52	37	55	123	113	7	194	101
40-44岁	35	43	19	63	119	78	5	147	91
45-49岁	25	23	19	62	167	65	3	118	82
50-54岁	32	25	20	53	169	55	1	112	57
55-59岁	20	19	15	39	133	36	1	59	33
60-64岁	4	3	1	1	11	2		8	9
65-69岁		1			2			2	1
70-74岁	1		2	1	2			1	
75岁及以上					1				
女	**166**	**171**	**137**	**152**	**336**	**440**	**14**	**580**	**173**
16-19岁		1	1			1		5	
20-24岁	3	8	4	10	8	40		22	7
25-29岁	11	17	10	11	39	63		35	19
30-34岁	27	42	19	15	56	102	2	107	38
35-39岁	24	34	27	19	50	92	2	101	32
40-44岁	36	37	25	28	70	57	4	115	33
45-49岁	41	19	34	50	70	67	2	126	31
50-54岁	16	7	13	13	32	16	4	54	9
55-59岁	8	2	3	3	7	2		14	4
60-64岁		2	1	2	2			1	
65-69岁					1				
70-74岁		1		1					
75岁及以上		1			1				

4-7a　续表 7　　　　单位：人

年龄组 性　别	生产制造及有关人员								
	采矿人员	金属冶炼和压延加工人员	机械制造基础加工人　员	金属制品制造人员	通用设备制造人员	专用设备制造人员	汽车制造人　员	铁路、船舶、航空设备制造人　员	电气机械和器材制造人员
总　计	**1429**	**2024**	**3191**	**1611**	**1255**	**528**	**4443**	**1166**	**941**
16-19岁	1	4	41	10	11	8	349	36	22
20-24岁	34	61	213	66	53	41	562	100	110
25-29岁	94	129	332	164	97	66	739	161	141
30-34岁	203	411	641	319	240	111	963	229	205
35-39岁	230	407	472	293	204	103	782	170	146
40-44岁	270	339	418	235	173	84	461	163	111
45-49岁	307	290	443	232	196	44	314	141	106
50-54岁	176	239	356	165	172	41	177	112	53
55-59岁	100	129	234	104	96	26	84	46	42
60-64岁	9	9	33	19	11	2	9	7	4
65-69岁	1	4	7	3	2	2	3	1	1
70-74岁		2	1						
75岁及以上	4			1					
男	**1129**	**1751**	**2785**	**1220**	**1025**	**349**	**3271**	**845**	**649**
16-19岁	1	4	41	9	11	4	304	30	19
20-24岁	29	56	198	58	47	31	499	86	81
25-29岁	77	109	294	129	83	48	597	136	104
30-34岁	167	359	568	255	195	69	700	166	141
35-39岁	184	347	407	219	164	60	539	109	86
40-44岁	200	278	335	151	141	53	244	104	66
45-49岁	206	238	365	166	149	26	158	86	63
50-54岁	155	223	319	122	140	30	147	86	46
55-59岁	97	123	222	93	86	26	74	36	38
60-64岁	9	9	30	15	8	1	7	6	4
65-69岁	1	4	5	3	1	1	2		1
70-74岁		1	1						
75岁及以上	3								
女	**300**	**273**	**406**	**391**	**230**	**179**	**1172**	**321**	**292**
16-19岁				1		4	45	6	3
20-24岁	5	5	15	8	6	10	63	14	29
25-29岁	17	20	38	35	14	18	142	25	37
30-34岁	36	52	73	64	45	42	263	63	64
35-39岁	46	60	65	74	40	43	243	61	60
40-44岁	70	61	83	84	32	31	217	59	45
45-49岁	101	52	78	66	47	18	156	55	43
50-54岁	21	16	37	43	32	11	30	26	7
55-59岁	3	6	12	11	10		10	10	4
60-64岁			3	4	3	1	2	1	
65-69岁			2		1	1	1	1	
70-74岁		1							
75岁及以上	1			1					

4-7a　续表 8　　　　单位：人

年龄组 性　别	生产制造及有关人员								不便分类的其他从业人员
	计算机、通信和其他电子设备制造人　员	仪器仪表制造人员	废弃资源综合利用人　　员	电力、热力、气体、水生产和输配人员	建筑施工人　　员	运输设备和通用工程机械操作人员及有关人员	生产辅助人　　员	其他生产制造及有关人员	
总　计	**8742**	**171**	**111**	**863**	**18182**	**2397**	**10576**	**918**	**2555**
16-19岁	239		2	3	113	10	106	14	74
20-24岁	931	11	2	32	603	104	647	70	186
25-29岁	1377	22	10	72	1403	230	1252	111	262
30-34岁	2080	36	16	130	2718	460	2250	208	498
35-39岁	1533	37	14	120	2371	402	1846	141	393
40-44岁	1050	20	12	108	2315	343	1333	141	328
45-49岁	812	18	16	160	3070	331	1289	107	322
50-54岁	434	14	21	125	3152	278	1030	72	256
55-59岁	248	9	10	108	1871	218	734	47	186
60-64岁	26	1	4	4	397	20	74	4	27
65-69岁	7	3	4	1	142	1	12		19
70-74岁	4				24		3	2	3
75岁及以上	1				3			1	1
男	**5432**	**120**	**79**	**693**	**15471**	**2195**	**7635**	**673**	**1680**
16-19岁	180		2	2	102	9	91	12	65
20-24岁	703	9	2	26	508	96	483	53	129
25-29岁	932	17	9	61	1189	212	880	84	157
30-34岁	1208	26	12	101	2320	404	1533	158	314
35-39岁	848	26	10	95	1972	354	1256	102	238
40-44岁	542	9	8	67	1879	307	878	92	186
45-49岁	415	12	10	112	2526	309	883	64	201
50-54岁	346	11	12	120	2727	272	867	62	195
55-59岁	229	8	8	104	1725	212	684	43	155
60-64岁	22		3	4	369	19	68	1	21
65-69岁	6	2	3	1	131	1	9		17
70-74岁	1				20		3	1	2
75岁及以上					3			1	
女	**3310**	**51**	**32**	**170**	**2711**	**202**	**2941**	**245**	**875**
16-19岁	59			1	11	1	15	2	9
20-24岁	228	2		6	95	8	164	17	57
25-29岁	445	5	1	11	214	18	372	27	105
30-34岁	872	10	4	29	398	56	717	50	184
35-39岁	685	11	4	25	399	48	590	39	155
40-44岁	508	11	4	41	436	36	455	49	142
45-49岁	397	6	6	48	544	22	406	43	121
50-54岁	88	3	9	5	425	6	163	10	61
55-59岁	19	1	2	4	146	6	50	4	31
60-64岁	4	1	1		28	1	6	3	6
65-69岁	1	1	1		11		3		2
70-74岁	3				4			1	1
75岁及以上	1								1

4-7b　全市分年龄、性别、职业中类的就业人口(镇)

单位：人

年龄组 性　别	合计	党的机关、国家机关、群众团体和社会组织、企事业单位负责人						
		小计	中国共产党机关负责人	国家机关负责人	民主党派和工商联负责人	人民团体和群众团体、社会组织及其他成员组织负责人	基层群众自治组织负责人	企事业单位负责人
总　计	**32378**	**960**	**2**	**9**		**22**	**25**	**902**
16–19岁	322	2						2
20–24岁	1933	24				1	1	22
25–29岁	3759	83		2		2		79
30–34岁	5590	179		1		4	1	173
35–39岁	4475	170	1	1		3		165
40–44岁	4001	150				3	4	143
45–49岁	4216	128	1	1			5	121
50–54岁	3669	105		3		4	7	91
55–59岁	2482	88		1		3	7	77
60–64岁	1084	20				2		18
65–69岁	633	9						9
70–74岁	178	2						2
75岁及以上	36							
男	**22021**	**744**	**1**	**7**		**16**	**22**	**698**
16–19岁	243	1						1
20–24岁	1377	17				1		16
25–29岁	2513	64		1		2		61
30–34岁	3669	129		1		3	1	124
35–39岁	2897	124	1	1		2		120
40–44岁	2535	117				1	4	112
45–49岁	2709	99		1			4	94
50–54岁	2660	95		3		4	6	82
55–59岁	1864	70				1	7	62
60–64岁	868	17				2		15
65–69岁	510	9						9
70–74岁	147	2						2
75岁及以上	29							
女	**10357**	**216**	**1**	**2**		**6**	**3**	**204**
16–19岁	79	1						1
20–24岁	556	7					1	6
25–29岁	1246	19		1				18
30–34岁	1921	50				1		49
35–39岁	1578	46				1		45
40–44岁	1466	33				2		31
45–49岁	1507	29	1				1	27
50–54岁	1009	10					1	9
55–59岁	618	18		1		2		15
60–64岁	216	3						3
65–69岁	123							
70–74岁	31							
75岁及以上	7							

4－7b　续表 1　　　　单位：人

年龄组 性　别	专业技术人员									
	小计	科学研究人　　员	工程技术人　　员	农业技术人　　员	飞机和船舶技术人　员	卫生专业技术人员	经济和金融专业人　员	法律、社会和宗教专业人员	教学人员	文学艺术、体育专业人员
总　计	**2844**	**17**	**883**	**12**	**2**	**293**	**622**	**64**	**814**	**39**
16－19岁	22		7			1	3		7	2
20－24岁	305	1	97	3		25	69	6	75	17
25－29岁	503	5	168			53	104	8	142	7
30－34岁	559	5	197			64	132	11	132	3
35－39岁	385	3	126	1	2	33	98	7	93	8
40－44岁	335		84	2		33	81	10	106	1
45－49岁	338	2	90	3		38	59	6	127	1
50－54岁	191	1	61	1		17	35	5	67	
55－59岁	137		38	1		8	27	5	54	
60－64岁	28		8	1		7	6	2	4	
65－69岁	29		5			10	4	3	6	
70－74岁	9		1			3	4	1		
75岁及以上	3		1			1			1	
男	**1493**	**8**	**765**	**11**	**2**	**115**	**205**	**49**	**260**	**24**
16－19岁	11		4				1		2	2
20－24岁	164		93	3		7	23	3	15	11
25－29岁	234	4	141			7	30	7	31	3
30－34岁	264	2	167			17	33	9	28	3
35－39岁	195	1	108	1	2	14	26	7	22	4
40－44岁	165		70	2		18	26	7	36	
45－49岁	173	1	73	2		19	22	2	48	1
50－54岁	122		58	1		7	15	4	34	
55－59岁	102		36	1		6	15	5	37	
60－64岁	24		8	1		6	6	1	2	
65－69岁	28		5			10	4	3	5	
70－74岁	9		1			3	4	1		
75岁及以上	2		1			1				
女	**1351**	**9**	**118**	**1**		**178**	**417**	**15**	**554**	**15**
16－19岁	11		3			1	2		5	
20－24岁	141	1	4			18	46	3	60	6
25－29岁	269	1	27			46	74	1	111	4
30－34岁	295	3	30			47	99	2	104	
35－39岁	190	2	18			19	72		71	4
40－44岁	170		14			15	55	3	70	1
45－49岁	165	1	17	1		19	37	4	79	
50－54岁	69	1	3			10	20	1	33	
55－59岁	35		2			2	12		17	
60－64岁	4					1		1	2	
65－69岁	1								1	
70－74岁										
75岁及以上	1								1	

4-7b 续表 2

单位：人

年龄组 性别	专业技术人员		办事人员和有关人员				社会生产服务和生活服务人员		
	新闻出版、文化专业人员	其他专业技术人员	小计	办事人员	安全和消防人员	其他办事人员和有关人员	小计	批发与零售服务人员	交通运输、仓储和邮政业服务人员
总计	**44**	**54**	**2236**	**1479**	**734**	**23**	**9348**	**3244**	**2543**
16-19岁	1	1	14	10	3	1	69	25	17
20-24岁	3	9	158	106	49	3	495	188	115
25-29岁	9	7	343	244	97	2	1096	442	302
30-34岁	6	9	414	316	94	4	1597	592	456
35-39岁	6	8	300	249	47	4	1397	533	425
40-44岁	8	10	224	158	66		1229	412	386
45-49岁	7	5	233	163	66	4	1254	424	349
50-54岁	1	3	197	113	84		1088	334	288
55-59岁	3	1	215	91	120	4	661	186	154
60-64岁			83	19	64		275	70	32
65-69岁		1	39	6	32	1	143	28	14
70-74岁			16	4	12		37	7	4
75岁及以上							7	3	1
男	**12**	**42**	**1512**	**820**	**677**	**15**	**6076**	**1886**	**2166**
16-19岁	1	1	10	6	3	1	47	14	15
20-24岁	1	8	97	51	45	1	334	115	95
25-29岁	4	7	195	105	88	2	715	266	239
30-34岁		5	243	158	85		1019	327	370
35-39岁	2	8	174	129	42	3	880	291	364
40-44岁		6	148	91	57		745	215	322
45-49岁	2	3	160	98	59	3	757	235	300
50-54岁	1	2	157	76	81		739	214	265
55-59岁	1	1	197	78	115	4	472	127	145
60-64岁			79	19	60		211	54	32
65-69岁		1	36	5	30	1	117	19	14
70-74岁			16	4	12		35	7	4
75岁及以上							5	2	1
女	**32**	**12**	**724**	**659**	**57**	**8**	**3272**	**1358**	**377**
16-19岁			4	4			22	11	2
20-24岁	2	1	61	55	4	2	161	73	20
25-29岁	5		148	139	9		381	176	63
30-34岁	6	4	171	158	9	4	578	265	86
35-39岁	4		126	120	5	1	517	242	61
40-44岁	8	4	76	67	9		484	197	64
45-49岁	5	2	73	65	7	1	497	189	49
50-54岁		1	40	37	3		349	120	23
55-59岁	2		18	13	5		189	59	9
60-64岁			4		4		64	16	
65-69岁			3	1	2		26	9	
70-74岁							2		
75岁及以上							2	1	

4-7b 续表 3

单位：人

年龄组 性　别	社会生产服务和生活服务人员								
	住宿和餐饮服务人　员	信息传输、软件和信息技术服务人　员	金融服务人　　员	房地产服务人员	租赁和商务服务人　员	技术辅助服务人员	水利、环境和公共设施管理服务人员	居民服务人　　员	电力、燃气及水供应服务人　员
总　计	**1007**	**167**	**116**	**147**	**157**	**146**	**649**	**736**	**90**
16-19岁	12	1						7	
20-24岁	39	33	7	14	13	13	6	40	2
25-29岁	95	35	25	21	25	25	12	59	7
30-34岁	166	43	30	28	25	41	34	91	15
35-39岁	132	29	17	24	12	32	31	95	12
40-44岁	154	14	6	14	14	15	53	108	15
45-49岁	160	7	13	15	16	8	99	123	14
50-54岁	141	4	9	15	12	4	118	115	16
55-59岁	70	1	7	7	20	5	127	54	8
60-64岁	22		1	4	9	1	97	28	1
65-69岁	13		1	2	8	2	56	13	
70-74岁	2			2	3		15	3	
75岁及以上	1			1			1		
男	**483**	**111**	**49**	**69**	**120**	**79**	**354**	**400**	**75**
16-19岁	10							2	
20-24岁	20	22	4	9	12	8	3	22	2
25-29岁	56	24	12	10	13	12	10	32	7
30-34岁	95	29	8	10	12	23	18	50	13
35-39岁	53	18	10	8	10	14	11	47	10
40-44岁	72	10	1	3	9	8	11	54	8
45-49岁	66	3	5	6	14	5	32	59	12
50-54岁	55	4	4	10	11	2	64	69	15
55-59岁	30	1	4	5	19	4	72	37	7
60-64岁	16			3	9	1	70	17	1
65-69岁	9		1	2	8	2	47	9	
70-74岁	1			2	3		15	2	
75岁及以上				1			1		
女	**524**	**56**	**67**	**78**	**37**	**67**	**295**	**336**	**15**
16-19岁	2	1						5	
20-24岁	19	11	3	5	1	5	3	18	
25-29岁	39	11	13	11	12	13	2	27	
30-34岁	71	14	22	18	13	18	16	41	2
35-39岁	79	11	7	16	2	18	20	48	2
40-44岁	82	4	5	11	5	7	42	54	7
45-49岁	94	4	8	9	2	3	67	64	2
50-54岁	86		5	5	1	2	54	46	1
55-59岁	40		3	2	1	1	55	17	1
60-64岁	6		1	1			27	11	
65-69岁	4						9	4	
70-74岁	1							1	
75岁及以上	1								

4-7b 续表 4

单位：人

年龄组 性 别	社会生产服务和生活服务人员				农、林、牧、渔业生产及辅助人员				
	修理及制作服务人员	文化、体育和娱乐服务人员	健康服务人员	其他社会生产和生活服务人员	小计	农业生产人员	林业生产人员	畜牧业生产人员	渔业生产人员
总 计	**292**	**22**	**19**	**13**	**3847**	**3372**	**134**	**237**	**63**
16-19岁	4	3			19	16		3	
20-24岁	22	2		1	90	79	3	6	2
25-29岁	37	5	5	1	203	186	3	7	4
30-34岁	65	7	4		335	297	11	20	3
35-39岁	49	1	3	2	303	267	10	21	3
40-44岁	36			2	336	301	7	17	10
45-49岁	19	1	3	3	479	391	20	47	13
50-54岁	30	1	1		682	587	29	42	12
55-59岁	19	1		2	559	492	22	33	7
60-64岁	6	1	2	1	408	362	19	19	5
65-69岁	5			1	315	284	9	18	3
70-74岁			1		96	88	1	4	1
75岁及以上					22	22			
男	**255**	**14**	**3**	**12**	**2571**	**2233**	**90**	**162**	**57**
16-19岁	4	2			16	13		3	
20-24岁	20	2			60	54	2	3	1
25-29岁	30	3		1	139	128	2	3	4
30-34岁	59	5			228	198	10	14	3
35-39岁	41	1		2	205	179	6	15	3
40-44岁	30			2	201	178	4	10	9
45-49岁	15	1	1	3	298	243	12	27	12
50-54岁	26				445	378	19	30	10
55-59岁	19			2	360	311	11	26	7
60-64岁	6		1	1	296	259	15	15	5
65-69岁	5			1	233	209	8	13	2
70-74岁			1		71	64	1	3	1
75岁及以上					19	19			
女	**37**	**8**	**16**	**1**	**1276**	**1139**	**44**	**75**	**6**
16-19岁		1			3	3			
20-24岁	2			1	30	25	1	3	1
25-29岁	7	2	5		64	58	1	4	
30-34岁	6	2	4		107	99	1	6	
35-39岁	8		3		98	88	4	6	
40-44岁	6				135	123	3	7	1
45-49岁	4		2		181	148	8	20	1
50-54岁	4	1	1		237	209	10	12	2
55-59岁		1			199	181	11	7	
60-64岁		1	1		112	103	4	4	
65-69岁					82	75	1	5	1
70-74岁					25	24		1	
75岁及以上					3	3			

4-7b 续表 5 单位：人

年龄组 性 别	农林牧渔生产辅助人员	其他农、林、牧、渔业生产加工人员	生产制造及有关人员						
			小计	农副产品加工人员	食品、饮料生产加工人员	烟草及其制品加工人员	纺织、针织、印染人员	纺织品、服装和皮革、毛皮制品加工制作人员	木材加工、家具与木制品制作人员
总 计	**38**	**3**	**12731**	**179**	**248**	**1**	**52**	**658**	**375**
16-19岁			183	2	13		1	3	3
20-24岁			840	5	13			14	16
25-29岁	2	1	1498	25	22			52	32
30-34岁	4		2442	22	53	1	12	105	45
35-39岁	2		1865	22	34		8	113	48
40-44岁	1		1689	23	32		7	121	43
45-49岁	7	1	1731	23	30		5	112	70
50-54岁	11	1	1332	22	20		8	75	61
55-59岁	5		782	12	17		8	46	42
60-64岁	3		260	10	9			15	11
65-69岁	1		91	12	5			2	4
70-74岁	2		14	1			2		
75岁及以上			4				1		
男	**28**	**1**	**9314**	**140**	**137**	**1**	**22**	**173**	**282**
16-19岁			150	1	8		1	2	3
20-24岁			688	5	10			6	16
25-29岁	1	1	1136	20	12			25	24
30-34岁	3		1740	18	31	1	3	27	34
35-39岁	2		1279	15	13		3	25	37
40-44岁			1134	19	15		2	28	30
45-49岁	4		1180	17	14		3	21	48
50-54岁	8		1046	20	12		4	20	44
55-59岁	5		632	8	10		5	14	32
60-64岁	2		232	8	7			4	10
65-69岁	1		81	8	5			1	4
70-74岁	2		13	1			1		
75岁及以上			3						
女	**10**	**2**	**3417**	**39**	**111**		**30**	**485**	**93**
16-19岁			33	1	5			1	
20-24岁			152		3			8	
25-29岁	1		362	5	10			27	8
30-34岁	1		702	4	22		9	78	11
35-39岁			586	7	21		5	88	11
40-44岁	1		555	4	17		5	93	13
45-49岁	3	1	551	6	16		2	91	22
50-54岁	3	1	286	2	8		4	55	17
55-59岁			150	4	7		3	32	10
60-64岁	1		28	2	2			11	1
65-69岁			10	4				1	
70-74岁			1				1		
75岁及以上			1				1		

4-7b　续表 6　　单位：人

年龄组 性　别	生产制造及有关人员								
	纸及纸制品生产加工人员	印刷和记录媒介复制人员	文教、工美、体育和娱乐用品制造人　员	石油加工和炼焦、煤化工生产人员	化学原料和化学制品制造人　员	医药制造人　员	化学纤维制造人员	橡胶和塑料制品制造人员	非金属矿物制品制造人员
总　计	**116**	**141**	**185**	**35**	**74**	**33**	**4**	**312**	**305**
16-19岁	2	5	3	1				6	3
20-24岁	6	21	12		5	2		22	9
25-29岁	12	25	11		18	6		37	37
30 34岁	28	27	36	9	13	5		58	47
35-39岁	10	18	33	9	10	9	1	45	43
40-44岁	15	16	31	4	9	6	1	55	37
45-49岁	18	12	28	8	7	1	2	51	63
50-54岁	11	12	21	2	5	1		27	45
55-59岁	10	5	7	2	4	2		6	13
60-64岁	3		2		3			3	6
65-69岁	1		1					2	2
70-74岁									
75岁及以上						1			
男	**81**	**96**	**91**	**30**	**55**	**20**	**3**	**195**	**273**
16-19岁		4	1	1				5	3
20-24岁	5	15	11		5	1		15	8
25-29岁	8	17	9		11	3		25	36
30-34岁	22	21	16	9	8	3		38	41
35-39岁	8	12	10	8	6	6		24	38
40-44岁	11	10	14	3	8	3	1	30	33
45-49岁	10	8	14	6	6		2	32	51
50-54岁	8	6	11	1	5	1		15	42
55-59岁	5	3	3	2	3	2		6	13
60-64岁	3		1		3			3	6
65-69岁	1		1					2	2
70-74岁									
75岁及以上						1			
女	**35**	**45**	**94**	**5**	**19**	**13**	**1**	**117**	**32**
16-19岁	2	1	2					1	
20-24岁	1	6	1			1		7	1
25-29岁	4	8	2		7	3		12	1
30-34岁	6	6	20		5	2		20	6
35-39岁	2	6	23	1	4	3	1	21	5
40-44岁	4	6	17	1	1	3		25	4
45-49岁	8	4	14	2	1	1		19	12
50-54岁	3	6	10	1				12	3
55-59岁	5	2	4		1				
60-64岁			1						
65-69岁									
70-74岁									
75岁及以上									

4-7b 续表 7　　　　单位：人

年龄组 性　别	生产制造及有关人员								
	采矿人员	金属冶炼和压延加工人员	机械制造基础加工人员	金属制品制造人员	通用设备制造人员	专用设备制造人员	汽车制造人员	铁路、船舶、航空设备制造人员	电气机械和器材制造人员
总　计	**354**	**683**	**931**	**349**	**307**	**51**	**792**	**1018**	**127**
16-19岁		6	11	5	2	2	20	31	7
20-24岁	4	24	62	18	13	5	68	100	14
25-29岁	18	75	103	39	35	7	100	156	18
30-34岁	40	124	205	63	69	11	226	229	23
35-39岁	44	99	131	47	55	10	166	155	24
40-44岁	88	89	119	42	37	4	106	155	15
45-49岁	99	131	146	51	31	5	63	106	15
50-54岁	50	92	91	63	26	5	26	46	7
55-59岁	10	31	48	18	26	2	14	33	4
60-64岁	1	10	12	1	8		2	5	
65-69岁		1	2	2	4		1	1	
70-74岁		1	1		1				
75岁及以上								1	
男	**267**	**556**	**811**	**271**	**248**	**29**	**626**	**717**	**92**
16-19岁		5	11	5	2		19	29	6
20-24岁	4	22	59	13	9	4	60	80	13
25-29岁	14	64	94	35	32	6	78	121	15
30-34岁	37	105	177	49	50	5	173	156	16
35-39岁	37	72	116	36	43	4	134	105	11
40-44岁	58	68	98	32	31	2	79	98	12
45-49岁	61	101	117	39	25	2	50	61	12
50-54岁	45	79	80	45	24	5	18	34	5
55-59岁	10	28	44	14	19	1	12	26	2
60-64岁	1	10	12	1	8		2	5	
65-69岁		1	2	2	4		1	1	
70-74岁		1	1		1				
75岁及以上								1	
女	**87**	**127**	**120**	**78**	**59**	**22**	**166**	**301**	**35**
16-19岁		1				2	1	2	1
20-24岁		2	3	5	4	1	8	20	1
25-29岁	4	11	9	4	3	1	22	35	3
30-34岁	3	19	28	14	19	6	53	73	7
35-39岁	7	27	15	11	12	6	32	50	13
40-44岁	30	21	21	10	6	2	27	57	3
45-49岁	38	30	29	12	6	3	13	45	3
50-54岁	5	13	11	18	2		8	12	2
55-59岁		3	4	4	7	1	2	7	2
60-64岁									
65-69岁									
70-74岁									
75岁及以上									

4-7b　续表 8　　　　单位：人

年龄组 性　别	生产制造及有关人员								不便分类的其他从业人员
	计算机、通信和其他电子设备制造人　员	仪器仪表制造人员	废弃资源综合利用人　　员	电力、热力、气体、水生产和输配人员	建筑施工人　　员	运输设备和通用工程机械操作人员及有关人员	生产辅助人　　员	其他生产制造及有关人员	
总　计	**1185**	**11**	**23**	**69**	**2375**	**233**	**1231**	**274**	**412**
16-19岁	28			1	11	2	10	5	13
20-24岁	199			4	74	16	91	23	21
25-29岁	245	1	1	10	189	30	161	33	33
30-34岁	279	1	2	6	327	46	257	73	64
35-39岁	167	2	2	5	287	29	189	50	55
40-44岁	125	3	3	11	267	30	174	21	38
45-49岁	65	2	6	8	346	28	165	34	53
50-54岁	50	1	5	11	401	31	97	20	74
55-59岁	19	1	3	11	302	16	59	11	40
60-64岁	5			1	125	1	24	3	10
65-69岁	3		1	1	38	3	4	1	7
70-74岁					7	1			4
75岁及以上					1				
男	**701**	**4**	**19**	**65**	**2057**	**210**	**826**	**216**	**311**
16-19岁	19			1	10	2	8	4	8
20-24岁	159			4	65	16	63	20	17
25-29岁	143			10	168	26	111	29	30
30-34岁	147	1	2	5	282	43	163	57	46
35-39岁	87	1	2	5	237	25	121	38	40
40-44岁	59	1	2	9	224	27	111	16	25
45-49岁	31		5	8	282	23	109	22	42
50-54岁	37		4	11	356	28	69	17	56
55-59岁	11	1	3	10	272	15	49	9	31
60-64岁	5			1	119	1	19	3	9
65-69岁	3		1	1	34	3	3	1	6
70-74岁					7	1			1
75岁及以上					1				
女	**484**	**7**	**4**	**4**	**318**	**23**	**405**	**58**	**101**
16-19岁	9				1		2	1	5
20-24岁	40				9		28	3	4
25-29岁	102	1	1		21	4	50	4	3
30-34岁	132			1	45	3	94	16	18
35-39岁	80	1			50	4	68	12	15
40-44岁	66	2	1	2	43	3	63	5	13
45-49岁	34	2	1		64	5	56	12	11
50-54岁	13	1	1		45	3	28	3	18
55-59岁	8			1	30	1	10	2	9
60-64岁					6		5		1
65-69岁					4		1		1
70-74岁									3
75岁及以上									

4－7c 全市分年龄、性别、职业中类的就业人口(乡村)

单位：人

年龄组 性别	合计	党的机关、国家机关、群众团体和社会组织、企事业单位负责人						
		小计	中国共产党机关负责人	国家机关负责人	民主党派和工商联负责人	人民团体和群众团体、社会组织及其他成员组织负责人	基层群众自治组织负责人	企事业单位负责人
总 计	**89837**	**1396**	**9**	**23**		**61**	**162**	**1141**
16－19岁	515	1						1
20－24岁	3734	26	1			2	1	22
25－29岁	7734	96				3	4	89
30－34岁	11886	209	3	1		7	9	189
35－39岁	9377	191	2	1		8	9	171
40－44岁	9261	209		3		5	19	182
45－49岁	11410	211	1	3		8	22	177
50－54岁	12628	213	2	5		10	41	155
55－59岁	10456	160		6		15	37	102
60－64岁	6224	54		2		2	14	36
65－69岁	4478	21		2		1	5	13
70－74岁	1609	5					1	4
75岁及以上	525							
男	**57707**	**1064**	**5**	**18**		**42**	**123**	**876**
16－19岁	370	1						1
20－24岁	2463	18	1					17
25－29岁	5121	68				2	1	65
30－34岁	7500	156	2			7	6	141
35－39岁	5758	133	1			4	7	121
40－44岁	5630	159		3		4	18	134
45－49岁	6921	155		3		5	16	131
50－54岁	7964	167	1	4		6	28	128
55－59岁	6935	135		5		11	30	89
60－64岁	4321	47		1		2	12	32
65－69岁	3189	20		2		1	4	13
70－74岁	1130	5					1	4
75岁及以上	405							
女	**32130**	**332**	**4**	**5**		**19**	**39**	**265**
16－19岁	145							
20－24岁	1271	8				2	1	5
25－29岁	2613	28				1	3	24
30－34岁	4386	53	1	1			3	48
35－39岁	3619	58	1	1		4	2	50
40－44岁	3631	50				1	1	48
45－49岁	4489	56	1			3	6	46
50－54岁	4664	46	1	1		4	13	27
55－59岁	3521	25		1		4	7	13
60－64岁	1903	7		1			2	4
65－69岁	1289	1					1	
70－74岁	479							
75岁及以上	120							

4-7c　续表 1　　　　　　　　　　　　　　　　　　　　　　　　　单位：人

年龄组 性　别	专业技术人员									
	小计	科学研究人　员	工程技术人　员	农业技术人　员	飞机和船舶技术人　员	卫生专业技术人员	经济和金融专业人　员	法律、社会和宗教专业人员	教学人员	文学艺术、体育专业人员
总　计	**4096**	**19**	**996**	**47**	**3**	**611**	**819**	**62**	**1375**	**40**
16-19岁	35		6	1		7	5		16	
20-24岁	502	1	95	4		92	95	5	191	7
25-29岁	866	9	185	6	1	124	153	16	343	7
30-34岁	730	3	208	3		101	172	12	189	12
35-39岁	420	1	122	2	1	54	104	6	115	3
40-44岁	388	1	97	1	1	58	79	7	125	4
45-49岁	384	2	101	6		53	56	7	144	1
50-54岁	311	1	89	11		30	49	5	111	5
55-59岁	244		59	9		19	40	1	110	
60-64岁	108		22	1		26	33	2	21	1
65-69岁	76	1	10	3		31	22	1	7	
70-74岁	21		2			14	4		1	
75岁及以上	11					2	7		2	
男	**2024**	**7**	**868**	**33**	**3**	**242**	**283**	**33**	**445**	**26**
16-19岁	17		4	1		4	3		5	
20-24岁	173		82	2		23	29	2	24	4
25-29岁	338	4	160	4	1	23	47	7	72	5
30-34岁	299	1	177	3		15	36	4	36	8
35-39岁	191	1	105		1	24	18	4	26	2
40-44岁	199		79	1	1	32	21	6	49	2
45-49岁	219	1	88	3		34	17	5	61	1
50-54岁	203		85	9		13	25	1	59	3
55-59岁	190		56	6		11	22	1	89	
60-64岁	98		21	1		22	33	2	16	1
65-69岁	68		10	3		27	21	1	5	
70-74岁	18		1			12	4		1	
75岁及以上	11					2	7		2	
女	**2072**	**12**	**128**	**14**		**369**	**536**	**29**	**930**	**14**
16-19岁	18		2			3	2		11	
20-24岁	329	1	13	2		69	66	3	167	3
25-29岁	528	5	25	2		101	106	9	271	2
30-34岁	431	2	31			86	136	8	153	4
35-39岁	229		17	2		30	86	2	89	1
40-44岁	189	1	18			26	58	1	76	2
45-49岁	165	1	13	3		19	39	2	83	
50-54岁	108	1	4	2		17	24	4	52	2
55-59岁	54		3	3		8	18		21	
60-64岁	10		1			4			5	
65-69岁	8	1				4	1		2	
70-74岁	3		1			2				
75岁及以上										

4-7c 续表 2

单位：人

年龄组 性别	专业技术人员		办事人员和有关人员				社会生产服务和生活服务人员		
	新闻出版、文化专业人员	其他专业技术人员	小计	办事人员	安全和消防人员	其他办事人员和有关人员	小计	批发与零售服务人员	交通运输、仓储和邮政业服务人员
总　计	**22**	**102**	**3239**	**2196**	**986**	**57**	**20227**	**6428**	**6372**
16-19岁			21	7	14		168	55	31
20-24岁	5	7	296	211	80	5	1095	427	248
25-29岁	5	17	495	383	106	6	2298	788	728
30-34岁	6	24	549	451	84	14	3475	1268	1195
35-39岁	1	11	290	233	46	11	2698	924	979
40-44岁		15	291	227	57	7	2444	772	934
45-49岁	2	12	287	189	95	3	2654	787	942
50-54岁	1	9	317	192	121	4	2446	702	768
55-59岁	1	5	401	206	191	4	1583	408	390
60-64岁	1	1	171	64	106	1	744	160	107
65-69岁		1	89	21	68		458	100	44
70-74岁			26	11	14	1	132	28	2
75岁及以上			6	1	4	1	32	9	4
男	**9**	**75**	**2287**	**1304**	**950**	**33**	**13708**	**3664**	**5739**
16-19岁			18	4	14		118	36	26
20-24岁	2	5	179	99	77	3	735	248	215
25-29岁	3	12	294	189	103	2	1585	450	637
30-34岁	1	18	299	214	78	7	2271	654	1033
35-39岁	1	9	173	124	43	6	1791	484	878
40-44岁		8	191	137	51	3	1630	403	847
45-49岁		9	227	133	91	3	1717	457	850
50-54岁		8	269	147	119	3	1658	437	727
55-59岁	1	4	365	172	189	4	1118	273	373
60-64岁	1	1	158	56	102		563	114	103
65-69岁		1	85	19	66		372	75	44
70-74岁			23	9	13	1	122	25	2
75岁及以上			6	1	4	1	28	8	4
女	**13**	**27**	**952**	**892**	**36**	**24**	**6519**	**2764**	**633**
16-19岁			3	3			50	19	5
20-24岁	3	2	117	112	3	2	360	179	33
25-29岁	2	5	201	194	3	4	713	338	91
30-34岁	5	6	250	237	6	7	1204	614	162
35-39岁		2	117	109	3	5	907	440	101
40-44岁		7	100	90	6	4	814	369	87
45-49岁	2	3	60	56	4		937	330	92
50-54岁	1	1	48	45	2	1	788	265	41
55-59岁		1	36	34	2		465	135	17
60-64岁			13	8	4	1	181	46	4
65-69岁			4	2	2		86	25	
70-74岁			3	2	1		10	3	
75岁及以上							4	1	

4-7c　续表 3　　单位：人

年龄组 性　别	社会生产服务和生活服务人员								
	住宿和餐饮服务人　员	信息传输、软件和信息技术服务人　员	金融服务人　员	房地产服务人员	租赁和商务服务人　员	技术辅助服务人员	水利、环境和公共设施管理服务人员	居民服务人　员	电力、燃气及水供应服务人　员
总　计	**1968**	**259**	**251**	**270**	**386**	**246**	**2044**	**968**	**208**
16–19岁	37	5		1	7	2	4	13	
20–24岁	102	45	18	26	26	41	21	53	9
25–29岁	164	78	60	52	60	60	60	96	26
30–34岁	310	57	46	50	48	56	91	145	39
35–39岁	269	28	31	32	27	37	116	112	26
40–44岁	246	15	33	24	38	13	144	108	27
45–49岁	312	15	21	22	29	15	262	136	28
50–54岁	276	7	29	22	54	10	341	144	23
55–59岁	154	4	13	23	48	7	381	90	19
60–64岁	56	5		13	30	3	307	41	6
65–69岁	33			5	16	2	222	21	4
70–74岁	8				3		80	7	
75岁及以上	1						15	2	1
男	**922**	**169**	**109**	**158**	**305**	**149**	**1227**	**381**	**189**
16–19岁	23	2		1	5	2	3	8	
20–24岁	67	31	5	16	17	29	15	21	7
25–29岁	94	46	34	31	32	42	40	49	24
30–34岁	153	34	22	27	30	29	67	48	34
35–39岁	127	19	13	14	22	16	68	35	21
40–44岁	107	13	9	12	30	9	61	38	27
45–49岁	110	10	8	12	25	8	108	31	26
50–54岁	102	7	13	12	50	5	167	53	22
55–59岁	80	3	5	17	47	6	209	46	18
60–64岁	31	4		12	28	1	216	32	6
65–69岁	22			4	16	2	182	14	3
70–74岁	6				3		76	6	
75岁及以上							15		1
女	**1046**	**90**	**142**	**112**	**81**	**97**	**817**	**587**	**19**
16–19岁	14	3			2		1	5	
20–24岁	35	14	13	10	9	12	6	32	2
25–29岁	70	32	26	21	28	18	20	47	2
30–34岁	157	23	24	23	18	27	24	97	5
35–39岁	142	9	18	18	5	21	48	77	5
40–44岁	139	2	24	12	8	4	83	70	
45–49岁	202	5	13	10	4	7	154	105	2
50–54岁	174		16	10	4	5	174	91	1
55–59岁	74	1	8	6	1	1	172	44	1
60–64岁	25	1		1	2	2	91	9	
65–69岁	11			1			40	7	1
70–74岁	2						4	1	
75岁及以上	1							2	

4-7c 续表 4　　　　单位：人

年龄组 性　别	社会生产服务和生活服务人员				农、林、牧、渔业生产及辅助人员				
	修理及制作服务人　员	文化、体育和娱乐服务人员	健康服务人　员	其他社会生产和生活服务人　员	小计	农业生产人　员	林业生产人　员	畜牧业生产人员	渔业生产人　员
总　计	**718**	**50**	**32**	**27**	**35186**	**32387**	**849**	**1374**	**434**
16-19岁	13				108	100	1	4	2
20-24岁	63	6	6	4	678	648	7	13	6
25-29岁	104	13	6	3	1543	1462	19	34	20
30-34岁	151	13	3	3	2677	2459	78	80	40
35-39岁	108	3	2	4	2343	2120	64	106	36
40-44岁	77	6	3	4	2690	2440	71	123	43
45-49岁	75	2	5	3	4233	3825	101	216	76
50-54岁	66	2	2		5831	5298	147	271	96
55-59岁	36	4	1	5	5729	5241	164	251	59
60-64岁	15		1		4182	3870	108	155	32
65-69岁	9	1	1		3375	3208	66	73	21
70-74岁	1		2	1	1341	1274	17	41	2
75岁及以上					456	442	6	7	1
男	**641**	**24**	**12**	**19**	**21592**	**19593**	**511**	**991**	**384**
16-19岁	12				75	69	1	2	2
20-24岁	58	3		3	471	448	5	10	5
25-29岁	96	6	1	3	1059	995	14	28	16
30-34岁	133	5		2	1712	1548	49	64	37
35-39岁	91	1	1	1	1393	1240	34	74	32
40-44岁	67	4	1	2	1598	1425	37	85	40
45-49岁	64	1	4	3	2433	2153	58	146	65
50-54岁	61	1	1		3337	2977	84	180	83
55-59岁	34	3		4	3375	3033	98	179	53
60-64岁	15		1		2652	2413	70	123	30
65-69岁	9		1		2249	2123	43	58	18
70-74岁	1		2	1	893	837	12	36	2
75岁及以上					345	332	6	6	1
女	**77**	**26**	**20**	**8**	**13594**	**12794**	**338**	**383**	**50**
16-19岁	1				33	31		2	
20-24岁	5	3	6	1	207	200	2	3	1
25-29岁	8	7	5		484	467	5	6	4
30-34岁	18	8	3	1	965	911	29	16	3
35-39岁	17	2	1	3	950	880	30	32	4
40-44岁	10	2	2	2	1092	1015	34	38	3
45-49岁	11	1	1		1800	1672	43	70	11
50-54岁	5	1	1		2494	2321	63	91	13
55-59岁	2	1	1	1	2354	2208	66	72	6
60-64岁					1530	1457	38	32	2
65-69岁		1			1126	1085	23	15	3
70-74岁					448	437	5	5	
75岁及以上					111	110		1	

4-7c 续表 5 单位：人

年龄组 性别			生产制造及有关人员						
	农林牧渔生产辅助人员	其他农、林、牧、渔业生产加工人员	小计	农副产品加工人员	食品、饮料生产加工人员	烟草及其制品加工人员	纺织、针织、印染人员	纺织品、服装和皮革、毛皮制品加工制作人员	木材加工、家具与木制品制作人员
总　计	**131**	**11**	**24683**	**342**	**378**	**1**	**190**	**3909**	**821**
16-19岁		1	156		2			7	3
20-24岁	4		1085	10	24		1	73	17
25-29岁	8		2337	22	44		10	295	60
30-34岁	19	1	4105	45	67		23	698	113
35-39岁	16	1	3310	41	48		38	588	86
40-44岁	12	1	3130	46	61		30	600	109
45-49岁	14	1	3513	49	64	1	28	681	152
50-54岁	17	2	3343	47	30		27	567	131
55-59岁	12	2	2232	42	25		26	281	106
60-64岁	16	1	927	18	6		3	77	31
65-69岁	7		445	17	6		2	28	8
70-74岁	6	1	81	4	1		2	11	3
75岁及以上			19	1				3	2
男	**104**	**9**	**16328**	**237**	**175**	**1**	**89**	**858**	**639**
16-19岁		1	124		1			1	3
20-24岁	3		849	8	14		1	28	15
25-29岁	6		1708	17	26		6	110	51
30-34岁	13	1	2666	30	31		13	174	89
35-39岁	12	1	1989	28	18		16	117	62
40-44岁	11		1773	28	21		10	112	78
45-49岁	10	1	2097	32	28	1	11	101	113
50-54岁	12	1	2224	32	19		12	109	99
55-59岁	10	2	1668	29	10		15	66	87
60-64岁	15	1	769	13	3		2	24	29
65-69岁	7		381	16	3		1	10	8
70-74岁	5	1	66	4	1		2	5	3
75岁及以上			14					1	2
女	**27**	**2**	**8355**	**105**	**203**		**101**	**3051**	**182**
16-19岁			32		1			6	
20-24岁	1		236	2	10			45	2
25-29岁	2		629	5	18		4	185	9
30-34岁	6		1439	15	36		10	524	24
35-39岁	4		1321	13	30		22	471	24
40-44岁	1	1	1357	18	40		20	488	31
45-49岁	4		1416	17	36		17	580	39
50-54岁	5	1	1119	15	11		15	458	32
55-59岁	2		564	13	15		11	215	19
60-64岁	1		158	5	3		1	53	2
65-69岁			64	1	3		1	18	
70-74岁	1		15					6	
75岁及以上			5	1				2	

4−7c 续表 6

单位：人

年龄组 性　别	生产制造及有关人员								
	纸及纸制品生产加工人员	印刷和记录媒介复制人员	文教、工美、体育和娱乐用品制造人　员	石油加工和炼焦、煤化工生产人员	化学原料和化学制品制造人　员	医药制造人　　员	化学纤维制造人员	橡胶和塑料制品制造人员	非金属矿物制品制造人员
总　计	**327**	**166**	**1030**	**21**	**170**	**88**	**7**	**487**	**310**
16−19岁	4	4	6		1	1		3	3
20−24岁	13	16	53	1	8	9		27	13
25−29岁	45	15	81	2	14	17		44	27
30−34岁	58	40	133	7	27	21	1	86	51
35−39岁	44	28	122	5	33	14	1	56	34
40−44岁	36	20	143	4	21	13	2	69	55
45−49岁	50	17	175		16	7	1	80	41
50−54岁	37	17	140	1	28	2		67	53
55−59岁	20	7	100	1	14	2	1	44	16
60−64岁	14	2	45		4	2		6	11
65−69岁	6		27		4		1	3	6
70−74岁			5					2	
75岁及以上									
男	**187**	**97**	**479**	**17**	**126**	**49**	**2**	**272**	**242**
16−19岁	3	4	5					3	3
20−24岁	8	14	33	1	8	6		19	12
25−29岁	32	9	47	2	6	6		30	22
30−34岁	32	25	59	7	20	13		56	39
35−39岁	26	19	55	5	25	7	1	32	25
40−44岁	18	8	60	1	13	8	1	27	41
45−49岁	24	6	73		10	4		35	31
50−54岁	21	6	55		25	2		33	42
55−59岁	9	4	44	1	11	2		30	13
60−64岁	10	2	27		4	1		3	10
65−69岁	4		19		4			3	4
70−74岁			2					1	
75岁及以上									
女	**140**	**69**	**551**	**4**	**44**	**39**	**5**	**215**	**68**
16−19岁	1		1		1	1			
20−24岁	5	2	20			3		8	1
25−29岁	13	6	34		8	11		14	5
30−34岁	26	15	74		7	8	1	30	12
35−39岁	18	9	67		8	7		24	9
40−44岁	18	12	83	3	8	5	1	42	14
45−49岁	26	11	102		6	3	1	45	10
50−54岁	16	11	85	1	3			34	11
55−59岁	11	3	56		3		1	14	3
60−64岁	4		18			1		3	1
65−69岁	2		8				1		2
70−74岁			3					1	
75岁及以上									

4-7c 续表 7 单位：人

年龄组 性 别	生产制造及有关人员								
	采矿人员	金属冶炼和压延加工人员	机械制造基础加工人员	金属制品制造人员	通用设备制造人员	专用设备制造人员	汽车制造人员	铁路、船舶、航空设备制造人员	电气机械和器材制造人员
总 计	**27**	**772**	**1821**	**870**	**644**	**60**	**834**	**892**	**180**
16-19岁		6	18	8	5		8	19	2
20-24岁	2	40	81	27	33	5	75	47	16
25-29岁	4	70	198	86	66	8	118	101	36
30-34岁	8	139	366	170	124	9	184	147	38
35-39岁	3	104	288	127	99	9	150	130	22
40-44岁	3	96	265	107	78	9	98	101	27
45-49岁	1	124	228	135	82	9	99	130	16
50-54岁	4	114	205	113	77	8	50	128	19
55-59岁	1	56	118	73	42	3	31	67	3
60-64岁		10	37	16	23		11	15	1
65-69岁	1	10	14	8	15		7	7	
70-74岁		3	2				3		
75岁及以上			1						
男	**25**	**671**	**1525**	**656**	**484**	**43**	**573**	**569**	**129**
16-19岁		6	17	8	4		7	15	
20-24岁	2	36	76	26	31	4	63	37	13
25-29岁	4	59	173	77	54	6	98	73	28
30-34岁	8	124	316	133	93	8	131	100	28
35-39岁	3	87	235	83	68	6	85	84	16
40-44岁	2	80	207	73	44	5	53	56	14
45-49岁	1	109	176	95	65	5	63	72	12
50-54岁	3	100	169	79	55	7	31	79	17
55-59岁	1	49	103	58	34	2	24	36	1
60-64岁		10	37	16	21		9	12	
65-69岁	1	8	13	8	15		7	5	
70-74岁		3	2				2		
75岁及以上			1						
女	**2**	**101**	**296**	**214**	**160**	**17**	**261**	**323**	**51**
16-19岁			1		1		1	4	2
20-24岁		4	5	1	2	1	12	10	3
25-29岁		11	25	9	12	2	20	28	8
30-34岁		15	50	37	31	1	53	47	10
35-39岁		17	53	44	31	3	65	46	6
40-44岁	1	16	58	34	34	4	45	45	13
45-49岁		15	52	40	17	4	36	58	4
50-54岁	1	14	36	34	22	1	19	49	2
55-59岁		7	15	15	8	1	7	31	2
60-64岁					2		2	3	1
65-69岁		2	1					2	
70-74岁							1		
75岁及以上									

4-7c 续表 8 单位：人

年龄组 性别	生产制造及有关人员								不便分类的其他从业人员
	计算机、通信和其他电子设备制造人员	仪器仪表制造人员	废弃资源综合利用人员	电力、热力、气体、水生产和输配人员	建筑施工人员	运输设备和通用工程机械操作人员及有关人员	生产辅助人员	其他生产制造及有关人员	
总　计	**1553**	**19**	**140**	**99**	**5625**	**627**	**1947**	**326**	**1010**
16-19岁	24		1		17	4	9	1	26
20-24岁	161	2	5		144	31	135	16	52
25-29岁	217	2	12	10	386	105	213	29	99
30-34岁	337	3	21	19	670	122	326	52	141
35-39岁	238	3	15	8	537	97	293	49	125
40-44岁	227	6	15	6	498	88	249	48	109
45-49岁	172	3	28	16	733	78	251	46	128
50-54岁	95		19	15	1010	50	242	47	167
55-59岁	56		11	15	867	34	144	26	107
60-64岁	15		11	6	484	14	57	8	38
65-69岁	8		2	4	227	3	28	3	14
70-74岁	3				40	1		1	3
75岁及以上					12				1
男	**913**	**11**	**105**	**91**	**5035**	**600**	**1212**	**216**	**704**
16-19岁	19		1		16	4	4		17
20-24岁	120	2	5		125	30	97	15	38
25-29岁	148	1	11	9	333	104	146	20	69
30-34岁	182	3	15	17	583	114	191	32	97
35-39岁	115	1	11	8	461	95	163	32	88
40-44岁	117	3	11	5	431	83	133	30	80
45-49岁	98	1	20	15	649	71	145	31	73
50-54岁	55		14	13	907	47	163	30	106
55-59岁	42		8	14	818	34	105	18	84
60-64岁	7		7	6	453	14	44	5	34
65-69岁	7		2	4	213	3	21	2	14
70-74岁	3				36	1		1	3
75岁及以上					10				1
女	**640**	**8**	**35**	**8**	**590**	**27**	**735**	**110**	**306**
16-19岁	5				1		5	1	9
20-24岁	41				19	1	38	1	14
25-29岁	69	1	1	1	53	1	67	9	30
30-34岁	155		6	2	87	8	135	20	44
35-39岁	123	2	4		76	2	130	17	37
40-44岁	110	3	4	1	67	5	116	18	29
45-49岁	74	2	8	1	84	7	106	15	55
50-54岁	40		5	2	103	3	79	17	61
55-59岁	14		3	1	49		39	8	23
60-64岁	8		4		31		13	3	4
65-69岁	1				14		7	1	
70-74岁					4				
75岁及以上					2				

第二部分　长表数据资料

第五卷　婚姻

5–1 各地区分性别、婚姻状况的15岁及以上人口

单位：人

地　区	15岁及以上人口			未　婚		
	合计	男	女	小计	男	女
天　津	**1060933**	**536096**	**524837**	**192845**	**108913**	**83932**
和平区	18289	8610	9679	2788	1449	1339
河东区	66069	32098	33971	9964	5302	4662
河西区	60293	28590	31703	11035	5336	5699
南开区	68981	33057	35924	12583	6426	6157
河北区	49921	24274	25647	7719	4166	3553
红桥区	36967	18032	18935	5627	3053	2574
东丽区	65573	34098	31475	11612	7000	4612
西青区	90611	46587	44024	22305	12430	9875
津南区	71316	37078	34238	16862	9620	7242
北辰区	68316	34785	33531	13052	7340	5712
武清区	92428	46604	45824	15320	8671	6649
宝坻区	56810	29218	27592	6664	4042	2622
滨海新区	159354	83501	75853	32734	19470	13264
宁河区	32309	16559	15750	4569	2758	1811
静海区	60759	31303	29456	11614	6750	4864
蓟州区	62937	31702	31235	8397	5100	3297

5–1 续表

单位：人

地　区	有配偶			离　婚			丧　偶		
	小计	男	女	小计	男	女	小计	男	女
天　津	**779817**	**396812**	**383005**	**33759**	**15712**	**18047**	**54512**	**14659**	**39853**
和平区	13552	6594	6958	738	314	424	1211	253	958
河东区	49071	24483	24588	2682	1232	1450	4352	1081	3271
河西区	43177	21428	21749	2119	885	1234	3962	941	3021
南开区	49294	24493	24801	2608	1088	1520	4496	1050	3446
河北区	36635	18295	18340	2118	964	1154	3449	849	2600
红桥区	27343	13695	13648	1402	627	775	2595	657	1938
东丽区	49096	25413	23683	2228	977	1251	2637	708	1929
西青区	62447	32194	30253	2540	1110	1430	3319	853	2466
津南区	49423	25631	23792	2242	1041	1201	2789	786	2003
北辰区	49314	25428	23886	2504	1175	1329	3446	842	2604
武清区	70442	35521	34921	1986	1065	921	4680	1347	3333
宝坻区	45717	23361	22356	1358	786	572	3071	1029	2042
滨海新区	115534	60274	55260	5131	2205	2926	5955	1552	4403
宁河区	25140	12734	12406	991	540	451	1609	527	1082
静海区	44848	22935	21913	1369	719	650	2928	899	2029
蓟州区	48784	24333	24451	1743	984	759	4013	1285	2728

5-1a　各地区分性别、婚姻状况的15岁及以上人口(城市)

单位：人

地　区	15岁及以上人口			未　婚		
	合计	男	女	小计	男	女
天　津	**824297**	**413531**	**410766**	**156888**	**86796**	**70092**
和平区	18289	8610	9679	2788	1449	1339
河东区	66069	32098	33971	9964	5302	4662
河西区	60293	28590	31703	11035	5336	5699
南开区	68981	33057	35924	12583	6426	6157
河北区	49921	24274	25647	7719	4166	3553
红桥区	36967	18032	18935	5627	3053	2574
东丽区	65573	34098	31475	11612	7000	4612
西青区	83332	42740	40592	21178	11718	9460
津南区	71316	37078	34238	16862	9620	7242
北辰区	54090	27126	26964	9894	5315	4579
武清区	32409	15877	16532	6103	3139	2964
宝坻区	18898	9438	9460	2893	1566	1327
滨海新区	147255	77199	70056	30252	18056	12196
宁河区	10805	5437	5368	1712	974	738
静海区	17126	8629	8497	3052	1731	1321
蓟州区	22973	11248	11725	3614	1945	1669

5-1a　续表

单位：人

地　区	有配偶			离　婚			丧　偶		
	小计	男	女	小计	男	女	小计	男	女
天　津	**599320**	**304508**	**294812**	**27998**	**12175**	**15823**	**40091**	**10052**	**30039**
和平区	13552	6594	6958	738	314	424	1211	253	958
河东区	49071	24483	24588	2682	1232	1450	4352	1081	3271
河西区	43177	21428	21749	2119	885	1234	3962	941	3021
南开区	49294	24493	24801	2608	1088	1520	4496	1050	3446
河北区	36635	18295	18340	2118	964	1154	3449	849	2600
红桥区	27343	13695	13648	1402	627	775	2595	657	1938
东丽区	49096	25413	23683	2228	977	1251	2637	708	1929
西青区	56849	29271	27578	2323	999	1324	2982	752	2230
津南区	49423	25631	23792	2242	1041	1201	2789	786	2003
北辰区	39322	20167	19155	2157	992	1165	2717	652	2065
武清区	24707	12247	12460	637	255	382	962	236	726
宝坻区	14996	7551	7445	447	171	276	562	150	412
滨海新区	106830	55732	51098	4799	2026	2773	5374	1385	3989
宁河区	8383	4233	4150	320	134	186	390	96	294
静海区	13038	6572	6466	445	162	283	591	164	427
蓟州区	17604	8703	8901	733	308	425	1022	292	730

5-1b 各地区分性别、婚姻状况的15岁及以上人口(镇)

单位：人

地区	15岁及以上人口			未婚		
	合计	男	女	小计	男	女
天津	**64408**	**34460**	**29948**	**14126**	**8479**	**5647**
和平区						
河东区						
河西区						
南开区						
河北区						
红桥区						
东丽区						
西青区	2233	1204	1029	398	268	130
津南区						
北辰区	7932	4476	3456	2284	1494	790
武清区	16595	8811	7784	3061	1912	1149
宝坻区	4157	2388	1769	600	405	195
滨海新区	5348	2804	2544	1412	752	660
宁河区	4519	2441	2078	612	404	208
静海区	17118	9044	8074	4832	2676	2156
蓟州区	6506	3292	3214	927	568	359

5-1b 续表

单位：人

地区	有配偶			离婚			丧偶		
	小计	男	女	小计	男	女	小计	男	女
天津	**45895**	**24295**	**21600**	**1482**	**850**	**632**	**2905**	**836**	**2069**
和平区									
河东区									
河西区									
南开区									
河北区									
红桥区									
东丽区									
西青区	1669	868	801	108	52	56	58	16	42
津南区									
北辰区	5151	2804	2347	167	94	73	330	84	246
武清区	12527	6545	5982	324	179	145	683	175	508
宝坻区	3211	1839	1372	93	58	35	253	86	167
滨海新区	3591	1929	1662	166	80	86	179	43	136
宁河区	3544	1882	1662	135	81	54	228	74	154
静海区	11291	5980	5311	316	180	136	679	208	471
蓟州区	4911	2448	2463	173	126	47	495	150	345

5-1c　各地区分性别、婚姻状况的15岁及以上人口(乡村)

单位：人

地　区	15岁及以上人口			未　婚		
	合计	男	女	小计	男	女
天　津	**172228**	**88105**	**84123**	**21831**	**13638**	**8193**
和平区						
河东区						
河西区						
南开区						
河北区						
红桥区						
东丽区						
西青区	5046	2643	2403	729	444	285
津南区						
北辰区	6294	3183	3111	874	531	343
武清区	43424	21916	21508	6156	3620	2536
宝坻区	33755	17392	16363	3171	2071	1100
滨海新区	6751	3498	3253	1070	662	408
宁河区	16985	8681	8304	2245	1380	865
静海区	26515	13630	12885	3730	2343	1387
蓟州区	33458	17162	16296	3856	2587	1269

5-1c　续表

单位：人

地　区	有配偶			离　婚			丧　偶		
	小计	男	女	小计	男	女	小计	男	女
天　津	**134602**	**68009**	**66593**	**4279**	**2687**	**1592**	**11516**	**3771**	**7745**
和平区									
河东区									
河西区									
南开区									
河北区									
红桥区									
东丽区									
西青区	3929	2055	1874	109	59	50	279	85	194
津南区									
北辰区	4841	2457	2384	180	89	91	399	106	293
武清区	33208	16729	16479	1025	631	394	3035	936	2099
宝坻区	27510	13971	13539	818	557	261	2256	793	1463
滨海新区	5113	2613	2500	166	99	67	402	124	278
宁河区	13213	6619	6594	536	325	211	991	357	634
静海区	20519	10383	10136	608	377	231	1658	527	1131
蓟州区	26269	13182	13087	837	550	287	2496	843	1653

5-2 全市分性别、职业、婚姻状况的人口

单位：人

职业大类	15岁及以上人口			未婚		
	合计	男	女	小计	男	女
总　计	**504766**	**308304**	**196462**	**78555**	**48827**	**29728**
党的机关、国家机关、群众团体和社会组织、企事业单位负责人	22089	15804	6285	1743	1121	622
专业技术人员	82709	37123	45586	16124	6954	9170
办事人员和有关人员	76267	45173	31094	12463	6767	5696
社会生产服务和生活服务人员	169971	102756	67215	28198	17786	10412
农、林、牧、渔业生产及辅助人员	41645	25964	15681	2176	1682	494
生产制造及有关人员	108097	78778	29319	17025	13948	3077
不便分类的其他从业人员	3988	2706	1282	826	569	257

5-2 续表

单位：人

职业大类	有配偶			离婚			丧偶		
	小计	男	女	小计	男	女	小计	男	女
总　计	**405424**	**248641**	**156783**	**17062**	**9204**	**7858**	**3725**	**1632**	**2093**
党的机关、国家机关、群众团体和社会组织、企事业单位负责人	19453	14191	5262	824	458	366	69	34	35
专业技术人员	63995	29314	34681	2340	790	1550	250	65	185
办事人员和有关人员	61050	36948	24102	2456	1289	1167	298	169	129
社会生产服务和生活服务人员	133749	81127	52622	6896	3432	3464	1128	411	717
农、林、牧、渔业生产及辅助人员	36975	22785	14190	1184	872	312	1310	625	685
生产制造及有关人员	87217	62253	24964	3209	2260	949	646	317	329
不便分类的其他从业人员	2985	2023	962	153	103	50	24	11	13

5-2a　全市分性别、职业、婚姻状况的人口(城市)

单位：人

职业大类	15岁及以上人口			未　婚		
	合计	男	女	小计	男	女
总　计	**382521**	**228551**	**153970**	**65680**	**39627**	**26053**
党的机关、国家机关、群众团体和社会组织、企事业单位负责人	19733	13996	5737	1602	1021	581
专业技术人员	75764	33602	42162	14393	6199	8194
办事人员和有关人员	70792	41374	29418	11415	6110	5305
社会生产服务和生活服务人员	140390	82967	57423	24712	15326	9386
农、林、牧、渔业生产及辅助人员	2604	1796	808	196	143	53
生产制造及有关人员	70677	53130	17547	12743	10411	2332
不便分类的其他从业人员	2561	1686	875	619	417	202

5-2a　续表　　单位：人

职业大类	有配偶			离　婚			丧　偶		
	小计	男	女	小计	男	女	小计	男	女
总　计	**302006**	**181742**	**120264**	**13213**	**6557**	**6656**	**1622**	**625**	**997**
党的机关、国家机关、群众团体和社会组织、企事业单位负责人	17298	12526	4772	773	421	352	60	28	32
专业技术人员	58973	26632	32341	2183	721	1462	215	50	165
办事人员和有关人员	56845	33957	22888	2290	1182	1108	242	125	117
社会生产服务和生活服务人员	109159	64691	44468	5738	2697	3041	781	253	528
农、林、牧、渔业生产及辅助人员	2289	1574	715	88	67	21	31	12	19
生产制造及有关人员	55609	41159	14450	2042	1408	634	283	152	131
不便分类的其他从业人员	1833	1203	630	99	61	38	10	5	5

5-2b 全市分性别、职业、婚姻状况的人口(镇)

单位：人

职业大类	15岁及以上人口			未婚		
	合计	男	女	小计	男	女
总计	**32384**	**22026**	**10358**	**4519**	**3265**	**1254**
党的机关、国家机关、群众团体和社会组织、企事业单位负责人	960	744	216	61	42	19
专业技术人员	2845	1493	1352	651	349	302
办事人员和有关人员	2236	1512	724	401	252	149
社会生产服务和生活服务人员	9350	6078	3272	1118	781	337
农、林、牧、渔业生产及辅助人员	3847	2571	1276	237	171	66
生产制造及有关人员	12733	9316	3417	1978	1612	366
不便分类的其他从业人员	413	312	101	73	58	15

5-2b 续表

单位：人

职业大类	有配偶			离婚			丧偶		
	小计	男	女	小计	男	女	小计	男	女
总计	**26586**	**17975**	**8611**	**958**	**628**	**330**	**321**	**158**	**163**
党的机关、国家机关、群众团体和社会组织、企事业单位负责人	883	693	190	14	8	6	2	1	1
专业技术人员	2123	1111	1012	60	30	30	11	3	8
办事人员和有关人员	1757	1212	545	60	33	27	18	15	3
社会生产服务和生活服务人员	7814	5060	2754	322	198	124	96	39	57
农、林、牧、渔业生产及辅助人员	3358	2245	1113	134	93	41	118	62	56
生产制造及有关人员	10331	7414	2917	354	255	99	70	35	35
不便分类的其他从业人员	320	240	80	14	11	3	6	3	3

5−2c　全市分性别、职业、婚姻状况的人口(乡村)

单位：人

职业大类	15岁及以上人口			未　婚		
	合计	男	女	小计	男	女
总　计	**89861**	**57727**	**32134**	**8356**	**5935**	**2421**
党的机关、国家机关、群众团体和社会组织、企事业单位负责人	1396	1064	332	80	58	22
专业技术人员	4100	2028	2072	1080	406	674
办事人员和有关人员	3239	2287	952	647	405	242
社会生产服务和生活服务人员	20231	13711	6520	2368	1679	689
农、林、牧、渔业生产及辅助人员	35194	21597	13597	1743	1368	375
生产制造及有关人员	24687	16332	8355	2304	1925	379
不便分类的其他从业人员	1014	708	306	134	94	40

5−2c　续表

单位：人

职业大类	有配偶			离　婚			丧　偶		
	小计	男	女	小计	男	女	小计	男	女
总　计	**76832**	**48924**	**27908**	**2891**	**2019**	**872**	**1782**	**849**	**933**
党的机关、国家机关、群众团体和社会组织、企事业单位负责人	1272	972	300	37	29	8	7	5	2
专业技术人员	2899	1571	1328	97	39	58	24	12	12
办事人员和有关人员	2448	1779	669	106	74	32	38	29	9
社会生产服务和生活服务人员	16776	11376	5400	836	537	299	251	119	132
农、林、牧、渔业生产及辅助人员	31328	18966	12362	962	712	250	1161	551	610
生产制造及有关人员	21277	13680	7597	813	597	216	293	130	163
不便分类的其他从业人员	832	580	252	40	31	9	8	3	5

5-3 全市分年龄、性别、受教育

受教育程度 年龄	15岁及以上人口			未婚		
	合计	男	女	小计	男	女
总计	**1060933**	**536096**	**524837**	**192845**	**108913**	**83932**
15-19岁	**54964**	**29554**	**25410**	**54842**	**29517**	**25325**
15	9595	5094	4501	9593	5094	4499
16	10073	5521	4552	10069	5519	4550
17	8723	4826	3897	8713	4824	3889
18	11383	6163	5220	11360	6157	5203
19	15190	7950	7240	15107	7923	7184
20-24岁	**68243**	**36476**	**31767**	**62433**	**34224**	**28209**
20	16495	8748	7747	16276	8683	7593
21	14467	7714	6753	14068	7611	6457
22	12683	6923	5760	11740	6553	5187
23	12167	6518	5649	10575	5920	4655
24	12431	6573	5858	9774	5457	4317
25-29岁	**76106**	**39954**	**36152**	**35867**	**20976**	**14891**
25	13601	7299	6302	9404	5413	3991
26	13824	7151	6673	7945	4542	3403
27	15154	7927	7227	7268	4255	3013
28	16129	8442	7687	6167	3657	2510
29	17398	9135	8263	5083	3109	1974
30-34岁	**120143**	**61869**	**58274**	**19726**	**11836**	**7890**
30	22994	11875	11119	5405	3266	2139
31	23999	12389	11610	4620	2778	1842
32	23616	12200	11416	3637	2186	1451
33	25838	13237	12601	3448	2033	1415
34	23696	12168	11528	2616	1573	1043
35-39岁	**107811**	**55430**	**52381**	**8549**	**4916**	**3633**
35	20434	10621	9813	2166	1303	863
36	20971	10766	10205	1917	1092	825
37	22029	11354	10675	1761	987	774
38	24678	12593	12085	1577	904	673
39	19699	10096	9603	1128	630	498
40-44岁	**83997**	**43112**	**40885**	**3416**	**1976**	**1440**
40	16511	8624	7887	842	481	361
41	18553	9471	9082	802	454	348
42	17663	9066	8597	681	397	284
43	15420	7792	7628	559	331	228
44	15850	8159	7691	532	313	219
45-49岁	**86252**	**44095**	**42157**	**2494**	**1542**	**952**
45	14961	7668	7293	507	314	193
46	16052	8231	7821	483	286	197
47	17883	9112	8771	598	370	228
48	18342	9460	8882	472	302	170
49	19014	9624	9390	434	270	164
50-54岁	**89915**	**45463**	**44452**	**1750**	**1217**	**533**
50	20278	10289	9989	448	297	151
51	18279	9186	9093	387	268	119
52	19555	9956	9599	373	260	113
53	14575	7271	7304	274	192	82
54	17228	8761	8467	268	200	68
55-59岁	**96757**	**48196**	**48561**	**1325**	**1016**	**309**
55	18284	9115	9169	259	202	57
56	20384	10199	10185	280	217	63
57	27610	13815	13795	356	266	90
58	18570	9226	9344	280	215	65
59	11909	5841	6068	150	116	34
60-64岁	**90790**	**44536**	**46254**	**855**	**593**	**262**
60	17475	8694	8781	159	116	43
61	15705	7662	8043	156	114	42
62	19173	9442	9731	189	125	64
63	20086	9787	10299	182	125	57
64	18351	8951	9400	169	113	56
65岁及以上	**185955**	**87411**	**98544**	**1588**	**1100**	**488**

程度、婚姻状况的人口

单位：人

有配偶			离婚			丧偶		
小计	男	女	小计	男	女	小计	男	女
779817	**396812**	**383005**	**33759**	**15712**	**18047**	**54512**	**14659**	**39853**
122	**37**	**85**						
2		2						
4	2	2						
10	2	8						
23	6	17						
83	27	56						
5723	**2217**	**3506**	**83**	**33**	**50**	**4**	**2**	**2**
218	64	154	1	1				
393	100	293	6	3	3			
934	367	567	8	2	6	1	1	
1572	588	984	20	10	10			
2606	1098	1508	48	17	31	3	1	2
39159	**18438**	**20721**	**1064**	**536**	**528**	**16**	**4**	**12**
4128	1860	2268	69	26	43			
5750	2545	3205	126	64	62	3		3
7692	3575	4117	190	96	94	4	1	3
9675	4636	5039	281	147	134	6	2	4
11914	5822	6092	398	203	195	3	1	2
96581	**48069**	**48512**	**3748**	**1945**	**1803**	**88**	**19**	**69**
17045	8346	8699	536	262	274	8	1	7
18702	9242	9460	663	365	298	14	4	10
19208	9602	9606	756	408	348	15	4	11
21462	10730	10732	913	473	440	15	1	14
20164	10149	10015	880	437	443	36	9	27
93861	**47898**	**45963**	**5194**	**2565**	**2629**	**207**	**51**	**156**
17438	8914	8524	798	395	403	32	9	23
18030	9168	8862	990	496	494	34	10	24
19180	9856	9324	1054	501	553	34	10	24
21766	11027	10739	1285	653	632	50	9	41
17447	8933	8514	1067	520	547	57	13	44
75722	**39063**	**36659**	**4495**	**2000**	**2495**	**364**	**73**	**291**
14783	7765	7018	826	370	456	60	8	52
16677	8532	8145	1010	478	532	64	7	57
15971	8224	7747	941	423	518	70	22	48
13957	7092	6865	836	361	475	68	8	60
14334	7450	6884	882	368	514	102	28	74
78205	**40347**	**37858**	**4754**	**2052**	**2702**	**799**	**154**	**645**
13548	6988	6560	812	346	466	94	20	74
14544	7522	7022	893	399	494	132	24	108
16122	8280	7842	1021	442	579	142	20	122
16666	8676	7990	1018	436	582	186	46	140
17325	8881	8444	1010	429	581	245	44	201
81929	**41941**	**39988**	**4506**	**1944**	**2562**	**1730**	**361**	**1369**
18455	9488	8967	1089	442	647	286	62	224
16559	8421	8138	1006	445	561	327	52	275
17799	9184	8615	1017	435	582	366	77	289
13380	6765	6615	609	251	358	312	63	249
15736	8083	7653	785	371	414	439	107	332
87611	**44338**	**43273**	**4415**	**2096**	**2319**	**3406**	**746**	**2660**
16633	8367	8266	868	430	438	524	116	408
18490	9395	9095	954	453	501	660	134	526
25036	12739	12297	1239	576	663	979	234	745
16748	8477	8271	834	396	438	708	138	570
10704	5360	5344	520	241	279	535	124	411
81298	**41097**	**40201**	**3081**	**1424**	**1657**	**5556**	**1422**	**4134**
15762	8027	7735	729	342	387	825	209	616
14065	7031	7034	590	296	294	894	221	673
17153	8698	8455	677	318	359	1154	301	853
17935	9050	8885	620	277	343	1349	335	1014
16383	8291	8092	465	191	274	1334	356	978
139606	**73367**	**66239**	**2419**	**1117**	**1302**	**42342**	**11827**	**30515**

5-3 续表 1

受教育程度 年　　龄	15岁及以上人口			未　婚		
	合计	男	女	小计	男	女
未上过学	**16158**	**3680**	**12478**	**1480**	**1112**	**368**
15-19岁	**82**	**58**	**24**	**82**	**58**	**24**
15	17	11	6	17	11	6
16	14	12	2	14	12	2
17	19	13	6	19	13	6
18	13	9	4	13	9	4
19	19	13	6	19	13	6
20-24岁	**126**	**80**	**46**	**118**	**78**	**40**
20	33	21	12	33	21	12
21	25	15	10	24	14	10
22	25	20	5	23	19	4
23	28	19	9	24	19	5
24	15	5	10	14	5	9
25-29岁	**158**	**97**	**61**	**134**	**88**	**46**
25	40	24	16	37	24	13
26	24	14	10	22	14	8
27	32	21	11	26	20	6
28	39	24	15	30	19	11
29	23	14	9	19	11	8
30-34岁	**262**	**152**	**110**	**174**	**114**	**60**
30	48	30	18	29	20	9
31	64	37	27	46	31	15
32	33	17	16	21	11	10
33	63	37	26	43	29	14
34	54	31	23	35	23	12
35-39岁	**254**	**133**	**121**	**139**	**97**	**42**
35	54	29	25	28	22	6
36	47	29	18	31	23	8
37	53	26	27	29	17	12
38	49	23	26	24	16	8
39	51	26	25	27	19	8
40-44岁	**295**	**131**	**164**	**113**	**69**	**44**
40	42	16	26	16	8	8
41	55	30	25	27	19	8
42	60	27	33	20	12	8
43	75	32	43	29	17	12
44	63	26	37	21	13	8
45-49岁	**516**	**197**	**319**	**135**	**105**	**30**
45	67	26	41	20	16	4
46	85	33	52	25	22	3
47	113	42	71	33	25	8
48	106	49	57	28	23	5
49	145	47	98	29	19	10
50-54岁	**758**	**244**	**514**	**130**	**90**	**40**
50	135	38	97	26	14	12
51	171	55	116	26	17	9
52	166	54	112	32	21	11
53	111	33	78	14	11	3
54	175	64	111	32	27	5
55-59岁	**850**	**256**	**594**	**111**	**105**	**6**
55	168	49	119	25	21	4
56	171	56	115	21	21	
57	236	81	155	30	28	2
58	160	43	117	20	20	
59	115	27	88	15	15	
60-64岁	**1758**	**370**	**1388**	**101**	**87**	**14**
60	223	51	172	10	9	1
61	267	53	214	16	13	3
62	373	84	289	25	20	5
63	424	85	339	19	18	1
64	471	97	374	31	27	4
65岁及以上	**11099**	**1962**	**9137**	**243**	**221**	**22**

单位：人

有配偶			离婚			丧偶		
小计	男	女	小计	男	女	小计	男	女
8444	**1890**	**6554**	**189**	**80**	**109**	**6045**	**598**	**5447**
8	**2**	**6**						
1	1							
2	1	1						
4		4						
1		1						
23	**8**	**15**	**1**	**1**				
3		3						
2		2						
6	1	5						
8	4	4	1	1				
4	3	1						
84	**35**	**49**	**4**	**3**	**1**			
17	8	9	2	2				
17	5	12	1	1				
11	6	5	1		1			
20	8	12						
19	8	11						
111	**35**	**76**	**4**	**1**	**3**			
26	7	19						
16	6	10						
24	9	15						
23	6	17	2	1	1			
22	7	15	2		2			
175	**58**	**117**	**7**	**4**	**3**			
26	8	18						
26	9	17	2	2				
39	14	25	1	1				
44	15	29	2		2			
40	12	28	2	1	1			
346	**81**	**265**	**27**	**9**	**18**	**8**	**2**	**6**
38	8	30	7	2	5	2		2
53	9	44	5	1	4	2	1	1
71	15	56	6	2	4	3		3
74	25	49	4	1	3			
110	24	86	5	3	2	1	1	
570	**132**	**438**	**25**	**14**	**11**	**33**	**8**	**25**
101	21	80	4	2	2	4	1	3
128	34	94	9	4	5	8		8
123	28	95	5	3	2	6	2	4
90	19	71	3	2	1	4	1	3
128	30	98	4	3	1	11	4	7
659	**135**	**524**	**15**	**9**	**6**	**65**	**7**	**58**
136	26	110	3	1	2	4	1	3
131	29	102	5	4	1	14	2	12
183	50	133	5	3	2	18		18
121	21	100	2	1	1	17	1	16
88	9	79				12	3	9
1428	**254**	**1174**	**37**	**12**	**25**	**192**	**17**	**175**
189	39	150	6	2	4	18	1	17
216	37	179	6	2	4	29	1	28
302	57	245	10	3	7	36	4	32
351	60	291	7	3	4	47	4	43
370	61	309	8	2	6	62	7	55
5040	**1150**	**3890**	**69**	**27**	**42**	**5747**	**564**	**5183**

5−3 续表 2

受教育程度 年　　龄	15岁及以上人口			未　婚		
	合计	男	女	小计	男	女
学前教育	**255**	**114**	**141**	**54**	**42**	**12**
15−19岁	**24**	**18**	**6**	**24**	**18**	**6**
15	10	7	3	10	7	3
16	5	3	2	5	3	2
17	3	3		3	3	
18	3	3		3	3	
19	3	2	1	3	2	1
20−24岁	**11**	**8**	**3**	**9**	**7**	**2**
20	2	2		2	2	
21	4	3	1	4	3	1
22	1	1		1	1	
23	3	2	1	1	1	
24	1		1	1		1
25−29岁	**10**	**7**	**3**	**5**	**4**	**1**
25	2		2	1		1
26	2	2		1	1	
27	3	3		2	2	
28	1		1			
29	2	2		1	1	
30−34岁	**15**	**9**	**6**	**4**	**3**	**1**
30	3	1	2			
31	10	7	3	4	3	1
32						
33	2	1	1			
34						
35−39岁	**8**	**2**	**6**	**1**		**1**
35	2		2			
36	2		2	1		1
37	2	1	1			
38	1	1				
39	1		1			
40−44岁	**7**	**6**	**1**	**3**	**2**	**1**
40	2	2		1	1	
41	1		1	1		1
42	3	3				
43						
44	1	1		1	1	
45−49岁	**12**	**6**	**6**	**1**	**1**	
45	2	2		1	1	
46	3	2	1			
47	3	1	2			
48	2	1	1			
49	2		2			
50−54岁	**13**	**9**	**4**	**2**	**2**	
50	2	1	1	1	1	
51	1		1			
52	7	6	1	1	1	
53	2	2				
54	1		1			
55−59岁	**19**	**7**	**12**	**1**	**1**	
55	4	1	3			
56	3		3			
57	4	2	2			
58	5	4	1	1	1	
59	3		3			
60−64岁	**25**	**9**	**16**	**2**	**2**	
60	4	2	2			
61	4	2	2			
62	7		7			
63	4	2	2	2	2	
64	6	3	3			
65岁及以上	**111**	**33**	**78**	**2**	**2**	

单位：人

有配偶			离婚			丧偶		
小计	男	女	小计	男	女	小计	男	女
147	**55**	**92**	**2**	**2**		**52**	**15**	**37**
2	**1**	**1**						
2	1	1						
5	**3**	**2**						
1		1						
1	1							
1	1							
1		1						
1	1							
11	**6**	**5**						
3	1	2						
6	4	2						
2	1	1						
7	**2**	**5**						
2		2						
1		1						
2	1	1						
1	1							
1		1						
4	**4**							
1	1							
3	3							
11	**5**	**6**						
1	1							
3	2	1						
3	1	2						
2	1	1						
2		2						
10	**6**	**4**	**1**	**1**				
1		1						
1		1						
5	4	1	1	1				
2	2							
1		1						
17	**5**	**12**	**1**	**1**				
4	1	3						
3		3						
4	2	2						
3	2	1	1	1				
3		3						
18	**5**	**13**				**5**	**2**	**3**
4	2	2						
4	2	2						
4		4				3		3
2		2						
4	1	3				2	2	
62	**18**	**44**				**47**	**13**	**34**

5-3 续表 3

受教育程度 年　　龄	15岁及以上人口			未　婚		
	合计	男	女	小计	男	女
小　学	**117927**	**51094**	**66833**	**3879**	**3082**	**797**
15-19岁	**273**	**177**	**96**	**263**	**174**	**89**
15	36	19	17	35	19	16
16	40	23	17	40	23	17
17	43	31	12	43	31	12
18	74	46	28	70	45	25
19	80	58	22	75	56	19
20-24岁	**621**	**406**	**215**	**445**	**337**	**108**
20	87	56	31	77	53	24
21	118	78	40	97	70	27
22	150	99	51	109	87	22
23	129	78	51	85	64	21
24	137	95	42	77	63	14
25-29岁	**1368**	**856**	**512**	**509**	**396**	**113**
25	203	122	81	106	80	26
26	195	121	74	84	60	24
27	270	173	97	101	82	19
28	293	185	108	111	88	23
29	407	255	152	107	86	21
30-34岁	**3048**	**1686**	**1362**	**522**	**398**	**124**
30	587	342	245	119	95	24
31	601	326	275	115	89	26
32	588	318	270	89	65	24
33	676	383	293	114	87	27
34	596	317	279	85	62	23
35-39岁	**2982**	**1564**	**1418**	**324**	**240**	**84**
35	509	279	230	66	53	13
36	494	274	220	58	37	21
37	585	301	284	71	51	20
38	729	368	361	70	57	13
39	665	342	323	59	42	17
40-44岁	**4781**	**2301**	**2480**	**260**	**193**	**67**
40	666	335	331	47	34	13
41	917	438	479	58	43	15
42	1031	498	533	54	42	12
43	1015	472	543	52	37	15
44	1152	558	594	49	37	12
45-49岁	**8538**	**4084**	**4454**	**312**	**249**	**63**
45	1255	650	605	59	49	10
46	1405	668	737	59	43	16
47	1742	838	904	69	57	12
48	1969	915	1054	61	50	11
49	2167	1013	1154	64	50	14
50-54岁	**13213**	**6024**	**7189**	**314**	**264**	**50**
50	2615	1211	1404	65	56	9
51	2665	1240	1425	73	62	11
52	2912	1327	1585	63	52	11
53	2329	1055	1274	53	43	10
54	2692	1191	1501	60	51	9
55-59岁	**11065**	**4656**	**6409**	**210**	**180**	**30**
55	2540	1116	1424	52	38	14
56	2466	1070	1396	44	38	6
57	2920	1211	1709	52	45	7
58	1870	780	1090	44	42	2
59	1269	479	790	18	17	1
60-64岁	**14353**	**5514**	**8839**	**169**	**154**	**15**
60	2149	823	1326	30	26	4
61	2131	820	1311	24	21	3
62	3040	1172	1868	32	29	3
63	3440	1301	2139	37	35	2
64	3593	1398	2195	46	43	3
65岁及以上	**57685**	**23826**	**33859**	**551**	**497**	**54**

单位：人

有配偶			离婚			丧偶		
小计	男	女	小计	男	女	小计	男	女
91849	**41419**	**50430**	**2384**	**1289**	**1095**	**19815**	**5304**	**14511**
10	**3**	**7**						
1		1						
4	1	3						
5	2	3						
172	**67**	**105**	**4**	**2**	**2**			
10	3	7						
20	8	12	1		1			
40	12	28	1		1			
43	13	30	1	1				
59	31	28	1	1				
814	**434**	**380**	**45**	**26**	**19**			
93	40	53	4	2	2			
103	56	47	8	5	3			
155	87	68	14	4	10			
173	91	82	9	6	3			
290	160	130	10	9	1			
2383	**1203**	**1180**	**139**	**85**	**54**	**4**		**4**
446	237	209	22	10	12			
466	222	244	20	15	5			
461	232	229	36	21	15	2		2
523	271	252	38	25	13	1		1
487	241	246	23	14	9	1		1
2460	**1210**	**1250**	**185**	**109**	**76**	**13**	**5**	**8**
416	214	202	26	12	14	1		1
401	212	189	34	24	10	1	1	
467	220	247	44	29	15	3	1	2
606	283	323	48	26	22	5	2	3
570	281	289	33	18	15	3	1	2
4233	**1969**	**2264**	**261**	**134**	**127**	**27**	**5**	**22**
572	276	296	41	25	16	6		6
798	364	434	56	31	25	5		5
923	430	493	50	24	26	4	2	2
907	412	495	48	21	27	8	2	6
1033	487	546	66	33	33	4	1	3
7753	**3606**	**4147**	**352**	**205**	**147**	**121**	**24**	**97**
1132	568	564	56	33	23	8		8
1262	584	678	65	38	27	19	3	16
1588	740	848	64	37	27	21	4	17
1782	807	975	98	51	47	28	7	21
1989	907	1082	69	46	23	45	10	35
12082	**5458**	**6624**	**439**	**224**	**215**	**378**	**78**	**300**
2390	1085	1305	101	50	51	59	20	39
2420	1117	1303	96	48	48	76	13	63
2664	1210	1454	111	53	58	74	12	62
2140	972	1168	57	25	32	79	15	64
2468	1074	1394	74	48	26	90	18	72
9924	**4178**	**5746**	**308**	**176**	**132**	**623**	**122**	**501**
2305	1008	1297	66	46	20	117	24	93
2225	965	1260	73	44	29	124	23	101
2602	1088	1514	99	46	53	167	32	135
1656	688	968	46	25	21	124	25	99
1136	429	707	24	15	9	91	18	73
12686	**4956**	**7730**	**235**	**114**	**121**	**1263**	**290**	**973**
1937	745	1192	45	19	26	137	33	104
1893	746	1147	33	17	16	181	36	145
2703	1047	1656	53	29	24	252	67	185
3005	1161	1844	57	33	24	341	72	269
3148	1257	1891	47	16	31	352	82	270
39332	**18335**	**20997**	**416**	**214**	**202**	**17386**	**4780**	**12606**

5-3 续表 4

受教育程度 年　　龄	15岁及以上人口 合计	男	女	未婚 小计	男	女
初　中	**353937**	**188886**	**165051**	**26237**	**18598**	**7639**
15-19岁	**7796**	**4726**	**3070**	**7715**	**4706**	**3009**
15	3782	2112	1670	3782	2112	1670
16	1283	766	517	1280	765	515
17	817	545	272	808	544	264
18	885	604	281	870	601	269
19	1029	699	330	975	684	291
20-24岁	**7900**	**5062**	**2838**	**5351**	**4024**	**1327**
20	1155	814	341	1021	774	247
21	1238	818	420	1033	763	270
22	1538	987	551	1089	807	282
23	1805	1113	692	1122	840	282
24	2164	1330	834	1086	840	246
25-29岁	**17297**	**10352**	**6945**	**4898**	**3834**	**1064**
25	2710	1678	1032	1128	894	234
26	2943	1721	1222	1015	785	230
27	3398	2008	1390	972	761	211
28	3758	2297	1461	911	720	191
29	4488	2648	1840	872	674	198
30-34岁	**32520**	**18272**	**14248**	**3466**	**2591**	**875**
30	6166	3543	2623	945	705	240
31	6326	3542	2784	754	566	188
32	6410	3641	2769	685	509	176
33	7181	3991	3190	616	464	152
34	6437	3555	2882	466	347	119
35-39岁	**29970**	**16356**	**13614**	**1533**	**1115**	**418**
35	5463	3071	2392	405	308	97
36	5620	3062	2558	317	219	98
37	5844	3240	2604	302	216	86
38	7122	3842	3280	276	206	70
39	5921	3141	2780	233	166	67
40-44岁	**31147**	**16350**	**14797**	**835**	**559**	**276**
40	5082	2732	2350	172	124	48
41	6529	3485	3044	194	126	68
42	6699	3474	3225	188	126	62
43	6140	3152	2988	131	88	43
44	6697	3507	3190	150	95	55
45-49岁	**38842**	**19972**	**18870**	**707**	**492**	**215**
45	6486	3326	3160	152	108	44
46	7202	3711	3491	126	88	38
47	7871	4038	3833	169	123	46
48	8397	4374	4023	138	92	46
49	8886	4523	4363	122	81	41
50-54岁	**43620**	**22586**	**21034**	**568**	**432**	**136**
50	9578	4959	4619	142	104	38
51	8433	4362	4071	115	88	27
52	9344	4884	4460	127	95	32
53	7475	3798	3677	100	77	23
54	8790	4583	4207	84	68	16
55-59岁	**40808**	**21366**	**19442**	**461**	**387**	**74**
55	9287	4754	4533	97	85	12
56	9504	4993	4511	115	101	14
57	11502	6027	5475	120	96	24
58	6775	3597	3178	89	74	15
59	3740	1995	1745	40	31	9
60-64岁	**35646**	**18640**	**17006**	**256**	**191**	**65**
60	6438	3342	3096	44	38	6
61	6032	3095	2937	52	41	11
62	7649	4053	3596	54	40	14
63	8050	4230	3820	64	48	16
64	7477	3920	3557	42	24	18
65岁及以上	**68391**	**35204**	**33187**	**447**	**267**	**180**

单位：人

有配偶			离婚			丧偶		
小计	男	女	小计	男	女	小计	男	女
297586	**158190**	**139396**	**13244**	**6905**	**6339**	**16870**	**5193**	**11677**
81	**20**	**61**						
3	1	2						
9	1	8						
15	3	12						
54	15	39						
2493	**1012**	**1481**	**52**	**24**	**28**	**4**	**2**	**2**
134	40	94						
201	52	149	4	3	1			
441	177	264	7	2	5	1	1	
673	268	405	10	5	5			
1044	475	569	31	14	17	3	1	2
11864	**6222**	**5642**	**526**	**293**	**233**	**9**	**3**	**6**
1540	767	773	42	17	25			
1860	897	963	66	39	27	2		2
2323	1187	1136	103	60	43			
2719	1498	1221	124	77	47	4	2	2
3422	1873	1549	191	100	91	3	1	2
27540	**14785**	**12755**	**1471**	**887**	**584**	**43**	**9**	**34**
4987	2709	2278	229	128	101	5	1	4
5263	2785	2478	301	189	112	8	2	6
5447	2966	2481	271	164	107	7	2	5
6211	3321	2890	347	206	141	7		7
5632	3004	2628	323	200	123	16	4	12
26725	**14269**	**12456**	**1615**	**948**	**667**	**97**	**24**	**73**
4775	2604	2171	269	156	113	14	3	11
4978	2664	2314	306	173	133	19	6	13
5239	2865	2374	287	155	132	16	4	12
6439	3390	3049	381	241	140	26	5	21
5294	2746	2548	372	223	149	22	6	16
28556	**14968**	**13588**	**1575**	**791**	**784**	**181**	**32**	**149**
4648	2483	2165	237	122	115	25	3	22
5961	3166	2795	346	191	155	28	2	26
6157	3190	2967	315	147	168	39	11	28
5637	2891	2746	336	169	167	36	4	32
6153	3238	2915	341	162	179	53	12	41
35794	**18520**	**17274**	**1910**	**875**	**1035**	**431**	**85**	**346**
5937	3049	2888	336	154	182	61	15	46
6663	3444	3219	346	168	178	67	11	56
7204	3717	3487	422	189	233	76	9	67
7780	4074	3706	386	182	204	93	26	67
8210	4236	3974	420	182	238	134	24	110
40234	**21056**	**19178**	**1943**	**912**	**1031**	**875**	**186**	**689**
8854	4629	4225	435	196	239	147	30	117
7772	4059	3713	401	191	210	145	24	121
8601	4554	4047	432	198	234	184	37	147
6934	3563	3371	276	121	155	165	37	128
8073	4251	3822	399	206	193	234	58	176
37214	**19657**	**17557**	**1696**	**942**	**754**	**1437**	**380**	**1057**
8498	4383	4115	415	217	198	277	69	208
8636	4572	4064	441	246	195	312	74	238
10480	5556	4924	468	257	211	434	118	316
6186	3312	2874	250	144	106	250	67	183
3414	1834	1580	122	78	44	164	52	112
31907	**17150**	**14757**	**1294**	**669**	**625**	**2189**	**630**	**1559**
5778	3073	2705	264	140	124	352	91	261
5385	2821	2564	261	143	118	334	90	244
6817	3712	3105	325	167	158	453	134	319
7224	3915	3309	246	118	128	516	149	367
6703	3629	3074	198	101	97	534	166	368
55178	**30531**	**24647**	**1162**	**564**	**598**	**11604**	**3842**	**7762**

5-3 续表 5

受教育程度 年　　龄	15岁及以上人口			未　婚		
	合计	男	女	小计	男	女
高　中	**221023**	**113576**	**107447**	**44789**	**26510**	**18279**
15-19岁	**27036**	**14696**	**12340**	**27011**	**14684**	**12327**
15	5637	2880	2757	5636	2880	2756
16	8432	4543	3889	8432	4543	3889
17	7016	3790	3226	7015	3789	3226
18	4227	2431	1796	4223	2429	1794
19	1724	1052	672	1705	1043	662
20-24岁	**7386**	**4565**	**2821**	**6205**	**4102**	**2103**
20	1516	883	633	1474	873	601
21	1409	901	508	1319	881	438
22	1497	964	533	1285	874	411
23	1460	910	550	1133	782	351
24	1504	907	597	994	692	302
25-29岁	**10556**	**6127**	**4429**	**4211**	**2932**	**1279**
25	1654	987	667	931	638	293
26	1928	1143	785	911	642	269
27	2101	1241	860	888	618	270
28	2306	1315	991	779	545	234
29	2567	1441	1126	702	489	213
30-34岁	**18518**	**10172**	**8346**	**3210**	**2168**	**1042**
30	3410	1889	1521	797	540	257
31	3663	2063	1600	749	517	232
32	3664	2019	1645	622	428	194
33	4133	2239	1894	613	388	225
34	3648	1962	1686	429	295	134
35-39岁	**17685**	**9352**	**8333**	**1561**	**1015**	**546**
35	3051	1649	1402	359	238	121
36	3221	1743	1478	351	234	117
37	3533	1863	1670	316	207	109
38	4214	2236	1978	317	203	114
39	3666	1861	1805	218	133	85
40-44岁	**16901**	**8624**	**8277**	**838**	**521**	**317**
40	3304	1744	1560	203	132	71
41	3834	1910	1924	199	119	80
42	3613	1905	1708	146	86	60
43	3061	1530	1531	157	103	54
44	3089	1535	1554	133	81	52
45-49岁	**16419**	**8282**	**8137**	**605**	**360**	**245**
45	2902	1485	1417	109	70	39
46	3023	1532	1491	115	65	50
47	3495	1766	1729	156	91	65
48	3417	1702	1715	110	61	49
49	3582	1797	1785	115	73	42
50-54岁	**16922**	**8295**	**8627**	**366**	**257**	**109**
50	3833	1907	1926	85	61	24
51	3624	1762	1862	90	63	27
52	3778	1864	1914	86	59	27
53	2498	1215	1283	57	38	19
54	3189	1547	1642	48	36	12
55-59岁	**30931**	**14373**	**16558**	**362**	**258**	**104**
55	3816	1756	2060	46	37	9
56	5384	2451	2933	60	39	21
57	9129	4277	4852	107	75	32
58	7265	3355	3910	89	60	29
59	5337	2534	2803	60	47	13
60-64岁	**30236**	**14781**	**15455**	**238**	**138**	**100**
60	6845	3397	3448	57	39	18
61	5792	2827	2965	45	34	11
62	6453	3148	3305	64	31	33
63	6217	3014	3203	37	18	19
64	4929	2395	2534	35	16	19
65岁及以上	**28433**	**14309**	**14124**	**182**	**75**	**107**

单位：人

有配偶			离　婚			丧　偶		
小计	男	女	小计	男	女	小计	男	女
158872	**80877**	**77995**	**9219**	**3971**	**5248**	**8143**	**2218**	**5925**
25	**12**	**13**						
1		1						
1	1							
4	2	2						
19	9	10						
1170	**459**	**711**	**11**	**4**	**7**			
41	9	32	1	1				
90	20	70						
212	90	122						
324	127	197	3	1	2			
503	213	290	7	2	5			
6171	**3105**	**3066**	**172**	**90**	**82**	**2**		**2**
713	345	368	10	4	6			
1001	494	507	16	7	9			
1186	611	575	25	12	13	2		2
1474	740	734	53	30	23			
1797	915	882	68	37	31			
14555	**7614**	**6941**	**736**	**384**	**352**	**17**	**6**	**11**
2517	1307	1210	94	42	52	2		2
2781	1477	1304	131	68	63	2	1	1
2879	1494	1385	160	95	65	3	2	1
3326	1747	1579	192	103	89	2	1	1
3052	1589	1463	159	76	83	8	2	6
14990	**7778**	**7212**	**1090**	**548**	**542**	**44**	**11**	**33**
2542	1332	1210	145	77	68	5	2	3
2658	1398	1260	205	110	95	7	1	6
2996	1537	1459	211	115	96	10	4	6
3609	1896	1713	281	136	145	7	1	6
3185	1615	1570	248	110	138	15	3	12
14833	**7599**	**7234**	**1144**	**481**	**663**	**86**	**23**	**63**
2885	1532	1353	203	76	127	13	4	9
3332	1667	1665	281	119	162	22	5	17
3198	1689	1509	254	125	129	15	5	10
2705	1345	1360	188	80	108	11	2	9
2713	1366	1347	218	81	137	25	7	18
14356	**7362**	**6994**	**1330**	**542**	**788**	**128**	**18**	**110**
2574	1330	1244	209	84	125	10	1	9
2636	1356	1280	248	108	140	24	3	21
3016	1546	1470	301	125	176	22	4	18
2981	1527	1454	289	107	182	37	7	30
3149	1603	1546	283	118	165	35	3	32
14967	**7479**	**7488**	**1279**	**504**	**775**	**310**	**55**	**255**
3415	1731	1684	291	109	182	42	6	36
3131	1554	1577	330	137	193	73	8	65
3323	1669	1654	295	118	177	74	18	56
2226	1106	1120	165	65	100	50	6	44
2872	1419	1453	198	75	123	71	17	54
27677	**13194**	**14483**	**1807**	**734**	**1073**	**1085**	**187**	**898**
3418	1592	1826	260	111	149	92	16	76
4831	2267	2564	327	119	208	166	26	140
8206	3933	4273	498	205	293	318	64	254
6489	3079	3410	415	177	238	272	39	233
4733	2323	2410	307	122	185	237	42	195
27118	**13724**	**13394**	**1229**	**518**	**711**	**1651**	**401**	**1250**
6165	3131	3034	344	153	191	279	74	205
5203	2607	2596	233	107	126	311	79	232
5793	2942	2851	242	96	146	354	79	275
5546	2799	2747	252	108	144	382	89	293
4411	2245	2166	158	54	104	325	80	245
23010	**12551**	**10459**	**421**	**166**	**255**	**4820**	**1517**	**3303**

5-3 续表 6

受教育程度 年龄	15岁及以上人口 合计	男	女	未婚 小计	男	女
大学专科	**138986**	**72481**	**66505**	**38340**	**21853**	**16487**
15-19岁	**7837**	**4217**	**3620**	**7832**	**4215**	**3617**
15	98	58	40	98	58	40
16	237	142	95	236	141	95
17	461	266	195	461	266	195
18	2270	1207	1063	2270	1207	1063
19	4771	2544	2227	4767	2543	2224
20-24岁	**16579**	**9271**	**7308**	**15280**	**8790**	**6490**
20	4579	2596	1983	4552	2587	1965
21	3286	1852	1434	3217	1837	1380
22	2867	1634	1233	2680	1565	1115
23	2939	1636	1303	2550	1504	1046
24	2908	1553	1355	2281	1297	984
25-29岁	**16097**	**8347**	**7750**	**7583**	**4581**	**3002**
25	3072	1674	1398	2140	1294	846
26	2961	1509	1452	1660	968	692
27	3159	1645	1514	1496	898	598
28	3328	1696	1632	1254	766	488
29	3577	1823	1754	1033	655	378
30-34岁	**25028**	**12319**	**12709**	**4404**	**2589**	**1815**
30	4654	2261	2393	1167	710	457
31	5203	2577	2626	1055	631	424
32	5045	2474	2571	803	461	342
33	5184	2563	2621	754	436	318
34	4942	2444	2498	625	351	274
35-39岁	**20329**	**10090**	**10239**	**1828**	**1007**	**821**
35	4117	2021	2096	484	280	204
36	4135	2085	2050	446	251	195
37	4169	2099	2070	361	188	173
38	4459	2151	2308	313	174	139
39	3449	1734	1715	224	114	110
40-44岁	**12265**	**6106**	**6159**	**597**	**306**	**291**
40	2770	1397	1373	176	86	90
41	2837	1383	1454	135	71	64
42	2552	1268	1284	115	57	58
43	2105	1031	1074	78	40	38
44	2001	1027	974	93	52	41
45-49岁	**9238**	**4717**	**4521**	**355**	**181**	**174**
45	1804	897	907	72	31	41
46	1819	946	873	83	39	44
47	2008	1011	997	89	47	42
48	1840	972	868	61	39	22
49	1767	891	876	50	25	25
50-54岁	**6651**	**3411**	**3240**	**192**	**100**	**92**
50	1796	917	879	70	37	33
51	1547	765	782	45	22	23
52	1448	751	697	32	18	14
53	849	430	419	27	15	12
54	1011	548	463	18	8	10
55-59岁	**6944**	**3676**	**3268**	**98**	**45**	**53**
55	1082	574	508	15	6	9
56	1469	777	692	21	11	10
57	2077	1113	964	28	12	16
58	1440	758	682	24	13	11
59	876	454	422	10	3	7
60-64岁	**5623**	**3189**	**2434**	**58**	**14**	**44**
60	1054	584	470	11	2	9
61	885	498	387	13	4	9
62	1084	627	457	7	3	4
63	1297	725	572	18	4	14
64	1303	755	548	9	1	8
65岁及以上	**12395**	**7138**	**5257**	**113**	**25**	**88**

单位：人

有配偶			离婚			丧偶		
小计	男	女	小计	男	女	小计	男	女
94109	**48162**	**45947**	**4425**	**1726**	**2699**	**2112**	**740**	**1372**
5	**2**	**3**						
1	1							
4	1	3						
1285	**478**	**807**	**14**	**3**	**11**			
27	9	18						
68	15	53	1		1			
187	69	118						
384	129	255	5	3	2			
619	256	363	8		8			
8333	**3700**	**4633**	**178**	**66**	**112**	**3**		**3**
920	377	543	12	3	9			
1279	534	745	21	7	14	1		1
1633	736	897	30	11	19			
2025	914	1111	47	16	31	2		2
2476	1139	1337	68	29	39			
19926	**9451**	**10475**	**682**	**277**	**405**	**16**	**2**	**14**
3399	1517	1882	87	34	53	1		1
4042	1905	2137	104	41	63	2		2
4089	1943	2146	152	70	82	1		1
4266	2065	2201	159	62	97	5		5
4130	2021	2109	180	70	110	7	2	5
17451	**8635**	**8816**	**1027**	**444**	**583**	**23**	**4**	**19**
3446	1669	1777	179	68	111	8	4	4
3484	1748	1736	203	86	117	2		2
3568	1801	1767	238	110	128	2		2
3901	1867	2034	241	110	131	4		4
3052	1550	1502	166	70	96	7		7
10888	**5502**	**5386**	**744**	**293**	**451**	**36**	**5**	**31**
2415	1234	1181	171	76	95	8	1	7
2547	1252	1295	150	60	90	5		5
2286	1151	1135	146	59	87	5	1	4
1883	944	939	137	47	90	7		7
1757	921	836	140	51	89	11	3	8
8247	**4324**	**3923**	**579**	**199**	**380**	**57**	**13**	**44**
1619	828	791	109	36	73	4	2	2
1611	863	748	113	41	72	12	3	9
1781	916	865	124	45	79	14	3	11
1645	886	759	118	44	74	16	3	13
1591	831	760	115	33	82	11	2	9
5953	**3149**	**2804**	**434**	**148**	**286**	**72**	**14**	**58**
1567	833	734	136	43	93	23	4	19
1404	709	695	86	31	55	12	3	9
1303	693	610	100	38	62	13	2	11
757	395	362	58	20	38	7		7
922	519	403	54	16	38	17	5	12
6372	**3471**	**2901**	**354**	**136**	**218**	**120**	**24**	**96**
978	538	440	69	30	39	20		20
1359	743	616	63	20	43	26	3	23
1926	1054	872	98	34	64	25	13	12
1309	707	602	78	33	45	29	5	24
800	429	371	46	19	27	20	3	17
5195	**3045**	**2150**	**185**	**70**	**115**	**185**	**60**	**125**
977	563	414	39	13	26	27	6	21
811	469	342	35	14	21	26	11	15
1001	592	409	35	18	17	41	14	27
1192	692	500	42	14	28	45	15	30
1214	729	485	34	11	23	46	14	32
10454	**6405**	**4049**	**228**	**90**	**138**	**1600**	**618**	**982**

5-3 续表 7

受教育程度 年龄	15岁及以上人口			未婚		
	合计	男	女	小计	男	女
大学本科	**185784**	**93195**	**92589**	**68684**	**33576**	**35108**
15-19岁	**11905**	**5655**	**6250**	**11904**	**5655**	**6249**
15	15	7	8	15	7	8
16	62	32	30	62	32	30
17	362	178	184	362	178	184
18	3906	1859	2047	3906	1859	2047
19	7560	3579	3981	7559	3579	3980
20-24岁	**32311**	**15627**	**16684**	**31737**	**15438**	**16299**
20	9102	4365	4737	9096	4362	4734
21	8286	4003	4283	8274	3999	4275
22	5967	2963	3004	5917	2946	2971
23	4620	2252	2368	4479	2203	2276
24	4336	2044	2292	3971	1928	2043
25-29岁	**25369**	**11941**	**13428**	**14549**	**7378**	**7171**
25	4697	2252	2445	3882	1940	1942
26	4729	2173	2556	3301	1627	1674
27	5232	2463	2769	3044	1575	1469
28	5381	2518	2863	2447	1250	1197
29	5330	2535	2795	1875	986	889
30-34岁	**34102**	**16295**	**17807**	**6560**	**3347**	**3213**
30	6796	3228	3568	1899	991	908
31	6796	3259	3537	1557	785	772
32	6512	3133	3379	1175	606	569
33	7192	3396	3796	1095	538	557
34	6806	3279	3527	834	427	407
35-39岁	**31106**	**15279**	**15827**	**2682**	**1240**	**1442**
35	6158	3044	3114	703	342	361
36	6315	3037	3278	604	285	319
37	6721	3279	3442	577	271	306
38	6911	3398	3513	480	205	275
39	5001	2521	2480	318	137	181
40-44岁	**15812**	**8076**	**7736**	**631**	**268**	**363**
40	3881	1987	1894	186	81	105
41	3698	1838	1860	155	62	93
42	3159	1621	1538	137	64	73
43	2593	1336	1257	90	35	55
44	2481	1294	1187	63	26	37
45-49岁	**11198**	**5922**	**5276**	**321**	**133**	**188**
45	2134	1107	1027	74	31	43
46	2185	1144	1041	60	26	34
47	2349	1231	1118	76	24	52
48	2332	1259	1073	65	33	32
49	2198	1181	1017	46	19	27
50-54岁	**7931**	**4361**	**3570**	**155**	**63**	**92**
50	2108	1120	988	51	20	31
51	1664	889	775	31	14	17
52	1714	939	775	28	12	16
53	1205	676	529	22	8	14
54	1240	737	503	23	9	14
55-59岁	**5563**	**3464**	**2099**	**71**	**38**	**33**
55	1256	772	484	21	15	6
56	1239	747	492	17	7	10
57	1590	1003	587	15	8	7
58	951	616	335	12	5	7
59	527	326	201	6	3	3
60-64岁	**2919**	**1862**	**1057**	**26**	**5**	**21**
60	709	456	253	6	1	5
61	551	335	216	6	1	5
62	521	324	197	5	1	4
63	603	392	211	4		4
64	535	355	180	5	2	3
65岁及以上	**7568**	**4713**	**2855**	**48**	**11**	**37**

单位：人

有配偶			离婚			丧偶		
小计	男	女	小计	男	女	小计	男	女
111795	**57484**	**54311**	**3874**	**1561**	**2313**	**1431**	**574**	**857**
1		**1**						
1		1						
572	**189**	**383**	**2**		**2**			
6	3	3						
12	4	8						
50	17	33						
140	49	91	1		1			
364	116	248	1		1			
10681	**4503**	**6178**	**138**	**59**	**79**	**1**	**1**	
814	312	502	1		1			
1413	540	873	15	6	9			
2170	878	1292	17	9	8	1	1	
2889	1251	1638	45	17	28			
3395	1522	1873	60	27	33			
26882	**12665**	**14217**	**652**	**281**	**371**	**8**	**2**	**6**
4800	2194	2606	97	43	54			
5141	2426	2715	96	47	49	2	1	1
5212	2475	2737	123	52	71	2		2
5935	2786	3149	162	72	90			
5794	2784	3010	174	67	107	4	1	3
27267	**13569**	**13698**	**1129**	**463**	**666**	**28**	**7**	**21**
5294	2627	2667	157	75	82	4		4
5490	2655	2835	216	95	121	5	2	3
5898	2927	2971	243	80	163	3	1	2
6125	3067	3058	299	125	174	7	1	6
4460	2293	2167	214	88	126	9	3	6
14470	**7535**	**6935**	**682**	**267**	**415**	**29**	**6**	**23**
3535	1842	1693	154	64	90	6		6
3388	1711	1677	152	65	87	3		3
2861	1493	1368	156	63	93	5	1	4
2386	1262	1124	111	39	72	6		6
2300	1227	1073	109	36	73	9	5	4
10328	**5591**	**4737**	**499**	**186**	**313**	**50**	**12**	**38**
1968	1041	927	84	33	51	8	2	6
2017	1081	936	101	34	67	7	3	4
2173	1168	1005	95	39	56	5		5
2143	1180	963	113	43	70	11	3	8
2027	1121	906	106	37	69	19	4	15
7377	**4156**	**3221**	**343**	**122**	**221**	**56**	**20**	**36**
1941	1066	875	107	33	74	9	1	8
1542	841	701	78	30	48	13	4	9
1608	899	709	65	22	43	13	6	7
1133	646	487	44	18	26	6	4	2
1153	704	449	49	19	30	15	5	10
5206	**3310**	**1896**	**217**	**92**	**125**	**69**	**24**	**45**
1169	727	442	52	24	28	14	6	8
1164	716	448	42	19	23	16	5	11
1497	960	537	64	29	35	14	6	8
887	597	290	38	13	25	14	1	13
489	310	179	21	7	14	11	6	5
2729	**1797**	**932**	**95**	**39**	**56**	**69**	**21**	**48**
661	436	225	31	15	16	11	4	7
514	319	195	19	12	7	12	3	9
490	316	174	11	4	7	15	3	12
567	385	182	14	1	13	18	6	12
497	341	156	20	7	13	13	5	8
6282	**4169**	**2113**	**117**	**52**	**65**	**1121**	**481**	**640**

5-3 续表 8

受教育程度 年龄	15岁及以上人口			未婚		
	合计	男	女	小计	男	女
硕士研究生	**23732**	**11292**	**12440**	**8320**	**3586**	**4734**
15-19岁	**9**	**6**	**3**	**9**	**6**	**3**
15						
16						
17	2		2	2		2
18	5	4	1	5	4	1
19	2	2		2	2	
20-24岁	**3211**	**1412**	**1799**	**3191**	**1404**	**1787**
20	16	10	6	16	10	6
21	100	44	56	99	44	55
22	618	248	370	616	247	369
23	1162	498	664	1160	497	663
24	1315	612	703	1300	606	694
25-29岁	**4505**	**1835**	**2670**	**3361**	**1437**	**1924**
25	1102	500	602	1062	483	579
26	892	378	514	817	362	455
27	794	296	498	601	236	365
28	848	315	533	499	197	302
29	869	346	523	382	159	223
30-34岁	**5981**	**2602**	**3379**	**1141**	**499**	**642**
30	1161	495	666	355	157	198
31	1190	488	702	275	115	160
32	1253	541	712	203	87	116
33	1275	562	713	183	80	103
34	1102	516	586	125	60	65
35-39岁	**4903**	**2345**	**2558**	**418**	**163**	**255**
35	962	461	501	106	50	56
36	1014	468	546	88	29	59
37	1021	486	535	95	34	61
38	1073	515	558	86	36	50
39	833	415	418	43	14	29
40-44岁	**2369**	**1273**	**1096**	**118**	**47**	**71**
40	674	356	318	34	11	23
41	593	337	256	29	11	18
42	447	220	227	17	9	8
43	353	191	162	18	8	10
44	302	169	133	20	8	12
45-49岁	**1190**	**727**	**463**	**46**	**17**	**29**
45	244	138	106	17	8	9
46	263	157	106	11	2	9
47	240	143	97	3	2	1
48	224	151	73	9	4	5
49	219	138	81	6	1	5
50-54岁	**654**	**434**	**220**	**20**	**8**	**12**
50	169	110	59	6	3	3
51	142	90	52	6	2	4
52	158	112	46	4	2	2
53	85	53	32	1		1
54	100	69	31	3	1	2
55-59岁	**479**	**323**	**156**	**10**	**2**	**8**
55	108	76	32	3		3
56	123	85	38	2		2
57	122	79	43	4	2	2
58	91	64	27			
59	35	19	16	1		1
60-64岁	**193**	**141**	**52**	**4**	**1**	**3**
60	45	32	13	1	1	
61	33	25	8			
62	40	28	12	1		1
63	42	31	11	1		1
64	33	25	8	1		1
65岁及以上	**238**	**194**	**44**	**2**	**2**	

单位：人

有配偶			离婚			丧偶		
小计	男	女	小计	男	女	小计	男	女
15007	**7539**	**7468**	**367**	**153**	**214**	**38**	**14**	**24**
20	**8**	**12**						
1		1						
2	1	1						
2	1	1						
15	6	9						
1140	**397**	**743**	**3**	**1**	**2**	**1**		**1**
40	17	23						
75	16	59						
191	60	131	1		1	1		1
348	118	230	1		1			
486	186	300	1	1				
4781	**2078**	**2703**	**59**	**25**	**34**			
801	335	466	5	3	2			
907	370	537	8	3	5			
1037	448	589	13	6	7			
1078	478	600	14	4	10			
958	447	511	19	9	10			
4357	**2136**	**2221**	**126**	**46**	**80**	**2**		**2**
838	405	433	18	6	12			
903	431	472	23	8	15			
896	441	455	30	11	19			
956	466	490	30	13	17	1		1
764	393	371	25	8	17	1		1
2175	**1198**	**977**	**71**	**26**	**45**	**5**	**2**	**3**
622	340	282	16	5	11	2		2
542	316	226	21	10	11	1		1
411	205	206	17	4	13	2	2	
324	180	144	11	3	8			
276	157	119	6	4	2			
1094	**679**	**415**	**47**	**31**	**16**	**3**		**3**
219	127	92	8	3	5			
238	146	92	13	9	4	1		1
230	138	92	6	3	3	1		1
205	140	65	9	7	2	1		1
202	128	74	11	9	2			
593	**411**	**182**	**37**	**15**	**22**	**4**		**4**
148	99	49	14	8	6	1		1
131	85	46	5	3	2			
144	108	36	8	2	6	2		2
79	53	26	5		5			
91	66	25	5	2	3	1		1
449	**316**	**133**	**13**	**3**	**10**	**7**	**2**	**5**
102	75	27	3	1	2			
117	84	33	2		2	2	1	1
110	75	35	5	1	4	3	1	2
86	63	23	3	1	2	2		2
34	19	15						
183	**138**	**45**	**5**	**2**	**3**	**1**		**1**
43	31	12				1		1
31	24	7	2	1	1			
38	27	11	1	1				
39	31	8	2		2			
32	25	7						
215	**178**	**37**	**6**	**4**	**2**	**15**	**10**	**5**

5－3　续表 9

受教育程度 年　　龄	15岁及以上人口			未　　婚		
	合计	男	女	小计	男	女
博士研究生	**3131**	**1778**	**1353**	**1062**	**554**	**508**
15－19岁	**2**	**1**	**1**	**2**	**1**	**1**
15						
16						
17						
18						
19	2	1	1	2	1	1
20－24岁	**98**	**45**	**53**	**97**	**44**	**53**
20	5	1	4	5	1	4
21	1		1	1		1
22	20	7	13	20	7	13
23	21	10	11	21	10	11
24	51	27	24	50	26	24
25－29岁	**746**	**392**	**354**	**617**	**326**	**291**
25	121	62	59	117	60	57
26	150	90	60	134	83	51
27	165	77	88	138	63	75
28	175	92	83	136	72	64
29	135	71	64	92	48	44
30－34岁	**669**	**362**	**307**	**245**	**127**	**118**
30	169	86	83	94	48	46
31	146	90	56	65	41	24
32	111	57	54	39	19	20
33	132	65	67	30	11	19
34	111	64	47	17	8	9
35－39岁	**574**	**309**	**265**	**63**	**39**	**24**
35	118	67	51	15	10	5
36	123	68	55	21	14	7
37	101	59	42	10	3	7
38	120	59	61	11	7	4
39	112	56	56	6	5	1
40－44岁	**420**	**245**	**175**	**21**	**11**	**10**
40	90	55	35	7	4	3
41	89	50	39	4	3	1
42	99	50	49	4	1	3
43	78	48	30	4	3	1
44	64	42	22	2		2
45－49岁	**299**	**188**	**111**	**12**	**4**	**8**
45	67	37	30	3		3
46	67	38	29	4	1	3
47	62	42	20	3	1	2
48	55	37	18			
49	48	34	14	2	2	
50－54岁	**153**	**99**	**54**	**3**	**1**	**2**
50	42	26	16	2	1	1
51	32	23	9	1		1
52	28	19	9			
53	21	9	12			
54	30	22	8			
55－59岁	**98**	**75**	**23**	**1**		**1**
55	23	17	6			
56	25	20	5			
57	30	22	8			
58	13	9	4	1		1
59	7	7				
60－64岁	**37**	**30**	**7**	**1**	**1**	
60	8	7	1			
61	10	7	3			
62	6	6		1	1	
63	9	7	2			
64	4	3	1			
65岁及以上	**35**	**32**	**3**			

单位：人

有配偶			离　婚			丧　偶		
小计	男	女	小计	男	女	小计	男	女
2008	**1196**	**812**	**55**	**25**	**30**	**6**	**3**	**3**
1	**1**							
1	1							
128	**66**	**62**	**1**		**1**			
4	2	2						
16	7	9						
27	14	13						
38	20	18	1		1			
43	23	20						
419	**232**	**187**	**5**	**3**	**2**			
75	38	37						
79	48	31	2	1	1			
72	38	34						
101	53	48	1	1				
92	55	37	2	1	1			
493	**264**	**229**	**18**	**6**	**12**			
99	56	43	4	1	3			
99	54	45	3		3			
90	55	35	1	1				
106	51	55	3	1	2			
99	48	51	7	3	4			
388	**230**	**158**	**11**	**4**	**7**			
79	49	30	4	2	2			
83	47	36	2		2			
93	49	44	2		2			
71	43	28	3	2	1			
62	42	20						
276	**179**	**97**	**10**	**5**	**5**	**1**		**1**
60	36	24	3	1	2	1		1
61	37	24	2		2			
56	39	17	3	2	1			
54	36	18	1	1				
45	31	14	1	1				
143	**94**	**49**	**5**	**4**	**1**	**2**		**2**
38	24	14	1	1		1		1
30	22	8	1	1				
28	19	9						
19	9	10	1		1	1		1
28	20	8	2	2				
93	**72**	**21**	**4**	**3**	**1**			
23	17	6						
24	19	5	1	1				
28	21	7	2	1	1			
11	8	3	1	1				
7	7							
34	**28**	**6**	**1**		**1**	**1**	**1**	
8	7	1						
8	6	2	1		1	1	1	
5	5							
9	7	2						
4	3	1						
33	**30**	**3**				**2**	**2**	

5-3a 全市分年龄、性别、受教育

受教育程度 年龄	15岁及以上人口			未婚		
	合计	男	女	小计	男	女
总计	**824297**	**413531**	**410766**	**156888**	**86796**	**70092**
15-19岁	**41740**	**22332**	**19408**	**41679**	**22311**	**19368**
15	6757	3577	3180	6756	3577	3179
16	7367	4030	3337	7366	4029	3337
17	6365	3545	2820	6362	3545	2817
18	8852	4764	4088	8839	4759	4080
19	12399	6416	5983	12356	6401	5955
20-24岁	**54842**	**28934**	**25908**	**51176**	**27517**	**23659**
20	13714	7134	6580	13587	7093	6494
21	11731	6192	5539	11504	6133	5371
22	10064	5424	4640	9500	5200	4300
23	9572	5077	4495	8576	4713	3863
24	9761	5107	4654	8009	4378	3631
25-29岁	**59721**	**30877**	**28844**	**29940**	**17043**	**12897**
25	10491	5562	4929	7638	4280	3358
26	10804	5500	5304	6634	3676	2958
27	11906	6146	5760	6144	3502	2642
28	12810	6580	6230	5205	3001	2204
29	13710	7089	6621	4319	2584	1735
30-34岁	**96490**	**49210**	**47280**	**17122**	**10067**	**7055**
30	18086	9223	8863	4640	2743	1897
31	19139	9824	9315	3999	2374	1625
32	18999	9754	9245	3119	1841	1278
33	20879	10589	10290	3037	1742	1295
34	19387	9820	9567	2327	1367	960
35-39岁	**89561**	**45627**	**43934**	**7727**	**4323**	**3404**
35	16882	8721	8161	1936	1140	796
36	17609	8965	8644	1741	974	767
37	18598	9508	9090	1625	883	742
38	20353	10254	10099	1430	795	635
39	16119	8179	7940	995	531	464
40-44岁	**66401**	**33770**	**32631**	**2992**	**1665**	**1327**
40	13531	7009	6522	755	414	341
41	14756	7417	7339	699	375	324
42	13906	7087	6819	582	326	256
43	12015	6019	5996	491	283	208
44	12193	6238	5955	465	267	198
45-49岁	**64543**	**32829**	**31714**	**2123**	**1244**	**879**
45	11430	5800	5630	442	261	181
46	12131	6197	5934	409	226	183
47	13579	6906	6673	505	294	211
48	13550	6978	6572	400	247	153
49	13853	6948	6905	367	216	151
50-54岁	**64481**	**32633**	**31848**	**1440**	**950**	**490**
50	14858	7521	7337	381	240	141
51	13448	6769	6679	323	216	107
52	14178	7223	6955	307	202	105
53	10108	5034	5074	223	144	79
54	11889	6086	5803	206	148	58
55-59岁	**73230**	**36579**	**36651**	**1101**	**806**	**295**
55	13014	6525	6489	214	161	53
56	15232	7656	7576	242	182	60
57	21179	10644	10535	300	214	86
58	14280	7102	7178	224	160	64
59	9525	4652	4873	121	89	32
60-64岁	**71802**	**35086**	**36716**	**656**	**401**	**255**
60	13976	6908	7068	134	92	42
61	12692	6194	6498	121	79	42
62	15168	7466	7702	149	86	63
63	15741	7630	8111	136	81	55
64	14225	6888	7337	116	63	53
65岁及以上	**141486**	**65654**	**75832**	**932**	**469**	**463**

程度、婚姻状况的人口(城市)

单位：人

有配偶			离婚			丧偶		
小计	男	女	小计	男	女	小计	男	女
599320	**304508**	**294812**	**27998**	**12175**	**15823**	**40091**	**10052**	**30039**
61	**21**	**40**						
1		1						
1	1							
3		3						
13	5	8						
43	15	28						
3634	**1406**	**2228**	**30**	**11**	**19**	**2**		**2**
126	40	86	1	1				
225	58	167	2	1	1			
562	224	338	2		2			
987	360	627	9	4	5			
1734	724	1010	16	5	11	2		2
29142	**13538**	**15604**	**630**	**293**	**337**	**9**	**3**	**6**
2822	1269	1553	31	13	18			
4105	1800	2305	64	24	40	1		1
5655	2592	3063	105	51	54	2	1	1
7424	3489	3935	178	89	89	3	1	2
9136	4388	4748	252	116	136	3	1	2
76697	**37903**	**38794**	**2616**	**1229**	**1387**	**55**	**11**	**44**
13098	6326	6772	343	153	190	5	1	4
14719	7243	7476	415	206	209	6	1	5
15334	7634	7700	539	276	263	7	3	4
17179	8539	8640	653	307	346	10	1	9
16367	8161	8206	666	287	379	27	5	22
77457	**39335**	**38122**	**4246**	**1942**	**2304**	**131**	**27**	**104**
14300	7278	7022	624	297	327	22	6	16
15038	7615	7423	812	374	438	18	2	16
16063	8225	7838	891	395	496	19	5	14
17829	8956	8873	1058	497	561	36	6	30
14227	7261	6966	861	379	482	36	8	28
59498	**30563**	**28935**	**3665**	**1497**	**2168**	**246**	**45**	**201**
12056	6302	5754	674	286	388	46	7	39
13211	6688	6523	804	350	454	42	4	38
12493	6430	6063	784	317	467	47	14	33
10795	5462	5333	682	271	411	47	3	44
10943	5681	5262	721	273	448	64	17	47
57922	**29904**	**28018**	**3977**	**1590**	**2387**	**521**	**91**	**430**
10248	5263	4985	676	265	411	64	11	53
10902	5654	5248	737	304	433	83	13	70
12133	6265	5868	847	334	513	94	13	81
12162	6359	5803	868	343	525	120	29	91
12477	6363	6114	849	344	505	160	25	135
58014	**29896**	**28118**	**3888**	**1585**	**2303**	**1139**	**202**	**937**
13354	6896	6458	945	360	585	178	25	153
12028	6155	5873	860	363	497	237	35	202
12739	6607	6132	892	367	525	240	47	193
9156	4651	4505	530	207	323	199	32	167
10737	5587	5150	661	288	373	285	63	222
65704	**33441**	**32263**	**3981**	**1845**	**2136**	**2444**	**487**	**1957**
11689	5927	5762	766	367	399	345	70	275
13667	6987	6680	859	394	465	464	93	371
19077	9772	9305	1100	504	596	702	154	548
12778	6510	6268	764	355	409	514	77	437
8493	4245	4248	492	225	267	419	93	326
64095	**32432**	**31663**	**2815**	**1248**	**1567**	**4236**	**1005**	**3231**
12529	6367	6162	671	304	367	642	145	497
11298	5670	5628	548	271	277	725	174	551
13515	6886	6629	614	271	343	890	223	667
14049	7094	6955	560	234	326	996	221	775
12704	6415	6289	422	168	254	983	242	741
107096	**56069**	**51027**	**2150**	**935**	**1215**	**31308**	**8181**	**23127**

5−3a 续表 1

受教育程度 年　　龄	15岁及以上人口			未　　婚		
	合计	男	女	小计	男	女
未上过学	**8837**	**1948**	**6889**	**858**	**580**	**278**
15−19岁	**48**	**29**	**19**	**48**	**29**	**19**
15	10	5	5	10	5	5
16	4	3	1	4	3	1
17	13	7	6	13	7	6
18	10	7	3	10	7	3
19	11	7	4	11	7	4
20−24岁	**80**	**48**	**32**	**74**	**46**	**28**
20	21	13	8	21	13	8
21	14	8	6	13	7	6
22	16	11	5	14	10	4
23	20	14	6	17	14	3
24	9	2	7	9	2	7
25−29岁	**109**	**71**	**38**	**94**	**64**	**30**
25	26	16	10	24	16	8
26	17	10	7	16	10	6
27	23	17	6	19	16	3
28	28	18	10	22	14	8
29	15	10	5	13	8	5
30−34岁	**173**	**96**	**77**	**119**	**72**	**47**
30	34	21	13	23	16	7
31	39	21	18	30	17	13
32	25	11	14	15	7	8
33	39	23	16	27	17	10
34	36	20	16	24	15	9
35−39岁	**173**	**92**	**81**	**96**	**64**	**32**
35	36	18	18	18	14	4
36	32	21	11	20	16	4
37	36	17	19	22	11	11
38	32	17	15	17	11	6
39	37	19	18	19	12	7
40−44岁	**186**	**78**	**108**	**70**	**40**	**30**
40	29	9	20	14	7	7
41	34	19	15	16	10	6
42	35	14	21	12	7	5
43	46	19	27	14	8	6
44	42	17	25	14	8	6
45−49岁	**319**	**119**	**200**	**83**	**61**	**22**
45	41	16	25	13	11	2
46	50	20	30	14	12	2
47	71	22	49	20	14	6
48	68	32	36	16	12	4
49	89	29	60	20	12	8
50−54岁	**463**	**150**	**313**	**80**	**47**	**33**
50	84	19	65	14	4	10
51	105	37	68	18	12	6
52	94	32	62	23	12	11
53	67	21	46	8	6	2
54	113	41	72	17	13	4
55−59岁	**474**	**157**	**317**	**61**	**55**	**6**
55	103	29	74	15	11	4
56	99	39	60	13	13	
57	122	48	74	19	17	2
58	85	23	62	5	5	
59	65	18	47	9	9	
60−64岁	**897**	**212**	**685**	**59**	**46**	**13**
60	119	31	88	7	6	1
61	140	33	107	11	8	3
62	186	49	137	15	10	5
63	214	51	163	10	10	
64	238	48	190	16	12	4
65岁及以上	**5915**	**896**	**5019**	**74**	**56**	**18**

单位：人

有配偶			离婚			丧偶		
小计	男	女	小计	男	女	小计	男	女
4295	**1032**	**3263**	**131**	**45**	**86**	**3553**	**291**	**3262**
6	**2**	**4**						
1	1							
2	1	1						
3		3						
15	**7**	**8**						
2		2						
1		1						
4	1	3						
6	4	2						
2	2							
51	**22**	**29**	**3**	**2**	**1**			
10	4	6	1	1				
8	3	5	1	1				
9	4	5	1		1			
12	6	6						
12	5	7						
73	**27**	**46**	**4**	**1**	**3**			
18	4	14						
12	5	7						
14	6	8						
13	5	8	2	1	1			
16	7	9	2		2			
111	**36**	**75**	**5**	**2**	**3**			
15	2	13						
17	8	9	1	1				
23	7	16						
30	11	19	2		2			
26	8	18	2	1	1			
213	**53**	**160**	**19**	**5**	**14**	**4**		**4**
20	4	16	6	1	5	2		2
33	8	25	3		3			
46	7	39	3	1	2	2		2
49	20	29	3		3			
65	14	51	4	3	1			
345	**89**	**256**	**21**	**11**	**10**	**17**	**3**	**14**
62	12	50	4	2	2	4	1	3
76	21	55	9	4	5	2		2
69	19	50	2	1	1			
55	14	41	2	1	1	2		2
83	23	60	4	3	1	9	2	7
375	**90**	**285**	**10**	**8**	**2**	**28**	**4**	**24**
86	17	69	1	1		1		1
74	20	54	5	4	1	7	2	5
94	29	65	2	2		7		7
69	17	52	2	1	1	9		9
52	7	45				4	2	2
704	**148**	**556**	**31**	**10**	**21**	**103**	**8**	**95**
96	23	73	6	2	4	10		10
112	22	90	4	2	2	13	1	12
140	33	107	9	3	6	22	3	19
175	39	136	4	1	3	25	1	24
181	31	150	8	2	6	33	3	30
2402	**558**	**1844**	**38**	**6**	**32**	**3401**	**276**	**3125**

5-3a 续表 2

受教育程度 年 龄	15岁及以上人口			未 婚		
	合计	男	女	小计	男	女
学前教育	**155**	**79**	**76**	**37**	**28**	**9**
15-19岁	**16**	**12**	**4**	**16**	**12**	**4**
15	5	4	1	5	4	1
16	5	3	2	5	3	2
17	1	1		1	1	
18	2	2		2	2	
19	3	2	1	3	2	1
20-24岁	**8**	**5**	**3**	**6**	**4**	**2**
20	1	1		1	1	
21	2	1	1	2	1	1
22	1	1		1	1	
23	3	2	1	1	1	
24	1		1	1		1
25-29岁	**9**	**6**	**3**	**5**	**4**	**1**
25	2		2	1		1
26	1	1		1	1	
27	3	3		2	2	
28	1		1			
29	2	2		1	1	
30-34岁	**13**	**9**	**4**	**3**	**3**	
30	3	1	2			
31	8	7	1	3	3	
32						
33	2	1	1			
34						
35-39岁	**7**	**2**	**5**	**1**		**1**
35	1		1			
36	2		2	1		1
37	2	1	1			
38	1	1				
39	1		1			
40-44岁	**7**	**6**	**1**	**3**	**2**	**1**
40	2	2		1	1	
41	1		1	1		1
42	3	3				
43						
44	1	1		1	1	
45-49岁	**11**	**5**	**6**	**1**	**1**	
45	2	2		1	1	
46	2	1	1			
47	3	1	2			
48	2	1	1			
49	2		2			
50-54岁	**11**	**7**	**4**	**1**	**1**	
50	2	1	1	1	1	
51	1		1			
52	5	4	1			
53	2	2				
54	1		1			
55-59岁	**12**	**5**	**7**	**1**	**1**	
55	3		3			
56						
57	3	2	1			
58	4	3	1	1	1	
59	2		2			
60-64岁	**11**	**5**	**6**			
60	3	2	1			
61	2	1	1			
62	2		2			
63	1		1			
64	3	2	1			
65岁及以上	**50**	**17**	**33**			

单位：人

有配偶			离　婚			丧　偶		
小计	男	女	小计	男	女	小计	男	女
92	**41**	**51**	**1**	**1**		**25**	**9**	**16**
2	**1**	**1**						
2	1	1						
4	**2**	**2**						
1		1						
1	1							
1		1						
1	1							
10	**6**	**4**						
3	1	2						
5	4	1						
2	1	1						
6	**2**	**4**						
1		1						
1		1						
2	1	1						
1	1							
1		1						
4	**4**							
1	1							
3	3							
10	**4**	**6**						
1	1							
2	1	1						
3	1	2						
2	1	1						
2		2						
9	**5**	**4**	**1**	**1**				
1		1						
1		1						
4	3	1	1	1				
2	2							
1		1						
11	**4**	**7**						
3		3						
3	2	1						
3	2	1						
2		2						
9	**4**	**5**				**2**	**1**	**1**
3	2	1						
2	1	1						
1		1				1		1
1		1						
2	1	1				1	1	
27	**9**	**18**				**23**	**8**	**15**

5-3a 续表 3

受教育程度 年 龄	15岁及以上人口 合计	男	女	未婚 小计	男	女
小 学	**63105**	**26857**	**36248**	**2198**	**1627**	**571**
15-19岁	**154**	**100**	**54**	**150**	**98**	**52**
15	22	13	9	22	13	9
16	23	13	10	23	13	10
17	25	20	5	25	20	5
18	41	24	17	39	23	16
19	43	30	13	41	29	12
20-24岁	**333**	**226**	**107**	**255**	**192**	**63**
20	47	28	19	42	26	16
21	67	46	21	57	42	15
22	85	59	26	68	54	14
23	62	38	24	45	34	11
24	72	55	17	43	36	7
25-29岁	**729**	**480**	**249**	**314**	**236**	**78**
25	108	67	41	67	49	18
26	101	64	37	52	37	15
27	134	95	39	62	49	13
28	155	100	55	62	45	17
29	231	154	77	71	56	15
30-34岁	**1730**	**1024**	**706**	**342**	**252**	**90**
30	320	208	112	71	57	14
31	340	193	147	77	59	18
32	326	185	141	55	37	18
33	382	226	156	76	55	21
34	362	212	150	63	44	19
35-39岁	**1716**	**942**	**774**	**223**	**158**	**65**
35	292	180	112	46	35	11
36	297	170	127	41	24	17
37	345	186	159	57	40	17
38	414	218	196	46	37	9
39	368	188	180	33	22	11
40-44岁	**2676**	**1310**	**1366**	**168**	**117**	**51**
40	389	192	197	33	21	12
41	516	237	279	36	24	12
42	567	285	282	29	22	7
43	560	273	287	34	24	10
44	644	323	321	36	26	10
45-49岁	**4644**	**2303**	**2341**	**208**	**154**	**54**
45	697	381	316	42	34	8
46	773	384	389	41	26	15
47	971	477	494	41	31	10
48	1064	520	544	40	32	8
49	1139	541	598	44	31	13
50-54岁	**6766**	**3299**	**3467**	**178**	**139**	**39**
50	1384	670	714	40	32	8
51	1370	677	693	40	32	8
52	1515	737	778	36	27	9
53	1193	585	608	29	21	8
54	1304	630	674	33	27	6
55-59岁	**5376**	**2437**	**2939**	**128**	**103**	**25**
55	1267	574	693	38	27	11
56	1248	592	656	30	24	6
57	1385	623	762	29	24	5
58	862	400	462	23	21	2
59	614	248	366	8	7	1
60-64岁	**7132**	**2798**	**4334**	**67**	**54**	**13**
60	1114	434	680	14	11	3
61	1134	451	683	9	6	3
62	1496	613	883	10	7	3
63	1687	630	1057	17	15	2
64	1701	670	1031	17	15	2
65岁及以上	**31849**	**11938**	**19911**	**165**	**124**	**41**

单位：人

有配偶			离婚			丧偶		
小计	男	女	小计	男	女	小计	男	女
47618	**21856**	**25762**	**1440**	**679**	**761**	**11849**	**2695**	**9154**
4	**2**	**2**						
2	1	1						
2	1	1						
78	**34**	**44**						
5	2	3						
10	4	6						
17	5	12						
17	4	13						
29	19	10						
396	**234**	**162**	**19**	**10**	**9**			
39	18	21	2		2			
46	26	20	3	1	2			
69	46	23	3		3			
89	53	36	4	2	2			
153	91	62	7	7				
1317	**733**	**584**	**69**	**39**	**30**	**2**		**2**
240	148	92	9	3	6			
255	128	127	8	6	2			
251	139	112	19	9	10	1		1
287	161	126	18	10	8	1		1
284	157	127	15	11	4			
1373	**719**	**654**	**113**	**63**	**50**	**7**	**2**	**5**
230	137	93	16	8	8			
236	134	102	20	12	8			
263	129	134	24	17	7	1		1
336	165	171	29	15	14	3	1	2
308	154	154	24	11	13	3	1	2
2350	**1136**	**1214**	**147**	**57**	**90**	**11**		**11**
333	160	173	20	11	9	3		3
441	199	242	36	14	22	3		3
507	254	253	30	9	21	1		1
497	240	257	25	9	16	4		4
572	283	289	36	14	22			
4187	**2050**	**2137**	**195**	**91**	**104**	**54**	**8**	**46**
624	337	287	27	10	17	4		4
694	343	351	29	13	16	9	2	7
879	428	451	41	17	24	10	1	9
957	461	496	57	25	32	10	2	8
1033	481	552	41	26	15	21	3	18
6150	**3007**	**3143**	**273**	**128**	**145**	**165**	**25**	**140**
1254	602	652	68	32	36	22	4	18
1239	616	623	49	22	27	42	7	35
1371	674	697	76	34	42	32	2	30
1093	542	551	38	16	22	33	6	27
1193	573	620	42	24	18	36	6	30
4773	**2182**	**2591**	**189**	**98**	**91**	**286**	**54**	**232**
1137	516	621	37	23	14	55	8	47
1112	536	576	43	20	23	63	12	51
1226	561	665	56	24	32	74	14	60
755	350	405	35	20	15	49	9	40
543	219	324	18	11	7	45	11	34
6278	**2542**	**3736**	**160**	**72**	**88**	**627**	**130**	**497**
991	394	597	35	16	19	74	13	61
991	413	578	24	13	11	110	19	91
1336	558	778	37	18	19	113	30	83
1470	569	901	37	17	20	163	29	134
1490	608	882	27	8	19	167	39	128
20712	**9217**	**11495**	**275**	**121**	**154**	**10697**	**2476**	**8221**

5－3a　续表 4

受教育程度 年　龄	15岁及以上人口			未　婚		
	合计	男	女	小计	男	女
初　中	**235837**	**123404**	**112433**	**17369**	**12143**	**5226**
15－19岁	**4937**	**3074**	**1863**	**4902**	**3065**	**1837**
15	2366	1329	1037	2366	1329	1037
16	807	504	303	806	503	303
17	535	376	159	532	376	156
18	610	430	180	603	428	175
19	619	435	184	595	429	166
20－24岁	**4573**	**2981**	**1592**	**3350**	**2492**	**858**
20	734	531	203	668	507	161
21	781	517	264	680	491	189
22	859	566	293	654	484	170
23	1023	640	383	695	515	180
24	1176	727	449	653	495	158
25－29岁	**9202**	**5571**	**3631**	**2964**	**2255**	**709**
25	1403	892	511	644	503	141
26	1549	904	645	599	436	163
27	1784	1082	702	600	460	140
28	2019	1251	768	558	431	127
29	2447	1442	1005	563	425	138
30－34岁	**18297**	**10404**	**7893**	**2387**	**1741**	**646**
30	3356	1937	1419	650	471	179
31	3477	1993	1484	498	368	130
32	3647	2110	1537	458	332	126
33	4076	2299	1777	441	321	120
34	3741	2065	1676	340	249	91
35－39岁	**17653**	**9701**	**7952**	**1156**	**815**	**341**
35	3159	1794	1365	286	215	71
36	3388	1872	1516	257	173	84
37	3514	1971	1543	235	159	76
38	4115	2209	1906	208	150	58
39	3477	1855	1622	170	118	52
40－44岁	**18767**	**9761**	**9006**	**628**	**401**	**227**
40	3083	1659	1424	127	88	39
41	3901	2059	1842	144	85	59
42	4068	2102	1966	140	92	48
43	3703	1868	1835	102	66	36
44	4012	2073	1939	115	70	45
45－49岁	**23688**	**12000**	**11688**	**552**	**374**	**178**
45	3982	2012	1970	126	86	40
46	4393	2224	2169	91	61	30
47	4870	2484	2386	129	93	36
48	5058	2596	2462	109	73	36
49	5385	2684	2701	97	61	36
50－54岁	**27263**	**13956**	**13307**	**468**	**343**	**125**
50	5997	3081	2916	120	84	36
51	5408	2770	2638	94	71	23
52	5942	3068	2874	105	75	30
53	4569	2262	2307	82	59	23
54	5347	2775	2572	67	54	13
55－59岁	**26640**	**14010**	**12630**	**386**	**317**	**69**
55	5843	3003	2840	81	70	11
56	6279	3323	2956	103	91	12
57	7674	4047	3627	100	77	23
58	4331	2319	2012	71	56	15
59	2513	1318	1195	31	23	8
60－64岁	**27555**	**13878**	**13677**	**213**	**152**	**61**
60	4786	2420	2366	41	35	6
61	4673	2353	2320	41	30	11
62	5975	3035	2940	47	34	13
63	6211	3143	3068	49	34	15
64	5910	2927	2983	35	19	16
65岁及以上	**57262**	**28068**	**29194**	**363**	**188**	**175**

单位：人

有配偶			离　婚			丧　偶		
小计	男	女	小计	男	女	小计	男	女
195380	**102893**	**92487**	**9555**	**4563**	**4992**	**13533**	**3805**	**9728**
35	**9**	**26**						
1	1							
3		3						
7	2	5						
24	6	18						
1207	**483**	**724**	**14**	**6**	**8**	**2**		**2**
66	24	42						
100	25	75	1	1				
203	82	121	2		2			
325	124	201	3	1	2			
513	228	285	8	4	4	2		2
6023	**3209**	**2814**	**210**	**105**	**105**	**5**	**2**	**3**
742	381	361	17	8	9			
928	459	469	21	9	12	1		1
1142	598	544	42	24	18			
1405	785	620	55	34	21	1	1	
1806	986	820	75	30	45	3	1	2
15215	**8304**	**6911**	**677**	**357**	**320**	**18**	**2**	**16**
2610	1419	1191	93	46	47	3	1	2
2858	1565	1293	119	60	59	2		2
3050	1696	1354	138	81	57	1	1	
3471	1894	1577	161	84	77	3		3
3226	1730	1496	166	86	80	9		9
15517	**8387**	**7130**	**941**	**491**	**450**	**39**	**8**	**31**
2716	1497	1219	150	81	69	7	1	6
2943	1610	1333	180	88	92	8	1	7
3106	1734	1372	168	77	91	5	1	4
3669	1925	1744	224	131	93	14	3	11
3083	1621	1462	219	114	105	5	2	3
17032	**8904**	**8128**	**1012**	**442**	**570**	**95**	**14**	**81**
2800	1502	1298	141	67	74	15	2	13
3548	1872	1676	196	101	95	13	1	12
3691	1925	1766	216	79	137	21	6	15
3352	1701	1651	227	100	127	22	1	21
3641	1904	1737	232	95	137	24	4	20
21486	**11000**	**10486**	**1409**	**584**	**825**	**241**	**42**	**199**
3577	1819	1758	242	101	141	37	6	31
4012	2049	1963	255	111	144	35	3	32
4396	2266	2130	301	119	182	44	6	38
4606	2386	2220	296	123	173	47	14	33
4895	2480	2415	315	130	185	78	13	65
24670	**12820**	**11850**	**1582**	**699**	**883**	**543**	**94**	**449**
5448	2845	2603	347	142	205	82	10	72
4894	2543	2351	320	143	177	100	13	87
5356	2808	2548	367	163	204	114	22	92
4156	2092	2064	226	94	132	105	17	88
4816	2532	2284	322	157	165	142	32	110
23866	**12672**	**11194**	**1458**	**801**	**657**	**930**	**220**	**710**
5232	2710	2522	355	180	175	175	43	132
5591	2970	2621	388	216	172	197	46	151
6892	3684	3208	398	218	180	284	68	216
3894	2116	1778	208	119	89	158	28	130
2257	1192	1065	109	68	41	116	35	81
24444	**12715**	**11729**	**1168**	**572**	**596**	**1730**	**439**	**1291**
4249	2209	2040	231	115	116	265	61	204
4122	2126	1996	240	127	113	270	70	200
5261	2762	2499	289	138	151	378	101	277
5542	2910	2632	223	102	121	397	97	300
5270	2708	2562	185	90	95	420	110	310
45885	**24390**	**21495**	**1084**	**506**	**578**	**9930**	**2984**	**6946**

5−3a 续表 5

受教育程度 年龄	15岁及以上人口			未婚		
	合计	男	女	小计	男	女
高 中	**191788**	**96691**	**95097**	**34891**	**20719**	**14172**
15−19岁	**20107**	**10931**	**9176**	**20088**	**10921**	**9167**
15	4280	2186	2094	4279	2186	2093
16	6323	3391	2932	6323	3391	2932
17	5159	2790	2369	5159	2790	2369
18	3073	1790	1283	3069	1788	1281
19	1272	774	498	1258	766	492
20−24岁	**5456**	**3386**	**2070**	**4656**	**3058**	**1598**
20	1144	648	496	1111	640	471
21	1049	655	394	991	643	348
22	1098	719	379	956	652	304
23	1076	680	396	857	595	262
24	1089	684	405	741	528	213
25−29岁	**8174**	**4790**	**3384**	**3412**	**2361**	**1051**
25	1207	731	476	693	474	219
26	1484	878	606	753	517	236
27	1618	967	651	714	496	218
28	1838	1066	772	656	459	197
29	2027	1148	879	596	415	181
30−34岁	**15218**	**8404**	**6814**	**2809**	**1912**	**897**
30	2722	1531	1191	678	462	216
31	2962	1676	1286	648	449	199
32	2998	1668	1330	539	377	162
33	3461	1871	1590	551	351	200
34	3075	1658	1417	393	273	120
35−39岁	**15455**	**8112**	**7343**	**1448**	**935**	**513**
35	2595	1415	1180	326	218	108
36	2804	1517	1287	320	213	107
37	3136	1642	1494	300	195	105
38	3725	1949	1776	300	191	109
39	3195	1589	1606	202	118	84
40−44岁	**15065**	**7573**	**7492**	**798**	**497**	**301**
40	2892	1507	1385	192	121	71
41	3389	1664	1725	189	115	74
42	3204	1659	1545	138	81	57
43	2770	1358	1412	155	101	54
44	2810	1385	1425	124	79	45
45−49岁	**14779**	**7336**	**7443**	**569**	**335**	**234**
45	2625	1307	1318	100	64	36
46	2730	1369	1361	111	62	49
47	3169	1583	1586	149	87	62
48	3083	1521	1562	106	57	49
49	3172	1556	1616	103	65	38
50−54岁	**15125**	**7262**	**7863**	**357**	**253**	**104**
50	3422	1667	1755	83	60	23
51	3274	1579	1695	90	63	27
52	3394	1643	1751	83	58	25
53	2197	1047	1150	55	36	19
54	2838	1326	1512	46	36	10
55−59岁	**28061**	**12720**	**15341**	**353**	**252**	**101**
55	3418	1542	1876	45	36	9
56	4838	2138	2700	58	38	20
57	8299	3797	4502	105	74	31
58	6581	2956	3625	88	59	29
59	4925	2287	2638	57	45	12
60−64岁	**27714**	**13184**	**14530**	**231**	**131**	**100**
60	6210	2996	3214	54	36	18
61	5315	2527	2788	43	32	11
62	5906	2819	3087	63	30	33
63	5733	2696	3037	37	18	19
64	4550	2146	2404	34	15	19
65岁及以上	**26634**	**12993**	**13641**	**170**	**64**	**106**

单位：人

有配偶			离婚			丧偶		
小计	男	女	小计	男	女	小计	男	女
140709	**70407**	**70302**	**8557**	**3603**	**4954**	**7631**	**1962**	**5669**
19	**10**	**9**						
1		1						
4	2	2						
14	8	6						
795	**326**	**469**	**5**	**2**	**3**			
32	7	25	1	1				
58	12	46						
142	67	75						
218	85	133	1		1			
345	155	190	3	1	2			
4636	**2365**	**2271**	**125**	**64**	**61**	**1**		**1**
510	255	255	4	2	2			
721	357	364	10	4	6			
882	461	421	21	10	11	1		1
1145	586	559	37	21	16			
1378	706	672	53	27	26			
11795	**6180**	**5615**	**599**	**307**	**292**	**15**	**5**	**10**
1971	1036	935	72	33	39	1		1
2210	1174	1036	103	53	50	1		1
2332	1217	1115	124	72	52	3	2	1
2749	1434	1315	159	85	74	2	1	1
2533	1319	1214	141	64	77	8	2	6
12998	**6697**	**6301**	**974**	**472**	**502**	**35**	**8**	**27**
2141	1132	1009	124	64	60	4	1	3
2296	1209	1087	184	95	89	4		4
2628	1338	1290	200	106	94	8	3	5
3171	1643	1528	247	114	133	7	1	6
2762	1375	1387	219	93	126	12	3	9
13142	**6629**	**6513**	**1050**	**429**	**621**	**75**	**18**	**57**
2505	1316	1189	182	66	116	13	4	9
2926	1442	1484	256	104	152	18	3	15
2824	1463	1361	229	111	118	13	4	9
2429	1182	1247	175	73	102	11	2	9
2458	1226	1232	208	75	133	20	5	15
12842	**6479**	**6363**	**1253**	**505**	**748**	**115**	**17**	**98**
2317	1161	1156	200	81	119	8	1	7
2368	1204	1164	230	100	130	21	3	18
2723	1383	1340	279	110	169	18	3	15
2662	1352	1310	279	105	174	36	7	29
2772	1379	1393	265	109	156	32	3	29
13267	**6495**	**6772**	**1216**	**467**	**749**	**285**	**47**	**238**
3028	1502	1526	275	100	175	36	5	31
2801	1378	1423	315	130	185	68	8	60
2963	1461	1502	280	108	172	68	16	52
1938	946	992	158	60	98	46	5	41
2537	1208	1329	188	69	119	67	13	54
24952	**11600**	**13352**	**1747**	**707**	**1040**	**1009**	**161**	**848**
3039	1384	1655	252	109	143	82	13	69
4311	1962	2349	316	114	202	153	24	129
7419	3473	3946	478	196	282	297	54	243
5838	2695	3143	402	168	234	253	34	219
4345	2086	2259	299	120	179	224	36	188
24781	**12214**	**12567**	**1180**	**490**	**690**	**1522**	**349**	**1173**
5569	2754	2815	332	144	188	255	62	193
4755	2323	2432	223	102	121	294	70	224
5287	2625	2662	236	92	144	320	72	248
5110	2506	2604	238	99	139	348	73	275
4060	2006	2054	151	53	98	305	72	233
21482	**11412**	**10070**	**408**	**160**	**248**	**4574**	**1357**	**3217**

5-3a 续表 6

受教育程度 年龄	15岁及以上人口 合计	男	女	未婚 小计	男	女
大学专科	**125828**	**65317**	**60511**	**32471**	**18486**	**13985**
15-19岁	**6341**	**3363**	**2978**	**6339**	**3363**	**2976**
15	60	34	26	60	34	26
16	149	85	64	149	85	64
17	318	191	127	318	191	127
18	1773	920	853	1773	920	853
19	4041	2133	1908	4039	2133	1906
20-24岁	**13634**	**7637**	**5997**	**12604**	**7250**	**5354**
20	3940	2218	1722	3922	2213	1709
21	2634	1506	1128	2588	1494	1094
22	2292	1311	981	2143	1259	884
23	2368	1321	1047	2067	1215	852
24	2400	1281	1119	1884	1069	815
25-29岁	**13607**	**7113**	**6494**	**6445**	**3910**	**2535**
25	2503	1384	1119	1747	1067	680
26	2444	1254	1190	1398	816	582
27	2672	1400	1272	1292	774	518
28	2873	1474	1399	1101	678	423
29	3115	1601	1514	907	575	332
30-34岁	**22373**	**11034**	**11339**	**3978**	**2357**	**1621**
30	4058	1969	2089	1028	626	402
31	4622	2308	2314	954	586	368
32	4518	2234	2284	723	420	303
33	4695	2328	2367	695	404	291
34	4480	2195	2285	578	321	257
35-39岁	**18982**	**9374**	**9608**	**1743**	**968**	**775**
35	3793	1859	1934	458	266	192
36	3850	1930	1920	423	244	179
37	3926	1972	1954	349	181	168
38	4181	2002	2179	297	166	131
39	3232	1611	1621	216	111	105
40-44岁	**11572**	**5721**	**5851**	**575**	**290**	**285**
40	2615	1318	1297	168	82	86
41	2647	1273	1374	130	67	63
42	2416	1188	1228	111	53	58
43	1986	971	1015	75	38	37
44	1908	971	937	91	50	41
45-49岁	**8791**	**4440**	**4351**	**341**	**172**	**169**
45	1714	835	879	69	29	40
46	1745	900	845	79	36	43
47	1917	961	956	86	44	42
48	1734	906	828	58	38	20
49	1681	838	843	49	25	24
50-54岁	**6338**	**3207**	**3131**	**184**	**96**	**88**
50	1709	860	849	66	35	31
51	1486	725	761	44	22	22
52	1384	705	679	30	17	13
53	801	402	399	26	14	12
54	958	515	443	18	8	10
55-59岁	**6695**	**3507**	**3188**	**95**	**43**	**52**
55	1035	543	492	14	5	9
56	1423	740	683	20	10	10
57	2000	1059	941	28	12	16
58	1391	731	660	23	13	10
59	846	434	412	10	3	7
60-64岁	**5411**	**3020**	**2391**	**57**	**13**	**44**
60	999	541	458	11	2	9
61	845	466	379	12	3	9
62	1048	599	449	7	3	4
63	1254	690	564	18	4	14
64	1265	724	541	9	1	8
65岁及以上	**12084**	**6901**	**5183**	**110**	**24**	**86**

单位：人

有配偶			离婚			丧偶		
小计	男	女	小计	男	女	小计	男	女
87133	**44507**	**42626**	**4172**	**1612**	**2560**	**2052**	**712**	**1340**
2		**2**						
2		2						
1021	**384**	**637**	**9**	**3**	**6**			
18	5	13						
45	12	33	1		1			
149	52	97						
297	103	194	4	3	1			
512	212	300	4		4			
7011	**3144**	**3867**	**149**	**59**	**90**	**2**		**2**
748	314	434	8	3	5			
1028	432	596	18	6	12			
1356	617	739	24	9	15			
1731	781	950	39	15	24	2		2
2148	1000	1148	60	26	34			
17779	**8435**	**9344**	**604**	**240**	**364**	**12**	**2**	**10**
2951	1313	1638	78	30	48	1		1
3582	1685	1897	85	37	48	1		1
3661	1751	1910	134	63	71			
3848	1869	1979	148	55	93	4		4
3737	1817	1920	159	55	104	6	2	4
16241	**7986**	**8255**	**976**	**416**	**560**	**22**	**4**	**18**
3161	1524	1637	167	65	102	7	4	3
3233	1606	1627	192	80	112	2		2
3348	1687	1661	227	104	123	2		2
3648	1733	1915	232	103	129	4		4
2851	1436	1415	158	64	94	7		7
10254	**5146**	**5108**	**710**	**280**	**430**	**33**	**5**	**28**
2275	1161	1114	165	74	91	7	1	6
2369	1150	1219	144	56	88	4		4
2160	1079	1081	140	55	85	5	1	4
1776	887	889	129	46	83	6		6
1674	869	805	132	49	83	11	3	8
7841	**4068**	**3773**	**555**	**188**	**367**	**54**	**12**	**42**
1534	769	765	107	35	72	4	2	2
1548	823	725	108	39	69	10	2	8
1696	869	827	121	45	76	14	3	11
1549	826	723	111	39	72	16	3	13
1514	781	733	108	30	78	10	2	8
5665	**2955**	**2710**	**421**	**142**	**279**	**68**	**14**	**54**
1488	779	709	132	42	90	23	4	19
1345	669	676	85	31	54	12	3	9
1246	650	596	96	36	60	12	2	10
713	370	343	56	18	38	6		6
873	487	386	52	15	37	15	5	10
6136	**3308**	**2828**	**348**	**133**	**215**	**116**	**23**	**93**
936	509	427	67	29	38	18		18
1314	707	607	63	20	43	26	3	23
1852	1002	850	96	33	63	24	12	12
1263	681	582	76	32	44	29	5	24
771	409	362	46	19	27	19	3	16
4995	**2886**	**2109**	**178**	**65**	**113**	**181**	**56**	**125**
924	521	403	38	13	25	26	5	21
773	439	334	35	14	21	25	10	15
968	566	402	32	16	16	41	14	27
1149	657	492	42	14	28	45	15	30
1181	703	478	31	8	23	44	12	32
10188	**6195**	**3993**	**222**	**86**	**136**	**1564**	**596**	**968**

5-3a 续表 7

受教育程度 年　　龄	15岁及以上人口			未　　婚		
	合计	男	女	小计	男	女
大学本科	**172950**	**86702**	**86248**	**60403**	**29432**	**30971**
15—19岁	**10127**	**4816**	**5311**	**10126**	**4816**	**5310**
15	14	6	8	14	6	8
16	56	31	25	56	31	25
17	313	160	153	313	160	153
18	3338	1587	1751	3338	1587	1751
19	6406	3032	3374	6405	3032	3373
20—24岁	**27813**	**13375**	**14438**	**27306**	**13207**	**14099**
20	7809	3686	4123	7804	3684	4120
21	7093	3421	3672	7083	3417	3666
22	5142	2530	2612	5095	2514	2581
23	3967	1938	2029	3843	1896	1947
24	3802	1800	2002	3481	1696	1785
25—29岁	**22976**	**10778**	**12198**	**13021**	**6594**	**6427**
25	4134	1973	2161	3394	1689	1705
26	4248	1959	2289	2943	1452	1491
27	4763	2229	2534	2756	1424	1332
28	4916	2281	2635	2207	1121	1086
29	4915	2336	2579	1721	908	813
30—34岁	**32205**	**15356**	**16849**	**6146**	**3131**	**3015**
30	6315	3003	3312	1758	917	841
31	6392	3067	3325	1460	742	718
32	6153	2961	3192	1096	566	530
33	6845	3228	3617	1043	508	535
34	6500	3097	3403	789	398	391
35—39岁	**30189**	**14795**	**15394**	**2590**	**1186**	**1404**
35	5946	2939	3007	684	333	351
36	6115	2925	3190	574	264	310
37	6531	3180	3351	558	260	298
38	6721	3296	3425	468	198	270
39	4876	2455	2421	306	131	175
40—44岁	**15375**	**7824**	**7551**	**614**	**262**	**352**
40	3771	1920	1851	180	80	100
41	3592	1781	1811	150	60	90
42	3077	1571	1506	133	62	71
43	2522	1293	1229	89	35	54
44	2413	1259	1154	62	25	37
45—49岁	**10857**	**5735**	**5122**	**312**	**127**	**185**
45	2065	1077	988	71	28	43
46	2118	1110	1008	58	26	32
47	2279	1196	1083	75	23	52
48	2269	1218	1051	62	31	31
49	2126	1134	992	46	19	27
50—54岁	**7719**	**4227**	**3492**	**150**	**62**	**88**
50	2051	1088	963	50	20	30
51	1630	868	762	30	14	16
52	1664	907	757	26	11	15
53	1175	655	520	22	8	14
54	1199	709	490	22	9	13
55—59岁	**5404**	**3352**	**2052**	**66**	**33**	**33**
55	1216	742	474	18	12	6
56	1198	720	478	16	6	10
57	1548	971	577	15	8	7
58	923	597	326	12	5	7
59	519	322	197	5	2	3
60—64岁	**2857**	**1821**	**1036**	**24**	**3**	**21**
60	694	446	248	6	1	5
61	541	331	210	5		5
62	509	317	192	5	1	4
63	591	383	208	4		4
64	522	344	178	4	1	3
65岁及以上	**7428**	**4623**	**2805**	**48**	**11**	**37**

单位：人

有配偶			离婚			丧偶		
小计	男	女	小计	男	女	小计	男	女
107411	**55210**	**52201**	**3729**	**1498**	**2231**	**1407**	**562**	**845**
1		**1**						
1		1						
505	**168**	**337**	**2**		**2**			
5	2	3						
10	4	6						
47	16	31						
123	42	81	1		1			
320	104	216	1		1			
9831	**4129**	**5702**	**123**	**54**	**69**	**1**	**1**	
740	284	456						
1293	503	790	12	4	8			
1992	796	1196	14	8	6	1	1	
2668	1143	1525	41	17	24			
3138	1403	1735	56	25	31			
25446	**11964**	**13482**	**605**	**259**	**346**	**8**	**2**	**6**
4471	2048	2423	86	38	48			
4840	2279	2561	90	45	45	2	1	1
4943	2349	2594	112	46	66	2		2
5650	2652	2998	152	68	84			
5542	2636	2906	165	62	103	4	1	3
26479	**13157**	**13322**	**1094**	**447**	**647**	**26**	**5**	**21**
5113	2534	2579	145	72	73	4		4
5327	2569	2758	210	91	119	4	1	3
5729	2840	2889	241	79	162	3	1	2
5955	2978	2977	291	119	172	7	1	6
4355	2236	2119	207	86	121	8	2	6
14072	**7298**	**6774**	**662**	**258**	**404**	**27**	**6**	**21**
3438	1778	1660	147	62	85	6		6
3290	1657	1633	149	64	85	3		3
2788	1449	1339	151	59	92	5	1	4
2319	1220	1099	110	38	72	4		4
2237	1194	1043	105	35	70	9	5	4
10006	**5415**	**4591**	**489**	**181**	**308**	**50**	**12**	**38**
1903	1014	889	83	33	50	8	2	6
1956	1049	907	97	32	65	7	3	4
2106	1136	970	93	37	56	5		5
2084	1141	943	112	43	69	11	3	8
1957	1075	882	104	36	68	19	4	15
7182	**4028**	**3154**	**332**	**118**	**214**	**55**	**19**	**36**
1888	1034	854	104	33	71	9	1	8
1511	821	690	76	29	47	13	4	9
1564	869	695	62	22	40	12	5	7
1103	625	478	44	18	26	6	4	2
1116	679	437	46	16	30	15	5	10
5057	**3204**	**1853**	**213**	**92**	**121**	**68**	**23**	**45**
1132	700	432	52	24	28	14	6	8
1125	690	435	41	19	22	16	5	11
1457	929	528	63	29	34	13	5	8
860	578	282	37	13	24	14	1	13
483	307	176	20	7	13	11	6	5
2672	**1760**	**912**	**92**	**37**	**55**	**69**	**21**	**48**
648	427	221	29	14	15	11	4	7
505	316	189	19	12	7	12	3	9
479	310	169	10	3	7	15	3	12
555	376	179	14	1	13	18	6	12
485	331	154	20	7	13	13	5	8
6160	**4087**	**2073**	**117**	**52**	**65**	**1103**	**473**	**630**

5-3a 续表 8

受教育程度	15岁及以上人口			未婚		
年龄	合计	男	女	小计	男	女
硕士研究生	**22773**	**10815**	**11958**	**7656**	**3251**	**4405**
15-19岁	**8**	**6**	**2**	**8**	**6**	**2**
15						
16						
17	1		1	1		1
18	5	4	1	5	4	1
19	2	2		2	2	
20-24岁	**2855**	**1236**	**1619**	**2836**	**1229**	**1607**
20	14	8	6	14	8	6
21	90	38	52	89	38	51
22	552	220	332	550	219	331
23	1035	437	598	1033	436	597
24	1164	533	631	1150	528	622
25-29岁	**4210**	**1694**	**2516**	**3104**	**1307**	**1797**
25	992	437	555	956	422	534
26	814	341	473	742	325	417
27	756	282	474	571	223	348
28	814	302	512	472	185	287
29	834	332	502	363	152	211
30-34岁	**5834**	**2530**	**3304**	**1102**	**474**	**628**
30	1118	471	647	341	147	194
31	1160	472	688	268	110	158
32	1223	528	695	195	83	112
33	1250	549	701	175	75	100
34	1083	510	573	123	59	64
35-39岁	**4825**	**2309**	**2516**	**409**	**160**	**249**
35	946	452	494	103	49	54
36	1000	463	537	85	27	58
37	1008	480	528	94	34	60
38	1049	507	542	84	36	48
39	822	407	415	43	14	29
40-44岁	**2341**	**1257**	**1084**	**117**	**46**	**71**
40	662	348	314	34	11	23
41	588	335	253	29	11	18
42	440	216	224	16	8	8
43	351	190	161	18	8	10
44	300	168	132	20	8	12
45-49岁	**1164**	**711**	**453**	**45**	**16**	**29**
45	241	137	104	17	8	9
46	255	153	102	11	2	9
47	237	140	97	2	1	1
48	219	148	71	9	4	5
49	212	133	79	6	1	5
50-54岁	**643**	**426**	**217**	**19**	**8**	**11**
50	167	109	58	5	3	2
51	142	90	52	6	2	4
52	152	108	44	4	2	2
53	83	51	32	1		1
54	99	68	31	3	1	2
55-59岁	**472**	**318**	**154**	**10**	**2**	**8**
55	107	76	31	3		3
56	122	84	38	2		2
57	119	76	43	4	2	2
58	90	64	26			
59	34	18	16	1		1
60-64岁	**189**	**139**	**50**	**4**	**1**	**3**
60	44	32	12	1	1	
61	32	25	7			
62	40	28	12	1		1
63	41	30	11	1		1
64	32	24	8	1		1
65岁及以上	**232**	**189**	**43**	**2**	**2**	

单位：人

有配偶			离婚			丧偶		
小计	男	女	小计	男	女	小计	男	女
14724	**7402**	**7322**	**358**	**149**	**209**	**35**	**13**	**22**
19	**7**	**12**						
1		1						
2	1	1						
2	1	1						
14	5	9						
1103	**386**	**717**	**3**	**1**	**2**			
36	15	21						
72	16	56						
184	59	125	1		1			
341	117	224	1		1			
470	179	291	1	1				
4678	**2034**	**2644**	**54**	**22**	**32**			
773	322	451	4	2	2			
885	359	526	7	3	4			
1017	440	577	11	5	6			
1061	470	591	14	4	10			
942	443	499	18	8	10			
4288	**2103**	**2185**	**126**	**46**	**80**	**2**		**2**
825	397	428	18	6	12			
892	428	464	23	8	15			
884	435	449	30	11	19			
934	458	476	30	13	17	1		1
753	385	368	25	8	17	1		1
2151	**1184**	**967**	**68**	**25**	**43**	**5**	**2**	**3**
611	333	278	15	4	11	2		2
538	314	224	20	10	10	1		1
406	202	204	16	4	12	2	2	
322	179	143	11	3	8			
274	156	118	6	4	2			
1070	**664**	**406**	**47**	**31**	**16**	**2**		**2**
216	126	90	8	3	5			
230	142	88	13	9	4	1		1
228	136	92	6	3	3	1		1
201	137	64	9	7	2			
195	123	72	11	9	2			
583	**403**	**180**	**37**	**15**	**22**	**4**		**4**
147	98	49	14	8	6	1		1
131	85	46	5	3	2			
138	104	34	8	2	6	2		2
77	51	26	5		5			
90	65	25	5	2	3	1		1
443	**311**	**132**	**12**	**3**	**9**	**7**	**2**	**5**
102	75	27	2	1	1			
116	83	33	2		2	2	1	1
107	72	35	5	1	4	3	1	2
85	63	22	3	1	2	2		2
33	18	15						
179	**136**	**43**	**5**	**2**	**3**	**1**		**1**
42	31	11				1		1
30	24	6	2	1	1			
38	27	11	1	1				
38	30	8	2		2			
31	24	7						
210	**174**	**36**	**6**	**4**	**2**	**14**	**9**	**5**

5−3a 续表 9

受教育程度 年 龄	15岁及以上人口			未 婚		
	合计	男	女	小计	男	女
博士研究生	**3024**	**1718**	**1306**	**1005**	**530**	**475**
15−19岁	**2**	**1**	**1**	**2**	**1**	**1**
15						
16						
17						
18						
19	2	1	1	2	1	1
20−24岁	**90**	**40**	**50**	**89**	**39**	**50**
20	4	1	3	4	1	3
21	1		1	1		1
22	19	7	12	19	7	12
23	18	7	11	18	7	11
24	48	25	23	47	24	23
25−29岁	**705**	**374**	**331**	**581**	**312**	**269**
25	116	62	54	112	60	52
26	146	89	57	130	82	48
27	153	71	82	128	58	70
28	166	88	78	127	68	59
29	124	64	60	84	44	40
30−34岁	**647**	**353**	**294**	**236**	**125**	**111**
30	160	82	78	91	47	44
31	139	87	52	61	40	21
32	109	57	52	38	19	19
33	129	64	65	29	11	18
34	110	63	47	17	8	9
35−39岁	**561**	**300**	**261**	**61**	**37**	**24**
35	114	64	50	15	10	5
36	121	67	54	20	13	7
37	100	59	41	10	3	7
38	115	55	60	10	6	4
39	111	55	56	6	5	1
40−44岁	**412**	**240**	**172**	**19**	**10**	**9**
40	88	54	34	6	3	3
41	88	49	39	4	3	1
42	96	49	47	3	1	2
43	77	47	30	4	3	1
44	63	41	22	2		2
45−49岁	**290**	**180**	**110**	**12**	**4**	**8**
45	63	33	30	3		3
46	65	36	29	4	1	3
47	62	42	20	3	1	2
48	53	36	17			
49	47	33	14	2	2	
50−54岁	**153**	**99**	**54**	**3**	**1**	**2**
50	42	26	16	2	1	1
51	32	23	9	1		1
52	28	19	9			
53	21	9	12			
54	30	22	8			
55−59岁	**96**	**73**	**23**	**1**		**1**
55	22	16	6			
56	25	20	5			
57	29	21	8			
58	13	9	4	1		1
59	7	7				
60−64岁	**36**	**29**	**7**	**1**	**1**	
60	7	6	1			
61	10	7	3			
62	6	6		1	1	
63	9	7	2			
64	4	3	1			
65岁及以上	**32**	**29**	**3**			

单位：人

有配偶			离　婚			丧　偶		
小计	男	女	小计	男	女	小计	男	女
1958	**1160**	**798**	**55**	**25**	**30**	**6**	**3**	**3**
1	**1**							
1	1							
123	**62**	**61**	**1**		**1**			
4	2	2						
16	7	9						
25	13	12						
38	20	18	1		1			
40	20	20						
406	**225**	**181**	**5**	**3**	**2**			
69	35	34						
76	46	30	2	1	1			
71	38	33						
99	52	47	1	1				
91	54	37	2	1	1			
482	**257**	**225**	**18**	**6**	**12**			
95	53	42	4	1	3			
98	54	44	3		3			
89	55	34	1	1				
102	48	54	3	1	2			
98	47	51	7	3	4			
382	**226**	**156**	**11**	**4**	**7**			
78	49	29	4	2	2			
82	46	36	2		2			
91	48	43	2		2			
70	42	28	3	2	1			
61	41	20						
267	**171**	**96**	**10**	**5**	**5**	**1**		**1**
56	32	24	3	1	2	1		1
59	35	24	2		2			
56	39	17	3	2	1			
52	35	17	1	1				
44	30	14	1	1				
143	**94**	**49**	**5**	**4**	**1**	**2**		**2**
38	24	14	1	1		1		1
30	22	8	1	1				
28	19	9						
19	9	10	1		1	1		1
28	20	8	2	2				
91	**70**	**21**	**4**	**3**	**1**			
22	16	6						
24	19	5	1	1				
27	20	7	2	1	1			
11	8	3	1	1				
7	7							
33	**27**	**6**	**1**		**1**	**1**	**1**	
7	6	1						
8	6	2	1		1	1	1	
5	5							
9	7	2						
4	3	1						
30	**27**	**3**				**2**	**2**	

5-3b 全市分年龄、性别、受教育

受教育程度 年龄	15岁及以上人口			未婚		
	合计	男	女	小计	男	女
总计	**64408**	**34460**	**29948**	**14126**	**8479**	**5647**
15-19岁	**5017**	**2783**	**2234**	**5003**	**2779**	**2224**
15	784	426	358	783	426	357
16	972	568	404	971	568	403
17	956	548	408	955	548	407
18	938	523	415	935	522	413
19	1367	718	649	1359	715	644
20-24岁	**5879**	**3398**	**2481**	**5220**	**3120**	**2100**
20	1512	895	617	1481	887	594
21	1378	769	609	1319	749	570
22	1051	613	438	946	570	376
23	1010	591	419	824	513	311
24	928	530	398	650	401	249
25-29岁	**5263**	**2946**	**2317**	**2080**	**1327**	**753**
25	1070	613	457	654	417	237
26	987	539	448	447	281	166
27	992	548	444	363	241	122
28	1087	609	478	341	215	126
29	1127	637	490	275	173	102
30-34岁	**7316**	**4062**	**3254**	**970**	**615**	**355**
30	1515	861	654	270	180	90
31	1497	818	679	244	142	102
32	1430	761	669	187	108	79
33	1498	823	675	150	96	54
34	1376	799	577	119	89	30
35-39岁	**5813**	**3232**	**2581**	**304**	**202**	**102**
35	1148	639	509	92	57	35
36	1103	616	487	62	38	24
37	1147	650	497	48	33	15
38	1304	701	603	51	36	15
39	1111	626	485	51	38	13
40-44岁	**5325**	**2886**	**2439**	**162**	**108**	**54**
40	994	547	447	37	27	10
41	1131	623	508	41	30	11
42	1162	638	524	39	27	12
43	998	505	493	24	15	9
44	1040	573	467	21	9	12
45-49岁	**5926**	**3166**	**2760**	**113**	**88**	**25**
45	1026	557	469	19	16	3
46	1119	605	514	17	15	2
47	1168	587	581	34	24	10
48	1248	679	569	23	20	3
49	1365	738	627	20	13	7
50-54岁	**6053**	**3201**	**2852**	**86**	**69**	**17**
50	1356	736	620	17	11	6
51	1130	588	542	21	18	3
52	1327	689	638	15	13	2
53	1071	564	507	14	13	1
54	1169	624	545	19	14	5
55-59岁	**5122**	**2607**	**2515**	**52**	**47**	**5**
55	1243	650	593	11	10	1
56	1134	578	556	11	9	2
57	1412	731	681	12	11	1
58	833	408	425	11	10	1
59	500	240	260	7	7	
60-64岁	**4029**	**2017**	**2012**	**38**	**35**	**3**
60	770	389	381	6	5	1
61	647	325	322	10	10	
62	835	409	426	4	4	
63	902	452	450	9	8	1
64	875	442	433	9	8	1
65岁及以上	**8665**	**4162**	**4503**	**98**	**89**	**9**

程度、婚姻状况的人口(镇)

单位：人

有配偶			离婚			丧偶		
小计	男	女	小计	男	女	小计	男	女
45895	**24295**	**21600**	**1482**	**850**	**632**	**2905**	**836**	**2069**
14	**4**	**10**						
1		1						
1		1						
1		1						
3	1	2						
8	3	5						
649	**275**	**374**	**10**	**3**	**7**			
31	8	23						
59	20	39						
102	42	60	3	1	2			
185	78	107	1		1			
272	127	145	6	2	4			
3090	**1572**	**1518**	**89**	**46**	**43**	**4**	**1**	**3**
406	193	213	10	3	7			
531	253	278	9	5	4			
608	297	311	19	10	9	2		2
720	380	340	24	13	11	2	1	1
825	449	376	27	15	12			
6069	**3266**	**2803**	**267**	**178**	**89**	**10**	**3**	**7**
1198	657	541	45	24	21	2		2
1195	636	559	54	38	16	4	2	2
1189	617	572	52	35	17	2	1	1
1280	684	596	67	43	24	1		1
1207	672	535	49	38	11	1		1
5256	**2870**	**2386**	**233**	**152**	**81**	**20**	**8**	**12**
1007	555	452	46	26	20	3	1	2
1002	549	453	35	26	9	4	3	1
1060	594	466	36	21	15	3	2	1
1192	626	566	58	38	20	3	1	2
995	546	449	58	41	17	7	1	6
4931	**2662**	**2269**	**202**	**107**	**95**	**30**	**9**	**21**
906	495	411	46	24	22	5	1	4
1029	564	465	54	28	26	7	1	6
1082	587	495	35	21	14	6	3	3
935	470	465	34	19	15	5	1	4
979	546	433	33	15	18	7	3	4
5526	**2942**	**2584**	**228**	**126**	**102**	**59**	**10**	**49**
968	518	450	35	22	13	4	1	3
1043	562	481	52	27	25	7	1	6
1069	529	540	55	32	23	10	2	8
1162	629	533	47	27	20	16	3	13
1284	704	580	39	18	21	22	3	19
5655	**3018**	**2637**	**174**	**86**	**88**	**138**	**28**	**110**
1280	703	577	35	15	20	24	7	17
1050	548	502	39	19	20	20	3	17
1236	649	587	45	25	20	31	2	29
1008	532	476	22	11	11	27	8	19
1081	586	495	33	16	17	36	8	28
4745	**2446**	**2299**	**124**	**65**	**59**	**201**	**49**	**152**
1164	615	549	30	18	12	38	7	31
1060	549	511	27	12	15	36	8	28
1308	680	628	34	19	15	58	21	37
757	383	374	19	9	10	46	6	40
456	219	237	14	7	7	23	7	16
3632	**1857**	**1775**	**83**	**45**	**38**	**276**	**80**	**196**
710	358	352	21	14	7	33	12	21
590	300	290	8	6	2	39	9	30
753	380	373	21	12	9	57	13	44
806	416	390	15	7	8	72	21	51
773	403	370	18	6	12	75	25	50
6328	**3383**	**2945**	**72**	**42**	**30**	**2167**	**648**	**1519**

5－3b　续表 1

受教育程度	15岁及以上人口			未　婚		
年　龄	合计	男	女	小计	男	女
未上过学	**1460**	**379**	**1081**	**119**	**92**	**27**
15－19岁	**5**	**4**	**1**	**5**	**4**	**1**
15	2	2		2	2	
16	1	1		1	1	
17	1	1		1	1	
18						
19	1		1	1		1
20－24岁	**17**	**9**	**8**	**16**	**9**	**7**
20	9	5	4	9	5	4
21	4	1	3	4	1	3
22	2	2		2	2	
23	1	1		1	1	
24	1		1			
25－29岁	**10**	**6**	**4**	**8**	**5**	**3**
25	2	1	1	2	1	1
26	2	1	1	2	1	1
27	2	2		2	2	
28	2	1	1	1	1	
29	2	1	1	1		1
30－34岁	**25**	**15**	**10**	**11**	**6**	**5**
30	6	5	1	2	1	1
31	8	3	5	3	1	2
32						
33	4	2	2	2	1	1
34	7	5	2	4	3	1
35－39岁	**15**	**10**	**5**	**9**	**8**	**1**
35	3	2	1	2	2	
36	1		1	1		1
37	4	3	1	1	1	
38	4	2	2	2	2	
39	3	3		3	3	
40－44岁	**29**	**13**	**16**	**12**	**7**	**5**
40	3	1	2	2	1	1
41	4	2	2	3	2	1
42	6	2	4			
43	13	7	6	6	4	2
44	3	1	2	1		1
45－49岁	**46**	**20**	**26**	**9**	**7**	**2**
45	6	2	4	1	1	
46	6	1	5			
47	10	7	3	5	3	2
48	11	5	6	2	2	
49	13	5	8	1	1	
50－54岁	**68**	**17**	**51**	**5**	**2**	**3**
50	15	5	10	1		1
51	17	7	10	1	1	
52	15	3	12			
53	13	2	11	2	1	1
54	8		8	1		1
55－59岁	**68**	**25**	**43**	**11**	**11**	
55	14	6	8	4	4	
56	11	4	7	1	1	
57	20	11	9	2	2	
58	12	2	10	2	2	
59	11	2	9	2	2	
60－64岁	**184**	**37**	**147**	**6**	**6**	
60	30	5	25	1	1	
61	29	3	26			
62	39	10	29	2	2	
63	38	7	31	2	2	
64	48	12	36	1	1	
65岁及以上	**993**	**223**	**770**	**27**	**27**	

单位：人

有配偶			离婚			丧偶		
小计	男	女	小计	男	女	小计	男	女
861	**215**	**646**	**16**	**8**	**8**	**464**	**64**	**400**
1		**1**						
1		1						
2	**1**	**1**						
1		1						
1	1							
14	**9**	**5**						
4	4							
5	2	3						
2	1	1						
3	2	1						
6	**2**	**4**						
1		1						
3	2	1						
2		2						
17	**6**	**11**						
1		1						
1		1						
6	2	4						
7	3	4						
2	1	1						
33	**11**	**22**	**4**	**2**	**2**			
5	1	4						
4		4	2	1	1			
5	4	1						
8	2	6	1	1				
11	4	7	1		1			
58	**13**	**45**	**1**	**1**		**4**	**1**	**3**
14	5	9						
15	6	9				1		1
12	1	11	1	1		2	1	1
10	1	9				1		1
7		7						
48	**14**	**34**				**9**		**9**
10	2	8						
9	3	6				1		1
16	9	7				2		2
6		6				4		4
7		7				2		2
166	**27**	**139**	**1**	**1**		**11**	**3**	**8**
28	4	24				1		1
27	3	24				2		2
34	7	27				3	1	2
32	3	29	1	1		3	1	2
45	10	35				2	1	1
516	**132**	**384**	**10**	**4**	**6**	**440**	**60**	**380**

5－3b　续表 2

受教育程度 年　　龄	15岁及以上人口			未　　婚		
	合计	男	女	小计	男	女
学前教育	**13**	**6**	**7**	**4**	**3**	**1**
15－19岁	**2**	**2**		**2**	**2**	
15						
16						
17	1	1		1	1	
18	1	1		1	1	
19						
20－24岁	**1**	**1**		**1**	**1**	
20						
21	1	1		1	1	
22						
23						
24						
25－29岁						
25						
26						
27						
28						
29						
30－34岁	**1**		**1**	**1**		**1**
30						
31	1		1	1		1
32						
33						
34						
35－39岁						
35						
36						
37						
38						
39						
40－44岁						
40						
41						
42						
43						
44						
45－49岁						
45						
46						
47						
48						
49						
50－54岁						
50						
51						
52						
53						
54						
55－59岁	**1**		**1**			
55						
56						
57						
58						
59	1		1			
60－64岁	**2**		**2**			
60						
61						
62	1		1			
63	1		1			
64						
65岁及以上	**6**	**3**	**3**			

单位：人

有配偶			离婚			丧偶		
小计	男	女	小计	男	女	小计	男	女
6	**2**	**4**				**3**	**1**	**2**
1		**1**						
1		1						
1		**1**				**1**		**1**
						1		1
1		1						
4	**2**	**2**				**2**	**1**	**1**

5-3b 续表 3

受教育程度 年　　龄	15岁及以上人口			未　　婚		
	合计	男	女	小计	男	女
小　学	**11168**	**5169**	**5999**	**380**	**312**	**68**
15-19岁	**31**	**21**	**10**	**29**	**21**	**8**
15	4	1	3	3	1	2
16	2	1	1	2	1	1
17	8	6	2	8	6	2
18	7	5	2	6	5	1
19	10	8	2	10	8	2
20-24岁	**76**	**55**	**21**	**47**	**41**	**6**
20	9	7	2	8	7	1
21	13	11	2	10	10	
22	22	16	6	14	13	1
23	20	12	8	12	8	4
24	12	9	3	3	3	
25-29岁	**174**	**103**	**71**	**56**	**39**	**17**
25	31	20	11	8	8	
26	18	4	14	5	1	4
27	37	24	13	11	7	4
28	40	27	13	19	15	4
29	48	28	20	13	8	5
30-34岁	**362**	**199**	**163**	**54**	**45**	**9**
30	74	43	31	13	11	2
31	70	38	32	16	13	3
32	67	34	33	8	6	2
33	82	50	32	10	10	
34	69	34	35	7	5	2
35-39岁	**372**	**195**	**177**	**28**	**21**	**7**
35	68	34	34	9	7	2
36	59	37	22	6	6	
37	78	33	45	3	1	2
38	84	40	44	4	3	1
39	83	51	32	6	4	2
40-44岁	**598**	**293**	**305**	**26**	**18**	**8**
40	88	50	38	4	3	1
41	107	50	57	5	5	
42	139	61	78	9	6	3
43	112	51	61	5	2	3
44	152	81	71	3	2	1
45-49岁	**934**	**445**	**489**	**30**	**25**	**5**
45	142	69	73	6	5	1
46	155	71	84	3	3	
47	183	81	102	6	5	1
48	200	93	107	10	8	2
49	254	131	123	5	4	1
50-54岁	**1457**	**672**	**785**	**31**	**28**	**3**
50	310	135	175	1		1
51	301	150	151	9	9	
52	302	148	154	5	5	
53	259	119	140	7	7	
54	285	120	165	9	7	2
55-59岁	**1135**	**504**	**631**	**15**	**14**	**1**
55	291	141	150	3	2	1
56	246	106	140	4	4	
57	291	135	156	4	4	
58	171	74	97	3	3	
59	136	48	88	1	1	
60-64岁	**1388**	**564**	**824**	**17**	**16**	**1**
60	187	80	107	3	2	1
61	190	76	114	3	3	
62	280	102	178	1	1	
63	352	149	203	5	5	
64	379	157	222	5	5	
65岁及以上	**4641**	**2118**	**2523**	**47**	**44**	**3**

单位：人

有配偶			离婚			丧偶		
小计	男	女	小计	男	女	小计	男	女
9059	**4278**	**4781**	**208**	**123**	**85**	**1521**	**456**	**1065**
2		**2**						
1		1						
1		1						
28	**14**	**14**	**1**		**1**			
1		1						
3	1	2						
7	3	4	1		1			
8	4	4						
9	6	3						
114	**62**	**52**	**4**	**2**	**2**			
22	11	11	1	1				
13	3	10						
24	16	8	2	1	1			
20	12	8	1		1			
35	20	15						
293	**143**	**150**	**15**	**11**	**4**			
57	29	28	4	3	1			
53	24	29	1	1				
57	27	30	2	1	1			
66	35	31	6	5	1			
60	28	32	2	1	1			
330	**169**	**161**	**14**	**5**	**9**			
57	26	31	2	1	1			
52	31	21	1		1			
69	31	38	6	1	5			
76	35	41	4	2	2			
76	46	30	1	1				
545	**258**	**287**	**24**	**16**	**8**	**3**	**1**	**2**
78	43	35	6	4	2			
97	42	55	4	3	1	1		1
127	53	74	2	1	1	1	1	
102	46	56	5	3	2			
141	74	67	7	5	2	1		1
854	**391**	**463**	**37**	**26**	**11**	**13**	**3**	**10**
126	56	70	10	8	2			
140	60	80	11	8	3	1		1
168	71	97	6	4	2	3	1	2
178	79	99	8	5	3	4	1	3
242	125	117	2	1	1	5	1	4
1338	**613**	**725**	**40**	**19**	**21**	**48**	**12**	**36**
288	128	160	8	3	5	13	4	9
275	134	141	11	5	6	6	2	4
278	136	142	10	6	4	9	1	8
239	108	131	5	2	3	8	2	6
258	107	151	6	3	3	12	3	9
1026	**451**	**575**	**30**	**22**	**8**	**64**	**17**	**47**
265	127	138	8	7	1	15	5	10
227	95	132	8	6	2	7	1	6
264	120	144	9	6	3	14	5	9
148	68	80	3	1	2	17	2	15
122	41	81	2	2		11	4	7
1211	**508**	**703**	**23**	**10**	**13**	**137**	**30**	**107**
170	72	98	5	3	2	9	3	6
170	70	100	1	1		16	2	14
241	92	149	6	3	3	32	6	26
305	133	172	4	2	2	38	9	29
325	141	184	7	1	6	42	10	32
3318	**1669**	**1649**	**20**	**12**	**8**	**1256**	**393**	**863**

5-3b 续表 4

受教育程度 年 龄	15岁及以上人口			未 婚		
	合计	男	女	小计	男	女
初 中	**28625**	**16088**	**12537**	**2625**	**1896**	**729**
15-19岁	**737**	**447**	**290**	**727**	**443**	**284**
15	327	190	137	327	190	137
16	122	67	55	121	67	54
17	71	43	28	70	43	27
18	72	48	24	70	47	23
19	145	99	46	139	96	43
20-24岁	**1027**	**665**	**362**	**635**	**492**	**143**
20	139	96	43	116	91	25
21	148	103	45	117	92	25
22	198	123	75	129	96	33
23	248	148	100	144	108	36
24	294	195	99	129	105	24
25-29岁	**2197**	**1320**	**877**	**568**	**438**	**130**
25	380	232	148	148	119	29
26	399	243	156	127	104	23
27	409	226	183	98	70	28
28	493	297	196	99	76	23
29	516	322	194	96	69	27
30-34岁	**3674**	**2106**	**1568**	**348**	**252**	**96**
30	708	416	292	89	64	25
31	725	413	312	94	64	30
32	715	399	316	69	46	23
33	798	449	349	54	42	12
34	728	429	299	42	36	6
35-39岁	**3355**	**1889**	**1466**	**138**	**107**	**31**
35	633	374	259	43	32	11
36	610	338	272	16	11	5
37	675	401	274	25	22	3
38	780	416	364	29	23	6
39	657	360	297	25	19	6
40-44岁	**3276**	**1783**	**1493**	**78**	**57**	**21**
40	583	312	271	17	14	3
41	671	380	291	23	19	4
42	719	400	319	19	14	5
43	637	322	315	10	7	3
44	666	369	297	9	3	6
45-49岁	**3769**	**2037**	**1732**	**46**	**34**	**12**
45	645	347	298	7	6	1
46	731	410	321	10	9	1
47	759	389	370	15	10	5
48	802	449	353	6	5	1
49	832	442	390	8	4	4
50-54岁	**3621**	**1972**	**1649**	**39**	**34**	**5**
50	800	456	344	10	9	1
51	643	344	299	10	8	2
52	801	408	393	7	6	1
53	653	362	291	4	4	
54	724	402	322	8	7	1
55-59岁	**2945**	**1526**	**1419**	**19**	**17**	**2**
55	767	409	358	3	3	
56	665	329	336	3	2	1
57	824	426	398	6	5	1
58	447	226	221	4	4	
59	242	136	106	3	3	
60-64岁	**1675**	**943**	**732**	**8**	**6**	**2**
60	360	187	173	1	1	
61	277	149	128	4	4	
62	358	207	151			
63	364	203	161	2	1	1
64	316	197	119	1		1
65岁及以上	**2349**	**1400**	**949**	**19**	**16**	**3**

单位：人

有配偶			离婚			丧偶		
小计	男	女	小计	男	女	小计	男	女
24437	**13431**	**11006**	**828**	**516**	**312**	**735**	**245**	**490**
10	**4**	**6**						
1		1						
1		1						
2	1	1						
6	3	3						
386	**171**	**215**	**6**	**2**	**4**			
23	5	18						
31	11	20						
67	26	41	2	1	1			
103	40	63	1		1			
162	89	73	3	1	2			
1566	**848**	**718**	**61**	**33**	**28**	**2**	**1**	**1**
226	111	115	6	2	4			
267	137	130	5	2	3			
299	149	150	12	7	5			
376	211	165	16	9	7	2	1	1
398	240	158	22	13	9			
3157	**1731**	**1426**	**161**	**120**	**41**	**8**	**3**	**5**
592	336	256	26	16	10	1		1
594	319	275	33	28	5	4	2	2
616	329	287	28	23	5	2	1	1
701	379	322	42	28	14	1		1
654	368	286	32	25	7			
3054	**1671**	**1383**	**150**	**106**	**44**	**13**	**5**	**8**
563	323	240	25	18	7	2	1	1
569	308	261	22	17	5	3	2	1
625	363	262	24	15	9	1	1	
712	368	344	36	24	12	3	1	2
585	309	276	43	32	11	4		4
3061	**1657**	**1404**	**116**	**63**	**53**	**21**	**6**	**15**
540	286	254	21	11	10	5	1	4
610	342	268	36	19	17	2		2
675	372	303	21	13	8	4	1	3
601	301	300	22	13	9	4	1	3
635	356	279	16	7	9	6	3	3
3554	**1923**	**1631**	**130**	**74**	**56**	**39**	**6**	**33**
616	328	288	19	12	7	3	1	2
695	390	305	22	11	11	4		4
703	359	344	34	19	15	7	1	6
755	422	333	30	20	10	11	2	9
785	424	361	25	12	13	14	2	12
3417	**1877**	**1540**	**91**	**47**	**44**	**74**	**14**	**60**
764	436	328	15	8	7	11	3	8
601	325	276	21	10	11	11	1	10
754	389	365	24	13	11	16		16
622	346	276	13	7	6	14	5	9
676	381	295	18	9	9	22	5	17
2764	**1452**	**1312**	**54**	**31**	**23**	**108**	**26**	**82**
727	393	334	15	11	4	22	2	20
625	317	308	11	4	7	26	6	20
766	400	366	17	9	8	35	12	23
417	215	202	8	4	4	18	3	15
229	127	102	3	3		7	3	4
1542	**881**	**661**	**32**	**22**	**10**	**93**	**34**	**59**
334	174	160	8	7	1	17	5	12
255	139	116	4	3	1	14	3	11
334	195	139	11	7	4	13	5	8
332	190	142	5	2	3	25	10	15
287	183	104	4	3	1	24	11	13
1926	**1216**	**710**	**27**	**18**	**9**	**377**	**150**	**227**

5-3b 续表 5

受教育程度 年龄	15岁及以上人口			未婚		
	合计	男	女	小计	男	女
高 中	**10136**	**5831**	**4305**	**3760**	**2269**	**1491**
15-19岁	**2628**	**1503**	**1125**	**2626**	**1503**	**1123**
15	442	228	214	442	228	214
16	824	487	337	824	487	337
17	784	463	321	784	463	321
18	422	236	186	422	236	186
19	156	89	67	154	89	65
20-24岁	**676**	**432**	**244**	**534**	**375**	**159**
20	128	91	37	124	90	34
21	136	99	37	122	94	28
22	122	77	45	105	69	36
23	141	88	53	94	66	28
24	149	77	72	89	56	33
25-29岁	**860**	**494**	**366**	**303**	**205**	**98**
25	170	99	71	92	61	31
26	151	91	60	50	39	11
27	179	105	74	65	47	18
28	174	94	80	52	31	21
29	186	105	81	44	27	17
30-34岁	**1240**	**687**	**553**	**196**	**116**	**80**
30	265	155	110	57	40	17
31	252	141	111	48	27	21
32	255	139	116	38	20	18
33	242	128	114	30	14	16
34	226	124	102	23	15	8
35-39岁	**857**	**498**	**359**	**45**	**31**	**14**
35	165	94	71	15	8	7
36	165	94	71	11	8	3
37	157	89	68	6	4	2
38	187	113	74	5	3	2
39	183	108	75	8	8	
40-44岁	**749**	**427**	**322**	**24**	**15**	**9**
40	156	92	64	5	5	
41	178	98	80	6	2	4
42	161	97	64	5	4	1
43	128	70	58	2	2	
44	126	70	56	6	2	4
45-49岁	**666**	**373**	**293**	**19**	**15**	**4**
45	120	76	44	4	4	
46	128	67	61	2	1	1
47	124	64	60	4	2	2
48	135	71	64	4	4	
49	159	95	64	5	4	1
50-54岁	**604**	**347**	**257**	**3**	**1**	**2**
50	144	88	56	1	1	
51	120	57	63			
52	134	80	54	1		1
53	104	55	49			
54	102	67	35	1		1
55-59岁	**757**	**416**	**341**	**3**	**2**	**1**
55	124	65	59			
56	167	102	65	1		1
57	214	118	96			
58	160	85	75	1	1	
59	92	46	46	1	1	
60-64岁	**651**	**379**	**272**	**4**	**4**	
60	168	103	65	1	1	
61	122	74	48	1	1	
62	127	69	58	1	1	
63	123	73	50			
64	111	60	51	1	1	
65岁及以上	**448**	**275**	**173**	**3**	**2**	**1**

单位：人

有配偶			离　婚			丧　偶		
小计	男	女	小计	男	女	小计	男	女
5979	**3374**	**2605**	**260**	**134**	**126**	**137**	**54**	**83**
2		**2**						
2		2						
139	**56**	**83**	**3**	**1**	**2**			
4	1	3						
14	5	9						
17	8	9						
47	22	25						
57	20	37	3	1	2			
543	**283**	**260**	**13**	**6**	**7**	**1**		**1**
76	38	38	2		2			
99	51	48	2	1	1			
112	58	54	1		1	1		1
116	59	57	6	4	2			
140	77	63	2	1	1			
994	**543**	**451**	**49**	**28**	**21**	**1**		**1**
201	114	87	6	1	5	1		1
193	108	85	11	6	5			
204	112	92	13	7	6			
201	107	94	11	7	4			
195	102	93	8	7	1			
774	**440**	**334**	**34**	**26**	**8**	**4**	**1**	**3**
145	82	63	5	4	1			
148	81	67	6	5	1			
145	80	65	4	4		2	1	1
170	101	69	12	9	3			
166	96	70	7	4	3	2		2
687	**391**	**296**	**34**	**19**	**15**	**4**	**2**	**2**
141	81	60	10	6	4			
160	91	69	9	4	5	3	1	2
148	88	60	7	4	3	1	1	
122	65	57	4	3	1			
116	66	50	4	2	2			
608	**343**	**265**	**35**	**15**	**20**	**4**		**4**
112	71	41	3	1	2	1		1
114	62	52	11	4	7	1		1
109	55	54	11	7	4			
127	67	60	4		4			
146	88	58	6	3	3	2		2
565	**330**	**235**	**28**	**15**	**13**	**8**	**1**	**7**
136	84	52	7	3	4			
113	54	59	5	3	2	2		2
124	75	49	6	5	1	3		3
98	53	45	3	1	2	3	1	2
94	64	30	7	3	4			
702	**398**	**304**	**34**	**11**	**23**	**18**	**5**	**13**
117	65	52	6		6	1		1
157	99	58	7	2	5	2	1	1
201	111	90	7	4	3	6	3	3
146	80	66	6	3	3	7	1	6
81	43	38	8	2	6	2		2
594	**355**	**239**	**20**	**8**	**12**	**33**	**12**	**21**
155	94	61	6	4	2	6	4	2
112	68	44	3	2	1	6	3	3
117	67	50	1		1	8	1	7
112	70	42	5	2	3	6	1	5
98	56	42	5		5	7	3	4
371	**235**	**136**	**10**	**5**	**5**	**64**	**33**	**31**

5-3b 续表 6

受教育程度 年龄	15岁及以上人口			未婚		
	合计	男	女	小计	男	女
大学专科	**4950**	**2786**	**2164**	**1945**	**1176**	**769**
15-19岁	**487**	**288**	**199**	**487**	**288**	**199**
15	8	4	4	8	4	4
16	21	12	9	21	12	9
17	51	18	33	51	18	33
18	155	99	56	155	99	56
19	252	155	97	252	155	97
20-24岁	**943**	**580**	**363**	**872**	**555**	**317**
20	236	158	78	234	157	77
21	208	117	91	197	114	83
22	172	108	64	162	103	59
23	184	117	67	160	108	52
24	143	80	63	119	73	46
25-29岁	**861**	**446**	**415**	**369**	**225**	**144**
25	197	107	90	138	84	54
26	166	87	79	70	40	30
27	169	87	82	66	42	24
28	156	77	79	52	29	23
29	173	88	85	43	30	13
30-34岁	**979**	**510**	**469**	**155**	**78**	**77**
30	199	106	93	46	26	20
31	213	108	105	30	12	18
32	202	93	109	31	14	17
33	187	99	88	26	12	14
34	178	104	74	22	14	8
35-39岁	**590**	**314**	**276**	**36**	**14**	**22**
35	143	64	79	14	6	8
36	134	75	59	11	3	8
37	99	53	46	6	3	3
38	118	67	51	3	2	1
39	96	55	41	2		2
40-44岁	**352**	**183**	**169**	**9**	**6**	**3**
40	73	35	38	5	3	2
41	97	53	44	1	1	
42	72	40	32	1	1	
43	61	27	34	1		1
44	49	28	21	1	1	
45-49岁	**241**	**143**	**98**	**6**	**4**	**2**
45	51	34	17	1		1
46	44	26	18	2	2	
47	41	24	17	2	2	
48	55	32	23			
49	50	27	23	1		1
50-54岁	**152**	**98**	**54**	**5**	**3**	**2**
50	41	26	15	3	1	2
51	29	19	10			
52	37	26	11	1	1	
53	23	12	11	1	1	
54	22	15	7			
55-59岁	**113**	**65**	**48**	**3**	**2**	**1**
55	21	11	10	1	1	
56	23	20	3	1	1	
57	31	18	13			
58	27	11	16	1		1
59	11	5	6			
60-64岁	**96**	**72**	**24**	**1**	**1**	
60	20	11	9			
61	24	21	3	1	1	
62	21	17	4			
63	18	14	4			
64	13	9	4			
65岁及以上	**136**	**87**	**49**	**2**		**2**

单位：人

有配偶			离婚			丧偶		
小计	男	女	小计	男	女	小计	男	女
2885	**1569**	**1316**	**91**	**30**	**61**	**29**	**11**	**18**
71	**25**	**46**						
2	1	1						
11	3	8						
10	5	5						
24	9	15						
24	7	17						
485	**219**	**266**	**7**	**2**	**5**			
58	23	35	1		1			
96	47	49						
100	44	56	3	1	2			
103	48	55	1		1			
128	57	71	2	1	1			
805	**426**	**379**	**18**	**6**	**12**	**1**		**1**
150	79	71	3	1	2			
177	95	82	6	1	5			
167	78	89	4	1	3			
158	85	73	3	2	1			
153	89	64	2	1	1	1		1
537	**295**	**242**	**16**	**5**	**11**	**1**		**1**
121	58	63	7		7	1		1
120	70	50	3	2	1			
91	49	42	2	1	1			
113	65	48	2		2			
92	53	39	2	2				
327	**173**	**154**	**14**	**4**	**10**	**2**		**2**
67	32	35	1		1			
92	50	42	3	2	1	1		1
69	38	31	2	1	1			
56	27	29	3		3	1		1
43	26	17	5	1	4			
218	**134**	**84**	**15**	**4**	**11**	**2**	**1**	**1**
48	33	15	2	1	1			
37	22	15	4	1	3	1	1	
37	22	15	2		2			
52	31	21	3	1	2			
44	26	18	4	1	3	1		1
135	**93**	**42**	**8**	**2**	**6**	**4**		**4**
35	24	11	3	1	2			
28	19	9	1		1			
33	25	8	2		2	1		1
20	10	10	1	1		1		1
19	15	4	1		1	2		2
105	**61**	**44**	**3**	**1**	**2**	**2**	**1**	**1**
19	10	9	1		1			
22	19	3						
29	17	12	1		1	1	1	
25	10	15	1	1				
10	5	5				1		1
89	**67**	**22**	**5**	**3**	**2**	**1**	**1**	
19	11	8	1		1			
22	19	3				1	1	
19	16	3	2	1	1			
18	14	4						
11	7	4	2	2				
113	**76**	**37**	**5**	**3**	**2**	**16**	**8**	**8**

5-3b 续表 7

受教育程度 年　　龄	15岁及以上人口			未　婚		
	合计	男	女	小计	男	女
大学本科	**7182**	**3753**	**3429**	**4709**	**2437**	**2272**
15-19岁	**1126**	**518**	**608**	**1126**	**518**	**608**
15	1	1		1	1	
16	2		2	2		2
17	39	16	23	39	16	23
18	281	134	147	281	134	147
19	803	367	436	803	367	436
20-24岁	**2831**	**1503**	**1328**	**2808**	**1495**	**1313**
20	988	536	452	987	535	452
21	861	432	429	861	432	429
22	479	266	213	478	266	212
23	303	169	134	300	166	134
24	200	100	100	182	96	86
25-29岁	**902**	**453**	**449**	**549**	**301**	**248**
25	202	104	98	178	94	84
26	185	82	103	129	65	64
27	158	92	66	90	62	28
28	190	98	92	92	49	43
29	167	77	90	60	31	29
30-34岁	**898**	**474**	**424**	**168**	**96**	**72**
30	219	110	109	48	28	20
31	198	98	100	44	21	23
32	163	84	79	33	18	15
33	164	85	79	23	14	9
34	154	97	57	20	15	5
35-39岁	**544**	**286**	**258**	**41**	**18**	**23**
35	120	60	60	8	2	6
36	120	68	52	14	8	6
37	122	66	56	7	2	5
38	104	51	53	5	2	3
39	78	41	37	7	4	3
40-44岁	**288**	**169**	**119**	**10**	**3**	**7**
40	78	49	29	3		3
41	69	38	31	3	1	2
42	55	33	22	3	1	2
43	45	27	18			
44	41	22	19	1	1	
45-49岁	**239**	**127**	**112**	**2**	**2**	
45	56	25	31			
46	47	25	22			
47	48	19	29	1	1	
48	38	25	13	1	1	
49	50	33	17			
50-54岁	**140**	**87**	**53**	**2**	**1**	**1**
50	44	25	19			
51	20	11	9	1		1
52	32	20	12	1	1	
53	17	12	5			
54	27	19	8			
55-59岁	**97**	**66**	**31**	**1**	**1**	
55	25	17	8			
56	22	17	5	1	1	
57	29	20	9			
58	15	10	5			
59	6	2	4			
60-64岁	**30**	**19**	**11**	**2**	**2**	
60	4	2	2			
61	5	2	3	1	1	
62	9	4	5			
63	5	5				
64	7	6	1	1	1	
65岁及以上	**87**	**51**	**36**			

单位：人

有配偶			离婚			丧偶		
小计	男	女	小计	男	女	小计	男	女
2385	**1275**	**1110**	**74**	**36**	**38**	**14**	**5**	**9**
23	**8**	**15**						
1	1							
1		1						
3	3							
18	4	14						
349	**149**	**200**	**4**	**3**	**1**			
24	10	14						
54	15	39	2	2				
67	29	38	1	1				
98	49	49						
106	46	60	1		1			
708	**367**	**341**	**22**	**11**	**11**			
166	80	86	5	2	3			
151	75	76	3	2	1			
125	63	62	5	3	2			
136	70	66	5	1	4			
130	79	51	4	3	1			
482	**256**	**226**	**19**	**10**	**9**	**2**	**2**	
105	55	50	7	3	4			
102	57	45	3	2	1	1	1	
115	64	51						
95	46	49	4	3	1			
65	34	31	5	2	3	1	1	
267	**162**	**105**	**11**	**4**	**7**			
68	47	21	7	2	5			
65	37	28	1		1			
50	30	20	2	2				
45	27	18						
39	21	18	1		1			
230	**120**	**110**	**7**	**5**	**2**			
55	25	30	1		1			
45	23	22	2	2				
45	16	29	2	2				
36	24	12	1		1			
49	32	17	1	1				
132	**84**	**48**	**6**	**2**	**4**			
42	25	17	2		2			
18	10	8	1	1				
29	19	10	2		2			
17	12	5						
26	18	8	1	1				
93	**65**	**28**	**3**		**3**			
25	17	8						
20	16	4	1		1			
29	20	9						
14	10	4	1		1			
5	2	3	1		1			
26	**16**	**10**	**2**	**1**	**1**			
3	2	1	1		1			
4	1	3						
8	3	5	1	1				
5	5							
6	5	1						
75	**48**	**27**				**12**	**3**	**9**

5-3b 续表 8

受教育程度 年　　龄	15岁及以上人口			未　　婚		
	合计	男	女	小计	男	女
硕士研究生	**783**	**395**	**388**	**538**	**274**	**264**
15-19岁	**1**		**1**	**1**		**1**
15						
16						
17	1		1	1		1
18						
19						
20-24岁	**300**	**148**	**152**	**299**	**147**	**152**
20	2	2		2	2	
21	7	5	2	7	5	2
22	55	21	34	55	21	34
23	110	53	57	110	53	57
24	126	67	59	125	66	59
25-29岁	**227**	**110**	**117**	**200**	**104**	**96**
25	85	50	35	85	50	35
26	62	30	32	60	30	30
27	28	8	20	23	8	15
28	25	11	14	19	10	9
29	27	11	16	13	6	7
30-34岁	**119**	**62**	**57**	**30**	**20**	**10**
30	36	22	14	12	9	3
31	24	14	10	5	3	2
32	28	12	16	8	4	4
33	18	9	9	4	3	1
34	13	5	8	1	1	
35-39岁	**67**	**31**	**36**	**5**	**1**	**4**
35	12	8	4	1		1
36	12	3	9	2	1	1
37	11	5	6			
38	22	8	14	2		2
39	10	7	3			
40-44岁	**26**	**14**	**12**	**1**	**1**	
40	11	7	4			
41	5	2	3			
42	7	4	3	1	1	
43	1		1			
44	2	1	1			
45-49岁	**24**	**15**	**9**	**1**	**1**	
45	3	1	2			
46	7	4	3			
47	3	3		1	1	
48	5	3	2			
49	6	4	2			
50-54岁	**11**	**8**	**3**	**1**		**1**
50	2	1	1	1		1
51						
52	6	4	2			
53	2	2				
54	1	1				
55-59岁	**4**	**3**	**1**			
55						
56						
57	2	2				
58	1		1			
59	1	1				
60-64岁	**2**	**2**				
60						
61						
62						
63	1	1				
64	1	1				
65岁及以上	**2**	**2**				

单位：人

有配偶			离婚			丧偶		
小计	男	女	小计	男	女	小计	男	女
238	**118**	**120**	**5**	**3**	**2**	**2**		**2**
1	**1**							
1	1							
26	**6**	**20**				**1**		**1**
2		2						
4		4				1		1
6	1	5						
14	5	9						
87	**40**	**47**	**2**	**2**				
23	12	11	1	1				
19	11	8						
20	8	12						
14	6	8						
11	3	8	1	1				
62	**30**	**32**						
11	8	3						
10	2	8						
11	5	6						
20	8	12						
10	7	3						
22	**12**	**10**	**3**	**1**	**2**			
10	6	4	1	1				
4	2	2	1		1			
5	3	2	1		1			
1		1						
2	1	1						
22	**14**	**8**				**1**		**1**
3	1	2						
7	4	3						
2	2							
4	3	1				1		1
6	4	2						
10	**8**	**2**						
1	1							
6	4	2						
2	2							
1	1							
4	**3**	**1**						
2	2							
1		1						
1	1							
2	**2**							
1	1							
1	1							
2	**2**							

5-3b 续表 9

受教育程度 年 龄	15岁及以上人口			未 婚		
	合计	男	女	小计	男	女
博士研究生	**91**	**53**	**38**	**46**	**20**	**26**
15—19岁						
15						
16						
17						
18						
19						
20—24岁	**8**	**5**	**3**	**8**	**5**	**3**
20	1		1	1		1
21						
22	1		1	1		1
23	3	3		3	3	
24	3	2	1	3	2	1
25—29岁	**32**	**14**	**18**	**27**	**10**	**17**
25	3		3	3		3
26	4	1	3	4	1	3
27	10	4	6	8	3	5
28	7	4	3	7	4	3
29	8	5	3	5	2	3
30—34岁	**18**	**9**	**9**	**7**	**2**	**5**
30	8	4	4	3	1	2
31	6	3	3	3	1	2
32						
33	3	1	2	1		1
34	1	1				
35—39岁	**13**	**9**	**4**	**2**	**2**	
35	4	3	1			
36	2	1	1	1	1	
37	1		1			
38	5	4	1	1	1	
39	1	1				
40—44岁	**7**	**4**	**3**	**2**	**1**	**1**
40	2	1	1	1	1	
41						
42	3	1	2	1		1
43	1	1				
44	1	1				
45—49岁	**7**	**6**	**1**			
45	3	3				
46	1	1				
47						
48	2	1	1			
49	1	1				
50—54岁						
50						
51						
52						
53						
54						
55—59岁	**2**	**2**				
55	1	1				
56						
57	1	1				
58						
59						
60—64岁	**1**	**1**				
60	1	1				
61						
62						
63						
64						
65岁及以上	**3**	**3**				

单位：人

有配偶			离婚			丧偶		
小计	男	女	小计	男	女	小计	男	女
45	**33**	**12**						
5	**4**	**1**						
2	1	1						
3	3							
11	**7**	**4**						
5	3	2						
3	2	1						
2	1	1						
1	1							
11	**7**	**4**						
4	3	1						
1		1						
1		1						
4	3	1						
1	1							
5	**3**	**2**						
1		1						
2	1	1						
1	1							
1	1							
7	**6**	**1**						
3	3							
1	1							
2	1	1						
1	1							
2	**2**							
1	1							
1	1							
1	**1**							
1	1							
3	**3**							

5-3c 全市分年龄、性别、受教育

受教育程度 年龄	15岁及以上人口			未婚		
	合计	男	女	小计	男	女
总计	**172228**	**88105**	**84123**	**21831**	**13638**	**8193**
15-19岁	**8207**	**4439**	**3768**	**8160**	**4427**	**3733**
15	2054	1091	963	2054	1091	963
16	1734	923	811	1732	922	810
17	1402	733	669	1396	731	665
18	1593	876	717	1586	876	710
19	1424	816	608	1392	807	585
20-24岁	**7522**	**4144**	**3378**	**6037**	**3587**	**2450**
20	1269	719	550	1208	703	505
21	1358	753	605	1245	729	516
22	1568	886	682	1294	783	511
23	1585	850	735	1175	694	481
24	1742	936	806	1115	678	437
25-29岁	**11122**	**6131**	**4991**	**3847**	**2606**	**1241**
25	2040	1124	916	1112	716	396
26	2033	1112	921	864	585	279
27	2256	1233	1023	761	512	249
28	2232	1253	979	621	441	180
29	2561	1409	1152	489	352	137
30-34岁	**16337**	**8597**	**7740**	**1634**	**1154**	**480**
30	3393	1791	1602	495	343	152
31	3363	1747	1616	377	262	115
32	3187	1685	1502	331	237	94
33	3461	1825	1636	261	195	66
34	2933	1549	1384	170	117	53
35-39岁	**12437**	**6571**	**5866**	**518**	**391**	**127**
35	2404	1261	1143	138	106	32
36	2259	1185	1074	114	80	34
37	2284	1196	1088	88	71	17
38	3021	1638	1383	96	73	23
39	2469	1291	1178	82	61	21
40-44岁	**12271**	**6456**	**5815**	**262**	**203**	**59**
40	1986	1068	918	50	40	10
41	2666	1431	1235	62	49	13
42	2595	1341	1254	60	44	16
43	2407	1268	1139	44	33	11
44	2617	1348	1269	46	37	9
45-49岁	**15783**	**8100**	**7683**	**258**	**210**	**48**
45	2505	1311	1194	46	37	9
46	2802	1429	1373	57	45	12
47	3136	1619	1517	59	52	7
48	3544	1803	1741	49	35	14
49	3796	1938	1858	47	41	6
50-54岁	**19381**	**9629**	**9752**	**224**	**198**	**26**
50	4064	2032	2032	50	46	4
51	3701	1829	1872	43	34	9
52	4050	2044	2006	51	45	6
53	3396	1673	1723	37	35	2
54	4170	2051	2119	43	38	5
55-59岁	**18405**	**9010**	**9395**	**172**	**163**	**9**
55	4027	1940	2087	34	31	3
56	4018	1965	2053	27	26	1
57	5019	2440	2579	44	41	3
58	3457	1716	1741	45	45	
59	1884	949	935	22	20	2
60-64岁	**14959**	**7433**	**7526**	**161**	**157**	**4**
60	2729	1397	1332	19	19	
61	2366	1143	1223	25	25	
62	3170	1567	1603	36	35	1
63	3443	1705	1738	37	36	1
64	3251	1621	1630	44	42	2
65岁及以上	**35804**	**17595**	**18209**	**558**	**542**	**16**

程度、婚姻状况的人口(乡村)

单位：人

有配偶			离婚			丧偶		
小计	男	女	小计	男	女	小计	男	女
134602	**68009**	**66593**	**4279**	**2687**	**1592**	**11516**	**3771**	**7745**
47	**12**	**35**						
2	1	1						
6	2	4						
7		7						
32	9	23						
1440	**536**	**904**	**43**	**19**	**24**	**2**	**2**	
61	16	45						
109	22	87	4	2	2			
270	101	169	3	1	2	1	1	
400	150	250	10	6	4			
600	247	353	26	10	16	1	1	
6927	**3328**	**3599**	**345**	**197**	**148**	**3**		**3**
900	398	502	28	10	18			
1114	492	622	53	35	18	2		2
1429	686	743	66	35	31			
1531	767	764	79	45	34	1		1
1953	985	968	119	72	47			
13815	**6900**	**6915**	**865**	**538**	**327**	**23**	**5**	**18**
2749	1363	1386	148	85	63	1		1
2788	1363	1425	194	121	73	4	1	3
2685	1351	1334	165	97	68	6		6
3003	1507	1496	193	123	70	4		4
2590	1316	1274	165	112	53	8	4	4
11148	**5693**	**5455**	**715**	**471**	**244**	**56**	**16**	**40**
2131	1081	1050	128	72	56	7	2	5
1990	1004	986	143	96	47	12	5	7
2057	1037	1020	127	85	42	12	3	9
2745	1445	1300	169	118	51	11	2	9
2225	1126	1099	148	100	48	14	4	10
11293	**5838**	**5455**	**628**	**396**	**232**	**88**	**19**	**69**
1821	968	853	106	60	46	9		9
2437	1280	1157	152	100	52	15	2	13
2396	1207	1189	122	85	37	17	5	12
2227	1160	1067	120	71	49	16	4	12
2412	1223	1189	128	80	48	31	8	23
14757	**7501**	**7256**	**549**	**336**	**213**	**219**	**53**	**166**
2332	1207	1125	101	59	42	26	8	18
2599	1306	1293	104	68	36	42	10	32
2920	1486	1434	119	76	43	38	5	33
3342	1688	1654	103	66	37	50	14	36
3564	1814	1750	122	67	55	63	16	47
18260	**9027**	**9233**	**444**	**273**	**171**	**453**	**131**	**322**
3821	1889	1932	109	67	42	84	30	54
3481	1718	1763	107	63	44	70	14	56
3824	1928	1896	80	43	37	95	28	67
3216	1582	1634	57	33	24	86	23	63
3918	1910	2008	91	67	24	118	36	82
17162	**8451**	**8711**	**310**	**186**	**124**	**761**	**210**	**551**
3780	1825	1955	72	45	27	141	39	102
3763	1859	1904	68	47	21	160	33	127
4651	2287	2364	105	53	52	219	59	160
3213	1584	1629	51	32	19	148	55	93
1755	896	859	14	9	5	93	24	69
13571	**6808**	**6763**	**183**	**131**	**52**	**1044**	**337**	**707**
2523	1302	1221	37	24	13	150	52	98
2177	1061	1116	34	19	15	130	38	92
2885	1432	1453	42	35	7	207	65	142
3080	1540	1540	45	36	9	281	93	188
2906	1473	1433	25	17	8	276	89	187
26182	**13915**	**12267**	**197**	**140**	**57**	**8867**	**2998**	**5869**

5-3c 续表 1

受教育程度 年　　龄	15岁及以上人口			未　　婚		
	合计	男	女	小计	男	女
未上过学	**5861**	**1353**	**4508**	**503**	**440**	**63**
15-19岁	**29**	**25**	**4**	**29**	**25**	**4**
15	5	4	1	5	4	1
16	9	8	1	9	8	1
17	5	5		5	5	
18	3	2	1	3	2	1
19	7	6	1	7	6	1
20-24岁	**29**	**23**	**6**	**28**	**23**	**5**
20	3	3		3	3	
21	7	6	1	7	6	1
22	7	7		7	7	
23	7	4	3	6	4	2
24	5	3	2	5	3	2
25-29岁	**39**	**20**	**19**	**32**	**19**	**13**
25	12	7	5	11	7	4
26	5	3	2	4	3	1
27	7	2	5	5	2	3
28	9	5	4	7	4	3
29	6	3	3	5	3	2
30-34岁	**64**	**41**	**23**	**44**	**36**	**8**
30	8	4	4	4	3	1
31	17	13	4	13	13	
32	8	6	2	6	4	2
33	20	12	8	14	11	3
34	11	6	5	7	5	2
35-39岁	**66**	**31**	**35**	**34**	**25**	**9**
35	15	9	6	8	6	2
36	14	8	6	10	7	3
37	13	6	7	6	5	1
38	13	4	9	5	3	2
39	11	4	7	5	4	1
40-44岁	**80**	**40**	**40**	**31**	**22**	**9**
40	10	6	4			
41	17	9	8	8	7	1
42	19	11	8	8	5	3
43	16	6	10	9	5	4
44	18	8	10	6	5	1
45-49岁	**151**	**58**	**93**	**43**	**37**	**6**
45	20	8	12	6	4	2
46	29	12	17	11	10	1
47	32	13	19	8	8	
48	27	12	15	10	9	1
49	43	13	30	8	6	2
50-54岁	**227**	**77**	**150**	**45**	**41**	**4**
50	36	14	22	11	10	1
51	49	11	38	7	4	3
52	57	19	38	9	9	
53	31	10	21	4	4	
54	54	23	31	14	14	
55-59岁	**308**	**74**	**234**	**39**	**39**	
55	51	14	37	6	6	
56	61	13	48	7	7	
57	94	22	72	9	9	
58	63	18	45	13	13	
59	39	7	32	4	4	
60-64岁	**677**	**121**	**556**	**36**	**35**	**1**
60	74	15	59	2	2	
61	98	17	81	5	5	
62	148	25	123	8	8	
63	172	27	145	7	6	1
64	185	37	148	14	14	
65岁及以上	**4191**	**843**	**3348**	**142**	**138**	**4**

单位：人

有配偶			离　婚			丧　偶		
小计	男	女	小计	男	女	小计	男	女
3288	643	2645	42	27	15	2028	243	1785
1		1						
1		1						
6		6	1	1				
1		1						
1		1						
2		2						
1		1	1	1				
1		1						
19	4	15	1	1				
3		3	1	1				
4		4						
2	2							
6	1	5						
4	1	3						
32	6	26						
7	3	4						
4	1	3						
7	1	6						
8	1	7						
6		6						
47	16	31	2	2				
10	6	4						
8	1	7	1	1				
10	5	5	1	1				
7	1	6						
12	3	9						
100	17	83	4	2	2	4	2	2
13	3	10	1	1				
16	1	15				2	1	1
20	4	16	3	1	2	1		1
17	3	14						
34	6	28				1	1	
167	30	137	3	2	1	12	4	8
25	4	21						
37	7	30				5		5
42	8	34	2	1	1	4	1	3
25	4	21	1	1		1	1	
38	7	31				2	2	
236	31	205	5	1	4	28	3	25
40	7	33	2		2	3	1	2
48	6	42				6		6
73	12	61	3	1	2	9		9
46	4	42				4	1	3
29	2	27				6	1	5
558	79	479	5	1	4	78	6	72
65	12	53				7	1	6
77	12	65	2		2	14		14
128	17	111	1		1	11		11
144	18	126	2	1	1	19	2	17
144	20	124				27	3	24
2122	460	1662	21	17	4	1906	228	1678

5–3c 续表 2

受教育程度 年龄	15岁及以上人口			未婚		
	合计	男	女	小计	男	女
学前教育	**87**	**29**	**58**	**13**	**11**	**2**
15–19岁	**6**	**4**	**2**	**6**	**4**	**2**
15	5	3	2	5	3	2
16						
17	1	1		1	1	
18						
19						
20–24岁	**2**	**2**		**2**	**2**	
20	1	1		1	1	
21	1	1		1	1	
22						
23						
24						
25–29岁	**1**	**1**				
25						
26	1	1				
27						
28						
29						
30–34岁	**1**		**1**			
30						
31	1		1			
32						
33						
34						
35–39岁	**1**		**1**			
35	1		1			
36						
37						
38						
39						
40–44岁						
40						
41						
42						
43						
44						
45–49岁	**1**	**1**				
45						
46	1	1				
47						
48						
49						
50–54岁	**2**	**2**		**1**	**1**	
50						
51						
52	2	2		1	1	
53						
54						
55–59岁	**6**	**2**	**4**			
55	1	1				
56	3		3			
57	1		1			
58	1	1				
59						
60–64岁	**12**	**4**	**8**	**2**	**2**	
60	1		1			
61	2	1	1			
62	4		4			
63	2	2		2	2	
64	3	1	2			
65岁及以上	**55**	**13**	**42**	**2**	**2**	

单位：人

有配偶			离婚			丧偶		
小计	男	女	小计	男	女	小计	男	女
49	**12**	**37**	**1**	**1**		**24**	**5**	**19**
1	**1**							
1	1							
1		**1**						
1		1						
1		**1**						
1		1						
1	**1**							
1	1							
1	**1**							
1	1							
5	**1**	**4**	**1**	**1**				
1	1							
3		3						
1		1						
			1	1				
8	**1**	**7**				**2**	**1**	**1**
1		1						
2	1	1						
3		3				1		1
2		2				1	1	
31	**7**	**24**				**22**	**4**	**18**

5-3c 续表 3

受教育程度 年龄	15岁及以上人口			未婚		
	合计	男	女	小计	男	女
小学	**43654**	**19068**	**24586**	**1301**	**1143**	**158**
15-19岁	**88**	**56**	**32**	**84**	**55**	**29**
15	10	5	5	10	5	5
16	15	9	6	15	9	6
17	10	5	5	10	5	5
18	26	17	9	25	17	8
19	27	20	7	24	19	5
20-24岁	**212**	**125**	**87**	**143**	**104**	**39**
20	31	21	10	27	20	7
21	38	21	17	30	18	12
22	43	24	19	27	20	7
23	47	28	19	28	22	6
24	53	31	22	31	24	7
25-29岁	**465**	**273**	**192**	**139**	**121**	**18**
25	64	35	29	31	23	8
26	76	53	23	27	22	5
27	99	54	45	28	26	2
28	98	58	40	30	28	2
29	128	73	55	23	22	1
30-34岁	**956**	**463**	**493**	**126**	**101**	**25**
30	193	91	102	35	27	8
31	191	95	96	22	17	5
32	195	99	96	26	22	4
33	212	107	105	28	22	6
34	165	71	94	15	13	2
35-39岁	**894**	**427**	**467**	**73**	**61**	**12**
35	149	65	84	11	11	
36	138	67	71	11	7	4
37	162	82	80	11	10	1
38	231	110	121	20	17	3
39	214	103	111	20	16	4
40-44岁	**1507**	**698**	**809**	**66**	**58**	**8**
40	189	93	96	10	10	
41	294	151	143	17	14	3
42	325	152	173	16	14	2
43	343	148	195	13	11	2
44	356	154	202	10	9	1
45-49岁	**2960**	**1336**	**1624**	**74**	**70**	**4**
45	416	200	216	11	10	1
46	477	213	264	15	14	1
47	588	280	308	22	21	1
48	705	302	403	11	10	1
49	774	341	433	15	15	
50-54岁	**4990**	**2053**	**2937**	**105**	**97**	**8**
50	921	406	515	24	24	
51	994	413	581	24	21	3
52	1095	442	653	22	20	2
53	877	351	526	17	15	2
54	1103	441	662	18	17	1
55-59岁	**4554**	**1715**	**2839**	**67**	**63**	**4**
55	982	401	581	11	9	2
56	972	372	600	10	10	
57	1244	453	791	19	17	2
58	837	306	531	18	18	
59	519	183	336	9	9	
60-64岁	**5833**	**2152**	**3681**	**85**	**84**	**1**
60	848	309	539	13	13	
61	807	293	514	12	12	
62	1264	457	807	21	21	
63	1401	522	879	15	15	
64	1513	571	942	24	23	1
65岁及以上	**21195**	**9770**	**11425**	**339**	**329**	**10**

单位：人

有配偶			离婚			丧偶		
小计	男	女	小计	男	女	小计	男	女
35172	**15285**	**19887**	**736**	**487**	**249**	**6445**	**2153**	**4292**
4	**1**	**3**						
1		1						
3	1	2						
66	**19**	**47**	**3**	**2**	**1**			
4	1	3						
7	3	4	1		1			
16	4	12						
18	5	13	1	1				
21	6	15	1	1				
304	**138**	**166**	**22**	**14**	**8**			
32	11	21	1	1				
44	27	17	5	4	1			
62	25	37	9	3	6			
64	26	38	4	4				
102	49	53	3	2	1			
773	**327**	**446**	**55**	**35**	**20**	**2**		**2**
149	60	89	9	4	5			
158	70	88	11	8	3			
153	66	87	15	11	4	1		1
170	75	95	14	10	4			
143	56	87	6	2	4	1		1
757	**322**	**435**	**58**	**41**	**17**	**6**	**3**	**3**
129	51	78	8	3	5	1		1
113	47	66	13	12	1	1	1	
135	60	75	14	11	3	2	1	1
194	83	111	15	9	6	2	1	1
186	81	105	8	6	2			
1338	**575**	**763**	**90**	**61**	**29**	**13**	**4**	**9**
161	73	88	15	10	5	3		3
260	123	137	16	14	2	1		1
289	123	166	18	14	4	2	1	1
308	126	182	18	9	9	4	2	2
320	130	190	23	14	9	3	1	2
2712	**1165**	**1547**	**120**	**88**	**32**	**54**	**13**	**41**
382	175	207	19	15	4	4		4
428	181	247	25	17	8	9	1	8
541	241	300	17	16	1	8	2	6
647	267	380	33	21	12	14	4	10
714	301	413	26	19	7	19	6	13
4594	**1838**	**2756**	**126**	**77**	**49**	**165**	**41**	**124**
848	355	493	25	15	10	24	12	12
906	367	539	36	21	15	28	4	24
1015	400	615	25	13	12	33	9	24
808	322	486	14	7	7	38	7	31
1017	394	623	26	21	5	42	9	33
4125	**1545**	**2580**	**89**	**56**	**33**	**273**	**51**	**222**
903	365	538	21	16	5	47	11	36
886	334	552	22	18	4	54	10	44
1112	407	705	34	16	18	79	13	66
753	270	483	8	4	4	58	14	44
471	169	302	4	2	2	35	3	32
5197	**1906**	**3291**	**52**	**32**	**20**	**499**	**130**	**369**
776	279	497	5		5	54	17	37
732	263	469	8	3	5	55	15	40
1126	397	729	10	8	2	107	31	76
1230	459	771	16	14	2	140	34	106
1333	508	825	13	7	6	143	33	110
15302	**7449**	**7853**	**121**	**81**	**40**	**5433**	**1911**	**3522**

5-3c 续表 4

受教育程度 年　　龄	15岁及以上人口			未　婚		
	合计	男	女	小计	男	女
初　中	**89475**	**49394**	**40081**	**6243**	**4559**	**1684**
15-19岁	**2122**	**1205**	**917**	**2086**	**1198**	**888**
15	1089	593	496	1089	593	496
16	354	195	159	353	195	158
17	211	126	85	206	125	81
18	203	126	77	197	126	71
19	265	165	100	241	159	82
20-24岁	**2300**	**1416**	**884**	**1366**	**1040**	**326**
20	282	187	95	237	176	61
21	309	198	111	236	180	56
22	481	298	183	306	227	79
23	534	325	209	283	217	66
24	694	408	286	304	240	64
25-29岁	**5898**	**3461**	**2437**	**1366**	**1141**	**225**
25	927	554	373	336	272	64
26	995	574	421	289	245	44
27	1205	700	505	274	231	43
28	1246	749	497	254	213	41
29	1525	884	641	213	180	33
30-34岁	**10549**	**5762**	**4787**	**731**	**598**	**133**
30	2102	1190	912	206	170	36
31	2124	1136	988	162	134	28
32	2048	1132	916	158	131	27
33	2307	1243	1064	121	101	20
34	1968	1061	907	84	62	22
35-39岁	**8962**	**4766**	**4196**	**239**	**193**	**46**
35	1671	903	768	76	61	15
36	1622	852	770	44	35	9
37	1655	868	787	42	35	7
38	2227	1217	1010	39	33	6
39	1787	926	861	38	29	9
40-44岁	**9104**	**4806**	**4298**	**129**	**101**	**28**
40	1416	761	655	28	22	6
41	1957	1046	911	27	22	5
42	1912	972	940	29	20	9
43	1800	962	838	19	15	4
44	2019	1065	954	26	22	4
45-49岁	**11385**	**5935**	**5450**	**109**	**84**	**25**
45	1859	967	892	19	16	3
46	2078	1077	1001	25	18	7
47	2242	1165	1077	25	20	5
48	2537	1329	1208	23	14	9
49	2669	1397	1272	17	16	1
50-54岁	**12736**	**6658**	**6078**	**61**	**55**	**6**
50	2781	1422	1359	12	11	1
51	2382	1248	1134	11	9	2
52	2601	1408	1193	15	14	1
53	2253	1174	1079	14	14	
54	2719	1406	1313	9	7	2
55-59岁	**11223**	**5830**	**5393**	**56**	**53**	**3**
55	2677	1342	1335	13	12	1
56	2560	1341	1219	9	8	1
57	3004	1554	1450	14	14	
58	1997	1052	945	14	14	
59	985	541	444	6	5	1
60-64岁	**6416**	**3819**	**2597**	**35**	**33**	**2**
60	1292	735	557	2	2	
61	1082	593	489	7	7	
62	1316	811	505	7	6	1
63	1475	884	591	13	13	
64	1251	796	455	6	5	1
65岁及以上	**8780**	**5736**	**3044**	**65**	**63**	**2**

单位：人

有配偶			离婚			丧偶		
小计	男	女	小计	男	女	小计	男	女
77769	**41866**	**35903**	**2861**	**1826**	**1035**	**2602**	**1143**	**1459**
36	**7**	**29**						
1		1						
5	1	4						
6		6						
24	6	18						
900	**358**	**542**	**32**	**16**	**16**	**2**	**2**	
45	11	34						
70	16	54	3	2	1			
171	69	102	3	1	2	1	1	
245	104	141	6	4	2			
369	158	211	20	9	11	1	1	
4275	**2165**	**2110**	**255**	**155**	**100**	**2**		**2**
572	275	297	19	7	12			
665	301	364	40	28	12	1		1
882	440	442	49	29	20			
938	502	436	53	34	19	1		1
1218	647	571	94	57	37			
9168	**4750**	**4418**	**633**	**410**	**223**	**17**	**4**	**13**
1785	954	831	110	66	44	1		1
1811	901	910	149	101	48	2		2
1781	941	840	105	60	45	4		4
2039	1048	991	144	94	50	3		3
1752	906	846	125	89	36	7	4	3
8154	**4211**	**3943**	**524**	**351**	**173**	**45**	**11**	**34**
1496	784	712	94	57	37	5	1	4
1466	746	720	104	68	36	8	3	5
1508	768	740	95	63	32	10	2	8
2058	1097	961	121	86	35	9	1	8
1626	816	810	110	77	33	13	4	9
8463	**4407**	**4056**	**447**	**286**	**161**	**65**	**12**	**53**
1308	695	613	75	44	31	5		5
1803	952	851	114	71	43	13	1	12
1791	893	898	78	55	23	14	4	10
1684	889	795	87	56	31	10	2	8
1877	978	899	93	60	33	23	5	18
10754	**5597**	**5157**	**371**	**217**	**154**	**151**	**37**	**114**
1744	902	842	75	41	34	21	8	13
1956	1005	951	69	46	23	28	8	20
2105	1092	1013	87	51	36	25	2	23
2419	1266	1153	60	39	21	35	10	25
2530	1332	1198	80	40	40	42	9	33
12147	**6359**	**5788**	**270**	**166**	**104**	**258**	**78**	**180**
2642	1348	1294	73	46	27	54	17	37
2277	1191	1086	60	38	22	34	10	24
2491	1357	1134	41	22	19	54	15	39
2156	1125	1031	37	20	17	46	15	31
2581	1338	1243	59	40	19	70	21	49
10584	**5533**	**5051**	**184**	**110**	**74**	**399**	**134**	**265**
2539	1280	1259	45	26	19	80	24	56
2420	1285	1135	42	26	16	89	22	67
2822	1472	1350	53	30	23	115	38	77
1875	981	894	34	21	13	74	36	38
928	515	413	10	7	3	41	14	27
5921	**3554**	**2367**	**94**	**75**	**19**	**366**	**157**	**209**
1195	690	505	25	18	7	70	25	45
1008	556	452	17	13	4	50	17	33
1222	755	467	25	22	3	62	28	34
1350	815	535	18	14	4	94	42	52
1146	738	408	9	8	1	90	45	45
7367	**4925**	**2442**	**51**	**40**	**11**	**1297**	**708**	**589**

5−3c 续表 5

受教育程度 年 龄	15岁及以上人口			未 婚		
	合计	男	女	小计	男	女
高 中	**19099**	**11054**	**8045**	**6138**	**3522**	**2616**
15−19岁	**4301**	**2262**	**2039**	**4297**	**2260**	**2037**
15	915	466	449	915	466	449
16	1285	665	620	1285	665	620
17	1073	537	536	1072	536	536
18	732	405	327	732	405	327
19	296	189	107	293	188	105
20−24岁	**1254**	**747**	**507**	**1015**	**669**	**346**
20	244	144	100	239	143	96
21	224	147	77	206	144	62
22	277	168	109	224	153	71
23	243	142	101	182	121	61
24	266	146	120	164	108	56
25−29岁	**1522**	**843**	**679**	**496**	**366**	**130**
25	277	157	120	146	103	43
26	293	174	119	108	86	22
27	304	169	135	109	75	34
28	294	155	139	71	55	16
29	354	188	166	62	47	15
30−34岁	**2060**	**1081**	**979**	**205**	**140**	**65**
30	423	203	220	62	38	24
31	449	246	203	53	41	12
32	411	212	199	45	31	14
33	430	240	190	32	23	9
34	347	180	167	13	7	6
35−39岁	**1373**	**742**	**631**	**68**	**49**	**19**
35	291	140	151	18	12	6
36	252	132	120	20	13	7
37	240	132	108	10	8	2
38	302	174	128	12	9	3
39	288	164	124	8	7	1
40−44岁	**1087**	**624**	**463**	**16**	**9**	**7**
40	256	145	111	6	6	
41	267	148	119	4	2	2
42	248	149	99	3	1	2
43	163	102	61			
44	153	80	73	3		3
45−49岁	**974**	**573**	**401**	**17**	**10**	**7**
45	157	102	55	5	2	3
46	165	96	69	2	2	
47	202	119	83	3	2	1
48	199	110	89			
49	251	146	105	7	4	3
50−54岁	**1193**	**686**	**507**	**6**	**3**	**3**
50	267	152	115	1		1
51	230	126	104			
52	250	141	109	2	1	1
53	197	113	84	2	2	
54	249	154	95	1		1
55−59岁	**2113**	**1237**	**876**	**6**	**4**	**2**
55	274	149	125	1	1	
56	379	211	168	1	1	
57	616	362	254	2	1	1
58	524	314	210			
59	320	201	119	2	1	1
60−64岁	**1871**	**1218**	**653**	**3**	**3**	
60	467	298	169	2	2	
61	355	226	129	1	1	
62	420	260	160			
63	361	245	116			
64	268	189	79			
65岁及以上	**1351**	**1041**	**310**	**9**	**9**	

单位：人

有配偶			离婚			丧偶		
小计	男	女	小计	男	女	小计	男	女
12184	**7096**	**5088**	**402**	**234**	**168**	**375**	**202**	**173**
4	**2**	**2**						
1	1							
3	1	2						
236	**77**	**159**	**3**	**1**	**2**			
5	1	4						
18	3	15						
53	15	38						
59	20	39	2	1	1			
101	38	63	1		1			
992	**457**	**535**	**34**	**20**	**14**			
127	52	75	4	2	2			
181	86	95	4	2	2			
192	92	100	3	2	1			
213	95	118	10	5	5			
279	132	147	13	9	4			
1766	**891**	**875**	**88**	**49**	**39**	**1**	**1**	
345	157	188	16	8	8			
378	195	183	17	9	8	1	1	
343	165	178	23	16	7			
376	206	170	22	11	11			
324	168	156	10	5	5			
1218	**641**	**577**	**82**	**50**	**32**	**5**	**2**	**3**
256	118	138	16	9	7	1	1	
214	108	106	15	10	5	3	1	2
223	119	104	7	5	2			
268	152	116	22	13	9			
257	144	113	22	13	9	1		1
1004	**579**	**425**	**60**	**33**	**27**	**7**	**3**	**4**
239	135	104	11	4	7			
246	134	112	16	11	5	1	1	
226	138	88	18	10	8	1		1
154	98	56	9	4	5			
139	74	65	6	4	2	5	2	3
906	**540**	**366**	**42**	**22**	**20**	**9**	**1**	**8**
145	98	47	6	2	4	1		1
154	90	64	7	4	3	2		2
184	108	76	11	8	3	4	1	3
192	108	84	6	2	4	1		1
231	136	95	12	6	6	1		1
1135	**654**	**481**	**35**	**22**	**13**	**17**	**7**	**10**
251	145	106	9	6	3	6	1	5
217	122	95	10	4	6	3		3
236	133	103	9	5	4	3	2	1
190	107	83	4	4		1		1
241	147	94	3	3		4	4	
2023	**1196**	**827**	**26**	**16**	**10**	**58**	**21**	**37**
262	143	119	2	2		9	3	6
363	206	157	4	3	1	11	1	10
586	349	237	13	5	8	15	7	8
505	304	201	7	6	1	12	4	8
307	194	113				11	6	5
1743	**1155**	**588**	**29**	**20**	**9**	**96**	**40**	**56**
441	283	158	6	5	1	18	8	10
336	216	120	7	3	4	11	6	5
389	250	139	5	4	1	26	6	20
324	223	101	9	7	2	28	15	13
253	183	70	2	1	1	13	5	8
1157	**904**	**253**	**3**	**1**	**2**	**182**	**127**	**55**

5-3c 续表 6

受教育程度	15岁及以上人口			未 婚		
年 龄	合计	男	女	小计	男	女
大学专科	**8208**	**4378**	**3830**	**3924**	**2191**	**1733**
15-19岁	**1009**	**566**	**443**	**1006**	**564**	**442**
15	30	20	10	30	20	10
16	67	45	22	66	44	22
17	92	57	35	92	57	35
18	342	188	154	342	188	154
19	478	256	222	476	255	221
20-24岁	**2002**	**1054**	**948**	**1804**	**985**	**819**
20	403	220	183	396	217	179
21	444	229	215	432	229	203
22	403	215	188	375	203	172
23	387	198	189	323	181	142
24	365	192	173	278	155	123
25-29岁	**1629**	**788**	**841**	**769**	**446**	**323**
25	372	183	189	255	143	112
26	351	168	183	192	112	80
27	318	158	160	138	82	56
28	299	145	154	101	59	42
29	289	134	155	83	50	33
30-34岁	**1676**	**775**	**901**	**271**	**154**	**117**
30	397	186	211	93	58	35
31	368	161	207	71	33	38
32	325	147	178	49	27	22
33	302	136	166	33	20	13
34	284	145	139	25	16	9
35-39岁	**757**	**402**	**355**	**49**	**25**	**24**
35	181	98	83	12	8	4
36	151	80	71	12	4	8
37	144	74	70	6	4	2
38	160	82	78	13	6	7
39	121	68	53	6	3	3
40-44岁	**341**	**202**	**139**	**13**	**10**	**3**
40	82	44	38	3	1	2
41	93	57	36	4	3	1
42	64	40	24	3	3	
43	58	33	25	2	2	
44	44	28	16	1	1	
45-49岁	**206**	**134**	**72**	**8**	**5**	**3**
45	39	28	11	2	2	
46	30	20	10	2	1	1
47	50	26	24	1	1	
48	51	34	17	3	1	2
49	36	26	10			
50-54岁	**161**	**106**	**55**	**3**	**1**	**2**
50	46	31	15	1	1	
51	32	21	11	1		1
52	27	20	7	1		1
53	25	16	9			
54	31	18	13			
55-59岁	**136**	**104**	**32**			
55	26	20	6			
56	23	17	6			
57	46	36	10			
58	22	16	6			
59	19	15	4			
60-64岁	**116**	**97**	**19**			
60	35	32	3			
61	16	11	5			
62	15	11	4			
63	25	21	4			
64	25	22	3			
65岁及以上	**175**	**150**	**25**	**1**	**1**	

单位：人

有配偶			离婚			丧偶		
小计	男	女	小计	男	女	小计	男	女
4091	**2086**	**2005**	**162**	**84**	**78**	**31**	**17**	**14**
3	**2**	**1**						
1	1							
2	1	1						
193	**69**	**124**	**5**		**5**			
7	3	4						
12		12						
28	12	16						
63	17	46	1		1			
83	37	46	4		4			
837	**337**	**500**	**22**	**5**	**17**	**1**		**1**
114	40	74	3		3			
155	55	100	3	1	2	1		1
177	75	102	3	1	2			
191	85	106	7	1	6			
200	82	118	6	2	4			
1342	**590**	**752**	**60**	**31**	**29**	**3**		**3**
298	125	173	6	3	3			
283	125	158	13	3	10	1		1
261	114	147	14	6	8	1		1
260	111	149	8	5	3	1		1
240	115	125	19	14	5			
673	**354**	**319**	**35**	**23**	**12**			
164	87	77	5	3	2			
131	72	59	8	4	4			
129	65	64	9	5	4			
140	69	71	7	7				
109	61	48	6	4	2			
307	**183**	**124**	**20**	**9**	**11**	**1**		**1**
73	41	32	5	2	3	1		1
86	52	34	3	2	1			
57	34	23	4	3	1			
51	30	21	5	1	4			
40	26	14	3	1	2			
188	**122**	**66**	**9**	**7**	**2**	**1**		**1**
37	26	11						
26	18	8	1	1		1		1
48	25	23	1		1			
44	29	15	4	4				
33	24	9	3	2	1			
153	**101**	**52**	**5**	**4**	**1**			
44	30	14	1		1			
31	21	10						
24	18	6	2	2				
24	15	9	1	1				
30	17	13	1	1				
131	**102**	**29**	**3**	**2**	**1**	**2**		**2**
23	19	4	1	1		2		2
23	17	6						
45	35	10	1	1				
21	16	5	1		1			
19	15	4						
111	**92**	**19**	**2**	**2**		**3**	**3**	
34	31	3				1	1	
16	11	5						
14	10	4	1	1				
25	21	4						
22	19	3	1	1		2	2	
153	**134**	**19**	**1**	**1**		**20**	**14**	**6**

5-3c 续表 7

受教育程度 年 龄	15岁及以上人口			未 婚		
	合计	男	女	小计	男	女
大学本科	**5652**	**2740**	**2912**	**3572**	**1707**	**1865**
15-19岁	**652**	**321**	**331**	**652**	**321**	**331**
15						
16	4	1	3	4	1	3
17	10	2	8	10	2	8
18	287	138	149	287	138	149
19	351	180	171	351	180	171
20-24岁	**1667**	**749**	**918**	**1623**	**736**	**887**
20	305	143	162	305	143	162
21	332	150	182	330	150	180
22	346	167	179	344	166	178
23	350	145	205	336	141	195
24	334	144	190	308	136	172
25-29岁	**1491**	**710**	**781**	**979**	**483**	**496**
25	361	175	186	310	157	153
26	296	132	164	229	110	119
27	311	142	169	198	89	109
28	275	139	136	148	80	68
29	248	122	126	94	47	47
30-34岁	**999**	**465**	**534**	**246**	**120**	**126**
30	262	115	147	93	46	47
31	206	94	112	53	22	31
32	196	88	108	46	22	24
33	183	83	100	29	16	13
34	152	85	67	25	14	11
35-39岁	**373**	**198**	**175**	**51**	**36**	**15**
35	92	45	47	11	7	4
36	80	44	36	16	13	3
37	68	33	35	12	9	3
38	86	51	35	7	5	2
39	47	25	22	5	2	3
40-44岁	**149**	**83**	**66**	**7**	**3**	**4**
40	32	18	14	3	1	2
41	37	19	18	2	1	1
42	27	17	10	1	1	
43	26	16	10	1		1
44	27	13	14			
45-49岁	**102**	**60**	**42**	**7**	**4**	**3**
45	13	5	8	3	3	
46	20	9	11	2		2
47	22	16	6			
48	25	16	9	2	1	1
49	22	14	8			
50-54岁	**72**	**47**	**25**	**3**		**3**
50	13	7	6	1		1
51	14	10	4			
52	18	12	6	1		1
53	13	9	4			
54	14	9	5	1		1
55-59岁	**62**	**46**	**16**	**4**	**4**	
55	15	13	2	3	3	
56	19	10	9			
57	13	12	1			
58	13	9	4			
59	2	2		1	1	
60-64岁	**32**	**22**	**10**			
60	11	8	3			
61	5	2	3			
62	3	3				
63	7	4	3			
64	6	5	1			
65岁及以上	**53**	**39**	**14**			

单位：人

有配偶			离　婚			丧　偶		
小计	男	女	小计	男	女	小计	男	女
1999	**999**	**1000**	**71**	**27**	**44**	**10**	**7**	**3**
44	**13**	**31**						
2		2						
2	1	1						
14	4	10						
26	8	18						
501	**225**	**276**	**11**	**2**	**9**			
50	18	32	1		1			
66	22	44	1		1			
111	53	58	2		2			
123	59	64	4		4			
151	73	78	3	2	1			
728	**334**	**394**	**25**	**11**	**14**			
163	66	97	6	3	3			
150	72	78	3		3			
144	63	81	6	3	3			
149	64	85	5	3	2			
122	69	53	5	2	3			
306	**156**	**150**	**16**	**6**	**10**			
76	38	38	5		5			
61	29	32	3	2	1			
54	23	31	2	1	1			
75	43	32	4	3	1			
40	23	17	2		2			
131	**75**	**56**	**9**	**5**	**4**	**2**		**2**
29	17	12						
33	17	16	2	1	1			
23	14	9	3	2	1			
22	15	7	1	1		2		2
24	12	12	3	1	2			
92	**56**	**36**	**3**		**3**			
10	2	8						
16	9	7	2		2			
22	16	6						
23	15	8						
21	14	7	1		1			
63	**44**	**19**	**5**	**2**	**3**	**1**	**1**	
11	7	4	1		1			
13	10	3	1		1			
15	11	4	1		1	1	1	
13	9	4						
11	7	4	2	2				
56	**41**	**15**	**1**		**1**	**1**	**1**	
12	10	2						
19	10	9						
11	11		1		1	1	1	
13	9	4						
1	1							
31	**21**	**10**	**1**	**1**				
10	7	3	1	1				
5	2	3						
3	3							
7	4	3						
6	5	1						
47	**34**	**13**				**6**	**5**	**1**

5–3c 续表 8

受教育程度 年　　龄	15岁及以上人口			未　婚		
	合计	男	女	小计	男	女
硕士研究生	**176**	**82**	**94**	**126**	**61**	**65**
15–19岁						
15						
16						
17						
18						
19						
20–24岁	**56**	**28**	**28**	**56**	**28**	**28**
20						
21	3	1	2	3	1	2
22	11	7	4	11	7	4
23	17	8	9	17	8	9
24	25	12	13	25	12	13
25–29岁	**68**	**31**	**37**	**57**	**26**	**31**
25	25	13	12	21	11	10
26	16	7	9	15	7	8
27	10	6	4	7	5	2
28	9	2	7	8	2	6
29	8	3	5	6	1	5
30–34岁	**28**	**10**	**18**	**9**	**5**	**4**
30	7	2	5	2	1	1
31	6	2	4	2	2	
32	2	1	1			
33	7	4	3	4	2	2
34	6	1	5	1		1
35–39岁	**11**	**5**	**6**	**4**	**2**	**2**
35	4	1	3	2	1	1
36	2	2		1	1	
37	2	1	1	1		1
38	2		2			
39	1	1				
40–44岁	**2**	**2**				
40	1	1				
41						
42						
43	1	1				
44						
45–49岁	**2**	**1**	**1**			
45						
46	1		1			
47						
48						
49	1	1				
50–54岁						
50						
51						
52						
53						
54						
55–59岁	**3**	**2**	**1**			
55	1		1			
56	1	1				
57	1	1				
58						
59						
60–64岁	**2**		**2**			
60	1		1			
61	1		1			
62						
63						
64						
65岁及以上	**4**	**3**	**1**			

单位：人

有配偶			离　婚			丧　偶		
小计	男	女	小计	男	女	小计	男	女
45	**19**	**26**	**4**	**1**	**3**	**1**	**1**	
11	**5**	**6**						
4	2	2						
1		1						
3	1	2						
1		1						
2	2							
16	**4**	**12**	**3**	**1**	**2**			
5	1	4						
3		3	1		1			
			2	1	1			
3	2	1						
5	1	4						
7	**3**	**4**						
2		2						
1	1							
1	1							
2		2						
1	1							
2	**2**							
1	1							
1	1							
2	**1**	**1**						
1		1						
1	1							
2	**2**		**1**		**1**			
			1		1			
1	1							
1	1							
2		**2**						
1		1						
1		1						
3	**2**	**1**				**1**	**1**	

5-3c 续表 9

受教育程度	15岁及以上人口			未婚		
年龄	合计	男	女	小计	男	女
博士研究生	**16**	**7**	**9**	**11**	**4**	**7**
15-19岁						
15						
16						
17						
18						
19						
20-24岁						
20						
21						
22						
23						
24						
25-29岁	**9**	**4**	**5**	**9**	**4**	**5**
25	2		2	2		2
26						
27	2	2		2	2	
28	2		2	2		2
29	3	2	1	3	2	1
30-34岁	**4**		**4**	**2**		**2**
30	1		1			
31	1		1	1		1
32	2		2	1		1
33						
34						
35-39岁						
35						
36						
37						
38						
39						
40-44岁	**1**	**1**				
40						
41	1	1				
42						
43						
44						
45-49岁	**2**	**2**				
45	1	1				
46	1	1				
47						
48						
49						
50-54岁						
50						
51						
52						
53						
54						
55-59岁						
55						
56						
57						
58						
59						
60-64岁						
60						
61						
62						
63						
64						
65岁及以上						

单位：人

有配偶			离婚			丧偶		
小计	男	女	小计	男	女	小计	男	女
5	**3**	**2**						
2		**2**						
1		1						
1		1						
1	**1**							
1	1							
2	**2**							
1	1							
1	1							

5-4 全市分初婚年龄、性别、初婚年份的人口

单位：人

初婚年龄	初婚年份								
	合计			1980年			1981年		
	合计	男	女	小计	男	女	小计	男	女
总　计	**714420**	**359720**	**354700**	**25308**	**12218**	**13090**	**22056**	**10561**	**11495**
15岁以下	**310**	**105**	**205**	**13**	**4**	**9**	**10**	**4**	**6**
15-19岁	**41866**	**14901**	**26965**	**942**	**278**	**664**	**693**	**201**	**492**
15	1379	519	860	67	27	40	37	10	27
16	2511	850	1661	106	32	74	53	21	32
17	4991	1641	3350	167	47	120	101	28	73
18	10296	3568	6728	213	55	158	228	57	171
19	22689	8323	14366	389	117	272	274	85	189
20-24岁	**368387**	**174730**	**193657**	**11371**	**4984**	**6387**	**10533**	**4432**	**6101**
20	42658	16136	26522	797	299	498	546	158	388
21	67792	30715	37077	1384	548	836	1168	438	730
22	92003	46711	45292	2288	986	1302	1980	845	1135
23	85077	41068	44009	3005	1327	1678	3147	1326	1821
24	80857	40100	40757	3897	1824	2073	3692	1665	2027
25-29岁	**238465**	**130099**	**108366**	**11745**	**6100**	**5645**	**9863**	**5284**	**4579**
25	76832	39419	37413	4325	2068	2257	3466	1695	1771
26	61098	32853	28245	3107	1662	1445	2921	1572	1349
27	45784	25543	20241	2098	1140	958	1709	997	712
28	31997	18665	13332	1348	751	597	1025	595	430
29	22754	13619	9135	867	479	388	742	425	317
30-34岁	**46336**	**28261**	**18075**	**1081**	**738**	**343**	**867**	**577**	**290**
30	15739	9666	6073	499	334	165	376	246	130
31	11188	6808	4380	242	162	80	254	162	92
32	8202	4999	3203	151	107	44	120	83	37
33	6255	3806	2449	110	76	34	72	51	21
34	4952	2982	1970	79	59	20	45	35	10
35-39岁	**11517**	**6986**	**4531**	**125**	**95**	**30**	**68**	**49**	**19**
35	3702	2135	1567	51	35	16	25	15	10
36	2714	1659	1055	30	24	6	17	15	2
37	2080	1292	788	15	12	3	12	8	4
38	1705	1086	619	18	17	1	9	8	1
39	1316	814	502	11	7	4	5	3	2
40-44岁	**4044**	**2502**	**1542**	**21**	**16**	**5**	**14**	**11**	**3**
40	1104	684	420	9	7	2	7	7	
41	919	554	365	7	5	2	2	1	1
42	743	455	288	3	2	1	1		1
43	666	439	227	1	1		3	2	1
44	612	370	242	1	1		1	1	
45-49岁	**1739**	**1091**	**648**	**6**	**3**	**3**	**5**	**3**	**2**
45	479	308	171				2	2	
46	392	257	135	2		2			
47	341	207	134	2	2		2		2
48	275	168	107				1	1	
49	252	151	101	2	1	1			
50岁及以上	**1756**	**1045**	**711**	**4**		**4**	**3**		**3**
平均初婚年龄	**24.97**	**25.44**	**24.48**	**25.11**	**25.57**	**24.68**	**25.07**	**25.55**	**24.63**

5-4　续表 1　　　　单位：人

初婚年龄	初婚年份								
	1982年			1983年			1984年		
	小计	男	女	小计	男	女	小计	男	女
总　计	**23880**	**11481**	**12399**	**20699**	**9989**	**10710**	**20881**	**10205**	**10676**
15岁以下	**16**	**7**	**9**	**15**	**4**	**11**	**14**	**5**	**9**
15—19岁	**1202**	**374**	**828**	**1191**	**415**	**776**	**1161**	**398**	**763**
15	53	19	34	44	17	27	56	17	39
16	97	25	72	72	26	46	67	23	44
17	139	43	96	138	51	87	123	41	82
18	257	69	188	255	85	170	253	76	177
19	656	218	438	682	236	446	662	241	421
20—24岁	**11640**	**5058**	**6582**	**10644**	**4639**	**6005**	**11638**	**5283**	**6355**
20	764	264	500	1401	493	908	1515	544	971
21	1269	492	777	1423	557	866	2733	1133	1600
22	2587	1119	1468	2021	912	1109	2242	1098	1144
23	3094	1351	1743	2823	1280	1543	2380	1118	1262
24	3926	1832	2094	2976	1397	1579	2768	1390	1378
25—29岁	**9956**	**5373**	**4583**	**7915**	**4365**	**3550**	**7074**	**3922**	**3152**
25	3667	1806	1861	2991	1551	1440	2337	1226	1111
26	2769	1505	1264	2069	1121	948	2059	1135	924
27	1855	1054	801	1480	871	609	1334	754	580
28	1054	643	411	885	515	370	857	508	349
29	611	365	246	490	307	183	487	299	188
30—34岁	**913**	**559**	**354**	**795**	**472**	**323**	**827**	**490**	**337**
30	394	239	155	326	200	126	318	202	116
31	223	124	99	210	123	87	195	110	85
32	164	100	64	118	65	53	160	85	75
33	87	69	18	98	57	41	90	51	39
34	45	27	18	43	27	16	64	42	22
35—39岁	**122**	**90**	**32**	**103**	**71**	**32**	**119**	**79**	**40**
35	46	34	12	44	27	17	45	23	22
36	36	25	11	20	13	7	22	17	5
37	19	15	4	18	13	5	22	18	4
38	15	11	4	12	9	3	19	14	5
39	6	5	1	9	9		11	7	4
40—44岁	**20**	**16**	**4**	**24**	**17**	**7**	**31**	**20**	**11**
40	5	4	1	7	7		5	5	
41	3	2	1	7	4	3	9	5	4
42	2	2		3	3		7	4	3
43	4	3	1	2	1	1	2	2	
44	6	5	1	5	2	3	8	4	4
45—49岁	**7**	**3**	**4**	**8**	**4**	**4**	**11**	**6**	**5**
45	5	2	3				3	1	2
46				2		2	2	1	1
47				3	1	2	2	1	1
48	2	1	1	1	1		3	3	
49				2	2		1		1
50岁及以上	**4**	**1**	**3**	**4**	**2**	**2**	**6**	**2**	**4**
平均初婚年龄	**24.85**	**25.32**	**24.40**	**24.57**	**25.05**	**24.12**	**24.34**	**24.81**	**23.90**

5−4 续表 2

单位：人

初婚年龄	初婚年份								
	1985年			1986年			1987年		
	小计	男	女	小计	男	女	小计	男	女
总　计	**23905**	**11644**	**12261**	**22922**	**11205**	**11717**	**21573**	**10570**	**11003**
15岁以下	**8**	**4**	**4**	**9**	**1**	**8**	**11**	**1**	**10**
15−19岁	**1542**	**519**	**1023**	**1388**	**476**	**912**	**1424**	**501**	**923**
15	58	22	36	43	18	25	36	12	24
16	103	34	69	86	24	62	80	19	61
17	197	51	146	204	62	142	148	46	102
18	359	111	248	352	114	238	383	132	251
19	825	301	524	703	258	445	777	292	485
20−24岁	**14610**	**6678**	**7932**	**15226**	**7112**	**8114**	**14417**	**6826**	**7591**
20	1495	535	960	1510	567	943	1342	532	810
21	3019	1302	1717	2610	1134	1476	2590	1161	1429
22	4900	2363	2537	4272	2094	2178	3436	1702	1734
23	2889	1341	1548	4520	2113	2407	3634	1692	1942
24	2307	1137	1170	2314	1204	1110	3415	1739	1676
25−29岁	**6652**	**3796**	**2856**	**5193**	**2957**	**2236**	**4672**	**2644**	**2028**
25	2373	1294	1079	1651	920	731	1823	994	829
26	1616	952	664	1372	770	602	1089	613	476
27	1281	731	550	898	529	369	806	470	336
28	814	479	335	735	433	302	520	300	220
29	568	340	228	537	305	232	434	267	167
30−34岁	**872**	**517**	**355**	**874**	**514**	**360**	**831**	**480**	**351**
30	336	199	137	320	187	133	314	184	130
31	221	131	90	204	121	83	197	119	78
32	131	78	53	151	89	62	157	74	83
33	109	69	40	108	61	47	79	49	30
34	75	40	35	91	56	35	84	54	30
35−39岁	**153**	**90**	**63**	**152**	**93**	**59**	**156**	**82**	**74**
35	62	35	27	51	31	20	64	32	32
36	27	20	7	35	18	17	32	18	14
37	29	13	16	33	19	14	20	8	12
38	23	14	9	13	12	1	22	14	8
39	12	8	4	20	13	7	18	10	8
40−44岁	**49**	**28**	**21**	**57**	**37**	**20**	**36**	**23**	**13**
40	14	11	3	15	9	6	18	11	7
41	7	2	5	10	6	4	6	4	2
42	5	3	2	15	12	3	5	3	2
43	14	8	6	6	2	4	4	3	1
44	9	4	5	11	8	3	3	2	1
45−49岁	**9**	**6**	**3**	**18**	**11**	**7**	**15**	**6**	**9**
45	1		1	5	3	2	2	2	
46	3	2	1	4	4		6	3	3
47	1	1		3	1	2	2		2
48	1		1	2	1	1	2		2
49	3	3		4	2	2	3	1	2
50岁及以上	**10**	**6**	**4**	**5**	**4**	**1**	**11**	**7**	**4**
平均初婚年龄	**24.01**	**24.46**	**23.59**	**23.95**	**24.37**	**23.55**	**23.94**	**24.30**	**23.60**

5-4 续表 3

单位：人

初婚年龄	初婚年份								
	1988年			1989年			1990年		
	小计	男	女	小计	男	女	小计	男	女
总　计	**21670**	**10684**	**10986**	**19435**	**9671**	**9764**	**20647**	**10363**	**10284**
15岁以下	**7**	**1**	**6**	**11**	**4**	**7**	**17**	**7**	**10**
15–19岁	**1718**	**587**	**1131**	**1648**	**609**	**1039**	**2006**	**757**	**1249**
15	58	15	43	48	20	28	65	28	37
16	93	25	68	97	34	63	118	45	73
17	211	74	137	170	45	125	251	106	145
18	402	125	277	384	161	223	458	175	283
19	954	348	606	949	349	600	1114	403	711
20–24岁	**13557**	**6411**	**7146**	**11999**	**5780**	**6219**	**13196**	**6356**	**6840**
20	1665	635	1030	1783	653	1130	2036	778	1258
21	2421	1081	1340	2503	1144	1359	3137	1414	1723
22	3349	1663	1686	2901	1469	1432	3586	1850	1736
23	3021	1437	1584	2667	1351	1316	2400	1229	1171
24	3101	1595	1506	2145	1163	982	2037	1085	952
25–29岁	**5265**	**3023**	**2242**	**4764**	**2717**	**2047**	**4409**	**2629**	**1780**
25	2653	1482	1171	1965	1062	903	1528	877	651
26	1157	631	526	1477	868	609	1237	717	520
27	664	419	245	626	359	267	954	604	350
28	470	288	182	362	225	137	411	251	160
29	321	203	118	334	203	131	279	180	99
30–34岁	**857**	**515**	**342**	**730**	**405**	**325**	**724**	**433**	**291**
30	292	189	103	186	106	80	199	125	74
31	206	122	84	191	114	77	165	103	62
32	148	89	59	141	74	67	147	81	66
33	115	63	52	117	67	50	121	63	58
34	96	52	44	95	44	51	92	61	31
35–39岁	**191**	**97**	**94**	**195**	**105**	**90**	**202**	**118**	**84**
35	73	34	39	59	30	29	61	34	27
36	48	29	19	49	31	18	62	32	30
37	40	19	21	38	20	18	30	18	12
38	17	8	9	40	22	18	24	16	8
39	13	7	6	9	2	7	25	18	7
40–44岁	**44**	**31**	**13**	**51**	**31**	**20**	**55**	**37**	**18**
40	22	14	8	15	8	7	22	17	5
41	10	10		11	6	5	7	4	3
42	5	1	4	13	9	4	10	3	7
43	4	4		8	5	3	8	7	1
44	3	2	1	4	3	1	8	6	2
45–49岁	**23**	**14**	**9**	**20**	**10**	**10**	**24**	**17**	**7**
45	7	4	3	3	3		4	3	1
46	6	6		4	2	2	7	4	3
47	4	1	3	5	1	4	5	5	
48	4	2	2	2	1	1	6	4	2
49	2	1	1	6	3	3	2	1	1
50岁及以上	**8**	**5**	**3**	**17**	**10**	**7**	**14**	**9**	**5**
平均初婚年龄	**23.90**	**24.33**	**23.48**	**23.83**	**24.23**	**23.45**	**23.58**	**24.05**	**23.10**

5-4 续表 4

单位：人

初婚年龄	初婚年份								
	1991年			1992年			1993年		
	小计	男	女	小计	男	女	小计	男	女
总　计	**14941**	**7506**	**7435**	**17092**	**8570**	**8522**	**16187**	**8130**	**8057**
15岁以下	**8**	**3**	**5**	**10**	**3**	**7**	**10**	**3**	**7**
15—19岁	**1196**	**448**	**748**	**1285**	**460**	**825**	**1089**	**394**	**695**
15	39	14	25	39	15	24	39	14	25
16	60	22	38	80	31	49	55	21	34
17	118	42	76	135	45	90	114	32	82
18	282	104	178	291	106	185	235	85	150
19	697	266	431	740	263	477	646	242	404
20—24岁	**10068**	**4812**	**5256**	**11961**	**5708**	**6253**	**11317**	**5417**	**5900**
20	1490	550	940	1572	602	970	1420	538	882
21	2229	1023	1206	2619	1166	1453	2361	1073	1288
22	3018	1544	1474	3417	1763	1654	3183	1653	1530
23	2124	1056	1068	2594	1272	1322	2500	1186	1314
24	1207	639	568	1759	905	854	1853	967	886
25—29岁	**3001**	**1838**	**1163**	**3026**	**1903**	**1123**	**2849**	**1769**	**1080**
25	1043	616	427	977	562	415	1215	720	495
26	712	432	280	762	473	289	581	349	232
27	600	378	222	509	337	172	441	284	157
28	437	277	160	456	314	142	309	216	93
29	209	135	74	322	217	105	303	200	103
30—34岁	**459**	**285**	**174**	**516**	**324**	**192**	**591**	**360**	**231**
30	123	74	49	159	106	53	224	142	82
31	98	63	35	93	54	39	114	71	43
32	79	57	22	103	66	37	86	51	35
33	82	53	29	76	46	30	83	46	37
34	77	38	39	85	52	33	84	50	34
35—39岁	**146**	**85**	**61**	**181**	**111**	**70**	**220**	**122**	**98**
35	44	19	25	65	39	26	69	35	34
36	31	22	9	46	27	19	55	31	24
37	24	14	10	28	17	11	38	16	22
38	31	18	13	21	14	7	37	26	11
39	16	12	4	21	14	7	21	14	7
40—44岁	**36**	**18**	**18**	**73**	**41**	**32**	**72**	**38**	**34**
40	11	6	5	22	13	9	21	9	12
41	10	5	5	14	9	5	15	8	7
42	7	4	3	18	7	11	15	10	5
43	3		3	9	5	4	11	8	3
44	5	3	2	10	7	3	10	3	7
45—49岁	**19**	**10**	**9**	**23**	**11**	**12**	**23**	**16**	**7**
45	9	5	4	7	3	4	6	4	2
46	3	1	2	10	6	4	5	4	1
47	4	4		4	2	2	4	3	1
48	1		1				4	2	2
49	2		2	2		2	4	3	1
50岁及以上	**8**	**7**	**1**	**17**	**9**	**8**	**16**	**11**	**5**
平均初婚年龄	**23.56**	**24.02**	**23.10**	**23.61**	**24.09**	**23.13**	**23.75**	**24.20**	**23.30**

5-4　续表 5　　　　　　　　　　　　　　　　　　　　　　　　　　　单位：人

初婚年龄	初婚年份								
	1994年			1995年			1996年		
	小计	男	女	小计	男	女	小计	男	女
总　计	**14978**	**7535**	**7443**	**16342**	**8348**	**7994**	**14987**	**7633**	**7354**
15岁以下	**6**	**3**	**3**	**2**	**1**	**1**	**10**	**2**	**8**
15—19岁	**1025**	**378**	**647**	**1052**	**376**	**676**	**955**	**341**	**614**
15	31	10	21	27	14	13	23	10	13
16	46	17	29	81	27	54	45	14	31
17	120	43	77	117	44	73	109	37	72
18	249	101	148	267	89	178	221	86	135
19	579	207	372	560	202	358	557	194	363
20—24岁	**10221**	**4891**	**5330**	**10584**	**5131**	**5453**	**9286**	**4426**	**4860**
20	1190	471	719	1221	465	756	1071	390	681
21	2128	929	1199	1967	908	1059	1757	804	953
22	2779	1388	1391	2854	1459	1395	2409	1234	1175
23	2418	1193	1225	2529	1231	1298	2273	1038	1235
24	1706	910	796	2013	1068	945	1776	960	816
25—29岁	**2851**	**1711**	**1140**	**3608**	**2137**	**1471**	**3674**	**2190**	**1484**
25	1260	707	553	1600	900	700	1556	843	713
26	753	460	293	891	525	366	947	583	364
27	334	203	131	581	368	213	630	387	243
28	285	196	89	300	177	123	357	249	108
29	219	145	74	236	167	69	184	128	56
30—34岁	**582**	**380**	**202**	**730**	**493**	**237**	**673**	**451**	**222**
30	202	142	60	186	127	59	191	135	56
31	171	111	60	218	142	76	131	90	41
32	82	47	35	175	117	58	128	95	33
33	73	47	26	93	68	25	155	88	67
34	54	33	21	58	39	19	68	43	25
35—39岁	**172**	**105**	**67**	**200**	**122**	**78**	**195**	**116**	**79**
35	44	25	19	67	39	28	51	30	21
36	58	38	20	49	30	19	38	26	12
37	28	20	8	29	19	10	38	23	15
38	20	11	9	33	20	13	35	18	17
39	22	11	11	22	14	8	33	19	14
40—44岁	**73**	**38**	**35**	**84**	**46**	**38**	**95**	**48**	**47**
40	20	11	9	27	16	11	24	11	13
41	24	13	11	22	10	12	22	14	8
42	10	4	6	12	6	6	16	6	10
43	10	6	4	13	9	4	9	6	3
44	9	4	5	10	5	5	24	11	13
45—49岁	**28**	**17**	**11**	**33**	**17**	**16**	**48**	**32**	**16**
45	8	4	4	10	6	4	12	8	4
46	3	2	1	6	2	4	11	8	3
47	5	2	3	6	4	2	13	7	6
48	3	2	1	4	3	1	6	4	2
49	9	7	2	7	2	5	6	5	1
50岁及以上	**20**	**12**	**8**	**49**	**25**	**24**	**51**	**27**	**24**
平均初婚年龄	**23.82**	**24.28**	**23.35**	**24.12**	**24.59**	**23.63**	**24.32**	**24.83**	**23.78**

5-4 续表 6 单位：人

初婚年龄	初婚年份								
	1997年			1998年			1999年		
	小计	男	女	小计	男	女	小计	男	女
总　计	**14179**	**7202**	**6977**	**15372**	**7869**	**7503**	**13435**	**6857**	**6578**
15岁以下	**7**	**3**	**4**	**6**	**1**	**5**	**11**	**7**	**4**
15–19岁	**896**	**305**	**591**	**960**	**344**	**616**	**800**	**275**	**525**
15	36	16	20	30	16	14	27	14	13
16	32	10	22	70	25	45	48	13	35
17	94	37	57	81	24	57	101	28	73
18	222	68	154	196	60	136	189	57	132
19	512	174	338	583	219	364	435	163	272
20–24岁	**8429**	**4002**	**4427**	**8856**	**4201**	**4655**	**7916**	**3740**	**4176**
20	960	369	591	1148	393	755	1060	386	674
21	1632	730	902	1701	780	921	1590	692	898
22	2097	1087	1010	2325	1178	1147	2044	1049	995
23	1979	964	1015	1990	973	1017	1825	891	934
24	1761	852	909	1692	877	815	1397	722	675
25–29岁	**3772**	**2242**	**1530**	**4172**	**2464**	**1708**	**3752**	**2204**	**1548**
25	1454	820	634	1626	906	720	1311	702	609
26	1014	597	417	1005	584	421	968	569	399
27	621	381	240	752	467	285	694	423	271
28	400	264	136	436	281	155	448	299	149
29	283	180	103	353	226	127	331	211	120
30–34岁	**658**	**409**	**249**	**886**	**553**	**333**	**614**	**406**	**208**
30	150	95	55	232	151	81	218	156	62
31	138	69	69	178	112	66	137	81	56
32	107	72	35	172	104	68	88	57	31
33	137	90	47	140	89	51	93	64	29
34	126	83	43	164	97	67	78	48	30
35–39岁	**183**	**113**	**70**	**299**	**186**	**113**	**211**	**151**	**60**
35	42	31	11	132	71	61	85	57	28
36	46	25	21	67	42	25	60	45	15
37	35	19	16	34	28	6	23	19	4
38	29	21	8	32	21	11	23	17	6
39	31	17	14	34	24	10	20	13	7
40–44岁	**136**	**72**	**64**	**120**	**73**	**47**	**84**	**49**	**35**
40	27	15	12	27	23	4	15	8	7
41	25	13	12	27	16	11	18	11	7
42	29	16	13	20	9	11	19	11	8
43	32	16	16	22	13	9	15	9	6
44	23	12	11	24	12	12	17	10	7
45–49岁	**73**	**42**	**31**	**40**	**29**	**11**	**26**	**12**	**14**
45	25	15	10	18	12	6	8	5	3
46	14	9	5	6	6		5	2	3
47	17	9	8	4	2	2	4	2	2
48	7	3	4	8	7	1	5	1	4
49	10	6	4	4	2	2	4	2	2
50岁及以上	**25**	**14**	**11**	**33**	**18**	**15**	**21**	**13**	**8**
平均初婚年龄	**24.54**	**25.03**	**24.03**	**24.63**	**25.20**	**24.03**	**24.42**	**25.00**	**23.81**

5-4　续表 7　　　　单位：人

初婚年龄	初婚年份								
	2000年			2001年			2002年		
	小计	男	女	小计	男	女	小计	男	女
总　计	**16894**	**8720**	**8174**	**12136**	**6145**	**5991**	**12627**	**6459**	**6168**
15岁以下	**18**	**5**	**13**	**16**	**5**	**11**	**8**	**2**	**6**
15–19岁	**1372**	**494**	**878**	**1017**	**365**	**652**	**904**	**352**	**552**
15	66	28	38	31	13	18	50	26	24
16	85	34	51	66	34	32	55	21	34
17	204	75	129	108	45	63	116	40	76
18	383	138	245	248	77	171	204	76	128
19	634	219	415	564	196	368	479	189	290
20–24岁	**9972**	**4848**	**5124**	**7165**	**3419**	**3746**	**7395**	**3529**	**3866**
20	1155	454	701	786	265	521	1022	374	648
21	2130	1001	1129	1297	609	688	1388	653	735
22	2822	1471	1351	2055	1073	982	1796	931	865
23	2070	1018	1052	1672	804	868	1850	902	948
24	1795	904	891	1355	668	687	1339	669	670
25–29岁	**4354**	**2585**	**1769**	**3117**	**1821**	**1296**	**3341**	**1925**	**1416**
25	1475	830	645	1097	570	527	1133	598	535
26	1130	646	484	806	480	326	863	497	366
27	792	479	313	567	340	227	577	350	227
28	546	372	174	408	271	137	442	272	170
29	411	258	153	239	160	79	326	208	118
30–34岁	**764**	**500**	**264**	**578**	**374**	**204**	**703**	**475**	**228**
30	281	188	93	220	142	78	254	169	85
31	195	132	63	141	92	49	162	109	53
32	123	77	46	99	70	29	113	79	34
33	75	50	25	67	44	23	93	69	24
34	90	53	37	51	26	25	81	49	32
35–39岁	**259**	**183**	**76**	**160**	**110**	**50**	**155**	**94**	**61**
35	78	50	28	43	24	19	29	14	15
36	55	39	16	31	22	9	39	25	14
37	55	38	17	43	35	8	35	20	15
38	47	38	9	32	21	11	32	22	10
39	24	18	6	11	8	3	20	13	7
40–44岁	**78**	**59**	**19**	**42**	**26**	**16**	**59**	**41**	**18**
40	24	18	6	11	5	6	16	11	5
41	16	11	5	9	7	2	12	6	6
42	9	7	2	6	3	3	16	13	3
43	14	12	2	11	10	1	9	7	2
44	15	11	4	5	1	4	6	4	2
45–49岁	**41**	**25**	**16**	**22**	**13**	**9**	**37**	**26**	**11**
45	11	7	4	6	3	3	8	7	1
46	9	8	1	8	6	2	9	6	3
47	6	4	2	4	3	1	8	4	4
48	11	5	6	1	1		3	2	1
49	4	1	3	3		3	9	7	2
50岁及以上	**36**	**21**	**15**	**19**	**12**	**7**	**25**	**15**	**10**
平均初婚年龄	**24.23**	**24.80**	**23.61**	**24.20**	**24.76**	**23.63**	**24.39**	**24.95**	**23.81**

5-4 续表 8 单位：人

初婚年龄	初婚年份								
	2003年			2004年			2005年		
	小计	男	女	小计	男	女	小计	男	女
总 计	**14710**	**7547**	**7163**	**15720**	**8042**	**7678**	**15410**	**7947**	**7463**
15岁以下	**9**	**3**	**6**	**9**	**2**	**7**	**9**	**7**	**2**
15-19岁	**985**	**359**	**626**	**1139**	**401**	**738**	**1348**	**480**	**868**
15	48	19	29	50	13	37	63	24	39
16	99	33	66	77	29	48	88	41	47
17	126	41	85	162	51	111	195	60	135
18	216	85	131	295	120	175	356	129	227
19	496	181	315	555	188	367	646	226	420
20-24岁	**8505**	**4158**	**4347**	**8798**	**4283**	**4515**	**8199**	**4115**	**4084**
20	1102	426	676	1038	379	659	972	395	577
21	1862	850	1012	1790	813	977	1491	713	778
22	2085	1117	968	2660	1391	1269	2147	1136	1011
23	1696	873	823	1713	863	850	2083	1090	993
24	1760	892	868	1597	837	760	1506	781	725
25-29岁	**4000**	**2238**	**1762**	**4562**	**2544**	**2018**	**4424**	**2425**	**1999**
25	1408	689	719	1630	847	783	1431	734	697
26	987	566	421	1209	645	564	1242	678	564
27	739	432	307	788	475	313	831	461	370
28	506	317	189	559	335	224	534	317	217
29	360	234	126	376	242	134	386	235	151
30-34岁	**866**	**559**	**307**	**835**	**566**	**269**	**955**	**614**	**341**
30	281	185	96	265	190	75	284	179	105
31	233	151	82	199	128	71	222	155	67
32	152	101	51	148	106	42	191	117	74
33	127	82	45	119	76	43	151	92	59
34	73	40	33	104	66	38	107	71	36
35-39岁	**198**	**132**	**66**	**211**	**135**	**76**	**275**	**175**	**100**
35	62	47	15	67	45	22	92	55	37
36	45	28	17	40	26	14	73	43	30
37	30	19	11	37	25	12	49	39	10
38	29	20	9	27	14	13	32	21	11
39	32	18	14	40	25	15	29	17	12
40-44岁	**69**	**52**	**17**	**106**	**72**	**34**	**104**	**65**	**39**
40	27	19	8	30	22	8	24	17	7
41	12	11	1	31	19	12	34	20	14
42	18	14	4	20	14	6	23	15	8
43	6	5	1	12	10	2	12	7	5
44	6	3	3	13	7	6	11	6	5
45-49岁	**39**	**22**	**17**	**38**	**25**	**13**	**53**	**41**	**12**
45	10	6	4	11	8	3	8	8	
46	8	5	3	5	3	2	8	6	2
47	7	3	4	12	8	4	14	10	4
48	5	3	2	6	3	3	14	11	3
49	9	5	4	4	3	1	9	6	3
50岁及以上	**39**	**24**	**15**	**22**	**14**	**8**	**43**	**25**	**18**
平均初婚年龄	**24.47**	**25.01**	**23.91**	**24.46**	**25.03**	**23.87**	**24.66**	**25.18**	**24.10**

5-4 续表 9 单位：人

初婚年龄	初婚年份								
	2006年			2007年			2008年		
	小计	男	女	小计	男	女	小计	男	女
总 计	**17323**	**8881**	**8442**	**15718**	**8094**	**7624**	**20317**	**10513**	**9804**
15岁以下	**4**	**2**	**2**	**5**	**2**	**3**	**5**	**2**	**3**
15—19岁	**1366**	**505**	**861**	**1241**	**472**	**769**	**1426**	**549**	**877**
15	27	13	14	28	12	16	21	6	15
16	74	20	54	68	24	44	49	14	35
17	157	59	98	166	64	102	138	53	85
18	377	133	244	308	124	184	415	159	256
19	731	280	451	671	248	423	803	317	486
20—24岁	**8364**	**4104**	**4260**	**7544**	**3723**	**3821**	**9362**	**4707**	**4655**
20	1119	412	707	1198	501	697	1417	605	812
21	1442	726	716	1568	806	762	2069	1035	1034
22	1833	971	862	1638	877	761	2212	1229	983
23	1852	963	889	1433	721	712	1739	901	838
24	2118	1032	1086	1707	818	889	1925	937	988
25—29岁	**5994**	**3217**	**2777**	**5420**	**2920**	**2500**	**7562**	**4013**	**3549**
25	1869	903	966	1830	899	931	2349	1159	1190
26	1508	792	716	1312	714	598	2155	1130	1025
27	1259	698	561	1007	558	449	1425	781	644
28	829	490	339	791	469	322	922	535	387
29	529	334	195	480	280	200	711	408	303
30—34岁	**1120**	**735**	**385**	**991**	**646**	**345**	**1298**	**822**	**476**
30	372	242	130	301	211	90	451	280	171
31	245	151	94	231	144	87	295	201	94
32	219	141	78	193	128	65	233	144	89
33	164	121	43	128	76	52	174	111	63
34	120	80	40	138	87	51	145	86	59
35—39岁	**287**	**188**	**99**	**335**	**216**	**119**	**403**	**267**	**136**
35	97	61	36	103	62	41	129	82	47
36	68	44	24	87	54	33	92	61	31
37	59	39	20	56	38	18	72	50	22
38	39	32	7	51	33	18	67	47	20
39	24	12	12	38	29	9	43	27	16
40—44岁	**111**	**79**	**32**	**98**	**65**	**33**	**128**	**79**	**49**
40	20	13	7	23	13	10	25	16	9
41	20	14	6	12	9	3	23	16	7
42	26	15	11	18	11	7	28	17	11
43	30	26	4	21	15	6	27	19	8
44	15	11	4	24	17	7	25	11	14
45—49岁	**40**	**28**	**12**	**32**	**20**	**12**	**47**	**30**	**17**
45	15	13	2	11	7	4	16	9	7
46	12	10	2	5	2	3	10	4	6
47	10	4	6	5	3	2	7	5	2
48				4	3	1	8	7	1
49	3	1	2	7	5	2	6	5	1
50岁及以上	**37**	**23**	**14**	**52**	**30**	**22**	**86**	**44**	**42**
平均初婚年龄	**24.97**	**25.52**	**24.39**	**24.96**	**25.44**	**24.44**	**25.11**	**25.51**	**24.67**

5－4 续表 10

单位：人

初婚年龄	初婚年份								
	2009年			2010年			2011年		
	小计	男	女	小计	男	女	小计	男	女
总　计	**20194**	**10349**	**9845**	**21224**	**11074**	**10150**	**18195**	**9317**	**8878**
15岁以下	**7**	**2**	**5**	**5**	**2**	**3**	**3**		**3**
15－19岁	**1306**	**482**	**824**	**1313**	**523**	**790**	**822**	**307**	**515**
15	21	8	13	30	4	26	21	8	13
16	62	26	36	57	10	47	45	15	30
17	135	49	86	161	64	97	106	31	75
18	326	110	216	327	130	197	198	57	141
19	762	289	473	738	315	423	452	196	256
20－24岁	**8787**	**4343**	**4444**	**9763**	**4934**	**4829**	**7617**	**3807**	**3810**
20	1247	521	726	1393	586	807	874	372	502
21	1757	860	897	1852	910	942	1394	713	681
22	2262	1203	1059	2335	1315	1020	1821	1000	821
23	1798	917	881	2184	1122	1062	1678	827	851
24	1723	842	881	1999	1001	998	1850	895	955
25－29岁	**8035**	**4208**	**3827**	**7904**	**4221**	**3683**	**7738**	**3970**	**3768**
25	2255	1099	1156	2033	995	1038	2049	982	1067
26	2168	1070	1098	1929	996	933	1853	891	962
27	1870	1001	869	1789	973	816	1579	836	743
28	1066	622	444	1393	800	593	1266	694	572
29	676	416	260	760	457	303	991	567	424
30－34岁	**1407**	**895**	**512**	**1542**	**935**	**607**	**1426**	**856**	**570**
30	502	312	190	511	315	196	501	298	203
31	348	218	130	403	259	144	357	218	139
32	237	154	83	276	161	115	273	169	104
33	164	102	62	211	119	92	178	107	71
34	156	109	47	141	81	60	117	64	53
35－39岁	**388**	**254**	**134**	**443**	**285**	**158**	**356**	**214**	**142**
35	110	72	38	116	71	45	88	51	37
36	95	62	33	99	56	43	76	50	26
37	70	51	19	91	60	31	67	40	27
38	53	33	20	76	53	23	76	44	32
39	60	36	24	61	45	16	49	29	20
40－44岁	**147**	**94**	**53**	**145**	**101**	**44**	**121**	**91**	**30**
40	42	26	16	45	30	15	38	26	12
41	44	26	18	34	25	9	35	26	9
42	16	9	7	30	19	11	13	11	2
43	23	18	5	19	16	3	21	17	4
44	22	15	7	17	11	6	14	11	3
45－49岁	**54**	**34**	**20**	**60**	**42**	**18**	**56**	**35**	**21**
45	18	11	7	14	9	5	12	10	2
46	15	10	5	23	18	5	11	10	1
47	9	7	2	8	5	3	9	5	4
48	6		6	10	7	3	19	8	11
49	6	6		5	3	2	5	2	3
50岁及以上	**63**	**37**	**26**	**49**	**31**	**18**	**56**	**37**	**19**
平均初婚年龄	**25.32**	**25.78**	**24.83**	**25.31**	**25.73**	**24.86**	**25.74**	**26.12**	**25.35**

5-4 续表 11

单位：人

初婚年龄	初婚年份								
	2012年			2013年			2014年		
	小计	男	女	小计	男	女	小计	男	女
总　计	**20548**	**10552**	**9996**	**18872**	**9686**	**9186**	**16562**	**8498**	**8064**
15岁以下	**2**	**1**	**1**	**3**		**3**	**3**		**3**
15—19岁	**879**	**314**	**565**	**703**	**246**	**457**	**530**	**193**	**337**
15	11	3	8	9	2	7	11	3	8
16	44	16	28	30	10	20	38	13	25
17	93	24	69	88	20	68	48	7	41
18	264	85	179	193	63	130	160	55	105
19	467	186	281	383	151	232	273	115	158
20—24岁	**8014**	**4023**	**3991**	**6709**	**3318**	**3391**	**5261**	**2567**	**2694**
20	739	316	423	624	272	352	499	178	321
21	1273	619	654	912	454	458	732	339	393
22	1947	1049	898	1501	829	672	1027	578	449
23	1915	999	916	1682	837	845	1208	594	614
24	2140	1040	1100	1990	926	1064	1795	878	917
25—29岁	**8946**	**4567**	**4379**	**8557**	**4410**	**4147**	**7957**	**4092**	**3865**
25	2432	1152	1280	2289	1062	1227	2096	996	1100
26	2247	1085	1162	2270	1142	1128	2063	1004	1059
27	1728	899	829	1759	927	832	1807	923	884
28	1411	786	625	1264	701	563	1174	649	525
29	1128	645	483	975	578	397	817	520	297
30—34岁	**2005**	**1190**	**815**	**2135**	**1256**	**879**	**2020**	**1171**	**849**
30	797	477	320	768	435	333	632	373	259
31	485	281	204	576	335	241	527	295	232
32	305	190	115	357	212	145	397	239	158
33	266	154	112	230	148	82	255	146	109
34	152	88	64	204	126	78	209	118	91
35—39岁	**406**	**256**	**150**	**435**	**253**	**182**	**474**	**258**	**216**
35	126	77	49	157	84	73	151	76	75
36	85	53	32	89	55	34	128	71	57
37	72	44	28	69	41	28	72	41	31
38	62	41	21	73	48	25	63	37	26
39	61	41	20	47	25	22	60	33	27
40—44岁	**168**	**114**	**54**	**186**	**113**	**73**	**190**	**126**	**64**
40	58	37	21	42	29	13	46	30	16
41	36	25	11	50	27	23	48	31	17
42	39	27	12	44	25	19	34	23	11
43	19	14	5	32	22	10	29	21	8
44	16	11	5	18	10	8	33	21	12
45—49岁	**69**	**50**	**19**	**69**	**43**	**26**	**56**	**40**	**16**
45	19	11	8	17	11	6	18	11	7
46	15	12	3	13	7	6	12	10	2
47	10	5	5	9	6	3	9	7	2
48	10	10		17	13	4	11	8	3
49	15	12	3	13	6	7	6	4	2
50岁及以上	**59**	**37**	**22**	**75**	**47**	**28**	**71**	**51**	**20**
平均初婚年龄	**26.03**	**26.43**	**25.61**	**26.40**	**26.78**	**26.00**	**26.75**	**27.19**	**26.30**

5-4 续表 12

单位：人

初婚年龄	初婚年份								
	2015年			2016年			2017年		
	小计	男	女	小计	男	女	小计	男	女
总　计	**17584**	**8994**	**8590**	**15145**	**7717**	**7428**	**13794**	**7054**	**6740**
15岁以下	**2**	**1**	**1**	**1**	**1**				
15-19岁	**426**	**138**	**288**	**299**	**79**	**220**	**234**	**86**	**148**
15	12	5	7	10		10	4	2	2
16	28	8	20	23	5	18	15	4	11
17	55	12	43	27	3	24	26	4	22
18	104	31	73	73	21	52	65	28	37
19	227	82	145	166	50	116	124	48	76
20-24岁	**4961**	**2345**	**2616**	**4007**	**1906**	**2101**	**3469**	**1565**	**1904**
20	387	125	262	362	117	245	295	97	198
21	713	318	395	558	259	299	492	213	279
22	1046	542	504	881	436	445	716	355	361
23	1168	578	590	988	495	493	807	372	435
24	1647	782	865	1218	599	619	1159	528	631
25-29岁	**8939**	**4584**	**4355**	**7701**	**3925**	**3776**	**7005**	**3613**	**3392**
25	2328	1118	1210	1684	800	884	1457	688	769
26	2248	1101	1147	1903	940	963	1554	779	775
27	1897	972	925	1711	872	839	1687	860	827
28	1496	831	665	1319	704	615	1329	720	609
29	970	562	408	1084	609	475	978	566	412
30-34岁	**2401**	**1408**	**993**	**2205**	**1257**	**948**	**2162**	**1259**	**903**
30	759	449	310	679	377	302	736	430	306
31	525	309	216	507	295	212	510	301	209
32	455	261	194	400	227	173	372	219	153
33	398	233	165	333	191	142	295	172	123
34	264	156	108	286	167	119	249	137	112
35-39岁	**484**	**281**	**203**	**592**	**335**	**257**	**560**	**324**	**236**
35	144	84	60	197	107	90	200	102	98
36	111	61	50	132	68	64	114	66	48
37	102	58	44	111	75	36	102	63	39
38	66	36	30	90	50	40	83	52	31
39	61	42	19	62	35	27	61	41	20
40-44岁	**191**	**117**	**74**	**173**	**107**	**66**	**172**	**101**	**71**
40	50	26	24	51	34	17	45	22	23
41	43	22	21	24	13	11	33	21	12
42	30	18	12	31	17	14	33	20	13
43	38	30	8	42	24	18	27	14	13
44	30	21	9	25	19	6	34	24	10
45-49岁	**83**	**60**	**23**	**89**	**56**	**33**	**89**	**49**	**40**
45	23	17	6	26	15	11	23	11	12
46	18	15	3	17	11	6	23	12	11
47	17	14	3	24	16	8	21	15	6
48	11	5	6	11	7	4	13	5	8
49	14	9	5	11	7	4	9	6	3
50岁及以上	**97**	**60**	**37**	**78**	**51**	**27**	**103**	**57**	**46**
平均初婚年龄	**27.11**	**27.57**	**26.63**	**27.46**	**27.91**	**27.00**	**27.72**	**28.15**	**27.27**

5-4 续表 13

单位：人

初婚年龄	初婚年份								
	2018年			2019年			2020年		
	小计	男	女	小计	男	女	小计	男	女
总　计	**13717**	**6998**	**6719**	**10536**	**5404**	**5132**	**6705**	**3488**	**3217**
15岁以下									
15—19岁	**201**	**61**	**140**	**127**	**42**	**85**	**55**	**17**	**38**
15	5	1	4	3	1	2	2		2
16	10	3	7	6	1	5	3	1	2
17	26	8	18	12	5	7	4		4
18	40	14	26	32	11	21	16	6	10
19	120	35	85	74	24	50	30	10	20
20—24岁	**3216**	**1442**	**1774**	**2460**	**1103**	**1357**	**1350**	**604**	**746**
20	213	64	149	141	34	107	89	21	68
21	393	150	243	288	106	182	150	59	91
22	679	337	342	538	261	277	314	154	160
23	812	400	412	627	291	336	290	132	158
24	1119	491	628	866	411	455	507	238	269
25—29岁	**6783**	**3491**	**3292**	**4920**	**2526**	**2394**	**2993**	**1536**	**1457**
25	1433	705	728	1070	517	553	663	325	338
26	1403	696	707	1105	565	540	637	318	319
27	1475	726	749	979	495	484	651	329	322
28	1391	748	643	932	500	432	510	271	239
29	1081	616	465	834	449	385	532	293	239
30—34岁	**2374**	**1358**	**1016**	**2049**	**1191**	**858**	**1420**	**833**	**587**
30	799	447	352	632	362	270	469	266	203
31	608	350	258	500	291	209	333	209	124
32	412	240	172	377	218	159	262	155	107
33	294	168	126	293	169	124	202	109	93
34	261	153	108	247	151	96	154	94	60
35—39岁	**701**	**388**	**313**	**599**	**329**	**270**	**403**	**229**	**174**
35	248	145	103	184	95	89	101	55	46
36	187	101	86	152	87	65	88	59	29
37	109	58	51	118	66	52	108	54	54
38	86	54	32	87	46	41	61	33	28
39	71	30	41	58	35	23	45	28	17
40—44岁	**195**	**111**	**84**	**176**	**88**	**88**	**210**	**111**	**99**
40	49	25	24	53	27	26	52	26	26
41	54	33	21	38	13	25	55	31	24
42	28	19	9	30	20	10	36	23	13
43	33	19	14	28	13	15	33	10	23
44	31	15	16	27	15	12	34	21	13
45—49岁	**91**	**61**	**30**	**97**	**55**	**42**	**118**	**67**	**51**
45	29	22	7	31	19	12	18	11	7
46	20	15	5	21	11	10	31	14	17
47	13	7	6	21	13	8	28	15	13
48	17	11	6	15	9	6	21	14	7
49	12	6	6	9	3	6	20	13	7
50岁及以上	**156**	**86**	**70**	**108**	**70**	**38**	**156**	**91**	**65**
平均初婚年龄	**28.15**	**28.59**	**27.69**	**28.41**	**28.86**	**27.94**	**29.38**	**29.86**	**28.86**

5–4a 全市分初婚年龄、性别、初婚年份的人口(城市)

单位：人

初婚年龄	初婚年份								
	合计			1980年			1981年		
	合计	男	女	小计	男	女	小计	男	女
总　计	**555866**	**278414**	**277452**	**19298**	**9244**	**10054**	**18090**	**8606**	**9484**
15岁以下	**189**	**75**	**114**	**10**	**4**	**6**	**8**	**4**	**4**
15—19岁	**21455**	**7459**	**13996**	**521**	**160**	**361**	**416**	**125**	**291**
15	841	360	481	36	17	19	25	8	17
16	1340	505	835	52	17	35	35	15	20
17	2529	889	1640	92	32	60	67	23	44
18	5087	1761	3326	119	30	89	124	30	94
19	11658	3944	7714	222	64	158	165	49	116
20—24岁	**264103**	**120279**	**143824**	**7654**	**3197**	**4457**	**7979**	**3202**	**4777**
20	24253	7908	16345	469	165	304	336	76	260
21	42582	17645	24937	847	316	531	764	245	519
22	64989	31671	33318	1436	581	855	1429	595	834
23	65358	30500	34858	2016	867	1149	2438	975	1463
24	66921	32555	34366	2886	1268	1618	3012	1311	1701
25—29岁	**213135**	**115841**	**97294**	**10078**	**5182**	**4896**	**8844**	**4727**	**4117**
25	67113	34067	33046	3544	1649	1895	3020	1450	1570
26	54848	29350	25498	2720	1436	1284	2629	1423	1206
27	41522	23148	18374	1835	997	838	1567	911	656
28	29121	17000	12121	1195	668	527	951	553	398
29	20531	12276	8255	784	432	352	677	390	287
30—34岁	**40878**	**24970**	**15908**	**926**	**627**	**299**	**763**	**495**	**268**
30	14110	8645	5465	445	294	151	337	216	121
31	9858	6024	3834	203	134	69	229	141	88
32	7178	4371	2807	132	94	38	103	68	35
33	5450	3346	2104	88	60	28	54	40	14
34	4282	2584	1698	58	45	13	40	30	10
35—39岁	**9973**	**5995**	**3978**	**84**	**60**	**24**	**60**	**41**	**19**
35	3227	1848	1379	38	25	13	23	13	10
36	2336	1424	912	17	13	4	17	15	2
37	1823	1121	702	7	4	3	10	6	4
38	1480	931	549	14	13	1	6	5	1
39	1107	671	436	8	5	3	4	2	2
40—44岁	**3292**	**2059**	**1233**	**17**	**13**	**4**	**12**	**9**	**3**
40	900	563	337	7	5	2	5	5	
41	766	467	299	5	4	1	2	1	1
42	609	381	228	3	2	1	1		1
43	538	360	178	1	1		3	2	1
44	479	288	191	1	1		1	1	
45—49岁	**1432**	**896**	**536**	**4**	**1**	**3**	**5**	**3**	**2**
45	393	246	147				2	2	
46	324	216	108	2		2			
47	283	170	113	1	1		2		2
48	232	142	90				1	1	
49	200	122	78	1		1			
50岁及以上	**1409**	**840**	**569**	**4**		**4**	**3**		**3**
平均初婚年龄	**25.45**	**25.96**	**24.94**	**25.46**	**25.91**	**25.05**	**25.33**	**25.82**	**24.89**

5-4a　续表 1　　　　单位：人

初婚年龄	初婚年份								
	1982年			1983年			1984年		
	小计	男	女	小计	男	女	小计	男	女
总　计	**19510**	**9331**	**10179**	**16506**	**7914**	**8592**	**16180**	**7847**	**8333**
15岁以下	**6**	**2**	**4**	**8**	**3**	**5**	**12**	**3**	**9**
15–19岁	**688**	**215**	**473**	**674**	**250**	**424**	**633**	**227**	**406**
15	35	14	21	34	15	19	32	11	21
16	50	15	35	40	18	22	44	16	28
17	80	25	55	75	31	44	67	25	42
18	142	44	98	146	57	89	143	48	95
19	381	117	264	379	129	250	347	127	220
20–24岁	**9031**	**3775**	**5256**	**8040**	**3350**	**4690**	**8426**	**3673**	**4753**
20	469	140	329	851	252	599	903	279	624
21	891	313	578	909	323	586	1720	651	1069
22	1930	793	1137	1503	648	855	1613	755	858
23	2463	1032	1431	2262	972	1290	1895	855	1040
24	3278	1497	1781	2515	1155	1360	2295	1133	1162
25–29岁	**8857**	**4771**	**4086**	**6980**	**3842**	**3138**	**6269**	**3461**	**2808**
25	3184	1555	1629	2571	1328	1243	2072	1082	990
26	2476	1350	1126	1861	1001	860	1828	1007	821
27	1692	959	733	1322	783	539	1195	681	514
28	963	587	376	789	459	330	752	439	313
29	542	320	222	437	271	166	422	252	170
30–34岁	**811**	**484**	**327**	**693**	**399**	**294**	**703**	**403**	**300**
30	355	214	141	284	166	118	273	170	103
31	197	105	92	187	109	78	170	95	75
32	146	85	61	106	56	50	138	68	70
33	75	59	16	84	49	35	72	39	33
34	38	21	17	32	19	13	50	31	19
35–39岁	**94**	**70**	**24**	**83**	**54**	**29**	**98**	**58**	**40**
35	39	28	11	38	22	16	39	17	22
36	26	18	8	15	9	6	20	15	5
37	15	12	3	18	13	5	16	12	4
38	10	9	1	7	5	2	15	10	5
39	4	3	1	5	5		8	4	4
40–44岁	**14**	**11**	**3**	**16**	**10**	**6**	**24**	**16**	**8**
40	4	3	1	3	3		4	4	
41	2	2		4	2	2	8	4	4
42	1	1		3	3		5	3	2
43	4	3	1	1		1	1	1	
44	3	2	1	5	2	3	6	4	2
45–49岁	**6**	**2**	**4**	**8**	**4**	**4**	**10**	**5**	**5**
45	4	1	3				3	1	2
46				2		2	2	1	1
47				3	1	2	2	1	1
48	2	1	1	1	1		2	2	
49				2	2		1		1
50岁及以上	**3**	**1**	**2**	**4**	**2**	**2**	**5**	**1**	**4**
平均初婚年龄	**25.12**	**25.60**	**24.69**	**24.91**	**25.38**	**24.47**	**24.73**	**25.19**	**24.31**

5–4a 续表 2

单位：人

初婚年龄	初婚年份								
	1985年			1986年			1987年		
	小计	男	女	小计	男	女	小计	男	女
总　计	**17997**	**8687**	**9310**	**17089**	**8281**	**8808**	**16193**	**7881**	**8312**
15岁以下	**6**	**4**	**2**	**7**	**1**	**6**	**7**	**1**	**6**
15–19岁	**829**	**288**	**541**	**763**	**263**	**500**	**772**	**259**	**513**
15	33	16	17	26	11	15	24	10	14
16	54	19	35	46	13	33	38	11	27
17	114	32	82	116	37	79	72	25	47
18	188	64	124	180	56	124	199	65	134
19	440	157	283	395	146	249	439	148	291
20–24岁	**10515**	**4631**	**5884**	**10858**	**4917**	**5941**	**10397**	**4781**	**5616**
20	882	281	601	844	274	570	770	267	503
21	1974	787	1187	1612	643	969	1594	637	957
22	3512	1625	1887	3064	1431	1633	2393	1137	1256
23	2185	972	1213	3442	1592	1850	2814	1309	1505
24	1962	966	996	1896	977	919	2826	1431	1395
25–29岁	**5793**	**3277**	**2516**	**4577**	**2602**	**1975**	**4169**	**2378**	**1791**
25	2072	1129	943	1478	824	654	1611	885	726
26	1434	839	595	1207	674	533	992	560	432
27	1101	626	475	808	485	323	720	429	291
28	708	407	301	623	363	260	466	272	194
29	478	276	202	461	256	205	380	232	148
30–34岁	**686**	**391**	**295**	**706**	**398**	**308**	**671**	**372**	**299**
30	278	164	114	272	153	119	262	148	114
31	168	95	73	169	96	73	153	92	61
32	94	55	39	112	63	49	125	54	71
33	84	47	37	87	47	40	65	37	28
34	62	30	32	66	39	27	66	41	25
35–39岁	**122**	**68**	**54**	**110**	**56**	**54**	**125**	**61**	**64**
35	53	28	25	41	22	19	53	25	28
36	19	13	6	26	10	16	25	13	12
37	23	10	13	25	12	13	15	5	10
38	18	12	6	6	5	1	19	12	7
39	9	5	4	12	7	5	13	6	7
40–44岁	**33**	**20**	**13**	**47**	**30**	**17**	**28**	**18**	**10**
40	9	7	2	13	7	6	13	8	5
41	5	2	3	9	6	3	5	4	1
42	4	2	2	14	11	3	5	3	2
43	10	5	5	5	2	3	2	1	1
44	5	4	1	6	4	2	3	2	1
45–49岁	**6**	**4**	**2**	**17**	**10**	**7**	**14**	**5**	**9**
45	1		1	4	2	2	1	1	
46	2	2		4	4		6	3	3
47				3	1	2	2		2
48	1		1	2	1	1	2		2
49	2	2		4	2	2	3	1	2
50岁及以上	**7**	**4**	**3**	**4**	**4**		**10**	**6**	**4**
平均初婚年龄	**24.35**	**24.78**	**23.94**	**24.30**	**24.72**	**23.91**	**24.32**	**24.69**	**23.96**

5−4a 续表 3 单位：人

初婚年龄	初婚年份								
	1988年			1989年			1990年		
	小计	男	女	小计	男	女	小计	男	女
总 计	**16074**	**7874**	**8200**	**14194**	**7025**	**7169**	**14745**	**7372**	**7373**
15岁以下	**6**	**1**	**5**	**8**	**4**	**4**	**6**	**2**	**4**
15−19岁	**948**	**325**	**623**	**921**	**325**	**596**	**1110**	**410**	**700**
15	31	9	22	35	19	16	42	23	19
16	57	16	41	65	25	40	64	28	36
17	100	36	64	94	24	70	147	69	78
18	206	68	138	207	84	123	235	92	143
19	554	196	358	520	173	347	622	198	424
20−24岁	**9539**	**4331**	**5208**	**8256**	**3842**	**4414**	**8982**	**4158**	**4824**
20	986	312	674	1108	333	775	1249	398	851
21	1535	610	925	1551	647	904	2031	831	1200
22	2207	1040	1167	1963	957	1006	2475	1244	1231
23	2195	1026	1169	1923	958	965	1680	839	841
24	2616	1343	1273	1711	947	764	1547	846	701
25−29岁	**4645**	**2683**	**1962**	**4177**	**2410**	**1767**	**3831**	**2325**	**1506**
25	2302	1296	1006	1677	915	762	1270	738	532
26	1031	562	469	1319	779	540	1100	658	442
27	603	381	222	569	333	236	841	537	304
28	416	259	157	322	205	117	369	230	139
29	293	185	108	290	178	112	251	162	89
30−34岁	**723**	**426**	**297**	**614**	**334**	**280**	**608**	**359**	**249**
30	258	165	93	157	89	68	167	108	59
31	167	97	70	163	96	67	140	82	58
32	121	71	50	118	59	59	121	67	54
33	96	52	44	93	51	42	105	55	50
34	81	41	40	83	39	44	75	47	28
35−39岁	**159**	**76**	**83**	**156**	**76**	**80**	**154**	**84**	**70**
35	58	28	30	43	16	27	48	26	22
36	42	25	17	38	24	14	47	21	26
37	36	15	21	31	15	16	25	16	9
38	13	4	9	35	19	16	16	10	6
39	10	4	6	9	2	7	18	11	7
40−44岁	**28**	**18**	**10**	**36**	**20**	**16**	**33**	**20**	**13**
40	12	7	5	10	5	5	16	12	4
41	5	5		8	3	5	3	1	2
42	5	1	4	9	6	3	6	1	5
43	3	3		7	5	2	4	4	
44	3	2	1	2	1	1	4	2	2
45−49岁	**18**	**9**	**9**	**13**	**6**	**7**	**15**	**12**	**3**
45	5	2	3	3	3		2	1	1
46	6	6		2		2	5	4	1
47	3		3	3		3	4	4	
48	3	1	2	1	1		4	3	1
49	1		1	4	2	2			
50岁及以上	**8**	**5**	**3**	**13**	**8**	**5**	**6**	**2**	**4**
平均初婚年龄	**24.32**	**24.77**	**23.88**	**24.24**	**24.68**	**23.81**	**23.97**	**24.49**	**23.44**

5-4a 续表 4

单位：人

初婚年龄	初婚年份								
	1991年			1992年			1993年		
	小计	男	女	小计	男	女	小计	男	女
总　计	**10828**	**5389**	**5439**	**12052**	**5998**	**6054**	**11469**	**5739**	**5730**
15岁以下	**5**	**3**	**2**	**7**	**2**	**5**	**8**	**2**	**6**
15-19岁	**616**	**203**	**413**	**677**	**245**	**432**	**561**	**191**	**370**
15	28	9	19	24	11	13	22	8	14
16	29	10	19	45	16	29	36	15	21
17	64	22	42	66	22	44	60	16	44
18	134	45	89	146	58	88	122	43	79
19	361	117	244	396	138	258	321	109	212
20-24岁	**7095**	**3248**	**3847**	**8167**	**3731**	**4436**	**7772**	**3584**	**4188**
20	857	250	607	907	281	626	774	235	539
21	1443	608	835	1577	614	963	1416	576	840
22	2180	1067	1113	2376	1184	1192	2151	1067	1084
23	1649	809	840	1928	953	975	1924	908	1016
24	966	514	452	1379	699	680	1507	798	709
25-29岁	**2565**	**1610**	**955**	**2537**	**1623**	**914**	**2371**	**1506**	**865**
25	833	511	322	766	448	318	991	595	396
26	601	371	230	639	407	232	475	296	179
27	543	346	197	438	290	148	374	246	128
28	396	256	140	410	285	125	262	191	71
29	192	126	66	284	193	91	269	178	91
30-34岁	**390**	**239**	**151**	**433**	**270**	**163**	**494**	**308**	**186**
30	110	64	46	139	91	48	189	123	66
31	85	54	31	81	48	33	94	58	36
32	66	46	20	86	54	32	74	46	28
33	67	46	21	60	37	23	67	39	28
34	62	29	33	67	40	27	70	42	28
35-39岁	**116**	**64**	**52**	**142**	**82**	**60**	**184**	**103**	**81**
35	40	16	24	53	29	24	63	33	30
36	25	18	7	35	21	14	44	25	19
37	15	8	7	24	15	9	30	12	18
38	23	13	10	18	11	7	31	22	9
39	13	9	4	12	6	6	16	11	5
40-44岁	**23**	**11**	**12**	**57**	**29**	**28**	**45**	**22**	**23**
40	9	5	4	16	9	7	15	7	8
41	7	4	3	12	7	5	9	5	4
42	3	2	1	16	5	11	8	6	2
43	3		3	6	4	2	5	3	2
44	1		1	7	4	3	8	1	7
45-49岁	**12**	**6**	**6**	**17**	**8**	**9**	**18**	**12**	**6**
45	5	2	3	6	2	4	5	3	2
46	3	1	2	7	5	2	4	3	1
47	3	3		3	1	2	3	2	1
48	1		1				2	1	1
49				1		1	4	3	1
50岁及以上	**6**	**5**	**1**	**15**	**8**	**7**	**16**	**11**	**5**
平均初婚年龄	**23.96**	**24.51**	**23.41**	**24.02**	**24.58**	**23.47**	**24.16**	**24.72**	**23.61**

5-4a 续表 5 单位：人

初婚年龄	初婚年份								
	1994年			1995年			1996年		
	小计	男	女	小计	男	女	小计	男	女
总 计	**10695**	**5350**	**5345**	**11852**	**6029**	**5823**	**10924**	**5543**	**5381**
15岁以下	**3**	**2**	**1**	**2**	**1**	**1**	**8**	**2**	**6**
15-19岁	**524**	**168**	**356**	**548**	**181**	**367**	**479**	**156**	**323**
15	19	8	11	19	9	10	16	7	9
16	21	7	14	48	14	34	22	9	13
17	62	21	41	54	17	37	63	21	42
18	130	47	83	142	50	92	99	35	64
19	292	85	207	285	91	194	279	84	195
20-24岁	**7046**	**3241**	**3805**	**7409**	**3455**	**3954**	**6465**	**2960**	**3505**
20	664	218	446	691	225	466	542	161	381
21	1293	521	772	1188	489	699	1081	451	630
22	1922	915	1007	2006	988	1018	1638	810	828
23	1811	870	941	1915	893	1022	1732	763	969
24	1356	717	639	1609	860	749	1472	775	697
25-29岁	**2414**	**1490**	**924**	**3038**	**1841**	**1197**	**3130**	**1884**	**1246**
25	1056	613	443	1348	773	575	1316	715	601
26	646	408	238	761	458	303	812	499	313
27	288	180	108	481	316	165	550	343	207
28	235	164	71	251	152	99	304	219	85
29	189	125	64	197	142	55	148	108	40
30-34岁	**490**	**327**	**163**	**577**	**395**	**182**	**548**	**382**	**166**
30	176	127	49	145	99	46	152	110	42
31	142	96	46	172	117	55	106	75	31
32	61	36	25	134	90	44	108	83	25
33	66	41	25	75	55	20	126	76	50
34	45	27	18	51	34	17	56	38	18
35-39岁	**126**	**75**	**51**	**150**	**93**	**57**	**153**	**89**	**64**
35	31	17	14	52	31	21	39	23	16
36	45	30	15	37	23	14	33	22	11
37	21	14	7	23	17	6	29	17	12
38	13	5	8	23	14	9	30	15	15
39	16	9	7	15	8	7	22	12	10
40-44岁	**54**	**26**	**28**	**65**	**31**	**34**	**72**	**34**	**38**
40	13	7	6	21	12	9	20	7	13
41	20	10	10	20	8	12	15	10	5
42	8	4	4	9	3	6	13	6	7
43	7	4	3	9	5	4	5	3	2
44	6	1	5	6	3	3	19	8	11
45-49岁	**20**	**10**	**10**	**24**	**14**	**10**	**34**	**20**	**14**
45	7	4	3	9	6	3	8	4	4
46	3	2	1	2	1	1	9	6	3
47	4	1	3	6	4	2	6	2	4
48	2	1	1	3	2	1	6	4	2
49	4	2	2	4	1	3	5	4	1
50岁及以上	**18**	**11**	**7**	**39**	**18**	**21**	**35**	**16**	**19**
平均初婚年龄	**24.21**	**24.76**	**23.66**	**24.47**	**25.01**	**23.92**	**24.72**	**25.29**	**24.14**

5-4a 续表 6 单位：人

初婚年龄	初婚年份								
	1997年			1998年			1999年		
	小计	男	女	小计	男	女	小计	男	女
总　计	**10583**	**5335**	**5248**	**11390**	**5800**	**5590**	**10251**	**5230**	**5021**
15岁以下	**3**	**3**		**4**	**1**	**3**	**6**	**4**	**2**
15-19岁	**482**	**152**	**330**	**468**	**157**	**311**	**432**	**154**	**278**
15	22	10	12	17	11	6	19	9	10
16	15	5	10	33	12	21	31	11	20
17	59	25	34	40	11	29	58	18	40
18	123	33	90	111	32	79	103	34	69
19	263	79	184	267	91	176	221	82	139
20-24岁	**5973**	**2709**	**3264**	**6198**	**2805**	**3393**	**5656**	**2560**	**3096**
20	530	171	359	635	184	451	594	186	408
21	982	402	580	1026	421	605	982	376	606
22	1447	714	733	1595	760	835	1445	702	743
23	1532	714	818	1529	717	812	1468	697	771
24	1482	708	774	1413	723	690	1167	599	568
25-29岁	**3270**	**1948**	**1322**	**3626**	**2140**	**1486**	**3342**	**1965**	**1377**
25	1250	692	558	1415	772	643	1163	611	552
26	886	519	367	896	524	372	859	512	347
27	540	334	206	648	407	241	623	381	242
28	348	241	107	372	248	124	401	271	130
29	246	162	84	295	189	106	296	190	106
30-34岁	**528**	**337**	**191**	**699**	**449**	**250**	**526**	**356**	**170**
30	115	74	41	192	127	65	193	140	53
31	111	60	51	141	93	48	119	72	47
32	89	60	29	127	77	50	69	46	23
33	115	76	39	108	72	36	80	58	22
34	98	67	31	131	80	51	65	40	25
35-39岁	**154**	**96**	**58**	**249**	**159**	**90**	**181**	**132**	**49**
35	34	25	9	107	59	48	72	49	23
36	40	21	19	59	39	20	52	40	12
37	32	18	14	28	23	5	20	17	3
38	26	19	7	26	17	9	19	14	5
39	22	13	9	29	21	8	18	12	6
40-44岁	**92**	**44**	**48**	**94**	**56**	**38**	**72**	**42**	**30**
40	17	9	8	23	19	4	12	7	5
41	15	6	9	18	12	6	16	9	7
42	23	11	12	17	7	10	15	8	7
43	22	9	13	16	10	6	14	8	6
44	15	9	6	20	8	12	15	10	5
45-49岁	**58**	**33**	**25**	**29**	**21**	**8**	**21**	**9**	**12**
45	22	12	10	10	7	3	6	3	3
46	8	6	2	5	5		5	2	3
47	15	8	7	4	2	2	2	1	1
48	6	3	3	6	5	1	4	1	3
49	7	4	3	4	2	2	4	2	2
50岁及以上	**23**	**13**	**10**	**23**	**12**	**11**	**15**	**8**	**7**
平均初婚年龄	**24.94**	**25.50**	**24.37**	**25.07**	**25.71**	**24.40**	**24.87**	**25.52**	**24.21**

5-4a 续表 7

单位：人

初婚年龄	初婚年份								
	2000年			2001年			2002年		
	小计	男	女	小计	男	女	小计	男	女
总　计	**12792**	**6562**	**6230**	**9267**	**4672**	**4595**	**9509**	**4816**	**4693**
15岁以下	**9**	**1**	**8**	**10**	**4**	**6**	**6**	**2**	**4**
15-19岁	**767**	**283**	**484**	**516**	**179**	**337**	**465**	**179**	**286**
15	54	23	31	22	10	12	34	17	17
16	61	26	35	38	23	15	29	14	15
17	105	45	60	68	29	39	60	21	39
18	209	66	143	116	34	82	106	40	66
19	338	123	215	272	83	189	236	87	149
20-24岁	**7105**	**3281**	**3824**	**5230**	**2380**	**2850**	**5196**	**2344**	**2852**
20	670	231	439	441	122	319	557	170	387
21	1313	555	758	815	351	464	849	367	482
22	2021	1015	1006	1501	740	761	1259	616	643
23	1620	759	861	1324	609	715	1432	648	784
24	1481	721	760	1149	558	591	1099	543	556
25-29岁	**3902**	**2319**	**1583**	**2820**	**1648**	**1172**	**3032**	**1733**	**1299**
25	1302	722	580	985	509	476	1019	529	490
26	1031	594	437	731	433	298	783	443	340
27	720	440	280	514	308	206	531	323	208
28	498	340	158	373	247	126	403	245	158
29	351	223	128	217	151	66	296	193	103
30-34岁	**664**	**443**	**221**	**490**	**321**	**169**	**590**	**411**	**179**
30	252	171	81	189	121	68	220	148	72
31	170	119	51	123	81	42	134	94	40
32	106	68	38	86	63	23	96	68	28
33	66	45	21	52	36	16	78	58	20
34	70	40	30	40	20	20	62	43	19
35-39岁	**220**	**153**	**67**	**136**	**96**	**40**	**129**	**80**	**49**
35	62	38	24	35	20	15	25	13	12
36	49	34	15	25	18	7	32	21	11
37	46	33	13	36	30	6	28	16	12
38	40	31	9	30	21	9	25	18	7
39	23	17	6	10	7	3	19	12	7
40-44岁	**68**	**50**	**18**	**36**	**25**	**11**	**50**	**39**	**11**
40	22	16	6	10	5	5	13	11	2
41	15	10	5	8	7	1	12	6	6
42	7	5	2	4	3	1	14	12	2
43	13	11	2	11	10	1	8	7	1
44	11	8	3	3		3	3	3	
45-49岁	**29**	**18**	**11**	**18**	**11**	**7**	**26**	**18**	**8**
45	6	3	3	6	3	3	5	4	1
46	7	7		6	4	2	7	4	3
47	5	3	2	4	3	1	6	4	2
48	8	4	4	1	1		2	2	
49	3	1	2	1		1	6	4	2
50岁及以上	**28**	**14**	**14**	**11**	**8**	**3**	**15**	**10**	**5**
平均初婚年龄	**24.69**	**25.32**	**24.03**	**24.66**	**25.30**	**24.02**	**24.88**	**25.54**	**24.20**

5-4a 续表 8　　　　单位：人

初婚年龄	初婚年份								
	2003年			2004年			2005年		
	小计	男	女	小计	男	女	小计	男	女
总　计	**11214**	**5713**	**5501**	**12152**	**6157**	**5995**	**11847**	**6077**	**5770**
15岁以下	**4**	**2**	**2**	**4**	**2**	**2**	**4**	**4**	
15–19岁	**497**	**181**	**316**	**555**	**179**	**376**	**664**	**231**	**433**
15	32	14	18	28	7	21	38	16	22
16	65	22	43	43	17	26	55	30	25
17	58	22	36	74	27	47	97	27	70
18	104	36	68	133	46	87	162	56	106
19	238	87	151	277	82	195	312	102	210
20–24岁	**6017**	**2818**	**3199**	**6385**	**2966**	**3419**	**5881**	**2846**	**3035**
20	591	209	382	566	183	383	530	195	335
21	1152	483	669	1160	483	677	933	406	527
22	1473	759	714	1892	936	956	1548	785	763
23	1329	651	678	1368	656	712	1601	818	783
24	1472	716	756	1399	708	691	1269	642	627
25–29岁	**3623**	**2005**	**1618**	**4137**	**2280**	**1857**	**4048**	**2185**	**1863**
25	1263	608	655	1453	739	714	1292	645	647
26	891	498	393	1099	580	519	1119	599	520
27	668	386	282	723	433	290	781	428	353
28	464	292	172	514	302	212	500	297	203
29	337	221	116	348	226	122	356	216	140
30–34岁	**777**	**507**	**270**	**753**	**517**	**236**	**843**	**546**	**297**
30	260	170	90	242	172	70	259	166	93
31	206	138	68	178	121	57	198	135	63
32	137	92	45	131	94	37	165	101	64
33	108	71	37	107	70	37	129	82	47
34	66	36	30	95	60	35	92	62	30
35–39岁	**172**	**117**	**55**	**181**	**118**	**63**	**247**	**157**	**90**
35	53	43	10	55	38	17	84	50	34
36	39	24	15	29	19	10	68	40	28
37	26	15	11	33	23	10	40	34	6
38	27	19	8	26	13	13	28	17	11
39	27	16	11	38	25	13	27	16	11
40–44岁	**59**	**45**	**14**	**89**	**64**	**25**	**88**	**57**	**31**
40	23	17	6	25	20	5	19	13	6
41	11	10	1	26	16	10	27	19	8
42	16	12	4	18	13	5	22	14	8
43	4	3	1	11	10	1	12	7	5
44	5	3	2	9	5	4	8	4	4
45–49岁	**35**	**19**	**16**	**31**	**20**	**11**	**42**	**33**	**9**
45	8	5	3	9	6	3	7	7	
46	7	4	3	4	2	2	6	6	
47	7	3	4	9	6	3	12	8	4
48	4	2	2	6	3	3	8	6	2
49	9	5	4	3	3		9	6	3
50岁及以上	**30**	**19**	**11**	**17**	**11**	**6**	**30**	**18**	**12**
平均初婚年龄	**25.03**	**25.61**	**24.43**	**25.00**	**25.63**	**24.35**	**25.23**	**25.79**	**24.65**

5-4a　续表 9　　　　单位：人

初婚年龄	初婚年份								
	2006年			2007年			2008年		
	小计	男	女	小计	男	女	小计	男	女
总　计	**13755**	**6989**	**6766**	**12340**	**6305**	**6035**	**16293**	**8364**	**7929**
15岁以下	**3**	**2**	**1**	**4**	**2**	**2**	**2**	**1**	**1**
15–19岁	**618**	**232**	**386**	**536**	**196**	**340**	**671**	**246**	**425**
15	20	11	9	12	5	7	10	4	6
16	29	7	22	26	11	15	22	8	14
17	74	34	40	55	22	33	66	32	34
18	155	57	98	123	51	72	193	75	118
19	340	123	217	320	107	213	380	127	253
20–24岁	**6169**	**2869**	**3300**	**5476**	**2569**	**2907**	**6786**	**3276**	**3510**
20	602	186	416	631	238	393	788	312	476
21	917	449	468	967	448	519	1298	615	683
22	1344	671	673	1202	623	579	1612	873	739
23	1488	715	773	1154	549	605	1389	678	711
24	1818	848	970	1522	711	811	1699	798	901
25–29岁	**5557**	**2945**	**2612**	**4986**	**2662**	**2324**	**7056**	**3706**	**3350**
25	1685	782	903	1667	797	870	2181	1059	1122
26	1408	726	682	1201	647	554	1998	1030	968
27	1179	654	525	944	522	422	1344	729	615
28	788	470	318	735	438	297	868	508	360
29	497	313	184	439	258	181	665	380	285
30–34岁	**1009**	**674**	**335**	**889**	**590**	**299**	**1198**	**764**	**434**
30	343	224	119	281	198	83	423	259	164
31	226	140	86	209	132	77	267	189	78
32	195	128	67	171	115	56	218	135	83
33	145	110	35	107	66	41	158	102	56
34	100	72	28	121	79	42	132	79	53
35–39岁	**247**	**159**	**88**	**294**	**190**	**104**	**363**	**246**	**117**
35	83	50	33	89	55	34	118	77	41
36	60	38	22	76	47	29	82	57	25
37	54	36	18	52	35	17	67	47	20
38	29	25	4	49	31	18	58	41	17
39	21	10	11	28	22	6	38	24	14
40–44岁	**90**	**66**	**24**	**87**	**59**	**28**	**102**	**64**	**38**
40	15	10	5	22	12	10	19	12	7
41	19	13	6	10	8	2	20	14	6
42	20	13	7	15	9	6	21	13	8
43	24	21	3	18	13	5	22	16	6
44	12	9	3	22	17	5	20	9	11
45–49岁	**35**	**24**	**11**	**27**	**15**	**12**	**40**	**23**	**17**
45	14	12	2	10	6	4	13	6	7
46	10	8	2	5	2	3	10	4	6
47	8	3	5	4	2	2	5	3	2
48				3	2	1	6	5	1
49	3	1	2	5	3	2	6	5	1
50岁及以上	**27**	**18**	**9**	**41**	**22**	**19**	**75**	**38**	**37**
平均初婚年龄	**25.55**	**26.12**	**24.95**	**25.60**	**26.13**	**25.05**	**25.71**	**26.14**	**25.25**

5-4a 续表 10 单位：人

初婚年龄	初婚年份								
	2009年			2010年			2011年		
	小计	男	女	小计	男	女	小计	男	女
总　计	**16389**	**8353**	**8036**	**16924**	**8823**	**8101**	**15021**	**7660**	**7361**
15岁以下	**4**	**2**	**2**	**3**	**2**	**1**	**2**		**2**
15-19岁	**596**	**205**	**391**	**562**	**205**	**357**	**327**	**125**	**202**
15	10	4	6	8	3	5	5	4	1
16	27	15	12	20	4	16	14	5	9
17	51	22	29	61	26	35	35	10	25
18	147	46	101	142	56	86	75	27	48
19	361	118	243	331	116	215	198	79	119
20-24岁	**6418**	**3048**	**3370**	**7009**	**3449**	**3560**	**5585**	**2695**	**2890**
20	694	281	413	780	314	466	479	178	301
21	1149	538	611	1169	560	609	868	415	453
22	1651	839	812	1647	905	742	1332	727	605
23	1445	698	747	1710	839	871	1313	621	692
24	1479	692	787	1703	831	872	1593	754	839
25-29岁	**7510**	**3900**	**3610**	**7319**	**3890**	**3429**	**7261**	**3710**	**3551**
25	2080	996	1084	1837	885	952	1875	882	993
26	2032	1004	1028	1791	924	867	1750	836	914
27	1752	925	827	1694	915	779	1500	797	703
28	1016	589	427	1295	744	551	1199	661	538
29	630	386	244	702	422	280	937	534	403
30-34岁	**1271**	**815**	**456**	**1421**	**873**	**548**	**1319**	**794**	**525**
30	457	288	169	478	295	183	467	273	194
31	311	195	116	365	238	127	330	203	127
32	212	139	73	252	151	101	254	161	93
33	149	93	56	196	112	84	159	100	59
34	142	100	42	130	77	53	109	57	52
35-39岁	**349**	**232**	**117**	**393**	**251**	**142**	**320**	**190**	**130**
35	94	62	32	102	62	40	84	47	37
36	87	58	29	83	46	37	68	45	23
37	61	45	16	84	54	30	62	36	26
38	51	32	19	68	49	19	66	37	29
39	56	35	21	56	40	16	40	25	15
40-44岁	**133**	**84**	**49**	**125**	**90**	**35**	**105**	**81**	**24**
40	39	25	14	42	28	14	32	22	10
41	40	23	17	30	22	8	32	25	7
42	13	7	6	22	17	5	13	11	2
43	22	17	5	17	15	2	18	15	3
44	19	12	7	14	8	6	10	8	2
45-49岁	**49**	**32**	**17**	**54**	**38**	**16**	**51**	**31**	**20**
45	16	10	6	13	9	4	12	10	2
46	15	10	5	20	15	5	9	8	1
47	8	7	1	8	5	3	7	4	3
48	5		5	10	7	3	18	7	11
49	5	5		3	2	1	5	2	3
50岁及以上	**59**	**35**	**24**	**38**	**25**	**13**	**51**	**34**	**17**
平均初婚年龄	**25.90**	**26.40**	**25.39**	**25.93**	**26.37**	**25.45**	**26.30**	**26.69**	**25.90**

5-4a 续表 11 单位：人

初婚年龄	初婚年份								
	2012年			2013年			2014年		
	小计	男	女	小计	男	女	小计	男	女
总 计	**17129**	**8738**	**8391**	**15795**	**8067**	**7728**	**14000**	**7164**	**6836**
15岁以下							**2**		**2**
15-19岁	**385**	**135**	**250**	**324**	**108**	**216**	**242**	**93**	**149**
15	4	1	3	5	1	4	6	2	4
16	19	8	11	14	4	10	15	6	9
17	33	7	26	39	9	30	25	3	22
18	105	33	72	84	28	56	72	31	41
19	224	86	138	182	66	116	124	51	73
20-24岁	**5970**	**2882**	**3088**	**4953**	**2351**	**2602**	**3953**	**1861**	**2092**
20	414	156	258	333	134	199	280	86	194
21	831	382	449	598	274	324	483	212	271
22	1390	716	674	1066	582	484	782	428	354
23	1516	752	764	1288	616	672	926	436	490
24	1819	876	943	1668	745	923	1482	699	783
25-29岁	**8308**	**4216**	**4092**	**7846**	**4017**	**3829**	**7263**	**3713**	**3550**
25	2179	1013	1166	2048	945	1103	1883	884	999
26	2099	1003	1096	2092	1044	1048	1883	910	973
27	1619	841	778	1631	850	781	1669	847	822
28	1340	744	596	1169	645	524	1083	598	485
29	1071	615	456	906	533	373	745	474	271
30-34岁	**1840**	**1099**	**741**	**1980**	**1172**	**808**	**1848**	**1082**	**766**
30	746	447	299	724	412	312	586	351	235
31	446	257	189	540	319	221	483	271	212
32	276	174	102	321	192	129	357	216	141
33	236	138	98	212	139	73	237	136	101
34	136	83	53	183	110	73	185	108	77
35-39岁	**373**	**233**	**140**	**396**	**235**	**161**	**428**	**233**	**195**
35	114	69	45	144	80	64	139	69	70
36	78	47	31	81	52	29	115	65	50
37	68	42	26	62	36	26	68	39	29
38	60	39	21	66	44	22	56	33	23
39	53	36	17	43	23	20	50	27	23
40-44岁	**145**	**100**	**45**	**163**	**103**	**60**	**158**	**106**	**52**
40	52	33	19	39	26	13	34	25	9
41	31	20	11	43	24	19	41	26	15
42	33	23	10	40	24	16	30	19	11
43	16	14	2	25	20	5	26	19	7
44	13	10	3	16	9	7	27	17	10
45-49岁	**60**	**45**	**15**	**65**	**40**	**25**	**50**	**37**	**13**
45	16	10	6	16	10	6	17	11	6
46	13	10	3	12	7	5	10	9	1
47	7	4	3	9	6	3	8	6	2
48	9	9		16	12	4	9	7	2
49	15	12	3	12	5	7	6	4	2
50岁及以上	**48**	**28**	**20**	**68**	**41**	**27**	**56**	**39**	**17**
平均初婚年龄	**26.51**	**26.94**	**26.07**	**26.87**	**27.28**	**26.44**	**27.12**	**27.56**	**26.67**

5−4a 续表 12　　单位：人

初婚年龄	初婚年份								
	2015年			2016年			2017年		
	小计	男	女	小计	男	女	小计	男	女
总　计	**14861**	**7600**	**7261**	**12851**	**6559**	**6292**	**11664**	**5946**	**5718**
15岁以下	**1**	**1**		**1**	**1**				
15−19岁	**194**	**70**	**124**	**143**	**39**	**104**	**113**	**46**	**67**
15	8	3	5	1		1			
16	12	3	9	8	2	6	6	4	2
17	26	7	19	12	1	11	16	4	12
18	46	18	28	33	10	23	33	17	16
19	102	39	63	89	26	63	58	21	37
20−24岁	**3675**	**1690**	**1985**	**2954**	**1371**	**1583**	**2562**	**1108**	**1454**
20	205	56	149	202	60	142	161	46	115
21	445	179	266	343	144	199	310	121	189
22	754	380	374	630	308	322	497	236	261
23	923	441	482	767	380	387	638	284	354
24	1348	634	714	1012	479	533	956	421	535
25−29岁	**8009**	**4063**	**3946**	**6899**	**3494**	**3405**	**6229**	**3188**	**3041**
25	2022	939	1083	1477	690	787	1269	592	677
26	1995	967	1028	1655	808	847	1366	668	698
27	1738	886	852	1571	803	768	1487	754	733
28	1373	762	611	1227	656	571	1214	656	558
29	881	509	372	969	537	432	893	518	375
30−34岁	**2219**	**1303**	**916**	**2032**	**1170**	**862**	**1966**	**1142**	**824**
30	704	418	286	623	348	275	664	388	276
31	491	294	197	465	273	192	455	268	187
32	421	239	182	374	211	163	342	200	142
33	365	211	154	298	176	122	275	158	117
34	238	141	97	272	162	110	230	128	102
35−39岁	**447**	**265**	**182**	**535**	**298**	**237**	**505**	**293**	**212**
35	131	79	52	178	96	82	182	95	87
36	101	55	46	122	64	58	101	59	42
37	98	58	40	99	66	33	88	54	34
38	61	33	28	82	43	39	75	46	29
39	56	40	16	54	29	25	59	39	20
40−44岁	**165**	**103**	**62**	**151**	**95**	**56**	**140**	**83**	**57**
40	44	24	20	46	30	16	38	21	17
41	40	20	20	21	13	8	27	17	10
42	23	16	7	29	17	12	25	15	10
43	30	24	6	36	20	16	23	12	11
44	28	19	9	19	15	4	27	18	9
45−49岁	**73**	**54**	**19**	**70**	**46**	**24**	**71**	**41**	**30**
45	20	16	4	20	12	8	20	9	11
46	17	14	3	14	8	6	19	10	9
47	14	12	2	18	13	5	17	13	4
48	11	5	6	10	6	4	9	5	4
49	11	7	4	8	7	1	6	4	2
50岁及以上	**78**	**51**	**27**	**66**	**45**	**21**	**78**	**45**	**33**
平均初婚年龄	**27.48**	**27.96**	**26.99**	**27.82**	**28.26**	**27.36**	**28.02**	**28.47**	**27.55**

5－4a　续表 13　　　　单位：人

初婚年龄	初婚年份								
	2018年			2019年			2020年		
	小计	男	女	小计	男	女	小计	男	女
总　计	**11652**	**5911**	**5741**	**8883**	**4562**	**4321**	**5608**	**2901**	**2707**
15岁以下									
15－19岁	**124**	**39**	**85**	**68**	**22**	**46**	**26**	**12**	**14**
15	4		4				1		1
16	9	3	6	1		1	2	1	1
17	16	5	11	8	4	4			
18	24	10	14	18	5	13	8	4	4
19	71	21	50	41	13	28	15	7	8
20－24岁	**2431**	**1054**	**1377**	**1873**	**834**	**1039**	**1017**	**437**	**580**
20	122	35	87	87	18	69	59	10	49
21	268	95	173	191	70	121	107	37	70
22	488	234	254	386	180	206	229	105	124
23	627	303	324	490	229	261	209	97	112
24	926	387	539	719	337	382	413	188	225
25－29岁	**5951**	**3017**	**2934**	**4275**	**2172**	**2103**	**2591**	**1313**	**1278**
25	1210	573	637	905	433	472	542	264	278
26	1248	608	640	946	469	477	558	276	282
27	1290	628	662	867	432	435	562	282	280
28	1240	656	584	831	441	390	458	240	218
29	963	552	411	726	397	329	471	251	220
30－34岁	**2141**	**1227**	**914**	**1820**	**1056**	**764**	**1219**	**713**	**506**
30	721	399	322	568	325	243	404	230	174
31	541	315	226	434	251	183	289	176	113
32	371	215	156	338	196	142	225	135	90
33	273	158	115	259	153	106	174	96	78
34	235	140	95	221	131	90	127	76	51
35－39岁	**630**	**348**	**282**	**547**	**299**	**248**	**361**	**205**	**156**
35	228	133	95	171	88	83	92	52	40
36	161	89	72	139	80	59	78	51	27
37	97	49	48	109	61	48	102	51	51
38	84	53	31	80	44	36	51	28	23
39	60	24	36	48	26	22	38	23	15
40－44岁	**166**	**99**	**67**	**140**	**77**	**63**	**170**	**89**	**81**
40	42	22	20	40	23	17	42	20	22
41	46	29	17	31	13	18	48	27	21
42	24	16	8	24	18	6	28	19	9
43	28	17	11	24	11	13	22	5	17
44	26	15	11	21	12	9	30	18	12
45－49岁	**81**	**53**	**28**	**75**	**43**	**32**	**101**	**61**	**40**
45	23	17	6	23	14	9	16	10	6
46	19	14	5	14	8	6	23	11	12
47	13	7	6	19	11	8	26	15	11
48	16	10	6	13	8	5	19	13	6
49	10	5	5	6	2	4	17	12	5
50岁及以上	**128**	**74**	**54**	**85**	**59**	**26**	**123**	**71**	**52**
平均初婚年龄	**28.41**	**28.88**	**27.91**	**28.63**	**29.10**	**28.13**	**29.55**	**30.04**	**29.02**

5—4b 全市分初婚年龄、性别、初婚年份的人口(镇)

单位：人

初婚年龄	初婚年份								
	合　计			1980年			1981年		
	合计	男	女	小计	男	女	小计	男	女
总　计	**42195**	**22383**	**19812**	**1277**	**633**	**644**	**835**	**416**	**419**
15岁以下	**43**	**9**	**34**	**1**		**1**	**1**		**1**
15—19岁	**4900**	**1839**	**3061**	**85**	**24**	**61**	**49**	**18**	**31**
15	149	57	92	4	1	3	4	2	2
16	303	96	207	12	3	9	3	2	1
17	577	187	390	13	3	10	5		5
18	1184	405	779	15	3	12	15	5	10
19	2687	1094	1593	41	14	27	22	9	13
20—24岁	**26596**	**14154**	**12442**	**766**	**371**	**395**	**503**	**239**	**264**
20	4476	1974	2502	71	24	47	48	23	25
21	6152	3159	2993	112	47	65	70	31	39
22	6893	3916	2977	169	80	89	119	56	63
23	5230	2941	2289	188	94	94	147	69	78
24	3845	2164	1681	226	126	100	119	60	59
25—29岁	**8029**	**4773**	**3256**	**389**	**214**	**175**	**253**	**138**	**115**
25	2847	1677	1170	156	81	75	105	58	47
26	1974	1130	844	103	58	45	68	32	36
27	1399	846	553	66	38	28	36	25	11
28	1028	619	409	44	25	19	22	12	10
29	781	501	280	20	12	8	22	11	11
30—34岁	**1782**	**1085**	**697**	**27**	**18**	**9**	**28**	**20**	**8**
30	537	340	197	11	8	3	11	7	4
31	441	265	176	7	3	4	7	7	
32	348	225	123	6	4	2	5	4	1
33	243	132	111	1	1		5	2	3
34	213	123	90	2	2				
35—39岁	**445**	**282**	**163**	**8**	**5**	**3**			
35	153	88	65	4	2	2			
36	93	60	33	2	2				
37	76	50	26	1	1				
38	68	49	19						
39	55	35	20	1		1			
40—44岁	**213**	**129**	**84**				**1**	**1**	
40	58	40	18				1	1	
41	42	22	20						
42	36	19	17						
43	38	24	14						
44	39	24	15						
45—49岁	**73**	**47**	**26**	**1**	**1**				
45	20	16	4						
46	18	9	9						
47	14	10	4						
48	10	6	4						
49	11	6	5	1	1				
50岁及以上	**114**	**65**	**49**						
平均初婚年龄	**23.60**	**24.03**	**23.13**	**24.09**	**24.58**	**23.60**	**24.10**	**24.46**	**23.76**

5-4b 续表 1 单位：人

初婚年龄	初婚年份								
	1982年			1983年			1984年		
	小计	男	女	小计	男	女	小计	男	女
总　计	**958**	**481**	**477**	**907**	**454**	**453**	**1003**	**510**	**493**
15岁以下	**3**	**1**	**2**	**2**		**2**	**1**	**1**	
15–19岁	**114**	**44**	**70**	**121**	**44**	**77**	**114**	**46**	**68**
15	5	1	4	3	1	2	7	2	5
16	13	4	9	6	2	4	7	3	4
17	20	7	13	21	12	9	13	4	9
18	19	7	12	21	3	18	17	5	12
19	57	25	32	70	26	44	70	32	38
20–24岁	**550**	**270**	**280**	**533**	**257**	**276**	**669**	**335**	**334**
20	47	18	29	115	52	63	151	64	87
21	88	45	43	92	43	49	194	94	100
22	131	56	75	102	53	49	124	69	55
23	144	81	63	129	64	65	105	52	53
24	140	70	70	95	45	50	95	56	39
25–29岁	**268**	**150**	**118**	**217**	**127**	**90**	**186**	**104**	**82**
25	120	68	52	98	61	37	63	35	28
26	69	30	39	48	27	21	44	22	22
27	29	17	12	37	19	18	35	19	16
28	29	21	8	29	15	14	29	18	11
29	21	14	7	5	5		15	10	5
30–34岁	**19**	**13**	**6**	**26**	**18**	**8**	**26**	**17**	**9**
30	7	3	4	7	7		12	9	3
31	3	2	1	7	4	3	1		1
32	4	4		3	2	1	6	4	2
33	4	3	1	5	2	3	4	3	1
34	1	1		4	3	1	3	1	2
35–39岁	**3**	**3**		**4**	**4**		**6**	**6**	
35	2	2					1	1	
36				3	3				
37	1	1					2	2	
38				1	1		2	2	
39							1	1	
40–44岁	**1**		**1**	**4**	**4**		**1**	**1**	
40				1	1		1	1	
41	1		1	2	2				
42									
43				1	1				
44									
45–49岁									
45									
46									
47									
48									
49									
50岁及以上									
平均初婚年龄	**23.64**	**24.08**	**23.20**	**23.37**	**23.94**	**22.79**	**23.03**	**23.48**	**22.56**

5—4b 续表 2

单位：人

初婚年龄	初婚年份								
	1985年			1986年			1987年		
	小计	男	女	小计	男	女	小计	男	女
总　计	**1239**	**624**	**615**	**1281**	**645**	**636**	**1247**	**646**	**601**
15岁以下	**1**		**1**	**1**		**1**	**1**		**1**
15—19岁	**166**	**63**	**103**	**135**	**55**	**80**	**149**	**59**	**90**
15	6	3	3	6	4	2	4	1	3
16	16	3	13	8	3	5	7	1	6
17	18	5	13	15	5	10	16	4	12
18	27	7	20	36	12	24	37	14	23
19	99	45	54	70	31	39	85	39	46
20—24岁	**844**	**414**	**430**	**959**	**475**	**484**	**923**	**489**	**434**
20	136	61	75	157	69	88	133	63	70
21	213	99	114	222	111	111	227	122	105
22	276	144	132	278	149	129	228	122	106
23	144	74	70	217	98	119	196	105	91
24	75	36	39	85	48	37	139	77	62
25—29岁	**174**	**114**	**60**	**145**	**85**	**60**	**122**	**61**	**61**
25	72	42	30	31	18	13	45	20	25
26	38	27	11	41	22	19	26	13	13
27	29	19	10	29	13	16	24	13	11
28	22	18	4	26	18	8	11	5	6
29	13	8	5	18	14	4	16	10	6
30—34岁	**45**	**27**	**18**	**33**	**23**	**10**	**40**	**28**	**12**
30	15	7	8	9	8	1	17	13	4
31	13	8	5	10	7	3	9	6	3
32	7	3	4	7	3	4	9	5	4
33	5	5		4	3	1	1	1	
34	5	4	1	3	2	1	4	3	1
35—39岁	**7**	**4**	**3**	**6**	**5**	**1**	**11**	**8**	**3**
35	1		1	1	1		4	2	2
36	2	1	1	3	2	1	4	4	
37	3	2	1	2	2		2	1	1
38							1	1	
39	1	1							
40—44岁	**2**	**2**		**2**	**2**				
40				1	1				
41									
42	1	1							
43	1	1							
44				1	1				
45—49岁									
45									
46									
47									
48									
49									
50岁及以上							**1**	**1**	
平均初婚年龄	**22.88**	**23.39**	**22.36**	**22.85**	**23.23**	**22.46**	**22.90**	**23.24**	**22.54**

5-4b　续表 3　　　　单位：人

初婚年龄	初婚年份								
	1988年			1989年			1990年		
	小计	男	女	小计	男	女	小计	男	女
总　计	**1216**	**633**	**583**	**1086**	**546**	**540**	**1325**	**683**	**642**
15岁以下									
15-19岁	**179**	**66**	**113**	**166**	**60**	**106**	**190**	**66**	**124**
15	5	2	3	2		2	4	1	3
16	6	1	5	9	2	7	15	4	11
17	27	10	17	19	5	14	20	5	15
18	41	12	29	50	15	35	45	17	28
19	100	41	59	86	38	48	106	39	67
20-24岁	**870**	**468**	**402**	**766**	**399**	**367**	**962**	**507**	**455**
20	162	69	93	134	70	64	180	88	92
21	181	103	78	189	90	99	241	120	121
22	246	133	113	214	119	95	282	156	126
23	169	98	71	143	75	68	150	86	64
24	112	65	47	86	45	41	109	57	52
25-29岁	**125**	**70**	**55**	**123**	**65**	**58**	**134**	**82**	**52**
25	72	43	29	61	31	30	60	38	22
26	25	12	13	34	21	13	26	12	14
27	10	5	5	13	5	8	28	19	9
28	13	8	5	11	6	5	11	6	5
29	5	2	3	4	2	2	9	7	2
30-34岁	**29**	**20**	**9**	**24**	**16**	**8**	**20**	**13**	**7**
30	11	7	4	6	5	1	7	5	2
31	6	4	2	6	4	2	3	2	1
32	6	4	2	6	4	2	7	4	3
33	4	3	1	5	3	2			
34	2	2		1		1	3	2	1
35-39岁	**10**	**6**	**4**	**5**	**5**		**10**	**8**	**2**
35	5	2	3	3	3		3	2	1
36	2	1	1	2	2		3	3	
37	1	1							
38	2	2					2	1	1
39							2	2	
40-44岁	**3**	**3**		**1**	**1**		**4**	**3**	**1**
40	3	3					2	1	1
41							1	1	
42				1	1		1	1	
43									
44									
45-49岁				**1**		**1**	**2**	**1**	**1**
45									
46									
47									
48				1		1	2	1	1
49									
50岁及以上							**3**	**3**	
平均初婚年龄	**22.63**	**23.04**	**22.19**	**22.55**	**22.89**	**22.21**	**22.61**	**23.10**	**22.09**

5-4b 续表 4

单位：人

初婚年龄	初婚年份								
	1991年			1992年			1993年		
	小计	男	女	小计	男	女	小计	男	女
总　计	**998**	**532**	**466**	**1184**	**623**	**561**	**1133**	**589**	**544**
15岁以下	**2**		**2**	**1**	**1**		**2**	**1**	**1**
15-19岁	**139**	**66**	**73**	**135**	**52**	**83**	**126**	**49**	**77**
15	3	2	1	3	2	1	8	4	4
16	14	9	5	12	3	9	4	2	2
17	18	7	11	16	8	8	14	5	9
18	28	13	15	22	7	15	31	15	16
19	76	35	41	82	32	50	69	23	46
20-24岁	**689**	**369**	**320**	**907**	**475**	**432**	**851**	**448**	**403**
20	141	62	79	138	61	77	133	61	72
21	173	95	78	254	131	123	226	115	111
22	190	107	83	239	138	101	282	161	121
23	122	67	55	161	77	84	129	68	61
24	63	38	25	115	68	47	81	43	38
25-29岁	**139**	**79**	**60**	**114**	**75**	**39**	**122**	**78**	**44**
25	67	35	32	51	30	21	70	48	22
26	37	22	15	19	14	5	26	14	12
27	15	10	5	20	15	5	12	7	5
28	16	9	7	11	7	4	8	6	2
29	4	3	1	13	9	4	6	3	3
30-34岁	**15**	**7**	**8**	**19**	**16**	**3**	**21**	**8**	**13**
30	1	1		7	6	1	5	2	3
31	2	1	1	1	1		3	3	
32	5	3	2	3	3		3	1	2
33	2		2	3	1	2	8	2	6
34	5	2	3	5	5		2		2
35-39岁	**9**	**7**	**2**	**3**	**2**	**1**	**8**	**3**	**5**
35	1	1		1		1	2		2
36	2	1	1	1	1		2	1	1
37	3	2	1				2	1	1
38	2	2					1		1
39	1	1		1	1		1	1	
40-44岁	**3**	**2**	**1**	**2**	**1**	**1**	**3**	**2**	**1**
40							2	1	1
41	1		1						
42	1	1							
43				1		1	1	1	
44	1	1		1	1				
45-49岁	**1**	**1**		**2**		**2**			
45	1	1							
46				1		1			
47									
48									
49				1		1			
50岁及以上	**1**	**1**		**1**	**1**				
平均初婚年龄	**22.70**	**22.97**	**22.38**	**22.66**	**23.02**	**22.26**	**22.63**	**22.78**	**22.47**

5-4b 续表 5

单位：人

初婚年龄	初婚年份								
	1994年			1995年			1996年		
	小计	男	女	小计	男	女	小计	男	女
总 计	**1067**	**556**	**511**	**1216**	**641**	**575**	**1066**	**558**	**508**
15岁以下	**1**		**1**				**2**		**2**
15–19岁	**108**	**48**	**60**	**126**	**49**	**77**	**125**	**45**	**80**
15	3	2	1	2	1	1	1		1
16	4	1	3	10	4	6	12	3	9
17	13	2	11	18	8	10	8	2	6
18	24	13	11	28	7	21	37	13	24
19	64	30	34	68	29	39	67	27	40
20–24岁	**783**	**412**	**371**	**866**	**452**	**414**	**715**	**366**	**349**
20	117	63	54	141	52	89	118	47	71
21	200	83	117	180	92	88	153	76	77
22	221	116	105	221	118	103	211	117	94
23	160	99	61	197	121	76	148	77	71
24	85	51	34	127	69	58	85	49	36
25–29岁	**130**	**68**	**62**	**171**	**105**	**66**	**167**	**117**	**50**
25	66	36	30	67	44	23	72	44	28
26	32	13	19	41	25	16	54	40	14
27	9	3	6	34	17	17	19	18	1
28	16	10	6	18	10	8	13	8	5
29	7	6	1	11	9	2	9	7	2
30–34岁	**26**	**16**	**10**	**42**	**27**	**15**	**33**	**16**	**17**
30	6	5	1	10	6	4	9	4	5
31	9	5	4	15	10	5	8	5	3
32	5	3	2	9	5	4	8	5	3
33	1	1		6	4	2	6	1	5
34	5	2	3	2	2		2	1	1
35–39岁	**14**	**9**	**5**	**7**	**4**	**3**	**13**	**8**	**5**
35	5	3	2	4	3	1	7	3	4
36	3	2	1						
37	1	1					2	1	1
38	4	3	1	2	1	1	3	3	
39	1		1	1		1	1	1	
40–44岁	**2**	**2**		**2**	**2**		**6**	**3**	**3**
40							1	1	
41	1	1					1		1
42				1	1				
43							2	2	
44	1	1		1	1		2		2
45–49岁	**2**	**1**	**1**				**4**	**3**	**1**
45	1		1				1	1	
46									
47							2	1	1
48									
49	1	1					1	1	
50岁及以上	**1**		**1**	**2**	**2**		**1**		**1**
平均初婚年龄	**23.04**	**23.30**	**22.76**	**23.18**	**23.63**	**22.67**	**23.31**	**23.80**	**22.77**

5−4b 续表 6

单位：人

初婚年龄	初婚年份								
	1997年			1998年			1999年		
	小计	男	女	小计	男	女	小计	男	女
总　计	**1003**	**533**	**470**	**1203**	**644**	**559**	**973**	**495**	**478**
15岁以下	**3**		**3**				**2**	**1**	**1**
15−19岁	**98**	**31**	**67**	**148**	**60**	**88**	**105**	**28**	**77**
15	4		4	2	1	1	3	1	2
16	7	2	5	14	7	7	6	2	4
17	9	2	7	13	2	11	7	1	6
18	18	4	14	30	11	19	20	4	16
19	60	23	37	89	39	50	69	20	49
20−24岁	**670**	**359**	**311**	**785**	**421**	**364**	**644**	**328**	**316**
20	108	41	67	152	58	94	109	50	59
21	149	69	80	183	105	78	172	87	85
22	182	116	66	208	121	87	168	85	83
23	146	86	60	151	84	67	108	58	50
24	85	47	38	91	53	38	87	48	39
25−29岁	**166**	**104**	**62**	**196**	**122**	**74**	**179**	**111**	**68**
25	66	44	22	76	47	29	58	37	21
26	41	29	12	38	24	14	53	28	25
27	25	17	8	38	26	12	34	21	13
28	19	9	10	22	10	12	24	15	9
29	15	5	10	22	15	7	10	10	
30−34岁	**36**	**20**	**16**	**53**	**29**	**24**	**34**	**20**	**14**
30	8	4	4	13	10	3	11	6	5
31	5	2	3	10	4	6	7	4	3
32	7	6	1	13	8	5	7	5	2
33	5	3	2	12	5	7	4	2	2
34	11	5	6	5	2	3	5	3	2
35−39岁	**8**	**5**	**3**	**13**	**8**	**5**	**5**	**3**	**2**
35	3	3		8	4	4	1		1
36				1		1	1		1
37	1		1	2	2		2	2	
38				1	1		1	1	
39	4	2	2	1	1				
40−44岁	**18**	**11**	**7**	**6**	**3**	**3**	**2**	**2**	
40	2	2		2	2				
41	5	3	2	1		1			
42	1	1					2	2	
43	6	4	2	2		2			
44	4	1	3	1	1				
45−49岁	**4**	**3**	**1**	**1**	**1**		**1**	**1**	
45	1	1							
46	1		1						
47							1	1	
48				1	1				
49	2	2							
50岁及以上				**1**		**1**	**1**	**1**	
平均初婚年龄	**23.72**	**24.22**	**23.14**	**23.35**	**23.67**	**22.98**	**23.28**	**23.87**	**22.67**

5-4b 续表 7

单位：人

初婚年龄	初婚年份								
	2000年			2001年			2002年		
	小计	男	女	小计	男	女	小计	男	女
总　计	**1239**	**672**	**567**	**795**	**409**	**386**	**866**	**487**	**379**
15岁以下	**2**		**2**	**2**		**2**	**1**		**1**
15-19岁	**169**	**58**	**111**	**123**	**40**	**83**	**121**	**53**	**68**
15	4	2	2	2	1	1	9	6	3
16	8	1	7	7	4	3	10	3	7
17	22	4	18	7	3	4	17	9	8
18	55	23	32	40	12	28	19	3	16
19	80	28	52	67	20	47	66	32	34
20-24岁	**858**	**480**	**378**	**519**	**276**	**243**	**589**	**325**	**264**
20	131	60	71	91	42	49	124	56	68
21	248	135	113	132	64	68	144	77	67
22	219	125	94	130	75	55	135	80	55
23	157	101	56	105	60	45	112	71	41
24	103	59	44	61	35	26	74	41	33
25-29岁	**150**	**95**	**55**	**112**	**69**	**43**	**109**	**83**	**26**
25	54	35	19	34	16	18	37	28	9
26	32	19	13	32	22	10	27	23	4
27	27	17	10	22	12	10	18	11	7
28	17	12	5	14	12	2	18	15	3
29	20	12	8	10	7	3	9	6	3
30-34岁	**35**	**20**	**15**	**28**	**17**	**11**	**32**	**16**	**16**
30	10	7	3	11	8	3	11	5	6
31	8	6	2	5	2	3	9	4	5
32	7	3	4	6	4	2	5	4	1
33	4	2	2	2	1	1	2	2	
34	6	2	4	4	2	2	5	1	4
35-39岁	**16**	**12**	**4**	**6**	**5**	**1**	**8**	**6**	**2**
35	7	4	3	1	1				
36	2	1	1	2	2		2	2	
37	4	4		3	2	1	2	2	
38	3	3					3	1	2
39							1	1	
40-44岁	**3**	**2**	**1**	**1**		**1**	**3**	**2**	**1**
40							1		1
41									
42				1		1	1	1	
43	1	1							
44	2	1	1				1	1	
45-49岁							**1**	**1**	
45							1	1	
46									
47									
48									
49									
50岁及以上	**6**	**5**	**1**	**4**	**2**	**2**	**2**	**1**	**1**
平均初婚年龄	**23.03**	**23.56**	**22.39**	**23.03**	**23.55**	**22.47**	**22.98**	**23.42**	**22.43**

5–4b 续表 8

单位：人

初婚年龄	初婚年份								
	2003年			2004年			2005年		
	小计	男	女	小计	男	女	小计	男	女
总　计	**1062**	**579**	**483**	**1029**	**557**	**472**	**1054**	**578**	**476**
15岁以下	**2**	**1**	**1**	**3**		**3**	**2**	**1**	**1**
15–19岁	**117**	**41**	**76**	**158**	**68**	**90**	**161**	**56**	**105**
15	5	1	4	6	2	4	7	4	3
16	11	5	6	12	5	7	7	3	4
17	18	5	13	22	10	12	19	7	12
18	19	8	11	37	14	23	46	13	33
19	64	22	42	81	37	44	82	29	53
20–24岁	**744**	**412**	**332**	**653**	**358**	**295**	**680**	**382**	**298**
20	142	65	77	122	48	74	115	49	66
21	185	93	92	152	78	74	166	96	70
22	193	116	77	189	111	78	181	114	67
23	129	80	49	107	60	47	135	72	63
24	95	58	37	83	61	22	83	51	32
25–29岁	**152**	**96**	**56**	**177**	**110**	**67**	**145**	**100**	**45**
25	60	32	28	65	41	24	50	32	18
26	34	24	10	47	24	23	48	34	14
27	32	22	10	29	18	11	26	19	7
28	17	11	6	22	19	3	8	5	3
29	9	7	2	14	8	6	13	10	3
30–34岁	**35**	**21**	**14**	**29**	**16**	**13**	**48**	**28**	**20**
30	9	7	2	9	7	2	13	6	7
31	14	9	5	11	3	8	10	9	1
32	7	4	3	3	2	1	11	6	5
33	3		3	4	4		6	2	4
34	2	1	1	2		2	8	5	3
35–39岁	**5**	**3**	**2**	**7**	**4**	**3**	**8**	**4**	**4**
35	2	1	1	2	1	1	1	1	
36	2	1	1	3	2	1			
37				1		1	6	2	4
38				1	1		1	1	
39	1	1							
40–44岁	**4**	**3**	**1**	**1**		**1**	**5**	**4**	**1**
40	2	2		1		1	2	2	
41									
42							1	1	
43	1	1							
44	1		1				2	1	1
45–49岁	**1**	**1**		**1**	**1**		**1**	**1**	
45									
46	1	1							
47				1	1		1	1	
48									
49									
50岁及以上	**2**	**1**	**1**				**4**	**2**	**2**
平均初婚年龄	**23.03**	**23.47**	**22.51**	**22.89**	**23.32**	**22.39**	**23.17**	**23.66**	**22.58**

5-4b 续表 9 单位：人

初婚年龄	初婚年份								
	2006年			2007年			2008年		
	小计	男	女	小计	男	女	小计	男	女
总 计	**1089**	**597**	**492**	**1025**	**556**	**469**	**1202**	**689**	**513**
15岁以下				**1**		**1**	**2**	**1**	**1**
15–19岁	**188**	**67**	**121**	**158**	**61**	**97**	**180**	**72**	**108**
15	3	2	1	5	1	4	4	1	3
16	8	1	7	6	2	4	7	1	6
17	18	7	11	21	7	14	16	1	15
18	59	23	36	43	16	27	59	22	37
19	100	34	66	83	35	48	94	47	47
20–24岁	**646**	**369**	**277**	**626**	**355**	**271**	**746**	**436**	**310**
20	122	46	76	148	63	85	160	77	83
21	143	78	65	165	97	68	220	119	101
22	163	102	61	150	95	55	178	119	59
23	114	78	36	96	59	37	113	75	38
24	104	65	39	67	41	26	75	46	29
25–29岁	**185**	**117**	**68**	**179**	**101**	**78**	**216**	**141**	**75**
25	71	50	21	64	41	23	63	44	19
26	41	26	15	46	25	21	68	43	25
27	40	21	19	25	14	11	38	28	10
28	17	10	7	24	11	13	27	14	13
29	16	10	6	20	10	10	20	12	8
30–34岁	**43**	**26**	**17**	**44**	**28**	**16**	**39**	**26**	**13**
30	9	7	2	9	8	1	12	10	2
31	11	7	4	11	7	4	14	8	6
32	8	6	2	11	7	4	1	1	
33	8	4	4	5	1	4	6	3	3
34	7	2	5	8	5	3	6	4	2
35–39岁	**12**	**9**	**3**	**13**	**9**	**4**	**10**	**7**	**3**
35	5	3	2	6	4	2	4	2	2
36	1	1		3	2	1	1	1	
37	1	1		1	1		1	1	
38	3	3		1	1		3	2	1
39	2	1	1	2	1	1	1	1	
40–44岁	**9**	**6**	**3**	**2**	**1**	**1**	**5**	**3**	**2**
40	2	1	1				2	1	1
41	1	1		1	1		1	1	
42	3	1	2	1		1	1	1	
43	3	3							
44							1		1
45–49岁	**1**		**1**						
45									
46									
47	1		1						
48									
49									
50岁及以上	**5**	**3**	**2**	**2**	**1**	**1**	**4**	**3**	**1**
平均初婚年龄	**23.39**	**23.94**	**22.73**	**23.14**	**23.52**	**22.70**	**23.09**	**23.57**	**22.46**

5-4b 续表 10　　单位：人

初婚年龄	初婚年份								
	2009年			2010年			2011年		
	小计	男	女	小计	男	女	小计	男	女
总　计	**1157**	**645**	**512**	**1331**	**725**	**606**	**963**	**531**	**432**
15岁以下	**1**		**1**						
15-19岁	**158**	**70**	**88**	**191**	**79**	**112**	**119**	**39**	**80**
15	2	1	1	8	1	7	4		4
16	5	2	3	6		6	6	2	4
17	19	9	10	27	10	17	17	6	11
18	39	15	24	45	16	29	27	10	17
19	93	43	50	105	52	53	65	21	44
20-24岁	**700**	**400**	**300**	**816**	**448**	**368**	**583**	**337**	**246**
20	152	62	90	169	81	88	99	54	45
21	154	76	78	186	95	91	142	80	62
22	184	130	54	206	125	81	137	81	56
23	122	82	40	153	86	67	119	68	51
24	88	50	38	102	61	41	86	54	32
25-29岁	**233**	**135**	**98**	**247**	**149**	**98**	**194**	**111**	**83**
25	80	48	32	76	50	26	61	34	27
26	64	30	34	61	29	32	37	24	13
27	44	28	16	41	26	15	33	19	14
28	23	13	10	37	22	15	39	18	21
29	22	16	6	32	22	10	24	16	8
30-34岁	**49**	**31**	**18**	**43**	**26**	**17**	**48**	**32**	**16**
30	15	8	7	11	10	1	18	15	3
31	17	11	6	18	9	9	12	6	6
32	5	4	1	8	4	4	5	2	3
33	5	3	2	4	2	2	7	4	3
34	7	5	2	2	1	1	6	5	1
35-39岁	**12**	**7**	**5**	**18**	**13**	**5**	**9**	**5**	**4**
35	5	4	1	9	6	3	2	2	
36	2	1	1	1	1		2		2
37	4	1	3	1	1		1	1	
38	1	1		5	3	2	2	1	1
39				2	2		2	1	1
40-44岁	**3**	**2**	**1**	**12**	**8**	**4**	**6**	**4**	**2**
40				3	2	1	3	2	1
41	2	1	1	3	3		1		1
42				4	1	3			
43				1	1		1	1	
44	1	1		1	1		1	1	
45-49岁				**1**	**1**		**2**	**2**	
45									
46							1	1	
47									
48							1	1	
49				1	1				
50岁及以上	**1**		**1**	**3**	**1**	**2**	**2**	**1**	**1**
平均初婚年龄	**23.35**	**23.67**	**22.95**	**23.43**	**23.87**	**22.91**	**23.75**	**24.17**	**23.24**

5-4b 续表 11 单位：人

初婚年龄	初婚年份								
	2012年			2013年			2014年		
	小计	男	女	小计	男	女	小计	男	女
总　计	**1066**	**590**	**476**	**1022**	**557**	**465**	**880**	**492**	**388**
15岁以下	**2**	**1**	**1**	**1**		**1**			
15–19岁	**111**	**36**	**75**	**113**	**42**	**71**	**78**	**31**	**47**
15	1		1	1		1	3	1	2
16	6	2	4	4	1	3	2	1	1
17	14	3	11	15	5	10	5		5
18	35	10	25	34	12	22	20	7	13
19	55	21	34	59	24	35	48	22	26
20–24岁	**577**	**329**	**248**	**541**	**304**	**237**	**430**	**255**	**175**
20	75	36	39	86	43	43	57	28	29
21	115	63	52	85	56	29	85	43	42
22	156	98	58	127	67	60	99	61	38
23	129	82	47	135	79	56	83	54	29
24	102	50	52	108	59	49	106	69	37
25–29岁	**281**	**163**	**118**	**267**	**156**	**111**	**263**	**147**	**116**
25	93	58	35	73	36	37	75	42	33
26	65	38	27	71	43	28	63	31	32
27	54	31	23	46	27	19	54	32	22
28	41	24	17	38	23	15	41	21	20
29	28	12	16	39	27	12	30	21	9
30–34岁	**77**	**46**	**31**	**73**	**44**	**29**	**72**	**38**	**34**
30	27	16	11	23	11	12	21	10	11
31	12	8	4	12	8	4	18	10	8
32	15	9	6	15	10	5	19	12	7
33	18	11	7	9	5	4	4	2	2
34	5	2	3	14	10	4	10	4	6
35–39岁	**8**	**6**	**2**	**18**	**6**	**12**	**19**	**9**	**10**
35	2	2		7	2	5	8	3	5
36	2	2		4		4	4	2	2
37				3	2	1			
38	1	1		2	1	1	3	2	1
39	3	1	2	2	1	1	4	2	2
40–44岁	**6**	**5**	**1**	**7**	**4**	**3**	**10**	**7**	**3**
40	3	3		1	1		5	3	2
41	2	2		4	2	2			
42	1		1				1	1	
43				1		1			
44				1	1		4	3	1
45–49岁	**2**	**2**		**2**	**1**	**1**	**3**	**1**	**2**
45	1	1		1	1		1		1
46				1		1	1	1	
47									
48	1	1					1		1
49									
50岁及以上	**2**	**2**					**5**	**4**	**1**
平均初婚年龄	**24.33**	**24.77**	**23.80**	**24.51**	**24.78**	**24.18**	**25.21**	**25.42**	**24.95**

5−4b　续表 12　　　　单位：人

初婚年龄	初婚年份								
	2015年			2016年			2017年		
	小计	男	女	小计	男	女	小计	男	女
总　计	**901**	**493**	**408**	**752**	**399**	**353**	**726**	**393**	**333**
15岁以下									
15−19岁	**53**	**18**	**35**	**41**	**10**	**31**	**37**	**12**	**25**
15	2	2		1		1	2	1	1
16	5	2	3	3		3	4		4
17	7	2	5	2		2	2		2
18	18	4	14	8	2	6	12	5	7
19	21	8	13	27	8	19	17	6	11
20−24岁	**411**	**208**	**203**	**312**	**163**	**149**	**302**	**154**	**148**
20	52	20	32	38	14	24	44	16	28
21	92	43	49	63	32	31	57	30	27
22	86	46	40	72	38	34	65	35	30
23	90	58	32	73	37	36	60	35	25
24	91	41	50	66	42	24	76	38	38
25−29岁	**329**	**201**	**128**	**286**	**163**	**123**	**264**	**152**	**112**
25	108	64	44	66	33	33	59	31	28
26	78	45	33	92	55	37	66	33	33
27	69	44	25	55	28	27	63	42	21
28	48	31	17	27	14	13	42	25	17
29	26	17	9	46	33	13	34	21	13
30−34岁	**81**	**49**	**32**	**64**	**34**	**30**	**76**	**52**	**24**
30	21	12	9	17	8	9	29	17	12
31	15	7	8	20	11	9	21	15	6
32	18	13	5	12	7	5	11	9	2
33	16	10	6	11	6	5	7	6	1
34	11	7	4	4	2	2	8	5	3
35−39岁	**7**	**4**	**3**	**23**	**13**	**10**	**19**	**10**	**9**
35	2	1	1	7	4	3	5	2	3
36	4	3	1	3	1	2	3	2	1
37				4	2	2	8	4	4
38				5	4	1	3	2	1
39	1		1	4	2	2			
40−44岁	**6**	**3**	**3**	**12**	**7**	**5**	**9**	**4**	**5**
40				4	3	1	2		2
41	1		1	2		2	1	1	
42	1		1				3	1	2
43	4	3	1	3	2	1	1		1
44				3	2	1	2	2	
45−49岁	**3**	**2**	**1**	**9**	**7**	**2**	**7**	**3**	**4**
45				2	2		2	1	1
46				2	2		2	1	1
47	2	2		4	3	1	1	1	
48							1		1
49	1		1	1		1	1		1
50岁及以上	**11**	**8**	**3**	**5**	**2**	**3**	**12**	**6**	**6**
平均初婚年龄	**25.51**	**26.06**	**24.85**	**26.21**	**26.72**	**25.63**	**26.40**	**26.81**	**25.93**

5-4b　续表 13　　　　单位：人

初婚年龄	初婚年份								
	2018年			2019年			2020年		
	小计	男	女	小计	男	女	小计	男	女
总　计	**771**	**419**	**352**	**632**	**337**	**295**	**416**	**236**	**180**
15岁以下									
15–19岁	**23**	**8**	**15**	**11**	**3**	**8**	**12**	**2**	**10**
15							1		1
16							1		1
17	4	2	2				2		2
18	4	1	3	3	1	2	1	1	
19	15	5	10	8	2	6	7	1	6
20–24岁	**283**	**146**	**137**	**203**	**100**	**103**	**122**	**63**	**59**
20	25	7	18	19	7	12	14	4	10
21	54	25	29	33	13	20	12	8	4
22	65	40	25	39	26	13	28	16	12
23	63	30	33	54	27	27	27	14	13
24	76	44	32	58	27	31	41	21	20
25–29岁	**315**	**182**	**133**	**253**	**141**	**112**	**152**	**92**	**60**
25	78	44	34	60	36	24	44	22	22
26	56	31	25	61	32	29	22	14	8
27	67	41	26	43	25	18	31	15	16
28	63	40	23	47	27	20	24	16	8
29	51	26	25	42	21	21	31	25	6
30–34岁	**87**	**51**	**36**	**109**	**66**	**43**	**74**	**46**	**28**
30	24	15	9	33	20	13	22	10	12
31	26	12	14	25	17	8	20	14	6
32	20	15	5	19	10	9	16	13	3
33	8	5	3	19	9	10	10	5	5
34	9	4	5	13	10	3	6	4	2
35–39岁	**34**	**19**	**15**	**26**	**16**	**10**	**17**	**12**	**5**
35	9	7	2	8	4	4	5	2	3
36	11	5	6	6	4	2	4	4	
37	7	4	3	4	3	1			
38	2	1	1	4	1	3	3	2	1
39	5	2	3	4	4		5	4	1
40–44岁	**10**	**5**	**5**	**18**	**6**	**12**	**18**	**8**	**10**
40	1		1	6	3	3	4	3	1
41	3	2	1	3		3	4	1	3
42	2	2		3	1	2	5	1	4
43	3	1	2	2	1	1	3	1	2
44	1		1	4	1	3	2	2	
45–49岁	**5**	**5**		**7**	**3**	**4**	**8**	**4**	**4**
45	4	4		3	2	1	1	1	
46				3	1	2	5	2	3
47							1		1
48	1	1					1	1	
49				1		1			
50岁及以上	**14**	**3**	**11**	**5**	**2**	**3**	**13**	**9**	**4**
平均初婚年龄	**27.15**	**27.24**	**27.04**	**27.82**	**27.92**	**27.72**	**28.80**	**29.40**	**28.02**

5—4c　全市分初婚年龄、性别、初婚年份的人口(乡村)

单位：人

初婚年龄	初婚年份								
	合　计			1980年			1981年		
	合计	男	女	小计	男	女	小计	男	女
总　计	**116359**	**58923**	**57436**	**4733**	**2341**	**2392**	**3131**	**1539**	**1592**
15岁以下	**78**	**21**	**57**	**2**		**2**	**1**		**1**
15—19岁	**15511**	**5603**	**9908**	**336**	**94**	**242**	**228**	**58**	**170**
15	389	102	287	27	9	18	8		8
16	868	249	619	42	12	30	15	4	11
17	1885	565	1320	62	12	50	29	5	24
18	4025	1402	2623	79	22	57	89	22	67
19	8344	3285	5059	126	39	87	87	27	60
20—24岁	**77688**	**40297**	**37391**	**2951**	**1416**	**1535**	**2051**	**991**	**1060**
20	13929	6254	7675	257	110	147	162	59	103
21	19058	9911	9147	425	185	240	334	162	172
22	20121	11124	8997	683	325	358	432	194	238
23	14489	7627	6862	801	366	435	562	282	280
24	10091	5381	4710	785	430	355	561	294	267
25—29岁	**17301**	**9485**	**7816**	**1278**	**704**	**574**	**766**	**419**	**347**
25	6872	3675	3197	625	338	287	341	187	154
26	4276	2373	1903	284	168	116	224	117	107
27	2863	1549	1314	197	105	92	106	61	45
28	1848	1046	802	109	58	51	52	30	22
29	1442	842	600	63	35	28	43	24	19
30—34岁	**3676**	**2206**	**1470**	**128**	**93**	**35**	**76**	**62**	**14**
30	1092	681	411	43	32	11	28	23	5
31	889	519	370	32	25	7	18	14	4
32	676	403	273	13	9	4	12	11	1
33	562	328	234	21	15	6	13	9	4
34	457	275	182	19	12	7	5	5	
35—39岁	**1099**	**709**	**390**	**33**	**30**	**3**	**8**	**8**	
35	322	199	123	9	8	1	2	2	
36	285	175	110	11	9	2			
37	181	121	60	7	7		2	2	
38	157	106	51	4	4		3	3	
39	154	108	46	2	2		1	1	
40—44岁	**539**	**314**	**225**	**4**	**3**	**1**	**1**	**1**	
40	146	81	65	2	2		1	1	
41	111	65	46	2	1	1			
42	98	55	43						
43	90	55	35						
44	94	58	36						
45—49岁	**234**	**148**	**86**	**1**	**1**				
45	66	46	20						
46	50	32	18						
47	44	27	17	1	1				
48	33	20	13						
49	41	23	18						
50岁及以上	**233**	**140**	**93**						
平均初婚年龄	**23.15**	**23.53**	**22.76**	**23.95**	**24.47**	**23.44**	**23.78**	**24.30**	**23.28**

5-4c　续表 1　　单位：人

初婚年龄	初婚年份								
	1982年			1983年			1984年		
	小计	男	女	小计	男	女	小计	男	女
总　计	**3412**	**1669**	**1743**	**3286**	**1621**	**1665**	**3698**	**1848**	**1850**
15岁以下	**7**	**4**	**3**	**5**	**1**	**4**	**1**	**1**	
15–19岁	**400**	**115**	**285**	**396**	**121**	**275**	**414**	**125**	**289**
15	13	4	9	7	1	6	17	4	13
16	34	6	28	26	6	20	16	4	12
17	39	11	28	42	8	34	43	12	31
18	96	18	78	88	25	63	93	23	70
19	218	76	142	233	81	152	245	82	163
20–24岁	**2059**	**1013**	**1046**	**2071**	**1032**	**1039**	**2543**	**1275**	**1268**
20	248	106	142	435	189	246	461	201	260
21	290	134	156	422	191	231	819	388	431
22	526	270	256	416	211	205	505	274	231
23	487	238	249	432	244	188	380	211	169
24	508	265	243	366	197	169	378	201	177
25–29岁	**831**	**452**	**379**	**718**	**396**	**322**	**619**	**357**	**262**
25	363	183	180	322	162	160	202	109	93
26	224	125	99	160	93	67	187	106	81
27	134	78	56	121	69	52	104	54	50
28	62	35	27	67	41	26	76	51	25
29	48	31	17	48	31	17	50	37	13
30–34岁	**83**	**62**	**21**	**76**	**55**	**21**	**98**	**70**	**28**
30	32	22	10	35	27	8	33	23	10
31	23	17	6	16	10	6	24	15	9
32	14	11	3	9	7	2	16	13	3
33	8	7	1	9	6	3	14	9	5
34	6	5	1	7	5	2	11	10	1
35–39岁	**25**	**17**	**8**	**16**	**13**	**3**	**15**	**15**	
35	5	4	1	6	5	1	5	5	
36	10	7	3	2	1	1	2	2	
37	3	2	1				4	4	
38	5	2	3	4	3	1	2	2	
39	2	2		4	4		2	2	
40–44岁	**5**	**5**		**4**	**3**	**1**	**6**	**3**	**3**
40	1	1		3	3				
41				1		1	1	1	
42	1	1					2	1	1
43							1	1	
44	3	3					2		2
45–49岁	**1**	**1**					**1**	**1**	
45	1	1							
46									
47									
48							1	1	
49									
50岁及以上	**1**		**1**				**1**	**1**	
平均初婚年龄	**23.60**	**24.17**	**23.07**	**23.21**	**23.77**	**22.66**	**23.00**	**23.56**	**22.45**

5-4c 续表 2

单位：人

初婚年龄	初婚年份								
	1985年			1986年			1987年		
	小计	男	女	小计	男	女	小计	男	女
总　计	**4669**	**2333**	**2336**	**4552**	**2279**	**2273**	**4133**	**2043**	**2090**
15岁以下	**1**		**1**	**1**		**1**	**3**		**3**
15—19岁	**547**	**168**	**379**	**490**	**158**	**332**	**503**	**183**	**320**
15	19	3	16	11	3	8	8	1	7
16	33	12	21	32	8	24	35	7	28
17	65	14	51	73	20	53	60	17	43
18	144	40	104	136	46	90	147	53	94
19	286	99	187	238	81	157	253	105	148
20—24岁	**3251**	**1633**	**1618**	**3409**	**1720**	**1689**	**3097**	**1556**	**1541**
20	477	193	284	509	224	285	439	202	237
21	832	416	416	776	380	396	769	402	367
22	1112	594	518	930	514	416	815	443	372
23	560	295	265	861	423	438	624	278	346
24	270	135	135	333	179	154	450	231	219
25—29岁	**685**	**405**	**280**	**471**	**270**	**201**	**381**	**205**	**176**
25	229	123	106	142	78	64	167	89	78
26	144	86	58	124	74	50	71	40	31
27	151	86	65	61	31	30	62	28	34
28	84	54	30	86	52	34	43	23	20
29	77	56	21	58	35	23	38	25	13
30—34岁	**141**	**99**	**42**	**135**	**93**	**42**	**120**	**80**	**40**
30	43	28	15	39	26	13	35	23	12
31	40	28	12	25	18	7	35	21	14
32	30	20	10	32	23	9	23	15	8
33	20	17	3	17	11	6	13	11	2
34	8	6	2	22	15	7	14	10	4
35—39岁	**24**	**18**	**6**	**36**	**32**	**4**	**20**	**13**	**7**
35	8	7	1	9	8	1	7	5	2
36	6	6		6	6		3	1	2
37	3	1	2	6	5	1	3	2	1
38	5	2	3	7	7		2	1	1
39	2	2		8	6	2	5	4	1
40—44岁	**14**	**6**	**8**	**8**	**5**	**3**	**8**	**5**	**3**
40	5	4	1	1	1		5	3	2
41	2		2	1		1	1		1
42				1	1				
43	3	2	1	1		1	2	2	
44	4		4	4	3	1			
45—49岁	**3**	**2**	**1**	**1**	**1**		**1**	**1**	
45				1	1		1	1	
46	1		1						
47	1	1							
48									
49	1	1							
50岁及以上	**3**	**2**	**1**	**1**		**1**			
平均初婚年龄	**23.01**	**23.54**	**22.49**	**22.95**	**23.42**	**22.47**	**22.78**	**23.10**	**22.47**

5-4c 续表 3

单位：人

初婚年龄	初婚年份								
	1988年			1989年			1990年		
	小计	男	女	小计	男	女	小计	男	女
总　计	**4380**	**2177**	**2203**	**4155**	**2100**	**2055**	**4577**	**2308**	**2269**
15岁以下	**1**		**1**	**3**		**3**	**11**	**5**	**6**
15-19岁	**591**	**196**	**395**	**561**	**224**	**337**	**706**	**281**	**425**
15	22	4	18	11	1	10	19	4	15
16	30	8	22	23	7	16	39	13	26
17	84	28	56	57	16	41	84	32	52
18	155	45	110	127	62	65	178	66	112
19	300	111	189	343	138	205	386	166	220
20-24岁	**3148**	**1612**	**1536**	**2977**	**1539**	**1438**	**3252**	**1691**	**1561**
20	517	254	263	541	250	291	607	292	315
21	705	368	337	763	407	356	865	463	402
22	896	490	406	724	393	331	829	450	379
23	657	313	344	601	318	283	570	304	266
24	373	187	186	348	171	177	381	182	199
25-29岁	**495**	**270**	**225**	**464**	**242**	**222**	**444**	**222**	**222**
25	279	143	136	227	116	111	198	101	97
26	101	57	44	124	68	56	111	47	64
27	51	33	18	44	21	23	85	48	37
28	41	21	20	29	14	15	31	15	16
29	23	16	7	40	23	17	19	11	8
30-34岁	**105**	**69**	**36**	**92**	**55**	**37**	**96**	**61**	**35**
30	23	17	6	23	12	11	25	12	13
31	33	21	12	22	14	8	22	19	3
32	21	14	7	17	11	6	19	10	9
33	15	8	7	19	13	6	16	8	8
34	13	9	4	11	5	6	14	12	2
35-39岁	**22**	**15**	**7**	**34**	**24**	**10**	**38**	**26**	**12**
35	10	4	6	13	11	2	10	6	4
36	4	3	1	9	5	4	12	8	4
37	3	3		7	5	2	5	2	3
38	2	2		5	3	2	6	5	1
39	3	3					5	5	
40-44岁	**13**	**10**	**3**	**14**	**10**	**4**	**18**	**14**	**4**
40	7	4	3	5	3	2	4	4	
41	5	5		3	3		3	2	1
42				3	2	1	3	1	2
43	1	1		1		1	4	3	1
44				2	2		4	4	
45-49岁	**5**	**5**		**6**	**4**	**2**	**7**	**4**	**3**
45	2	2					2	2	
46				2	2		2		2
47	1	1		2	1	1	1	1	
48	1	1							
49	1	1		2	1	1	2	1	1
50岁及以上				**4**	**2**	**2**	**5**	**4**	**1**
平均初婚年龄	**22.72**	**23.11**	**22.34**	**22.78**	**23.05**	**22.50**	**22.60**	**22.90**	**22.29**

5-4c 续表 4 单位：人

初婚年龄	初婚年份								
	1991年			1992年			1993年		
	小计	男	女	小计	男	女	小计	男	女
总　计	**3115**	**1585**	**1530**	**3856**	**1949**	**1907**	**3585**	**1802**	**1783**
15岁以下	**1**		**1**	**2**		**2**			
15-19岁	**441**	**179**	**262**	**473**	**163**	**310**	**402**	**154**	**248**
15	8	3	5	12	2	10	9	2	7
16	17	3	14	23	12	11	15	4	11
17	36	13	23	53	15	38	40	11	29
18	120	46	74	123	41	82	82	27	55
19	260	114	146	262	93	169	256	110	146
20-24岁	**2284**	**1195**	**1089**	**2887**	**1502**	**1385**	**2694**	**1385**	**1309**
20	492	238	254	527	260	267	513	242	271
21	613	320	293	788	421	367	719	382	337
22	648	370	278	802	441	361	750	425	325
23	353	180	173	505	242	263	447	210	237
24	178	87	91	265	138	127	265	126	139
25-29岁	**297**	**149**	**148**	**375**	**205**	**170**	**356**	**185**	**171**
25	143	70	73	160	84	76	154	77	77
26	74	39	35	104	52	52	80	39	41
27	42	22	20	51	32	19	55	31	24
28	25	12	13	35	22	13	39	19	20
29	13	6	7	25	15	10	28	19	9
30-34岁	**54**	**39**	**15**	**64**	**38**	**26**	**76**	**44**	**32**
30	12	9	3	13	9	4	30	17	13
31	11	8	3	11	5	6	17	10	7
32	8	8		14	9	5	9	4	5
33	13	7	6	13	8	5	8	5	3
34	10	7	3	13	7	6	12	8	4
35-39岁	**21**	**14**	**7**	**36**	**27**	**9**	**28**	**16**	**12**
35	3	2	1	11	10	1	4	2	2
36	4	3	1	10	5	5	9	5	4
37	6	4	2	4	2	2	6	3	3
38	6	3	3	3	3		5	4	1
39	2	2		8	7	1	4	2	2
40-44岁	**10**	**5**	**5**	**14**	**11**	**3**	**24**	**14**	**10**
40	2	1	1	6	4	2	4	1	3
41	2	1	1	2	2		6	3	3
42	3	1	2	2	2		7	4	3
43				2	1	1	5	4	1
44	3	2	1	2	2		2	2	
45-49岁	**6**	**3**	**3**	**4**	**3**	**1**	**5**	**4**	**1**
45	3	2	1	1	1		1	1	
46				2	1	1	1	1	
47	1	1		1	1		1	1	
48							2	1	1
49	2		2						
50岁及以上	**1**	**1**		**1**		**1**			
平均初婚年龄	**22.47**	**22.70**	**22.24**	**22.63**	**22.96**	**22.30**	**22.78**	**22.99**	**22.56**

5-4c 续表 5 单位：人

初婚年龄	初婚年份								
	1994年			1995年			1996年		
	小计	男	女	小计	男	女	小计	男	女
总　计	**3216**	**1629**	**1587**	**3274**	**1678**	**1596**	**2997**	**1532**	**1465**
15岁以下	**2**	**1**	**1**						
15–19岁	**393**	**162**	**231**	**378**	**146**	**232**	**351**	**140**	**211**
15	9		9	6	4	2	6	3	3
16	21	9	12	23	9	14	11	2	9
17	45	20	25	45	19	26	38	14	24
18	95	41	54	97	32	65	85	38	47
19	223	92	131	207	82	125	211	83	128
20–24岁	**2392**	**1238**	**1154**	**2309**	**1224**	**1085**	**2106**	**1100**	**1006**
20	409	190	219	389	188	201	411	182	229
21	635	325	310	599	327	272	523	277	246
22	636	357	279	627	353	274	560	307	253
23	447	224	223	417	217	200	393	198	195
24	265	142	123	277	139	138	219	136	83
25–29岁	**307**	**153**	**154**	**399**	**191**	**208**	**377**	**189**	**188**
25	138	58	80	185	83	102	168	84	84
26	75	39	36	89	42	47	81	44	37
27	37	20	17	66	35	31	61	26	35
28	34	22	12	31	15	16	40	22	18
29	23	14	9	28	16	12	27	13	14
30–34岁	**66**	**37**	**29**	**111**	**71**	**40**	**92**	**53**	**39**
30	20	10	10	31	22	9	30	21	9
31	20	10	10	31	15	16	17	10	7
32	16	8	8	32	22	10	12	7	5
33	6	5	1	12	9	3	23	11	12
34	4	4		5	3	2	10	4	6
35–39岁	**32**	**21**	**11**	**43**	**25**	**18**	**29**	**19**	**10**
35	8	5	3	11	5	6	5	4	1
36	10	6	4	12	7	5	5	4	1
37	6	5	1	6	2	4	7	5	2
38	3	3		8	5	3	2		2
39	5	2	3	6	6		10	6	4
40–44岁	**17**	**10**	**7**	**17**	**13**	**4**	**17**	**11**	**6**
40	7	4	3	6	4	2	3	3	
41	3	2	1	2	2		6	4	2
42	2		2	2	2		3		3
43	3	2	1	4	4		2	1	1
44	2	2		3	1	2	3	3	
45–49岁	**6**	**6**		**9**	**3**	**6**	**10**	**9**	**1**
45				1		1	3	3	
46				4	1	3	2	2	
47	1	1					5	4	1
48	1	1		1	1				
49	4	4		3	1	2			
50岁及以上	**1**	**1**		**8**	**5**	**3**	**15**	**11**	**4**
平均初婚年龄	**22.78**	**23.05**	**22.50**	**23.19**	**23.42**	**22.94**	**23.20**	**23.56**	**22.82**

5-4c 续表 6

单位：人

初婚年龄	初婚年份								
	1997年			1998年			1999年		
	小计	男	女	小计	男	女	小计	男	女
总　计	**2593**	**1334**	**1259**	**2779**	**1425**	**1354**	**2211**	**1132**	**1079**
15岁以下	**1**		**1**	**2**		**2**	**3**	**2**	**1**
15-19岁	**316**	**122**	**194**	**344**	**127**	**217**	**263**	**93**	**170**
15	10	6	4	11	4	7	5	4	1
16	10	3	7	23	6	17	11		11
17	26	10	16	28	11	17	36	9	27
18	81	31	50	55	17	38	66	19	47
19	189	72	117	227	89	138	145	61	84
20-24岁	**1786**	**934**	**852**	**1873**	**975**	**898**	**1616**	**852**	**764**
20	322	157	165	361	151	210	357	150	207
21	501	259	242	492	254	238	436	229	207
22	468	257	211	522	297	225	431	262	169
23	301	164	137	310	172	138	249	136	113
24	194	97	97	188	101	87	143	75	68
25-29岁	**336**	**190**	**146**	**350**	**202**	**148**	**231**	**128**	**103**
25	138	84	54	135	87	48	90	54	36
26	87	49	38	71	36	35	56	29	27
27	56	30	26	66	34	32	37	21	16
28	33	14	19	42	23	19	23	13	10
29	22	13	9	36	22	14	25	11	14
30-34岁	**94**	**52**	**42**	**134**	**75**	**59**	**54**	**30**	**24**
30	27	17	10	27	14	13	14	10	4
31	22	7	15	27	15	12	11	5	6
32	11	6	5	32	19	13	12	6	6
33	17	11	6	20	12	8	9	4	5
34	17	11	6	28	15	13	8	5	3
35-39岁	**21**	**12**	**9**	**37**	**19**	**18**	**25**	**16**	**9**
35	5	3	2	17	8	9	12	8	4
36	6	4	2	7	3	4	7	5	2
37	2	1	1	4	3	1	1		1
38	3	2	1	5	3	2	3	2	1
39	5	2	3	4	2	2	2	1	1
40-44岁	**26**	**17**	**9**	**20**	**14**	**6**	**10**	**5**	**5**
40	8	4	4	2	2		3	1	2
41	5	4	1	8	4	4	2	2	
42	5	4	1	3	2	1	2	1	1
43	4	3	1	4	3	1	1	1	
44	4	2	2	3	3		2		2
45-49岁	**11**	**6**	**5**	**10**	**7**	**3**	**4**	**2**	**2**
45	2	2		8	5	3	2	2	
46	5	3	2	1	1				
47	2	1	1				1		1
48	1		1	1	1		1		1
49	1		1						
50岁及以上	**2**	**1**	**1**	**9**	**6**	**3**	**5**	**4**	**1**
平均初婚年龄	**23.21**	**23.48**	**22.93**	**23.39**	**23.81**	**22.94**	**22.81**	**23.13**	**22.47**

5-4c　续表 7　　　　单位：人

初婚年龄	初婚年份								
	2000年			2001年			2002年		
	小计	男	女	小计	男	女	小计	男	女
总　计	**2863**	**1486**	**1377**	**2074**	**1064**	**1010**	**2252**	**1156**	**1096**
15岁以下	**7**	**4**	**3**	**4**	**1**	**3**	**1**		**1**
15-19岁	**436**	**153**	**283**	**378**	**146**	**232**	**318**	**120**	**198**
15	8	3	5	7	2	5	7	3	4
16	16	7	9	21	7	14	16	4	12
17	77	26	51	33	13	20	39	10	29
18	119	49	70	92	31	61	79	33	46
19	216	68	148	225	93	132	177	70	107
20-24岁	**2009**	**1087**	**922**	**1416**	**763**	**653**	**1610**	**860**	**750**
20	354	163	191	254	101	153	341	148	193
21	569	311	258	350	194	156	395	209	186
22	582	331	251	424	258	166	402	235	167
23	293	158	135	243	135	108	306	183	123
24	211	124	87	145	75	70	166	85	81
25-29岁	**302**	**171**	**131**	**185**	**104**	**81**	**200**	**109**	**91**
25	119	73	46	78	45	33	77	41	36
26	67	33	34	43	25	18	53	31	22
27	45	22	23	31	20	11	28	16	12
28	31	20	11	21	12	9	21	12	9
29	40	23	17	12	2	10	21	9	12
30-34岁	**65**	**37**	**28**	**60**	**36**	**24**	**81**	**48**	**33**
30	19	10	9	20	13	7	23	16	7
31	17	7	10	13	9	4	19	11	8
32	10	6	4	7	3	4	12	7	5
33	5	3	2	13	7	6	13	9	4
34	14	11	3	7	4	3	14	5	9
35-39岁	**23**	**18**	**5**	**18**	**9**	**9**	**18**	**8**	**10**
35	9	8	1	7	3	4	4	1	3
36	4	4		4	2	2	5	2	3
37	5	1	4	4	3	1	5	2	3
38	4	4		2		2	4	3	1
39	1	1		1	1				
40-44岁	**7**	**7**		**5**	**1**	**4**	**6**		**6**
40	2	2		1		1	2		2
41	1	1		1		1			
42	2	2		1		1	1		1
43							1		1
44	2	2		2	1	1	2		2
45-49岁	**12**	**7**	**5**	**4**	**2**	**2**	**10**	**7**	**3**
45	5	4	1				2	2	
46	2	1	1	2	2		2	2	
47	1	1					2		2
48	3	1	2				1		1
49	1		1	2		2	3	3	
50岁及以上	**2**	**2**		**4**	**2**	**2**	**8**	**4**	**4**
平均初婚年龄	**22.67**	**23.09**	**22.21**	**22.58**	**22.85**	**22.30**	**22.88**	**23.14**	**22.62**

5-4c 续表 8

单位：人

初婚年龄	初婚年份								
	2003年			2004年			2005年		
	小计	男	女	小计	男	女	小计	男	女
总　计	**2434**	**1255**	**1179**	**2539**	**1328**	**1211**	**2509**	**1292**	**1217**
15岁以下	**3**		**3**	**2**		**2**	**3**	**2**	**1**
15-19岁	**371**	**137**	**234**	**426**	**154**	**272**	**523**	**193**	**330**
15	11	4	7	16	4	12	18	4	14
16	23	6	17	22	7	15	26	8	18
17	50	14	36	66	14	52	79	26	53
18	93	41	52	125	60	65	148	60	88
19	194	72	122	197	69	128	252	95	157
20-24岁	**1744**	**928**	**816**	**1760**	**959**	**801**	**1638**	**887**	**751**
20	369	152	217	350	148	202	327	151	176
21	525	274	251	478	252	226	392	211	181
22	419	242	177	579	344	235	418	237	181
23	238	142	96	238	147	91	347	200	147
24	193	118	75	115	68	47	154	88	66
25-29岁	**225**	**137**	**88**	**248**	**154**	**94**	**231**	**140**	**91**
25	85	49	36	112	67	45	89	57	32
26	62	44	18	63	41	22	75	45	30
27	39	24	15	36	24	12	24	14	10
28	25	14	11	23	14	9	26	15	11
29	14	6	8	14	8	6	17	9	8
30-34岁	**54**	**31**	**23**	**53**	**33**	**20**	**64**	**40**	**24**
30	12	8	4	14	11	3	12	7	5
31	13	4	9	10	4	6	14	11	3
32	8	5	3	14	10	4	15	10	5
33	16	11	5	8	2	6	16	8	8
34	5	3	2	7	6	1	7	4	3
35-39岁	**21**	**12**	**9**	**23**	**13**	**10**	**20**	**14**	**6**
35	7	3	4	10	6	4	7	4	3
36	4	3	1	8	5	3	5	3	2
37	4	4		3	2	1	3	3	
38	2	1	1				3	3	
39	4	1	3	2		2	2	1	1
40-44岁	**6**	**4**	**2**	**16**	**8**	**8**	**11**	**4**	**7**
40	2		2	4	2	2	3	2	1
41	1	1		5	3	2	7	1	6
42	2	2		2	1	1			
43	1	1		1		1			
44				4	2	2	1	1	
45-49岁	**3**	**2**	**1**	**6**	**4**	**2**	**10**	**7**	**3**
45	2	1	1	2	2		1	1	
46				1	1		2		2
47				2	1	1	1	1	
48	1	1					6	5	1
49				1		1			
50岁及以上	**7**	**4**	**3**	**5**	**3**	**2**	**9**	**5**	**4**
平均初婚年龄	**22.53**	**22.96**	**22.08**	**22.52**	**22.96**	**22.04**	**22.56**	**23.02**	**22.07**

5-4c　续表 9　　　　单位：人

初婚年龄	初婚年份								
	2006年			2007年			2008年		
	小计	男	女	小计	男	女	小计	男	女
总　计	**2479**	**1295**	**1184**	**2353**	**1233**	**1120**	**2822**	**1460**	**1362**
15岁以下	**1**		**1**				**1**		**1**
15-19岁	**560**	**206**	**354**	**547**	**215**	**332**	**575**	**231**	**344**
15	4		4	11	6	5	7	1	6
16	37	12	25	36	11	25	20	5	15
17	65	18	47	90	35	55	56	20	36
18	163	53	110	142	57	85	163	62	101
19	291	123	168	268	106	162	329	143	186
20-24岁	**1549**	**866**	**683**	**1442**	**799**	**643**	**1830**	**995**	**835**
20	395	180	215	419	200	219	469	216	253
21	382	199	183	436	261	175	551	301	250
22	326	198	128	286	159	127	422	237	185
23	250	170	80	183	113	70	237	148	89
24	196	119	77	118	66	52	151	93	58
25-29岁	**252**	**155**	**97**	**255**	**157**	**98**	**290**	**166**	**124**
25	113	71	42	99	61	38	105	56	49
26	59	40	19	65	42	23	89	57	32
27	40	23	17	38	22	16	43	24	19
28	24	10	14	32	20	12	27	13	14
29	16	11	5	21	12	9	26	16	10
30-34岁	**68**	**35**	**33**	**58**	**28**	**30**	**61**	**32**	**29**
30	20	11	9	11	5	6	16	11	5
31	8	4	4	11	5	6	14	4	10
32	16	7	9	11	6	5	14	8	6
33	11	7	4	16	9	7	10	6	4
34	13	6	7	9	3	6	7	3	4
35-39岁	**28**	**20**	**8**	**28**	**17**	**11**	**30**	**14**	**16**
35	9	8	1	8	3	5	7	3	4
36	7	5	2	8	5	3	9	3	6
37	4	2	2	3	2	1	4	2	2
38	7	4	3	1	1		6	4	2
39	1	1		8	6	2	4	2	2
40-44岁	**12**	**7**	**5**	**9**	**5**	**4**	**21**	**12**	**9**
40	3	2	1	1	1		4	3	1
41				1		1	2	1	1
42	3	1	2	2	2		6	3	3
43	3	2	1	3	2	1	5	3	2
44	3	2	1	2		2	4	2	2
45-49岁	**4**	**4**		**5**	**5**		**7**	**7**	
45	1	1		1	1		3	3	
46	2	2							
47	1	1		1	1		2	2	
48				1	1		2	2	
49				2	2				
50岁及以上	**5**	**2**	**3**	**9**	**7**	**2**	**7**	**3**	**4**
平均初婚年龄	**22.48**	**23.00**	**21.90**	**22.36**	**22.81**	**21.87**	**22.50**	**22.84**	**22.13**

5-4c 续表 10

单位：人

初婚年龄	初婚年份								
	2009年			2010年			2011年		
	小计	男	女	小计	男	女	小计	男	女
总　计	**2648**	**1351**	**1297**	**2969**	**1526**	**1443**	**2211**	**1126**	**1085**
15岁以下	**2**		**2**	**2**		**2**	**1**		**1**
15-19岁	**552**	**207**	**345**	**560**	**239**	**321**	**376**	**143**	**233**
15	9	3	6	14		14	12	4	8
16	30	9	21	31	6	25	25	8	17
17	65	18	47	73	28	45	54	15	39
18	140	49	91	140	58	82	96	20	76
19	308	128	180	302	147	155	189	96	93
20-24岁	**1669**	**895**	**774**	**1938**	**1037**	**901**	**1449**	**775**	**674**
20	401	178	223	444	191	253	296	140	156
21	454	246	208	497	255	242	384	218	166
22	427	234	193	482	285	197	352	192	160
23	231	137	94	321	197	124	246	138	108
24	156	100	56	194	109	85	171	87	84
25-29岁	**292**	**173**	**119**	**338**	**182**	**156**	**283**	**149**	**134**
25	95	55	40	120	60	60	113	66	47
26	72	36	36	77	43	34	66	31	35
27	74	48	26	54	32	22	46	20	26
28	27	20	7	61	34	27	28	15	13
29	24	14	10	26	13	13	30	17	13
30-34岁	**87**	**49**	**38**	**78**	**36**	**42**	**59**	**30**	**29**
30	30	16	14	22	10	12	16	10	6
31	20	12	8	20	12	8	15	9	6
32	20	11	9	16	6	10	14	6	8
33	10	6	4	11	5	6	12	3	9
34	7	4	3	9	3	6	2	2	
35-39岁	**27**	**15**	**12**	**32**	**21**	**11**	**27**	**19**	**8**
35	11	6	5	5	3	2	2	2	
36	6	3	3	15	9	6	6	5	1
37	5	5		6	5	1	4	3	1
38	1		1	3	1	2	8	6	2
39	4	1	3	3	3		7	3	4
40-44岁	**11**	**8**	**3**	**8**	**3**	**5**	**10**	**6**	**4**
40	3	1	2				3	2	1
41	2	2		1		1	2	1	1
42	3	2	1	4	1	3			
43	1	1		1		1	2	1	1
44	2	2		2	2		3	2	1
45-49岁	**5**	**2**	**3**	**5**	**3**	**2**	**3**	**2**	**1**
45	2	1	1	1		1			
46				3	3		1	1	
47	1		1				2	1	1
48	1		1						
49	1	1		1		1			
50岁及以上	**3**	**2**	**1**	**8**	**5**	**3**	**3**	**2**	**1**
平均初婚年龄	**22.54**	**23.02**	**22.05**	**22.63**	**22.93**	**22.32**	**22.81**	**23.14**	**22.48**

5-4c 续表 11 单位：人

初婚年龄	初婚年份								
	2012年			2013年			2014年		
	小计	男	女	小计	男	女	小计	男	女
总 计	**2353**	**1224**	**1129**	**2055**	**1062**	**993**	**1682**	**842**	**840**
15岁以下				**2**		**2**	**1**		**1**
15-19岁	**383**	**143**	**240**	**266**	**96**	**170**	**210**	**69**	**141**
15	6	2	4	3	1	2	2		2
16	19	6	13	12	5	7	21	6	15
17	46	14	32	34	6	28	18	4	14
18	124	42	82	75	23	52	68	17	51
19	188	79	109	142	61	81	101	42	59
20-24岁	**1467**	**812**	**655**	**1215**	**663**	**552**	**878**	**451**	**427**
20	250	124	126	205	95	110	162	64	98
21	327	174	153	229	124	105	164	84	80
22	401	235	166	308	180	128	146	89	57
23	270	165	105	259	142	117	199	104	95
24	219	114	105	214	122	92	207	110	97
25-29岁	**357**	**188**	**169**	**444**	**237**	**207**	**431**	**232**	**199**
25	160	81	79	168	81	87	138	70	68
26	83	44	39	107	55	52	117	63	54
27	55	27	28	82	50	32	84	44	40
28	30	18	12	57	33	24	50	30	20
29	29	18	11	30	18	12	42	25	17
30-34岁	**88**	**45**	**43**	**82**	**40**	**42**	**100**	**51**	**49**
30	24	14	10	21	12	9	25	12	13
31	27	16	11	24	8	16	26	14	12
32	14	7	7	21	10	11	21	11	10
33	12	5	7	9	4	5	14	8	6
34	11	3	8	7	6	1	14	6	8
35-39岁	**25**	**17**	**8**	**21**	**12**	**9**	**27**	**16**	**11**
35	10	6	4	6	2	4	4	4	
36	5	4	1	4	3	1	9	4	5
37	4	2	2	4	3	1	4	2	2
38	1	1		5	3	2	4	2	2
39	5	4	1	2	1	1	6	4	2
40-44岁	**17**	**9**	**8**	**16**	**6**	**10**	**22**	**13**	**9**
40	3	1	2	2	2		7	2	5
41	3	3		3	1	2	7	5	2
42	5	4	1	4	1	3	3	3	
43	3		3	6	2	4	3	2	1
44	3	1	2	1		1	2	1	1
45-49岁	**7**	**3**	**4**	**2**	**2**		**3**	**2**	**1**
45	2		2						
46	2	2					1		1
47	3	1	2				1	1	
48				1	1		1	1	
49				1	1				
50岁及以上	**9**	**7**	**2**	**7**	**6**	**1**	**10**	**8**	**2**
平均初婚年龄	**23.29**	**23.60**	**22.96**	**23.76**	**24.07**	**23.43**	**24.50**	**25.06**	**23.93**

5-4c 续表 12 单位：人

初婚年龄	初婚年份								
	2015年			2016年			2017年		
	小计	男	女	小计	男	女	小计	男	女
总　计	**1822**	**901**	**921**	**1542**	**759**	**783**	**1404**	**715**	**689**
15岁以下	**1**		**1**						
15-19岁	**179**	**50**	**129**	**115**	**30**	**85**	**84**	**28**	**56**
15	2		2	8		8	2	1	1
16	11	3	8	12	3	9	5		5
17	22	3	19	13	2	11	8		8
18	40	9	31	32	9	23	20	6	14
19	104	35	69	50	16	34	49	21	28
20-24岁	**875**	**447**	**428**	**741**	**372**	**369**	**605**	**303**	**302**
20	130	49	81	122	43	79	90	35	55
21	176	96	80	152	83	69	125	62	63
22	206	116	90	179	90	89	154	84	70
23	155	79	76	148	78	70	109	53	56
24	208	107	101	140	78	62	127	69	58
25-29岁	**601**	**320**	**281**	**516**	**268**	**248**	**512**	**273**	**239**
25	198	115	83	141	77	64	129	65	64
26	175	89	86	156	77	79	122	78	44
27	90	42	48	85	41	44	137	64	73
28	75	38	37	65	34	31	73	39	34
29	63	36	27	69	39	30	51	27	24
30-34岁	**101**	**56**	**45**	**109**	**53**	**56**	**120**	**65**	**55**
30	34	19	15	39	21	18	43	25	18
31	19	8	11	22	11	11	34	18	16
32	16	9	7	14	9	5	19	10	9
33	17	12	5	24	9	15	13	8	5
34	15	8	7	10	3	7	11	4	7
35-39岁	**30**	**12**	**18**	**34**	**24**	**10**	**36**	**21**	**15**
35	11	4	7	12	7	5	13	5	8
36	6	3	3	7	3	4	10	5	5
37	4		4	8	7	1	6	5	1
38	5	3	2	3	3		5	4	1
39	4	2	2	4	4		2	2	
40-44岁	**20**	**11**	**9**	**10**	**5**	**5**	**23**	**14**	**9**
40	6	2	4	1	1		5	1	4
41	2	2		1		1	5	3	2
42	6	2	4	2		2	5	4	1
43	4	3	1	3	2	1	3	2	1
44	2	2		3	2	1	5	4	1
45-49岁	**7**	**4**	**3**	**10**	**3**	**7**	**11**	**5**	**6**
45	3	1	2	4	1	3	1	1	
46	1	1		1	1		2	1	1
47	1		1	2		2	3	1	2
48				1	1		3		3
49	2	2		2		2	2	2	
50岁及以上	**8**	**1**	**7**	**7**	**4**	**3**	**13**	**6**	**7**
平均初婚年龄	**24.86**	**25.15**	**24.57**	**25.14**	**25.54**	**24.76**	**25.94**	**26.28**	**25.59**

5-4c　续表 13　　　　　　　　　　　　　　　　　　　　　　　　　　　　单位：人

初婚年龄	初婚年份								
	2018年			2019年			2020年		
	小计	男	女	小计	男	女	小计	男	女
总　计	**1294**	**668**	**626**	**1021**	**505**	**516**	**681**	**351**	**330**
15岁以下									
15-19岁	**54**	**14**	**40**	**48**	**17**	**31**	**17**	**3**	**14**
15	1	1		3	1	2			
16	1		1	5	1	4			
17	6	1	5	4	1	3	2		2
18	12	3	9	11	5	6	7	1	6
19	34	9	25	25	9	16	8	2	6
20-24岁	**502**	**242**	**260**	**384**	**169**	**215**	**211**	**104**	**107**
20	66	22	44	35	9	26	16	7	9
21	71	30	41	64	23	41	31	14	17
22	126	63	63	113	55	58	57	33	24
23	122	67	55	83	35	48	54	21	33
24	117	60	57	89	47	42	53	29	24
25-29岁	**517**	**292**	**225**	**392**	**213**	**179**	**250**	**131**	**119**
25	145	88	57	105	48	57	77	39	38
26	99	57	42	98	64	34	57	28	29
27	118	57	61	69	38	31	58	32	26
28	88	52	36	54	32	22	28	15	13
29	67	38	29	66	31	35	30	17	13
30-34岁	**146**	**80**	**66**	**120**	**69**	**51**	**127**	**74**	**53**
30	54	33	21	31	17	14	43	26	17
31	41	23	18	41	23	18	24	19	5
32	21	10	11	20	12	8	21	7	14
33	13	5	8	15	7	8	18	8	10
34	17	9	8	13	10	3	21	14	7
35-39岁	**37**	**21**	**16**	**26**	**14**	**12**	**25**	**12**	**13**
35	11	5	6	5	3	2	4	1	3
36	15	7	8	7	3	4	6	4	2
37	5	5		5	2	3	6	3	3
38				3	1	2	7	3	4
39	6	4	2	6	5	1	2	1	1
40-44岁	**19**	**7**	**12**	**18**	**5**	**13**	**22**	**14**	**8**
40	6	3	3	7	1	6	6	3	3
41	5	2	3	4		4	3	3	
42	2	1	1	3	1	2	3	3	
43	2	1	1	2	1	1	8	4	4
44	4		4	2	2		2	1	1
45-49岁	**5**	**3**	**2**	**15**	**9**	**6**	**9**	**2**	**7**
45	2	1	1	5	3	2	1		1
46	1	1		4	2	2	3	1	2
47				2	2		1		1
48				2	1	1	1		1
49	2	1	1	2	1	1	3	1	2
50岁及以上	**14**	**9**	**5**	**18**	**9**	**9**	**20**	**11**	**9**
平均初婚年龄	**26.48**	**26.87**	**26.08**	**26.93**	**27.39**	**26.47**	**28.34**	**28.65**	**28.01**

5-5 全市分年龄、性别、初婚年龄的人口

单位：人

年　龄	初婚年龄					
	合　计			15岁以下		
	合计	男	女	小计	男	女
总　计	**868088**	**427183**	**440905**	**547**	**160**	**387**
20岁以下	**122**	**37**	**85**	**1**	**1**	
20-24岁	**5810**	**2252**	**3558**	**20**	**5**	**15**
20	219	65	154	4	1	3
21	399	103	296	3		3
22	943	370	573	4	3	1
23	1592	598	994	3		3
24	2657	1116	1541	6	1	5
25-29岁	**40239**	**18978**	**21261**	**30**	**10**	**20**
25	4197	1886	2311	4	1	3
26	5879	2609	3270	6	1	5
27	7886	3672	4214	4	3	1
28	9962	4785	5177	10	3	7
29	12315	6026	6289	6	2	4
30-34岁	**100417**	**50033**	**50384**	**60**	**22**	**38**
30	17589	8609	8980	15	6	9
31	19379	9611	9768	5	2	3
32	19979	10014	9965	9	3	6
33	22390	11204	11186	10	2	8
34	21080	10595	10485	21	9	12
35-39岁	**99262**	**50514**	**48748**	**38**	**15**	**23**
35	18268	9318	8950	10	6	4
36	19054	9674	9380	6	1	5
37	20268	10367	9901	7	2	5
38	23101	11689	11412	10	4	6
39	18571	9466	9105	5	2	3
40-44岁	**80581**	**41136**	**39445**	**47**	**18**	**29**
40	15669	8143	7526	5	2	3
41	17751	9017	8734	10	5	5
42	16982	8669	8313	9	2	7
43	14861	7461	7400	9	4	5
44	15318	7846	7472	14	5	9
45-49岁	**83758**	**42553**	**41205**	**54**	**12**	**42**
45	14454	7354	7100	13	3	10
46	15569	7945	7624	9	3	6
47	17285	8742	8543	12	2	10
48	17870	9158	8712	6	2	4
49	18580	9354	9226	14	2	12
50-54岁	**88165**	**44246**	**43919**	**62**	**21**	**41**
50	19830	9992	9838	13	5	8
51	17892	8918	8974	17	6	11
52	19182	9696	9486	17	4	13
53	14301	7079	7222	5	2	3
54	16960	8561	8399	10	4	6
55-59岁	**95432**	**47180**	**48252**	**29**	**10**	**19**
55	18025	8913	9112	11	3	8
56	20104	9982	10122	5	3	2
57	27254	13549	13705	4	2	2
58	18290	9011	9279	7	2	5
59	11759	5725	6034	2		2
60-64岁	**89935**	**43943**	**45992**	**29**	**7**	**22**
60	17316	8578	8738	4		4
61	15549	7548	8001	2	1	1
62	18984	9317	9667	5	1	4
63	19904	9662	10242	9	3	6
64	18182	8838	9344	9	2	7
65岁及以上	**184367**	**86311**	**98056**	**177**	**39**	**138**

5-5　续表 1　　　　单位：人

年　龄	初婚年龄								
	15岁			16岁			17岁		
	小计	男	女	小计	男	女	小计	男	女
总　计	**2383**	**702**	**1681**	**4360**	**1158**	**3202**	**8283**	**2213**	**6070**
20岁以下	**20**	**4**	**16**	**23**	**6**	**17**	**27**	**9**	**18**
20–24岁	**55**	**16**	**39**	**154**	**50**	**104**	**226**	**41**	**185**
20	8	1	7	24	5	19	33	7	26
21	14	6	8	31	9	22	21	2	19
22	9	2	7	26	8	18	47	13	34
23	13	4	9	34	11	23	51	6	45
24	11	3	8	39	17	22	74	13	61
25–29岁	**125**	**43**	**82**	**271**	**83**	**188**	**604**	**202**	**402**
25	33	8	25	45	11	34	87	23	64
26	22	7	15	54	15	39	100	25	75
27	22	6	16	61	22	39	136	53	83
28	24	9	15	57	15	42	144	54	90
29	24	13	11	54	20	34	137	47	90
30–34岁	**247**	**96**	**151**	**402**	**148**	**254**	**821**	**291**	**530**
30	56	24	32	71	19	52	155	68	87
31	58	18	40	91	37	54	164	56	108
32	46	13	33	82	40	42	173	59	114
33	51	22	29	94	27	67	192	64	128
34	36	19	17	64	25	39	137	44	93
35–39岁	**186**	**84**	**102**	**316**	**123**	**193**	**632**	**215**	**417**
35	54	21	33	60	31	29	113	37	76
36	44	21	23	83	30	53	110	41	69
37	27	17	10	55	23	32	170	60	110
38	27	11	16	73	23	50	143	50	93
39	34	14	20	45	16	29	96	27	69
40–44岁	**172**	**69**	**103**	**278**	**99**	**179**	**533**	**189**	**344**
40	22	13	9	35	9	26	79	33	46
41	30	10	20	69	23	46	109	41	68
42	35	13	22	53	18	35	108	32	76
43	43	16	27	57	25	32	112	49	63
44	42	17	25	64	24	40	125	34	91
45–49岁	**239**	**87**	**152**	**447**	**148**	**299**	**834**	**291**	**543**
45	48	18	30	71	22	49	121	40	81
46	49	21	28	100	37	63	124	42	82
47	53	17	36	101	38	63	199	84	115
48	49	16	33	93	34	59	208	64	144
49	40	15	25	82	17	65	182	61	121
50–54岁	**251**	**88**	**163**	**428**	**133**	**295**	**854**	**264**	**590**
50	58	22	36	81	22	59	183	59	124
51	55	18	37	102	32	70	170	53	117
52	51	19	32	82	27	55	211	62	149
53	47	19	28	72	27	45	153	40	113
54	40	10	30	91	25	66	137	50	87
55–59岁	**162**	**62**	**100**	**266**	**74**	**192**	**524**	**149**	**375**
55	60	21	39	62	20	42	136	51	85
56	41	19	22	92	25	67	108	27	81
57	36	14	22	60	20	40	154	41	113
58	15	7	8	40	9	31	89	22	67
59	10	1	9	12		12	37	8	29
60–64岁	**97**	**20**	**77**	**144**	**35**	**109**	**248**	**57**	**191**
60	22	4	18	27	7	20	46	11	35
61	16	4	12	24	9	15	48	9	39
62	18	3	15	27	3	24	52	13	39
63	22	4	18	27	5	22	52	15	37
64	19	5	14	39	11	28	50	9	41
65岁及以上	**829**	**133**	**696**	**1631**	**259**	**1372**	**2980**	**505**	**2475**

5-5 续表 2　　　　单位：人

年　龄	初婚年龄								
	18岁			19岁			20岁		
	小计	男	女	小计	男	女	小计	男	女
总　计	**15534**	**4699**	**10835**	**32203**	**11252**	**20951**	**55095**	**20529**	**34566**
20岁以下	**37**	**13**	**24**	**14**	**4**	**10**			
20-24岁	**381**	**120**	**261**	**627**	**209**	**418**	**960**	**287**	**673**
20	33	11	22	57	22	35	60	18	42
21	49	18	31	99	24	75	115	22	93
22	77	28	49	127	49	78	186	57	129
23	94	25	69	145	48	97	269	79	190
24	128	38	90	199	66	133	330	111	219
25-29岁	**1233**	**426**	**807**	**2094**	**855**	**1239**	**2934**	**1173**	**1761**
25	193	77	116	258	109	149	401	125	276
26	232	68	164	327	135	192	455	161	294
27	222	69	153	440	157	283	573	239	334
28	271	102	169	463	201	262	685	294	391
29	315	110	205	606	253	353	820	354	466
30-34岁	**1782**	**672**	**1110**	**3692**	**1425**	**2267**	**6348**	**2625**	**3723**
30	405	149	256	776	310	466	1262	510	752
31	352	144	208	790	316	474	1323	550	773
32	324	117	207	722	280	442	1251	552	699
33	404	144	260	707	265	442	1355	590	765
34	297	118	179	697	254	443	1157	423	734
35-39岁	**1274**	**457**	**817**	**2735**	**970**	**1765**	**5025**	**1888**	**3137**
35	241	93	148	565	185	380	955	367	588
36	209	76	133	515	180	335	1029	399	630
37	230	85	145	472	188	284	1070	398	672
38	342	120	222	543	196	347	1109	432	677
39	252	83	169	640	221	419	862	292	570
40-44岁	**1138**	**387**	**751**	**2649**	**953**	**1696**	**5265**	**1935**	**3330**
40	180	52	128	480	173	307	945	340	605
41	238	74	164	534	202	332	1149	449	700
42	211	77	134	556	201	355	1135	411	724
43	269	98	171	499	159	340	1005	349	656
44	240	86	154	580	218	362	1031	386	645
45-49岁	**1578**	**597**	**981**	**3510**	**1284**	**2226**	**6701**	**2566**	**4135**
45	224	87	137	530	184	346	1118	422	696
46	285	96	189	643	237	406	1221	475	746
47	273	112	161	710	259	451	1330	511	819
48	377	134	243	693	264	429	1545	581	964
49	419	168	251	934	340	594	1487	577	910
50-54岁	**1825**	**602**	**1223**	**4366**	**1602**	**2764**	**8355**	**3166**	**5189**
50	421	151	270	1056	380	676	1908	692	1216
51	360	121	239	949	347	602	1822	691	1131
52	409	137	272	886	334	552	1805	687	1118
53	323	97	226	658	250	408	1378	545	833
54	312	96	216	817	291	526	1442	551	891
55-59岁	**1082**	**300**	**782**	**2805**	**950**	**1855**	**6027**	**2122**	**3905**
55	261	84	177	723	250	473	1512	546	966
56	235	65	170	626	241	385	1455	519	936
57	252	67	185	728	239	489	1536	561	975
58	233	66	167	443	146	297	1013	337	676
59	101	18	83	285	74	211	511	159	352
60-64岁	**481**	**102**	**379**	**1241**	**449**	**792**	**2491**	**890**	**1601**
60	83	18	65	332	114	218	753	261	492
61	68	18	50	194	69	125	538	205	333
62	103	22	81	207	74	133	440	169	271
63	119	24	95	244	112	132	386	128	258
64	108	20	88	264	80	184	374	127	247
65岁及以上	**4723**	**1023**	**3700**	**8470**	**2551**	**5919**	**10989**	**3877**	**7112**

5-5　续表 3　　　　单位：人

年　龄	初婚年龄								
	21岁			22岁			23岁		
	小计	男	女	小计	男	女	小计	男	女
总　计	**81694**	**36134**	**45560**	**108020**	**53450**	**54570**	**102083**	**48488**	**53595**
20岁以下									
20-24岁	**1119**	**426**	**693**	**1300**	**646**	**654**	**725**	**334**	**391**
20									
21	67	22	45						
22	265	103	162	202	107	95			
23	333	110	223	467	232	235	183	83	100
24	454	191	263	631	307	324	542	251	291
25-29岁	**3884**	**1809**	**2075**	**4878**	**2563**	**2315**	**4790**	**2341**	**2449**
25	544	250	294	692	337	355	765	372	393
26	656	290	366	821	406	415	791	378	413
27	691	305	386	1008	520	488	957	471	486
28	873	427	446	1032	562	470	1132	539	593
29	1120	537	583	1325	738	587	1145	581	564
30-34岁	**8611**	**4319**	**4292**	**10536**	**5768**	**4768**	**9226**	**4680**	**4546**
30	1394	706	688	1825	1008	817	1598	800	798
31	1718	838	880	1937	1035	902	1862	956	906
32	1729	843	886	2143	1208	935	1748	878	870
33	2024	1054	970	2356	1283	1073	2082	1055	1027
34	1746	878	868	2275	1234	1041	1936	991	945
35-39岁	**7994**	**3773**	**4221**	**10376**	**5514**	**4862**	**8832**	**4539**	**4293**
35	1458	725	733	1679	923	756	1680	880	800
36	1464	723	741	1835	981	854	1503	751	752
37	1634	754	880	1973	1057	916	1701	881	820
38	1989	893	1096	2633	1387	1246	2112	1096	1016
39	1449	678	771	2256	1166	1090	1836	931	905
40-44岁	**8309**	**3804**	**4505**	**10902**	**5677**	**5225**	**9119**	**4509**	**4610**
40	1266	595	671	1719	893	826	1647	852	795
41	1936	899	1037	2114	1091	1023	1843	900	943
42	1798	821	977	2623	1406	1217	1756	857	899
43	1616	728	888	2241	1154	1087	1864	909	955
44	1693	761	932	2205	1133	1072	2009	991	1018
45-49岁	**10383**	**4680**	**5703**	**13007**	**6638**	**6369**	**10958**	**5261**	**5697**
45	1668	761	907	2116	1059	1057	1841	886	955
46	1857	846	1011	2316	1205	1111	1995	969	1026
47	2057	924	1133	2755	1408	1347	2211	1030	1181
48	2291	1040	1251	2758	1407	1351	2486	1195	1291
49	2510	1109	1401	3062	1559	1503	2425	1181	1244
50-54岁	**12910**	**5832**	**7078**	**16288**	**8321**	**7967**	**12247**	**6101**	**6146**
50	2421	1078	1343	3520	1822	1698	2590	1257	1333
51	2687	1255	1432	3010	1531	1479	2433	1169	1264
52	2967	1333	1634	3675	1889	1786	2389	1200	1189
53	2264	1011	1253	2817	1432	1385	2122	1054	1068
54	2571	1155	1416	3266	1647	1619	2713	1421	1292
55-59岁	**11411**	**4834**	**6577**	**16998**	**8247**	**8751**	**16206**	**7556**	**8650**
55	2595	1132	1463	3433	1677	1756	2917	1373	1544
56	2725	1180	1545	3727	1844	1883	3203	1503	1700
57	3147	1317	1830	5262	2545	2717	4729	2236	2493
58	1857	777	1080	2918	1414	1504	3296	1522	1774
59	1087	428	659	1658	767	891	2061	922	1139
60-64岁	**4911**	**1935**	**2976**	**9496**	**4070**	**5426**	**13895**	**6155**	**7740**
60	1338	520	818	2635	1168	1467	2904	1366	1538
61	1290	510	780	2001	859	1142	2743	1212	1531
62	942	365	577	2261	967	1294	3092	1322	1770
63	736	298	438	1535	641	894	3261	1421	1840
64	605	242	363	1064	435	629	1895	834	1061
65岁及以上	**12162**	**4722**	**7440**	**14239**	**6006**	**8233**	**16085**	**7012**	**9073**

5–5 续表 4

单位：人

年龄	初婚年龄								
	24岁			25岁			26岁		
	小计	男	女	小计	男	女	小计	男	女
总计	**99351**	**48522**	**50829**	**93833**	**47402**	**46431**	**73785**	**39348**	**34437**
20岁以下									
20–24岁	**243**	**118**	**125**						
20									
21									
22									
23									
24	243	118	125						
25–29岁	**5575**	**2618**	**2957**	**5653**	**2725**	**2928**	**4098**	**2059**	**2039**
25	768	372	396	407	201	206			
26	1028	459	569	990	464	526	397	200	197
27	1149	511	638	1261	615	646	955	493	462
28	1222	581	641	1513	737	776	1328	657	671
29	1408	695	713	1482	708	774	1418	709	709
30–34岁	**9869**	**4771**	**5098**	**11220**	**5309**	**5911**	**10677**	**5233**	**5444**
30	1804	852	952	2238	1088	1150	1889	925	964
31	1895	913	982	2133	1001	1132	2180	1085	1095
32	2089	1003	1086	2115	1004	1111	2004	977	1027
33	2028	984	1044	2615	1212	1403	2288	1149	1139
34	2053	1019	1034	2119	1004	1115	2316	1097	1219
35–39岁	**9112**	**4466**	**4646**	**10454**	**5127**	**5327**	**9712**	**4944**	**4768**
35	1720	827	893	2041	1008	1033	1894	924	970
36	1788	877	911	2203	1071	1132	1990	1009	981
37	1791	893	898	2239	1107	1132	2037	1029	1008
38	2149	1029	1120	2140	1048	1092	2238	1130	1108
39	1664	840	824	1831	893	938	1553	852	701
40–44岁	**7805**	**3958**	**3847**	**6905**	**3524**	**3381**	**5926**	**3225**	**2701**
40	1520	781	739	1491	747	744	1438	767	671
41	1715	877	838	1654	850	804	1316	698	618
42	1487	752	735	1473	751	722	1247	679	568
43	1329	653	676	1161	567	594	1029	570	459
44	1754	895	859	1126	609	517	896	511	385
45–49岁	**8519**	**4377**	**4142**	**7296**	**4007**	**3289**	**4887**	**2858**	**2029**
45	1487	745	742	1333	714	619	808	487	321
46	1564	813	751	1382	767	615	1056	606	450
47	1791	870	921	1578	863	715	1009	584	425
48	1750	918	832	1504	862	642	1003	597	406
49	1927	1031	896	1499	801	698	1011	584	427
50–54岁	**8564**	**4510**	**4054**	**6234**	**3574**	**2660**	**3987**	**2412**	**1575**
50	1891	1006	885	1674	934	740	1017	624	393
51	1721	898	823	1254	704	550	827	486	341
52	1926	1011	915	1311	775	536	869	527	342
53	1218	616	602	953	561	392	577	346	231
54	1808	979	829	1042	600	442	697	429	268
55–59岁	**13005**	**6705**	**6300**	**9346**	**5191**	**4155**	**5541**	**3200**	**2341**
55	2129	1139	990	1397	804	593	738	451	287
56	2631	1369	1262	1768	957	811	1039	609	430
57	3720	1909	1811	2749	1532	1217	1550	910	640
58	2667	1364	1303	2020	1108	912	1269	704	565
59	1858	924	934	1412	790	622	945	526	419
60–64岁	**16797**	**7922**	**8875**	**14269**	**7340**	**6929**	**9410**	**5206**	**4204**
60	2906	1470	1436	2339	1290	1049	1378	775	603
61	2605	1224	1381	2154	1128	1026	1443	842	601
62	3662	1717	1945	2819	1514	1305	1913	1068	845
63	3814	1759	2055	3537	1736	1801	2188	1223	965
64	3810	1752	2058	3420	1672	1748	2488	1298	1190
65岁及以上	**19862**	**9077**	**10785**	**22456**	**10605**	**11851**	**19547**	**10211**	**9336**

5-5　续表 5　　　　单位：人

年　龄	初婚年龄								
	27岁			28岁			29岁		
	小计	男	女	小计	男	女	小计	男	女
总　计	**54680**	**30616**	**24064**	**38069**	**22472**	**15597**	**26530**	**16027**	**10503**
20岁以下									
20–24岁									
20									
21									
22									
23									
24									
25–29岁	**2607**	**1300**	**1307**	**1122**	**586**	**536**	**341**	**185**	**156**
25									
26									
27	407	208	199						
28	889	440	449	319	164	155			
29	1311	652	659	803	422	381	341	185	156
30–34岁	**8870**	**4536**	**4334**	**6713**	**3649**	**3064**	**4894**	**2767**	**2127**
30	1675	829	846	1326	718	608	787	426	361
31	1709	871	838	1325	718	607	1017	577	440
32	1866	973	893	1305	705	600	979	564	415
33	1810	908	902	1462	801	661	1070	588	482
34	1810	955	855	1295	707	588	1041	612	429
35–39岁	**8527**	**4548**	**3979**	**6486**	**3657**	**2829**	**4732**	**2789**	**1943**
35	1698	894	804	1196	673	523	790	495	295
36	1595	832	763	1368	745	623	973	574	399
37	1765	964	801	1323	741	582	1083	627	456
38	1947	1046	901	1441	812	629	1072	607	465
39	1522	812	710	1158	686	472	814	486	328
40–44岁	**4780**	**2719**	**2061**	**3718**	**2190**	**1528**	**2863**	**1729**	**1134**
40	1039	592	447	913	528	385	685	422	263
41	1242	678	564	822	481	341	681	397	284
42	946	533	413	818	489	329	564	335	229
43	776	461	315	592	350	242	515	313	202
44	777	455	322	573	342	231	418	262	156
45–49岁	**3351**	**2025**	**1326**	**2387**	**1551**	**836**	**1701**	**1100**	**601**
45	624	382	242	507	318	189	364	227	137
46	544	315	229	453	267	186	374	247	127
47	735	439	296	440	293	147	337	220	117
48	739	460	279	496	345	151	263	174	89
49	709	429	280	491	328	163	363	232	131
50–54岁	**2728**	**1704**	**1024**	**1807**	**1181**	**626**	**1441**	**940**	**501**
50	709	438	271	436	283	153	359	221	138
51	603	378	225	392	246	146	328	215	113
52	634	388	246	397	286	111	318	198	120
53	354	231	123	281	167	114	201	137	64
54	428	269	159	301	199	102	235	169	66
55–59岁	**3258**	**2035**	**1223**	**1922**	**1248**	**674**	**1300**	**860**	**440**
55	475	313	162	302	207	95	215	144	71
56	543	337	206	372	264	108	264	177	87
57	945	610	335	524	343	181	336	218	118
58	720	427	293	411	249	162	260	171	89
59	575	348	227	313	185	128	225	150	75
60–64岁	**5557**	**3217**	**2340**	**3280**	**1953**	**1327**	**2141**	**1290**	**851**
60	804	480	324	490	308	182	333	203	130
61	802	481	321	464	271	193	312	194	118
62	1212	694	518	702	423	279	387	247	140
63	1299	729	570	809	473	336	553	315	238
64	1440	833	607	815	478	337	556	331	225
65岁及以上	**15002**	**8532**	**6470**	**10634**	**6457**	**4177**	**7117**	**4367**	**2750**

5-5 续表 6

单位：人

年 龄	初婚年龄								
	30岁			31岁			32岁		
	小计	男	女	小计	男	女	小计	男	女
总 计	**18024**	**11180**	**6844**	**12555**	**7725**	**4830**	**9064**	**5563**	**3501**
20岁以下									
20-24岁									
20									
21									
22									
23									
24									
25-29岁									
25									
26									
27									
28									
29									
30-34岁	**3131**	**1774**	**1357**	**1840**	**1090**	**750**	**944**	**555**	**389**
30	313	171	142						
31	607	355	252	213	139	74			
32	760	420	340	471	275	196	163	100	63
33	768	445	323	579	337	242	353	199	154
34	683	383	300	577	339	238	428	256	172
35-39岁	**3508**	**2059**	**1449**	**2611**	**1513**	**1098**	**2010**	**1164**	**846**
35	714	422	292	464	265	199	368	214	154
36	656	384	272	518	315	203	395	217	178
37	748	433	315	515	283	232	433	257	176
38	840	494	346	605	342	263	423	252	171
39	550	326	224	509	308	201	391	224	167
40-44岁	**2177**	**1381**	**796**	**1696**	**1067**	**629**	**1353**	**839**	**514**
40	517	327	190	380	219	161	299	190	109
41	491	299	192	407	261	146	283	172	111
42	476	288	188	361	228	133	286	172	114
43	320	211	109	290	190	100	243	153	90
44	373	256	117	258	169	89	242	152	90
45-49岁	**1335**	**883**	**452**	**1079**	**705**	**374**	**904**	**589**	**315**
45	308	191	117	234	142	92	181	120	61
46	252	183	69	234	162	72	222	143	79
47	297	190	107	196	132	64	189	112	77
48	248	172	76	233	145	88	162	116	46
49	230	147	83	182	124	58	150	98	52
50-54岁	**1096**	**738**	**358**	**796**	**498**	**298**	**592**	**392**	**200**
50	284	197	87	141	91	50	138	98	40
51	209	140	69	175	119	56	104	71	33
52	256	171	85	170	103	67	111	75	36
53	152	98	54	158	97	61	94	58	36
54	195	132	63	152	88	64	145	90	55
55-59岁	**890**	**597**	**293**	**730**	**465**	**265**	**597**	**394**	**203**
55	174	125	49	129	78	51	129	83	46
56	196	132	64	175	117	58	120	88	32
57	220	149	71	206	139	67	173	117	56
58	197	126	71	131	78	53	100	61	39
59	103	65	38	89	53	36	75	45	30
60-64岁	**1261**	**757**	**504**	**822**	**497**	**325**	**607**	**362**	**245**
60	194	118	76	99	59	40	114	73	41
61	172	100	72	135	85	50	72	47	25
62	269	172	97	187	113	74	135	80	55
63	338	203	135	209	126	83	142	74	68
64	288	164	124	192	114	78	144	88	56
65岁及以上	**4626**	**2991**	**1635**	**2981**	**1890**	**1091**	**2057**	**1268**	**789**

5-5　续表 7　　　　单位：人

年　龄	初婚年龄								
	33岁			34岁			35岁		
	小计	男	女	小计	男	女	小计	男	女
总　计	**6783**	**4165**	**2618**	**5333**	**3239**	**2094**	**3985**	**2307**	**1678**
20岁以下									
20-24岁									
20									
21									
22									
23									
24									
25-29岁									
25									
26									
27									
28									
29									
30-34岁	**425**	**238**	**187**	**109**	**65**	**44**			
30									
31									
32									
33	142	75	67						
34	283	163	120	109	65	44			
35-39岁	**1574**	**909**	**665**	**1284**	**750**	**534**	**878**	**469**	**409**
35	289	164	125	209	124	85	70	40	30
36	278	161	117	275	167	108	164	86	78
37	321	185	136	250	141	109	217	120	97
38	391	228	163	287	165	122	238	131	107
39	295	171	124	263	153	110	189	92	97
40-44岁	**1085**	**648**	**437**	**857**	**500**	**357**	**698**	**397**	**301**
40	229	148	81	213	130	83	158	96	62
41	273	154	119	205	115	90	147	79	68
42	209	126	83	181	110	71	165	88	77
43	188	109	79	123	68	55	121	69	52
44	186	111	75	135	77	58	107	65	42
45-49岁	**726**	**469**	**257**	**676**	**437**	**239**	**541**	**334**	**207**
45	164	105	59	152	98	54	110	68	42
46	135	81	54	143	91	52	110	65	45
47	148	111	37	141	90	51	119	82	37
48	158	100	58	124	79	45	109	64	45
49	121	72	49	116	79	37	93	55	38
50-54岁	**475**	**322**	**153**	**389**	**229**	**160**	**319**	**203**	**116**
50	151	98	53	100	64	36	98	63	35
51	82	61	21	84	47	37	69	43	26
52	81	56	25	85	52	33	79	59	20
53	70	42	28	48	25	23	33	19	14
54	91	65	26	72	41	31	40	19	21
55-59岁	**598**	**383**	**215**	**512**	**323**	**189**	**383**	**235**	**148**
55	127	82	45	93	59	34	64	42	22
56	139	91	48	125	78	47	83	56	27
57	157	89	68	158	94	64	129	71	58
58	105	76	29	85	56	29	65	44	21
59	70	45	25	51	36	15	42	22	20
60-64岁	**460**	**266**	**194**	**381**	**226**	**155**	**291**	**161**	**130**
60	84	48	36	55	32	23	65	40	25
61	70	44	26	71	42	29	49	27	22
62	90	56	34	85	53	32	58	31	27
63	106	62	44	76	37	39	64	36	28
64	110	56	54	94	62	32	55	27	28
65岁及以上	**1440**	**930**	**510**	**1125**	**709**	**416**	**875**	**508**	**367**

5-5 续表 8

单位：人

年龄	初婚年龄								
	36岁			37岁			38岁		
	小计	男	女	小计	男	女	小计	男	女
总　计	**2892**	**1773**	**1119**	**2185**	**1358**	**827**	**1794**	**1143**	**651**
20岁以下									
20-24岁									
20									
21									
22									
23									
24									
25-29岁									
25									
26									
27									
28									
29									
30-34岁									
30									
31									
32									
33									
34									
35-39岁	**509**	**294**	**215**	**306**	**162**	**144**	**121**	**66**	**55**
35									
36	53	33	20						
37	143	89	54	64	33	31			
38	174	97	77	133	72	61	42	24	18
39	139	75	64	109	57	52	79	42	37
40-44岁	**549**	**308**	**241**	**470**	**284**	**186**	**404**	**236**	**168**
40	129	71	58	99	61	38	86	47	39
41	111	50	61	122	76	46	86	55	31
42	129	77	52	97	58	39	87	51	36
43	95	57	38	70	39	31	78	43	35
44	85	53	32	82	50	32	67	40	27
45-49岁	**447**	**284**	**163**	**366**	**241**	**125**	**336**	**215**	**121**
45	78	52	26	62	42	20	60	38	22
46	93	54	39	72	38	34	64	41	23
47	107	66	41	87	55	32	81	49	32
48	84	59	25	72	53	19	78	56	22
49	85	53	32	73	53	20	53	31	22
50-54岁	**283**	**174**	**109**	**242**	**168**	**74**	**227**	**154**	**73**
50	84	53	31	61	41	20	67	49	18
51	63	42	21	56	38	18	49	29	20
52	54	28	26	57	44	13	44	35	9
53	40	24	16	37	25	12	33	23	10
54	42	27	15	31	20	11	34	18	16
55-59岁	**258**	**176**	**82**	**187**	**134**	**53**	**163**	**119**	**44**
55	32	26	6	37	22	15	25	17	8
56	51	35	16	42	28	14	31	22	9
57	65	46	19	51	40	11	35	25	10
58	61	42	19	32	24	8	46	34	12
59	49	27	22	25	20	5	26	21	5
60-64岁	**249**	**154**	**95**	**172**	**105**	**67**	**147**	**90**	**57**
60	42	27	15	38	25	13	30	19	11
61	41	25	16	42	25	17	25	15	10
62	57	35	22	22	13	9	34	23	11
63	54	33	21	35	27	8	38	22	16
64	55	34	21	35	15	20	20	11	9
65岁及以上	**597**	**383**	**214**	**442**	**264**	**178**	**396**	**263**	**133**

5-5 续表 9

单位：人

年 龄	初婚年龄					
	39岁			40岁及以上		
	小计	男	女	小计	男	女
总 计	**1370**	**852**	**518**	**7653**	**4706**	**2947**
20岁以下						
20-24岁						
20						
21						
22						
23						
24						
25-29岁						
25						
26						
27						
28						
29						
30-34岁						
30						
31						
32						
33						
34						
35-39岁	**30**	**19**	**11**			
35						
36						
37						
38						
39	30	19	11			
40-44岁	**308**	**178**	**130**	**575**	**313**	**262**
40	61	37	24	34	18	16
41	72	31	41	92	50	42
42	57	38	19	115	56	59
43	61	35	26	155	82	73
44	57	37	20	179	107	72
45-49岁	**268**	**166**	**102**	**1228**	**748**	**480**
45	60	38	22	172	105	67
46	55	28	27	217	113	104
47	59	39	20	270	162	108
48	50	30	20	291	191	100
49	44	31	13	278	177	101
50-54岁	**218**	**138**	**80**	**1181**	**779**	**402**
50	77	52	25	292	192	100
51	41	22	19	230	156	74
52	42	31	11	256	165	91
53	26	16	10	187	117	70
54	32	17	15	216	149	67
55-59岁	**123**	**78**	**45**	**1109**	**733**	**376**
55	34	22	12	215	142	73
56	34	18	16	274	178	96
57	27	19	8	301	196	105
58	12	7	5	198	138	60
59	16	12	4	121	79	42
60-64岁	**142**	**89**	**53**	**916**	**588**	**328**
60	27	19	8	174	123	51
61	26	16	10	142	86	56
62	29	20	9	176	119	57
63	35	20	15	216	136	80
64	25	14	11	208	124	84
65岁及以上	**281**	**184**	**97**	**2644**	**1545**	**1099**

5-5a 全市分年龄、性别、初婚年龄的人口(城市)

单位：人

年龄	初婚年龄					
	合计			15岁以下		
	合计	男	女	小计	男	女
总计	**667409**	**326735**	**340674**	**336**	**112**	**224**
20岁以下	**61**	**21**	**40**	**1**	**1**	
20-24岁	**3666**	**1417**	**2249**	**9**	**3**	**6**
20	127	41	86	1	1	
21	227	59	168	2		2
22	564	224	340	1	1	
23	996	364	632	1		1
24	1752	729	1023	4	1	3
25-29岁	**29781**	**13834**	**15947**	**16**	**8**	**8**
25	2853	1282	1571	2	1	1
26	4170	1824	2346	3	1	2
27	5762	2644	3118	4	3	1
28	7605	3579	4026	4	1	3
29	9391	4505	4886	3	2	1
30-34岁	**79368**	**39143**	**40225**	**32**	**14**	**18**
30	13446	6480	6966	7	4	3
31	15140	7450	7690	2	2	
32	15880	7913	7967	6	3	3
33	17842	8847	8995	6	1	5
34	17060	8453	8607	11	4	7
35-39岁	**81834**	**41304**	**40530**	**28**	**13**	**15**
35	14946	7581	7365	7	4	3
36	15868	7991	7877	3	1	2
37	16973	8625	8348	6	2	4
38	18923	9459	9464	8	4	4
39	15124	7648	7476	4	2	2
40-44岁	**63409**	**32105**	**31304**	**27**	**11**	**16**
40	12776	6595	6181	2	1	1
41	14057	7042	7015	8	4	4
42	13324	6761	6563	4	1	3
43	11524	5736	5788	6	2	4
44	11728	5971	5757	7	3	4
45-49岁	**62420**	**31585**	**30835**	**38**	**10**	**28**
45	10988	5539	5449	7	2	5
46	11722	5971	5751	8	3	5
47	13074	6612	6462	10	2	8
48	13150	6731	6419	2	1	1
49	13486	6732	6754	11	2	9
50-54岁	**63041**	**31683**	**31358**	**36**	**14**	**22**
50	14477	7281	7196	9	3	6
51	13125	6553	6572	10	3	7
52	13871	7021	6850	9	3	6
53	9885	4890	4995	2	1	1
54	11683	5938	5745	6	4	2
55-59岁	**72129**	**35773**	**36356**	**20**	**7**	**13**
55	12800	6364	6436	10	3	7
56	14990	7474	7516	2	1	1
57	20879	10430	10449	4	2	2
58	14056	6942	7114	3	1	2
59	9404	4563	4841	1		1
60-64岁	**71146**	**34685**	**36461**	**14**	**4**	**10**
60	13842	6816	7026	1		1
61	12571	6115	6456	1	1	
62	15019	7380	7639	4	1	3
63	15605	7549	8056	2	1	1
64	14109	6825	7284	6	1	5
65岁及以上	**140554**	**65185**	**75369**	**115**	**27**	**88**

5-5a　续表 1　　　　　　　　　　　　　　　　　　　　　　　　　　　　　　单位：人

年　龄	初婚年龄								
	15岁			16岁			17岁		
	小计	男	女	小计	男	女	小计	男	女
总　计	**1480**	**490**	**990**	**2460**	**697**	**1763**	**4558**	**1236**	**3322**
20岁以下	**6**		**6**	**13**	**5**	**8**	**15**	**6**	**9**
20-24岁	**26**	**10**	**16**	**64**	**23**	**41**	**109**	**21**	**88**
20	3		3	9	5	4	22	6	16
21	9	5	4	14	3	11	7	1	6
22	6	1	5	8	3	5	30	8	22
23	3	1	2	14	4	10	18	2	16
24	5	3	2	19	8	11	32	4	28
25-29岁	**51**	**24**	**27**	**108**	**42**	**66**	**228**	**85**	**143**
25	6	3	3	16	5	11	41	11	30
26	9	4	5	17	5	12	30	6	24
27	11	4	7	28	13	15	43	17	26
28	10	3	7	25	10	15	56	26	30
29	15	10	5	22	9	13	58	25	33
30-34岁	**159**	**66**	**93**	**221**	**90**	**131**	**377**	**145**	**232**
30	34	16	18	26	8	18	68	35	33
31	35	11	24	51	24	27	67	21	46
32	30	10	20	47	21	26	83	34	49
33	38	16	22	58	21	37	91	29	62
34	22	13	9	39	16	23	68	26	42
35-39岁	**130**	**59**	**71**	**186**	**81**	**105**	**335**	**124**	**211**
35	42	16	26	33	19	14	47	18	29
36	34	16	18	54	22	32	67	25	42
37	14	11	3	38	19	19	92	35	57
38	17	7	10	42	15	27	78	32	46
39	23	9	14	19	6	13	51	14	37
40-44岁	**108**	**47**	**61**	**152**	**55**	**97**	**281**	**97**	**184**
40	16	9	7	16	7	9	50	22	28
41	16	6	10	38	9	29	63	24	39
42	23	10	13	30	10	20	52	14	38
43	26	10	16	33	16	17	60	23	37
44	27	12	15	35	13	22	56	14	42
45-49岁	**156**	**68**	**88**	**256**	**90**	**166**	**454**	**164**	**290**
45	31	13	18	41	10	31	64	22	42
46	35	19	16	55	27	28	63	18	45
47	33	14	19	62	23	39	118	54	64
48	30	13	17	57	22	35	121	40	81
49	27	9	18	41	8	33	88	30	58
50-54岁	**156**	**65**	**91**	**232**	**82**	**150**	**459**	**154**	**305**
50	33	15	18	46	16	30	85	30	55
51	31	13	18	52	16	36	101	33	68
52	35	14	21	46	16	30	118	34	84
53	32	15	17	47	20	27	87	28	59
54	25	8	17	41	14	27	68	29	39
55-59岁	**97**	**43**	**54**	**151**	**46**	**105**	**300**	**100**	**200**
55	36	14	22	38	14	24	77	29	48
56	22	12	10	53	17	36	71	20	51
57	20	10	10	30	9	21	85	29	56
58	14	6	8	23	6	17	53	17	36
59	5	1	4	7		7	14	5	9
60-64岁	**60**	**15**	**45**	**74**	**22**	**52**	**129**	**35**	**94**
60	15	2	13	14	4	10	26	5	21
61	12	4	8	12	6	6	27	5	22
62	9	2	7	13	2	11	25	11	14
63	15	4	11	12	3	9	29	9	20
64	9	3	6	23	7	16	22	5	17
65岁及以上	**531**	**93**	**438**	**1003**	**161**	**842**	**1871**	**305**	**1566**

5-5a 续表 2

单位：人

年龄	初婚年龄								
	18岁			19岁			20岁		
	小计	男	女	小计	男	女	小计	男	女
总 计	**8269**	**2411**	**5858**	**17224**	**5540**	**11684**	**31543**	**10300**	**21243**
20岁以下	**20**	**6**	**14**	**6**	**3**	**3**			
20-24岁	**176**	**70**	**106**	**325**	**107**	**218**	**551**	**142**	**409**
20	20	8	12	31	12	19	41	9	32
21	24	11	13	57	15	42	66	10	56
22	38	16	22	69	29	40	106	31	75
23	38	12	26	71	18	53	154	40	114
24	56	23	33	97	33	64	184	52	132
25-29岁	**527**	**188**	**339**	**951**	**351**	**600**	**1592**	**565**	**1027**
25	88	40	48	113	47	66	215	56	159
26	95	25	70	153	63	90	253	81	172
27	86	30	56	210	68	142	298	110	188
28	117	48	69	210	89	121	385	154	231
29	141	45	96	265	84	181	441	164	277
30-34岁	**776**	**294**	**482**	**1741**	**604**	**1137**	**3494**	**1338**	**2156**
30	181	65	116	366	132	234	695	254	441
31	149	63	86	363	128	235	747	299	448
32	143	53	90	355	117	238	691	296	395
33	168	60	108	325	114	211	741	296	445
34	135	53	82	332	113	219	620	193	427
35-39岁	**645**	**210**	**435**	**1356**	**452**	**904**	**2736**	**904**	**1832**
35	118	36	82	279	78	201	523	171	352
36	104	37	67	256	90	166	551	201	350
37	107	36	71	223	85	138	587	196	391
38	181	59	122	272	85	187	600	201	399
39	135	42	93	326	114	212	475	135	340
40-44岁	**594**	**190**	**404**	**1316**	**436**	**880**	**2924**	**914**	**2010**
40	104	29	75	250	90	160	558	172	386
41	129	36	93	263	97	166	652	215	437
42	108	36	72	274	84	190	618	200	418
43	133	48	85	244	68	176	561	161	400
44	120	41	79	285	97	188	535	166	369
45-49岁	**816**	**307**	**509**	**1834**	**599**	**1235**	**3747**	**1171**	**2576**
45	120	40	80	274	77	197	597	184	413
46	144	52	92	323	106	217	700	224	476
47	135	56	79	379	132	247	740	240	500
48	183	66	117	357	124	233	873	258	615
49	234	93	141	501	160	341	837	265	572
50-54岁	**949**	**317**	**632**	**2451**	**841**	**1610**	**4969**	**1576**	**3393**
50	210	80	130	591	185	406	1160	345	815
51	188	58	130	532	192	340	1128	349	779
52	211	69	142	506	173	333	1107	354	753
53	171	55	116	382	132	250	769	260	509
54	169	55	114	440	159	281	805	268	537
55-59岁	**601**	**182**	**419**	**1563**	**514**	**1049**	**3621**	**1096**	**2525**
55	148	57	91	386	133	253	889	281	608
56	129	40	89	334	130	204	878	275	603
57	143	40	103	421	129	292	912	285	627
58	124	32	92	258	78	180	633	176	457
59	57	13	44	164	44	120	309	79	230
60-64岁	**249**	**59**	**190**	**650**	**234**	**416**	**1373**	**474**	**899**
60	45	13	32	193	63	130	441	135	306
61	40	11	29	108	38	70	309	115	194
62	49	13	36	109	44	65	236	96	140
63	60	10	50	107	49	58	193	58	135
64	55	12	43	133	40	93	194	70	124
65岁及以上	**2916**	**588**	**2328**	**5031**	**1399**	**3632**	**6536**	**2120**	**4416**

5-5a　续表 3　　　　单位：人

年　龄	初婚年龄								
	21岁			22岁			23岁		
	小计	男	女	小计	男	女	小计	男	女
总　计	**50953**	**20640**	**30313**	**75251**	**35573**	**39678**	**77134**	**35304**	**41830**
20岁以下									
20-24岁	**739**	**257**	**482**	**932**	**443**	**489**	**541**	**251**	**290**
20									
21	48	14	34						
22	166	63	103	140	72	68			
23	234	70	164	338	159	179	125	58	67
24	291	110	181	454	212	242	416	193	223
25-29岁	**2481**	**1072**	**1409**	**3517**	**1802**	**1715**	**3742**	**1779**	**1963**
25	340	145	195	481	224	257	594	287	307
26	404	157	247	571	277	294	620	286	334
27	431	180	251	730	372	358	751	365	386
28	581	256	325	777	408	369	887	403	484
29	725	334	391	958	521	437	890	438	452
30-34岁	**5464**	**2587**	**2877**	**7575**	**4032**	**3543**	**7234**	**3507**	**3727**
30	894	421	473	1287	687	600	1213	585	628
31	1074	504	570	1395	735	660	1471	719	752
32	1119	520	599	1538	855	683	1354	653	701
33	1264	640	624	1714	894	820	1642	793	849
34	1113	502	611	1641	861	780	1554	757	797
35-39岁	**5017**	**2192**	**2825**	**7494**	**3806**	**3688**	**7000**	**3405**	**3595**
35	907	437	470	1224	664	560	1337	662	675
36	910	421	489	1358	690	668	1199	564	635
37	1065	443	622	1433	728	705	1380	660	720
38	1247	515	732	1873	929	944	1634	816	818
39	888	376	512	1606	795	811	1450	703	747
40-44岁	**5096**	**2110**	**2986**	**7720**	**3815**	**3905**	**7186**	**3385**	**3801**
40	800	348	452	1202	594	608	1306	642	664
41	1175	491	684	1519	741	778	1435	663	772
42	1130	463	667	1891	977	914	1367	631	736
43	979	392	587	1584	771	813	1471	678	793
44	1012	416	596	1524	732	792	1607	771	836
45-49岁	**6267**	**2542**	**3725**	**8957**	**4389**	**4568**	**8360**	**3855**	**4505**
45	1025	413	612	1461	698	763	1418	650	768
46	1120	467	653	1573	782	791	1539	722	817
47	1251	521	730	1945	961	984	1707	762	945
48	1357	559	798	1905	933	972	1875	869	1006
49	1514	582	932	2073	1015	1058	1821	852	969
50-54岁	**8166**	**3330**	**4836**	**11205**	**5498**	**5707**	**9085**	**4488**	**4597**
50	1531	595	936	2448	1214	1234	1978	953	1025
51	1767	767	1000	2147	1044	1103	1827	885	942
52	1873	756	1117	2575	1286	1289	1839	920	919
53	1422	580	842	1919	939	980	1485	717	768
54	1573	632	941	2116	1015	1101	1956	1013	943
55-59岁	**7276**	**2813**	**4463**	**12131**	**5631**	**6500**	**12294**	**5618**	**6676**
55	1626	645	981	2381	1108	1273	2092	961	1131
56	1710	673	1037	2638	1248	1390	2429	1131	1298
57	2035	791	1244	3813	1770	2043	3656	1713	1943
58	1170	449	721	2080	972	1108	2495	1123	1372
59	735	255	480	1219	533	686	1622	690	932
60-64岁	**2931**	**1069**	**1862**	**6472**	**2651**	**3821**	**10495**	**4459**	**6036**
60	920	316	604	1968	829	1139	2312	1033	1279
61	823	306	517	1486	624	862	2205	935	1270
62	548	198	350	1471	596	875	2433	1006	1427
63	358	142	216	949	374	575	2296	958	1338
64	282	107	175	598	228	370	1249	527	722
65岁及以上	**7516**	**2668**	**4848**	**9248**	**3506**	**5742**	**11197**	**4557**	**6640**

5-5a 续表 4

单位：人

年龄	初婚年龄								
	24岁			25岁			26岁		
	小计	男	女	小计	男	女	小计	男	女
总计	**81084**	**38598**	**42486**	**81181**	**40401**	**40780**	**65709**	**34805**	**30904**
20岁以下									
20-24岁	**194**	**90**	**104**						
20									
21									
22									
23									
24	194	90	104						
25-29岁	**4592**	**2088**	**2504**	**4817**	**2278**	**2539**	**3579**	**1759**	**1820**
25	626	300	326	331	163	168			
26	848	367	481	824	379	445	343	173	170
27	951	400	551	1050	496	554	822	412	410
28	1002	457	545	1320	639	681	1169	564	605
29	1165	564	601	1292	601	691	1245	610	635
30-34岁	**8320**	**3922**	**4398**	**10019**	**4656**	**5363**	**9650**	**4680**	**4970**
30	1465	681	784	1951	927	1024	1658	800	858
31	1583	737	846	1896	865	1031	1924	950	974
32	1773	833	940	1886	891	995	1807	870	937
33	1742	831	911	2350	1077	1273	2098	1049	1049
34	1757	840	917	1936	896	1040	2163	1011	1152
35-39岁	**7918**	**3752**	**4166**	**9557**	**4588**	**4969**	**9050**	**4574**	**4476**
35	1472	689	783	1837	897	940	1777	863	914
36	1564	735	829	2026	961	1065	1872	949	923
37	1591	773	818	2084	1017	1067	1895	953	942
38	1870	863	1007	1957	935	1022	2074	1034	1040
39	1421	692	729	1653	778	875	1432	775	657
40-44岁	**6565**	**3237**	**3328**	**6202**	**3103**	**3099**	**5416**	**2898**	**2518**
40	1302	646	656	1355	660	695	1348	707	641
41	1453	719	734	1472	738	734	1187	618	569
42	1233	607	626	1321	661	660	1139	611	528
43	1114	543	571	1045	503	542	926	502	424
44	1463	722	741	1009	541	468	816	460	356
45-49岁	**7061**	**3586**	**3475**	**6360**	**3437**	**2923**	**4366**	**2558**	**1808**
45	1239	610	629	1184	627	557	728	432	296
46	1292	669	623	1217	660	557	967	557	410
47	1523	729	794	1382	736	646	904	531	373
48	1454	744	710	1307	741	566	886	534	352
49	1553	834	719	1270	673	597	881	504	377
50-54岁	**6774**	**3581**	**3193**	**5117**	**3000**	**2117**	**3395**	**2095**	**1300**
50	1497	793	704	1394	799	595	887	543	344
51	1398	733	665	1062	611	451	702	416	286
52	1541	795	746	1084	647	437	752	473	279
53	946	484	462	744	453	291	474	294	180
54	1392	776	616	833	490	343	580	369	211
55-59岁	**10729**	**5529**	**5200**	**8072**	**4521**	**3551**	**4904**	**2867**	**2037**
55	1662	913	749	1144	674	470	623	392	231
56	2196	1136	1060	1505	816	689	908	546	362
57	3102	1587	1515	2374	1343	1031	1397	828	569
58	2186	1109	1077	1784	983	801	1122	626	496
59	1583	784	799	1265	705	560	854	475	379
60-64岁	**13703**	**6295**	**7408**	**12430**	**6349**	**6081**	**8397**	**4630**	**3767**
60	2415	1205	1210	2033	1122	911	1229	686	543
61	2212	1025	1187	1927	1016	911	1281	746	535
62	3030	1392	1638	2451	1300	1151	1680	931	749
63	3179	1421	1758	3050	1488	1562	1972	1098	874
64	2867	1252	1615	2969	1423	1546	2235	1169	1066
65岁及以上	**15228**	**6518**	**8710**	**18607**	**8469**	**10138**	**16952**	**8744**	**8208**

5-5a 续表 5

单位：人

年 龄	初婚年龄								
	27岁			28岁			29岁		
	小计	男	女	小计	男	女	小计	男	女
总 计	**49403**	**27584**	**21819**	**34549**	**20360**	**14189**	**23898**	**14408**	**9490**
20岁以下									
20-24岁									
20									
21									
22									
23									
24									
25-29岁	**2274**	**1120**	**1154**	**1008**	**515**	**493**	**298**	**158**	**140**
25									
26									
27	347	174	173						
28	782	383	399	280	138	142			
29	1145	563	582	728	377	351	298	158	140
30-34岁	**8081**	**4113**	**3968**	**6129**	**3320**	**2809**	**4380**	**2474**	**1906**
30	1479	723	756	1172	630	542	684	370	314
31	1548	793	755	1198	644	554	907	517	390
32	1711	886	825	1221	660	561	893	518	375
33	1671	838	833	1341	733	608	950	510	440
34	1672	873	799	1197	653	544	946	559	387
35-39岁	**8038**	**4259**	**3779**	**6100**	**3434**	**2666**	**4414**	**2598**	**1816**
35	1587	831	756	1098	619	479	712	448	264
36	1513	788	725	1297	701	596	909	530	379
37	1675	918	757	1252	708	544	1030	599	431
38	1826	968	858	1348	755	593	1010	573	437
39	1437	754	683	1105	651	454	753	448	305
40-44岁	**4446**	**2519**	**1927**	**3479**	**2056**	**1423**	**2662**	**1603**	**1059**
40	975	553	422	850	498	352	643	391	252
41	1164	637	527	771	452	319	634	370	264
42	885	496	389	768	461	307	517	309	208
43	717	419	298	561	336	225	481	292	189
44	705	414	291	529	309	220	387	241	146
45-49岁	**3020**	**1830**	**1190**	**2178**	**1415**	**763**	**1550**	**1016**	**534**
45	576	347	229	466	292	174	336	211	125
46	490	284	206	411	243	168	354	236	118
47	672	407	265	402	265	137	311	205	106
48	664	415	249	455	315	140	234	161	73
49	618	377	241	444	300	144	315	203	112
50-54岁	**2338**	**1492**	**846**	**1539**	**1039**	**500**	**1231**	**818**	**413**
50	615	382	233	369	247	122	313	197	116
51	525	333	192	346	227	119	286	186	100
52	533	340	193	337	253	84	272	175	97
53	298	199	99	233	142	91	161	115	46
54	367	238	129	254	170	84	199	145	54
55-59岁	**2899**	**1822**	**1077**	**1707**	**1132**	**575**	**1147**	**764**	**383**
55	403	263	140	253	182	71	179	121	58
56	487	308	179	330	236	94	237	160	77
57	848	551	297	476	315	161	292	190	102
58	647	388	259	362	227	135	241	161	80
59	514	312	202	286	172	114	198	132	66
60-64岁	**4944**	**2895**	**2049**	**2862**	**1694**	**1168**	**1861**	**1107**	**754**
60	722	442	280	429	274	155	300	187	113
61	732	442	290	417	250	167	274	170	104
62	1047	608	439	604	364	240	345	218	127
63	1138	639	499	703	400	303	478	267	211
64	1305	764	541	709	406	303	464	265	199
65岁及以上	**13363**	**7534**	**5829**	**9547**	**5755**	**3792**	**6355**	**3870**	**2485**

5-5a 续表 6　　单位：人

年　龄	初婚年龄								
	30岁			31岁			32岁		
	小计	男	女	小计	男	女	小计	男	女
总　计	**16130**	**9977**	**6153**	**11052**	**6821**	**4231**	**7922**	**4843**	**3079**
20岁以下									
20-24岁									
20									
21									
22									
23									
24									
25-29岁									
25									
26									
27									
28									
29									
30-34岁	**2808**	**1590**	**1218**	**1618**	**954**	**664**	**836**	**495**	**341**
30	266	142	124						
31	545	320	225	185	118	67			
32	675	372	303	409	233	176	139	88	51
33	696	402	294	503	297	206	318	179	139
34	626	354	272	521	306	215	379	228	151
35-39岁	**3277**	**1930**	**1347**	**2416**	**1413**	**1003**	**1843**	**1063**	**780**
35	665	392	273	424	245	179	336	192	144
36	600	356	244	483	297	186	368	202	166
37	713	415	298	475	262	213	406	239	167
38	785	461	324	559	323	236	381	225	156
39	514	306	208	475	286	189	352	205	147
40-44岁	**2016**	**1277**	**739**	**1540**	**980**	**560**	**1237**	**778**	**459**
40	481	301	180	351	206	145	270	173	97
41	452	278	174	369	236	133	258	159	99
42	443	267	176	325	209	116	266	164	102
43	293	193	100	260	174	86	224	144	80
44	347	238	109	235	155	80	219	138	81
45-49岁	**1210**	**805**	**405**	**963**	**642**	**321**	**804**	**527**	**277**
45	283	177	106	213	132	81	163	111	52
46	236	172	64	212	145	67	197	125	72
47	270	174	96	180	122	58	163	99	64
48	213	148	65	202	133	69	144	102	42
49	208	134	74	156	110	46	137	90	47
50-54岁	**925**	**630**	**295**	**669**	**434**	**235**	**483**	**327**	**156**
50	248	172	76	118	77	41	117	85	32
51	185	125	60	155	106	49	90	64	26
52	215	145	70	148	95	53	98	68	30
53	121	81	40	123	80	43	72	46	26
54	156	107	49	125	76	49	106	64	42
55-59岁	**748**	**505**	**243**	**596**	**391**	**205**	**478**	**325**	**153**
55	130	95	35	100	63	37	106	72	34
56	170	118	52	140	97	43	98	73	25
57	185	125	60	171	120	51	142	96	46
58	172	111	61	108	66	42	73	47	26
59	91	56	35	77	45	32	59	37	22
60-64岁	**1073**	**635**	**438**	**681**	**405**	**276**	**506**	**295**	**211**
60	165	105	60	86	53	33	96	61	35
61	144	81	63	115	67	48	61	38	23
62	238	150	88	162	94	68	110	64	46
63	289	170	119	164	98	66	119	61	58
64	237	129	108	154	93	61	120	71	49
65岁及以上	**4073**	**2605**	**1468**	**2569**	**1602**	**967**	**1735**	**1033**	**702**

5-5a　续表 7　　　　　　　　　　　　　　　　　　　　　　　　　　　　　　单位：人

年　龄	初婚年龄								
	33岁			34岁			35岁		
	小计	男	女	小计	男	女	小计	男	女
总　计	**5891**	**3638**	**2253**	**4591**	**2785**	**1806**	**3462**	**1992**	**1470**
20岁以下									
20-24岁									
20									
21									
22									
23									
24									
25-29岁									
25									
26									
27									
28									
29									
30-34岁	**367**	**212**	**155**	**87**	**50**	**37**			
30									
31									
32									
33	126	67	59						
34	241	145	96	87	50	37			
35-39岁	**1448**	**838**	**610**	**1174**	**689**	**485**	**807**	**435**	**372**
35	267	152	115	189	109	80	65	39	26
36	264	151	113	238	147	91	152	79	73
37	285	170	115	235	134	101	198	111	87
38	359	207	152	271	157	114	221	122	99
39	273	158	115	241	142	99	171	84	87
40-44岁	**986**	**599**	**387**	**773**	**456**	**317**	**636**	**363**	**273**
40	208	137	71	186	117	69	141	88	53
41	248	142	106	186	103	83	136	72	64
42	186	115	71	162	100	62	150	82	68
43	173	101	72	114	62	52	113	65	48
44	171	104	67	125	74	51	96	56	40
45-49岁	**641**	**424**	**217**	**599**	**396**	**203**	**479**	**298**	**181**
45	147	94	53	140	91	49	99	59	40
46	120	76	44	128	82	46	97	61	36
47	129	99	30	127	83	44	106	72	34
48	137	88	49	105	72	33	96	58	38
49	108	67	41	99	68	31	81	48	33
50-54岁	**397**	**278**	**119**	**328**	**199**	**129**	**272**	**176**	**96**
50	128	87	41	90	58	32	89	56	33
51	69	50	19	76	42	34	56	35	21
52	63	47	16	66	45	21	67	54	13
53	59	36	23	39	22	17	28	16	12
54	78	58	20	57	32	25	32	15	17
55-59岁	**494**	**326**	**168**	**412**	**266**	**146**	**311**	**193**	**118**
55	101	70	31	75	46	29	52	33	19
56	116	77	39	101	64	37	70	48	22
57	132	75	57	122	77	45	102	58	44
58	86	66	20	70	47	23	55	37	18
59	59	38	21	44	32	12	32	17	15
60-64岁	**377**	**220**	**157**	**310**	**180**	**130**	**240**	**128**	**112**
60	65	38	27	48	28	20	51	31	20
61	62	38	24	58	36	22	36	20	16
62	70	46	24	67	39	28	50	27	23
63	92	56	36	62	30	32	57	32	25
64	88	42	46	75	47	28	46	18	28
65岁及以上	**1181**	**741**	**440**	**908**	**549**	**359**	**717**	**399**	**318**

5-5a 续表 8

单位：人

年 龄	初婚年龄								
	36岁			37岁			38岁		
	小计	男	女	小计	男	女	小计	男	女
总 计	**2490**	**1519**	**971**	**1911**	**1177**	**734**	**1551**	**974**	**577**
20岁以下									
20-24岁									
20									
21									
22									
23									
24									
25-29岁									
25									
26									
27									
28									
29									
30-34岁									
30									
31									
32									
33									
34									
35-39岁	**451**	**263**	**188**	**280**	**146**	**134**	**108**	**59**	**49**
35									
36	46	28	18						
37	128	80	48	61	31	30			
38	155	87	68	122	67	55	33	19	14
39	122	68	54	97	48	49	75	40	35
40-44岁	**500**	**283**	**217**	**429**	**258**	**171**	**373**	**216**	**157**
40	118	65	53	85	51	34	82	47	35
41	101	45	56	111	69	42	79	50	29
42	118	72	46	91	56	35	80	45	35
43	83	52	31	70	39	31	70	37	33
44	80	49	31	72	43	29	62	37	25
45-49岁	**393**	**252**	**141**	**336**	**220**	**116**	**305**	**197**	**108**
45	71	46	25	58	41	17	52	34	18
46	83	48	35	70	37	33	59	38	21
47	92	58	34	78	47	31	73	43	30
48	74	55	19	63	46	17	74	53	21
49	73	45	28	67	49	18	47	29	18
50-54岁	**245**	**150**	**95**	**216**	**152**	**64**	**200**	**133**	**67**
50	78	48	30	56	38	18	57	42	15
51	57	38	19	53	36	17	47	27	20
52	42	21	21	48	38	10	39	31	8
53	33	19	14	32	24	8	26	18	8
54	35	24	11	27	16	11	31	15	16
55-59岁	**224**	**155**	**69**	**155**	**113**	**42**	**141**	**104**	**37**
55	26	21	5	31	18	13	23	16	7
56	48	34	14	34	23	11	28	21	7
57	55	39	16	45	35	10	29	22	7
58	51	37	14	26	22	4	39	27	12
59	44	24	20	19	15	4	22	18	4
60-64岁	**198**	**123**	**75**	**138**	**85**	**53**	**117**	**70**	**47**
60	38	23	15	35	24	11	26	16	10
61	31	20	11	33	19	14	20	12	8
62	45	27	18	19	12	7	32	21	11
63	38	24	14	25	20	5	27	16	11
64	46	29	17	26	10	16	12	5	7
65岁及以上	**479**	**293**	**186**	**357**	**203**	**154**	**307**	**195**	**112**

5-5a　续表 9　　单位：人

年　龄	初婚年龄					
	39岁			40岁及以上		
	小计	男	女	小计	男	女
总　计	**1152**	**702**	**450**	**6225**	**3848**	**2377**
20岁以下						
20-24岁						
20						
21						
22						
23						
24						
25-29岁						
25						
26						
27						
28						
29						
30-34岁						
30						
31						
32						
33						
34						
35-39岁	**26**	**17**	**9**			
35						
36						
37						
38						
39	26	17	9			
40-44岁	**271**	**151**	**120**	**474**	**268**	**206**
40	50	27	23	27	14	13
41	61	25	36	77	43	34
42	53	34	19	90	46	44
43	54	30	24	129	75	54
44	53	35	18	151	90	61
45-49岁	**232**	**145**	**87**	**1038**	**642**	**396**
45	51	33	18	144	93	51
46	48	24	24	181	94	87
47	52	34	18	230	143	87
48	42	26	16	240	155	85
49	39	28	11	243	157	86
50-54岁	**192**	**122**	**70**	**1012**	**692**	**320**
50	73	49	24	257	172	85
51	35	20	15	200	144	56
52	32	24	8	215	145	70
53	22	13	9	158	101	57
54	30	16	14	182	130	52
55-59岁	**113**	**73**	**40**	**945**	**637**	**308**
55	33	22	11	176	118	58
56	30	17	13	226	153	73
57	24	17	7	264	174	90
58	11	6	5	170	122	48
59	15	11	4	109	70	39
60-64岁	**111**	**71**	**40**	**751**	**481**	**270**
60	25	18	7	144	103	41
61	23	14	9	122	76	46
62	23	17	6	149	101	48
63	23	13	10	168	108	60
64	17	9	8	168	93	75
65岁及以上	**207**	**123**	**84**	**2005**	**1128**	**877**

5-5b 全市分年龄、性别、初婚年龄的人口(镇)

单位：人

年龄	初婚年龄					
	合计			15岁以下		
	合计	男	女	小计	男	女
总计	**50282**	**25981**	**24301**	**61**	**13**	**48**
20岁以下	**14**	**4**	**10**			
20-24岁	**659**	**278**	**381**	**4**	**2**	**2**
20	31	8	23			
21	59	20	39	1		1
22	105	43	62	2	2	
23	186	78	108	1		1
24	278	129	149			
25-29岁	**3183**	**1619**	**1564**	**6**		**6**
25	416	196	220	1		1
26	540	258	282	1		1
27	629	307	322			
28	746	394	352	3		3
29	852	464	388	1		1
30-34岁	**6346**	**3447**	**2899**	**10**	**2**	**8**
30	1245	681	564	4	2	2
31	1253	676	577			
32	1243	653	590	3		3
33	1348	727	621	2		2
34	1257	710	547	1		1
35-39岁	**5509**	**3030**	**2479**	**6**	**1**	**5**
35	1056	582	474	1	1	
36	1041	578	463	1		1
37	1099	617	482	1		1
38	1253	665	588	2		2
39	1060	588	472	1		1
40-44岁	**5163**	**2778**	**2385**	**6**	**2**	**4**
40	957	520	437	2		2
41	1090	593	497	1	1	
42	1123	611	512	1	1	
43	974	490	484	1		1
44	1019	564	455	1		1
45-49岁	**5813**	**3078**	**2735**	**4**		**4**
45	1007	541	466			
46	1102	590	512			
47	1134	563	571			
48	1225	659	566	2		2
49	1345	725	620	2		2
50-54岁	**5967**	**3132**	**2835**	**7**	**2**	**5**
50	1339	725	614	2	1	1
51	1109	570	539	1	1	
52	1312	676	636	3		3
53	1057	551	506	1		1
54	1150	610	540			
55-59岁	**5070**	**2560**	**2510**	**4**	**1**	**3**
55	1232	640	592	1		1
56	1123	569	554			
57	1400	720	680			
58	822	398	424	3	1	2
59	493	233	260			
60-64岁	**3991**	**1982**	**2009**	**3**		**3**
60	764	384	380	1		1
61	637	315	322			
62	831	405	426	1		1
63	893	444	449	1		1
64	866	434	432			
65岁及以上	**8567**	**4073**	**4494**	**11**	**3**	**8**

5-5b 续表 1

单位：人

年 龄	初婚年龄								
	15岁			16岁			17岁		
	小计	男	女	小计	男	女	小计	男	女
总 计	**211**	**65**	**146**	**438**	**122**	**316**	**800**	**234**	**566**
20岁以下	**3**	**1**	**2**	**2**		**2**	**4**	**1**	**3**
20-24岁	**9**	**3**	**6**	**22**	**5**	**17**	**31**	**8**	**23**
20	2	1	1	5		5	4	1	3
21	2	1	1	6	2	4	1		1
22	2	1	1	1		1	4	2	2
23	2		2	4	2	2	7		7
24	1		1	6	1	5	15	5	10
25-29岁	**24**	**5**	**19**	**29**	**8**	**21**	**88**	**28**	**60**
25	10	1	9	6	1	5	9	2	7
26	3	1	2	7	2	5	16	5	11
27	3	1	2	3	1	2	23	9	14
28	5		5	7	2	5	25	9	16
29	3	2	1	6	2	4	15	3	12
30-34岁	**30**	**15**	**15**	**47**	**15**	**32**	**98**	**36**	**62**
30	7	5	2	6		6	18	5	13
31	5	2	3	11	4	7	19	7	12
32	6		6	9	5	4	21	7	14
33	5	4	1	11	3	8	23	9	14
34	7	4	3	10	3	7	17	8	9
35-39岁	**14**	**4**	**10**	**45**	**19**	**26**	**70**	**19**	**51**
35	3	1	2	8	5	3	19	8	11
36	4	2	2	8	2	6	7	3	4
37	2	1	1	6	2	4	19	5	14
38	4		4	13	5	8	13	1	12
39	1		1	10	5	5	12	2	10
40-44岁	**18**	**10**	**8**	**38**	**11**	**27**	**59**	**17**	**42**
40				8	1	7	8	2	6
41	5	3	2	12	4	8	8	2	6
42	5	3	2	5	1	4	17	8	9
43	6	3	3	2	2		10	2	8
44	2	1	1	11	3	8	16	3	13
45-49岁	**17**	**6**	**11**	**52**	**18**	**34**	**96**	**34**	**62**
45	2	1	1	11	6	5	18	9	9
46	4	1	3	18	6	12	11	6	5
47	3	1	2	10	2	8	24	7	17
48	4	1	3	6	3	3	20	3	17
49	4	2	2	7	1	6	23	9	14
50-54岁	**27**	**11**	**16**	**52**	**15**	**37**	**86**	**31**	**55**
50	8	5	3	7	1	6	18	6	12
51	10	3	7	15	5	10	11	2	9
52	2	1	1	8	2	6	20	9	11
53	4		4	8	3	5	19	2	17
54	3	2	1	14	4	10	18	12	6
55-59岁	**14**	**5**	**9**	**26**	**5**	**21**	**53**	**13**	**40**
55	7	2	5	4	2	2	22	9	13
56	3	2	1	8	3	5	8	1	7
57				5		5	10	2	8
58	1	1		6		6	7	1	6
59	3		3	3		3	6		6
60-64岁	**8**		**8**	**18**	**5**	**13**	**27**	**7**	**20**
60	3		3	5	2	3	4	3	1
61	1		1	3	2	1	7	2	5
62	2		2	2		2	4		4
63	1		1	3		3	6	2	4
64	1		1	5	1	4	6		6
65岁及以上	**47**	**5**	**42**	**107**	**21**	**86**	**188**	**40**	**148**

5-5b 续表 2

单位：人

年龄	初婚年龄								
	18岁			19岁			20岁		
	小计	男	女	小计	男	女	小计	男	女
总计	**1565**	**489**	**1076**	**3402**	**1322**	**2080**	**5383**	**2291**	**3092**
20岁以下	**2**	**2**		**3**		**3**			
20-24岁	**54**	**15**	**39**	**84**	**28**	**56**	**123**	**42**	**81**
20	3		3	9	3	6	8	3	5
21	7	2	5	14	3	11	21	7	14
22	15	6	9	15	6	9	18	5	13
23	14	4	10	23	9	14	39	13	26
24	15	3	12	23	7	16	37	14	23
25-29岁	**171**	**60**	**111**	**299**	**123**	**176**	**352**	**169**	**183**
25	33	12	21	35	15	20	51	22	29
26	32	10	22	57	24	33	58	22	36
27	29	9	20	53	20	33	75	42	33
28	39	14	25	63	21	42	78	33	45
29	38	15	23	91	43	48	90	50	40
30-34岁	**251**	**90**	**161**	**462**	**196**	**266**	**743**	**327**	**416**
30	51	18	33	100	44	56	150	71	79
31	56	24	32	92	44	48	156	72	84
32	50	17	33	82	41	41	157	69	88
33	54	18	36	94	35	59	149	66	83
34	40	13	27	94	32	62	131	49	82
35-39岁	**158**	**53**	**105**	**363**	**139**	**224**	**609**	**267**	**342**
35	22	8	14	75	31	44	112	48	64
36	18	6	12	76	30	46	127	52	75
37	37	10	27	69	30	39	124	54	70
38	45	16	29	64	21	43	146	71	75
39	36	13	23	79	27	52	100	42	58
40-44岁	**138**	**47**	**91**	**350**	**136**	**214**	**606**	**252**	**354**
40	27	9	18	66	22	44	101	43	58
41	22	6	16	72	26	46	127	64	63
42	31	13	18	85	35	50	144	59	85
43	31	8	23	58	22	36	116	42	74
44	27	11	16	69	31	38	118	44	74
45-49岁	**163**	**63**	**100**	**381**	**157**	**224**	**654**	**287**	**367**
45	24	13	11	63	30	33	127	48	79
46	26	10	16	79	30	49	126	63	63
47	26	8	18	67	22	45	137	65	72
48	40	20	20	71	32	39	126	51	75
49	47	12	35	101	43	58	138	60	78
50-54岁	**168**	**54**	**114**	**445**	**191**	**254**	**765**	**365**	**400**
50	48	15	33	97	38	59	180	86	94
51	31	11	20	91	35	56	138	73	65
52	39	14	25	98	45	53	162	76	86
53	34	10	24	63	33	30	148	66	82
54	16	4	12	96	40	56	137	64	73
55-59岁	**82**	**21**	**61**	**275**	**113**	**162**	**526**	**229**	**297**
55	23	6	17	85	36	49	155	69	86
56	14	3	11	61	26	35	131	53	78
57	24	7	17	68	30	38	137	64	73
58	11	4	7	39	16	23	66	28	38
59	10	1	9	22	5	17	37	15	22
60-64岁	**38**	**8**	**30**	**122**	**45**	**77**	**231**	**83**	**148**
60	8	2	6	39	16	23	74	28	46
61	4	1	3	17	4	13	48	18	30
62	7	1	6	17	4	13	46	15	31
63	7	3	4	26	11	15	40	15	25
64	12	1	11	23	10	13	23	7	16
65岁及以上	**340**	**76**	**264**	**618**	**194**	**424**	**774**	**270**	**504**

5-5b 续表 3

单位：人

年 龄	初婚年龄								
	21岁			22岁			23岁		
	小计	男	女	小计	男	女	小计	男	女
总 计	**7134**	**3560**	**3574**	**8048**	**4474**	**3574**	**6196**	**3408**	**2788**
20岁以下									
20-24岁	**135**	**64**	**71**	**107**	**64**	**43**	**69**	**37**	**32**
20									
21	7	5	2						
22	32	11	21	16	10	6			
23	40	19	21	39	23	16	17	8	9
24	56	29	27	52	31	21	52	29	23
25-29岁	**424**	**221**	**203**	**433**	**248**	**185**	**354**	**199**	**155**
25	60	30	30	67	41	26	63	29	34
26	83	41	42	76	41	35	55	31	24
27	87	38	49	74	36	38	73	38	35
28	88	54	34	97	60	37	84	51	33
29	106	58	48	119	70	49	79	50	29
30-34岁	**850**	**462**	**388**	**870**	**545**	**325**	**650**	**393**	**257**
30	132	76	56	149	91	58	129	78	51
31	174	93	81	154	85	69	121	78	43
32	164	88	76	172	102	70	136	79	57
33	206	104	102	192	132	60	137	79	58
34	174	101	73	203	135	68	127	79	48
35-39岁	**796**	**428**	**368**	**862**	**534**	**328**	**573**	**355**	**218**
35	149	80	69	145	89	56	122	80	42
36	165	96	69	154	98	56	101	63	38
37	148	81	67	179	121	58	110	77	33
38	187	91	96	194	111	83	124	71	53
39	147	80	67	190	115	75	116	64	52
40-44岁	**886**	**462**	**424**	**851**	**490**	**361**	**609**	**369**	**240**
40	128	64	64	144	88	56	128	70	58
41	213	112	101	132	75	57	111	75	36
42	202	109	93	196	118	78	110	62	48
43	177	92	85	181	91	90	126	84	42
44	166	85	81	198	118	80	134	78	56
45-49岁	**955**	**467**	**488**	**1083**	**609**	**474**	**800**	**464**	**336**
45	152	78	74	174	102	72	141	79	62
46	164	80	84	220	127	93	151	81	70
47	202	84	118	208	108	100	142	78	64
48	223	114	109	222	122	100	182	109	73
49	214	111	103	259	150	109	184	117	67
50-54岁	**1025**	**533**	**492**	**1204**	**673**	**531**	**703**	**373**	**330**
50	223	124	99	259	146	113	138	75	63
51	195	99	96	202	109	93	146	65	81
52	232	111	121	272	151	121	129	66	63
53	172	91	81	214	122	92	143	84	59
54	203	108	95	257	145	112	147	83	64
55-59岁	**864**	**423**	**441**	**1020**	**538**	**482**	**831**	**425**	**406**
55	238	124	114	226	121	105	175	101	74
56	210	99	111	245	132	113	169	89	80
57	230	117	113	308	157	151	227	110	117
58	113	49	64	163	87	76	163	77	86
59	73	34	39	78	41	37	97	48	49
60-64岁	**402**	**173**	**229**	**624**	**289**	**335**	**716**	**360**	**356**
60	81	45	36	138	62	76	130	66	64
61	91	41	50	106	48	58	119	65	54
62	84	32	52	156	80	76	142	69	73
63	87	30	57	120	52	68	185	88	97
64	59	25	34	104	47	57	140	72	68
65岁及以上	**797**	**327**	**470**	**994**	**484**	**510**	**891**	**433**	**458**

5-5b 续表 4

单位：人

年龄	初婚年龄								
	24岁			25岁			26岁		
	小计	男	女	小计	男	女	小计	男	女
总　计	**4719**	**2618**	**2101**	**3478**	**2043**	**1435**	**2374**	**1354**	**1020**
20岁以下									
20-24岁	**21**	**10**	**11**						
20									
21									
22									
23									
24	21	10	11						
25-29岁	**348**	**189**	**159**	**278**	**154**	**124**	**182**	**97**	**85**
25	55	29	26	26	14	12			
26	72	36	36	65	36	29	15	9	6
27	76	42	34	65	35	30	47	25	22
28	71	42	29	71	39	32	58	34	24
29	74	40	34	51	30	21	62	29	33
30-34岁	**520**	**298**	**222**	**420**	**236**	**184**	**373**	**213**	**160**
30	124	70	54	103	55	48	79	46	33
31	95	52	43	87	53	34	92	53	39
32	110	53	57	74	38	36	64	35	29
33	87	55	32	82	45	37	73	38	35
34	104	68	36	74	45	29	65	41	24
35-39岁	**413**	**246**	**167**	**355**	**229**	**126**	**283**	**158**	**125**
35	85	42	43	80	49	31	47	29	18
36	80	51	29	73	47	26	44	21	23
37	65	43	22	69	46	23	70	35	35
38	101	59	42	70	45	25	75	44	31
39	82	51	31	63	42	21	47	29	18
40-44岁	**417**	**258**	**159**	**258**	**161**	**97**	**200**	**127**	**73**
40	85	59	26	57	39	18	36	22	14
41	98	61	37	60	35	25	54	35	19
42	72	47	25	58	40	18	43	25	18
43	68	30	38	45	24	21	37	23	14
44	94	61	33	38	23	15	30	22	8
45-49岁	**468**	**256**	**212**	**308**	**194**	**114**	**200**	**129**	**71**
45	92	48	44	45	25	20	30	24	6
46	95	53	42	61	42	19	33	20	13
47	84	48	36	67	43	24	51	27	24
48	75	46	29	66	41	25	40	22	18
49	122	61	61	69	43	26	46	36	10
50-54岁	**450**	**258**	**192**	**328**	**202**	**126**	**173**	**104**	**69**
50	104	60	44	74	48	26	53	38	15
51	76	43	33	63	36	27	33	22	11
52	103	63	40	81	53	28	36	14	22
53	76	44	32	49	31	18	30	18	12
54	91	48	43	61	34	27	21	12	9
55-59岁	**502**	**274**	**228**	**277**	**152**	**125**	**143**	**79**	**64**
55	99	53	46	61	33	28	31	18	13
56	97	54	43	56	33	23	26	15	11
57	151	89	62	82	45	37	35	22	13
58	99	52	47	47	23	24	28	13	15
59	56	26	30	31	18	13	23	11	12
60-64岁	**632**	**330**	**302**	**437**	**253**	**184**	**227**	**120**	**107**
60	101	63	38	69	38	31	38	19	19
61	83	39	44	51	27	24	41	30	11
62	132	60	72	86	58	28	44	22	22
63	115	61	54	125	73	52	43	24	19
64	201	107	94	106	57	49	61	25	36
65岁及以上	**948**	**499**	**449**	**817**	**462**	**355**	**593**	**327**	**266**

5-5b　续表 5　　　　单位：人

年　龄	初婚年龄								
	27岁			28岁			29岁		
	小计	男	女	小计	男	女	小计	男	女
总　计	**1617**	**981**	**636**	**1184**	**721**	**463**	**851**	**550**	**301**
20岁以下									
20-24岁									
20									
21									
22									
23									
24									
25-29岁	**119**	**67**	**52**	**53**	**33**	**20**	**23**	**18**	**5**
25									
26									
27	21	11	10						
28	40	21	19	17	14	3			
29	58	35	23	36	19	17	23	18	5
30-34岁	**301**	**184**	**117**	**226**	**137**	**89**	**204**	**124**	**80**
30	69	45	24	65	41	24	42	24	18
31	55	31	24	47	28	19	50	26	24
32	65	40	25	28	15	13	36	21	15
33	59	34	25	48	29	19	43	32	11
34	53	34	19	38	24	14	33	21	12
35-39岁	**208**	**130**	**78**	**179**	**99**	**80**	**151**	**94**	**57**
35	47	25	22	43	22	21	28	18	10
36	39	24	15	33	20	13	31	22	9
37	41	25	16	46	20	26	30	16	14
38	41	23	18	38	26	12	31	17	14
39	40	33	7	19	11	8	31	21	10
40-44岁	**154**	**93**	**61**	**102**	**57**	**45**	**94**	**61**	**33**
40	28	16	12	31	14	17	22	18	4
41	38	19	19	22	11	11	21	13	8
42	29	19	10	22	13	9	20	10	10
43	24	19	5	9	4	5	16	7	9
44	35	20	15	18	15	3	15	13	2
45-49岁	**139**	**88**	**51**	**88**	**65**	**23**	**59**	**40**	**19**
45	21	15	6	18	14	4	15	9	6
46	18	10	8	20	14	6	9	7	2
47	27	14	13	17	16	1	6	5	1
48	35	24	11	14	11	3	12	8	4
49	38	25	13	19	10	9	17	11	6
50-54岁	**105**	**65**	**40**	**91**	**50**	**41**	**69**	**46**	**23**
50	27	18	9	30	17	13	13	10	3
51	19	17	2	19	8	11	14	12	2
52	35	20	15	10	7	3	21	9	12
53	14	5	9	19	9	10	10	7	3
54	10	5	5	13	9	4	11	8	3
55-59岁	**86**	**55**	**31**	**59**	**36**	**23**	**42**	**30**	**12**
55	16	14	2	13	8	5	10	8	2
56	16	10	6	11	7	4	4	2	2
57	29	20	9	14	9	5	13	9	4
58	13	6	7	14	7	7	6	4	2
59	12	5	7	7	5	2	9	7	2
60-64岁	**141**	**74**	**67**	**98**	**65**	**33**	**54**	**35**	**19**
60	22	11	11	15	8	7	1		1
61	18	12	6	12	6	6	8	4	4
62	39	19	20	20	13	7	10	7	3
63	31	15	16	26	20	6	16	11	5
64	31	17	14	25	18	7	19	13	6
65岁及以上	**364**	**225**	**139**	**288**	**179**	**109**	**155**	**102**	**53**

5-5b 续表 6

单位：人

年 龄	初婚年龄								
	30岁			31岁			32岁		
	小计	男	女	小计	男	女	小计	男	女
总 计	**588**	**373**	**215**	**479**	**287**	**192**	**372**	**244**	**128**
20岁以下									
20-24岁									
20									
21									
22									
23									
24									
25-29岁									
25									
26									
27									
28									
29									
30-34岁	**122**	**70**	**52**	**88**	**55**	**33**	**50**	**34**	**16**
30	17	10	7						
31	26	16	10	13	8	5			
32	37	20	17	20	16	4	9	7	2
33	24	14	10	34	17	17	19	11	8
34	18	10	8	21	14	7	22	16	6
35-39岁	**107**	**58**	**49**	**79**	**47**	**32**	**74**	**50**	**24**
35	19	11	8	17	11	6	15	12	3
36	21	8	13	16	7	9	10	5	5
37	20	11	9	17	9	8	14	12	2
38	29	16	13	14	9	5	20	12	8
39	18	12	6	15	11	4	15	9	6
40-44岁	**61**	**48**	**13**	**69**	**39**	**30**	**40**	**25**	**15**
40	13	12	1	10	2	8	18	12	6
41	14	9	5	17	11	6	7	3	4
42	15	11	4	18	9	9	5	4	1
43	10	9	1	16	11	5	6	2	4
44	9	7	2	8	6	2	4	4	
45-49岁	**47**	**28**	**19**	**58**	**33**	**25**	**35**	**23**	**12**
45	11	6	5	14	8	6	7	3	4
46	9	6	3	9	7	2	10	9	1
47	8	5	3	8	4	4	10	5	5
48	14	8	6	16	8	8	6	4	2
49	5	3	2	11	6	5	2	2	
50-54岁	**55**	**36**	**19**	**36**	**18**	**18**	**41**	**26**	**15**
50	13	10	3	5	2	3	9	5	4
51	13	7	6	7	6	1	6	5	1
52	14	11	3	9	4	5	4	1	3
53	6	3	3	8	3	5	10	6	4
54	9	5	4	7	3	4	12	9	3
55-59岁	**32**	**21**	**11**	**37**	**25**	**12**	**34**	**20**	**14**
55	11	6	5	8	5	3	5	3	2
56	6	4	2	14	10	4	10	7	3
57	6	4	2	8	5	3	9	6	3
58	6	5	1	6	4	2	6	2	4
59	3	2	1	1	1		4	2	2
60-64岁	**47**	**36**	**11**	**23**	**14**	**9**	**24**	**16**	**8**
60	6	4	2	2	1	1	3	3	
61	6	5	1	1	1		4	2	2
62	8	5	3	5	3	2	6	4	2
63	16	12	4	7	5	2	7	4	3
64	11	10	1	8	4	4	4	3	1
65岁及以上	**117**	**76**	**41**	**89**	**56**	**33**	**74**	**50**	**24**

5-5b　续表 7　　　　单位：人

年　龄	初婚年龄								
	33岁			34岁			35岁		
	小计	男	女	小计	男	女	小计	男	女
总　计	**268**	**151**	**117**	**228**	**137**	**91**	**165**	**94**	**71**
20岁以下									
20-24岁									
20									
21									
22									
23									
24									
25-29岁									
25									
26									
27									
28									
29									
30-34岁	**26**	**12**	**14**	**5**	**3**	**2**			
30									
31									
32									
33	6	2	4						
34	20	10	10	5	3	2			
35-39岁	**47**	**30**	**17**	**44**	**27**	**17**	**32**	**18**	**14**
35	9	6	3	7	5	2	3	1	2
36	5	4	1	17	10	7	7	3	4
37	12	6	6	6	4	2	8	5	3
38	18	12	6	5	3	2	7	5	2
39	3	2	1	9	5	4	7	4	3
40-44岁	**44**	**25**	**19**	**39**	**24**	**15**	**22**	**10**	**12**
40	11	6	5	11	6	5	3	1	2
41	15	9	6	13	8	5	5	2	3
42	8	5	3	6	4	2	10	4	6
43	5	3	2	6	4	2	2	1	1
44	5	2	3	3	2	1	2	2	
45-49岁	**28**	**13**	**15**	**34**	**20**	**14**	**29**	**19**	**10**
45	5	4	1	5	3	2	8	7	1
46	6	1	5	8	6	2	4	1	3
47	5	2	3	6	3	3	6	4	2
48	8	4	4	7	3	4	4	3	1
49	4	2	2	8	5	3	7	4	3
50-54岁	**16**	**9**	**7**	**18**	**5**	**13**	**7**	**5**	**2**
50	5	2	3	3	1	2	2	2	
51	2	2		2		2	2	1	1
52	2	1	1	5	2	3	2	1	1
53	3	1	2	5	2	3			
54	4	3	1	3		3	1	1	
55-59岁	**31**	**14**	**17**	**27**	**14**	**13**	**26**	**14**	**12**
55	10	3	7	6	4	2	5	3	2
56	8	5	3	4	3	1	2	1	1
57	4	1	3	13	4	9	8	3	5
58	6	3	3	3	2	1	3	3	
59	3	2	1	1	1		8	4	4
60-64岁	**15**	**4**	**11**	**21**	**12**	**9**	**12**	**6**	**6**
60	7	1	6	5	3	2	4	3	1
61	2	2		3		3	5	3	2
62	3		3	2	2		1		1
63	1		1	6	4	2	2		2
64	2	1	1	5	3	2			
65岁及以上	**61**	**44**	**17**	**40**	**32**	**8**	**37**	**22**	**15**

5-5b 续表 8

单位：人

年龄	初婚年龄								
	36岁			37岁			38岁		
	小计	男	女	小计	男	女	小计	男	女
总　计	**98**	**65**	**33**	**82**	**52**	**30**	**73**	**51**	**22**
20岁以下									
20—24岁									
20									
21									
22									
23									
24									
25—29岁									
25									
26									
27									
28									
29									
30—34岁									
30									
31									
32									
33									
34									
35—39岁	**23**	**14**	**9**	**11**	**7**	**4**	**5**	**3**	**2**
35									
36	4	4							
37	6	4	2						
38	6	3	3	3	2	1	3	2	1
39	7	3	4	8	5	3	2	1	1
40—44岁	**17**	**8**	**9**	**14**	**8**	**6**	**14**	**9**	**5**
40	2	2		7	4	3	2		2
41	4	1	3	4	1	3	4	2	2
42	4	3	1	1	1		3	3	
43	6	1	5				3	2	1
44	1	1		2	2		2	2	
45—49岁	**9**	**6**	**3**	**8**	**4**	**4**	**11**	**6**	**5**
45	2	1	1	1		1	2	1	1
46	2	1	1				3	1	2
47				2	2		1	1	
48	3	2	1	3	1	2	3	2	1
49	2	2		2	1	1	2	1	1
50—54岁	**9**	**6**	**3**	**9**	**4**	**5**	**10**	**9**	**1**
50	2	1	1	2	2		4	3	1
51							1	1	
52	2	1	1	4	2	2	2	2	
53	3	2	1	3		3	1	1	
54	2	2					2	2	
55—59岁	**6**	**3**	**3**	**13**	**12**	**1**	**7**	**5**	**2**
55	2	2		1	1				
56	1		1	3	2	1	2		2
57	2	1	1	4	4		1	1	
58	1		1	2	2		3	3	
59				3	3		1	1	
60—64岁	**6**	**4**	**2**	**6**	**3**	**3**	**10**	**8**	**2**
60				1		1	1	1	
61				2	1	1			
62	2	1	1				2	2	
63	3	2	1				2	2	
64	1	1		3	2	1	5	3	2
65岁及以上	**28**	**24**	**4**	**21**	**14**	**7**	**16**	**11**	**5**

5–5b　续表 9　　　　单位：人

年　龄	初婚年龄					
	39岁			40岁及以上		
	小计	男	女	小计	男	女
总　计	**57**	**36**	**21**	**411**	**246**	**165**
20岁以下						
20–24岁						
20						
21						
22						
23						
24						
25–29岁						
25						
26						
27						
28						
29						
30–34岁						
30						
31						
32						
33						
34						
35–39岁	**2**	**1**	**1**			
35						
36						
37						
38						
39	2	1	1			
40–44岁	**16**	**11**	**5**	**41**	**18**	**23**
40	7	7		2	1	1
41	4	1	3	7	4	3
42	1	1		12	3	9
43	4	2	2	9	2	7
44				11	8	3
45–49岁	**13**	**6**	**7**	**74**	**43**	**31**
45	3	1	2	16	6	10
46	4	2	2	12	6	6
47	3	1	2	14	8	6
48	2	1	1	21	16	5
49	1	1		11	7	4
50–54岁	**6**	**4**	**2**	**62**	**37**	**25**
50	1	1		12	8	4
51	1	1		11	6	5
52	2	1	1	15	9	6
53	2	1	1	12	7	5
54				12	7	5
55–59岁	**2**	**2**		**51**	**31**	**20**
55				18	9	9
56	1	1		13	7	6
57	1	1		11	9	2
58				7	5	2
59				2	1	1
60–64岁	**7**	**4**	**3**	**42**	**28**	**14**
60				6	5	1
61	1	1		4	1	3
62	2	2		8	6	2
63	3	1	2	14	9	5
64	1		1	10	7	3
65岁及以上	**11**	**8**	**3**	**141**	**89**	**52**

5-5c 全市分年龄、性别、初婚年龄的人口(乡村)

单位：人

年　龄	初婚年龄					
	合　计			15岁以下		
	合计	男	女	小计	男	女
总　计	**150397**	**74467**	**75930**	**150**	**35**	**115**
20岁以下	**47**	**12**	**35**			
20-24岁	**1485**	**557**	**928**	**7**		**7**
20	61	16	45	3		3
21	113	24	89			
22	274	103	171	1		1
23	410	156	254	1		1
24	627	258	369	2		2
25-29岁	**7275**	**3525**	**3750**	**8**	**2**	**6**
25	928	408	520	1		1
26	1169	527	642	2		2
27	1495	721	774			
28	1611	812	799	3	2	1
29	2072	1057	1015	2		2
30-34岁	**14703**	**7443**	**7260**	**18**	**6**	**12**
30	2898	1448	1450	4		4
31	2986	1485	1501	3		3
32	2856	1448	1408			
33	3200	1630	1570	2	1	1
34	2763	1432	1331	9	5	4
35-39岁	**11919**	**6180**	**5739**	**4**	**1**	**3**
35	2266	1155	1111	2	1	1
36	2145	1105	1040	2		2
37	2196	1125	1071			
38	2925	1565	1360			
39	2387	1230	1157			
40-44岁	**12009**	**6253**	**5756**	**14**	**5**	**9**
40	1936	1028	908	1	1	
41	2604	1382	1222	1		1
42	2535	1297	1238	4		4
43	2363	1235	1128	2	2	
44	2571	1311	1260	6	2	4
45-49岁	**15525**	**7890**	**7635**	**12**	**2**	**10**
45	2459	1274	1185	6	1	5
46	2745	1384	1361	1		1
47	3077	1567	1510	2		2
48	3495	1768	1727	2	1	1
49	3749	1897	1852	1		1
50-54岁	**19157**	**9431**	**9726**	**19**	**5**	**14**
50	4014	1986	2028	2	1	1
51	3658	1795	1863	6	2	4
52	3999	1999	2000	5	1	4
53	3359	1638	1721	2	1	1
54	4127	2013	2114	4		4
55-59岁	**18233**	**8847**	**9386**	**5**	**2**	**3**
55	3993	1909	2084			
56	3991	1939	2052	3	2	1
57	4975	2399	2576			
58	3412	1671	1741	1		1
59	1862	929	933	1		1
60-64岁	**14798**	**7276**	**7522**	**12**	**3**	**9**
60	2710	1378	1332	2		2
61	2341	1118	1223	1		1
62	3134	1532	1602			
63	3406	1669	1737	6	2	4
64	3207	1579	1628	3	1	2
65岁及以上	**35246**	**17053**	**18193**	**51**	**9**	**42**

5-5c　续表 1　　　　单位：人

年龄	初婚年龄								
	15岁			16岁			17岁		
	小计	男	女	小计	男	女	小计	男	女
总　计	**692**	**147**	**545**	**1462**	**339**	**1123**	**2925**	**743**	**2182**
20岁以下	**11**	**3**	**8**	**8**	**1**	**7**	**8**	**2**	**6**
20–24岁	**20**	**3**	**17**	**68**	**22**	**46**	**86**	**12**	**74**
20	3		3	10		10	7		7
21	3		3	11	4	7	13	1	12
22	1		1	17	5	12	13	3	10
23	8	3	5	16	5	11	26	4	22
24	5		5	14	8	6	27	4	23
25–29岁	**50**	**14**	**36**	**134**	**33**	**101**	**288**	**89**	**199**
25	17	4	13	23	5	18	37	10	27
26	10	2	8	30	8	22	54	14	40
27	8	1	7	30	8	22	70	27	43
28	9	6	3	25	3	22	63	19	44
29	6	1	5	26	9	17	64	19	45
30–34岁	**58**	**15**	**43**	**134**	**43**	**91**	**346**	**110**	**236**
30	15	3	12	39	11	28	69	28	41
31	18	5	13	29	9	20	78	28	50
32	10	3	7	26	14	12	69	18	51
33	8	2	6	25	3	22	78	26	52
34	7	2	5	15	6	9	52	10	42
35–39岁	**42**	**21**	**21**	**85**	**23**	**62**	**227**	**72**	**155**
35	9	4	5	19	7	12	47	11	36
36	6	3	3	21	6	15	36	13	23
37	11	5	6	11	2	9	59	20	39
38	6	4	2	18	3	15	52	17	35
39	10	5	5	16	5	11	33	11	22
40–44岁	**46**	**12**	**34**	**88**	**33**	**55**	**193**	**75**	**118**
40	6	4	2	11	1	10	21	9	12
41	9	1	8	19	10	9	38	15	23
42	7		7	18	7	11	39	10	29
43	11	3	8	22	7	15	42	24	18
44	13	4	9	18	8	10	53	17	36
45–49岁	**66**	**13**	**53**	**139**	**40**	**99**	**284**	**93**	**191**
45	15	4	11	19	6	13	39	9	30
46	10	1	9	27	4	23	50	18	32
47	17	2	15	29	13	16	57	23	34
48	15	2	13	30	9	21	67	21	46
49	9	4	5	34	8	26	71	22	49
50–54岁	**68**	**12**	**56**	**144**	**36**	**108**	**309**	**79**	**230**
50	17	2	15	28	5	23	80	23	57
51	14	2	12	35	11	24	58	18	40
52	14	4	10	28	9	19	73	19	54
53	11	4	7	17	4	13	47	10	37
54	12		12	36	7	29	51	9	42
55–59岁	**51**	**14**	**37**	**89**	**23**	**66**	**171**	**36**	**135**
55	17	5	12	20	4	16	37	13	24
56	16	5	11	31	5	26	29	6	23
57	16	4	12	25	11	14	59	10	49
58				11	3	8	29	4	25
59	2		2	2		2	17	3	14
60–64岁	**29**	**5**	**24**	**52**	**8**	**44**	**92**	**15**	**77**
60	4	2	2	8	1	7	16	3	13
61	3		3	9	1	8	14	2	12
62	7	1	6	12	1	11	23	2	21
63	6		6	12	2	10	17	4	13
64	9	2	7	11	3	8	22	4	18
65岁及以上	**251**	**35**	**216**	**521**	**77**	**444**	**921**	**160**	**761**

5-5c 续表 2

单位：人

年 龄	初婚年龄								
	18岁			19岁			20岁		
	小计	男	女	小计	男	女	小计	男	女
总 计	**5700**	**1799**	**3901**	**11577**	**4390**	**7187**	**18169**	**7938**	**10231**
20岁以下	**15**	**5**	**10**	**5**	**1**	**4**			
20-24岁	**151**	**35**	**116**	**218**	**74**	**144**	**286**	**103**	**183**
20	10	3	7	17	7	10	11	6	5
21	18	5	13	28	6	22	28	5	23
22	24	6	18	43	14	29	62	21	41
23	42	9	33	51	21	30	76	26	50
24	57	12	45	79	26	53	109	45	64
25-29岁	**535**	**178**	**357**	**844**	**381**	**463**	**990**	**439**	**551**
25	72	25	47	110	47	63	135	47	88
26	105	33	72	117	48	69	144	58	86
27	107	30	77	177	69	108	200	87	113
28	115	40	75	190	91	99	222	107	115
29	136	50	86	250	126	124	289	140	149
30-34岁	**755**	**288**	**467**	**1489**	**625**	**864**	**2111**	**960**	**1151**
30	173	66	107	310	134	176	417	185	232
31	147	57	90	335	144	191	420	179	241
32	131	47	84	285	122	163	403	187	216
33	182	66	116	288	116	172	465	228	237
34	122	52	70	271	109	162	406	181	225
35-39岁	**471**	**194**	**277**	**1016**	**379**	**637**	**1680**	**717**	**963**
35	101	49	52	211	76	135	320	148	172
36	87	33	54	183	60	123	351	146	205
37	86	39	47	180	73	107	359	148	211
38	116	45	71	207	90	117	363	160	203
39	81	28	53	235	80	155	287	115	172
40-44岁	**406**	**150**	**256**	**983**	**381**	**602**	**1735**	**769**	**966**
40	49	14	35	164	61	103	286	125	161
41	87	32	55	199	79	120	370	170	200
42	72	28	44	197	82	115	373	152	221
43	105	42	63	197	69	128	328	146	182
44	93	34	59	226	90	136	378	176	202
45-49岁	**599**	**227**	**372**	**1295**	**528**	**767**	**2300**	**1108**	**1192**
45	80	34	46	193	77	116	394	190	204
46	115	34	81	241	101	140	395	188	207
47	112	48	64	264	105	159	453	206	247
48	154	48	106	265	108	157	546	272	274
49	138	63	75	332	137	195	512	252	260
50-54岁	**708**	**231**	**477**	**1470**	**570**	**900**	**2621**	**1225**	**1396**
50	163	56	107	368	157	211	568	261	307
51	141	52	89	326	120	206	556	269	287
52	159	54	105	282	116	166	536	257	279
53	118	32	86	213	85	128	461	219	242
54	127	37	90	281	92	189	500	219	281
55-59岁	**399**	**97**	**302**	**967**	**323**	**644**	**1880**	**797**	**1083**
55	90	21	69	252	81	171	468	196	272
56	92	22	70	231	85	146	446	191	255
57	85	20	65	239	80	159	487	212	275
58	98	30	68	146	52	94	314	133	181
59	34	4	30	99	25	74	165	65	100
60-64岁	**194**	**35**	**159**	**469**	**170**	**299**	**887**	**333**	**554**
60	30	3	27	100	35	65	238	98	140
61	24	6	18	69	27	42	181	72	109
62	47	8	39	81	26	55	158	58	100
63	52	11	41	111	52	59	153	55	98
64	41	7	34	108	30	78	157	50	107
65岁及以上	**1467**	**359**	**1108**	**2821**	**958**	**1863**	**3679**	**1487**	**2192**

5-5c 续表 3

单位：人

年 龄	初婚年龄								
	21岁			22岁			23岁		
	小计	男	女	小计	男	女	小计	男	女
总 计	**23607**	**11934**	**11673**	**24721**	**13403**	**11318**	**18753**	**9776**	**8977**
20岁以下									
20-24岁	**245**	**105**	**140**	**261**	**139**	**122**	**115**	**46**	**69**
20									
21	12	3	9						
22	67	29	38	46	25	21			
23	59	21	38	90	50	40	41	17	24
24	107	52	55	125	64	61	74	29	45
25-29岁	**979**	**516**	**463**	**928**	**513**	**415**	**694**	**363**	**331**
25	144	75	69	144	72	72	108	56	52
26	169	92	77	174	88	86	116	61	55
27	173	87	86	204	112	92	133	68	65
28	204	117	87	158	94	64	161	85	76
29	289	145	144	248	147	101	176	93	83
30-34岁	**2297**	**1270**	**1027**	**2091**	**1191**	**900**	**1342**	**780**	**562**
30	368	209	159	389	230	159	256	137	119
31	470	241	229	388	215	173	270	159	111
32	446	235	211	433	251	182	258	146	112
33	554	310	244	450	257	193	303	183	120
34	459	275	184	431	238	193	255	155	100
35-39岁	**2181**	**1153**	**1028**	**2020**	**1174**	**846**	**1259**	**779**	**480**
35	402	208	194	310	170	140	221	138	83
36	389	206	183	323	193	130	203	124	79
37	421	230	191	361	208	153	211	144	67
38	555	287	268	566	347	219	354	209	145
39	414	222	192	460	256	204	270	164	106
40-44岁	**2327**	**1232**	**1095**	**2331**	**1372**	**959**	**1324**	**755**	**569**
40	338	183	155	373	211	162	213	140	73
41	548	296	252	463	275	188	297	162	135
42	466	249	217	536	311	225	279	164	115
43	460	244	216	476	292	184	267	147	120
44	515	260	255	483	283	200	268	142	126
45-49岁	**3161**	**1671**	**1490**	**2967**	**1640**	**1327**	**1798**	**942**	**856**
45	491	270	221	481	259	222	282	157	125
46	573	299	274	523	296	227	305	166	139
47	604	319	285	602	339	263	362	190	172
48	711	367	344	631	352	279	429	217	212
49	782	416	366	730	394	336	420	212	208
50-54岁	**3719**	**1969**	**1750**	**3879**	**2150**	**1729**	**2459**	**1240**	**1219**
50	667	359	308	813	462	351	474	229	245
51	725	389	336	661	378	283	460	219	241
52	862	466	396	828	452	376	421	214	207
53	670	340	330	684	371	313	494	253	241
54	795	415	380	893	487	406	610	325	285
55-59岁	**3271**	**1598**	**1673**	**3847**	**2078**	**1769**	**3081**	**1513**	**1568**
55	731	363	368	826	448	378	650	311	339
56	805	408	397	844	464	380	605	283	322
57	882	409	473	1141	618	523	846	413	433
58	574	279	295	675	355	320	638	322	316
59	279	139	140	361	193	168	342	184	158
60-64岁	**1578**	**693**	**885**	**2400**	**1130**	**1270**	**2684**	**1336**	**1348**
60	337	159	178	529	277	252	462	267	195
61	376	163	213	409	187	222	419	212	207
62	310	135	175	634	291	343	517	247	270
63	291	126	165	466	215	251	780	375	405
64	264	110	154	362	160	202	506	235	271
65岁及以上	**3849**	**1727**	**2122**	**3997**	**2016**	**1981**	**3997**	**2022**	**1975**

5-5c 续表 4

单位：人

年　龄	初婚年龄								
	24岁			25岁			26岁		
	小计	男	女	小计	男	女	小计	男	女
总　计	**13548**	**7306**	**6242**	**9174**	**4958**	**4216**	**5702**	**3189**	**2513**
20岁以下									
20-24岁	**28**	**18**	**10**						
20									
21									
22									
23									
24	28	18	10						
25-29岁	**635**	**341**	**294**	**558**	**293**	**265**	**337**	**203**	**134**
25	87	43	44	50	24	26			
26	108	56	52	101	49	52	39	18	21
27	122	69	53	146	84	62	86	56	30
28	149	82	67	122	59	63	101	59	42
29	169	91	78	139	77	62	111	70	41
30-34岁	**1029**	**551**	**478**	**781**	**417**	**364**	**654**	**340**	**314**
30	215	101	114	184	106	78	152	79	73
31	217	124	93	150	83	67	164	82	82
32	206	117	89	155	75	80	133	72	61
33	199	98	101	183	90	93	117	62	55
34	192	111	81	109	63	46	88	45	43
35-39岁	**781**	**468**	**313**	**542**	**310**	**232**	**379**	**212**	**167**
35	163	96	67	124	62	62	70	32	38
36	144	91	53	104	63	41	74	39	35
37	135	77	58	86	44	42	72	41	31
38	178	107	71	113	68	45	89	52	37
39	161	97	64	115	73	42	74	48	26
40-44岁	**823**	**463**	**360**	**445**	**260**	**185**	**310**	**200**	**110**
40	133	76	57	79	48	31	54	38	16
41	164	97	67	122	77	45	75	45	30
42	182	98	84	94	50	44	65	43	22
43	147	80	67	71	40	31	66	45	21
44	197	112	85	79	45	34	50	29	21
45-49岁	**990**	**535**	**455**	**628**	**376**	**252**	**321**	**171**	**150**
45	156	87	69	104	62	42	50	31	19
46	177	91	86	104	65	39	56	29	27
47	184	93	91	129	84	45	54	26	28
48	221	128	93	131	80	51	77	41	36
49	252	136	116	160	85	75	84	44	40
50-54岁	**1340**	**671**	**669**	**789**	**372**	**417**	**419**	**213**	**206**
50	290	153	137	206	87	119	77	43	34
51	247	122	125	129	57	72	92	48	44
52	282	153	129	146	75	71	81	40	41
53	196	88	108	160	77	83	73	34	39
54	325	155	170	148	76	72	96	48	48
55-59岁	**1774**	**902**	**872**	**997**	**518**	**479**	**494**	**254**	**240**
55	368	173	195	192	97	95	84	41	43
56	338	179	159	207	108	99	105	48	57
57	467	233	234	293	144	149	118	60	58
58	382	203	179	189	102	87	119	65	54
59	219	114	105	116	67	49	68	40	28
60-64岁	**2462**	**1297**	**1165**	**1402**	**738**	**664**	**786**	**456**	**330**
60	390	202	188	237	130	107	111	70	41
61	310	160	150	176	85	91	121	66	55
62	500	265	235	282	156	126	189	115	74
63	520	277	243	362	175	187	173	101	72
64	742	393	349	345	192	153	192	104	88
65岁及以上	**3686**	**2060**	**1626**	**3032**	**1674**	**1358**	**2002**	**1140**	**862**

5-5c　续表 5　　单位：人

年　龄	初婚年龄								
	27岁			28岁			29岁		
	小计	男	女	小计	男	女	小计	男	女
总　计	**3660**	**2051**	**1609**	**2336**	**1391**	**945**	**1781**	**1069**	**712**
20岁以下									
20-24岁									
20									
21									
22									
23									
24									
25-29岁	**214**	**113**	**101**	**61**	**38**	**23**	**20**	**9**	**11**
25									
26									
27	39	23	16						
28	67	36	31	22	12	10			
29	108	54	54	39	26	13	20	9	11
30-34岁	**488**	**239**	**249**	**358**	**192**	**166**	**310**	**169**	**141**
30	127	61	66	89	47	42	61	32	29
31	106	47	59	80	46	34	60	34	26
32	90	47	43	56	30	26	50	25	25
33	80	36	44	73	39	34	77	46	31
34	85	48	37	60	30	30	62	32	30
35-39岁	**281**	**159**	**122**	**207**	**124**	**83**	**167**	**97**	**70**
35	64	38	26	55	32	23	50	29	21
36	43	20	23	38	24	14	33	22	11
37	49	21	28	25	13	12	23	12	11
38	80	55	25	55	31	24	31	17	14
39	45	25	20	34	24	10	30	17	13
40-44岁	**180**	**107**	**73**	**137**	**77**	**60**	**107**	**65**	**42**
40	36	23	13	32	16	16	20	13	7
41	40	22	18	29	18	11	26	14	12
42	32	18	14	28	15	13	27	16	11
43	35	23	12	22	10	12	18	14	4
44	37	21	16	26	18	8	16	8	8
45-49岁	**192**	**107**	**85**	**121**	**71**	**50**	**92**	**44**	**48**
45	27	20	7	23	12	11	13	7	6
46	36	21	15	22	10	12	11	4	7
47	36	18	18	21	12	9	20	10	10
48	40	21	19	27	19	8	17	5	12
49	53	27	26	28	18	10	31	18	13
50-54岁	**285**	**147**	**138**	**177**	**92**	**85**	**141**	**76**	**65**
50	67	38	29	37	19	18	33	14	19
51	59	28	31	27	11	16	28	17	11
52	66	28	38	50	26	24	25	14	11
53	42	27	15	29	16	13	30	15	15
54	51	26	25	34	20	14	25	16	9
55-59岁	**273**	**158**	**115**	**156**	**80**	**76**	**111**	**66**	**45**
55	56	36	20	36	17	19	26	15	11
56	40	19	21	31	21	10	23	15	8
57	68	39	29	34	19	15	31	19	12
58	60	33	27	35	15	20	13	6	7
59	49	31	18	20	8	12	18	11	7
60-64岁	**472**	**248**	**224**	**320**	**194**	**126**	**226**	**148**	**78**
60	60	27	33	46	26	20	32	16	16
61	52	27	25	35	15	20	30	20	10
62	126	67	59	78	46	32	32	22	10
63	130	75	55	80	53	27	59	37	22
64	104	52	52	81	54	27	73	53	20
65岁及以上	**1275**	**773**	**502**	**799**	**523**	**276**	**607**	**395**	**212**

5－5c　续表 6　　　　　　　　　　　　　　　　　　　　　　　　单位：人

年　龄	初婚年龄								
	30岁			31岁			32岁		
	小计	男	女	小计	男	女	小计	男	女
总　计	**1306**	**830**	**476**	**1024**	**617**	**407**	**770**	**476**	**294**
20岁以下									
20－24岁									
20									
21									
22									
23									
24									
25－29岁									
25									
26									
27									
28									
29									
30－34岁	**201**	**114**	**87**	**134**	**81**	**53**	**58**	**26**	**32**
30	30	19	11						
31	36	19	17	15	13	2			
32	48	28	20	42	26	16	15	5	10
33	48	29	19	42	23	19	16	9	7
34	39	19	20	35	19	16	27	12	15
35－39岁	**124**	**71**	**53**	**116**	**53**	**63**	**93**	**51**	**42**
35	30	19	11	23	9	14	17	10	7
36	35	20	15	19	11	8	17	10	7
37	15	7	8	23	12	11	13	6	7
38	26	17	9	32	10	22	22	15	7
39	18	8	10	19	11	8	24	10	14
40－44岁	**100**	**56**	**44**	**87**	**48**	**39**	**76**	**36**	**40**
40	23	14	9	19	11	8	11	5	6
41	25	12	13	21	14	7	18	10	8
42	18	10	8	18	10	8	15	4	11
43	17	9	8	14	5	9	13	7	6
44	17	11	6	15	8	7	19	10	9
45－49岁	**78**	**50**	**28**	**58**	**30**	**28**	**65**	**39**	**26**
45	14	8	6	7	2	5	11	6	5
46	7	5	2	13	10	3	15	9	6
47	19	11	8	8	6	2	16	8	8
48	21	16	5	15	4	11	12	10	2
49	17	10	7	15	8	7	11	6	5
50－54岁	**116**	**72**	**44**	**91**	**46**	**45**	**68**	**39**	**29**
50	23	15	8	18	12	6	12	8	4
51	11	8	3	13	7	6	8	2	6
52	27	15	12	13	4	9	9	6	3
53	25	14	11	27	14	13	12	6	6
54	30	20	10	20	9	11	27	17	10
55－59岁	**110**	**71**	**39**	**97**	**49**	**48**	**85**	**49**	**36**
55	33	24	9	21	10	11	18	8	10
56	20	10	10	21	10	11	12	8	4
57	29	20	9	27	14	13	22	15	7
58	19	10	9	17	8	9	21	12	9
59	9	7	2	11	7	4	12	6	6
60－64岁	**141**	**86**	**55**	**118**	**78**	**40**	**77**	**51**	**26**
60	23	9	14	11	5	6	15	9	6
61	22	14	8	19	17	2	7	7	
62	23	17	6	20	16	4	19	12	7
63	33	21	12	38	23	15	16	9	7
64	40	25	15	30	17	13	20	14	6
65岁及以上	**436**	**310**	**126**	**323**	**232**	**91**	**248**	**185**	**63**

5-5c 续表 7

单位：人

年 龄	初婚年龄								
	33岁			34岁			35岁		
	小计	男	女	小计	男	女	小计	男	女
总 计	**624**	**376**	**248**	**514**	**317**	**197**	**358**	**221**	**137**
20岁以下									
20-24岁									
20									
21									
22									
23									
24									
25-29岁									
25									
26									
27									
28									
29									
30-34岁	**32**	**14**	**18**	**17**	**12**	**5**			
30									
31									
32									
33	10	6	4						
34	22	8	14	17	12	5			
35-39岁	**79**	**41**	**38**	**66**	**34**	**32**	**39**	**16**	**23**
35	13	6	7	13	10	3	2		2
36	9	6	3	20	10	10	5	4	1
37	24	9	15	9	3	6	11	4	7
38	14	9	5	11	5	6	10	4	6
39	19	11	8	13	6	7	11	4	7
40-44岁	**55**	**24**	**31**	**45**	**20**	**25**	**40**	**24**	**16**
40	10	5	5	16	7	9	14	7	7
41	10	3	7	6	4	2	6	5	1
42	15	6	9	13	6	7	5	2	3
43	10	5	5	3	2	1	6	3	3
44	10	5	5	7	1	6	9	7	2
45-49岁	**57**	**32**	**25**	**43**	**21**	**22**	**33**	**17**	**16**
45	12	7	5	7	4	3	3	2	1
46	9	4	5	7	3	4	9	3	6
47	14	10	4	8	4	4	7	6	1
48	13	8	5	12	4	8	9	3	6
49	9	3	6	9	6	3	5	3	2
50-54岁	**62**	**35**	**27**	**43**	**25**	**18**	**40**	**22**	**18**
50	18	9	9	7	5	2	7	5	2
51	11	9	2	6	5	1	11	7	4
52	16	8	8	14	5	9	10	4	6
53	8	5	3	4	1	3	5	3	2
54	9	4	5	12	9	3	7	3	4
55-59岁	**73**	**43**	**30**	**73**	**43**	**30**	**46**	**28**	**18**
55	16	9	7	12	9	3	7	6	1
56	15	9	6	20	11	9	11	7	4
57	21	13	8	23	13	10	19	10	9
58	13	7	6	12	7	5	7	4	3
59	8	5	3	6	3	3	2	1	1
60-64岁	**68**	**42**	**26**	**50**	**34**	**16**	**39**	**27**	**12**
60	12	9	3	2	1	1	10	6	4
61	6	4	2	10	6	4	8	4	4
62	17	10	7	16	12	4	7	4	3
63	13	6	7	8	3	5	5	4	1
64	20	13	7	14	12	2	9	9	
65岁及以上	**198**	**145**	**53**	**177**	**128**	**49**	**121**	**87**	**34**

5-5c 续表 8

单位：人

年龄	初婚年龄								
	36岁			37岁			38岁		
	小计	男	女	小计	男	女	小计	男	女
总　计	**304**	**189**	**115**	**192**	**129**	**63**	**170**	**118**	**52**
20岁以下									
20-24岁									
20									
21									
22									
23									
24									
25-29岁									
25									
26									
27									
28									
29									
30-34岁									
30									
31									
32									
33									
34									
35-39岁	**35**	**17**	**18**	**15**	**9**	**6**	**8**	**4**	**4**
35									
36	3	1	2						
37	9	5	4	3	2	1			
38	13	7	6	8	3	5	6	3	3
39	10	4	6	4	4		2	1	1
40-44岁	**32**	**17**	**15**	**27**	**18**	**9**	**17**	**11**	**6**
40	9	4	5	7	6	1	2		2
41	6	4	2	7	6	1	3	3	
42	7	2	5	5	1	4	4	3	1
43	6	4	2				5	4	1
44	4	3	1	8	5	3	3	1	2
45-49岁	**45**	**26**	**19**	**22**	**17**	**5**	**20**	**12**	**8**
45	5	5		3	1	2	6	3	3
46	8	5	3	2	1	1	2	2	
47	15	8	7	7	6	1	7	5	2
48	7	2	5	6	6		1	1	
49	10	6	4	4	3	1	4	1	3
50-54岁	**29**	**18**	**11**	**17**	**12**	**5**	**17**	**12**	**5**
50	4	4		3	1	2	6	4	2
51	6	4	2	3	2	1	1	1	
52	10	6	4	5	4	1	3	2	1
53	4	3	1	2	1	1	6	4	2
54	5	1	4	4	4		1	1	
55-59岁	**28**	**18**	**10**	**19**	**9**	**10**	**15**	**10**	**5**
55	4	3	1	5	3	2	2	1	1
56	2	1	1	5	3	2	1	1	
57	8	6	2	2	1	1	5	2	3
58	9	5	4	4		4	4	4	
59	5	3	2	3	2	1	3	2	1
60-64岁	**45**	**27**	**18**	**28**	**17**	**11**	**20**	**12**	**8**
60	4	4		2	1	1	3	2	1
61	10	5	5	7	5	2	5	3	2
62	10	7	3	3	1	2			
63	13	7	6	10	7	3	9	4	5
64	8	4	4	6	3	3	3	3	
65岁及以上	**90**	**66**	**24**	**64**	**47**	**17**	**73**	**57**	**16**

5–5c　续表 9　　　　　　　　　　　　　　　　　　　　　　　　　　　　　　单位：人

年　龄	初婚年龄					
	39岁			40岁及以上		
	小计	男	女	小计	男	女
总　计	**161**	**114**	**47**	**1017**	**612**	**405**
20岁以下						
20–24岁						
20						
21						
22						
23						
24						
25–29岁						
25						
26						
27						
28						
29						
30–34岁						
30						
31						
32						
33						
34						
35–39岁	**2**	**1**	**1**			
35						
36						
37						
38						
39	2	1	1			
40–44岁	**21**	**16**	**5**	**60**	**27**	**33**
40	4	3	1	5	3	2
41	7	5	2	8	3	5
42	3	3		13	7	6
43	3	3		17	5	12
44	4	2	2	17	9	8
45–49岁	**23**	**15**	**8**	**116**	**63**	**53**
45	6	4	2	12	6	6
46	3	2	1	24	13	11
47	4	4		26	11	15
48	6	3	3	30	20	10
49	4	2	2	24	13	11
50–54岁	**20**	**12**	**8**	**107**	**50**	**57**
50	3	2	1	23	12	11
51	5	1	4	19	6	13
52	8	6	2	26	11	15
53	2	2		17	9	8
54	2	1	1	22	12	10
55–59岁	**8**	**3**	**5**	**113**	**65**	**48**
55	1		1	21	15	6
56	3		3	35	18	17
57	2	1	1	26	13	13
58	1	1		21	11	10
59	1	1		10	8	2
60–64岁	**24**	**14**	**10**	**123**	**79**	**44**
60	2	1	1	24	15	9
61	2	1	1	16	9	7
62	4	1	3	19	12	7
63	9	6	3	34	19	15
64	7	5	2	30	24	6
65岁及以上	**63**	**53**	**10**	**498**	**328**	**170**

5-6 全市分性别、受教育程度、初婚年龄的人口

单位：人

受教育程度	初婚年龄					
	合　计			15岁以下		
	合计	男	女	小计	男	女
总　计	**868088**	**427183**	**440905**	**547**	**160**	**387**
未上过学	14678	2568	12110	60	8	52
学前教育	201	72	129			
小　学	114048	48012	66036	150	25	125
初　中	327700	170288	157412	212	78	134
高　中	176234	87066	89168	60	23	37
大学专科	100646	50628	50018	32	10	22
大学本科	117100	59619	57481	31	16	15
硕士研究生	15412	7706	7706	1		1
博士研究生	2069	1224	845	1		1

5-6 续表 1

单位：人

受教育程度	初婚年龄								
	15岁			16岁			17岁		
	小计	男	女	小计	男	女	小计	男	女
总　计	**2383**	**702**	**1681**	**4360**	**1158**	**3202**	**8283**	**2213**	**6070**
未上过学	233	15	218	431	23	408	743	39	704
学前教育	3		3	4		4	3	2	1
小　学	702	148	554	1372	230	1142	2530	479	2051
初　中	916	316	600	1774	584	1190	3774	1238	2536
高　中	281	114	167	449	174	275	789	273	516
大学专科	101	43	58	167	70	97	234	85	149
大学本科	131	60	71	154	70	84	200	93	107
硕士研究生	14	5	9	9	7	2	10	4	6
博士研究生	2	1	1						

5-6　续表 2

单位：人

受教育程度	初婚年龄								
	18岁			19岁			20岁		
	小计	男	女	小计	男	女	小计	男	女
总　计	**15534**	**4699**	**10835**	**32203**	**11252**	**20951**	**55095**	**20529**	**34566**
未上过学	1018	53	965	1656	152	1504	1772	203	1569
学前教育	11	4	7	27	6	21	21	3	18
小　学	4379	1010	3369	8161	2379	5782	11660	3922	7738
初　中	7809	2819	4990	16816	6729	10087	29723	12346	17377
高　中	1538	524	1014	3779	1344	2435	8029	2786	5243
大学专科	479	170	309	1169	400	769	2669	871	1798
大学本科	277	109	168	560	225	335	1177	375	802
硕士研究生	21	8	13	30	16	14	40	20	20
博士研究生	2	2		5	1	4	4	3	1

5-6　续表 3

单位：人

受教育程度	初婚年龄								
	21岁			22岁			23岁		
	小计	男	女	小计	男	女	小计	男	女
总　计	**81694**	**36134**	**45560**	**108020**	**53450**	**54570**	**102083**	**48488**	**53595**
未上过学	1564	244	1320	1645	332	1313	1409	262	1147
学前教育	18	7	11	25	8	17	24	11	13
小　学	14440	5661	8779	16095	7104	8991	14197	6302	7895
初　中	43209	21411	21798	51839	28677	23162	41532	21999	19533
高　中	14483	5882	8601	22580	10424	12156	23744	10774	12970
大学专科	5249	1957	3292	9594	4279	5315	11337	4979	6358
大学本科	2607	919	1688	5991	2502	3489	9269	3906	5363
硕士研究生	112	45	67	222	113	109	501	224	277
博士研究生	12	8	4	29	11	18	70	31	39

5-6 续表 4

单位：人

受教育程度	初婚年龄								
	24岁			25岁			26岁		
	小计	男	女	小计	男	女	小计	男	女
总　计	**99351**	**48522**	**50829**	**93833**	**47402**	**46431**	**73785**	**39348**	**34437**
未上过学	1146	264	882	892	223	669	520	133	387
学前教育	14	4	10	13	8	5	5	1	4
小　学	11978	5586	6392	8765	4195	4570	5394	2682	2712
初　中	33484	17918	15566	27296	14786	12510	19425	11046	8379
高　中	23959	11435	12524	22068	11337	10731	16095	8774	7321
大学专科	13248	6330	6918	14100	7085	7015	12011	6454	5557
大学本科	14308	6406	7902	18587	8795	9792	17592	8979	8613
硕士研究生	1052	491	561	1887	853	1034	2454	1114	1340
博士研究生	162	88	74	225	120	105	289	165	124

5-6 续表 5

单位：人

受教育程度	初婚年龄								
	27岁			28岁			29岁		
	小计	男	女	小计	男	女	小计	男	女
总　计	**54680**	**30616**	**24064**	**38069**	**22472**	**15597**	**26530**	**16027**	**10503**
未上过学	327	114	213	244	93	151	200	71	129
学前教育	9	3	6	7	5	2	2	1	1
小　学	3490	1878	1612	2333	1351	982	1725	1036	689
初　中	13683	8061	5622	9366	5789	3577	6564	4057	2507
高　中	10969	6371	4598	7459	4504	2955	5056	3143	1913
大学专科	8989	5034	3955	6185	3664	2521	4302	2555	1747
大学本科	14277	7740	6537	10075	5825	4250	6971	4243	2728
硕士研究生	2614	1225	1389	2148	1095	1053	1500	790	710
博士研究生	322	190	132	252	146	106	210	131	79

5-6　续表 6　　　　单位：人

受教育程度	初婚年龄								
	30岁			31岁			32岁		
	小计	男	女	小计	男	女	小计	男	女
总　计	**18024**	**11180**	**6844**	**12555**	**7725**	**4830**	**9064**	**5563**	**3501**
未上过学	159	68	91	114	47	67	85	32	53
学前教育	2	1	1	2	2		2	1	1
小　学	1234	761	473	949	580	369	766	469	297
初　中	4571	2836	1735	3357	2034	1323	2562	1558	1004
高　中	3474	2182	1292	2512	1535	977	1857	1140	717
大学专科	2919	1840	1079	1989	1246	743	1440	878	562
大学本科	4542	2839	1703	2952	1834	1118	1937	1231	706
硕士研究生	980	562	418	582	374	208	362	220	142
博士研究生	143	91	52	98	73	25	53	34	19

5-6　续表 7　　　　单位：人

受教育程度	初婚年龄								
	33岁			34岁			35岁		
	小计	男	女	小计	男	女	小计	男	女
总　计	**6783**	**4165**	**2618**	**5333**	**3239**	**2094**	**3985**	**2307**	**1678**
未上过学	66	25	41	56	23	33	56	23	33
学前教育	1	1							
小　学	618	367	251	537	320	217	383	208	175
初　中	1896	1177	719	1539	939	600	1121	670	451
高　中	1485	931	554	1104	678	426	894	525	369
大学专科	1073	652	421	836	484	352	613	351	262
大学本科	1338	816	522	1061	680	381	747	433	314
硕士研究生	251	160	91	166	91	75	144	80	64
博士研究生	55	36	19	34	24	10	27	17	10

5–6 续表 8

单位：人

受教育程度	初婚年龄								
	36岁			37岁			38岁		
	小计	男	女	小计	男	女	小计	男	女
总　计	**2892**	**1773**	**1119**	**2185**	**1358**	**827**	**1794**	**1143**	**651**
未上过学	34	11	23	26	9	17	22	9	13
学前教育							1	1	
小　学	300	193	107	190	115	75	208	129	79
初　中	861	542	319	658	410	248	579	378	201
高　中	629	393	236	517	313	204	399	249	150
大学专科	406	224	182	314	200	114	225	142	83
大学本科	562	349	213	394	251	143	304	196	108
硕士研究生	83	49	34	70	48	22	46	32	14
博士研究生	17	12	5	16	12	4	10	7	3

5–6 续表 9

单位：人

受教育程度	初婚年龄					
	39岁			40岁及以上		
	小计	男	女	小计	男	女
总　计	**1370**	**852**	**518**	**7653**	**4706**	**2947**
未上过学	21	10	11	179	82	97
学前教育				7	3	4
小　学	182	125	57	1310	757	553
初　中	419	262	157	2715	1628	1087
高　中	325	193	132	1700	1045	655
大学专科	172	104	68	793	521	272
大学本科	218	138	80	838	589	249
硕士研究生	25	14	11	88	66	22
博士研究生	8	6	2	23	15	8

5-6a 全市分性别、受教育程度、初婚年龄的人口(城市)

单位：人

受教育程度	初婚年龄					
	合计			15岁以下		
	合计	男	女	小计	男	女
总计	**667409**	**326735**	**340674**	**336**	**112**	**224**
未上过学	7979	1368	6611	36	6	30
学前教育	118	51	67			
小学	60907	25230	35677	75	16	59
初中	218468	111261	107207	113	43	70
高中	156897	75972	80925	53	23	30
大学专科	93357	46831	46526	29	9	20
大学本科	112547	57270	55277	28	15	13
硕士研究生	15117	7564	7553	1		1
博士研究生	2019	1188	831	1		1

5-6a 续表 1

单位：人

受教育程度	初婚年龄								
	15岁			16岁			17岁		
	小计	男	女	小计	男	女	小计	男	女
总计	**1480**	**490**	**990**	**2460**	**697**	**1763**	**4558**	**1236**	**3322**
未上过学	152	10	142	242	11	231	414	21	393
学前教育	1		1	2		2	3	2	1
小学	343	84	259	669	108	561	1280	245	1035
初中	524	201	323	891	304	587	1843	597	1246
高中	234	94	140	365	142	223	622	209	413
大学专科	90	38	52	142	61	81	197	67	130
大学本科	120	57	63	140	64	76	189	91	98
硕士研究生	14	5	9	9	7	2	10	4	6
博士研究生	2	1	1						

5-6a 续表 2

单位：人

受教育程度	初婚年龄								
	18岁			19岁			20岁		
	小计	男	女	小计	男	女	小计	男	女
总　计	**8269**	**2411**	**5858**	**17224**	**5540**	**11684**	**31543**	**10300**	**21243**
未上过学	577	27	550	877	73	804	899	98	801
学前教育	4	2	2	11	3	8	11	3	8
小　学	2147	485	1662	3904	1088	2816	5583	1712	3871
初　中	3697	1257	2440	8083	2928	5155	15473	5551	9922
高　中	1193	396	797	2850	919	1931	6280	1916	4364
大学专科	375	133	242	960	320	640	2178	671	1507
大学本科	254	102	152	506	194	312	1078	328	750
硕士研究生	20	7	13	28	14	14	37	18	19
博士研究生	2	2		5	1	4	4	3	1

5-6a 续表 3

单位：人

受教育程度	初婚年龄								
	21岁			22岁			23岁		
	小计	男	女	小计	男	女	小计	男	女
总　计	**50953**	**20640**	**30313**	**75251**	**35573**	**39678**	**77134**	**35304**	**41830**
未上过学	814	129	685	852	177	675	762	138	624
学前教育	8	5	3	16	5	11	16	10	6
小　学	7141	2711	4430	8476	3693	4783	7776	3448	4328
初　中	24340	11062	13278	32434	17247	15187	27922	14235	13687
高　中	11604	4245	7359	19015	8259	10756	20896	9059	11837
大学专科	4532	1615	2917	8603	3755	4848	10390	4482	5908
大学本科	2395	823	1572	5612	2316	3296	8812	3683	5129
硕士研究生	109	43	66	214	110	104	490	218	272
博士研究生	10	7	3	29	11	18	70	31	39

5-6a　续表 4　　单位：人

受教育程度	初婚年龄								
	24岁			25岁			26岁		
	小计	男	女	小计	男	女	小计	男	女
总　计	**81084**	**38598**	**42486**	**81181**	**40401**	**40780**	**65709**	**34805**	**30904**
未上过学	652	159	493	518	132	386	284	67	217
学前教育	7		7	10	7	3	5	1	4
小　学	6928	3176	3752	5193	2413	2780	3229	1552	1677
初　中	24560	12627	11933	21653	11397	10256	15985	8941	7044
高　中	21758	10156	11602	20512	10371	10141	15158	8225	6933
大学专科	12299	5828	6471	13287	6643	6644	11360	6091	5269
大学本科	13691	6088	7603	17942	8487	9455	17007	8679	8328
硕士研究生	1030	479	551	1847	836	1011	2401	1090	1311
博士研究生	159	85	74	219	115	104	280	159	121

5-6a　续表 5　　单位：人

受教育程度	初婚年龄								
	27岁			28岁			29岁		
	小计	男	女	小计	男	女	小计	男	女
总　计	**49403**	**27584**	**21819**	**34549**	**20360**	**14189**	**23898**	**14408**	**9490**
未上过学	203	63	140	133	50	83	119	41	78
学前教育	8	3	5	6	5	1			
小　学	2080	1082	998	1349	751	598	1002	567	435
初　中	11489	6740	4749	7933	4892	3041	5442	3353	2089
高　中	10401	6033	4368	7114	4289	2825	4809	2995	1814
大学专科	8555	4797	3758	5907	3507	2400	4105	2439	1666
大学本科	13785	7473	6312	9749	5645	4104	6739	4109	2630
硕士研究生	2570	1210	1360	2111	1078	1033	1476	774	702
博士研究生	312	183	129	247	143	104	206	130	76

5-6a 续表 6

单位：人

受教育程度	初婚年龄								
	30岁			31岁			32岁		
	小计	男	女	小计	男	女	小计	男	女
总　计	**16130**	**9977**	**6153**	**11052**	**6821**	**4231**	**7922**	**4843**	**3079**
未上过学	88	36	52	60	23	37	40	14	26
学前教育	2	1	1	1	1		1		1
小　学	695	409	286	548	320	228	441	245	196
初　中	3739	2312	1427	2652	1629	1023	2039	1235	804
高　中	3287	2060	1227	2368	1445	923	1737	1064	673
大学专科	2802	1759	1043	1904	1194	710	1372	834	538
大学本科	4414	2757	1657	2852	1771	1081	1884	1201	683
硕士研究生	963	555	408	572	368	204	355	216	139
博士研究生	140	88	52	95	70	25	53	34	19

5-6a 续表 7

单位：人

受教育程度	初婚年龄								
	33岁			34岁			35岁		
	小计	男	女	小计	男	女	小计	男	女
总　计	**5891**	**3638**	**2253**	**4591**	**2785**	**1806**	**3462**	**1992**	**1470**
未上过学	35	14	21	35	13	22	26	8	18
学前教育									
小　学	343	191	152	306	167	139	241	123	118
初　中	1493	938	555	1176	729	447	853	497	356
高　中	1393	877	516	1047	642	405	843	499	344
大学专科	1030	631	399	794	458	336	591	341	250
大学本科	1302	799	503	1035	662	373	737	427	310
硕士研究生	243	155	88	165	90	75	144	80	64
博士研究生	52	33	19	33	24	9	27	17	10

5-6a　续表 8

单位：人

受教育程度	初婚年龄								
	36岁			37岁			38岁		
	小计	男	女	小计	男	女	小计	男	女
总　计	**2490**	**1519**	**971**	**1911**	**1177**	**734**	**1551**	**974**	**577**
未上过学	22	6	16	15	4	11	15	6	9
学前教育							1	1	
小　学	158	91	67	100	55	45	117	64	53
初　中	674	431	243	531	325	206	464	296	168
高　中	594	374	220	488	291	197	375	232	143
大学专科	389	213	176	305	195	110	224	141	83
大学本科	553	343	210	386	247	139	300	195	105
硕士研究生	83	49	34	70	48	22	45	32	13
博士研究生	17	12	5	16	12	4	10	7	3

5-6a　续表 9

单位：人

受教育程度	初婚年龄					
	39岁			40岁及以上		
	小计	男	女	小计	男	女
总　计	**1152**	**702**	**450**	**6225**	**3848**	**2377**
未上过学	12	5	7	97	37	60
学前教育				5	2	3
小　学	93	58	35	690	376	314
初　中	328	205	123	2137	1289	848
高　中	304	178	126	1597	979	618
大学专科	169	102	67	768	507	261
大学本科	214	135	79	823	579	244
硕士研究生	24	13	11	86	65	21
博士研究生	8	6	2	22	14	8

5-6b 全市分性别、受教育程度、初婚年龄的人口(镇)

单位：人

受教育程度	初婚年龄					
	合计			15岁以下		
	合计	男	女	小计	男	女
总　计	**50282**	**25981**	**24301**	**61**	**13**	**48**
未上过学	1341	287	1054	3		3
学前教育	9	3	6			
小　学	10788	4857	5931	18	4	14
初　中	26000	14192	11808	35	9	26
高　中	6376	3562	2814	4		4
大学专科	3005	1610	1395			
大学本科	2473	1316	1157	1		1
硕士研究生	245	121	124			
博士研究生	45	33	12			

5-6b 续表 1

单位：人

受教育程度	初婚年龄								
	15岁			16岁			17岁		
	小计	男	女	小计	男	女	小计	男	女
总　计	**211**	**65**	**146**	**438**	**122**	**316**	**800**	**234**	**566**
未上过学	15	1	14	29	2	27	45	3	42
学前教育	1		1						
小　学	59	12	47	145	25	120	243	53	190
初　中	102	34	68	215	76	139	453	150	303
高　中	26	13	13	34	14	20	46	20	26
大学专科	2	2		9	3	6	9	7	2
大学本科	6	3	3	6	2	4	4	1	3
硕士研究生									
博士研究生									

5-6b　续表 2

单位：人

受教育程度	初婚年龄								
	18岁			19岁			20岁		
	小计	男	女	小计	男	女	小计	男	女
总　计	**1565**	**489**	**1076**	**3402**	**1322**	**2080**	**5383**	**2291**	**3092**
未上过学	103	7	96	148	16	132	172	31	141
学前教育				1		1			
小　学	411	95	316	886	279	607	1252	455	797
初　中	899	336	563	1986	863	1123	3212	1486	1726
高　中	113	39	74	287	123	164	538	240	298
大学专科	30	7	23	65	27	38	165	58	107
大学本科	8	4	4	28	13	15	43	21	22
硕士研究生	1	1		1	1		1		1
博士研究生									

5-6b　续表 3

单位：人

受教育程度	初婚年龄								
	21岁			22岁			23岁		
	小计	男	女	小计	男	女	小计	男	女
总　计	**7134**	**3560**	**3574**	**8048**	**4474**	**3574**	**6196**	**3408**	**2788**
未上过学	161	32	129	164	32	132	121	28	93
学前教育	2		2	3	1	2			
小　学	1414	581	833	1614	771	843	1267	619	648
初　中	4311	2316	1995	4601	2753	1848	3292	1918	1374
高　中	899	480	419	1092	612	480	869	524	345
大学专科	247	112	135	373	203	170	393	200	193
大学本科	97	37	60	197	99	98	246	115	131
硕士研究生	1	1		4	3	1	8	4	4
博士研究生	2	1	1						

5-6b 续表 4

单位：人

受教育程度	初婚年龄								
	24岁			25岁			26岁		
	小计	男	女	小计	男	女	小计	男	女
总　计	**4719**	**2618**	**2101**	**3478**	**2043**	**1435**	**2374**	**1354**	**1020**
未上过学	99	24	75	86	30	56	42	13	29
学前教育	1	1							
小　学	993	501	492	767	417	350	447	237	210
初　中	2145	1287	858	1374	868	506	867	547	320
高　中	728	417	311	532	338	194	348	200	148
大学专科	405	206	199	347	207	140	292	163	129
大学本科	327	170	157	336	164	172	326	170	156
硕士研究生	19	10	9	30	14	16	44	19	25
博士研究生	2	2		6	5	1	8	5	3

5-6b 续表 5

单位：人

受教育程度	初婚年龄								
	27岁			28岁			29岁		
	小计	男	女	小计	男	女	小计	男	女
总　计	**1617**	**981**	**636**	**1184**	**721**	**463**	**851**	**550**	**301**
未上过学	35	15	20	22	7	15	11	5	6
学前教育									
小　学	265	165	100	236	146	90	154	103	51
初　中	580	351	229	401	256	145	296	197	99
高　中	221	149	72	150	94	56	114	68	46
大学专科	204	122	82	141	83	58	98	67	31
大学本科	264	158	106	197	116	81	152	94	58
硕士研究生	38	14	24	33	16	17	23	15	8
博士研究生	10	7	3	4	3	1	3	1	2

5-6b　续表 6

单位：人

受教育程度	初婚年龄								
	30岁			31岁			32岁		
	小计	男	女	小计	男	女	小计	男	女
总　计	**588**	**373**	**215**	**479**	**287**	**192**	**372**	**244**	**128**
未上过学	14	8	6	10	4	6	8	3	5
学前教育				1	1				
小　学	109	72	37	80	52	28	76	52	24
初　中	238	148	90	214	121	93	153	97	56
高　中	82	50	32	62	38	24	55	37	18
大学专科	56	41	15	44	25	19	37	28	9
大学本科	72	45	27	57	38	19	37	24	13
硕士研究生	14	6	8	9	6	3	6	3	3
博士研究生	3	3		2	2				

5-6b　续表 7

单位：人

受教育程度	初婚年龄								
	33岁			34岁			35岁		
	小计	男	女	小计	男	女	小计	男	女
总　计	**268**	**151**	**117**	**228**	**137**	**91**	**165**	**94**	**71**
未上过学	8	2	6	6	4	2	11	3	8
学前教育									
小　学	53	32	21	52	28	24	34	20	14
初　中	113	63	50	110	64	46	82	53	29
高　中	40	23	17	15	11	4	20	10	10
大学专科	25	13	12	24	15	9	14	6	8
大学本科	18	10	8	19	14	5	4	2	2
硕士研究生	8	5	3	1	1				
博士研究生	3	3		1		1			

5-6b　续表 8　　　　单位：人

受教育程度	初婚年龄								
	36岁			37岁			38岁		
	小计	男	女	小计	男	女	小计	男	女
总　计	**98**	**65**	**33**	**82**	**52**	**30**	**73**	**51**	**22**
未上过学	4	2	2	2		2	2		2
学前教育									
小　学	28	25	3	25	17	8	18	13	5
初　中	40	23	17	33	19	14	36	29	7
高　中	16	9	7	15	12	3	12	7	5
大学专科	5	2	3	2	2		1	1	
大学本科	5	4	1	5	2	3	3	1	2
硕士研究生							1		1
博士研究生									

5-6b　续表 9　　　　单位：人

受教育程度	初婚年龄					
	39岁			40岁及以上		
	小计	男	女	小计	男	女
总　计	**57**	**36**	**21**	**411**	**246**	**165**
未上过学	1	1		19	14	5
学前教育						
小　学	15	10	5	127	73	54
初　中	27	16	11	185	112	73
高　中	8	4	4	50	30	20
大学专科	1	1		16	9	7
大学本科	4	3	1	11	6	5
硕士研究生	1	1		2	1	1
博士研究生				1	1	

5-6c　全市分性别、受教育程度、初婚年龄的人口(乡村)

单位：人

受教育程度	初婚年龄					
	合计			15岁以下		
	合计	男	女	小计	男	女
总　计	**150397**	**74467**	**75930**	**150**	**35**	**115**
未上过学	5358	913	4445	21	2	19
学前教育	74	18	56			
小　学	42353	17925	24428	57	5	52
初　中	83232	44835	38397	64	26	38
高　中	12961	7532	5429	3		3
大学专科	4284	2187	2097	3	1	2
大学本科	2080	1033	1047	2	1	1
硕士研究生	50	21	29			
博士研究生	5	3	2			

5-6c　续表 1

单位：人

受教育程度	初婚年龄								
	15岁			16岁			17岁		
	小计	男	女	小计	男	女	小计	男	女
总　计	**692**	**147**	**545**	**1462**	**339**	**1123**	**2925**	**743**	**2182**
未上过学	66	4	62	160	10	150	284	15	269
学前教育	1		1	2		2			
小　学	300	52	248	558	97	461	1007	181	826
初　中	290	81	209	668	204	464	1478	491	987
高　中	21	7	14	50	18	32	121	44	77
大学专科	9	3	6	16	6	10	28	11	17
大学本科	5		5	8	4	4	7	1	6
硕士研究生									
博士研究生									

5-6c 续表 2

单位：人

受教育程度	初婚年龄								
	18岁			19岁			20岁		
	小计	男	女	小计	男	女	小计	男	女
总　计	**5700**	**1799**	**3901**	**11577**	**4390**	**7187**	**18169**	**7938**	**10231**
未上过学	338	19	319	631	63	568	701	74	627
学前教育	7	2	5	15	3	12	10		10
小　学	1821	430	1391	3371	1012	2359	4825	1755	3070
初　中	3213	1226	1987	6747	2938	3809	11038	5309	5729
高　中	232	89	143	642	302	340	1211	630	581
大学专科	74	30	44	144	53	91	326	142	184
大学本科	15	3	12	26	18	8	56	26	30
硕士研究生				1	1		2	2	
博士研究生									

5-6c 续表 3

单位：人

受教育程度	初婚年龄								
	21岁			22岁			23岁		
	小计	男	女	小计	男	女	小计	男	女
总　计	**23607**	**11934**	**11673**	**24721**	**13403**	**11318**	**18753**	**9776**	**8977**
未上过学	589	83	506	629	123	506	526	96	430
学前教育	8	2	6	6	2	4	8	1	7
小　学	5885	2369	3516	6005	2640	3365	5154	2235	2919
初　中	14558	8033	6525	14804	8677	6127	10318	5846	4472
高　中	1980	1157	823	2473	1553	920	1979	1191	788
大学专科	470	230	240	618	321	297	554	297	257
大学本科	115	59	56	182	87	95	211	108	103
硕士研究生	2	1	1	4		4	3	2	1
博士研究生									

5−6c　续表 4　　　　单位：人

受教育程度	初婚年龄								
	24岁			25岁			26岁		
	小计	男	女	小计	男	女	小计	男	女
总　计	**13548**	**7306**	**6242**	**9174**	**4958**	**4216**	**5702**	**3189**	**2513**
未上过学	395	81	314	288	61	227	194	53	141
学前教育	6	3	3	3	1	2			
小　学	4057	1909	2148	2805	1365	1440	1718	893	825
初　中	6779	4004	2775	4269	2521	1748	2573	1558	1015
高　中	1473	862	611	1024	628	396	589	349	240
大学专科	544	296	248	466	235	231	359	200	159
大学本科	290	148	142	309	144	165	259	130	129
硕士研究生	3	2	1	10	3	7	9	5	4
博士研究生	1	1					1	1	

5−6c　续表 5　　　　单位：人

受教育程度	初婚年龄								
	27岁			28岁			29岁		
	小计	男	女	小计	男	女	小计	男	女
总　计	**3660**	**2051**	**1609**	**2336**	**1391**	**945**	**1781**	**1069**	**712**
未上过学	89	36	53	89	36	53	70	25	45
学前教育	1		1	1		1	2	1	1
小　学	1145	631	514	748	454	294	569	366	203
初　中	1614	970	644	1032	641	391	826	507	319
高　中	347	189	158	195	121	74	133	80	53
大学专科	230	115	115	137	74	63	99	49	50
大学本科	228	109	119	129	64	65	80	40	40
硕士研究生	6	1	5	4	1	3	1	1	
博士研究生				1		1	1		1

5−6c 续表 6

单位：人

受教育程度	初婚年龄								
	30岁			31岁			32岁		
	小计	男	女	小计	男	女	小计	男	女
总　计	**1306**	**830**	**476**	**1024**	**617**	**407**	**770**	**476**	**294**
未上过学	57	24	33	44	20	24	37	15	22
学前教育							1	1	
小　学	430	280	150	321	208	113	249	172	77
初　中	594	376	218	491	284	207	370	226	144
高　中	105	72	33	82	52	30	65	39	26
大学专科	61	40	21	41	27	14	31	16	15
大学本科	56	37	19	43	25	18	16	6	10
硕士研究生	3	1	2	1		1	1	1	
博士研究生				1	1				

5−6c 续表 7

单位：人

受教育程度	初婚年龄								
	33岁			34岁			35岁		
	小计	男	女	小计	男	女	小计	男	女
总　计	**624**	**376**	**248**	**514**	**317**	**197**	**358**	**221**	**137**
未上过学	23	9	14	15	6	9	19	12	7
学前教育	1	1							
小　学	222	144	78	179	125	54	108	65	43
初　中	290	176	114	253	146	107	186	120	66
高　中	52	31	21	42	25	17	31	16	15
大学专科	18	8	10	18	11	7	8	4	4
大学本科	18	7	11	7	4	3	6	4	2
硕士研究生									
博士研究生									

5-6c　续表 8　　　　单位：人

受教育程度	初婚年龄								
	36岁			37岁			38岁		
	小计	男	女	小计	男	女	小计	男	女
总　计	**304**	**189**	**115**	**192**	**129**	**63**	**170**	**118**	**52**
未上过学	8	3	5	9	5	4	5	3	2
学前教育									
小　学	114	77	37	65	43	22	73	52	21
初　中	147	88	59	94	66	28	79	53	26
高　中	19	10	9	14	10	4	12	10	2
大学专科	12	9	3	7	3	4			
大学本科	4	2	2	3	2	1	1		1
硕士研究生									
博士研究生									

5-6c　续表 9　　　　单位：人

受教育程度	初婚年龄					
	39岁			40岁及以上		
	小计	男	女	小计	男	女
总　计	**161**	**114**	**47**	**1017**	**612**	**405**
未上过学	8	4	4	63	31	32
学前教育				2	1	1
小　学	74	57	17	493	308	185
初　中	64	41	23	393	227	166
高　中	13	11	2	53	36	17
大学专科	2	1	1	9	5	4
大学本科				4	4	
硕士研究生						
博士研究生						